中央编译局文库编辑委员会

主　　任：衣俊卿

委　　员：衣俊卿　俞可平　张卫峰　魏海生　王学东　杨金海
　　　　　柴方国　尹汾海　何增科　季正聚　郗卫东　张文成
　　　　　李惠斌　杨雪冬　李京洲　和　龑　薛晓源　陈家刚

中央编译出版社文库编辑中心编辑小组

和　龑　韩继海　薛晓源　邢艳琦　谭　洁　尹承东　贾宇琰　叶　芳
冯　章　董　巍　苗永姝　郑　锦　杜永明　李小燕　侯天保　李媛媛

国家"十二五"重点图书

国际共产主义运动历史文献

第56卷

主　编　王学东
副主编　戴隆斌（常务）童建挺

第七次代表大会前的共产国际文献

本卷主编　陈新明

全国百佳出版社
中央编译出版社
Central Compilation & Translation Press

《国际共产主义运动历史文献》顾问委员会

衣俊卿　俞可平　顾锦屏　高　放　张中云　殷叙彝　胡文建
宋洪训　顾家庆　洪肇龙　杨光远　林勋建　和　龑

《国际共产主义运动历史文献》编辑委员会

主　　编：王学东
副 主 编：戴隆斌（常务）　童建挺
编　　委：（以姓氏笔画为序）
　　　　　王　瑾　邢艳琦　许宝友　张文成　张文红
　　　　　陈新明　林德山　胡振良　彭萍萍　薛晓源

参加本卷译校工作的有
梁启明　周太忠

参加本卷编辑出版工作的有
贾宇琰　彭萍萍　谭　洁　邢艳琦　李媛媛

丛书编务统筹
苗永姝　郑　锦　李媛媛

总 序

国际共产主义运动，是由以马克思主义为指导的无产阶级政党领导的国际性的无产阶级革命运动，其宗旨是推翻资产阶级统治和一切剥削制度，建立和发展社会主义制度，进而最终实现人的彻底解放，建立共产主义社会。

国际共产主义运动迄今已有一百六十多年的历史。19世纪40年代，马克思、恩格斯在创立科学社会主义理论的同时，努力把它与当时西欧无产阶级的革命实践相结合，于1847年6月创建了第一个国际性的无产阶级政党——共产主义者同盟，亲自拟定并于1848年2月公开发表了同盟纲领《共产党宣言》。这标志着国际共产主义运动的兴起。

自从共产主义者同盟建立以来，历经第一国际（国际工人协会）、第二国际、第三国际（共产国际），国际共产主义运动由小到大、由弱到强，从西方推进到东方、从欧洲扩展到全球，终于突破资本主义链条上一个又一个薄弱环节，取得了社会主义由一国到多国的胜利。二战后社会主义阵营的建立、民族解放运动的胜利进军、社会主义国家革命与建设的重大成就，为国际共产主义运动史书写了辉煌的篇章。20世纪末，由于东欧剧变、苏联解体，国际共产主义运动遭遇了严重挫折。但是，历史并没有因此而终结。由《共产党宣言》奠基的国际共产主义运动仍在曲折中前进。各资本主义国家中的共产党、工人党仍在不断探索无产阶级取得解放的道路；中国等社会主义国家仍继续高举社会主义伟大旗帜，为完善社会主义、最终实现共产主义而不懈奋斗。

国际共产主义运动一百六十多年跌宕起伏的发展历程，积累了卷帙浩繁的文献档案，留下了丰富的历史遗产。深入发掘和充分利用这些文献档案，对于我们准确地了解和把握国际共产主义运动的发展进程及各个时期的特点，科学地研究和总结国际共产主义运动丰富且宝贵的经验教训，具有极其重要的意义。特别是无产阶级国际组织，作为国际共产主义运动的重要载体，其文献档案对于国际共产主义运动史研究更是具有特殊的重要意义。

早在1984年春，中国国际共产主义运动史学会就发起编辑出版《国际共产主义运动史文献》。当时由中共中央编译局、中国社会科学院马列主义毛泽东思想研究所和近代史研究所、中共中央党校和中国人民大学等单位共同组建了编辑委员会。编委会商定：这套文献主要收编共产主义者同盟、第一国际、第二国际、第三国际、共产党和工人党情报局这五个国际组织已发表的全部文献档案，包括历次代表大会、代表会议和其他重要会议的记录、决议和有关文件；收编材料力求齐全；凡外国有选编完整的版本者，根据外国版本翻译；凡文件散见于外国不同出版物者，尽力搜集完整，组织力量统一编译；文件完全按照原件翻译，译文力求准确，不作修改删节，以便读者根据完整、准确的第一手材料了解这些国际组织的历史。在当时代管全国哲学社会科学基金的中国社会科学院科研局的资助下，经过编辑委员会、编译工作者和中国人民大学出版社的共同努力，这套文献于1986年开始陆续出版，截至1997年共出版了21卷。

到上世纪末，文献的编辑出版工作遇到了巨大困难。首先是编委会发生了重大变故，主编林基洲、副主编王颖和校纪英相继谢世；其次是出版经费难以为继。为继续出版这套文集，中国国际共产主义运动史学会多方努力，组成以会长顾锦屏为主编的新编委会，从全国哲学社会科学规划办公室争取到一笔资助，于1999—2001年又出版了两卷。此后，因缺乏经费，编辑出版工作完全陷于停顿。

2010年，在中共中央编译局和中国国际共产主义运动史学会的鼎力支持下，中央编译出版社以这套文献申报国家出版基金项目，获得立项资助。中共中央编译局对此项目高度重视，在国家出版基金资助的基础上，给予了相应的资金支持，组建了新编委会，成立了专门机构负责文献整理和编辑工作，并将这套文献纳入"中央编译局文库"出版规划。

经新编委会研究决定，这套文献定名为《国际共产主义运动历史文献》，在其前身《国际共产主义运动史文献》的基础上重新编辑出版。通过进一步广泛搜集资料和适当改变编辑方式，新《文献》的资料更详尽、收文更齐全。例如，在原《文献》的某些卷次中，对已出版的马克思主义经典著作中译本只列目录，不收正文，而新《文献》则全部依据最新的中译本收录，以方便读者查阅。此外，《国际共产主义运动历史文献》扩大了文献资料的搜集和选材范围，采用开放式结构，规模暂定60卷，约2500万字。

中共中央编译局和中国国际共产主义运动史学会对这套文献的编辑出版工作给予了强有力的支持，中央编译出版社为这套文献的立项和出版做了大量艰苦细致的工作，文献的前两任编委会和编译工作者在十分困难的条件下为这套文献奠定了良好的基础，中国人民大学出版社为这套文献的重新编辑出版提供了帮助，在此一并表示衷心感谢。

《国际共产主义运动历史文献》
编辑委员会
2011年12月20日

编辑说明

《第七次代表大会前的共产国际文献》，记录共产国际第七次代表大会即共产国际最后一次代表大会之前的活动情况。透过这一时期共产国际的活动可以了解当时受20年代末至30年代初世界经济大萧条影响之下国际关系的分化改组、各国局势的动荡不安、各国人民思想情绪的躁动变化、各国政府的种种对策、各共产党组织所展开的革命宣传动员工作以及武装斗争。总之，各国的朝野上下都在寻找摆脱经济与社会危机的出路。本卷详尽地记录了共产国际下属各国共产党支部的活动情况，其中对于中国共产党开展的革命宣传动员活动和武装斗争给予更多的介绍和肯定。

共产国际第七次代表大会是共产国际的最后一次代表大会。1935年7月25日—8月20日于莫斯科召开。出席大会的有65个国家和地区的共产党和工人党的516位代表，其中有表决权的代表371人。大会的中心任务是制定共产国际在反法西斯主义斗争中的策略方针。共产国际总书记格·米·季米特洛夫（保加利亚共产党创始人）在大会上作了《法西斯的进攻和共产国际在争取工人阶级的统一、反对法西斯的斗争中的任务》的报告。报告揭露了法西斯主义的反动阶级实质，分析了法西斯上台的原因和教训，对法西斯主义的含义作了详尽的阐明。大会认为，为了有效地进行反法西斯主义的斗争，必须广泛地动员工人、农民、城市小资产阶级以及被压迫民族和被压迫人民，组成一个强大的国际和国内反法西斯的战线。大会充分肯定了中国共产党提出的建立全民族抗日统一战线的正确政策。大会还听取了威廉、皮特、陶里亚蒂、曼努伊斯基等人的报告。

  本卷系由共产国际执行委员会书记处于1934年秋编写完毕、1935年7月公布的、供共产国际第七次代表大会讨论用的情报资料。共分六部分，主要是第二部分——关于共产国际各支部活动情况的资料（占全书篇幅的70%），其次是第一部分——关于共产国际执行委员会及其各机构的决议的资料，其他四部分所占篇幅很少。本卷为研究共产国际六大（1928年）至七大（1935年）间的情况和问题提供了珍贵的史料。本卷俄文原本是联共（布）中央党的出版社1935年出版的《第七次代表大会前的共产国际》（《Коммунистический интернационал перед Ⅶ всемирным конгрессом》，Партиздат ЦК ВКП（б）1935），由中国人民大学苏联东欧研究所梁启明、周太忠翻译，杨光远审定。本卷根据中国人民大学出版社1993年出版的《第七次代表大会前的共产国际》中译本进行编辑。本卷主编参照中央编译局马克思主义经典著作的标准对人名、地名、组织机构名、报刊名等专用名进行了统一，对个别译文进行了校订。除"译者注"之外，本书未注明的页下注为俄文版的编者注，已注明的为中文版的编者注。

目 录

一、关于共产国际执行委员会及其各工作机构决议的资料 ……… 1
 （一）从稳定发生动摇到革命与战争的新阶段 ……… 3
 （二）各国共产党的布尔什维克化 ……… 12
 （三）统一战线 ……… 36
 （四）反对法西斯主义的斗争 ……… 52
 （五）反对帝国主义战争威胁的斗争 ……… 61
 （六）农民工作 ……… 69
 （七）东方革命运动 ……… 76

二、共产国际各支部活动情况的资料 ……… 93
 欧洲 ……… 95
  德国 ……… 95
  捷克斯洛伐克 ……… 130
  奥地利 ……… 147
  匈牙利 ……… 162

- 荷兰 …… 169
- 瑞士 …… 177
- 英国 …… 184
- 爱尔兰 …… 203
- 法国 …… 207
- 西班牙 …… 225
- 意大利 …… 249
- 比利时 …… 263
- 葡萄牙 …… 276
- 卢森堡 …… 280
- 瑞典 …… 281
- 挪威 …… 291
- 丹麦 …… 299
- 冰岛 …… 303
- 波兰 …… 305
- 芬兰 …… 328
- 拉脱维亚 …… 336
- 立陶宛 …… 344
- 爱沙尼亚 …… 351
- 保加利亚 …… 356
- 南斯拉夫 …… 364
- 罗马尼亚 …… 369
- 希腊 …… 375

美洲 …… 386
- 北美洲 …… 386
  - 美利坚合众国 …… 386

加拿大 …………………………………… 412
　南美洲和加勒比美洲 ………………………… 419
　　巴西 ……………………………………… 430
　　阿根廷 …………………………………… 433
　　秘鲁 ……………………………………… 437
　　巴拉圭 …………………………………… 440
　　玻利维亚 ………………………………… 440
　　智利 ……………………………………… 441
　　乌拉圭 …………………………………… 445
　　厄瓜多尔 ………………………………… 446
　　古巴 ……………………………………… 447
　　墨西哥 …………………………………… 450
　　哥伦比亚 ………………………………… 453
　　委内瑞拉 ………………………………… 454
　　萨尔瓦多 ………………………………… 455
　　洪都拉斯 ………………………………… 455
　　危地马拉 ………………………………… 455
　　哥斯达黎加 ……………………………… 456
　　波多黎各 ………………………………… 456
　　巴拿马 …………………………………… 456
　　海地 ……………………………………… 457
亚洲 …………………………………………… 458
　　日本 ……………………………………… 458
　　朝鲜 ……………………………………… 483
　　中国 ……………………………………… 486
　　菲律宾 …………………………………… 507

印度 …………………………………………………… 508

　　　印度支那 ………………………………………………… 517

　　　印度尼西亚 ……………………………………………… 523

　　　土耳其 …………………………………………………… 528

　　　叙利亚 …………………………………………………… 531

　　　巴勒斯坦 ………………………………………………… 534

　澳洲 ………………………………………………………… 536

　　　澳大利亚 ………………………………………………… 536

　　　新西兰 …………………………………………………… 541

　非洲 ………………………………………………………… 544

　　北非 ……………………………………………………… 544

　　　阿尔及利亚 ……………………………………………… 545

　　　突尼斯 …………………………………………………… 546

　　　摩洛哥 …………………………………………………… 548

　　　埃及 ……………………………………………………… 548

　　中非 ……………………………………………………… 550

　　南非 ……………………………………………………… 553

三、青年共产国际 ……………………………………………… 561
　争取青年的斗争，各国共产主义青年团的发展和状况 ……… 563

　　　德国 ……………………………………………………… 569

　　　中国 ……………………………………………………… 571

　　　日本 ……………………………………………………… 573

　　　波兰 ……………………………………………………… 574

　　　捷克斯洛伐克 …………………………………………… 576

　　　奥地利 …………………………………………………… 578

法国 ………………………………………………………… 579

　　　西班牙 ……………………………………………………… 581

　　　意大利 ……………………………………………………… 583

　　　保加利亚 …………………………………………………… 584

　　　美国 ………………………………………………………… 585

　　　英国 ………………………………………………………… 587

　　　瑞典 ………………………………………………………… 588

　　　古巴 ………………………………………………………… 589

　　少年共产主义运动 …………………………………………… 591

四、国际妇女书记处 ………………………………………………… 593

五、共产国际执行委员会合作社部 ………………………………… 609

六、国际监察委员会 ………………………………………………… 621

　　（一）反对派别活动和宗派主义的斗争，宗派主义和
　　　　　背叛行为与奸细活动的联系 ………………………… 624

　　（二）反对奸细活动和背叛行为的斗争 …………………… 630

　　（三）纪律和泄密问题 ……………………………………… 632

　　（四）国际监察委员会参加联共（布）清洗党员的工作 ……… 634

关于共产国际监察委员会活动的资料附件 ………………………… 639

一、关于共产国际执行委员会及其各工作机构决议的资料

（一）从稳定发生动摇到革命与战争的新阶段

共产国际第六次世界代表大会以来的六年中，**社会主义和资本主义在国际范围的力量对比，发生了有利于社会主义的根本变化。**

这些变化，首先是由于社会主义在苏联取得了最终的不可逆转的胜利。共产国际第六次代表大会召开之前，社会主义建设成就主要表现在：完全结束了国民经济的恢复时期，开展了第一个五年计划的建设工作；国民经济中社会主义经济成分的作用和比重及其对私有经济成分的影响不断增大；农民的合作化不断发展，特别是大规模地推广集体使用土地的形式和建立新的国营农场。

第六次代表大会以来的这一时期，苏联社会主义建设经历了第一个五年计划的决定性阶段，根本改变了无产阶级专政国家的面貌。社会主义的巨大生产力的发展，使苏联从一个落后的农业国变成了先进的工业国，它在技术上和经济上的独立地位日益巩固和提高，而不再依附于资本主义世界。苏联解决了无产阶级推翻资产阶级统治之后所面临的一个极其艰巨的任务，即通过技术改造把个体的小农经济变成大集体经济，并通过全盘集体化消灭了最后一个资本主义阶级——富农。社会主义经济基础在第一个无产阶级专政的国家中建立起来了。社会主义在苏联整个国民经济中已成为绝对的主导因素和唯一的决定性力量。集体农庄制度如同苏维埃一样，也是无产阶级革命伟大的胜利成果之一。

公有制胜利的结果，将彻底消灭产生剥削和阶级差别的一切根源，消灭阶级本身和建立没有阶级的社会主义社会。

彻底消灭资本主义成分，实行国家的工业改造，建立强大的社会主义工业基础，消灭贫困和失业现象，大幅度提高苏联劳动群众的物质生活水平，大规模地开展文化建设，增强苏联国防力量，这一切都大大加强了苏联作为世界无产阶级革命基地的作用。

社会主义欣欣向荣，而资本主义的内外矛盾日益尖锐化，资本主义腐朽的进程不断加快。资本主义的稳定宣告结束。资本主义总危机开始进入资本主义世界新的革命危机时期，进入革命与战争新阶段到来的时期。

第六次代表大会提纲指出：第三时期"由于资本主义稳定中矛盾的继续发展而必然导致资本主义稳定的进一步动摇，导致资本主义总危机的急剧尖锐化"。

第六次世界代表大会通过的共产国际纲领指出：

"技术的突飞猛进（在某些国家近似一次新的技术革命），资本的积聚和集中过程的加速，大托拉斯以及'全国性'和'国际性'垄断组织的建立，托拉斯与国家政权融为一体，以及世界资本主义经济的发展，仍然克服不了资本主义体系的总危机。世界经济分裂成为资本主义部分和社会主义部分，市场的缩小以及殖民地的反帝运动，使战后在新的基础上发展起来的资本主义的种种矛盾极端尖锐化起来。技术进步和工业合理化的另一面，是许多企业倒闭和破产，产量受到限制，劳动人民遭到残暴无情的剥削，这就造成大规模的、前所未有的和经常的失业现象。甚至在一些发达的资本主义国家里，工人阶级的状况也在绝对地恶化。帝国主义国家之间竞争的加剧、经常存在的战争威胁以及日益紧张的阶级冲突，正在为资本主义的总危机和世界无产阶级革命发展到新的更高的阶段创造着前提"。

第六次代表大会以来资本主义总危机的发展，完全证实了这一预见。第六次代表大会之后出现的资本主义历史上规模最大的经济危机，促成并加速了资本主义暂时和相对稳定的终结。第六次代表大会之后举行的共产国际执行委员会的第一个全体会议（第十次全会）指出，帝国主义内外矛盾正在加速尖锐化，尤其是美国所吹嘘的"繁荣"已告破产。共产国际执行委员会主席团扩大会议（1930年2月）指出，经济危机正在使资本主义动摇不定的稳定彻底崩溃。

在经济危机尖锐化的时期，资本主义世界遭受了危机史上从未有过的严重减产。尽管危机的发展很不平衡，但一般地说，大多数资本主义国家的工业生产在1932年中期下降最多，其工业产量已经远远低于战前水平。附属国和殖民地国家的危机则带有更大的毁灭性。经济危机导致了国际信贷和货币体系的崩溃，造成了世界贸易锐减，资本输出几乎完全陷于停顿，外债、特别是战时债务停止了偿付。

第十二次全会（1932年9月）指出，总危机的形势使得资本主义特别难以使用资本主义"自由竞争"时期所惯用的办法来摆脱危机；同时，全会也对这样一种观点提出了警告，即认为这次危机是最后一次危机，并将导致资本主义的自动崩溃。共产国际指出，现在和将来资产阶级必然会采用对工人阶级实行无情剥削和使广大农民群众破产（特别是在农业国和殖民地国家）的办法、对城市小资产阶级进行掠夺与激烈争夺销售市场和势力范围等办法，甚至用实行法西斯主义和发动战争的方法，来寻求摆脱危机的出路。因此，各国共产党的任务是，必须使工人群众做好准备，通过无产阶级革命来摆脱危机。

第十三次全会（1933年12月）指出，最近一个时期，许多国家的一些工业部门（冶金、化学和纺织工业等）的生产开始复苏，军事工业特别活跃。共产国际驳斥了这样一种观点，即认为，资本主义工业产量在经过三四年急剧下降之后出现某种明显增长，仅仅是由战争—通货膨胀形势之类的人为因素造成的。共产国际指出，除去这些人为因素外，资本主义的内在经济力量也对工业状况起着作用。

共产国际在一系列文件中多次指出，已经到来的资本主义经济萧条是一种特殊的萧条，它不会导致工业繁荣，但也不会使工业回到极度衰退状况。第十三次全会以来的事态发展完全证实了以下论断：在资本主义总危机日益加剧、国内外市场不断缩小的形势下，资本主义经济出现的不是繁荣，而是迅速的寄生性腐朽。

第十二次全会指出的资本主义稳定的终结，也意味着这一稳定在对外政治关系上的结束和对外政治关系的极端尖锐化。

帝国主义阵营中力量对比的变化，打破了帝国主义者之间在第一次世界大战后为重新瓜分世界而签订的条约的整个体系。一些国家中法西斯主义的猖獗，对于疯狂准备帝国主义战争，首先是反苏战争，形成了一股强大的推动力。法西斯德国准备发动复仇战争，违背《凡尔赛和约》而建立起强大的军事机器，拒绝参加东欧互助条约，组织对苏的十字军东征。军事法西斯主义的日本撕毁了关于不侵犯中国的华盛顿协议，占领了满洲，侵入了华北，在"亚洲人的亚洲"的口号下准备对中国实行全面奴役，并准备武装进攻苏联。波兰帝国主义妄图侵占苏联领土，支持德国的反苏军事阴谋。

在目前苏联的强大威力下，这些法西斯战争贩子若不是指望得到其他帝国主义国家的、首先是英国的部分资产阶级的公开或秘密支持，他们是不敢对苏联进行这种挑衅性武装侵略的。苏联一贯坚定不移地奉行的符合全体劳动人民切身利益的和平政策和苏联日益壮大的实力，以及广大劳动群众的革命化所造成的资产阶级一旦发动战争必遭毁灭的形势，所有这一切才使得战争延至今日未能爆发。但是国际无产阶级必须认清，法西斯战争贩子会不惜一切进行挑衅，而且随时可能将战争的火把投向国际矛盾的火药库。

特别是德日两国顽固地把重新瓜分世界的问题公开提上日程，它们的政策不但加剧了帝国主义阵营内部的矛盾，也加剧了帝国主义国家和殖民地国家之间的矛盾（日内瓦裁军会议的破裂，日本撕毁限制海军军备的协定，太平洋上的斗争日益尖锐，以法国、小协约国及其他一些目前不热衷于发动战争的国家为一方，以推行复仇政策的德国为另一方的两者之间矛盾的激化，整个帝国主义世界中的贸易战和货币战，等等）。

共产国际在其各项决议中，向劳动群众指出帝国主义战争、首先是反苏战争日益扩大的危险性，揭露每个时期的主要战争挑拨者，动员劳动群众警惕本国帝国主义资产阶级的战争计划和阴谋诡计，揭穿社会民主党领袖和工会官僚们的和平主义假面具，指出他们大多数实际上一直在为本国帝国主义的军事大本营效劳。

这些决议向各国支部提出的任务是，在帝国主义战争尚未爆发的今天，就要有步骤地准备变帝国主义战争为国内战争，同时提示各支部，必须鼓动群众实际行动起来，并在广泛的统一战线的基础上把群众的行动组织起来，以制止帝国主义发动战争。"保卫苏联，反对帝国主义者进攻苏联的威胁，这是共产国际各支部空前重要的任务"（1930年共产国际执行委员会主席团扩大会议）。

在过去这一时期，资本主义国家的内部矛盾，即资产阶级同无产阶级和基本农民群众之间的阶级斗争大大尖锐起来。第六次代表大会在指出当前这些内部矛盾尖锐化（工人阶级群众向左转化，阶级斗争激化，殖民地运动高涨）的同时曾告诫："资产阶级在危急关头会在一定条件下把法西斯制度搬出来"。第十次全会认为，"目前，在战争迫在眉睫和工人阶级日益贫困的形势下，第二国际各大党组成政府就会在无产阶级群众内部造成社会民主运动的深刻危机"，"这种危机的表现，就是广大工人群众激进化过程的迅速发展"。在经济危机刚开始时召开的共产国际执行委员会主席团扩大会议就曾指出，这次危机"可能加速资本的积聚过程和中小资产阶级的破产，将大大加剧大部分农民群众的贫困化（特别是在殖民地），最终将更空前地加强为实行资本主义合理化而日益采取的对工人阶级的剥削形式,将十分有力地加深资本主义世界的社会矛盾"。

事实上,垄断资本已经把世界危机的重担转嫁到了工人、农民和劳动群众身上。大约有4000万工人被逐出工厂。由于企业大批解雇工人,直接削减工人的工资,限制和取消各种社会保险和国家补贴,更加广泛地使用低工资的女工和童工,以及实行不完全工作周制,使工人阶级的收入不断下降。

这种特殊的萧条使得一方面大垄断资本家大发横财,另一方面工人群众失业、贫穷和困苦,两者之间日益强烈的对照更加突出。尽管工业的最低点已经过去,但是,在整个资本主义世界中,由后备变成常备的失业大军实际上并未减少。最近几年,工人阶级遇到的新情况是,在多数资本主义国家中大量出现各式各样的**强制劳动**形式,而实际工资却因物价飞涨而进一步下降。

农业危机和工业危机交织在一起,造成了城乡小资产阶级的破产。农业的衰退不仅限于殖民地,而且也席卷了那些具有先进的、比较机械化的农业国家。去年的歉收,以及资产阶级为提高农产品价格所采取的措施,改善了地主和富农的境况,而加速了大多数农民的破产。

工人阶级以大规模的斗争回击了资产阶级降低其生活水平的措施。它通过实践驳斥了所谓危机时期"不能"罢工的机会主义论调。据极不完全资料统计,从第六次世界代表大会到1933年底这一期间,在各资本主义国家中,工人罢工人数总计为1674.17万人,损失了2.62亿个工作日。随着转入萧条阶段和企业中所谓"危机合理化"制度的不断加强,罢工浪潮又汹涌澎湃起来(特别是1933年至1934年,在美国掀起了波澜壮阔的群众罢工浪潮)。数以万计的失业工人在"实行失业保险"、"反对削减保险金"、"发给失业工人及其家属救济金"等口号下举行的示威游行和抗议活动,转而成为同资产阶级武装部队的公开冲突。在大多数资本主义国家，遭受垄断资本家和高利贷者的盘剥而破产的农民群众纷纷自发地行动起来，反对不堪忍受的苛捐杂税、债务和地租的负担。

第十二次全会指出，尽管斗争发展得不平衡，但"无论是在帝国主义国家，还是在殖民地国家，革命高潮仍不断上涨（声势浩大而持久的罢工，革命的示威游行，工人同警察及法西斯分子的激烈冲突，农民群众的战斗行动，等等），殖民地人民的反帝斗争在加剧"。

革命危机的成熟和广大群众对资本统治的愤懑，使资本家无法再借助议会制和资产阶级民主制这套老办法来维护其专政，迫使其转向公开的恐怖专政。资产阶级乘人民群众正在思想上酝酿而尚未来得及实行冲击资本主义的时候，力图施行法西斯专政和疯狂的进攻来击败工人阶级。因此，共产国际不仅把法西斯在德国的胜利看做是工人阶级力量薄弱的表现和社会民主党背叛工人阶级的结果，而且把它看做是资产阶级软弱无能的表现，因为它表明资产阶级为了维护其专政不得不凭借恐怖的统治手段和战争政策。

共产国际和德国共产党从一开始就激烈地反对社会民主党人、托洛茨基分子和布兰德勒叛徒，这些人曾试图把法西斯主义说成是小资产阶级专政或流氓无产阶级专政，说成是一种似乎不仅超越无产阶级、而且也超越资产阶级的"超阶级政权"。一些中欧国家建立法西斯专政的沉痛教训向群众表明，法西斯主义是工人阶级最凶恶的、嗜血成性的敌人，是金融资本中极端反动、极端沙文主义和极端帝国主义分子的公开的恐怖专政。法西斯主义是资本主义衰落的产物，它使人民群众遭受极大的痛苦，但它无法制止人民群众走上革命的道路。

由于资产阶级民主制进一步崩溃，由于社会民主党同资产阶级合作政策日益破产，以及一些国家中社会民主党在资产阶级专政体系中的地位变化，第二国际中出现了深刻的危机，许多妥协的政党相继垮台。

社会主义在苏联取得的具有世界意义的胜利，以及资本主义的衰落，使社会民主党发生了深刻分化，使社会民主党工人愈来愈希望在广泛统一战线的基础上与共产党人一起反对法西斯主义的进攻和战争危险，同时也引起了资本主义国家工人阶级对社会主义的向往。

第六次代表大会早已预言到的资本主义相对稳定已经终结。第十二次全会已经有可能指出："正在向阶级之间和各国之间发生巨大冲突的新时期**过渡**，正在向革命与战争的新时期**过渡**"。

而第十三次全会则能够更为确切地指出："……革命危机的客观前提已经成熟，目前世界已**更加**临近革命与战争的新时期"。

在许多国家中革命危机的进一步成熟，证实了这一预测。在**奥地利**，尽管以奥托·鲍威尔为首的社会民主党的领袖们直到最后关头仍在竭力寻求与道尔弗斯政府达成协议，但是，社会民主党在1934年2月仍不得不面对部分社会民主党工人保卫同盟盟员同共产党人共同进行反法西斯斗争这一事实。

在**西班牙**，不久前参加过资产阶级联合政府的社会民主党中，有很大一部分党员于1934年10月同共产党人一起展开了反法西斯的武装斗争，在个别地区，武装斗争还发展成为苏维埃口号下进行的武装起义（阿斯图里亚斯）。

在**法国**，工人阶级开始运用了总罢工这一武器，并通过群众游行示威动员了自己的力量，于1934年2月粉碎了法西斯的第一次大进攻，同时，在无产阶级统一战线的基础上，在全国开展了强大的反法西斯人民运动。

在**德国**，共产党的英勇斗争及其秘密组织威望的提高，使共产党员能够在希特勒统治时期极其艰难的地下活动的条件下，找到联系群众的途径。

甚至在资产阶级政权的动摇不如欧洲各国显著的**美国**，在1933—

1934年间也爆发了多次反对降低工资、保卫工会和争取罢工权利的罢工斗争，参加斗争的人数及其革命程度都是前所未有的，工人群众开始在政治上与资本主义政党划清界限。

在**中国**，在第六次代表大会之前，帝国主义者、封建主和资产阶级的联盟曾使无产阶级和农民遭到了严重的失败。但是现在，虽然蒋介石得到世界帝国主义的支援，中国的苏维埃政权和中国红军在反对国民党的反革命围剿的英勇斗争中仍然站稳了脚跟。中国的苏维埃运动正在日益广泛地吸引着千百万群众，它是整个殖民地世界被压迫人民的生动榜样。

反对法西斯主义、战争威胁和资本进攻的统一战线运动，正在所有资本主义国家里以不同的速度和不同的形式发展着。所有这一切都在证明，资本主义总危机在许多国家已开始进入爆发革命危机的时期。

（二）各国共产党的布尔什维克化

1. 为各国共产党的布尔什维克化而奋斗

第六次代表大会以来，国际工人运动的发展和业已到来的革命高潮（向资产阶级进行冲击的思想在群众的意识中业已成熟），第二轮革命与帝国主义战争的日益逼近，这一切在战后资本主义危机的第三时期，要比以往任何时候都更加尖锐地提出了各国共产党进一步布尔什维克化的问题。

要想利用由于资本主义相对稳定的动摇和濒临终结而出现的新形势，首先必须加强共产党，扩大和巩固党在群众中的影响。为此，首先就必须反对任何背离共产国际第六次代表大会所通过的布尔什维克路线的倾向，同时还应该毫不留情地反对对这种倾向的任何调和主义态度。

粉碎反革命托洛茨基主义，以及共产国际执行委员会第九次全会为实行"阶级反对阶级"的策略所进行的斗争，在第六次代表大会之前就已经为加强各国共产党提供了思想上和组织上的保证。

为了保证共产国际的进一步布尔什维克化，在共产国际第六次代表大会上和大会以后都必须在两条战线上进行极其坚决的斗争，即为了捍卫布尔什维克路线，既要反对作为主要危险的右倾，同时又要反对"左"的宗派主义倾向和对这两种倾向的调和主义态度。

右派在第六次世界代表大会上和大会以后所持的观点，严重违背了第六次代表大会的决议,他们的观点实质上是与第二国际的观点一致的。右派代表人物竭力否定资本主义稳定正在动摇的事实,断言资本主义稳定似乎有着牢固的基础。在美国,右派和调和分子提出美国在资本主义发展方面例外的论点。

右派否认业已到来的革命高潮,不承认工人群众和居民中劳动阶层"左"倾的事实,反对"阶级反对阶级"的策略,企图阻挠共产党成为劳动群众日常斗争中的主导力量。

右派反对通过革命发动和群众性革命工作来组织工人统一战线,他们坚持工会屈从改良主义领导,企图从基层瓦解统一战线,阻挠把没有参加组织的工人吸收到革命工会反对派中来。右派还否认战争危险的增长。一些国家的右派则坚持本国资产阶级不带有帝国主义性质的论点(瑞典、瑞士)。在波兰,右派们否认波兰资产阶级具有向东扩张的帝国主义性质。

同右派的斗争是一场艰巨而持久的斗争,这首先是由于各种调和分子集团对斗争进行干扰。这场斗争的速度、激烈程度以及斗争的成果和方式,都取决于共产国际各个支部的力量、成熟程度和政治经验。在联共(布)党内,右派一开始就胆怯气馁,而且在党内又陷于孤立,因而以斯大林同志为首的党的领导显示了巨大的威力。在德国共产党内,右派企图瓦解党的领导,试图借助调和分子来夺取党的领导权。在共产国际的帮助下,右派和调和分子的这一企图遭到了反击:右派领袖被清除出党,调和分子的领袖被撤销党内领导职务。在一些比较弱小的共产党内,这一斗争进行得比较缓慢,困难也更大一些。在英国共产党内,由于领导干部的思想比较软弱,右的倾向被无原则斗争所掩盖,很晚才开始揭露出来,只是在1929年党才撤换了机会主义领导人。在瑞典共产党内,基尔伯姆取消派集团直到共产国际执行委员会第十次全会之后才被开除出党,而且这一集团被清除出党时还带出去相当一部分党员。

共产国际执行委员会领导了各国共产党捍卫布尔什维克路线的斗争。共产国际执行委员会曾对各国共产党发出一系列指示，在指示中向全体党员群众揭露了领导机关的机会主义倾向和错误，并向各国党提出了必须保证在实际工作中执行共产国际第六次代表大会路线的任务。共产国际执行委员会曾分别写信给瑞典、波兰、英国、中国和匈牙利等国共产党，指出它们所犯的错误。在这些信件的指导下，党员们被发动起来积极克服右倾思想和清除右倾集团。清除右倾集团的工作大部分是在党代表大会上完成的，同时，根据第六次代表大会的决议，代表大会选出了新的领导机关。

右派还曾企图通过共产国际领导机关中的调和分子来维护自己的观点。

右派和调和分子被击溃了。他们的一些知名领袖（意大利的塞拉、美国的洛夫斯顿、捷克斯洛伐克的伊莱克、瑞士的安贝尔-德罗、德国的爱维尔特和苏联的布哈林），早在共产国际执行委员会第十次全会之前就以公开或隐蔽的形式反对共产国际执行委员会的决议，在他们反对第六次代表大会决议的行动纲领被揭露以后便被清除出党，或被撤销了党内和共产国际执行委员会中的领导职务。

共产国际执行委员会第十次全会的决议认为，坚持右倾机会主义观点是与继续留在共产国际的队伍中互不相容的。这个决议成为反对右派斗争的一个重要步骤。共产国际执行委员会在这项决议中还指出，在右派和叛徒被清除以后，调和分子便跳出来维护右倾机会主义的观点。决议向调和分子提出了如下要求：或者他们完全服从共产国际的决议，同右派划清界限，并用实际行动和右派展开斗争；或者违背这一要求，被共产国际开除。共产国际执行委员会的这一果断步骤，使共产国际大多数支部，首先是德国支部中的调和分子集团缴械投降，尽管其中一部分人倒向了右派，并被清除出党。法西斯政变以后，一些调和分子又搞起了他们的反党活动。

各国共产党清洗右倾机会主义分子和右倾机会主义集团的过程大体上持续到1930年。在捷克斯洛伐克和法国共产党内,一些取消派工会领导人曾企图利用红色工会来反对共产党。然而,这些企图大都被顺利地粉碎了。

在联共(布)党内,右派反对社会主义全线进攻,反对集体化,主张保存小农私有经济以及鼓吹富农长入社会主义的论调,这些是同他们对国际形势和国际共产主义运动的估计密切相关的。这种估计表现为:断言资本主义是巩固的,鼓吹有组织的资本主义论调,否认革命高潮,支持各国共产党内的右派和调和分子。联共(布)从思想上和组织上粉碎了党内的右派,也就给了共产国际其他所有支部中的右派以致命的打击。

联共(布)及其布尔什维克中央,在斯大林同志的领导下,通过对右派进行全面、无情的揭露,通过对右派的观点进行坚决的、不可调和的斗争,以及通过坚决捍卫党的列宁主义总路线(正如过去反对托洛茨基主义的斗争一样),为共产国际各支部做出了如何同背离马克思列宁主义的倾向作斗争的光辉榜样。

但是,右派集团被粉碎之后,反对右倾机会主义的斗争并没有结束。不相信革命高潮的到来,悲观地估计国际形势,对社会民主党采取调和主义的立场,屈从于工会运动中的改良主义,等等,过去和现在始终是**许多共产党内的主要危险**。捷克斯洛伐克的**古特曼纲领**和法国的**多里奥纲领**,都极其露骨地表现了右倾机会主义观点。在德国,希特勒上台后,**雷梅尔**和**诺伊曼**两位同志坚持过这种观点,但他们后来承认了自己的错误。

"左"倾机会主义,尤其是共产党内的宗派主义,首先表现为对争取群众的重要性重视不够,实际忽视争取工人阶级大多数的任务。背离和歪曲共产国际路线最突出的"左"倾表现，是破坏和拒绝在改良主义工会中进行革命工作，致使我们在许多场合失掉了我们在改良主义工会中已经占领的阵地，这也阻碍了红色工会发展成为群众性的组织。

认为改良主义工会是"资本主义的学校"的论点，是根据这样一种错误推论得出的：既然革命工会反对派和红色工会执行独立领导经济斗争的方针，那么改良主义工会实际上就只能为企业主所需要，而且只对企业主有用。由此便产生德国默克之流的观点，他们认为，企业中的社会民主党工人不过是一些"小恶棍"，而改良主义工会会员全是一些反动家伙。这些观点及其类似的观点造成了革命工人对改良主义工会实际上的抵制，阻碍了统一战线的实现。在不具备共产国际执行委员会第十次全会决议中指出的关于建立红色工会的前提条件的情况下，轻率地、匆忙地建立红色工会，低估有组织的工人的影响和作用，只会有利于共产党队伍中的右倾机会主义分子和改良主义工会官僚。某些党组织抵制实行同社会民主党工人建立统一战线的策略也是基于这种论调。同这种论调密切关联的，是把法西斯主义和社会法西斯主义等同起来的观点。这种观点阻碍了社会民主党工人和参加改良主义工会的工人摆脱其领导影响，也妨碍了从思想上揭露法西斯主义。

"左"倾机会主义观点既表现在"哪里有法西斯，就在哪里打击他"的口号上，也表现在对法西斯主义采取机会主义的消极态度上，还表现在认为法西斯主义是无产阶级专政发展过程中的必然阶段。

在中国共产党内，这种"左"倾宗派主义思潮在1928—1929年间表现得特别严重。它表现为过高估计革命高潮到来的速度和盲动主义倾向。共产国际执行委员会经常不断地帮助各国共产党及其领导机关克服"左"倾宗派主义倾向，这种倾向直到1933年中期仍有表现，尤其是在中国和西班牙。

第六次代表大会之后，两条战线上的斗争，虽然多数共产党在思想战线上暴露出了很多弱点,但毕竟提高了广大党员的思想水平。这一斗争不仅是针对思想意识方面的各种偏向的,而且也是针对组织工作方面的偏向的,在这方面,一项不容忽视的成果就是加强了党的纪律。两条战线的斗争,使各国共产党更加统一、更加团结,并建立起团结一致的领导机关,由工人更新和充实了党的干部队伍。

清除党的领导机关和党的队伍中那些传播社会民主党传统的分子和集团,使得整个党内生活和党的工作健全起来。但是,清除党内社会民主党传统的斗争,肃清左邻右舍的社会民主党人日常影响的斗争,至今也还没有能完全消除掉社会民主党的全部影响。在生产支部的基础上改组共产党的工作仍然遇到阻力,就是一个相当明显的例证。

虽然如此,在共产国际执行委员会第十二次和第十三次全会之后,右倾机会主义分子和"左"倾机会主义分子反对布尔什维克路线的种种企图都以完全失败而告终,这一事实表明,共产党通过两条战线的斗争在实现布尔什维克化方面已经取得了无可辩驳的成绩。在捷克斯洛伐克共产党内,**古特曼**建立派别组织的企图被粉碎了,党没有受到任何损失。同样,在法国共产党内,多里奥企图使党离开布尔什维克路线的企图也未能得逞。在法西斯专政公开实行以后,德国共产党内的情况更能说明这一问题。尽管德国共产党受到残酷的迫害,遭到广泛的污蔑和谣言攻击,尽管它转入了新的、极其秘密的地下状态,但与德国社会党不同,它保持并进一步加强了自己队伍的内部团结和统一,并在思想上和组织上得到了进一步巩固。这一切显示出,通过思想上和组织上的两条战线的斗争,特别是通过它在共产国际执行委员会和以台尔曼同志为首的德共中央的领导下,多年来进行的同右派和调和分子的斗争,德国共产党受到了布尔什维克式的锻炼。

第六次代表大会之后,布尔什维克化成就的另一个表现就是,许多共产党(波兰、匈牙利、奥地利、南斯拉夫、保加利亚、罗马尼亚和希腊）内旷日持久的派别斗争结束了，这些党的团结和党内纪律得到了恢复。

第六次代表大会通过的共产国际纲领及其发动的国际性运动，对于各国共产党思想布尔什维克化也起了相当重要的作用。

围绕斯大林同志《论布尔什维主义历史的几个问题》的一封信，共产国际各支部广泛开展了进一步深入反对社会民主党传统残余和提高党的思想水平的运动。共产国际为卡尔·马克思逝世50周年举办纪念活动，以及每年纪念列宁逝世和卡尔·李卜克内西、罗莎·卢森堡被害的活动，翻译和出版马克思、恩格斯、列宁和斯大林的著作，以及大量发行马克思列宁主义经典作家的作品，同样也使各国共产党在思想上得到加强。共产国际以其内部空前团结和空前巩固的姿态迎接第七次代表大会。

2. 第六次代表大会到第七次代表大会期间共产国际执行委员会历次全会和主席团扩大会议

在共产国际第六次和第七次代表大会期间，共产国际执行委员会各次全会就其所做的工作（对国际形势的估计、确定共产党的策略、组织任务和工作方法）的重要意义来说，都具有代表大会的性质。这期间，共产国际领导机关召开的会议有：共产国际执行委员会第十次全会（1929年7月3—19日）、共产国际执行委员会主席团扩大会议（1930年2月8—28日）、共产国际执行委员会第十一次全会（1931年3月25日—4月13日）、共产国际执行委员会第十二次全会（1932年9月）、共产国际执行委员会第十三次全会（1933年12月）。

出席这些全会的不仅有第六次代表大会选举出的共产国际执行委员会委员，还有几个大党的其他领导人、中央委员和一些大的地方组织的领导人。共产国际领导机关的这些会议作出的决议涉及国际革命工人运动和殖民地、半殖民地国家民族解放斗争的各种重大问题，解决了某些党的领导机关无法解决的所有争端问题。

共产国际执行委员会第十次全会召开时，正值革命工人运动出现新高潮，罢工斗争日益扩大和尖锐化，**没有参加组织**的群众的积极性更加高涨，而在柏林五月一日流血事件之后，罢工斗争愈来愈具有**政治色彩**，殖民地的革命运动也处于高潮时期。当时，共产国际一些支部（德国、英国、美国等）中的右派和调和分子还没有被彻底粉碎。各国共产党的代表们可以在这次全会上谈论在扩大他们党的群众影响，尤其是扩大党在罢工斗争中的影响方面取得的显著成绩，但这个时期革命工人运动状况的特点仍然是，**扩大共产党的政治影响与从组织上巩固这一影响这二者之间还在一定程度上彼此脱节**。第十次全会就曾指出，最大的"危险，当前是共产党落后于群众革命运动发展的速度（尾巴主义）"，意大利、英国、美国及其他一些国家的共产党在这方面的危险尤为突出。

第十次全会指出，有些支部对1929年8月1日举行第一个反战日的准备工作没有采取得力措施，也没有予以足够的重视；全会指出，某些党员从机会主义观点出发，对战争危险估计不足，对战争采取听天由命的态度，这种状况部分是由于对无产阶级的力量和共产党的作用估计不足而造成的。

第十次全会就工会问题通过了特别重要的决议。这些决议一方面反对向工会官僚妥协，另一方面则反对把革命的工会工作，特别是把改良主义工会内部的革命工作的作用估计过低。全会还就独立地领导罢工斗争，就通过革命工会反对派争取没有加入组织的工人的问题，作出了重要决定。为此还规定了准许建立新工会的条件。第十次全会再次强调指出，各国党必须在工厂支部的基础上进行改组，并突出地强调共产国际各支部克服这方面的落后状态的全部重要意义。

共产国际执行委员会主席团扩大会议召开之际,正值世界经济危机开始的时期。这一危机一方面加速了革命高潮的发展,另一方面则加剧了帝国主义重新瓜分世界的争夺。在这种连失业工人也都纷纷行动起来的情势下,共产国际大多数支部落后于革命高潮的状态,(尤其是在意大利、巴尔干的一些国家和匈牙利)就比以往暴露得更加突出了。

主席团扩大会议强调,必须改组党的工作,以便组织群众积极行动起来,同时大规模地开展和加强宣传工作。主席团又一次肯定,群众工作的最重要任务,是加强在改良主义组织和其他群众组织内部的革命工作,而且必须在这一基础上巩固并从组织上发展工会中的反对派。扩大会议向英国、意大利和德国共产党提出了一系列具体任务。所有这些任务的着眼点首先是加强党和党的群众工作。

主席团扩大会议向各国共产党特别强调了口号对发展斗争的作用,强调必须不仅对每一个企业,甚至对每一个车间的工人提出的某些要求都要进行具体分析研究,同时要把工人阶级的局部要求同总的斗争任务,同共产主义的最终口号结合起来。

共产国际执行委员会第十一次全会是在世界经济危机已经席卷所有帝国主义国家和整个殖民世界的时刻召开的。以资本主义总危机为背景的世界经济危机的深化,使得革命高潮更加迅猛,使许多国家革命危机的先决条件趋于成熟。与此同时,法西斯化的速度也在加快,各种形式的资本进攻纷纷向工人阶级袭来,帝国主义战争和进攻苏联的危险进一步扩大。社会民主党愈来愈暴露出它是一个为法西斯鸣锣开道的组织,是法西斯化的积极因素。

一些共产党,首先是德国、波兰和保加利亚共产党在巩固组织和扩大其群众影响方面取得了巨大成绩。中国的苏维埃运动波及广大的地区。印度和印度支那都正式成立了共产党。但是,许多共产党都还没有完全克服共产国际执行委员会第十次全会指出的那种落后状态。这首先表现在法国、西班牙、英国和美国共产党内。共产国际执行委员会第十一次全会的**主要课题**就是组织**斗争以反对法西斯进攻**，反对社会民主党推行的"较小祸害论"政策，以及反对帝国主义战争策划。全会指出，在当前的情势下，社会民主党起着资产阶级的主要社会支柱和策划反苏战争的世界帝国主义先锋队的作用。在关于反战工作的特别决议案中，全会向共产国际各支部重申了第二次代表大会的指示——拒绝在军队中开展工作，"就等于背叛革命职责，是与第三国际成员的身份不相容的"。在全会的决议案中特别强调指出，统一战线的策略在共产国际各支部中没有得到很好的贯彻，这正是落后的主要原因之一（尽管共产党在争取群众方面取得了一些成绩）。第十一次全会肯定，争取工人阶级大多数是工人阶级战胜资产阶级并准备为无产阶级专政而决战的必要前提，所以全会提出，党的主要任务是，通过捍卫工人阶级的日常利益来动员群众，通过广泛运用自下而上的统一战线策略来组织无产阶级反攻，以反对资本进攻和资产阶级专政。全会要求进一步从组织上加强共产国际的各个支部，特别是要消除党员的流动现象。

共产国际执行委员会第十二次全会指出，资本主义稳定已经结束，第二轮革命与战争日益迫近，同时还指出，革命高潮正在到来，**共产主义运动**尽管遭到资产阶级及其法西斯组织的抵抗，仍然**取得了进一步的成绩**。

苏联第一个五年计划的胜利完成，社会主义建设的成就以及苏联日益增长的实力和威望，是所有资本主义国家共产党的威望和影响扩大的极其重要的因素。德国共产党在1932年7月国会选举中获得了530万张选票。中国共产党已成为中国广大苏区的执政党和其他地区民族解放运动的领导者。波兰和西班牙共产党及其他一些共产党的人数迅速增长。共产党的群众影响也在日益扩大。

尽管取得上述这些成绩，十二次全会仍然指出，鉴于当前的紧张局势和各共产党面临的任务，党所取得的成绩还很不够，党的群众工作仍然处于落后状态。不仅指出了工会内部的群众工作薄弱，还指出了其他群众组织中的工作也很薄弱。全会特别指出了共青团组织的落后与闭塞状态。

在提出克服党内广泛存在的搞运动式的工作方法的同时，全会特别强调要经常接触工人群众，要从组织上巩固取得的成绩。第十二次全会着手研究了宣传鼓动问题，还格外重视党的报刊工作，而且首先着眼于吸收和争取社会民主党工人和改良主义工人这一任务。第十二次全会也拟定了克服党员流动的种种措施，以保持党的队伍不断扩大，并强调指出要在组织上做好准备以便转入地下。全会指出，右倾机会主义的"尾巴主义"依然是主要危险。尾巴主义常常表现为妥协情绪，不相信改良主义工人群众能走上革命道路。当然，另一方面，也要同那些空喊开展革命斗争，却不向群众进行必要的布尔什维克教育和动员工作，也不通过组织和争取工农日常斗争的领导权来实际开展这些斗争的"左"倾机会主义倾向进行坚决斗争。

共产国际执行委员会第十三次全会召开时的情况证明，革命危机的客观条件已经成熟，共产主义运动不断发展，"世界已经迫近新一轮的革命与战争"。阶级矛盾、帝国主义国家之间的矛盾以及资本主义世界同社会主义世界之间的矛盾空前激化；法西斯的进攻日益加强，法西斯主义已在德国取胜；德国社会民主党的垮台不仅标志着第二国际危机进一步深化，而且使德国和其他资本主义国家群众的民主主义幻想遭到极大的打击。

苏联第一个五年计划的胜利以及向第二个五年计划和向建设无阶级的社会的过渡，大大扩大了共产主义的影响，而中国红军的胜利也已成为世界革命运动的重要因素。

德国共产党在法西斯血腥恐怖条件下所进行的工作,日本共产党对帝国主义侵华战争所持的布尔什维克立场,使资本主义国家共产党的威望显著增长。季米特洛夫同志在莱比锡审判中表现出来的英勇精神,进一步赢得了各国工人阶级对共产国际的同情。法西斯国家的共产党不顾法西斯的白色恐怖,不仅能够坚守阵地,而且更加强了自己的阵地。

但是,第十三次全会指出,各国党的群众工作仍然存在着许多重大的错误和缺点。它们还没有很好地学会开展宣传工作和学会具体地巩固党在日常工作中获得的影响。正是由于党的活动中、尤其是党的群众工作中的这些错误和缺点,使它们未能充分利用世界经济危机和第二国际及其一些大党(德国社会民主党等)的危机来进一步从组织上加强自己的队伍。

第十三次全会要求各国共产党彻底转变它们的整个群众工作,特别要善于提出自己的口号和要求,并使这些口号和要求既能从运动的实际水平出发,同时又能向工人指出摆脱危机的革命出路。全会特别要求各国共产党使自己的宣传活动、报刊内容和语言更加适合于工人和其他劳动居民阶层。全会同样指出了加强在城乡小资产阶级中的工作的必要性。

第十三次全会要求把夺取政权问题放在党的整个群众工作的首位,要求共产党人在维护劳动人民日常利益的同时,向群众解释:资本主义的弊病是治愈不了的,除了无产阶级革命以外,没有能使资本主义摆脱总危机的其他出路。共产国际执行委员会确定,党的主要口号是为苏维埃政权而斗争。

共产国际各支部的工作在第十三次全会上受到的布尔什维克式的深刻批评,很快就收到了效果。全会以后,许多国家的党的群众工作有了转变,尤其是在奥地利,二月起义失败以后,共产党成了奥地利工人阶级的领导党。在西班牙,共产党通过使"工人同盟"走上革命化道路,有力地推动了统一战线,并领导了1934年10月在阿斯图里亚斯举行的武装起义,从而大大地扩大了党对劳动群众的影响。在法国,党在群众工作中的成绩为实行统一战线打下了广泛的基础。在荷兰,失业工人的斗争行动是在共产党的领导下进行的。在美国,共产党人在新的罢工浪潮中占据了强有力的地位。在丹麦,在共产党的领导下,广泛掀起了争取经济要求的斗争,而且这一斗争很快演变成反对社会民主党政府的群众斗争。如果不是加强了共产党的群众工作,就无法设想争取统一战线斗争会进行得这么顺利并取得这样的成绩。

3. 群众组织和各国共产党的群众工作

共产主义运动的发展和各国共产党布尔什维克化的成绩,是共产党人在不断遭受迫害的极端艰难条件下取得的。在报告所总结的这一时期,群众工作的领导水平,虽说存在一系列缺点和不足,但仍然有所提高。这一时期,干部成长起来了,政治上成熟了,党员人数和组织数量都有所增加,这一切都证明共产党的布尔什维克化取得了很大的成绩。共产国际的许多支部(法国、德国、波兰、中国、日本、保加利亚和捷克斯洛伐克等国共产党)成了有群众影响的政党。在美国、波兰、中国、奥地利、英国、匈牙利和荷兰,共产党成功地领导了失业工人的群众运动,领导了罢工斗争和反帝斗争。

法国和西班牙共产党,特别是奥地利共产党,由于贯彻了同社会民主党组织和社会民主党工人结成统一战线的策略,大大扩大了自身的群众影响。首先,正是由于共产党的群众影响的增长,才使得社会民主党不得不向工人群众要求联合行动的压力让步。

尽管如此,共产国际执行委员会的历次全会,包括第十三次全会都始终认为,共产党至今未能十分令人满意地通过群众工作开展争取工人阶级大多数的斗争。因此，争取那些已经脱离其领袖的社会民主党成员和改良主义群众组织成员来扩大共产党和革命群众组织的工作也收效甚微。这些工人中的相当多数仍在把革命精力耗费在那些对社会民主党和改良主义群众组织领导抱有反感的反对派集团中，或者正在逃避斗争；而另一些人则为资产阶级和法西斯组织所争取。这种情况同样也表现在对城乡中等阶层开展的工作上。大多数国家的共产党对中等阶层开展的群众工作还仅仅停留在初级阶段。这也是小资产阶级倒向法西斯阵营的一个重要原因，虽然不是唯一的原因。

这一切并非客观困难所致，而是党和革命群众组织本身工作中的缺点造成的，这在它们的**工会工作**中暴露得尤为明显。

共产国际执行委员会及其领导机关的每项决议都强调必须在改良主义工会中进行工作，把抱有革命热情的工人吸收到反对派组织中来。共产国际执行委员会第十次全会曾对改良主义工会内部革命反对派的工作作了专门指示，必须争取在改良主义工会机关中获得每一个可能获得的选任职务。这些决议还指示应该吸收那些在当时经济斗争中表现了巨大积极性的、没加入组织的工人参加反对派的工作。同时也制定了巩固革命工会组织的措施，确定了可以建立新的红色工会的条件。

在贯彻这些正确决议时遇到了阻力。共产党内的右派分子即使在具备各种规定条件的情况下也反对建立红色工会，他们还拒绝执行独立领导罢工斗争的方针。

大规模的罢工运动，鲁尔区、罗兹、布昌克斯、博里纳日等地的战斗，驳斥了右派所谓没有改良主义工会（尤其是在经济危机时期）就无法进行罢工的论调，而"左"倾宗派主义分子则实际拒绝在改良主义工会中开展革命工作，致使同工会内部改良主义分子和党内右派的斗争遇到种种困难。

"左"倾宗派主义的理论甚至渗透到了最上层的革命工会积极分子

中。共产党人往往不按照第十次全会的要求去做,他们建立红色工会时,既不依靠无产阶级群众运动,也不借鉴工人在大规模罢工过程中取得的实践经验,不去利用工人脱离改良主义工会上层的这一情况。许多地方硬性建立红色工会,不以群众运动为基础。因此,工人们无法通过实践确信革命工会的政策是正确的。还是由于"左"倾宗派主义分子的过错,改良主义工会中的革命工作在很大程度上被忽略了。"左"倾宗派主义分子认为,不必要把加入改良主义工会的工人争取到共产党这边来,因为他们把改良主义工会官僚同改良主义工会中的广大成员扯在一起。这些人把各国革命工会反对派当做一种特殊的过渡形式,当做一种与工会平行的组织,而没有把重点放在改良主义工会内部的革命工会反对派的工作上。因此,革命工会反对派基本上被排除在工会之外。

鉴于形势的变化,工会国际第五次代表大会取消了德国和波兰的"加入改良主义工会!"的口号。第五次代表大会(1930年)当时作出这一决定的根据是,革命工会反对派是与改良主义工会并存的,而且主要在改良主义工会内部进行工作(虽然也吸收没有加入组织的工人)。由于改良主义分子抵制罢工斗争,加之这两个国家的群众对改良主义的幻想开始破灭,因此革命工会反对派便有可能通过罢工斗争发展成为独立的群众性的革命工会。后来,大多数其他国家的革命工会反对派也都取消了这一口号。这种做法是错误的,因为在这些国家甚至还不存在平行的红色工会。这样一来,征收参加改良主义工会会员的工作被中断,从而只能削弱共产党人在工会中的作用。许多共产党员参加了改良主义工会,由于得不到党组织必要的领导而消极低沉,往往也犯一些右倾机会主义错误,受改良主义分子的影响。

共产国际执行委员会第十一次、第十二次和第十三次全会在其决议中一直坚持要求各国共产党在改良主义工会内部广泛开展革命工作。经验表明,改良主义的工人愈来愈多地脱离他们的领袖,开始抵制改良主义工会官僚破坏经济斗争的行为。这有助于共产党人和革命工会反对派独立地进行经济斗争。然而，只有几个国家（美国、奥地利、英国、匈牙利）在改良主义工会内部的工作开始有了某种转变，这种情况有利于扩大这些国家共产党的影响。由于这种变化，一些地方上的改良主义工会的领导权和几次罢工的领导权转到了工会反对派手中。

在一些法西斯专政国家，特别是在意大利，尽管共产国际执行委员会一再作出决定，但是，对待在法西斯工会内部工作的宗派主义态度，至今还没有根除。这项工作或是十分不力，或是根本没有去做。

红色工会的发展，在很大程度上由于党的领导机关对这一工作不够重视，也不能令人满意。大多数红色工会还不能认为是真正的群众组织。

近来，特别是在共产国际执行委员会第十三次全会以后，争取统一工会运动的前提条件逐渐成熟。在法国和捷克斯洛伐克，这些条件不仅表现在革命工会运动内部那种认为不能同改良主义者联合的宗派主义立场有所克服，而且还表现在这些国家的改良主义工会成员对改良主义的领导的对立情绪正在不断增长，要求同红色工会联合的呼声日益强烈。

群众工作的薄弱环节也表现在各党的宣传工作方面，包括口头和文字方面的宣传，表现在我们的报刊内容贫乏，发行量有限。宣传中的概念化仍然没有克服。共产党人在口头和文字宣传中往往局限于重复枯燥无味的说教，既不结合工人关心的切身问题，也不联系工人阶级的日常利益。再就是没有对党的共产主义政策和基本口号的原则基础进行通俗易懂的宣传解释工作。报刊文字不够通俗，对于社会民主党和法西斯向工人阶级灌输资产阶级影响的那些论据采取避而不谈的态度，这些现象至今仍然是共产党人报刊的通病（某些报刊除外）。可以指出的是，自从1934年2月召开编辑会议以后，共产党人的报刊开始有了一些好转。

培养大批善于组织群众和宣传群众的党员干部的工作，在我们大多数党内，还没有达到一定的高度。共产国际执行委员会领导机关一再强调，提高党员群众和积极分子的理论水平，是进行革命群众工作的极其重要的前提，缺少这个前提条件就不能争取社会民主党的、改良主义的和没有加入组织的广大工人群众，也不能争取受法西斯分子蒙骗的无产者。在组织党校学习方面，在报告所指的这一时期，虽说取得了一定的成绩，但即使在几个大党中，现有的党校网就其素质和数量来说都不能令人满意。

在共产国际的一些支部内，如在中国共产党内，特别在苏区，在德国、美国和英国共产党内，中央委员会开办了短期党校；在西班牙、波兰、德国、法国和中国设立了地区党校。但是，在共产国际的各支部中，党课学习大多还只是靠为期一、两周的短期学习班来进行。有些国家，特别是英国，也为新党员和非党工人举办过学习班，但是，这里的学习都不是系统的。

在德国，通过党校和学习小组进行的党的教育工作有了很大发展。在那里，在希特勒上台前，我们党开办了专为广泛争取同情共产主义的工人的工人学校，如"马克思主义工人学校"就是其中之一。在纽约和巴黎也有类似工人大学的机构，如"工人大学"。企业中的学习小组还很少，虽说这种小组在秘密条件下应该是党课学习的主要形式。随后，在德国和法国还为党的工作者组织了一日晚间会议。在德国（希特勒上台以前）和匈牙利开设了函授学习班，等等。

但是，所有这些培训党员担负群众工作与培养特别宣传员和大众宣传员的措施，还远远不够和不能令人满意。

4. 共产国际各支部的组织工作

在报告所指的这一时期，共产国际进行工作的条件，可以用下列事实作最好的说明：参加第六次代表大会的共产国际的合法支部代表是35个，秘密支部代表是27个，而参加第十三次全会的合法与半合法支部代表是23个，秘密支部49个。大多数党即使在秘密条件下也能保持党对群众的影响，在很多场合还加强了这一影响。那些在第五次和第六次代表大会期间还比较弱小的共产党也壮大起来了，如奥地利共产党和西班牙共产党、巴尔干各国共产党。在报告所指的时期里，在大多数南美洲和加勒比美洲国家，也刚刚成立了共产党。

第六次代表大会之后，党在**组织**方面虽说也取得了一些成绩，但这些成绩仍然是不能令人满意的。主要问题仍然是组织状况落后于思想影响。工作方法布尔什维克化，就是要改变党的日常工作和具体做法，使得党的每项工作和党的每一个行动都能对群众进行革命教育。为此必须对党的各项决议的**执行情况进行检查**，以避免作出的决议同贯彻决议之间出现脱节现象。在这方面，最大障碍是：（1）轻视总的组织工作，尤其是瞧不起群众鼓动和宣传组织；（2）党委会同共产党议员团之间缺乏正确的相互关系，在还没有共产党议员团的地方，党委会和在群众组织中工作的共产党员之间也缺乏这种关系；（3）党委会对待群众组织采用了不正确的工作方法；（4）在斗争中和在战斗行动的间隙，没有重视经常地影响和教育群众，以便能够从组织上巩固在工人群众中已经取得的影响；（5）重视在党员居住地开展工作而不重视在企业内部开展党的工作；（6）低估在企业群众工作中运用秘密方法的意义，而且一般地说，不善于把合法的和非法的党的工作方法正确地结合起来；（7）对经常检查决议执行情况的重要意义缺乏理解。

共产国际执行委员会历次全会的工作，也同它的各个机关在报告所指时期的大部分工作一样，主要是通过工厂支部来改组共产党。共产国际第十三次全会之所以强调党在企业和工会中的群众工作依然是党的工作中最落后的一面，这主要是应当归咎于党仍旧没有把企业当做自己的主要活动场所,因而没有同广大工人建立起密切联系。每个党的工厂支部数量很少,也是这种情况的一个重要证明。

在英国或美国这样的国家,与工业企业数量相比,工厂支部的数量仍然少得可怜,而且大多数工厂支部又都在中小企业,大企业中只占很少部分。

我们企业中的基层组织有所发展(虽然还很不够),主要是德国、波兰、巴尔干各国、奥地利、荷兰、比利时和美国等国共产党。

工厂支部网的发展落后于街道支部网。工厂支部数量虽有所增长,支部党员所占的百分比却没有上升。这主要是由于许多国家的企业不断解雇共产党人,其次是大批新党员主要来自失业工人;现有的工厂支部在本企业工人中几乎不做任何征收党员的工作。共产国际许多支部至今没有能力争把企业在业党员按工作地点转入支部。这些党员还都留在居住地的街道支部。在共产党已经是合法存在的国家,大多数工厂支部也还在按秘密的办法进行工作。合法主义的传统,**不善于把合法的工作方法与秘密的工作方法结合起来**,保密工作的缺点乃至对保密工作的某种程度的轻视,这些同样是共产国际执行委员会及其机关多次决议要通过工厂支部改组党的工作得不到充分贯彻的重要原因。这主要是指一些大企业,这里的工厂支部及其成员首当其冲地成了工厂特务活动的牺牲品。因此,多数国家的共产党在一些具有决定性影响的企业中发展工作只能是十分缓慢而且很不够。由于这一情况,在党发动的许多极其重要的运动中,例如在德国1932年夏秋两季的反法西斯运动中,大企业参加斗争的情况是最差的,当然,最近一个时期,可以说在把反法西斯和反战工作转向企业方面,是取得了一定成绩的。

企业中的工作,虽说存在着许多缺点,但还是有所改进的,而且一般来说,经常都能把甚至多次受到破坏的支部重新建起来,使它们继续开展工作。在一些共产党(如德国共产党)转入地下时可以看到,大多数在企业中真正发挥作用的支部都能够克服工作中的极大困难,在企业中占领强大的阵地。但是应当全面看到,作为基层党组织的工厂支部仍然战斗力不强,对待工人日常迫切的问题还不善于作出积极反应。

在报告所总结的时期之前和报告所总结的时期内,共产国际执行委员会及其机关关于把全党和群众工作的重心转移到大工业中心、转移到大企业和一般企业中去的决议,在许多支部至今还远没有得到贯彻。法西斯恐怖造成的环境清楚地表明,只有工厂支部最能够适应地下环境,也是最富有生命力的和最坚强的党的组织形式。最近出现的一些迹象表明,在德国、奥地利和捷克斯洛伐克这样一些国家,企业中支部的组织工作不断加强,现有支部的积极性也在提高。

关于把党和群众工作的重心移到企业中去的决议之所以未能贯彻执行的一个重要原因,也是没有充分对党员,特别是对那些在这个问题上还没有摆脱社会民主党传统的党员讲清楚在企业中进行工作的全部意义及其方法。

正是在世界经济危机开始的时候,共产国际各支部的党员人数开始有所增长,这种增长反映了工农革命运动高潮的到来。自第六次代表大会以来,资本主义国家的共产党增加了约30万名新党员。

德国共产党在转入地下之前发展得很快。在1928—1929年,德国共产党有12.1万名党员,到1932年底,登记的党员就有36万名,其中定期缴纳党费的有25.2万名。在1933年,即已经转入地下时期,德国共产党内仍有10万名党员。据中共中央统计,共产国际执行委员会第十二次全会以后,中国共产党党员人数,增加了近10万名;到共产国际执行委员会第十三次全会时,党员人数达到了41.6万名(在苏区和国民党统治区)。现在,由于红军撤离江西,情况发生了变化,党员人数还无法统计。

党员人数增长最快的是奥地利共产党。在二月战斗以前它有近

4000名党员，而到1934年底，党员增加到1.6万名。波兰共产党也是在秘密条件下迅速发展起来的党，到共产国际执行委员会第十三次全会时，波兰党组织已有1.7万名党员，还不包括狱中的近1万名党员。西班牙共产党从第六次代表大会时的800名党员增加到第七次代表大会时的2万名党员。

共产国际及其机关在决议中一再指出，党在实际工作中往往忽视从组织上巩固党的思想影响。例如，采用社会民主党的办法征收党员；征收党员的工作很少同群众运动相结合；不愿意把工作重心转移到企业中去；主要只在人民集会上征收党员，而且在很多场合新吸收的党员往往没有登记。

不认真吸收新党员参加党的生活，忽视对新党员的教育，造成党员继续大量流动，而党组织为消除这种现象所作的努力完全不能令人满意。党员流动的严重程度可以从美国共产党的情况看出来。据美共中央统计，1931年一年中，新党员人数共计1.2万人，而退党的人数也是这个数字。直至共产国际执行委员会第十三次全会，在共产国际一些支部，党员的流动率仍占新党员总数的50%到70%。征集新党员的工作不是在企业日常工作中进行，主要是在集会上或通过街道支部进行，这便是大批新党员主要来自失业工人的原因，而这些失业工人由于经常流动找工作，很难劝留他们。在大多数情况下，工厂支部党员减少时没有用征收工厂工人新党员的办法来补充。例如，在德国共产党1928年的党员总数中，55%左右是企业在业的工厂工人。但到1932年，党员人数虽然增加了两倍，而产业工人的比例却下降到了12%。奥地利共产党（在二月战斗以前）同美国共产党一样，绝大多数党员是失业工人。当然，最近德国和奥地利共产党的构成有所改变：这两个党的党员人数在增加，而且多半来自企业工人。捷克斯洛伐克共产党在建立了150个新的工厂支部以后，情况也有所好转。

在研究党员流动原因时，也要考虑到白色恐怖和企业解雇共产党人造成的影响，这在许多情况下也是党员流动的重要因素。

第六次代表大会以后，共产党面临的新任务向每一个共产党人，首先向领导干部提出了很高的要求。那些最不坚定的、受社会民主党传统影响最深的分子，是不会贯彻第六次代表大会路线的。第六次代表大会以后，许多国家的共产党开始清洗党内干部中的机会主义分子。

在报告所指的时期，即在同"左"右倾机会主义两条战线斗争的过程中，像在实际的革命工作中一样，大多数党的干部都经受了严重的考验。在德国、波兰、南斯拉夫、意大利、保加利亚、匈牙利、奥地利、日本、中国等国共产党内，法西斯白色恐怖下的无数牺牲者的名单，证明了共产党干部的英勇献身精神和自我牺牲精神。希特勒上台以后，德国共产党的干部遭受了巨大损失。据意大利共产党报道，由于流放、屠杀和逮捕，有时每三四个月就得重建一批区党委和地方党委。在匈牙利，尤其是在南斯拉夫，情况也是一样。在这两个国家，长期以来被逮捕的党的优秀干部无一例外地全都惨遭杀害。在中国共产党内，党的第六次全国代表大会选出的中央委员中，现在仍然自由的、活着的和在积极工作的，只剩下三分之一的同志，其余的中央委员或被捕，或在押中被杀害。我们看到，在法西斯国家中，大多数地下共产党的情况几乎都是这样。

不论遭到什么样的损失，共产党仍然能一批又一批地补充自己的干部队伍，能够继续组织好阶级队伍进行斗争，这一情况表明，它们正在学会从参加斗争的工人中不断吸取新生力量。

许多共产党还采取了系统地选拔并考察干部的措施，由于这项工作有了一些改进（虽然还很不够），共产国际各支部才得以在一系列情况下揭露出异己分子，并把他们从队伍中清除出去（如波兰、匈牙利、南斯拉夫、中国等）。

但是，我们的支部在完善党的干部队伍和教育新干部方面取得的成绩，无论在质量上还是数量上都不能认为是令人满意的。党的实际工作中的缺点表明，党的力量的分配远不都是正确的，党的干部素质还必须进一步提高，而且必须大力吸收（当然要结合考察）一些在党内担任负责工作时脱颖而出的新生力量。

对共产国际19个支部的中央委员会的社会构成的调查表明，这些中央委员会的497名委员中，工人有321名，占64.5%。在欧洲各国共产党内，工人所占的比例较东方各国共产党要高。区党委和州党委的构成，各国情况不一。在德国共产党内，基层领导机关中工人所占比例比在中央委员会内所占的比例还要高，而在意大利共产党内许多区委会中的工人委员都只占少数。

上述中央委员会的436名委员中，1923年（含1923年）前入党的有223名，占51.1%。这些党的大多数中央委员，都是在战后资本主义危机第一时期参加过战斗的党的工作者，他们参加过建党工作，并在共产国际队伍中经受过严峻考验。与这些老干部共同成长起来的还有一批新的接班人——年轻的党的领导干部，在他们当中一些人已经成为中央委员会最积极的工作人员。在436名中央委员中，1929年以后入党的有69名（16%），而在1931—1932年入党的只占24%。

在吸收新的领导干部的工作中，我们所有的党都缺乏计划和检查。在很多场合，吸收新生力量不经常，不作计划，迫于急需才搞。在一些警察国家，由于党组织不能严守秘密，没有经验，缺乏谨慎和警惕，内奸活动使共产党遭受严重打击。共产国际执行委员会提出各种建议并具体指导帮助进行秘密工作和清洗党内可疑分子，还发挥自己的全部权威反对派别斗争和宗派主义，因为派别斗争和宗派主义使警察的内奸活动容易得逞，而在一些情况下就是由警察煽动起来的。研究警察内奸活动方法的国际经验交流，大大加强了各国共产党组织的警惕性，虽然还很不够。

在报告所指时期，各国党中央委员会在指导地方党的干部和党组织的工作中取得了显著成绩。在共产国际一些支部（德国、波兰等国共产党）中，党的委员会已经成为能够独立胜任它们所面临任务的一级党的机关。考虑到又有一批共产党面临转入地下的危险，以及帝国主义战争迫在眉睫，共产国际执行委员会及其机关在决议中提出反对中央委员会领导过于集中，反对压制州委会和区委会的主动精神，并强调指出，在建立地方和州一级领导机关时，应该做到使它们在一旦同中央中断联系时能够独立担负起组织群众革命斗争和对群众进行革命教育的任务。

各国党中央委员会遵照共产国际执行委员会第十二次全会的指示，为了巩固基层党组织，加强党的机关工作的集体主义原则，迅速转达上级指示和改进执行指示时严重缺乏检查的情况，精简了党的领导机关，撤销了一些不必要的部门。共产国际执行委员会机关一直坚持反对党组织和干部领导方法中的官僚主义和命令主义的作风，促进党的机关之间建立有机的联系。但是，检查共产国际执行委员会和共产国际各支部领导机关决议的执行情况，仍然是领导工作中最薄弱的一环。

（三）统一战线

第六次代表大会通过的《共产国际纲领》确定：无产阶级统一战线策略是整个革命前时期无产阶级为反对资本进行阶级动员的主要手段，是争取工人阶级大多数站到共产主义方面的方法。

共产国际第六次代表大会之所以把统一战线的策略和争取工人群众日常利益的斗争作为《共产国际纲领》的组成部分，表明它是在继续始终不渝地遵循早在列宁领导下的共产国际在第二次和第三次代表大会上以及在共产国际执行委员会的第一次扩大全会上制定的政策，即争取工人阶级大多数的政策，并把它看做是无产阶级革命胜利和建立无产阶级专政的根本前提。

统一战线策略是整个革命前时期动员群众的一种经常性手段，这一策略视每一特定时期阶级斗争的条件而采用各种不同的形式。因此，第六次代表大会同时还确定了在表明战后资本主义体系总危机的第三时期到来的新条件下①，运用这一策略的具体形式。

当前，工人阶级面临的特殊条件是：工人阶级日趋左转，社会民主党上层进一步向右转并继续同资产阶级国家机构结合直至采取社会法西斯手段，同时，社会民主党越来越加紧要弄"左"的手腕以维护其对工人阶级的影响。这些特殊条件标志着战后资本主义总危机这一新时期

---

① 文中"战后"专指第一次世界大战之后，不同于后来特指第二次世界大战之后。——编者注

工人运动的特点。

在阶级斗争激化和革命浪潮高涨的情况下，社会民主党政策的这一发展便决定了第六次代表大会所确立的并为共产国际执行委员会第十次全会进一步发展的统一战线的策略形式必须加以改变。这一策略形式的改变表现在把重心转到**自下而上**的统一战线上，转到直接面向社会民主党工人这方面来。

在向统一战线新的策略形式转变时，共产国际遇到了右倾机会主义分子的极力反对。右倾机会主义分子在资本主义稳定条件下越来越看不到革命的前途，他们试图采取向社会民主党妥协的办法来取代统一战线的策略。在革命运动的所有问题上都背离共产国际路线的右倾机会主义分子提出的所谓统一战线策略，就是要同那些在许多情况下直接行使资产阶级国家警察统治职能的社会民主党的变节首领结成庸俗化的联盟，这就意味着放弃独立地组织和领导工人阶级斗争的主动权。右派们策划的这一策略实际上是要放弃阶级斗争。

第六次代表大会以后的许多事件的全过程，完全证实了共产国际政策的正确性。世界经济危机到来之前的1928—1929年间无产阶级的群众斗争几乎扩大到了所有资本主义国家。德国鲁尔区矿工的斗争和冶金工人大罢工，罗兹纺织工人罢工以及法国、捷克斯洛伐克等国的一系列经济斗争，在共产党的领导下，纷纷开展起来，尽管当时的改良主义官僚们实行的是工贼政策。德国的革命工会反对派在工厂委员选举中提出了自己独立的候选人名单，这在当时的情势下是革命工会反对派取得的巨大的胜利。1929年5月1日这一天，社会民主党警察头目策吉贝尔对柏林革命工人施行的大屠杀，再次证明了社会民主党的政策是十足的社会法西斯政策这一论断的正确性。

共产国际执行委员会第十次全会总结了所有这些斗争的经验，尖锐地批评了右倾机会主义分子和在许多问题上支持右派的调和分子的政策和策略观点,并在全会提纲中发展了第六次代表大会提出的策略。

然而,在贯彻这一路线时,共产国际在许多支部中又遭到了来自"左"倾宗派主义分子的反对。"左"倾宗派主义的观点实质上是认为,改变统一战线的策略形式就等于完全取消这一策略。宗派主义分子还企图曲解关于社会民主党的政策就是社会法西斯政策的正确论断,他们把法西斯主义和社会民主主义相提并论。他们还企图抹杀社会法西斯领袖同社会民主党工人之间的区别,把社会民主党工人描绘成社会法西斯分子。他们借口把改良主义工会中央机关争取过来是不可能的,便恣意放弃在改良主义工会组织中进行任何工作,而且不顾共产国际执行委员会第十次全会提出的原则,即只有在具备能有成效地进行独立的阶级斗争的特殊条件时方可建立新工会的规定,采取了建立新的独立工会的总方针。这些"左"的倾向也在很大程度上阻碍了统一战线策略的贯彻,致使共产国际执行委员会(特别是在第十次全会以后)不得不加强两条战线的斗争(反对作为主要危险的右倾和反对"左"倾宗派主义),来保证第六次代表大会路线的贯彻。

伴随世界经济危机而来的是资本主义使工人阶级的生活水平大大降低,从而引起了罢工浪潮,并由此加速了许多国家的资产阶级国家机构的法西斯化。

在世界经济危机发展的年代,正当资产阶级企图通过战争和法西斯主义道路摆脱危机的时候,共产国际及时地向各支部提出了任务——采取一切手段发动群众,**为寻找摆脱危机的革命出路而斗争**。共产国际执行委员会第十一次全会,也同第十次全会一样,提出了要把争取工人阶级大多数的任务作为主要任务,要求各国共产党集中力量解决这一任务。

在第十一次全会的提纲中指出:"当前各国共产党面临的主要任务是**争取工人阶级大多数**,这是战胜资产阶级和发动工人阶级**为争取无产**

阶级专政而决战的必不可少的条件"。

共产国际最积极地协助了各国共产党具体制定它们摆脱危机的革命出路的行动纲领。1930年，共产国际执行委员会帮助德国共产党制定了社会和民族解放纲领，这个纲领成了德国共产党争取群众的强大武器。同样，共产国际还不断帮助其他支部（法国、英国、波兰等国共产党）具体制定了为寻求摆脱危机的革命出路而斗争的方法和纲领。

世界经济危机的深化、资本的进攻、法西斯危险和战争威胁的日益扩大，使得**工人阶级的统一战线问题成了无产阶级迫切的和生命攸关的中心问题。**

在世界经济危机日益激化的年代，**社会民主党的危机因素也逐渐成熟起来**，这首先表现在那些受危机影响最大的国家——德国和奥地利。社会民主党和改良主义工会上层与直接经受危机打击的社会民主党和工会广大群众之间的矛盾，已经尖锐到了不可抑制的程度。在这种情况下，特别是由于共产党对工人群众的影响的增长，社会民主党已经再也不能像从前那样轻易地使工人相信，资本主义本身是关心改善工人阶级状况的。它再也不能够像在相对稳定时期那样采取变换欺骗手段和利用国家暴力机器来控制住工人，不让他们去为争取日常利益和反对降低生活水平而斗争了。历史事件的整个进程越来越有力地推动工人——社会民主党的和改良主义工会的成员——走上同共产党工人结成统一战线的道路。但是，社会民主党在大多数情况下还是能够牵制这种日益增强的趋向统一战线的力量的。

社会民主党工人早在经济危机头几年（1930—1931年）就强烈表现出来的日益增长的不满情绪，致使1932年在德国，特别是在奥地利，开始发生了深刻的思想危机，引起了社会民主党内部的动荡。"较小祸害论"政策引起了普遍的不满。反法西斯斗争问题成了社会民主党工人和共产党工人之间争论的中心点。社会民主党捍卫"较小祸害论"政策,他们为此提出的借口是:似乎只有这一政策才能保证维持住资产阶级民主,或者照社会民主党首领们的说法,才能维护住"一般的"民主原则。社会民主党以其同法西斯进行虚假斗争来哄骗工人,他们有时甚至(像奥地利社会民主党所做的那样)答应在必要时会拿起武器反对法西斯。而事实上,社会民主党是在步步投降法西斯,为法西斯上台扫清道路。

在第六次到第七次代表大会之间的整个时期,由于法西斯危险的增长,共产国际越来越坚定地向群众解释:社会民主党正在为法西斯扫清道路。

社会民主党的这一路线的突出表现是,在德国共产党反对建立法西斯专政斗争的关键时刻,德国社会民主党对无产阶级统一战线的破坏。当普鲁士策划政变时,德国共产党已经在1932年5月的一系列号召书中号召社会民主党工人建立反法西斯斗争统一战线以击破反动派的计划。

1932年6月16日,德国共产党柏林—勃兰登堡州委会向全德工会联合会委员会、德国社会民主党州领导机构和国旗社的区领导机构发出呼吁,呼吁在"打倒法西斯反动派"的口号下共同举行柏林工人大游行。共产党的建议被拒绝,虽然它们拒绝的理由各不相同,但拒绝建议都是十分坚决的。

当法西斯分子为了进一步发起进攻而利用争夺普鲁士地方自治代表会主席职位的斗争时,德国共产党中央立即向德国社会民主党和中派党建议,共同阻止选举国家社会党分子担任地方自治代表会主席的职位。德国共产党中央在建议中只提出了下列两个条件:

"(1)规定集会、游行和出版自由,向普鲁士革命工人提供无线电广播使用权。

"(2)在普鲁士不执行巴本政府颁布的两个法西斯特别法令。"

德国共产党中央的这份建议书中写道：

"只要社会民主党和中派党履行共产党人为整个工人阶级和全体劳动人民的利益和反法西斯主义斗争的利益提出的这两项最低要求，德国共产党就将投票赞成仅由德国社会民主党和中派党代表组成的地方自治代表会主席团，即没有国家社会党分子和德国民族主义分子参加的主席团，而德国共产党则不再提出自己的候选人。这样，社会民主党和中派党，在接受德国共产党的这两项要求之后，就可以决定选举出一个既无纳粹分子又无德国民族主义分子参加的地方自治代表会主席团了。"

但是，德国共产党的这一建议又遭到了拒绝，《前进报》甚至把它称做是"反无产阶级的"建议。

尽管建议遭到拒绝，德国共产党又于6月22日再次向德国社会民主党和中派党提出关于联合行动的建议。普鲁士地方自治代表会中的共产党党团在声明中写道：

"虽然两派都拒绝了我们的条件并以此表明了它们对劳动群众的要求所抱的敌视态度，但是，我们共产党人仍将投票赞成德国社会民主党和中派党的候选人，只要两派都声明他们愿意同我们共产党人合作积极参加选举，不让纳粹党徒和德国民族主义分子进入地方自治代表会主席团。

"与此同时，我们并不提出以德国社会民主党和中派党对共产党的副主席候选人投赞成票作为条件。尽管我们，共产党人，激烈反对中派和社会民主党采取的在德国为法西斯主义扫清道路的政策，但我们仍将对两党的候选人投赞成票，目的是要阻止选举一个法西斯的主席团。"

对于再次要求联合行动反对国家社会党计划的这一建议，无论是德国社会民主党还是中派党，都没有答复。

几周以后，巴本在普鲁士发动了政变。德国共产党立即建议德国社会民主党和全德工会联合会共同举行总罢工。但是社会民主党又拒绝了这个建议，理由是要诉诸工人的"理智"，要求工人寄希望于7月31日的选举前景，寄希望于受理了普鲁士政府关于巴本政府违反宪法的起诉的最高法院的判决。不但如此，德国社会民主党领导还把德国共产党关于统一战线的建议说成是一伙挑拨者干的勾当。在德国社会民主党为答复共产党人的建议而发出的呼吁书中写道：

"7月31日投下自己决定性的一票，从而结束目前的这种状态，这完全取决于德国人民自己。"

而全德工会联合会也在其呼吁中声明：

"近来的政治事件使德国工人、职员和官员深为激动。但是，他们必须保持清醒的头脑。普鲁士的形势还没有最后定局。已向最高法院提出询问，德国人民，特别是德国劳动人民，将在7月31日作出决定性答复。"

而全德工会联合会柏林委员会的呼吁则号召工会会员们查出散发号召总罢工传单的"挑拨者"。

就在希特勒上台的前几天，德国社会民主党仍然对德国共产党进一步提出的建立统一战线的要求作了同样的答复。

1933年1月27日布赖特沙伊德在《前进报》上写道：

"同德国共产党领导及其系统[①]不可能结成任何统一战线。"

1933年1月30日，希特勒上台之日，德国共产党又一次建议社会民主党和改良主义工会建立反法西斯斗争统一战线并举行总罢工。社会民主党领导在1月31日《前进报》上发表的对这个建议的答复是：

"在当前这种时期，形势和策略的变化异常迅速。目前实行总罢工对工人阶级来说等于无目的地浪费弹药。工人阶级的一切敌人联合起来了，应付这一形势只有一个办法：工人阶级联合起来！已经发生的事是

[①] 指处于共产党影响下的组织。

无法改变的。斗争的新时期已经开始……因此,不应该再有任何纠纷、任何争吵,也不应该再有任何单独的口号和单独的行动。现在需要的不是统一战线之类的虚伪动作,而是工人阶级真正的团结……"

第二国际就是借助于这一类蛊惑性的托词,利用由社会民主党和共产党"缔结不侵犯条约"的号召,在一些国家中策划破坏无产阶级战斗的统一战线政策,并为这一政策作辩解的。

希特勒上台以后,建立统一战线的斗争进入一个新阶段。3月5日共产国际发出了一份呼吁书,指出:

"德国工人阶级正面临着策动世界一切反动派势力的法西斯主义的进攻,共产国际执行委员会号召所有共产党再一次尝试通过各社会民主党同广大社会民主党工人建立统一战线。共产国际执行委员会之所以再次作出这一尝试,是因为它坚信工人阶级反对资产阶级的统一战线必能击败资本和法西斯主义的进攻,必能大大加速一切资本主义剥削的不可避免的灭亡。"

各国共产党遵循共产国际执行委员会的这一建议,它们呼吁各社会民主党中央,根据具体的斗争需要确立社会民主党和共产党的统一行动。

共产国际的这一重大政治决策,是由希特勒上台后整个国际形势的转变决定的。这种转变表现了:在国际关系日益尖锐化、许多国家的阶级力量对比已发生变化,以及在德国社会民主党的垮台和第二国际危机增长的情况下,在工人运动内部已出现好转的趋势。客观形势上的这一转变,在各国工人阶级意识中的反映并不是同时的,也不是同等程度的。第二国际当时还能够拒绝共产党关于建立反对法西斯主义、反对资本进攻、反对德国法西斯公开策划战争的统一战线的建议,而**没有因此遭到社会民主党工人和改良主义工会中有组织的工人及时有力的反抗。第二国际书记处**在答复共产国际3月5日的呼吁书时**写道:**

"……在共产国际的呼吁书中看不到它按国际原则进行谈判的这种准备。呼吁书只限于建议在个别一些国家进行谈判。遗憾的是，根据我们过去的经验，这样的谈判很容易成为共产党人的权宜之计，而这种做法又只会导致局势恶化，增加工人运动内部的不信任感，而不能减少这种不信任感。因此，我们认为自己有责任呼吁加入社会主义工人国际的各党，尽可能地在各个国家暂缓讨论共产党的这类建议，等待社会主义工人国际执行委员会对共产国际这一新的立场作出决定后再说。"

3月18日，第二国际执行委员会召开了会议，但是没有作出任何其他决定，只是赞同了书记处的答复。在社会主义工人国际执行委员会的决议案中再次强调，只有两个国际进行谈判才能达成协议，决议案中还继续写道：

"社会主义工人国际建议所有加入本国际的各党派不进行任何单独谈判，直至同共产国际的实际接触取得某种良好结果为止。"

第二国际领导对统一战线所持的否定立场由于法西斯在德国取胜后直接形成的国际局势而更易施展了。第二国际的领导制造了反对德国法西斯的国际"民主阵线"的假象，因而它得以使工人阶级无法通过统一战线直接反对本国的法西斯、反对本国的资本进攻，它还阻挠了工人阶级广泛开展国际性的反对德国法西斯的行动。

第二国际的所有支部在接到各共产党提出的关于结成反法西斯斗争统一战线的建议后，都以各种形式作出了否定的答复。英国工党号召工人既反对法西斯专政，也反对共产党专政。捷克斯洛伐克社会民主党提出，捷克斯洛伐克共产党必须赞同资产阶级民主的行动纲领作为统一战线谈判的先决条件。奥地利社会民主党拒绝建议的理由是，无产阶级统一战线只有在国际范围内实现。丹麦社会民主党在答复中则说：

"社会民主党领导必须号召丹麦工人及其组织，不要被利用，要拒绝这一新的遮盖得并不高明的分裂企图。"（1933年3月26日《社会民

主党人》）

第二国际的其他支部，包括法国社会党，也提出了同样的借口，即统一战线一开始就应当在国际范围内建立。

1933年8月，第二国际巴黎会议重又讨论了统一战线问题，并继续保持早在社会主义工人国际执行委员会三月会议上就已经阐明了的否定立场。会议的决议案指出：

"在历史教训面前，已经再没有理由允许工人阶级的分裂状态继续存在下去。因此，社会主义工人国际拒绝一切玩弄统一战线的手段，因为这些手段全然不是为了建立工人阶级的国际团结；而不过是为了在工人阶级内部进行斗争。然而社会主义工人国际还是要声明：它坚决要竭尽一切努力争取把工人群众分散的力量联合起来。"

各国共产党当时还没有力量粉碎第二国际在某些国家阻止建立统一战线的破坏活动。因为1933年1月30日以后在相当一部分共产党内出现的失败主义情绪也对建立统一战线的斗争起了阻挠作用。在捷克斯洛伐克，古特曼采用机会主义的失败主义路线对抗共产党的政策。在德国，雷梅尔和诺伊曼实质上坚持的是社会民主党的"法西斯时代"已经到来和"法西斯化过程不可避免"等论调。把法西斯主义和资产阶级民主混为一谈，这是一些共产党内有时以"左"的面目出现的另一种机会主义倾向。它同样也使工人在法西斯危险面前意志涣散。而对统一战线策略作为整个革命前奏时期动员群众的主要手段的意义理解不够，也是一大障碍。

共产国际执行委员会第十三次全会批判了一些共产党内表现出来的这些错误和缺点，并作出具体指示，要求加强斗争，根据各个国家的条件建立斗争的统一战线。

法西斯在各国的不断进攻，以及第二国际和阿姆斯特丹国际广为宣传的、对希特勒德国实行的商品禁运实际上毫无效果，这一切都向社会民主党工人证实了共产党人论证的正确性,即只有在各个国家建立工人斗争联合阵线,反对本国的法西斯和资产阶级,才能进行反对希特勒的国际斗争。

莱比锡审判和季米特洛夫同志在审判庭上表现出的充满革命高尚品德的英雄行为,是影响巨大的、并使国际工人运动的情绪转向有利于统一战线的重要因素之一。

起来保卫季米特洛夫同志的不仅有共产党组织,而且有工人——社会民主党和改良主义工会的成员,从而形成了一支强大的、真正的反法西斯斗争的统一战线。

奥地利社会民主党1934年2月的失败,是引起广大工人群众情绪转变的另一重要因素。那不单单是那个曾大言不惭地宣布自己找到了"无需工人阶级作出牺牲便能建成社会主义的西方办法"的社会民主党的失败。这个曾经对共产党的任何有关统一行动的建议都答复说它本身就体现着无产阶级统一的社会民主党,它垮台的事实明显地证明,"人数众多而强大的社会民主党"的统一并不意味着工人运动的统一。奥地利社会民主党的失败也向全世界工人阶级表明了第二国际危机的进一步深化,它使工人阶级更加相信统一战线策略的巨大意义。

在开展争取统一战线的斗争中,法国的二月事件起了很大作用。法国共产党成功地**领导了法国无产阶级,首先是巴黎无产阶级的反法西斯斗争**。在这场斗争中,党取得了重大胜利,显示了以革命统一战线的形式行动起来的工人是一支多么巨大的力量。

英国共产党和共青团为同独立工人党和人民革命党青年同业公会结成统一战线进行了顽强的斗争。

在建立统一战线的斗争中,英国共产党取得了一系列重大胜利,它不仅表现在同人民革命党签订了各种协议,而且还表现在组织了有工会会员和工党党员参加的多次战斗行动。这些共同行动的目的是反对莫斯利法西斯匪帮的挑衅、反对政府的法西斯化（叛乱法、失业法等等），在许多场合数以万计的工人不顾工党领导的禁令，纷纷响应共产党的号召。英国共产党通过争取统一战线的顽强斗争，在市政府选举期间取得了更大的胜利。

在奥地利和法国二月事件以后，许多国家掀起了为统一战线而斗争的新浪潮。在这种形势下，1934年5月和6月，许多共产党中央委员会和红色工会的领导向社会民主党和改良主义工会领导机关提出了建议：**共同组织群众集会，示威游行等，以反对德国法西斯新的恐怖法律**（所谓人民审判法等），**争取释放台尔曼同志和所有被监禁的德国和奥地利的反法西斯战士**。为争取实现这些建议，共产党开始了争取统一行动斗争的新阶段。

在斯堪的纳维亚国家，在瑞士、捷克斯洛伐克和美国，社会民主党的领袖们粗暴地拒绝了共产党的建议。尽管共产党的建议遭到社会民主党领导的顽固拒绝，但是瑞士和捷克斯洛伐克共产党为争取行动统一而进行的顽强不懈的斗争，把党的工作提高到了一个新的水平；经过这种坚持不渝的斗争，它们同社会民主党的基层组织和改良主义工会地方的领导达成了协议，斗争还**迫使社会民主党和改良主义工会就统一行动统一的必要性问题进行公开辩论**。法国共产党在实现行动统一方面取得了显著成绩。在群众的压力下，社会党中央领导暗中破坏统一行动的企图被戳穿。就在社会党和共产党的巴黎组织之间达成协议之后，7月2日在巴黎同时举行了保卫台尔曼同志的两个群众大会，参加大会的人数超过2.4万人。在群众大会上发表演说的，既有共产党的代表，也有社会党的代表。1934年7月27日签订的条约，是法国共产党争取统一战线斗争的又一重大成果，根据这个公约，两党保证共同进行斗争，以反对帝国主义战争，反对法西斯主义和非常法令。

在奥地利，共产党在争取统一工人运动的斗争中也取得了重大成绩。共产党中央委员会和奥地利革命社会党人中央委员会于1934年6月19日就8月1日反战日向工人阶级发出联合呼吁,它们的口号是:"反对一切帝国主义战争"、"保卫苏联"、"释放被监禁的无产阶级受害者"、"推翻刽子手政府"、"为工人阶级的革命专政而斗争"。两党保证**共同为建立无产阶级革命专政而斗争**。

在**希腊**,争取统一战线和争取工会统一的运动也得到顺利发展。根据希腊共产党和红色工会总联合会的倡议,在1934年10月5日同改良主义工会和社会党、社会民主党及农业党签订了反法西斯统一战线协定。这个协定成了特别是红色工会同改良主义工会之间统一战线运动进一步发展的第一个推动力,后来它又促成了一些工会的联合。

1934年10月,西班牙工人阶级英勇的武装斗争开始了争取在国际范围内建立统一战线斗争的新阶段。

在西班牙本国内,社会党人曾经一再拒绝同共产党人结成统一战线。只是在新的革命高潮下,社会民主党领袖才被迫在1934年秋作出让步,服从工人群众要求统一行动的意志。9月,西班牙共产党中央委员会全会作出了加入"工人同盟"的决议,并向全党提出任务:把这个同盟变成统一战线的战斗机关。

共产党使统一战线运动有了大规模发展,并在9月爆发武装斗争时,在许多地方,特别是在阿斯图里亚斯,领导了这一斗争。

西班牙工人同反动派武装力量持续数周的战斗,对于整个国际工人运动来说,是具有国际意义的最重要的一课。反革命的法西斯保皇党对英雄的阿斯图里亚斯矿工的残酷迫害表明,国际工人运动必须迅速同西班牙无产阶级团结起来,一致行动。

阿姆斯特丹工会国际和当时正在绍斯波特召开的英国工党代表大会都对西班牙无产阶级表示了同情。但是,它们的同情仅限于清谈。除了空洞的言辞，没有任何行动。

共产国际执行委员会立即向第二国际领导建议，"**立即共同行动，支持斗争中的西班牙无产阶级，反对其他资本主义国家政府支持勒鲁斯政府**"。为了保证整个国际无产阶级能够迅速具体地采取必要的共同行动，共产国际执行委员会在其具体行动纲领中只提出了最低的迫切要求，而没有提出任何先决条件。共产国际执行委员会在建议信中提出：共产党和社会党立即组织群众的联合集会和示威游行；联合建议国际工会组织共同抵制运送武器和军队支持勒鲁斯政府；联合提议召开紧急国会，以抗议野蛮屠杀西班牙革命无产者；立即组织物资救援，帮助斗争中的西班牙无产者和法西斯保皇党迫害的受害者。

受共产国际执行委员会的委托，加香和多列士同志于1934年10月15日在布鲁塞尔会晤时转交给第二国际代表王德威尔得和阿德勒的这些迫切的建议，得到的回答仅仅是借口推辞。

早在布鲁塞尔会晤之前，第二国际执行局就发出呼吁书说：

"经历了最近十年的惨痛历史之后，组织国际工人阶级联合行动是提上社会主义工人国际十一月会议日程的一个严重问题。法国的经验告诉我们，为了充分保证联合行动的成功，必须进行长期谈判。而在国际范围内的这种联合，由于各国情况差异很大，困难也就更大。"

由此可见，第二国际早在这份呼吁书中就预先拒绝了共产国际执行委员会关于统一战线的建议。只是迫于越来越坚定地要求联合行动的社会民主党工人的压力，以及面对在这之前一些国家中早已建立统一战线的事实，社会主义工人国际才没敢断然拒绝共产党的建议，而且拖至1934年11月召开执行委员会会议时才作出最后答复。

11月中旬，在第二国际执行委员会巴黎会议上对共产国际执行委员会关于统一战线的建议应持何种立场的问题发生了激烈争论。在11月17日通过的决议案中只字不提保卫西班牙无产阶级的统一行动；然而，第二国际在实际上拒绝了共产国际执行委员会关于国际联合行动的建议的同时，却也不得不取消了它对各支部不得加入与共产党人缔结统一战线协定的禁令。这样，它终于取消了这条禁令，而这条禁令不仅是事实上根本已不存在，而且早已被法国、意大利、萨尔区和奥地利的社会民主党和共产党缔结的有关统一行动的正式协议所否定了。

希特勒上台以后，共产国际在1933年3月5日呼吁坚决加强统一战线斗争，这时第二国际的回答却是，禁止它的所有支部在个别国家内同共产党人缔结协定。然而，面对进行联合斗争的共产党和社会民主党工人的战斗决心与共产国际及其支部采取一切手段实现统一斗争行动的顽强意志，第二国际不得不作出让步。这样，社会主义工人国际执行委员会作出的旨在反对国际统一行动的十一月决议仍然意味着已经在一些国家实现的统一行动取得了初步成绩。这项决议一经作出，第二国际中的许多支部为了破坏工人群众统一行动而广为利用的一个方便的借口便不复存在了。社会主义工人国际执行委员会的决议同时也导致了第二国际某些支部之间的矛盾激化，因为从此以后这些支部便有了行动自由。因此，第二国际的危机变得空前突出了。

这时便出现了两种局面。一方面，瑞典、丹麦、挪威等国的社会民主党以及捷克斯洛伐克、比利时的社会民主党加入了资产阶级国家的政府。英国工党也在作此打算。荷兰的社会民主党也在尽量争取参加政府的机会。在波兰、匈牙利、罗马尼亚，社会民主党首领反对统一战线。德国社会民主党领导则想方设法反对同共产党人的统一行动，这样一旦有可能同资产阶级和国防军的将领合作时不至于太丢面子。

另一方面，第二国际的法国、西班牙、意大利支部和其他许多支部的代表迫于本国群众的压力，就在第二国际执行委员会多数拒绝统一战线的同时发表了特别声明，表明它们拥护统一战线。第二国际各支部领袖们的这一矛盾的行动正是第二国际危机日益激化的突出表现。

群众的压力一时还抵制不了多数国家社会民主党领导对建立统一战线事业的对抗。但是群众日益增强的战斗团结以及共产党同社会民主党领导达成的个别协议都证明，统一战线策略是真正可靠的手段，它可以将所有工人团结到阶级统一战线中去，而不受它们加入的党派的限制。

各国共产党在同社会民主党达成的全部协议中，始终强调除协议和联合行动外，拥有自己完全的独立性和从事政治、鼓动、宣传活动的自由。

各共产党始终不渝地声明，统一战线并非共产党的应急之计，而是组织起来联合反对共同的阶级敌人，捍卫无产阶级利益的手段。共产党一直公开强调它同社会民主党有着原则上的根本分歧，这种分歧是不可能通过建立统一战线消除的。改良主义同共产主义之间的矛盾不可能通过"中庸"妥协来消除，这一矛盾只有群众根据自己的实战经验坚信某一策略的正确性才能解决。共产党人相信他们的革命策略是正确的，因此，他们才主张采取统一行动，只有统一行动能使工人阶级真正相信，不是同资产阶级进行阶级合作的改良主义策略，而是只有革命的策略，只有无产阶级同资产阶级进行坚决不调和的斗争，才能使工人阶级夺取政权，走向社会主义胜利。

（四）反对法西斯主义的斗争

在报告所总结的时期内，资产阶级渴望找到资本主义摆脱危机的出路，力求保证做好帝国主义战争的准备工作和加强未来战线的后方，这一切使资本加强了对工人阶级和各阶层劳动人民的进攻，掀起了资本主义国家法西斯化的新浪潮。

共产国际第六次世界代表大会曾经预见，由于资本主义相对稳定的动摇，由于革命运动的高潮和新的帝国主义战争的准备，这一新的法西斯浪潮必然到来。《共产国际纲领》根据对意大利、匈牙利、波兰、保加利亚等国法西斯反革命势力的估计，对法西斯主义的基本问题，特别是对资产阶级国家法西斯化问题，已经作出了原则性的估计。而社会民主党人则反对共产国际对法西斯主义的阶级性及其前景作出的估计，企图反驳共产国际把法西斯的本质视为赤裸裸的垄断资本专政的论断。在这一点上，他们得到了共产国际队伍内部的"左"右倾机会主义分子的支持。社会民主党人和共产国际队伍中的机会主义分子借口法西斯主义主要依靠的是小资产阶级群众运动这一情况，把法西斯的阶级性同法西斯群众运动的阶级构成这两个问题混为一谈。"左"右倾机会主义分子都企图证实，法西斯专政不过是波拿巴主义的再现。《共产国际纲领》指出，法西斯专政是直接的资产阶级专政，而"左"右倾机会主义分子则相反地叫嚣法西斯主义不过是"间接的"资本专政。按照他们的观点，法西斯国家政权仿佛是要使"包括资产阶级在内的一切阶级"统统服从它的领导。大多数社会民主党的领袖对法西斯的阶级性问题的看法也是如出一辙的。

把资产阶级统治的一种形式（资产阶级民主）与资产阶级统治的另一种形式（法西斯专政）根本对立起来，是试图进一步引诱工人群众、引诱共产国际及其支部背离对法西斯的正确估计，背离反法西斯斗争的正确策略。在共产国际的一些支部中还出现这样一些论点，仿佛法西斯主义是资本主义社会向社会主义发展的必经阶段，无产阶级专政只能是代替资产阶级法西斯专政，而不能是代替资产阶级民主。

这些论点与共产国际及其机关对法西斯的马列主义分析是根本对立的。这些论点的共同特点就是都把法西斯国家政权置于一切阶级之上，说什么法西斯政权所压迫并剥夺权利的似乎不仅仅是无产阶级和受剥削的劳动人民阶层，而且包括资产阶级。

面对法西斯的进攻，共产国际的思想政治斗争矛头所向就是要驳斥这些论点，反对从这些论点中得出的策略性结论，同时也要反对消极情绪和尾巴主义。共产国际第六次代表大会召开以来，共产国际执行委员会一直强调法西斯是公开的、直接的资产阶级专政。但是法西斯专政并不是一切国家资产阶级专政的必经阶段。社会民主党领袖所说的关于法西斯主义正在开辟一个历史新时期——"反革命时代"——的论点是不正确的，它在客观上除了使无产阶级在法西斯垄断资本的进攻面前放下武器以外，达不到任何其他目的。

受到法西斯最猖狂进攻的是，那些资本主义总危机极其深重，因而遭受世界经济危机的冲击也最大的国家（德国、奥地利、波罗的海沿岸国家、巴尔干各国等）。但是，在战后危机第三时期，在各战胜国（捷克斯洛伐克、法国、英国等国）也兴起了法西斯运动，而且在世界经济危机达到最低点时，法西斯运动的声势格外浩大。在日本，由于经济危机的加剧，公然地准备战争和满洲战事的爆发，法西斯运动也广泛兴起。在德国、奥地利、拉脱维亚，法西斯以各种形式登台执政；在其他一些国家（芬兰、保加利亚、南斯拉夫等国），法西斯势力重新部署，法西斯政权机构也都作了某些改组。

法西斯势力日益猖獗，尤其是希特勒执政的两年和德国的六月三十日事件及奥地利的七月二十五日事件，都证明共产国际关于法西斯主义的阶级性的论述十分正确，而且正像它预言的那样，资产阶级国家的法西斯化并不能解决资本主义总危机给资产阶级带来的难题。德国和奥地利事件尤其证明了关于社会民主党对待法西斯主义所采取的立场的评价，以及把它看做一个为了把资产阶级民主转变为法西斯专政而扫清道路的政党的评价是完全正确的。

法西斯主义拉拢群众和反对工人运动的策略，在报告所指的时期内在德国暴露得尤为突出。与此同时，首先是根据德国的经验，这时也提出了反法西斯主义斗争的具体策略问题。

国社党在1928年5月选举失败后，初次成功的行动就是它在1929年参加了胡根贝格组织的反对杨格计划的全民投票。这场运动表明，进行民族主义煽动的法西斯运动已经深入到城乡小资产阶级队伍中，而且它作为为德国民族解放而"斗争"的象征赢得了广大的群众。同时，国社党冲锋队制造的恐怖浪潮席卷了广大地区，这些冲锋队的队员部分的也来自绝望的失业工人，而且他们多半是由志愿军团的指挥官和旧威廉军官领导的。

起初，德国共产党对于德国民族主义者和国家社会主义党徒反对杨格计划的行动作出的反应是非常失败的，是宗派主义的。1929年11月5日柏林《红旗报》针对德国民族主义者和国家社会主义党徒投票反对杨格计划的号召提出了"哪里有法西斯，就在哪里打击他"的口号。虽然这个口号立即被德国共产党取消了，但它却反映出德国党的一些组织中对德国的法西斯群众运动的能量、民族问题的意义以及必须对法西斯的蛊惑宣传进行思想斗争的必要性都估计不足。尤其是当时没有认识到必须揭露这样一点，即国家社会主义绝对不是社会主义，它仅仅是煽动性地利用由于危机而陷于绝望的劳动人民和小资产阶级的反资本主义情绪。这些错误和缺点只是在全民投票以后才得到纠正。

德国共产党领导发表的《社会解放与民族解放纲领》对群众产生了广泛的影响。与此同时，德国共产党还采取了措施，把无产阶级自卫组织、红色前线战士联盟变为反法西斯恐怖斗争的有效工具，尽管遭到社会民主党内务部长泽韦林的禁止。

但是，党的某些组织对法西斯运动仍然估计不足，这一点从1930年12月《红旗报》的评论中就可以看出——在这篇评论里，布吕宁政府被说成是实行公开的法西斯专政。这样，就使党在一段时期内没有去重视国家社会主义所代表的实际存在的法西斯危险。经过共产国际执委会的帮助，德国共产党中央纠正了这一错误，从1931年起党及其报刊便集中进行反对国社党党徒的斗争。

从这时起，德国共产党通过自己的宣传工作有力地揭露了国社党分子的"工人政策"。希特勒的党在它执政之前和执政之后都未能在工人阶级的主要阶层中赢得多大影响，这一情况很大程度上应归功于德国共产党的宣传工作。但是党没有能够像它揭露国社党分子对工人所抱的敌视态度那样，让群众了解党的民族解放与社会解放纲领，因此，共产党没有能够阻止那部分对社会民主党及其政策感到失望的失业工人，特别是其中一些青年阶层和城乡的小资产阶级倒向法西斯阵营一边。

党发表了自己的帮助农民的纲领，但是它没有能使广大农民群众理解并接受这个纲领。社会民主党对工人阶级的分裂大大削弱了无产阶级的斗争，从而阻碍了把城市小资产阶级、特别是农民吸引到这场斗争中来，因此没有能够使他们摆脱资产阶级及其国社党走狗的影响。

1931—1932年纳粹恐怖日益加剧，社会民主党和改良主义工会的领导在法西斯进攻面前的退却，社会民主党和改良主义工会领袖，特别是担任国家官员的社会民主党党员对纳粹运动的鼓励——这些都是与日益增长的革命高潮相对立的,它向很多社会民主党工人表明：只有德国共产党才是唯一的反法西斯的力量。

在同法西斯的进攻和法西斯冲锋队的恐怖进行斗争时,德国共产党提出以德国工人阶级统一战线策略作为推动这一斗争的主要杠杆。因此,从1931年起统一战线问题便成为德国共产党反对法西斯的整个斗争的中心。然而,把企业和工会中的工人联合起来共同斗争的一切尝试都遭到了社会民主党和改良主义工会官僚的顽固抵制。尽管如此,共产党仍然在1932年9月中旬到11月中旬成功地开展了大罢工运动,这次罢工运动终于酿成了柏林运输工人大罢工和1933年1月25日柏林无产阶级对比洛广场的反进军。然而共产党没有能够开展起反法西斯主义的总罢工,这首先是由于社会民主党的阻挠。

在斗争中,共产国际执行委员会不仅仅是以建议的形式帮助了德国共产党和德国无产阶级,因为它早在希特勒上台之前就组织了对德国工人阶级的国际支援。在希特勒上台之前和以后在国际范围内动员工人阶级反对希特勒法西斯主义的工作,同样遭到了社会民主党和第二国际的阻挠。尽管德国社会民主党的领袖们尽一切可能继续同德国资产阶级进行合作,但第二国际和阿姆斯特丹国际却只是在口头上"声明"抵制希特勒德国的货物,而且还在社会民主党的所有报刊上对苏联进行恶毒中伤。

领导德国无产阶级进行英勇斗争,反对希特勒专政的德国共产党中央委员会反对这个抵制德国货物的口头"声明",因为这种抵制实际上是为了改善本国资产阶级的处境。社会民主党声明"抵制"德货,也是企图阻挠工人反对德国法西斯的实际斗争,逃避反对本国法西斯的斗争。共产国际执行委员会和一些共产党刊物纷纷揭露说,这种所谓抵制货物的真正性质是诱使人们脱离反对德国法西斯和本国法西斯的群众性实际斗争的手段。这一论断的正确性很快就得到了证实：当第二国际及阿姆斯特丹国际的各个党和组织一旦发现它们本国的资产阶级认为这类宣传不符合它们对外政策的方针时，便立即停止了对抵制货物的一切宣传。更有甚者，丹麦和瑞典的社会民主党政府竟然禁止由反法西斯委员会组织的、有共产党人和革命工人积极参加的抵制悬挂纳粹旗帜的轮船的活动，它们动用警察追捕参加抵制活动的群众，并将其组织者交付审判。

在共产国际领导下的一场反对德国法西斯的国际斗争，由于莱比锡审判和援救季米特洛夫同志的斗争，同援救台尔曼同志和其他一切被监禁的反法西斯战士的斗争一样，汇成了规模宏大的统一战线运动。

季米特洛夫同志充满英雄气概的演说，把国会纵火案的审判变成了共产主义同法西斯主义斗争的讲台。面对法西斯审判和出席审判的法西斯头目，充分意识到自己的政治优势的季米特洛夫同志所表现的英勇行为，使资产阶级和社会民主党报刊也不得不承认季米特洛夫同志使共产主义世界观的全部力量得到了具体的体现。季米特洛夫同志的英雄行为使广大群众深深敬佩，它迫使社会民主党不得不放弃阻止广大群众保卫共产主义领袖季米特洛夫同志的斗争。援救季米特洛夫同志的运动不仅仅把工人发动起来了，而且把小资产阶级各个阶层，尤其是进步的知识分子也发动起来了。还有一些至今从未接受共产主义影响的组织也参加了这个运动。

莱比锡审判之后，国际无产阶级的反法西斯斗争集中于援救德国工人阶级领袖台尔曼同志和德国及奥地利监禁的所有反法西斯战士。这次运动起初遭到社会民主党上层，特别是社会民主党中央的强烈抵制。对于援救台尔曼同志，部分社会民主党的报纸在发表一些空洞无物的声明的同时，却又向台尔曼同志发起最卑劣的攻击。援救台尔曼同志和其他在狱中受折磨的反法西斯战士的运动远远超出了宣传活动的范围，这场运动成了争取建立不仅反对德国法西斯，而且反对各国法西斯的统一行动斗争的起点。在很多国家纷纷召开了许多共产党组织和社会民主党组织的联合大会，举行了示威游行。

奥地利共产党在1933年5月被取缔之后不仅继续存在和进行斗争，而且在秘密状态下成功地保持和巩固了它同工人阶级的联系。共产党顺利地克服了自己队伍中的一些积极分子的机会主义消极态度和失败情绪，积极参加了奥地利工人的各种反法西斯主义的行动。在1934年二月战斗中，奥地利共产党提出了总罢工和为苏维埃政权而斗争的口号。它曾试图以此来扩大武装斗争的规模，并使武装斗争具有实际的革命内容。遗憾的是，当时奥地利共产党在二月战斗时还过于弱小，不能实行自己的口号。但在二月战斗时，所有共产主义组织及其成员仍然在武装行动中同保卫同盟盟员并肩战斗，并对一些地方的战斗进程产生了影响。在奥地利无产阶级二月战斗失败之后，奥地利共产党成了奥地利工人阶级中的革命分子，特别是二月战士汇集的主要中心。出现这种局面不仅仅是因为在工人阶级大多数中改良主义和民主主义的幻想由于资产阶级民主、改良主义和社会民主主义的破产而毁灭，还因为事实证明了在二月战斗中及其前后，党的策略是正确的，它在反法西斯斗争中的态度是积极的。

共产国际执行委员会在一系列号召书中，特别是在1933年5月1日、8月1日和11月7日的号召书中表达了它对法西斯主义和对反法西斯斗争的观点。除了历次全会决议之外，这一观点在共产国际执行委员会主席团就黑克尔特关于1933年4月德国事件报告的决议中，在季米特洛夫致奥地利工人的公开信（1934年4月）中，特别是1933年3月5日的关于统一战线的号召书和共产国际执行委员会的其他文件中，得到了进一步的阐述。

反法西斯斗争进入了一个更高的阶段，特别是在1934年2月以后。

在**法国**，法西斯组织的行动激起了整个工人阶级强大的抗议运动，致使反法西斯斗争在2月6—12日之间成了巴黎和整个法国工人运动的中心问题。诚然，全国总罢工、巴黎以及所有重要工业中心的示威游行，没有能够推翻发布法国金融资本特别法令的政府，但是它们却使群众性的法西斯组织被迫退却。

共产国际执行委员会在会议上和决议中都要求各国共产党重视反法西斯思想斗争和组织工人阶级自卫的必要性。共产国际执行委员会还制定了关于在城乡小资产阶级各阶层中开展工作的一系列指示。

在反法西斯斗争中取得巨大胜利的还有希腊共产党，它成功地调动了工人阶级广大阶层的积极性，并在最近的事件中吸收了一部分城市小资产阶级和农民参加了反法西斯斗争。

瑞士共产党借助全民投票阻止了旨在镇压工人组织的法西斯法案的通过。

荷兰共产党在反对荷兰法西斯运动斗争中取得了很大胜利；它同社会民主党工人、同社会民主党的地方工会组织以及改良主义的工会组织结成了反法西斯统一战线。

波兰共产党正在进行反对波兰法西斯主义的有力斗争。

在**捷克斯洛伐克**，共产党在反法西斯斗争中也取得了成绩。

英国共产党同独立工人党一起举行多次示威游行，迫使莫斯利的法西斯运动退居守势。

1934年末，由于勒鲁斯政府上台执政，**西班牙**的革命无产阶级通过统一战线发动了反对法西斯反革命的武装斗争。社会民主党的工人通过由"工人同盟"实现的统一战线同共产党人一起投入了这场斗争。这场斗争在许多地方正转变为夺取政权的斗争。**阿斯图里亚斯**的革命矿工正在尝试建立苏维埃政权。由于无政府主义者的叛卖，由于社会民主党大多数领导成员的破坏，以及由于社会民主党过去政策的束缚而造成的无产阶级和农民的准备不足，西班牙无产阶级被迫退却。

共产国际号召各国劳动人民支持西班牙无产阶级，法西斯正在对他们施行极其残酷的恐怖手段。共产国际建议第二国际共同组织救援活动。但是第二国际的领袖们开始对这一建议置之不理，继而便完全拒绝了此项建议。

各国共产党反法西斯斗争的最大缺点，就是没有经常地、坚持不懈地进行思想工作和宣传工作，来阐明法西斯主义真正的阶级性质，并不断在宣传工作中揭露法西斯匪帮的活动及其同大资本的勾结。

各国共产党及其组织，以及工会组织和其他群众组织中的共产党党团都非常积极地支持了1933年7月在巴黎召开的反法西斯大会。这次大会成了各国组织强大的反法西斯行动的起点，这些国家的共产党人和改良主义组织及其他群众组织的许多积极分子在这些行动中都纷纷开展了反法西斯的活动。

反法西斯斗争统一战线把许多国家（法国、英国、西班牙、奥地利及其他国家）的广大劳动群众，特别是男女工人都吸引进了这场斗争。

（五）反对帝国主义战争威胁的斗争

共产国际第六次世界代表大会在共产国际史上首次以扼要的提纲形式阐述了列宁的战争学说和反对帝国主义战争的斗争学说。这些阐述工作之所以必要，是因为第六次世界代表大会要根据对国际形势的分析向全世界无产阶级指出它所面临的日益增长的新的帝国主义大战的危险，特别是帝国主义对苏联发动反革命进攻的威胁。

在第六次代表大会关于战争的提纲中占中心地位的内容是保卫苏联的任务。提纲号召各国劳动人民以各种形式保卫面临进攻威胁的第一个无产阶级国家。第六次世界代表大会指出，苏联无产阶级专政的生动榜样和无产阶级国家的和平政策，就是动员群众反对帝国主义战争的强大的推动力。

在第六次代表大会以后的时期，特别是在世界经济危机爆发之后，资本主义世界的各种矛盾，尤其是资本主义世界同社会主义世界之间的矛盾急剧地尖锐化起来。

第六次代表大会一方面强调指出一些主要帝国主义国家愈来愈公开地结成一条反对苏联和中国革命的阵线，同时也指出这一主要危险绝不排除帝国主义国家自身之间发生帝国主义战争的威胁。

第六次代表大会关于战争的提纲特别提请各共产党注意，在对待关于战争不可避免的问题上必须根除听天由命论观点，同时还必须有力地揭露资产阶级和社会和平主义者掩护新帝国主义战争准备的各种手段。

第六次代表大会通过了关于每年 8 月 1 日组织反战示威游行的决议。

在报告所总结的时期，共产国际执行委员会坚持不渝地同各种低估战争危险的思想进行了不可调和的斗争。

共产国际执委会第十次全会强调指出，反革命的反苏战争危险正在日益增长。全会指出，8 月 1 日反战日的准备工作做得很不够，并把这一事实看做是低估战争危险和在战争问题上听天由命的机会主义倾向的表现。第十次全会还指明，战争危险不仅从西方威胁着苏联，而且还从远东威胁着苏联，因为在远东已经挑起了对苏联的战争行径。张作霖在几个帝国主义大国幕后操纵下发动的对苏联远东的军事进攻，被红军强有力的打击所打退，战争教唆者应当通过这一事例懂得，进攻苏联是一件过于冒险的勾当。共产国际执行委员会主席团扩大会议讨论了各国共产党在这一极其紧张的时刻对事态作出的反应，并确认共产国际执委会第十次全会指出的各国共产党反战工作中的缺点依然没有得到克服。

因此，共产国际执委会第十一次全会特别详细地讨论了各共产党的反战工作状况。关于加香同志报告的决议具体地说明了各党在广泛宣传列宁关于反对帝国主义战争学说方面的任务，并向各党提出了使反战工作具有广泛群众性的迫切任务。全会指出帝国主义战争，特别是反革命的反苏战争的直接威胁已经临近。在"工业党"审判中揭露了俄国孟什维克和支持孟什维克的德国社会民主党人的干涉活动，这说明了第二国际的一些支部在策划战争中的反革命作用。共产国际执行委员会第十一次全会在着重指出这一问题之后，提请各支部注意必须把社会民主党看做是资产阶级发动新的帝国主义大战的帮凶而同它进行斗争。全会决议中用了专门的一条重申了共产国际第二次代表大会的一项决议，即：不在帝国主义军队中进行工作，甚至轻视这项工作，就是对革命事业的背叛；如此对待一项极其重要的任务，是同共产国际成员的身份不相容的。

　　第十一次全会以后资本主义国家中频繁地发生各种挑衅事件，其目的在于制造反苏舆论以利于帝国主义战争准备。最大的一次挑衅事件是利用法国总统杜美被白卫军戈尔古洛夫杀害的事件来诽谤共产党和苏联，并极力把戈尔古洛夫说成是布尔什维克间谍。各国共产党，首先是法国共产党以一场广泛的揭露性运动，回击了这次进攻，从而揭穿了试图把白卫军的谋害描绘成"莫斯科一手制造的案件"的阴谋。（在反对资产阶级报刊掀起的反苏运动斗争的关键性日子里，《人道报》的发行份数高达每日 40 万份。）

　　日本帝国主义对满洲的军事入侵，不只是日本帝国主义者进一步进攻中国的开端，也是挑动苏联参战的一系列新尝试的信号。日本占领满洲的时期，也正是一系列欧洲国家加强法西斯化的时期。

　　法西斯化的新浪潮同时也证明，反动的资产阶级集团逐渐撕去爱好和平的假面具，越来越明显地由打着和平主义招牌准备战争改为赤裸裸地直截了当地准备战争。既然资产阶级借助法西斯走狗煽起了民族主义和沙文主义的情绪，那么，在社会民主党工人和小资产阶级队伍中，也就增长了对新战争的恐惧，但反对新的战争的组织者和策划者的斗争意志也增强了。

　　反战情绪不断高涨的一个突出证明，就是亨利·巴比塞和罗曼·罗兰这样一些优秀先进知识分子的代表提出的在 1932 年召开反对战争威胁的代表大会的号召，得到了所有工人组织和小资产阶级和平主义联合组织极其广泛的响应。根据这一号召召开的阿姆斯特丹反战大会约有 3000 名代表参加，而且其中大多数人是决心同战争危险作斗争的和平主义者，社会民主党的工人和政治活动家。共产党人代表曾最积极地参加了这次代表大会的群众动员工作，他们在阿姆斯特丹代表大会的讲坛上阐述了列宁关于反对帝国主义战争的斗争原则。第二国际禁止本组织成员参加这次代表大会，但未能得逞，因为在30个国家的3000名代表中，社会民主党的大大小小组织的代表占了相当大的比例。在代表大会上以及在代表大会掀起的运动（首先在法国、罗马尼亚、希腊和其他国家）中，共产党人的策略是：与具有真诚的和平意志的、善良的和平主义者共同前进，同时向他们充分解释反战的革命斗争路线，把这些和平主义者吸引到反对帝国主义战争的行动中来。

阿姆斯特丹代表大会之后，许多国家先后在伦敦、蒙得维的亚（包括整个南美国家的代表）、哥本哈根（包括斯堪的纳维亚各国的代表）、荷兰、保加利亚、纽约、上海（包括远东各国的代表）、墨尔本（全澳大利亚）、布拉格召开了本国的阿姆斯特丹反战运动代表大会，后来又召开了法国代表大会、瑞士代表大会、阿姆斯特丹运动带动的世界青年代表大会、世界妇女代表大会和世界大学生代表大会。以普勒耶尔（巴黎）代表大会为基础的反法西斯运动同阿姆斯特丹运动联合在一起了。这一联合加强了反对战争威胁和法西斯威胁斗争的统一战线。

共产国际执委会第十二次全会是在战争危险进一步尖锐化的气氛下召开的。全会决议指出，世界正在向着阶级之间与国家之间发生大规模冲突的新时期过渡，正在向革命与战争的新时期过渡，新的帝国主义战争已经成了直接危险。

第十二次全会指出，相对稳定（包括国际关系方面的相对稳定）时期已经结束；帝国主义列强之间重新瓜分世界已经提上日程；日本帝国主义对中国的进攻（吞并满洲）标志着新的帝国主义战争的开始。随着帝国主义之间矛盾的加剧，企图用牺牲苏联的办法来解决这些矛盾的趋势日益加强。保卫苏联和中国革命，反对帝国主义战争的斗争已经成了整个国际无产阶级的中心任务。

第十二次全会肯定了各国共产党在动员群众反对帝国主义战争和反

对矛头指向苏联的反革命战争计划的工作中取得的积极成果,特别强调指出了日本共产党和中国共产党的布尔什维克的正确行动。同时,全会指出,各国共产党反战工作中的主要缺点是,未能采取革命行动阻止向中国派遣军队和向日本运送武器,未能发动军火企业和运输业的广大工人群众投入斗争。全会同时向各党提出了一个任务,即要经常进行反对沙文主义和反对民族主义的思想斗争。全会号召采取更灵活的策略反对针对苏联的挑衅活动,要更加尖锐地揭露资产阶级和平主义和社会和平主义,全会还强调指出,特别重要的是,要向群众解释"渐渐卷入"战争这一事实中所包含的对劳动人民的威胁。全会号召共产国际各支部在统一战线的基础上举行经过认真准备的反对策划战争的抗议罢工,要更加重视在失业工人中、在青年中、在妇女和农民中进行反战宣传工作,并在帝国主义各国陆海军中开展广泛的政治教育工作。

共产国际第六次代表大会以后,特别是在世界经济危机蔓延开来以后,资本主义国家的陆海军中发生过许多次骚乱。在第六次至第七次代表大会之间发生的一些事件有:几乎波及整个英国海军的暴动,而首先是暴动时停泊在因弗戈登的主舰队的暴动,水兵们反对酝酿降低工资的造反,使得号称英国帝国主义的骄傲和军事基础的英国海军,有好几天的时间处于瘫痪状态。

在荷兰的殖民海军中,"七省号"巡洋舰上的全体白人水兵和当地人水兵控制该舰达数日之久,只是在遭飞机轰炸死亡23人之后才被迫投降,这次起义表明,在帝国主义的堡垒——军舰的水兵中,不满情绪达到了多么严重的程度。因此只要回想一下瑞典军港卡尔斯克鲁纳的暴动和保加利亚等国士兵无数次的革命发动,澳大利亚海军和中国海军、秘鲁、智利和西班牙军舰、希腊的"帕罗斯·康杜里奥特"号巡洋舰和其他军舰等的兵变,瑞典士兵在温特瓦尔和索莱夫托的起义,捷克斯洛伐克军队大批士兵,特别是新兵的示威游行,以及日本司令部在上海交战中由于士兵不可靠，被迫召回数百名士兵并撤换一些驻防军的情况，再看看日本以及法国、德国、瑞士、罗马尼亚、希腊、保加利亚和斯堪的纳维亚各国军事法庭对进行革命反战宣传、对为士兵和水兵切身要求组织斗争的陆海军士兵进行的无数次审判，就可以证明，资本主义国家陆海军中的反战情绪正在不断高涨。

资产阶级对于陆海军中的发动一律采取非常措施予以镇压，主要是对付共产党人。各国共产党不顾资产阶级极其残酷的法律，仍竭力贯彻共产国际第六次代表大会和共产国际执行委员会全会关于反战工作的决议。

首先需要指出的是，日本共产党也如中国共产党一样，面对已经爆发的战争，以布尔什维克的方式，经受了考验。

在极端困难的秘密条件下，日本共产党发动了强大的反帝运动。它在宗主国的军队中和派到中国及满洲的远征军中坚持不懈地工作。在这项工作中，党的士兵报《士兵之友》发挥了突出的作用。在共产党的领导下，三菱康采恩军用造船厂（4000名工人）举行了罢工，这一罢工浪潮后来波及许多军用企业，首先是军需工业。在其中一个军事企业中，工人们不但拒绝为海空军募捐，反而为上海反战代表大会捐了款。

1933年12月共产国际执行委员会第十三次全会指出，世界已经十分**迫近**革命与战争的新时期。全会指出，以德国和日本为主要策源地的新的世界战争的威胁进一步增长，是一些国家公开实行法西斯专政的结果。第十三次全会规定，各国共产党在反对帝国主义战争中的主要任务是，在准备战争的枢纽环节集聚革命力量，在军事企业、铁路和海运部门的工人中开展群众性的革命工作。

第十三次全会再次指出了共产国际各资本主义国家支部在反对帝国主义战争危险的斗争中所存在的弱点。虽然日本共产党和中国共产党在这方面做出了布尔什维克式的工作榜样，虽然法国共产党也进行了反对帝国主义策划战争的广泛运动，然而事实仍然是，各国共产党的反战工作没有造成十分广泛的群众运动，而且各国党和反战组织还没有直接争取到的那些劳动居民阶层几乎还没有投入到这个斗争中来。

这些缺点的主要原因是，各国共产党和群众组织对待一切反对帝国主义战争和反对法西斯主义的人们（不论他们是否赞同共产党人的立场和策略，是否赞同共产党人对待战争的态度），没有能够采取大胆的、不受任何宗派主义束缚的立场。

党的组织对于一些策划战争的事实没有作出明确的反应。在很多场合，共产党人未能利用社会民主党组织及小资产阶级民主主义组织的绝望情绪，没有利用群众渴求和平的愿望，也没有利用群众对苏联及其和平政策这一反战斗争重要手段的同情。不论是党的领导机关还是党的基层组织，都还没有消除掉在吸收所有反对帝国主义战争和反对法西斯主义的人们时所表现的担心和不信任，也没有做到不去考虑这些人所属的党派或组织以及他们的观点的成熟程度。

反战斗争仍然没有同争取日常经济要求的斗争充分结合起来；在宣传工作中还没有用实际例子充分证明战争给工人阶级和中等阶层的经济状况造成的破坏性后果。还没有向中等阶层充分地说明，为什么帝国主义的战争准备和战争本身对于他们就意味着经济上的毁灭；争取中等阶层具有特殊意义，因为许多国家的城市小资产阶级和小资产阶级知识分子是对战争进行民族主义宣传鼓动的主要对象，同时也是这种宣传的主要传播者。在一些法西斯国家，还远没有把反战群众工作的合法条件完全利用起来，没有充分地强调指出在许多国家由于法西斯上台执政，使战争危险空前加剧，反对战争威胁的斗争现在比以往任何时候都更加密切地同反法西斯斗争结合在一起。

虽然在反对帝国主义战争和反对对苏联的反革命进攻的斗争还存在着以上的错误、不足和缺点，但是可以说，在报告所指的时期中反战工作仍取得了一些成绩，群众性的反战运动在第六次代表大会之后开始普遍开展起来。

例如，意大利帝国主义占领阿比西尼亚（埃塞俄比亚）领土的意图，促使社会党和共产党之间建立了反对意大利帝国主义和反对战争的统一战线。而对于法西斯德国的战争准备，就有十个共产党立即作出了反应，它们发表了反对战争贩子的联合呼吁书。全世界所有反战和反法西斯组织也都积极行动起来了。

（六）农民工作

共产国际第六次代表大会强调了争取无产阶级的主要同盟者——劳动农民——的任务有着特殊的重要意义。代表大会在指出大多数共产党都忽略了农村工作的同时，责成执行委员会"采取一切措施加强农民工作，特别是在农业国（罗马尼亚、巴尔干国家、波兰等），以及法国、德国、意大利等"。代表大会还指出，共产党必须使非党的革命农民组织积极行动起来，并全力支持它们。最后，考虑到绝大多数国家的大批军队是由农民组成的，而且资产阶级正在利用一些专门的组织和教会对农民进行思想和实际的战争准备，因此，代表大会在关于同帝国主义战争危险作斗争的提纲中，要求各国共产党特别重视农民中的反帝工作。在报告所指的时期中，这项任务的意义更加增大，而对于那些遭到法西斯打击的共产党来说，尤其如此。

共产国际第六次代表大会以来，由于世界经济危机，特别是农业危机，资本主义国家的农业工人和劳动农民的境况极端恶化。农业危机席卷了所有的资本主义和殖民地国家及农业各个部门，更加剧了对劳动人民各种形式的剥削。特别在法西斯专制国家，农民受奴役和贫困化的程度尤其严重。强制征收捐税、地租和贷款利息的数额空前提高，而农民则由于农产品价格大幅度下跌无法缴纳，出现了农民拍卖家产的情况。地主掠夺农民的财富，把他们从土地上赶走。大垄断企业也利用农业合作社采用种种投机手腕掠夺农民，低价收进他们的产品，又用很高的垄断价格把工业品销售给他们。

资本主义国家农民大批破产和贫困化的情况日趋严重。且不说落后的农业国和殖民地国家，即使在最先进国家的农村中也出现了失业者和穷苦人的大军，他们注定要在饥饿中死亡。

共产国际第六次代表大会以后，**革命高潮也迅速扩展到农村**，虽说发展不平衡，但却愈益广泛和深入地发展到所有国家。

在西班牙，在推翻君主专制制度的同时爆发了有广大农业工人和农民群众都参加的强大的农民运动。后来，随着农民摆脱了对资产阶级的社会民主党的土地改革的幻想，随着无产阶级革命积极性的不断高涨和共产党领导作用的日益加强，这个运动便逐渐转变为革命的行动。

波兰成了农民行动的最大舞台。农民的行动具有各种各样的形式，如大规模反抗血腥镇压、罢市，直至农民举行反法西斯、反民族压迫等的武装起义（1930 年西乌克兰和西部白俄罗斯的农民起义，1933 年西乌克兰农民起义）。

随着农业危机的尖锐化和农产品价格下跌，农民运动也席卷了一些先进的资本主义国家（在法国、美国、德国、捷克斯洛伐克、奥地利等出现了声势浩大的农民**示威游行和罢工**，并引起同警察的冲突），更不用说一些农业国家（罗马尼亚、爱尔兰、巴尔干国家）。那里的农民风潮和暴动已是司空见惯的事。在法西斯**意大利**，自发的暴动和农民反对税收、反对法西斯恐怖等等的大规模示威频繁发生。在**日本**，帝国主义者的军事冒险更加重了极其深刻的农业危机，受其影响，农民和佃农逐渐革命化，他们积极抵制强制迁移，参加捣毁粮仓，等等。

中国的苏维埃革命在它所控制的地区正在建立工农革命民主专政，在逐步建立苏维埃政权的广大地区正在实现农业革命。

在**中国东北**，数以万计的农民参加反对日本占领者的游击队。

在一些殖民地国家（印度、印度支那、巴勒斯坦等），在共产党人的影响日益扩大的情况下，不断发生大规模的反对外国帝国主义和反对地主的农民起义。

在**墨西哥**,农民夺地的武装斗争远远没有平息,而且由于政府企图取消1931—1932年的土地改革而再次爆发。**古巴岛**,农民的起义是在同工人结成联盟并在工人的领导下发生的。**拉丁美洲**其他一些国家也发生了农民的革命行动。

世界经济危机,日益加重的剥削和法西斯恐怖造成了农村群众的革命高潮。此外,各国共产党在这方面大大加强了对农村的重视,这也起了很大的作用。

遵照共产国际第六次代表大会关于必须加强共产党的农村工作的决议,共产国际执行委员会通过日常工作和自己的各次全会,坚持不懈地努力贯彻第六次代表大会的指示。共产国际执行委员会第十一次全会划出了一个专门委员会小组,讨论共产党在农村的工作。1932年,共产国际执行委员会召开了部分共产党的农村工作领导人会议。共产国际执行委员会在历次全会上都提出过警告,指出共产党的领导落后于农民群众的革命高潮,指出由于共产党人脱离农民,法西斯主义渗入农村的危险日益增长。

共产国际执行委员会经常过问各支部的农村工作,纠正了一些支部在这方面所犯的错误,对当前亟待解决的问题作了具体指示,并鼓励各支部发挥自己的主动性;所有这些措施使许多国家的农村工作开始活跃起来,使各支部的工作方法有了明显的改进。

为了肃清第二国际十年来在欧洲工人运动中灌输的轻视农民问题的观点,共产国际执行委员会特别指出了各共产党对农村生活的具体环境缺乏了解,对农业无产阶级的作用和意义估计不足,同时还指出由于它们抹杀农村阶级分化而犯的机会主义错误,等等。

同时,共产国际执行委员会反对农村工作中的宗派主义残余和"左"的倾向,特别反对不重视围绕农民局部要求去发动农民的日常工作，反对消极地对待农民群众运动，反对轻视中农，轻视在群众性农民组织中开展工作，反对因循守旧和在农村报刊上夸夸其谈的作风，等等。

在报告所总结的时期，贯穿在共产国际执行委员会指示中的基本方针是：**各共产党应该组织并领导农民群众争取满足日常需要和实现日常要求的斗争，把这一斗争同无产阶级在城市和农村的斗争结合起来，同无偿没收地主土地的基本口号和建立苏维埃政权的口号结合起来。**

由于经济危机，特别是农业危机的尖锐化，共产国际执行委员会提请各支部注意，必须组织并领导农民群众进行反对强制征税，反对因拖欠税款、地租和债款而拍卖农民财产的斗争。共产国际执行委员会指出，由于农产品价格的灾难性下跌，劳动农民的激愤情绪将必然不断上升。共产国际执行委员会强调指出，只要共产党全力支持劳动农民反对剥削者和压迫者的斗争，党就一定能够动摇地主、富农及其走狗对劳动农民的影响，巩固无产阶级领导下的工农联盟。共产国际执行委员会指出，农业工人的罢工斗争有着特殊重要的意义。

共产国际执行委员会责成各支部为农村制定一个**行动纲领**，这个纲领要把每个国家的农民和农业工人的最重要的一些局部要求和口号包括进去，共产国际执行委员会尽力协助各共产党完成此项任务。几乎所有支部都制定了行动纲领，这些纲领是**共产党在农村进行系统工作方面向前迈进的重要一步**。根据每个国家各自的特殊条件分别制定的这些纲领，基本上也是为在农村争取以革命摆脱危机而斗争的纲领，而这一斗争的出发点是，以农民的日常要求为中心，广泛地把农民动员起来。农村工作行动纲领的制定，迫使共产党根据每个国家的具体条件讨论农业政策和农村政策中的一些极其重要问题（土地问题、农村的阶级分化、工农联盟、苏维埃政权的农民纲领等），并使之深化。

在美国、法国、捷克斯洛伐克、波兰这样一些国家中，由于农产品价格的下跌和日益加剧的贫困化与饥饿，由于赋税的压力不断加大，以及强制迁移和因拖欠税款和债款而拍卖农民财产的情况不断增多，使得农民运动更带有群众性。因此，这些国家的支部必须在这种十分复杂的环境中掌握好自己的方向，防止敌对阶层和组织利用穷苦农民群众的不满和绝望情绪为大资本和地主的利益服务。在芬兰、德国和奥地利，法西斯之所以能够调动农民并在夺取政权的关键时刻使农民跟着他们走，这一事实在很大程度上是共产党整个农村工作薄弱，特别是缺乏灵活的应变能力的结果。

随着战争危险和对苏联进攻的危险日益增长，在动员工人阶级奋起反对资产阶级的战争准备的同时，在农民群众中进行反战工作具有特别重大的意义，因为几乎所有国家的陆军基本兵员都是来自农民。在这一重要工作方面的落后状态和对战争的消极等待态度，以及某些错误，例如，不重视农村青年的工作，尤其是女农民的工作，不善于动员农民起来反对资本主义政府的战争准备和保卫苏联，所有这些现象至今还在一些支部中起作用，尽管共产国际执行委员会曾不止一次地作过指示。应当指出的是，农民很少积极参加反战（阿姆斯特丹）代表大会和反法西斯代表大会。

由于反对赋税、反对强制迁移、反对拍卖农民财产，以及反对法西斯恐怖和要求土地等的斗争不断开展，在许多国家，如波兰、德国、捷克斯洛伐克、奥地利、保加利亚、荷兰、爱尔兰，都建立了相当广泛的**农民委员会**网，这些农民委员会把农村中的很大一部分劳动阶层，包括农村无产阶级联合起来了。

1930年在柏林召开的全欧农民委员会代表大会制定了劳动农民斗争的行动纲领，并选出**欧洲农民委员会**作为常务领导机关。这个委员会在广泛宣传反映农民要求的纲领、扩大农民委员会的活动、组织各国农民之间交流斗争经验、建立革命农民之间的国际联系等方面都发挥了良好作用。但是有些支部在建立农民委员会问题上**主动性**极差,仍然表现出它们对农民争取日常要求的斗争的意义估计不足,对农村中的法西斯危险的增长估计不足。远非所有支部都能认识到必须全力促进建立公开的、真正的农民斗争委员会,必须保证它们拥有革命的领导,以及必须帮助它们提出局部要求并促进工农统一战线的巩固。

农业合作社的群众性及其在农村的巨大经济、政治和思想作用,使共产党人有必要在农业合作社内部进行工作。资产阶级的农业合作社越来越紧密地同金融资本体系结合在一起,日益成为地主和资产阶级手中奴役和剥削农村劳动群众的工具。揭露"合作社会主义"和社会民主党的通过合作社实行阶级**合作**的策略(这种阶级合作是同合作社内部的阶级斗争、同劳动者社员反对地主、富农和反对地主富农的合作社领导的斗争相对抗的),特别是揭露统治阶级上层在贷款、价格、标准化、合理化等问题上实行的合作社政策的地主资产阶级性质,揭露富农党和社会民主党利用合作社的资金和财产的行径,揭露天主教合作社中的神甫和教会的反动作用——所有这些任务完成得虽然缓慢些,但有所进展,不过还是落后于农村阶级斗争总的发展速度。

为了抵制一些国家的法西斯分子和农业党用欺骗手段组织农村联合集团反对无产阶级的行径,共产国际执委会第十三次全会再次建议:

"……加强农村中的革命工作,以劳动者的阶级口号和苏维埃革命的农业纲领来对抗地主富农的农村联合的口号;开展斗争,争取满足农民各种局部要求,同时反对与无产阶级和贫农利益对立的富农要求,在雇农、贫农和农村半无产阶级分子中建立自己的据点(农业工人工会,农民委员会)。"

共产国际执行委员会在执行第六次代表大会关于活跃农民工作指示方面,只取得某些积极效果。在许多支部,农民问题在它们工作中占了应有的地位,因此农村工作活跃起来了。有些支部,如波兰、德国、西班牙、保加利亚、捷克斯洛伐克、希腊等支部已开始改进自己的农村工作方法，并取得了一些成绩，农村党组织部分地得到了巩固。这些支部在改进了共产党党团的工作之后，便着手具体领导农民的斗争，指导农民委员会的工作，加强同农村中敌视无产阶级的农业党和资产阶级政党的斗争，以及反对法西斯和反对战争的斗争。

但是，在党的农村工作方面还有许多事情要做。共产国际各支部在领导反对法西斯对农村的进攻、反对法西斯的农业政策和蛊惑宣传的斗争方面做得还很不够。农业工人至今还很少被革命工会组织和共产党领导吸引过来。各国共产党在动员劳动农民参加争取日常要求的斗争时没有表现出应有的主动性，还没有学会紧紧扣住农民的迫切要求，把争取局部要求的斗争提高到争取土地和政权的斗争的水平上来。农村中的反战工作开展得还很不够，而且没有能够同农民的切身利益联系起来，对反苏的反革命战争准备也揭露得很不够。农民群众运动多半还带有自发性，且由于共产党人的影响薄弱，农民运动往往受到敌视无产阶级的组织的控制。

（七）东方革命运动

共产国际第六次代表大会对殖民地和半殖民地在殖民地民族革命成熟和发展的条件下的阶级力量的分布情况和阶级斗争作了全面、详尽的估计。同时代表大会还确定了东方各国共产党战略和策略的一些最重要的基本要素。在第六次代表大会的提纲中，遵照马克思、恩格斯、列宁、斯大林关于殖民地民族问题的学说，根据库西宁同志所作的报告，规定了殖民地和半殖民地国家的共产党工作的几项最重要的任务。这个提纲成了共产国际执行委员会及其机关在两次代表大会期间的工作基础。

共产国际第六次代表大会是在一个转折阶段召开的。中国的地主资产阶级反革命赢得了暂时的和极不巩固的胜利。在印度尼西亚，共产党在1926—1927年的起义遭到镇压后尚没有完全恢复元气，这次起义失败在一定程度上是由于共产党人严重的机会主义错误和"左"倾错误造成的。在印度，肃清一贯反对共产国际建立独立的共产党的方针的分散主义流毒的任务，刚刚提上日程。在印度支那，同在许多其他殖民地国家一样，连共产党都还没有。

共产国际第六次代表大会认为，"在殖民地和半殖民地国家建立和发展共产党，消除客观革命形势与主观因素欠缺之间的极不协调现象，是共产国际一项最重要的和首要的任务"。在完成这项任务的时候，遇到一系列由于这些国家的历史发展和社会结构造成的客观困难。由于这些国家工业发展水平很低，它们的工人阶级还很年轻，数量也比较少。

第六次代表大会指出,"殖民地国家既不存在社会民主主义的传统,也没有马克思主义的传统。我们年轻的党需要在斗争过程中,在党的建设过程中克服小资产阶级的民族主义思想残余,才能找到通往布尔什维克主义的道路"。

在中国革命阵线上粉碎反革命托洛茨基主义和陈独秀的取消主义,这对东方的共产主义运动有着巨大的思想教育意义和组织意义。1925—1927年的中国革命造成了反帝运动和工农斗争的磅礴气势,把群众直接引向建立苏维埃的阶段,它鲜明地显示出:在殖民地条件下怎样才能在争取群众和两条战线上的真正斗争中锻炼出一个共产主义政党。在共产国际第六次和第七次代表大会之间这段时期,中国共产党的党员人数已增加到40余万,它已经成为中国苏维埃和红军公认的组织者和领袖,成为全中国民族解放运动的领导者。

中国革命事件的进程出色地证明共产国际路线的正确性。中国无产阶级在自己的共产主义先锋队率领下英勇奋斗,建立了范围广阔的苏区,那里正在实现中国共产党领导下的无产阶级和农民的革命民主主义专政。

我们只要看一看中国、印度、印度支那、日本、朝鲜和土耳其的罢工统计数字,就足以证明,在东方,一支真正的无产阶级干部队伍已经成长和壮大起来。

与5个帝国主义国家(美国、英国、德国、法国和捷克斯洛伐克)相比,这6个东方国家(包括帝国主义的日本)的罢工人数在1921—1924年只占上述11个国家罢工总人数的11%,1925—1928年占30.5%,1929—1932年占38%。仅在中国,1933年就举行了412次罢工,参加人数达660500人。

年份	中国、印度、印度支那、朝鲜和土耳其的罢工人数（千人）
1928	967
1929	1384
1930	732
1931	1637
1932	1422

在报告总结的时期内，东方共产主义运动是在世界经济危机尖锐化和在绝大多数殖民地和附属国革命高潮高涨的条件下发展起来的。世界工业危机同东方殖民地与半殖民地国家的特种形式的农业危机交织在一起，从而使得：（1）农业殖民地经济的一切基础发生深刻动摇；（2）殖民地的数百万生产者遭受帝国主义者、地主和高利贷者的盘剥而破产，农民完全失去支付能力；（3）帝国主义资本和地方民族资本急剧地降低工人阶级的生活水平；（4）帝国主义资产阶级和殖民地资产阶级的矛盾由于危机而局部激化，同时，在相当一部分殖民地资产阶级中加强了在买办和共同奴役群众的基础上同帝国主义进行合作的倾向。

虽说东方一些国家共产党的建立和发展经历了种种不同的条件，但有一点是毋庸置疑的，即这一时期正是工人运动（首先是农民斗争）和反帝运动在数量和质量上不断成长的时期。

在印度，1930—1934年革命高潮的兴起是1928—1929年孟买纺织工人罢工斗争的结果，这次罢工运动在当时为印度无产者建立独立的阶级组织奠定了基础。在印度支那，刚刚建立的共产党在极短时期内便能够成为全国政治舞台上的重要因素。安沛起义失败后，由于领导这次起义的印度支那国民党遭到镇压和内部分化，印度支那共产党人在反帝运动中的作用开始增长。印度支那共产党成功地推进了工人运动，并得以把反帝斗争的口号同农民运动的口号结合起来，没有这一点，要在印度支那建立第一批苏维埃是不可能的。

在印度尼西亚，1927年起义失败后，群众革命运动多年处于消沉状态。然而来势凶猛的农业危机和帝国主义的压力却导致了新的革命高潮的到来，"七省号"巡洋舰起义就是新的革命高潮到来的一个明显的征兆。

在阿拉伯国家，这一时期的共产主义运动正在经历思想、政治自决和建立组织的阶段。

最后，这一时期具有代表性的是在非洲，特别是在南非联邦的黑人劳动群众中的共产主义运动的发展。

共产国际执行委员会第十次全会特别强调了在民族解放运动和农民运动中争取无产阶级的领导地位和共产党领导权的必要性。遵照共产国际执行委员会的指示，东方各共产党在共产国际的领导下，制定了一系列具有头等重要意义的纲领性的政治文件，这些文件应当发挥巨大的组织作用，而且它们的作用已经在共产党的发展过程中体现出来。纲领性文件的制定，促进了各个共产主义小组和各国共产党的思想团结，向它们提出了两项迫切的任务：一是在群众中进行实际工作；二是在捍卫同革命斗争的最终目标相关的日益迫切要求的基础上，把正在斗争的无产阶级群众同农民群众联合起来。

在印度，共产党制定了行动纲领，这个纲领成了团结党的队伍的重要因素，而过去党的队伍的团结由于派别斗争，由于脱离群众的宗派主义而长期受到阻碍。荷兰共产党中央制定的关于荷兰劳动人民和印度尼西亚劳动人民统一战线的文件使印度尼西亚党的活动大大活跃起来。印度支那共产党的行动纲领使得在1930—1931年刚刚经过第一次战斗洗礼的共产党得到了一件合适的武器，这件武器在年轻的共产主义先锋队遭到法国帝国主义的无情镇压的时候，在低估本国资产阶级及其走狗在群众中散布的民族改良主义影响的危害性充分暴露的时候，发挥了特别重要的作用。这样的例子还有很多。

关于反对帝国主义问题，关于共产党人根据各种不同的阶级条件实行反帝统一战线的策略问题，关于对待资产阶级民族改良主义的态度问题，以及关于各党的壮大和布尔什维克化的问题——所有这些任务自始至终都列在各共产党活动的日程上。像中国共产党这样的党在1932年的上海保卫战中和在1933年期间在运用反帝统一战线的策略方面为我们做出了布尔什维克式的榜样。中国共产党人走到群众当中，提出了**神圣的抗日民族革命战争**的口号和用中国人民武装起来的双手打击日本侵略者的口号。中华苏维埃政府提出准备同任何军队达成停火协议，其条件是该部队停止进攻红军，负起抵抗日本侵略者的责任，并保证在其（即国民党的军队）统治区的人民群众享有联合的自由及保证有武装自己抵抗日本侵略者的可能性。中国共产党和中国的苏维埃政府从此给予了对日本帝国主义实行卖国辱国政策的蒋介石和汪精卫的反革命煽动以毁灭性打击。中国共产党的建议具有特殊的意义，因为反革命的中国资产阶级过去和现在一直打着什么共产党人反对南京政府是破坏中国抗日和帮助日本帝国主义的欺骗性口号，不断发动了对中国苏区的围剿。

中国共产党对这种形势作出了正确的估计，它懂得争取全国范围的反帝运动的领导权是绝对必要的，同时又要顾及到全国各地区革命的发展是极不平衡的。假如中国共产党不是在此之前在共产国际执行委员会的帮助下清算了不承认中国各地区革命运动发展**不平衡性**的李立三及其同伙的"左"倾的盲动机会主义，中国共产党就不可能在这方面有着如此明确的认识。同时，中国共产党也由于粉碎了拉着党向国民党反革命投降的罗章龙右倾机会主义取消派而更加巩固。

在上海保卫战期间，中国共产党高举反帝口号在动员群众抗战方面发挥了巨大作用。在反帝阵线的群众工作中，党暴露了不少弱点，犯了一些错误，这是因为党内缺乏足够数量的无产阶级骨干。党的弱点尤其表现在它不善于从组织上巩固自己日益扩大的政治影响,没有充分利用在国民党统治地区进行反帝工作的合法条件。但是,尽管有这些还远未完全克服的弱点和错误,仍然应当指出,中国共产党运用列宁、斯大林在苏维埃现阶段复杂条件下反帝斗争的战略和策略,在各种各样环境中经历了斗争的严峻考验,从而向前迈进了一大步。

与中国共产党的成功典范形成鲜明对照的是巴勒斯坦共产党的反面例子。这个党的大部分成员是犹太人,它脱离了本地阿拉伯居民中的劳动群众。从这一事实中也可以理解为什么一部分巴勒斯坦共产党人在1929年阿拉伯人民群众发动反对帝国主义暴徒和支持他们的犹太复国主义—殖民主义者的起义时采取了那种极端错误的态度。当时巴勒斯坦共产党的领导认为阿拉伯人的这次运动是寻常的"蹂躏犹太人的暴行",这是不符合实际情况的,因而受到共产国际的严厉谴责。共产国际坚决地提出了使党**阿拉伯化**的要求。巴勒斯坦领导中的机会主义分子却企图抛开共产国际执行委员会的这项决定。这些人被共产党自身清除出了领导岗位,但是巴勒斯坦共产党现在依然处于真正布尔什维克化的初级阶段,而它的布尔什维克化是与它的阿拉伯化分不开的。

在第六次与第七次代表大会之间,一些殖民地国家中出现两种倾向:一是对反帝斗争估计不足;一是对反帝斗争采取回避态度,其借口是对待在这些国家领导群众斗争的民族改良主义资产阶级应采取不调和态度,以达到使革命运动失去领导和从组织上瓦解的目的。在埃及,党内一些受警察幕后操纵的无原则的小集团(这种情况是处于地下状态的党的内部进行派别斗争的时期所常见的),有一个时期竟然使得埃及共产党组织完全丧失了活动能力。

在印度,各个共产主义小组和组织合并与联合成统一党的过程在相当长一段时期处于停滞状态,这是因为印度的资产阶级在改良主义者的帮助下得以暂时把共产党人同改良主义的工人组织隔绝开来,虽然共产党人在这之前,在孟买工人罢工时期,就已经在群众中产生了相当大的影响。造成这种情况的另一原因,是共产党人在1928—1929年间的罢工运动高潮时期采取了错误的策略。共产党人参加了那次运动,但却忽视了必须建立一个秘密的独立行动的共产党,尽管他们在组织革命工会运动方面发挥了积极性。

在新的革命高潮时期,印度共产党人面临的事实是,**新涌现的**广大工人、城市小资产阶级和农民群众在政治上日益活跃起来。这部分群众没有经受过刚刚举行的罢工斗争的考验,也没有经受工会运动严峻的锻炼。他们追随国大党,接受国大党提出的消极抵抗英国帝国主义的各种形式。印度共产党人没有能够在这场运动中找到立足之地,而为了掩饰自己的消极情绪,一部分共产党人便"埋怨"印度资产阶级所起的叛卖作用,另一些人则企图归咎于印度工人阶级的"疲倦情绪"。共产国际领导和共产国际一些支部的领导十分重视印度共产主义运动中出现的这些问题,并不断努力纠正年轻的共产主义运动中的错误和"幼稚病"。印度共产党人提出了一个足以证明共产主义运动的思想水平已有很大提高的纲领,在这个纲领的基础上把各个共产主义小组和独立组织在统一领导下联合起来,不断扩大争取工人统一战线和统一工会的斗争,组织和领导了1934年的纺织工人大罢工——这些都证明印度的共产主义运动已经实际开始解决争取群众的斗争任务。

低估民族改良主义资产阶级对群众的影响,看不到资产阶级的动摇性和不善于利用它的动摇性,以及忽视资产阶级随机应变的能力,忽视在群众中经常不懈地用无产阶级路线同民族改良主义政策进行实际对比的必要性——这些情况同对反帝斗争估计不足一样,也都是殖民地附属国的共产党工作中经常出现的缺点。

殖民地东方各国共产党和无产阶级革命运动的势力与影响日益扩大的一个间接的标志,就是民族改良主义越来越多地使用起社会主义的、甚至"近乎共产主义的"用语了。当前，由于反对帝国主义的工农运动**最紧密地**交织在一起，无产阶级争取在群众革命运动中起到政治领导作用的任务，正在变得愈加可能实现而且愈益迫切。

共产国际执行委员会第十一次全会指出："在印度，由于工农运动不断高涨，同时民族改良主义资产阶级转向与英国帝国主义进行卖国勾结并与它结成反革命联盟，群众性的反对英国帝国主义的革命运动正在日益扩大和深化，它吸引着数以百万计的工人、农民和城市贫民，冲破反革命甘地主义的种种限制，开始使劳动群众摆脱甘地主义的影响并转向公开的革命斗争形式（同警察和军队的武装冲突，白沙瓦和绍拉布尔的起义，比姆、贝拉尔等地的农民起义，科温普尔的起义，反对甘地和国大党的大规模群众行动）。"

但是，这一时期中，不仅仅在印度，而且在所有殖民地和半殖民地国家，民族解放运动都推动了阶级斗争，同时民族解放运动本身也由于阶级斗争的激化和深化受到了锻炼。这一时期的工人运动由于帝国主义资本和当地资本向殖民地无产阶级生活水平的进攻而不断向前推进。

急风暴雨般的革命农民运动首先表现为大规模地抵制帝国主义者、地主和高利贷者的疯狂压榨，抵制他们榨取捐税、夺走土地和攫取低价农产品抵偿债务的行径。在现代条件下，被压迫和被剥削的群众开始比以往任何时候更加清楚地认识到帝国主义统治和帝国主义剥削与地主高利贷者的奴役和地方资本向工人的进攻这二者之间有着密不可分的依从关系和相互作用。

与此同时，苏联，特别是它作为各民族苏维埃共和国的具体代表，成为使东方被压迫群众革命化的一个极其重要的因素。这里还必须补充的是中国苏区在促进革命化方面所起的作用，一切殖民地的资产阶级都把苏维埃中国看做是向它们提出的严重警告。所有这一切迫使殖民地的资产阶级采取双重手法伺机行事：一方面，它们向帝国主义靠拢，以抵抗工农运动,防止反帝运动革命化;另一方面,它们则通过奸细活动渗入工农运动,其目的是扼杀工农运动,镇压共产党和消除实现无产阶级革命领导权的威胁。

印度的罗易集团,通过印度资产阶级走狗挑起的工人运动的分裂,钻进了印度工人运动内部,而且成了掌握在国大党手中一件抵制共产党影响的武器。

在印度尼西亚,民族改良主义营垒,例如"伊斯兰同盟"中的资产阶级投降主义分子,为了极力保持自己对群众的影响,居然也宣称自己是赞成印度尼西亚走社会主义发展道路的,主张借助同荷兰资本竞争的日本金融资本的支持,在印度尼西亚建立集体农庄。

民族改良主义首先争取控制工人**工会**组织。共产国际第六次代表大会曾明确指示:"在扩大共产党的同时,还应该把工会工作看做是殖民地与半殖民地国家的共产党人一项最为重要的共同的迫切任务。"遗憾的是,不得不指出,虽然作出了这样的决议,工会工作却恰恰是东方国家共产党人工作中**最薄弱的**环节。共产主义运动之所以在东方遭受一系列严重挫折,首先是因为对整个工会工作,尤其是对民族改良主义者领导下的工会工作缺乏十分严肃的、布尔什维克的态度,尽管工人在放弃包括特别是"左翼"在内的民族改良主义。甚至在中国共产党内,这种低估工会工作的状况也还没有完全克服。

在印度,许多同志的宗派主义倾向,使自己同加入了民族改良主义控制下的工会的群众隔绝开来,这无疑造成了极其有害的后果,助长了鲁伊卡尔、坎达里卡尔、卡尔尼克之流分裂计划的推行。同时,在实行已拖延过晚的统一战线策略时,这些印度同志中的一部分人错误地认为实行统一战线就等于放弃对"左翼"和右翼民族改良主义者认真的批评,因而又采取了一系列错误的步骤。

对待在改良主义工会中工作所持的消极态度,是与共产国际各次决议背道而驰的，这种态度还常常表现为匆忙地和人为地建立一些只拥有几十名会员的红色工会。

两次代表大会之间这个时期的特点是，殖民地和半殖民地革命的**农民土地运动**更加高涨，这是由于世界经济危机的发展而导致殖民地农业危机进一步尖锐化和深化的必然结果。农民起义已经遍布印度支那、缅甸、印度、刚果、法属赤道非洲等地。在中国，地主资产阶级反革命势力，首先是在解决土地问题上的种种企图都遭到了彻底破产。江南各省的农民土地运动成了无产阶级先锋队——中国共产党——领导下发展苏维埃运动的发源地和根据地。

共产国际执行委员会在1930年6月的决议中确认，中国"无产阶级领导下的农民战争"不可避免地会扩展到新的地区，强调绝对必须立即成立中国工农苏维埃政府，同时还指出，"临时革命政府的任务是：在坚决铲除封建制度和军阀制度、压制富农和高利贷者的基础上，把农民行动联合起来，并最大限度地使农民行动协调一致"。决议中还谈到，"党应当把注意力**集中于解决土地问题**。土地革命不应当是富农的，而应当是贫农和中农的土地革命。这个革命的推动力应当是雇农和贫农，同时他们应同中农结成巩固的联盟并应保证工人阶级的领导作用。对富农的种种企图，党应当反其道而行之，没收一切地主、教堂寺院和其他大土地所有者的土地，把这些土地平均分配给贫民和中农，但是没收的原则不适用于富裕农民。与苏区土地革命密切相关的一个任务是，**组织雇农和农村无产者工会**与**组织贫民团**，其目的是要把中农团结到自己周围，使苏维埃政权机关的一切措施符合贫农和中农的利益。因此，必须努力实行苏维埃机关的充分选举制，剥夺富农、豪绅和半地主的选举权利。党应当把农村苏维埃看做是农民群众的基本组织形式，并应当在苏区采取把农民协会逐步融合到农村苏维埃中去的方针"。

当中国苏维埃运动还刚刚形成并取得初步胜利的时候，共产国际执行委员会就在1930年的决议中十分清楚而明确地确定了中国革命在新的苏维埃阶段的任务。这个决议根据列宁、斯大林关于共产党人在殖民地革命中的战略和策略的学说的原理，拟定了中国苏维埃运动的最重要的任务和组织形式。

在苏维埃土地革命过程中，中国共产党就同包庇小地主和豪绅的右倾机会主义行为，即迁就他们的利益而损害雇农和农民群众基本利益的行为，进行了斗争。同时，党还同侵犯中农利益的"左"倾机会主义行为进行了斗争。

在中国部分地区进行的苏维埃土地革命，尽管在某些地方存在着各种实际缺点，但它使东方各国的共产主义运动获得了丰富的革命经验，并具体地展现出无产阶级争取领导农民运动的有效措施。

此外，正是由于进行了共产党领导下的贫农和中农的土地革命，才为建设中国的苏维埃和中国红军打下了牢固的、真正的人民群众的基础。

其他殖民地和半殖民地国家中的共产党在农民运动方面的成就远不及中国党在几个省内所取得的历史性成就。在印度支那，共产党曾在1930—1931年期间领导了夺取地主粮仓的农民群众运动，初步地把反帝运动同农民夺取地主土地的斗争结合起来。在阿拉伯国家，也同在印度一样，共产党人刚刚开始同正在兴起革命的农村建立联系。在南非，共产党摆脱了老的机会主义的领导之后，对农民群众产生了一定的影响，而且参加了一些农民的行动。为农民提出局部要求，并围绕这些要求来宣传和动员群众，这将逐渐成为共产党日常工作的有机部分。

在殖民地和半殖民地各国共产党中，中国共产党在反帝和反封建革命战线上取得了最大、最巩固的成绩。中国苏维埃及其红军已经成为世界无产阶级革命的一个因素。共产国际执行委员会主席团1931年通过的关于中国共产党的任务的决议说："党在苏区的政策，应该以实行资产阶级民主的土地革命，并把这个革命转变为社会主义革命的任务为出发点。在当前日益发展的苏维埃运动进程中，工人和农民已在为中国过渡到社会主义发展道路创造前提。这些前提就是：由土地革命中发展起来的工农兵代表苏维埃和工农红军队伍已经成为无产阶级和农民革命专政的机关。革命的人民正在创建新的国家机关，这个国家机关可以提供'**被压迫阶级**，工人和农民中最有觉悟的、最活跃的一部分先进分子的组织形式，因而它是这样一种机关，被压迫阶级的先锋队可以通过它去发动、教育、训练和领导这些阶级的**广大群众队伍**的机器……'（列宁语）"。

决议还指出："**无产阶级的领导权正在国家政权的初级阶段中日益巩固，它是无产阶级专政的萌芽和过渡阶段。**"

共产国际执行委员会第十三次全会决议指出，"苏维埃政权是无产阶级和农民革命民主专政的国家形式，它能确保资产阶级民主革命转变为社会主义革命（中国等国家）"。

中国苏维埃运动在殖民地的土地上牢牢地树起了苏维埃的旗帜，它向殖民地和附属国的人民展示了反帝反封建的苏维埃革命的发展。苏维埃在安南即在印度支那的出现，尽管是短暂的，但应当把它看做是中国苏维埃对其他国家民族解放运动影响的结果。

共产国际执行委员会1930年6月的决议准确地估计了中国民族殖民地革命的发展条件和前景。决议中谈到，"中国无产阶级和农民的革命民主专政将同布尔什维克在1905年革命的条件下构想的民主专政有很重要的区别。这种区别首先是同中国革命所处的国际环境有关，同存在着苏联这个无产阶级专政国家（它正在胜利地进行社会主义建设）有关。另一方面，中国当前的形势使我们可以指望，共产党人将在政府中占据多数。因此，无产阶级便可以不仅在思想上、而且**在国家政权上实现对农民的领导**。此外，也还必须看到另一种情况，即中国革命不仅要同封建制度进行残酷斗争，而且还要同中外资本家进行残酷的斗争。

中国的民主专政必将彻底没收那些属于外国资本和中国资本的企业,因此,它不得不采取一些社会主义性质的重大步骤。存在社会主义成分,将是中国无产阶级和农民的革命民主专政的特点。中国革命从资本主义向社会主义过渡,与十月革命相比,将经过更多的过渡阶段,但是它将会大大缩短向社会主义革命转变的时间,而且从资产阶级民主阶段向社会主义阶段的过渡,远比根据1905年革命的条件构想的这种过渡要更快得多"。

这一估计使中国共产党人在争取无产阶级领导权和共产党领导地位的斗争中有了明确的方向和信心。同时,这项决议对那种空谈"超越"资产阶级民主主义任务的"左"倾盲动主义的行径,对共产党人不按苏维埃方式解决这种任务的偏向,对用行政命令的办法建立国营农场和集体农庄的打算,乃是一种警告。决议指出,中国革命过渡到采取社会主义性质的措施,必将直接涉及冲击**帝国主义**在中国的经济命脉,必将直接关系到苏维埃运动在全民族、全中国范围的胜利。李立三"左"倾机会主义集团恰恰是企图从这一方面攻击共产国际的路线,同时他们鼓吹机会主义的投降主义路线,主张在解决资产阶级民主主义阶段的任务时放弃无产阶级的领导权,以此帮助富农维护其半封建主义的特权。

中国的革命工人和农民在拥有几千万居民的辽阔地区取得了胜利,并在这些地区建立了苏维埃制度,进行了土地革命,不但如此,还把这些地区变成了**模范苏维埃区**,这一切都是具有极大吸引力的因素。

国民党统治区的被压迫和被剥削群众已有可能把捍卫劳动人民利益的苏维埃制度同反革命官僚的血腥掠夺式统治进行实际对比。共产国际领导在给中国共产党中央委员会的一系列指示中,曾不止一次地强调指出了模范苏区这一活生生的具体榜样的重要性。

在报告所总结的时期内,共产国际还特别关注日本共产党的工作。日本共产党已经被推上了反对新的世界帝国主义大屠杀威胁的斗争火线，推上了反对进行反革命的反苏战争准备和反对侵占中国领土以及反对军事帝制的斗争火线。日本共产党的布尔什维克化是在必须清除自己队伍中的小资产阶级的社会民主主义同路人的特殊条件下实现的。这些同路人最初之所以钻进了共产党的队伍，是由于社会民主党正式成立较晚（1926年），以及由于共产党本身的活动在开始阶段主要集中于工会运动和农民协会这样一些合法的阵地上。在群众性的工人运动和农民协会运动中，共产主义分子和社会民主主义分子的分化之所以相当缓慢，是因为共产主义运动活动的重点是在有限的合法范围之内，在这种条件下，社会民主主义分子对于自己形式上属于共产主义运动这一事实并不感到有什么特别拘束。1928年的镇压使局势大为明朗，但同时由于混进来的资产阶级知识分子在党的领导骨干中占据优势，因此这一镇压引起了宗派主义反应。福本及其追随者企图把共产党变为非法的宣传团体。

共产国际执行委员会在1928年的关于日本共产党的当前任务的决议中指出："自从中国革命掀起高潮和1927年发生财政危机以来便处于困境的日本帝国主义，不论在内政还是外交方面都在变本加厉地推行其**反动侵略政策**。……日本帝国主义对苏联推行不断挑衅的政策，加紧准备公开侵犯苏联边境。它一面狂热地扩张军备，制定全国总动员计划，一面又在群众中进行疯狂的战争煽动并用'国内战争'的幻影恐吓群众，它正在公开地走向新战争"。

当时共产国际就曾强调指出了日本帝国主义的军事侵略特征的作用，指出它是战争威胁的一个极其重要的策源地，并指示日本共产党人必须着重从这一方面对它展开进攻。

从日本占领满洲到当前这个时期，正是日本共产党加紧认真实现布尔什维克化的阶段。党在1927—1931年时期的改组具有为这些决定性步骤做好准备的性质。

日本共产党当前需要做的不是简单机械地清除那些往往成为敌人间谍的同路人。它还需要完成思想团结的过程。在一个政治制度极端反动，半封建土地占有制居统治地位，军阀、官僚和警察拥有无限权力的国家中，共产党人就非常需要懂得阶级斗争条件的特殊性和半封建残余势力对阶级斗争进程的影响。必须了解并正确估计金融资本的统治同半封建帝制、地主土地占有制和工厂中的奴隶主占有制结合和相互作用的特点。同时还必须正确地认识，在这个以远东宪兵著称的国家中内政与外交之间的相互作用和相互联系。

日本社会民主党人有意地利用日本无产阶级的革命思想搞投机，竭力引诱无产阶级先进分子脱离日本尚未完成的资产阶级民主革命任务的斗争。他们和他们的追随者——共产主义的叛徒们，在"左"的词句掩护下竭力铺设一条走向与日本天皇专制调和的道路。他们不断设法要把共产党变为在反动帝国的空隙中极力求得生存的日本社会民主党的无害的点缀品。无产阶级的敏锐嗅觉和确保党的真正革命路线的真诚愿望，使日本共产党人开始进行毫不留情的自我批评，1931年的提纲尽管在革命性质问题和对待农民问题上还存在一些原则性错误，但在这两个方面已经有了很大的进步。**共产国际执行委员会西欧局《关于日本形势和共产党的任务》的提纲**，是日本共产党在实现思想团结和布尔什维克化过程中的重大转折点。提纲明确指出，日本未来的革命——将由资产阶级民主主义革命迅速转化为社会主义革命的动力和性质。同时提纲还确定了为实现苏维埃日本而斗争的具体任务和道路。

这个提纲在日本共产党人中间得到的反应，各基层党组织对提纲的热烈讨论以及广泛开展的自我批评，都显示出日本共产党已经能够战胜党内存在的、阻碍它在思想政治上和组织上成长的危险疾病。这种对过去的错误和动摇的批评是同（并非偶然地）党在国际无产阶级反对帝国主义强盗斗争前线的自我检查相一致的。

日本的暗探、宪兵和警察为了极力阻止共产主义运动的壮大和传播，开始千方百计地把奸细安插到党内来，力图从内部颠覆和瓦解党。为了同一目的，他们还利用佐野和锅山这类叛徒的悔过声明。还是为了这一目的，他们用严刑拷打强迫被监禁者投降。

日本共产党的反战工作。日本共产党最初就对战争问题采取了正确立场，党在反对帝国主义战争的斗争中进行了顽强而忘我的工作，党的中央机关刊物《赤旗报》按期出版并广泛发行，反战示威游行及在陆海军和军工厂中开展的工作，所有这一切都表明，共产国际日本支部自从第六次代表大会以后，尽管在这方面的工作遇到了特大的困难，但在自己队伍的布尔什维克化方面仍然取得了毋庸置疑的巨大成绩。

日本共产党在**工会工作**和贯彻统一战线策略以及在动员群众参加反对军事法西斯运动等方面依然落后。在这方面还远远没有消除宗派主义习气和以党组织替代工会组织的倾向，还没有根除极其有害的、也是布尔什维克绝对不能容忍的现象，即轻视在尚未受到党的影响的群众中进行工作。根除这些病态现象乃是当务之急。东方各国共产党，包括日本共产党，部分地也包括中国共产党的一个特点，是对这些国家中本来就极其有限的**合法条件**缺乏深思熟虑，缺乏有步骤的、全面的**利用**。

在东方各国党的工作中，在运用统一战线策略时，不论是在工人运动中，还是在反帝运动中，都往往明显地表现出缺乏灵活性。建立统一战线的工作往往停留在口头声明上，特别是在那些党还刚刚脱离组织和宣传工作发展的早期阶段的地方。在群众中为实现党的口号而斗争，这是争取群众和按布尔什维克方式准备革命的本质问题，对这一斗争的估计不足和不善于进行这一斗争的情况，还常常在许多年轻的共产党的活动中反映出来，特别是在印度党的活动中。还必须指出的是，在对待民族主义革命派别的态度上也存在不少未能有效地贯彻共产国际路线的情况，这或表现在共产党人的消极情绪上（印度），或表现在企图用要求它们并入共产党的办法使这些派别"分化",或公开反对它们(叙利亚),或表现在通过上层进行毫无结果的外交谈判上(巴勒斯坦)。

东方各国共产党在共产国际执行委员会的领导下,大多使自己的干部队伍工人化了,而一些大党(中国、日本)以工业区的**工厂支部为基础**进行的改组也取得了很大成绩。但是,总的来说,东方各共产党,特别是在那些拥有相当多的工业企业的地方,包括中国共产党和日本共产党,还必须充分地、有步骤地开展争取工业企业的布尔什维克式的斗争。在这之前**对企业工人的经济斗争的领导工作**之所以遭到特大损失,正是由于这种脱离企业的情况,由于不了解企业中普通工人群众的真实思想情绪和迫切需要而造成的。在失业工人和妇女中的工作也仍然是各党工作中的薄弱环节,虽然个别党在这方面也取得了某些成绩。

第六次和第七次代表大会之间的时期是在东方革命高潮趋于成熟和发展的条件下度过的。反帝斗争、罢工斗争、农民斗争等新任务的提出,新形势下的工会运动问题和民族革命斗争问题的提出,眼前面临的群众热情的重新高涨和阶级斗争的激化,这一切都促进了各共产党的布尔什维克化,并有利于提高它们在争取群众斗争中的积极性。在两条战线上进行的不可调和的斗争中,在反对反革命的托洛茨基主义、右倾机会主义和"左"倾宗派主义的斗争中,共产国际执行委员会领导了实现第六次代表大会决议的工作,使东方各国共产党的发展走上了布尔什维克的轨道,而在1928年的共产国际代表大会前这些党还大多只是在布尔什维克化的道路上迈出了最初的几步。

二、共产国际各支部活动情况的资料

欧 洲

德 国

　　德国属于这样一类国家,这些国家早在世界经济危机的最初年代,由于资本主义体系的动摇,革命危机的客观条件日益迅速成熟起来。

　　阶级矛盾的尖锐化,使得德国共产党在公开的法西斯专政建立之前,就已经在发展组织和扩大其在群众中的政治影响方面大大向前迈进了。1932年,德国共产党已经从一个多年来只拥有不足12万党员和在1928年的国会选举中只获得270万张选票的党变成了拥有36万党员和在国会选举中获得近600万张选票的党。

　　阶级斗争尖锐化,共产党不断壮大,社会民主党的声誉日益下降,这些迫使德国资产阶级寻求别的统治方法,试图建立新的群众基础。这些实际情况和《凡尔赛和约》的后果促使法西斯主义迅速发展起来。

　　第六次世界代表大会之后的几年中,德国的特点是共产党和纳粹党徒之间争夺劳动群众的斗争愈演愈烈。资本主义稳定时期刚一结束,日益依靠法西斯分子的德国资产阶级就把拯救资本主义体系的希望寄托在法西斯党身上,指望它能找到摆脱资本主义危机的出路。法西斯主义借助社会蛊惑和民族煽动得以争取到政治上日渐活跃起来的广大小资产阶级群众。它利用这些受骗的群众为资产阶级建立起了新的群众基础。

一月三十日事件，也即法西斯专政之所以能够建立，就是因为社会民主党的政策为法西斯主义铺平了道路。

尽管存在群众性的共产党，法西斯分子仍然能够上台执政，这主要只能归咎于社会民主党的"较小祸害论"政策，这是社会民主党在德国建立法西斯专政期间政策的突出特点。这一政策便是造成德国法西斯主义在它准备执政和夺取政权的时期，工人阶级恰巧处于分裂状态的主要原因。

共产党在工人阶级中已拥有大批拥护者。但在绝大多数企业、工会和**国家社会机关**中社会民主党的影响依然占优势。工人阶级的大多数仍然跟着社会民主党走。无产阶级的革命力量不够强大和团结，还不能顺利单独地领导斗争。而大批工人组织的领导权掌握在社会民主党腐败的官僚上层手里。它把革命工人开除出这些组织，借助它直接控制的中央的工人组织网扼杀工人群众的主动性，削弱他们在反对资本和反对法西斯主义斗争中的战斗力，以此阻碍革命工人群众给予转入进攻的法西斯专政和恐怖的法西斯匪徒以坚决的回击。

德国法西斯上台的时候，经济危机已经度过了最低点，进入了特种萧条阶段，德国法西斯正是利用了这一时机。在这个基础上，法西斯专政又首先通过对劳动群众的残酷剥削和大规模扩大军事工业的途径，才得以提高了工业生产。但是，正如共产党人预见的那样，法西斯分子终究未能缓解经济危机和减轻其后果，或为资产阶级找到摆脱危机的出路。尽管法西斯分子实施了严酷的恐怖政策，也未能消灭共产党。

法西斯专政的建立为资产阶级提供了某种喘息时机，来寻求新的策略并试图重新组合自己的阶级力量。法西斯主义在德国这一欧洲工人运动具有极其重要意义的国家中的胜利，给整个国际无产阶级运动蒙上了一层阴影。不过，同时法西斯分子在德国夺得政权也为整个国际无产阶级敲起了警钟。这在德国以及在许多其他国家形成了一股强大的推动力，促使揭露社会民主党的假马克思主义和打破对资产阶级民主所抱的幻想。

德国社会民主党这个第二国际的头号党提出了这样一个论点，即反法西斯专政的斗争是没有前途的，我们面临的是反动和法西斯主义的整整一个时代。社会民主党人认为，工人阶级只有坐等法西斯主义的自行灭亡，别无办法。我们自己队伍中的机会主义分子也支持这一投降法西斯主义的论调。共产国际从一开始就迎头痛击了错误估计法西斯主义的种种企图，它指出：法西斯专政是金融资本中那部分最反动、最极端的沙文主义势力的公开专政，整个资产阶级企图借助这种专政来制止工人阶级的革命进攻和消灭它的革命先锋队。但是，法西斯专政无法长期阻止无产阶级的革命进攻，也无法使资产阶级摆脱总危机。德国法西斯专政两年来的历史表明，共产国际对法西斯主义的估价是正确的。

德国共产党极其秘密地进行着反法西斯专政的英勇斗争，成长为一个秘密的群众性大党，并成为吸引全国一切反法西斯力量的真正中心。尽管2000多名爱国志士遭受法西斯屠杀，6万多名党的优秀战士被关进集中营和苦牢，共产党仍抱定宗旨，大无畏地继续进行斗争。经历了两年的法西斯专政和极其秘密的斗争后，共产党现在已拥有按期缴纳党费并积极工作的党员6万余人。党树立了勇敢战斗和无限自我牺牲精神的极其伟大的榜样，令人难忘的约恩·舍尔就是其中的一例。共产党已学会在秘密条件下广泛进行宣传鼓动。但是它还没有能够十分广泛地阐明统一战线政策。

由于右倾分子和调和分子被粉碎以及由于政治路线的正确而找到了一条到群众中去的道路的共产党，在合法时期曾不得不在台尔曼同志的领导下进行一场严肃的斗争，以反对在贯彻党的路线中的宗派主义对抗情绪和不善于贯彻党的路线的各种新的表现。这种宗派主义危险在争取社会民主党工人,在贯彻布尔什维克的统一战线政策和工会工作中表现很突出。而在秘密条件下,这种有可能导致共产党脱离群众的宗派主义危险,则表现为不理解在法西斯的群众组织中开展工作的必要性,也不理解同愿意与法西斯主义作斗争的社会民主党工人和组织建立统一战线的必要性。其次,这还表现在不理解恢复被社会民主党出卖并弃之不顾的自由工会和其他群众组织的必要性。

由于群众工作没有跟上,致使党和工人阶级未能利用1934年六月三十日事件提供的条件。

六月三十日事件不仅缩小了资产阶级的群众基础,同时也再度加剧了法西斯制度内部的种种矛盾。但共产党当时还不能利用这些矛盾。它还没有成为一股组织力量,能够把群众对法西斯的极大仇恨化为直接公开的反抗。从1935年初开始,党着手对自己的工作进行严肃的自我批评,以促使党及时动员德国工人阶级推翻法西斯专政。

法西斯分子企图利用萨尔区的德国居民同意并入德国这一全民投票结果(促成这一结果的首先是法国帝国主义的立场和国际联盟委员会)以及恢复全国义务兵役制来掀起一个新的沙文主义浪潮,扫清法西斯主义道路上的重重障碍。然而,毋庸置疑,德国法西斯主义直接面临各种内部矛盾进一步加深和阶级斗争重新激化的局面。

但是,法西斯主义绝不会自行崩溃。只有通过革命斗争,才能找到摆脱危机的革命出路。只有在作为准备推翻法西斯专政这一极其重要因素的革命统一战线政策的基础上才能争取群众。要实现无产阶级革命这一目的,党只有遵循正确的统一战线政策,才能够为组织反法西斯人民阵线和争取工人阶级领导权创造先决条件。

共产国际第六次代表大会后德国的阶级斗争以及反对右倾分子、调和分子和"左"倾危险的斗争

共产国际第六次代表大会后,德国阶级斗争最突出的特点是,工人阶级的积极性不断高涨,无产阶级开展了威力强大的经济斗争和群众运动。这是工人运动新的革命高潮的开端。还是在1927年埃森代表大会上,共产党曾经指出,工人对企业主采取防御立场,而到1929年韦丁党代表大会时,形势已经发生了根本变化。

资产阶级在穆勒社会民主党联合政府的帮助下,企图把德国帝国主义还在经济危机开始前早就暴露出来的重大困难的负担转嫁到工人阶级身上。企业主们企图以同盟歇业浪潮、解除工资契约、仲裁决定等办法来降低工人的工资,加强剥削,恶化劳动条件。作为财政部长的社会民主党人希法亭提出了一个节约的计划,规定削减各种社会开支和失业补助金,把一切社会重担转嫁给工人阶级,取消财产税和给予资本数百万资助。社会民主党不顾无产阶级日益增长的革命意愿,愈来愈露骨地成为资产阶级利益的保护者。

还在共产国际第六次代表大会开会期间,德国共产党内的右派就已经起来攻击大会的决议。

在第六次代表大会刚刚闭幕后,右派(布兰德勒、塔尔海默)的反党活动达到了顶峰。右派首先反对把资本主义的稳定看成是腐朽的和动摇的,而且他们得到了一伙调和分子的支持。右派反对共产国际纲领中的战略和策略部分,从而也就是彻底反对共产国际第六次代表大会在关于独立地组织经济斗争问题上的策略转变。在这一问题上,右派重又得到了调和分子的支持。调和分子所维护的是受到第六次代表大会谴责的、向改良主义工会领袖屈膝投降的策略,而且他们在实际工作中对工

会官僚也一再退让。右派反对努力打破社会民主党对领导经济斗争的垄断，反对组织革命的工会反对派，反对在工厂委员会选举中提出独立候选人名单。他们还反对建立生产支部，并提议恢复社会民主党的组织原则。他们的工会策略也只限于提出"强迫工会官僚"这样的口号。

同右派和调和分子的这场斗争，正好处在共产国际第六次代表大会所预言的发展方针迅速被实际生活所证实的时期。

与资产阶级进攻的同时，工人阶级的反抗也日益增长。工人阶级的反抗汇成企业中日益高涨的罢工和运动浪潮。由于罢工和经济冲突而损失的劳动日数1926年为150万个，而在1928年这个数字就已上升到1050万个。而且，具有重要意义的是，这时德国工人阶级的大规模斗争有很大一部分是在共产党人和革命工会反对派的影响下举行的。1928年最大的一次斗争行动是鲁尔区冶金工人罢工，它对整个时期的斗争都具有典型意义。该区的21.3万名冶金工人因同盟歇业被解雇，这标志着重工业巨头为把危机转嫁到工人阶级身上而向工人阶级发起的进攻。在准备和进行这次罢工时，党第一次在最广泛的基础上贯彻了工会国际第四次代表大会的决议。这次罢工本身就标志着，已经由搞宣传鼓动揭露改良主义叛徒转向独立地领导无产阶级的大规模行动。共产党和工会反对派第一次着手选举独立的罢工委员会，他们在这些罢工委员会的帮助下已经争取到了人数达10万以上的广大工人群众。

鲁尔罢工鲜明地证实了共产国际第六次代表大会的路线是正确的，这次罢工同布兰德勒分子进行了极其严峻的斗争，因为他们公然抵制罢工，并公开地同社会民主党官僚勾结起来反对党。

这个时期的经济罢工——莱茵纺织工人的罢工，沿海区（巴塞尔康特）造船工人的罢工，萨克森纺织工人的罢工，柯尼西斯道夫冶金工人的罢工——几乎都是违背各级工会机构的本意。在准备、发动和进行经济斗争的过程中，共产党人和革命工会反对派愈来愈多地发挥出领导作用，在1930年的柏林冶金工人罢工中领导权几乎全部转到了革命工会反对派手中。

这一时期还发生了1929年5月1日社会民主党人柏林警察总监指使的流血挑衅。社会民主党企图利用这次挑衅事件阻止群众向"左"转的进程，孤立革命先锋队，继而对它进攻并粉碎它。然而正是在这种情况下，暴露了党组织还没有足够的能力去团结大企业中的基本群众，党的工作方法还不能充分适应尖锐化的政治局势。共产国际执行委员会第十次全会不得不对德国共产党提出严肃的批评，指出它未能从组织上巩固自己在群众中的政治影响以及在进行群众性政治罢工时暴露出来的其他弱点。

共产国际第六次代表大会提出德国共产党人所面临的一项极其迫切的任务，就是要保证党的统一并清除右派和某些对右派持调和立场的集团。由于共产国际执行委员会和德国共产党发表了公开信，1928年秋共产党得以迅速清除自己队伍中的右派分子。在把布兰德勒分子开除出党以后，调和分子就集中力量反对党的领导，特别是反对台尔曼同志，因为在反对右派斗争中，在党的布尔什维克化和贯彻共产国际第六次代表大会路线方面，台尔曼个人立下了最大功劳。调和分子的这些进攻在维托夫案件上表现得尤为丑恶。在共产国际的帮助下，德国共产党也迅速地战胜了这个集团，清除了它在党内的影响。

不清除这些反党情绪和调和主义情绪，就不可能在阶级斗争日益尖锐化的形势下保持自己的独立作用，完成已经开始的革命高潮时期的任务。台尔曼同志不可磨灭的功绩在于，在他的领导下，德国共产党学会了以布尔什维克的坚定性反击各种倾向，依靠创造性的自我批评克服自己工作中的软弱性和缺点。

就在这个阶级斗争十分活跃的时期，共产党于1929年第一次着手独立地提出红色的"统一名单"。这样，共产党迫于社会民主党和各级工会放弃阶级斗争而不得不作为企业中有组织的工人和无组织的工人的革命统一战线的承担者，而开始同改良主义进行最无情的斗争。诚然，在1929年工厂委员会的选举中能够提出红色"统一名单"的企业只有150多个，但在1930年，能够提出"统一名单"的企业已经上升到1200个，而在1931年超过了1900个。其中包括一些最大的和主要的企业。1932年布吕宁政府鉴于社会民主党的坚决要求便不敢再进行工厂委员会选举了。

面对共产党独立组织并举行罢工这一情况，改良主义官僚便又重施他们恬不知耻的分裂故伎。他们大批地开除工会会员，撤销和解散地方部门工会小组，大部分改良主义工会都修改了章程，进一步限制会员的自决权并越来越丧失其作为阶级斗争机关的性质。

在这样的形势下，共产党为了工人阶级的利益就在1929年末采取了新的步骤。它开始在一定程度上不再从组织上争取全德工会联合会内外的革命工会反对派的全体拥护者的工作。但是，共产国际执行委员会第十次全会就已确定，这样做绝不应导致削弱共产党人和革命工会反对派在改良主义工会内部的工作，相反，应该坚决加强这方面的工作。但是在以后各次共产国际执行委员会全会上都不得不一再指出，德国共产党并没有执行这项重要指示，组织上加入改良主义工会的共产党人的数量缩减了。

尽管暴露出以上种种弱点和缺点，但是由于党在当时的经济斗争中实行的策略，由于反对社会民主党的斗争的必然激化和党内坚决清除了一切右的和调和主义的派别，德国共产党仍然在这个时期为以后几年的党的进一步发展和它的群众影响的扩大创造了先决条件。但是，后来，直至目前为止，党的工作中再三暴露出右倾性质的弱点和缺点，这些弱点和缺点应当唤醒党对右倾危险的高度警惕。这些弱点主要表现在不认真执行党的路线，在实际工作中对机会主义采取容忍态度，在运用统一战线策略方面犯下种种错误。这些弱点造成工厂委员会选举中的种种失利，使得革命工会反对派的发展缓慢，从而削弱了革命工会反对派在那样一些企业中的作用，即在这些企业中党的路线由于机会主义分子对改良主义领袖采取了退却态度而被歪曲。

1930年中期，德国的政治局势激化，它表现在拥有最高权力的布吕宁政府取代了社会民主党的穆勒政府。与此同时，由于资产阶级越来越明显地变换其统治手段，因此，在党内清除右派分子和调和分子以后又开始出现了宗派主义。

1929年末和1930年初，党内在默克领导下出现了持以下观点的拥护者，即他们认为工人贵族（有组织的和熟练的工人）似乎应当看做是资本家阶级的一个组成部分，是"资产阶级的主要阶级力量之一"。这一论调最终导致把社会民主党的变节头目同受迷惑的社会民主党工人（即所谓"企业中的小策吉贝尔"）混淆在一起。这种论调就意味着取消统一战线策略，特别是取消在工会内部的工作。

党拒绝参加"人民的意愿"行动以反对杨格计划，其理由是，党认为"人民的意愿"行动只不过是为准备法西斯专政目的服务的。"哪里有法西斯，就在哪里打击他"的口号大大地阻碍了党反对纳粹党的斗争；这个口号意味着否认为争取被法西斯主义拉过去的群众而进行思想斗争的必要性。

在反对"强迫工会官僚"这一口号的斗争中，同在关于没有组织的工人的问题上一样，都做出了过火行为，这种行为再加上其他弱点几乎完全断送了党在改良主义工会中的工作。

1930年12月，在布吕宁政府专政时期，诺伊曼在党的中央机关报《红旗报》上企图对形势作出这样的估计：似乎德国已经建立了法西斯专政。此后不久，他又在共产国际执委会第十一次全会上提出一个新的"左"倾论点：似乎法西斯主义已经被击溃。不时还出现企图宣传"粉碎改良主义工会"口号的"左"的倾向。

人民革命的正确口号实际变成了对无产阶级领导权的否定,是在同人民革命(无产阶级革命)分庭抗礼。还有一种所谓"三方联盟"的论点(即农民、中间阶层和工人联盟),它实则是否定工人阶级在无产阶级革命中的领导作用的。

几乎在公开的法西斯专政建立前的整个时期中,共产党内一直存在着这样一些倾向(大部分都得到诺伊曼和雷梅尔的支持):低估党内产业工人的作用,宣传工作超越了必要的阶段,对运用真正布尔什维克式的自我批评抱消极态度。后来党内又出现了低估争取社会民主党工人的意义的倾向。这种估计不足,使诺伊曼直截了当地抵制台尔曼同志为根除这些"左"的错误、吸收社会民主党工人参加党和反法西斯斗争所作的不懈努力。

这些宗派主义现象进一步发展的结果,导致诺伊曼和雷梅尔发表宗派主义文章,把法西斯专政说成是"流氓无产阶级统治"。这些"左"的错误对党的损害尤为突出,因为它们恰恰都发生在阶级矛盾极端尖锐化和准备大规模斗争的时期,发生在反对建立法西斯专政的斗争时期。

法西斯专政建立前阶级力量的分化和反法西斯斗争

在台尔曼同志的领导下,共产党同一切右的和"左"的倾向进行无情斗争并迅速肃清了这些倾向,这在合法的群众工作时期增强了工人群众对党的信任。仅在1930—1932年的三年中就有50多万工人入党。但是大部分工人党员没有能保留住。造成党内经常出现严重流动现象,不仅是由于组织上的原因,而且主要是由于思想工作上的缺点,由于不善于用牢固的思想纽带把这些广大群众同党联结在一起。尽管如此,1932年末的固定党员人数,已比1930年增加了两倍多。组织经济斗争，坚决捍卫工人和劳动人民利益，迅速给党带来了巨大的成功，例如1930—1931年工厂委员会的选举结果，1930年9月党在选举中获得的巨大胜利——得到450多万张选票，而在个别工业区大多数工人都投了共产党的票。共产党成功地组织了几次大规模的经济斗争，如柏林冶金工人罢工（1930年10—11月），在这次罢工过程中，党在一个时期内曾经联合了在革命工会反对派领导下的13万工人。罢工末期，在柏林冶金工人工会官僚分裂战斗阵线之后，建立了红色冶金工人工会。以这次大罢工为序幕发动了一连串的经济斗争，其中最大的几次，应数下莱茵的罢工、开姆尼茨电车工人的罢工和鲁尔矿工大罢工，后者还引起了上西里西亚矿工组织的同情性罢工。随着这些罢工的发展，德国出现了这样一种局面，即由于社会民主党官僚公开采取分裂措施，必须建立与社会民主党组织平行的工人阶级革命的群众性组织。

在整个这一时期，直至建立公开的法西斯专政为止，德国共产党在夺取工人阶级政权的斗争中受到了来自两股仇视革命的势力的夹攻：一是来自仍旧是一个群众性政党的社会民主党（即使在1932年的选举中社会民主党也还获得了700多万张选票）和工人阶级中的社会民主主义传统的压力；二是来自日益增强的纳粹分子的压力，以及他们大张旗鼓的蛊惑性宣传和对工人阶级施行的法西斯恐怖政策的压力，而工人阶级又不止一次给党的队伍带来这种恐怖手段和造反倾向。只要共产党努力去调动投票支持它的数百万工人的积极性，并把这些工人引向经济罢工和政治罢工的话，资产阶级就立即施展沙文主义的毒化手段，极力使千百万群众对资本主义制度日益加深的仇恨情绪转入另一轨道。资产阶级蛊惑人心，推说凡尔赛体系是日益贫穷的主要原因。由于社会民主党对工人阶级利益的背叛，由于它贬低马克思主义思想，由于社会民主党对经济斗争实行消极抵制并在工人阶级一切至关重要的问题上公开与资产阶级合作，共产党没有能够在关键时期，即1931年秋至1932年秋这一时期，使无产阶级革命运动成为吸引全体劳动群众力量的中心。尽管革命的阶级力量不断增长，尽管革命危机的条件日益成熟，但革命力量却只是在1932年秋反对巴本非常法的大罢工时期才暂时得以在发展速度上压过了反动潮流。党在企业工作中的软弱无力（企业中的德国共产党党员绝大多数被解雇），工会工作的缺乏，以及群众组织中没有开展党团工作等，都大大妨碍了党的战斗力的增强和群众工作的开展。

共产党中央委员会于1930年秋制定并公布的《社会与民族解放纲领》，原可以对德国共产党在争取德国工人的社会与民族解放斗争中给予巨大的帮助。这个纲领不仅仅是揭露德国法西斯用以日益扩大其阵地的民族与社会煽动的最有力的武器。共产党也许可以借助这一纲领，具体展现共产党人领导下的无产阶级国家要迅速采取措施，以此争取部分同盟军即正处于动摇状态的中间阶层的信任，这些人，正如纳粹社会党分子在1930年9月选举中获得成功时所表现的那样，在很大程度上已开始转向了法西斯。然而，事与愿违，《社会与民族解放纲领》不但没有成为最广泛地动员群众的杠杆，近几年来反而从共产党的宣传中几乎消失得无影无踪了。

在1929—1930年间，德国共产党过分低估了法西斯运动的发展。首先是它过分忽视了资产阶级的民族主义煽动已经搅乱了德国小资产阶级和部分工人的头脑。

前面已经谈到，共产党在"人民反对杨格计划的意愿"问题上所持的错误立场，同时也谈到了在反法西斯斗争中用"哪里有法西斯，就在哪里打击他"的口号代替思想解释工作的问题。1930年9月的国会选举结果是，除共产党人取得巨大成绩外，纳粹党人的选票也极大地增加了，他们获得600多万张选票，成了国内继社会民主党之后的第二大党。然而许多同志却未能从政治上认识这些数字的含义，对法西斯的胜利估计不足。他们忽视了小资产阶级群众对无产阶级革命产生的恐惧心理，甚至把投票赞成法西斯看做是投票反对资本主义的行动。

　　1930年9月的选举结果十分严肃地向共产党提出了一个关于小资产阶级的问题。也正是这个问题要求进一步巩固共产党，巩固无产阶级，大力宣传《社会与民族解放纲领》。随后几个月，共产党把这一问题当做自己的最重要的工作，不断宣传"人民革命"的口号。虽然"人民革命"这一口号是作为"无产阶级革命"这一口号的同义语提出来的，但在实践工作中两个口号却形成了互相对立的情况。整个这一时期，在争取中间阶层的斗争中暴露了很多弱点，在1932年的汉堡选举后，台尔曼同志把这一斗争比做纳粹社会党分子同共产党人之间的一场竞赛是完全正确的。

　　共产党开始更多地注意（除中间阶层的状况外）职员的状况。党曾长期忽视在他们中间开展工作。但是在1932年的选举中，在职员运动的一些主要中心就能看出，尽管共产党作了一切努力，但它在这方面的工作与纳粹社会党分子相比仍然落后了。在这些地方，尤其使人感到没有充分利用和宣传《社会与民族解放纲领》这一弱点。

　　《社会与民族解放纲领》公布以后，党于1931年制定了一个革命的农民纲领，意在以此接近党至今还没有争取过来的小农和中农阶层，阻止法西斯在农村肆无忌惮的宣传鼓动。共产党在一些主要农业区建立了农民委员会，它们的任务是成为保护劳动农民切身利益的机关。但是贫农成分在这些委员会中只占很小的比例。农村无产者在党的农村工作实践中几乎没有起到任何作用。固然，党在农村中也采取了一系列积极行动，也曾为反对强制拍卖农民财产进行了斗争，但是党在农村建立真正的革命据点方面取得的成绩是微乎其微的。大多数农业区的居民在希特勒上台后，甚至在他上台之前就已经站到纳粹社会党分子一边去了，而党却未能阻止这一情况的发生。

　　为了支持失业工人的斗争并尽快使他们接近党和党的斗争，党中央也在1931年制定了一个《提供就业纲领》，并在群众中广为宣传。失业人数的迅速增长为在德国广泛地开展失业工人运动创造了条件。但是党的纲领不十分明确，它的宣传也不够令人信服和有力。因此法西斯才得以通过社会性的蛊惑宣传，使部分失业群众误入歧途。

部分劳动青年日益倒向法西斯这一情况，要求共产党必须加紧重视青年问题，尤其是在法西斯专政建立之前的这两年。在共产党的领导下，共青团壮大起来了，但是它的进一步成长却受到了共青团组织内部的机会主义的和宗派主义的指示的阻挠。

在德国，只有德国共产党是一开始就积极反对《凡尔赛和约》和反对执行这一和约政策的党。德国共产党的《社会与民族解放纲领》是党揭露纳粹社会党分子进行民族主义蛊惑宣传的重要武器。在反对《凡尔赛和约》的斗争中，共产党又就《凡尔赛和约》问题发表了宣言，补充了这个纲领。还在1932年10月在巴黎的一次讲演中，台尔曼同志就曾主张国际主义原则，同时主张一切国家的工人都进行社会与民族解放斗争。然而这些努力均因受到沙文主义毒害和法西斯民族主义煽动的冲击而未能取得应有的成效。此外，党内还出现把凡尔赛问题看做是创造无产阶级革命前提的唯一问题的观点，同时却对罢工和工厂群众斗争的意义估计不足。在1931年和1932年，即共产党日益坚决地组建自己反对法西斯危险的斗争队伍的时期，在党的某些言论及其报刊中却不止一次地出现过把法西斯主义与社会民主主义相提并论的论调。由于未能充分确切地把社会民主主义和法西斯主义区别开来，也给党在对待社会民主党工人的态度上造成了困难。而另一方面，党内还存在这样一些现象，即一些区常常在几个月甚至整个运动过程中，都未能很好地把反法西斯斗争同反对社会民主党的斗争结合起来。1931年8月反对普鲁士政府的全民投票运动，是共产党发展的显著阶段。法西斯分子发起的全民投票，由于共产党人的参加而具有截然相反的性质，变成了反法西斯分子的工具。但是，共产党在这方面被迫实行的迅速转折和运动准备时期的过于短促，使得党没有能够在社会民主党工人中进行更加广泛的解释工作。

尽管有着上述种种弱点和缺点，但是，党在台尔曼同志的领导下同它们进行了不懈的斗争，因而在反法西斯斗争中不断取得了日益显著的成绩。这些成绩在随后一个时期，首先表现在1932年国会选举中票数的增长上，以及1932年秋季的经济与政治斗争中实行革命统一战线的成果上。共产党在7月31日获得536.7万张选票之后，又在同年11月获得了近600万张选票。也就是说，党获得了历史上资本主义国家中投无产阶级革命政党选票的最多票数。在国内所有主要工业区，共产党在选举中都获得了工人阶级的大多数。但它却未能争取到企业中的工人大多数，也未能把在选举斗争中站在它一边的群众也吸引到革命的群众斗争中来。

共产党没有能够大规模地开展群众性的政治斗争以阻挠法西斯主义的胜利。然而由于党开展的工作，法西斯主义，无论在其上台前还是在实现法西斯专政之后，也未能争取到工人的大多数。但在工人阶级的某些阶层中，主要在一些工长、技术人员、工厂职员和非熟练工人中，法西斯主义却为自己建立了一些据点。借助于这些阶层，法西斯主义还得以在企业中建立起基层组织，虽说在夺取政权以前这类组织并不十分广泛。然而共产党却没有看到企业中的这种法西斯组织正是法西斯分子扩大其社会蛊惑宣传影响的重要工具，特别是在工厂斗争和罢工时期。在这种组织的外衣下，法西斯分子曾不止一次地试图以积极参加罢工的方式在群众面前掩盖其运动的反工人实质。纳粹社会党分子企业支部参加1932年10月的柏林市交通运输工人大罢工，就是这方面的广为人知的事实。在这之前，共产党一直没有能够真正揭穿法西斯分子关于罢工的蛊惑宣传。只是在柏林运输工人罢工遭到失败之后，即当法西斯分子与改良主义分子伙同一起行动的时候，这才有可能去揭穿它。

法西斯上台以前对社会民主党的揭露和争取统一战线的斗争

在德国，法西斯专政建立之前，阶级力量的分化，除加速资产阶级政党的解体过程外，首先导致了社会民主主义阵营分化的加剧，其次导致了社会民主党领导集团更加激烈地反对共产党人，反对革命工会反对派成员，反对社会民主党自己党内那些主张在反法西斯斗争中同共产党人合作的党员。

社会民主党工人对于社会民主党的以及全德工会联合会的政策的不满，导致了左派工人反对派的出现，后来这个派别演变成社会工人党。社会工人党的领导没有能够阻碍社会民主党中的反对派工人日益广泛地同共产党人联合起来采取共同行动。而共产党却成功地阻止了社会工人党在工人阶级内部获得更广泛的基础。但是事实表明，单靠思想斗争，而不同时把它与统一战线的正确政策结合起来，要争取社会民主党工人显然是不够的。

资产阶级在经济危机到来之前，把社会民主党抬到政府的领导地位作为共和国和杨格计划的捍卫者。甚至在经济危机开始后的半年中，即在资产阶级已经准备采取更粗暴的手段实现其统治的时期，资产阶级也还保全了社会民主党在政府中的席位。但社会民主党直到1932年7月20日，在它从全部政府席位上被赶下台之时，依然在普鲁士政府中占据着领导地位。社会民主党在普鲁士政府中的席位，多年来一直是该党用以为其"较小祸害论"政策辩护的重要论据。以这一理论为幌子，社会民主党在布吕宁政府时期积极推行了全面降低工资、破坏工人罢工、缩减社会设施、取消议会，以及其他一系列针对工人阶级及其斗争的措施。当法西斯的巴本政府取代布吕宁政府的时候，社会民主党也始终对这个政府表示忠诚，其理由是，与希特勒相比，巴本似乎是一个"较小祸害"。在施莱歇尔时期，社会民主党同资产阶级的合作范围更加扩大了。社会民主党把它的全部希望寄托在被称为"共和国的拯救者"和它提名为共和国总统候选人的兴登堡身上。

为了证明自己的"较小祸害"政策的正确性，社会民主党想出了种种理论，而且常常把这些理论冒充为"马克思主义"，以欺骗群众。在1931年的银行大倒闭时期，希法亭提出所谓"国家资本主义"是社会主义的过渡形式，企图以此为给予银行亿万资助找理论根据。这是老调重弹，是企图复活早已被驳倒的所谓"有组织的资本主义"的理论。在德国社会民主党莱比锡代表大会上作为报告人发言的塔尔诺曾把社会民主党在经济危机时期的作用描绘成"资本主义的医生"的作用。另一方面，正是在这个时期，社会民主党内出现了一些"左派"小组，例如赛德维茨小组。只要这些"左派"小组决心忠诚地为工人阶级的事业而斗争，台尔曼也向它们伸出双手，他的这一行动在政治上是正确的。

共产党坚持不懈地向广大群众解释：社会民主党的所谓"较小祸害"实际上是极大的祸害。社会民主党把工人阶级阵地一个又一个放弃掉，从而真正变成了为法西斯主义扫清道路的因素。共产党在法西斯化的整个时期，特别是在1932年，不断作出巨大的努力，在反法西斯主义的斗争中同社会民主党工人建立统一战线。党懂得，再次尖锐起来的形势也要求群众工作的形式和方法有新的发展，要求在广泛得多的范围内运用统一战线策略。在1932年的6月和7月，尽管社会民主党和全德工会联合会的领袖进行了各种工贼活动，但党仍然成功地在100多个企业中组织了65次反对法西斯白色恐怖和反对巴本的非常法令的**政治大罢工**，组织了300个工厂的**经济大罢工**和120次"义务劳动者"罢工。但是，这仅仅是为动员处于动荡状态的全体群众而斗争的初级阶段。对罢工运动的进一步发展构成极大障碍的,就是德国社会民主党和改良主义工会领袖对绝大部分工厂工人的影响。

为了加快从下面建立统一战线的速度,党曾不止一次地向社会民主党工人与社会民主党的地区和地方性组织提出统一战线的建议。通过这些行动,党在一些地区(不伦瑞克、吕贝克等地)成功地发动了地方性的群众政治罢工。但是,建立统一战线的所有这些尝试基本上都遭到了社会民主党机关的消极抵制。社会民主党领导禁止它的地方组织和地区组织同共产党人订立结成统一战线的协议。

就在1932年共产党在"阶级反对阶级"的正确口号下参加的总统选举之后,以及在普鲁士地方行政官选举之后不久,党再次向社会民主党工人提出了关于建立统一战线的建议。党在关于这个问题的呼吁书中声明说:"我们准备同一切联合工人的,真正愿意同我们一起为反对降低工资、削减失业救济金而进行斗争的组织共同战斗"。由于广泛宣传工人阶级的十项斗争要求,即从反对降低工资的斗争到拒绝向帝国主义者支付任何款项,党此后直接为在企业和劳动交易所建立自下而上的统一战线奠定了坚实的基础。

然而,社会民主党继续竭尽全力阻碍统一战线的建立。在那些地方,选举结果表明,共产党人和社会民主党人在省议会或自治市政府占据了多数或数量相当可观的少数,例如在普鲁士或一些大城市(柏林、汉堡、不来梅及其他地方),共产党人便号召社会民主党排除资产阶级政党,同共产党一起共同占据这些机关的领导岗位。但社会民主党拒绝了共产党的建议,而且撇开共产党去同资产阶级政党建立统一战线。就连像国际革命战士救济会这样的群众组织,社会民主党的官僚领导也都禁止自己的党员参加。

党在1932年组织的"反法西斯行动"的广泛运动,是共产党寻找和运用具体贯彻自下而上的统一战线的形式的又一次重大尝试。这次运动的确收到了良好的思想效果和实际效果。共产党改善了同社会民主党工人的关系，并在很大程度上克服了自身队伍中在统一战线问题上的机会主义倾向。

除上面提到的罢工外，由于汉堡、阿尔托纳、武珀塔尔、杜塞尔多夫和其他许多城市的工人们的大规模的街道防御战斗，党在反法西斯的群众斗争中也取得了很大成绩。尽管有这样一些成绩，但共产党还是未能在企业中把统一战线这一策略当做对群众进行战斗动员的方法而加以广泛运用。共产党没有能够在企业中组织起像在反法西斯防御战中在街道上建立起的那种统一战线。在国内的一些重要的工业区，当时也只有10%—14%的共产党员是工厂工人。

1932年7月20日，就在泽韦林和布劳恩投降巴本的时候，党正式向全德工会联合会和社会民主党提出了举行联合总罢工的建议。同时党还试图在总罢工的口号下单独动员企业群众反对法西斯暴动的企图。尽管企业中的工人，包括社会民主党工人，都感到无比气愤，但共产党在企业中却只是在个别情况下，得以采取直接行动和组织起短暂的抗议罢工。改良主义工会领袖不但不提出总罢工的口号，反而把在群众中传播这一口号的人都说成是挑衅者。他们声称：不是靠总罢工，而是靠即将于7月31日举行的国会选举的选票打响决定性的战斗。虽然工人中支持总罢工的情绪很高，官僚们却还是把这种情绪扼杀了。

在共产国际执行委员会第十二次全会上，德国共产党就七月二十日事件的后果作了自我批评。七月二十日事件给了党严重的教训，事件向党表明，它忽视了通过在企业中组织局部战斗来动员工人参加总罢工，而在那些有可能发起斗争的地方，党却没有能够尽快地和直接地利用一切条件去发动斗争，利用一切战斗形式领导群众反击。由于党没有很好地深入企业，没有在工会中进行踏实的群众工作，口号抽象和宣传鼓动工作不广泛，从而使党失去了机会，没有能够在7月20日，在对事件的发展有着决定意义的这一天，独立地引导群众去进行反对法西斯、争取工人阶级民主权利和自由的斗争。

鉴于7月20日的教训，随后的几周，党在"使反法西斯行动深入企业"的口号下把全部力量投入了企业工作。社会民主党企图玩弄新花招以抵消党的活动，它发表文章和演说，声称：现在重要的不是工资问题和社会保险问题之类的"小问题"，而是要"朝着社会主义方向改组经济"这样一些大问题。从这里，我们就已经看到某些社会民主主义理论的端倪了，这些理论的目的就是要把法西斯主义的经济政策说成是通向社会主义的道路。同时，我们也在这里看到了另一种理论的萌芽，这种理论后来实际上导致了社会民主党决心同希特勒合作的声明，并导致将工人群众的组织及其财产拱手送给法西斯分子。巴本法西斯政府实行的特别法令政策再次激起了工厂工人极大的战斗情绪。党顺应这一局势，改进了在企业中某些方面的工作，全力以赴才得以从1932年8月中旬到11月初成功地组织了一定数量的罢工。

工人中的愤怒情绪如此强烈，迫使某些地方的社会民主党官僚也不得不承认工人的斗争是合法的。

这股革命的阶级斗争浪潮以前面所述1932年11月的柏林市运输工人的罢工而胜利结束。

1932年秋爆发的这场运动向德国资产阶级表明，一场巨大的危险正威胁着它的阶级统治。运动向资产阶级显示了德国工人阶级在以密集队形进行战斗时所拥有的部分力量。资产阶级从这一新的政治局势中得出了相应的结论，它把政权交给了施莱歇尔将军。施莱歇尔将军的任务就是同社会民主党人建立更紧密的联系，以便同他们一道极力通过采取某些给人以幻想的措施和社会性蛊惑宣传来阻止工人阶级走上推翻资产阶级统治的道路。

施莱歇尔所采取的一些欺骗性的、吹嘘性的措施，诸如宣告废除巴本的特别法令、发布大赦令和取消对《红旗报》的禁令等，完全是为这一目的服务的。这些措施使得社会民主党首先得以继续实施它的"宽容政策"，直至把政权交到希特勒手中为止。虽然德国共产党作出了种种努力企图扩大罢工运动，但由于施莱歇尔的这些措施和社会民主党为压制革命情绪所作的种种努力，终于未能阻挡罢工情绪的低落。

工人情绪的低落迅速被法西斯用来煽起挑衅性的示威游行以反对德国共产党和工人阶级。全国几乎到处都在举行法西斯主义的挑衅性示威游行，以激发德国共产党在这种形势下提前进入战斗。德国共产党在一系列反示威中显示了自己的战斗力和决心，但没有陷入法西斯挑衅的圈套。法西斯分子在卡尔·李卜克内西门前举行示威以后，仅仅过了两天，即1月22日，就在同一地方聚集了数十万工人，他们冒着零下20度的严寒排着整齐的队伍，浩浩荡荡地从政治局委员们的面前通过，一直持续了四个小时。就连社会民主党的领袖们也不得不承认，他们没有能够长久地阻止社会民主党工人同共产党人的接触。随后，社会民主党领袖提出了所谓"互不侵犯条约"，试图在工人群众中，首先是在工厂工人群众中造成思想混乱。就在希特勒夺取政权前一天，德国社会民主党领导还在警告不许参加任何共产党人的行动；而且在柏林游乐园示威游行时还不允许共产党人对社会民主党工人和国旗社工人发表演说。

1月30日，即希特勒夺取政权的那天，德国共产党再次向德国社会民主党和全德工会联合会建议联合举行总罢工。共产党号召群众使企业中止工作，让大街小巷布满工人示威游行的队伍。但是社会民主党又拒绝了共产党人这一建议，并声称希特勒"是兴登堡根据宪法任命的"，无产阶级不能"过早地消耗掉总罢工的弹药"，而应该集中全力在法西斯指定的3月5日的国会选举中进行决定性的斗争。社会民主党用教训人的口吻说什么"希特勒也得按规矩办事"，希特勒也"不得不根据宪法管理国家"，极力不让工人响应共产党人的号召。

德国共产党不可能孤军进行总罢工和夺取政权的斗争。当希特勒夺取政权时,由于社会民主党过去所实施的政策,工人阶级已分裂,孤立于其他劳动阶层之外。相当一部分小资产阶级和农村阶层明显地对工人阶级抱有敌对情绪。德国无产阶级的大多数依然站在社会民主党及其给人以幻想的政策一边,他们幻想社会民主党也渴望达到社会主义,他们认为共产党选择的道路会使工人阶级付出过多的牺牲。如果德国共产党在这种形势下只带领德国工人阶级的先锋队孤军作战,那么,无产阶级革命运动就会长时期地丧失自己的战斗力。在希特勒夺取政权的时刻,胜利地举行起义的条件尚未成熟。

希特勒夺取政权之后,社会民主党的注意力仍未转到阶级斗争和建立工人统一战线这方面来,而是转向同部分资产阶级结成联盟。社会民主党极力避免同共产党人采取联合行动。1月30日以后,它所指靠的依然只是兴登堡和施莱歇尔。它对工人总罢工丝毫不抱希望,而是把它的全部希望寄托于预定在2月中旬举行的施莱歇尔领导的国防军的暴动上。

尽管党在1932年为建立统一战线作了紧张的努力,但仍未能完全清除自己队伍中的宗派主义观点。"小策吉贝尔"的理论在党内依然没有彻底肃清,它的残余仍不利于调整好同社会民主党工人的同志式的关系。在台尔曼同志的领导下,党和共青团为了面向企业,为了能在工会中进行扎实的群众工作,不得不同宗派主义进行艰苦的斗争,同时,党还必须进行斗争,反对无原则地同社会民主党联合的现象,反对仅仅通过上层之间的谈判而不同时动员工人阶级群众的自上而下地建立统一战线的企图。党内在反对全德工会联合会领导的问题上出现了一些错误论调,它表现在提出"摧毁改良主义工会"这一口号上。这些错误论调在总罢工问题上也有所表现。一些日常的小型罢工被说成无目的的罢工,还有人企图把所有经济罢工都当成是政治斗争。

德国工人阶级在德国共产党领导下举行的大规模的经济斗争极有力地驳斥了社会民主党的论调：似乎工人阶级"在危机时期不可能进行斗争"。

但是，在希特勒夺取政权以前，德国共产党尽管作了种种努力，却未能使群众对"较小祸害论"这一政策的危害性有足够的认识。这一政策使工人阶级继续分裂，继而阻碍了工人阶级顺利进行反对建立公开的法西斯专政的斗争。

从德国建立公开的法西斯专政这一事实得出的重要结论是：不在群众中根除改良主义分子的影响，特别是不根除改良主义分子在工会中的影响，不同形形色色的机会主义进行最坚决的斗争，就不可能争取工人阶级大多数，从而也就不能进行具有决定意义的斗争。

转入地下的德国共产党及其为推翻法西斯专政的斗争

资产阶级没有遇到工人阶级的多大反抗便把国家政权交给了法西斯分子。德国共产党即使在希特勒上台之后仍然努力发动大规模的群众斗争。由共产党和革命工会反对派组织和举行的数百次企业罢工大部分都是政治性罢工，这些罢工向资产阶级表明：德国工人阶级的革命阶层绝不认为自己已被击败，而是充满继续斗争的决心。法西斯分子为使自己的蛊惑宣传取得更大成效，为了迅速巩固他们的政权，便悍然采取了耸人听闻的挑衅行动——纵火焚烧国会（1933年2月27日）。他们企图施行极端的恐怖政策摧毁无产阶级的革命战斗力并从肉体上消灭它的先锋队。在法西斯专政的头几个月，德国共产党的经验证明：一个群众性的大党在它转入地下时，同合法运动时期的传统进行斗争需要克服多么大的困难，尽管它对转入地下已经作了准备，诚然这些准备还很不够。3月份就已经有2万多名共产党干部和革命工人被抛进了集中营，其中数百人被杀害。在国会纵火挑衅事件发生时和随后的一些日子，共产党曾又一次向全德工会联合会领导和社会民主党建议联合宣布总罢工，但社会民主党中央以及全德工会联合会企图用发表声明的办法来瓦解工人阶级，他们声称：工人在希特勒尚未垮台时应当等待，现在继续斗争毫无意义。社会民主党在关于法西斯主义问题上所持的总的策略方针，即它直至解散为止一直据以制定自己的实际政策的方针，就是，它认为德国工人阶级的失败是"整整一个时期的失败"，"反动时期"已经到来，法西斯主义的胜利是不可避免的。

党迅速进行了反攻，以制止这种社会民主党思想渗入工人阶级队伍。与此同时，由于党的基层组织发挥了独立的首创精神，主要是靠它们积极主动地印发传单、出版工厂小报和街区小报，靠它们能够对每日的政治事件作出独立反映，工人们的注意力转向了正确的政治方向，即转到了真正的国会纵火犯身上，转到了法西斯专政的实质问题上，认识到了必须继续进行斗争。德国共产党在这个时期经受了革命烈火的考验。尽管面对的是法西斯专政，党在工人阶级队伍中却提高了自己的威信。这一点表现在1933年3月5日的国会选举结果上：尽管对共产党人实行逮捕、恐怖手段和挑衅，共产党人却仍然赢得了460万张选票。接着，在工厂委员会的选举中，党和革命工会反对派的红色名单获得的票数在一些大企业中竟占总票数的39%，尽管工厂委员会委员的每一个红色候选人和每一个赞成红色名单的投票人，都同时意味着是集中营囚犯的候选人。这里真正表现出了德国共产党的布尔什维克化和它经受的革命锻炼，这些成就是在台尔曼同志领导下的中央委员会经过努力工作取得的，现在这些成就使党能以更大的主动性和勇敢精神继续进行其革命工作。

在这个法西斯专政初期，对党来说，重要的是首先回击法西斯分子分裂工人阶级的企图，揭露他们所实行的各种社会欺骗手段。因此，党把一些瓦解分子送进了法西斯的工厂组织,致使法西斯分子不久就把希特勒上台后吸收进这些组织的工人全部清洗出去。后来,法西斯分子在1934年又取消了自己的工厂组织并把最初按生产原则建起来的"劳动阵线"改变为按地区原则建立的组织。

在法西斯专政条件下,罢工斗争的政治意义是不能同多少还有些资产阶级民主主义时期的罢工行动相比的。党在法西斯专政的头几个月里就已经能经常组织一些小型罢工,尽管罢工是禁止的,罢工者受到被关进集中营的威胁。如果说这个运动的规模远远不能与早年的罢工规模相比(1933年4月发生60次,5月则是58次),但它毕竟还是极大地阻碍了法西斯分子实行其使工人阶级物质状况不断恶化的措施。

法西斯夺取政权以后也不得不承认,甚至他们用最残酷的恐怖和广泛的蛊惑宣传手段(例如,宣布5月1日为"国家劳动日")也无法笼络工人群众,于是他们便采取了其他一些办法。他们企图用强行夺占工会机关并将其变为法西斯组织机构的办法,把工人置于自己的影响之下。改良主义的领袖们已经在很大程度上为法西斯分子洗劫工会作了思想上和组织上的准备,而且他们的这种做法没有遭到工会领袖的任何反抗。只有某些地方的革命工人群众(大多数场合是在共产党人的领导之下)曾尽最大努力以阻止抢占工会建筑物和掠夺工人组织的财产。

起初,法西斯分子以为把工会组织统一之后他们也就能把广大工会会员统一起来,但他们很快就承认这是一个错误。工人们仍然把自己的工会看做是组织他们抵抗法西斯主义的中心。为了避免由于占领工会引起反抗行动,法西斯头子们声称:法西斯分子对工会的占领决不改变工会的实质,而仅仅是需要重新把工会变为捍卫工人利益的机关。德国共产党最初在工会问题上经历过一阵动摇之后,便开始使自己的革命群众工作适应新的形势,并在统一起来的法西斯群众组织中宣传革命的群众斗争。1933年6月和7月开始在全国范围内摧毁所有的社会民主党组织。社会民主党早在3月间就禁止其一些地区的党员建立地下小组，心甘情愿地在政治上去同法西斯搞统一，希冀这种统一能挽救自己的组织机构免于被破坏。在把工会组织交给法西斯分子之后，社会民主党国会党团5月17日就表示赞同希特勒的对外政策。社会民主党柏林区委员会禁止自己的成员出版非法刊物，禁止他们以任何方式同共产党人合作。社会民主党的领导机关要求社会民主党人把德国共产党的所有传单送交警察，并把散发这些材料的人的姓名报告给警察。但是社会民主党的所有这些企图和努力都无济于事，法西斯政权还是不得不解散了社会民主党，因为法西斯组织的一切外围组织，就连像"钢盔团"这样的民族主义组织在当时也都不可避免地成了进行有组织的抵抗的中心。法西斯之所以不得不解散社会民主党，因为社会民主党妨碍法西斯瓦解工人阶级力量和窃取工人阶级领导权的企图。法西斯政权有能力做到这一点，因为资产阶级暂时不需要社会民主党，而社会民主党本身这时也不那么强大得能够靠它的支持来保证资本主义制度的牢固性了。

日益增长的仇恨，小资产阶级某些阶层幻想的逐渐破灭和工人们的不断反抗，迫使希特勒政府不得不反对他的拥护者们提出的某些"社会主义的"要求，并在他夺取政权五个月后宣告"民族革命"已经完成。

尽管党的积极分子不断受到打击，遭受巨大损失，德国共产党还是一次又一次努力去团结群众。为了达到这一目的，它发出了关于组织"社会主义解放行动"的呼吁书以及致所有法西斯组织工人、社会民主党工人和基督教工人的"公开信"，号召"德国的工人们，联合起来推翻资本的法西斯专政！"

季米特洛夫同志在法西斯法庭上所表现的布尔什维克的勇敢行为有着巨大的意义。他赢得了最广大群众的、甚至是非无产阶级人士的同情。他以其英勇不屈的精神吸引了最广大的阶层，使它们注意到了德国唯一能够组织群众斗争以推翻法西斯专政的力量。

这次审判后的几个月时间，群众反抗情绪仍继续不断高涨，致使法西斯政府久久无法实行其"调整国民劳动法"，而且至今不敢采取全面降低工资的任何措施。

由于德国共产党在企业和工人街区从事日常革命工作所树榜样的影响，数千名社会民主党工人转入了共产党。在许多场合，党靠着社会民主党工人的协助得以恢复企业中被企业主和法西斯分子破坏的支部，甚至使党的一些基层组织的党员人数比合法工作时期增加了一倍。

数以万计的社会民主党工人的反抗意志在日益增长。起初社会民主党工人只是缓慢地结成一些不大的小组。凡是社会民主党工人参加共产党人的革命宣传活动的地方，或者共产党人同社会民主党工人的秘密小组取得了联系的地方，都能使比较多的这类小组加入到共产党里来。但是共产党没有能够同大部分还处于革命化过程中的社会民主党工人建立起正确的相互关系。一些党的基层组织不愿意同社会民主党人协作，因为它们没有看到社会民主党人队伍中发生的革命化过程，或者是由于担心社会民主党人因不了解秘密活动守则而有可能带来的损害。有些场合共产党组织拒绝接受社会民主党工人，是由于害怕自己会融合在他们的群众里面去。此外，宗派情绪也阻碍党在一切活动中把统一战线政策当做（尤其在秘密条件下）开展真正的群众工作的决定性前提。

同社会民主党一起被解散的还有社会民主党广大的群众组织网。这些组织的大部分成员都转入了统一组织。由于共产党在这些组织中没有自己的党团，未能对这一进程产生什么影响。

革命群众组织遭到禁止时，这些组织还没有充分做好转入地下工作的准备。它们转入地下时所遇到的巨大困难，曾一度在党内产生这样一种倾向：取消这些组织，将它们的成员转入共产党。

尽管采取了骇人听闻的恐怖手段，玩弄了一系列社会性花招，法西斯专政除了有一段短暂的沉寂外，并未能在全国范围内造成安宁的局面。

共产党和革命工人巧妙地利用了法西斯政府上台初期召开的工厂大会和工会大会这一讲台向群众进行宣传。

在这次重新兴起的革命高潮中,共产党的秘密报刊和书籍立下了很大功劳。共产党书刊成了德国工人、劳动人民和小资产阶级群众喜爱的读物。克服了最初的出版困难和无系统的发行状态后,秘密书刊便得以较好地开展共产主义原则的宣传了。但是它们没有能够充分地发展成革命工作的组织因素。除了党的中央机关报《红旗报》这一年每月定期出版3期之外,党还在各个区为党的积极分子定期出版秘密报纸和机关报。仅在柏林市,1934年12月间由小区区委员会和支部定期出版的街道和工厂的秘密报纸就达110种之多。

在法西斯专政的第一年,共产党所做工作的性质几乎只是限于宣传鼓动工作。党的组织工作做得很差,只是在近一年来才逐步开展。这种情况的主要原因在于,党的基层组织在合法工作时期没有很好地培养出政治上的独立自主精神,也没有锻炼出对当前事件迅速作出响应的能力,即党的基层组织不能迅速地对这些事件作出响应,同时也在于,党在法西斯专政的第一年还不善于利用各种合法的与半合法的条件进行工作。只是到法西斯专政的第二年末,这方面才有所起色。

尽管对法西斯的仇恨日益加深,革命高潮到来的速度并不像起初显现得那样快。这一点在1934年6月30日,即大批枪杀冲锋队头目和纳粹社会党著名人士那一天暴露得尤为突出。这一天事件的主要原因,是资产阶级在寻找摆脱经济危机出路时遇到了愈来愈大的困难。资产阶级的利益冲突(尽管法西斯独裁政府采取统一化的种种措施,仍然无法解决这些矛盾)又尖锐起来。在革命的宣传与鼓动工作的影响下,就连在法西斯的战斗组织中也都渗透了对法西斯制度的各项措施的不满情绪,人们日益认识到希特勒党的许诺和它的行动是背道而驰的。但是,在统一战线旗帜下重新着手进行组织工人阶级的工作，以及使其结成广泛阵线去带动一部分具有不满情绪的中间阶层的工作，加上革命高潮发展的速度，都还没有成熟到能够使无产阶级利用法西斯领导集团的这个惊慌失措的日子来实现其反法西斯专政的政治行动。由于缺少广泛的统一战线机关，至今还不可能把反法西斯主义的斗争提到更高的政治水平。资产阶级又一次得以利用六月三十日事件的后果来巩固自己的政权机关。资产阶级在它的阵营内部朝着有利于国防军的方向，已彻底解决了关于国内武装力量的争议，并迅速地开始扩大自己的武装。但是，资产阶级却没有能够防止它的群众基础因六月三十日事件而进一步削弱。随后几个月的特点是，工人阶级队伍中的斗争意志进一步加强了。8月19日获得的500万张反法西斯的选票，第一次以数字形式说明了反法西斯斗争意志的增强。

德国共产党虽然十分及时地认识到了并且在政治上正确地估计了那些必然导致六月三十日事件的因素，但它对于这些事件的结果在工人阶级内部和在比较贫困的那部分中间阶层中所引起的变化却估计不足。党受到其宗派主义方针的束缚，没有能够及时迅速地对自己的全部政策，尤其是统一战线政策和工会政策，作出在当时形势下必须作出的转变。反映六月三十日事件后形势变化的最明显的一点，就是非常迅速地产生了大批社会民主党工人小组。

即使在6月30日以后，德国共产党对这些社会民主党工人的态度也还是宗派主义的，它只是关心把社会民主党工人吸收到自己队伍中来。共产党同重新建立起来的这些社会民主党的小组的联系过于薄弱，致使党无法了解社会民主党工人中正在发生着什么样的变化。建立统一战线的工作没有成为党的群众工作的主要手段。即使在某些地方提到了统一战线，也是大部分本着这样一种精神，即"统一的大门是敞开的；社会民主党的工人们，同德国共产党联合吧！"目前国内存在大量的6

月30日以后出现的、小规模的和很小规模的社会民主党的工人小组,它们诚挚地愿意同我们一起进行反法西斯专政的斗争。但是它们还不赞同共产主义纲领和策略的全部原则。除此之外,这些小组大部分还同布拉格的领导保持着某种联系:它们从布拉格的领导即从中央那里收取书刊,从党的财务部门得到财政支持。但在思想上它们却已经同布拉格分道扬镳了。

德国共产党没有能够实行真正的转变,以利用社会民主党工人的这种情绪来动员他们投入反法西斯专政的斗争。德国共产党执行的统一战线政策,在它的实际工作中和在报刊上主要不过是一种征集工人入党的手段,这首先要归咎于党内的宗派主义方针。党在1933年8月提出了建立独立的阶级工会的口号,但在运用这一口号时却不是从建立统一战线的角度出发。成为这些阶级工会的,主要还是那些得以保全下来的革命工会反对派小组和红色工会小组。在工人们的眼里,这些工会不是独立的工会,而是共产党人的联合组织,是改用新名称的旧组织。所以党未能利用这一口号开展广泛的群众性工会运动。

1934年7月,共产国际执行委员会主席团建议德国共产党着手争取恢复自由工会的斗争,但是这一斗争没有取得什么成效。党要求按照最广泛的无产阶级民主和会员自决权原则建立自由工会,要求还同工会原来的中间派活动分子广泛接近,但这时党的队伍中重又出现了宗派主义性质的抵制情绪。党内提出的不是"恢复自由工会"的口号,而是一些模糊不清的口号,如"建立统一的工会","建立统一的阶级工会",等等。当党着手恢复自由工会的具体工作时,它才发现,不在法西斯的群众组织中,特别是不在"劳动阵线"中进行大量工作,要恢复自由工会显然是行不通的,而党在这方面的工作至今又恰恰是十分薄弱的。不根除这些弱点,就根本谈不上在德国开展广泛的群众性工会运动。

几乎在德国共产党提出"恢复自由工会"这一口号的同时,阿姆斯特丹工会国际也企图对布拉格的领导采取既联合又独立自主的方针,借助改良主义工会领导的老骨干在德国组织"中立的"工会运动。阿姆斯特丹国际确实在许多企业中建立了一些工会小组。党注意到了这一事实,这一事实使得恢复自由工会的问题更加迫切了。党正在采取一系列措施,特别是通过对至今仍然存在的各种宗派主义观点的最无情的斗争,力图彻底解决德国的工会问题。来自德国的消息表明,已经有许多企业顺利地恢复了自由工会小组。

法西斯的群众基础变得非常窄小了。工人们体验到了法西斯主义给他们所带来的一切,现在法西斯分子已经对群众感到恐惧。法西斯主义没有能够摧毁共产党。企业工人在统一战线基础上新出现的组织上的团结,把青年排挤出企业的企图的彻底破产,这些都表明了法西斯主义不仅未能搞垮共产党,而且在一些关键性问题上也没有能够推行它的反工人计划。法西斯阻挡不了工人阶级对在全国实行降低工资或对某些企业实行普遍降低工资的每一个企图立即作出积极的反应。诚然,从数量上看,这项运动还不强大。但是,我们已经搞了很多次罢工了,尽管大部分罢工时间是短暂的。这些运动在政治上大多还都停留在较低的水平上。当前最突出的反抗形式,是消极对抗和派工人代表团去见企业主及法西斯的全权代表,或去找"劳动阵线"的领导机关。

在法西斯专政统治的两年间,关于无产阶级同盟军问题一直没有引起德国共产党的足够重视。党不得不在空前恐怖的条件下进行着斗争,恐怖政策像过去一样需要党付出巨大的牺牲,有时一连几个月都无法同一些区取得联系。恐怖政策迫使党把工作主要集中在一些大城市和工业中心。党同农村的小组和党组织的联系大多都中断了。党因此无法对农村开展的运动施加有效的影响。如果不算某些共产党人建立的个人联系,那么,党同农村的联系到目前为止还是没有多大改进。党同农村的联系是把农村存在的对法西斯专政的敌对情绪同城市无产阶级和小资产阶级的运动融汇在一起的必要前提。现在党正在努力依靠被法西斯派往农村作为"农村助手"的青年工人来创造这一必要的前提。

1934年德国共产党在萨尔州进行了声势浩大的斗争。这场斗争及其结局是提供极其有益的经验的源泉，它对共产国际有着极其伟大的意义。在党取消了自己第一个错误的宗派主义的口号"争取红色萨尔"之后，党提出了"争取维持原状"的口号，并成功地通过群众运动使社会民主党工人、改良主义工人、甚至加入天主教组织的部分居民向自己靠拢。在整个斗争过程中同社会民主党结成的统一战线，使党有可能积累迄今为止在这方面最为广泛的经验。由于实现了统一战线，党才得以战胜对萨尔地区改良主义工会和红色工会及一切无产阶级群众组织的联合行动的抵抗。然而党却未能通过统一战线努力使党的队伍更多地得到巩固。这个事实，也像选举结果一样，应当归咎于纳粹社会党分子施加的特别强大的压力和恐怖手段。在萨尔州举行的全民投票中涉及民族问题。"争取维持原状"的口号是一个失败主义的口号，因为这个口号要求每一个工人具有高度的阶级觉悟，要求他们摆脱一切资产阶级民族主义的桎梏。萨尔州全民投票的结果，使党看到了在革命和战争的新时期，在整个中欧，首先在法西斯专政的德国，民族问题所具有的决定性意义。党在反法西斯专政斗争中至今仍极少考虑的民族问题，现在由于萨尔州全民投票的结果，使这个问题直接提到了党注意的中心位置。

1934年春，德国共产党提出了《德国工人和劳动者解放纲领》。这个纲领从马克思列宁主义的观点出发，对民族问题作了十分严肃的论述，而且它在阐述无产阶级阶级斗争目的时密切地结合了1930年提出的《社会与民族解放纲领》。但是鉴于新的局势，这个解放纲领在关于法西斯专政的性质、在工人阶级解放的唯一可行的道路等两个问题上，远远超出了过去纲领的范围。德国共产党从这个纲领中获得了有力的武器，它给予党在引导群众夺取政权过程中以巨大的帮助。这个纲领为群众指出了他们应当走的道路，即在法西斯专政条件下，为推翻法西斯专政和资本主义剥削者，建立工农政权。这个纲领成了德国工人阶级战胜剥削者和压迫者的斗争纲领。

德国共产党的组织发展

自共产国际第六次代表大会以来，德国共产党不论在合法条件下，还是在极其残酷的法西斯专政的非法条件下，都得到了发展，成为共产国际在各资本主义国家支部中最大和最团结的群众性政党。德国共产党党员数量的增长从下列数字可以看出：

按期缴纳党费的党员人数：

1929 年 3 月为 116735 人；
1930 年 3 月为 135808 人；
1931 年 3 月为 195083 人；
1932 年 3 月为 287180 人。

在法西斯专政的两年中，党吸收了近 6 万名党员；

在公开活动时期，按期缴纳党费的党员人数平均占全体登记党员人数的 78%。

在生产部门就业的党员的百分比，由于严重的经济危机而由 1929 年的 48% 下降到 1931 年的 20%，最后到 1932 年末已下降到 11%。但是在党转入地下时期，由于争取了社会民主党工人，工厂工人党员的比例又重新上升了。

工厂支部增长的数量：

1928 年为 1411 个；
1930 年为 1524 个；
1931 年为 1731 个；
1932 年为 2210 个。

在地下时期，党恢复了原工厂支部的很大一部分，并在新争取过来的工人帮助下，甚至在公开活动时期也未能建立支部的一些大企业中建立了支部。

革命工会反对派和红色工会

尽管革命工会反对派和红色工会在各次战斗和积极行动（鲁尔工人罢工、德国中部罢工、柏林冶金工人罢工、柏林运输工人斗争）中，政治上和组织上都取得了引人注目的成绩，但在组织发展方面，仍然落后于共产党。在 1931 年 2 月，革命工会反对派和红色工会拥有正式登记的会员总数为 145380 人，在 1932 年 3 月，革命工会反对派拥有 160744 名会员，红色工会会员为 95426 人。

革命工会反对派和红色工会在 1932 年共计拥有约 3800 个工厂小组。在全德工会联合会 1932 年拥有 15000 个组织单位的时候，革命工会反对派在自由工会中共计有 1783 个小组，不过这些小组在工作中的表现并不突出。革命工会报刊的发行量为 183500 份。

群众组织

由于社会民主党官僚的分裂政策，德国共产党在共产国际第六次代表大会后面临的任务是，把排除在外的组织团结到群众组织中来，例如，红色体育团体（争取红色体育统一斗争协会）、无产阶级自由思想者协会和反法西斯斗争协会。各群众团体，包括党领导下的国际革命战士救济会和国际工人委员会，在德国的个人会员和集体会员1930年总计为584928人，1932年达到1346972人。

党的报刊

1932年德国共产党出版了37种日报，包括中央报刊。订户由1929年的245373户增至1931年的33万户。1932年受危机的影响，日报的订户大大下降，然而这些人却作为周刊的订户而固定下来了。1928年工厂报纸为128种，1931年上升为1854种，街区的报纸1929年有614种，1931年约为2500种。除党的报刊外，还有一些群众组织的报刊，但是，它的传播已远远超出了广大会员的范围。

党处于地下时期，它的中央机关报《红旗报》仍按期出版。现在它是每月出版3期，发行量达6万份。此外，几乎所有的区委员会都出版有区的机关报，还有数百种地区一级的、地方一级的和街道一级的报纸。

党的干部及其培养

1931年12月骨干党员约占全体党员的32%，开始转入地下时约占50%。在公开时期有常设的中央党校，党校培训班为3个月一期，每期轮训的学员40—50人。此外，各区组织和最大的小区组织都定期举办2—3周的训练班。支部为新党员开办初级训练班。个别区还为骨干党员开办专门的业余训练班。马克思主义者工人学校还积极参加了对非党工人的理论培训。

此外，党在公开时期为教育自己的党员出版的杂志有：理论机关刊物《国际》、《宣传员》、《鼓动员》和《党的工作者》等月刊,均按期出版。每一个区还为党的工作者出版自己的区机关报。

转入地下后,《国际》仍出了几期;一些最大的区又为骨干党员出版机关报。为了有助于党课学习,除了秘密出版共产国际领导同志的讲话外,党还出版一些理论书籍。

转入地下的党

我们党在合法时期的组织结构非常便于它向非法形势转变。但是,这个结构也并不完全适应地下条件的需要。因此,在新的条件下需要对党进行较大程度的调整。首先需要取消党所设立的指导员机构,虽然这个机构在党转入地下时为党作出了宝贵的贡献。此外,还必须把支部划小,使它们作为一个统一的整体,不要划成五人小组,既能灵活地开展工作,又不致使组织的生存受威胁。企业必须比公开时期更多地将工作重心移向车间支部的建设。

捷克斯洛伐克

共产国际第六次代表大会以后的这个时期,捷克斯洛伐克的各种内外矛盾急剧地尖锐起来,这些矛盾随着世界经济危机的到来和资本主义稳定的结束而更加深化了。整个形势的尖锐化迫使捷克资产阶级愈加顽固地采用奴役工人阶级的法西斯手段。捷克斯洛伐克的法西斯化过程有其独特的形式,这是因为这个国家属于世界大战中的战胜国,而国内阶级斗争和民族斗争的互相交织又迫使捷克资产阶级在实现其法西斯化的过程中不得不寻求德国资产阶级的支持。法西斯化至今还在民主旗号的掩护下进行着;一系列旨在镇压工人运动的非常法都是经议会通过实施的。法西斯化由马萨里克总统为首的一些主要的资产阶级政党来实行。马萨里克被认为是捷克资产阶级左翼的代表。捷、德两国的社会民主党直接参与在"捍卫民主"口号下推行的法西斯化。这两个政党现在都进入了政府,并参与实施镇压革命工人运动的各项法西斯措施。

除国内形势尖锐化以外,捷克斯洛伐克所处的国际形势,尤其是最近的形势,也对决定法西斯化的速度起着巨大作用。事态的进程使得捷克帝国主义这个法国帝国主义的中欧前哨阵地的地位遭到了严重的损害。希特勒专政在德国的胜利,以及由此而加剧的捷克斯洛伐克境内以解放日耳曼为由的侵略扩张倾向,意大利帝国主义控制下的道尔弗斯专政在奥地利的建立,捷克斯洛伐克和匈牙利(也处于意大利控制之下)之间矛盾的激化,以及德国法西斯炸毁"小协约国"的企图,所有这一切都导致了国际形势的极端尖锐化和帝国主义战争危险的迅速增长。

这种大有使捷克斯洛伐克孤立的国际局势(特别是在波兰帝国主义更密切地与希特勒德国勾结起来之后),迫使捷克资产阶级不得不稍稍改变它的政治方针。接着,1934年,捷克斯洛伐克在法律上正式承认苏联,从而结束了捷克资产阶级领导集团15年来坚持反苏的这一立场。为此,捷克资产阶级采取了一系列外交步骤支持苏联的一些建议,其中包括《东方条约》,这些步骤都反映在互助条约的签订上。捷克斯洛伐克无产阶级清楚地认识到,迫使捷克斯洛伐克被迫对苏联采取新的外交方针,是因为国际形势使资产阶级原来的外交政策遭到了破产。此外,随着国际局势的尖锐化,国内形势也更加复杂化,而在这方面起着巨大作用的是民族矛盾的不断加剧。在资本主义稳定时期支持过捷克帝国主义的一些德国资产阶级大集团,现在在对外政策方面则以柏林的外交方针是从了。德国人居住区的纳粹党运动,即所谓"苏台德日耳曼人卫国阵线"① 在1935年的国会选举中竟获得了100万张以上选票。

在匈牙利资产阶级队伍中，脱离捷克斯洛伐克的倾向也日益加强。斯洛伐克的资产阶级比以往更加积极地要求民族自治。另一方面，各民族地区的广大劳动阶层激进化过程获得迅速发展，这首先表现在喀尔巴阡乌克兰的农民运动规模巨大和共产党人对遭受民族压迫的居民区的影响不断扩大。

所有这一切，加上无产阶级革命威胁的不断增长，又把捷克斯洛伐克民族分裂的危险提上了捷克资产阶级的议事日程。

共产党反对取消派的斗争。早在1928年就在工人群众向左转的基础上开始出现富有战斗性的罢工浪潮。在这些罢工中，社会民主党转向公开背叛的行径日益明显。同时在无产阶级群众中则表现出不顾社会法西斯头目的抵制而组织罢工的倾向。这种形势要求捷克斯洛伐克共产党必须在一切群众性的经济和政治斗争中采取独立自主的行动。但是，同把持红色工会的机会主义分子密切勾结和合作的伊莱克—博伦领导集团，却不打算使党转向这一中心任务；在运用统一战线策略时，这个领导集团执行了一条机会主义路线，从而使共产党在共产国际第六次代表大会前脱离了广大无产阶级。

在共产国际第六次代表大会期间，共产国际执行委员会的一个专门委员会十分详细地研究了捷克斯洛伐克共产党内的情况。由于原机会主义的中央委员会的破产，党内又出现了左派反对派。在查清了捷克斯洛伐克党内情况后，共产国际执行委员会发表了致党员的公开信，信中指出，党脱离群众的根本原因是极其严重的、腐蚀全党的机会主义。根据对党内形势的这一估计，共产国际执行委员会在公开信中提出要求彻底

---

① "苏台德日耳曼人卫国阵线"（现称为苏台德日耳曼人党），是由亨莱因在捷克斯洛伐克创立并领导的纳粹运动。

转变党的全部政策。这种转变的实质表现在"从机会主义的消极性转向布尔什维克的积极性!"这一口号上。

左派反对派竭尽全力贯彻公开信规定的路线,而伊莱克—博伦领导集团则暗中抵制这一路线。不久以后,伊莱克—博伦领导集团便同以纽拉特为首的托洛茨基分子和红色工会的取消派上层结成了联盟。这个机会主义的取消派集团否认群众"左"倾化的进程,否认改良主义在其阶级内容上的资产阶级性质,否认捷克斯洛伐克的帝国主义性质,拒绝实行共产国际第六次代表大会规定的在运用统一战线策略方面的转变。在民族问题和土地问题上,这个集团坚持机会主义的、半社会民主主义的路线。

在揭露这些小集团的取消主义性质方面,1929年2月莱辛贝格纺织工人大罢工起了巨大作用。这是捷克斯洛伐克共产党运用独立地组织并领导经济斗争策略进行的第一次大规模群众罢工,而机会主义分子则放开手脚进行了公开抵制。几乎在同一时间举行了捷克斯洛伐克共产党第五次代表大会,它是在左派反对派在党内赢得了决定性多数之后召开的。在代表大会上几乎没有一个代表为原先的机会主义领导辩护。代表大会在所有基本问题上都顺利地制定了正确的政治路线,并彻底摒弃了阻碍捷克斯洛伐克共产党成为真正的布尔什维克党的机会主义理论。第五次党代表大会选举了新的中央委员会,进入中央委员会的主要是拥护以哥特瓦尔德为首的原反对派的成员。

机会主义分子在党代表大会上被广大党员群众孤立之后,便企图利用它们在红色工会层中以及在议会共产党党团中的优势地位来分裂党。他们确实得以攫取了红色工会的领导机关并推动了26人的议员团公开反对党。但是绝大多数党员和红色工会会员粉碎了这一企图,他们拥护共产国际,支持真正希望贯彻共产国际路线的新的中央委员会。在击退了这一分裂企图(这使取消派分子退出了党)之后,共产党才有可能在其群众工作中实现真正的转变。

阶级矛盾的进一步激化引起了1929年新的经济罢工浪潮。党还在纺织工人罢工时就完成了向独立领导罢工方面的转变，因而此后它才能够在社会民主党公开背叛的情况下领导一系列较大规模的群众罢工。在国家政权和地主实行的最残暴的恐怖政策和社会民主党有组织的背叛形势下爆发的2.5万名斯洛伐克农业工人的大罢工，有着极大的意义。这次罢工尽管领导工作不够灵活，但仍然证实了捷克斯洛伐克共产党有能力领导大规模的经济斗争。

几个月后党又在布吕克斯煤矿区组织了1.4万名矿工大罢工。但是这次大罢工暴露出了强烈的歪曲统一战线策略的宗派主义倾向（拒绝及时停止罢工，提出不可能有组织地领导罢工的理论）。

1929年举行的八一反战日取得了极大的胜利。党突破了第一个缺口，组织了工人的政治大发动。这一天就有1.7万名工人参加了群众性的政治罢工，6万名工人在国家机器肆无忌惮施行恐怖手段的情况下，参加了一些城市举行的示威游行。但同时这次行动也存在着重大的缺点。党内的某些阶层受到资产阶级和社会民主党散布的预言"反战日必将失败"这一宣传的影响，不相信能举行这样大规模的行动。一些重要中心城市的行动之所以失败就是这种情绪造成的。

1929年10月举行了议会选举。应当把这次选举的目的看成是资产阶级企图利用捷克斯洛伐克共产党的地位由于党内危机，暂时受到削弱，而迫不及待地把社会民主党人塞进政府以扩大社会民主党的群众基础。

捷克斯洛伐克党在危机的后果和危机中产生的脱离群众的缺点尚未根除的情况下就投入了选举斗争。这种情况使社会民主党在选举中大大加强了它的地位，而同时赞成共产党的票数则从93万减少到75万。

选举的结果，以及党在进行某些群众性运动时暴露出的弱点证明，党还未能在实践中实现第五次党代会关于转变群众工作的决议。在这种局势下，以弗里德同志为首的一个中央委员集团便起来反对党的路线。这个集团对党内形势作了"左"倾宗派主义的评价，在他们关于群众工作方法的意见中表现出了宗派主义倾向。在1929年布吕克斯矿工罢工时，这个集团坚持所谓战后资本主义第三时期不能有组织地领导群众罢工的论调。它还搅乱了及时停止布吕克斯罢工的部署，致使绝大多数工人在还没有宣布正式停止罢工时就已经返回矿井。

弗里德集团的观点还表现出对组织工作的作用和从组织上巩固党的必要性估计不足。它不主张通过系统的组织工作克服党内存在的缺点，而是建议对党实行大清洗。中央委员会的多数成员战胜了党内宗派主义观点，并使弗里德同志集团的大部分成员以及他本人（他承认了自己的错误）回到了党的立场。但是这并没有完全消除宗派主义倾向。这种倾向不久又在红色工会关于停止按根特制度（当时帮助失业工人的唯一形式）发放救济金的决议中表现出来了。这是一个错误的决议，它用"左"的观点把红色工会的战斗任务同给予会员以物质帮助的任务对立起来，使红色工会运动暂时受到削弱。

在这种条件下，共产国际执行委员会的干预起了极大的作用。共产国际执行委员会坚决地强调，党必须以争取满足无产阶级的日常要求的斗争为方针，因为只有这一方针才能为党创造条件，结束党脱离群众的状态。

共产党争取群众的斗争

经济危机的到来使阶级斗争进一步尖锐化。社会民主党参加政府更清楚地暴露了社会民主党的真正性质，这使社会民主党同广大工人阶级群众之间产生了某种分歧。局势的这种变化有利于党在克服一度造成党重新脱离群众的危险的宗派主义倾向之后得以真正广泛地开展党的群众工作。党把争取摆脱危机的革命出路的斗争同争取满足群众日常局部要求的斗争的结合提到了一切工作的中心。党在卡尔斯鲁厄的一个最重要的大冶金厂组织了反对大批解雇工人的斗争，这样就粉碎了社会民主党那种反对大批解雇似乎是不可能的论调。

这个时期，失业工人的广泛运动逐渐成为阶级阵线极为重要的一部分，党已善于甚至通过满足失业工人极细小的日常要求的斗争来团结他们。在短短的时间内，就在广泛的统一战线基础上成立了千余个失业工人行动委员会。1931年2月4日北波希米亚失业工人进军导致了杜克斯的流血斗争。在这次失业工人同国家政权发生第一次冲突后，党又在1931年2月25日的反对失业国际斗争日继续开展了大规模的失业工人运动。党成功地动员了近20万失业工人参加示威游行。几周以后召开了有来自全国各地1500名代表参加的全国失业工人代表大会。大会提出了关于向失业工人发放救济金并由国家和企业主承担其全部款项的要求。差不多与这次大会同时举行的劳动妇女代表大会声势也很浩大。已经开始的这个转变的结果，同样还表现在党在工厂委员会选举中取得的成绩上。

1931年3月，也即在群众运动蓬勃开展的时候，捷克斯洛伐克共产党召开了第六次代表大会。党以往从来没有这样成功地把自己的代表大会真正变成最广大劳动阶层关心的事情。无数的代表团以及企业、失业工人等等发来的贺电、贺信等都充分地证明了党的声望的提高。代表大会进一步贯彻了上一届即第五次代表大会根据经济危机造成的尖锐局势所制定的路线。代表大会将党的方针进一步落实到争取群众日常要求的斗争上来，同时它还详细阐明了摆脱危机的革命出路的前途，大体上指出了捷克斯洛伐克苏维埃政权的任务。

党代表大会在民族问题上的方针具有特别重要的意义。代表大会提纲首次根据对形势的详细分析，提出了民族自决权直至从捷克斯洛伐克分离而独立的口号。党代表大会揭露了民族压迫的社会实质，从而粉碎了对捷克斯洛伐克国家性质的一切机会主义观点。大会指出捷克斯洛伐克这个国家是帝国主义战争和帝国主义和平条约的产物，并用突出捷克资产阶级在民族压迫中的霸权地位的"捷克帝国主义"一词替代了"捷克斯洛伐克帝国主义"这一不确切的表述。在土地问题提纲中，没收大土地所有权问题是农村宣传的中心问题。提纲中还对农村的阶级分化作了分析，指出了为满足广大劳动农民群众的要求而进行斗争的道路。

第六次党代表大会的正确路线使党有可能更广泛地开展群众工作。特别是党在各民族地区的工作方针不断加强。捷克宪兵再次在斯洛伐克科希策制造的血腥屠杀，激起了广大群众声势浩大的抗议浪潮，他们要求释放被捕的马约尔同志，他正在成为反对民族压迫斗争的象征。在这几个月中，党在斯洛伐克吸收了数千名新党员，但是看来，党还没有能够把这些党员长期稳定在党的队伍中。对捷克斯洛伐克日耳曼人居住区弗雷瓦尔道工人的血腥镇压，导致1931年12月在整个这一地区三天的政治大罢工，同时还引起捷克斯洛伐克150个企业的抗议罢工。

喀尔巴阡乌克兰的农民运动具有特别重要的意义。这次运动的锋芒首先针对的是征收捐税问题，有些地方还将法警赶出了农村。相当多数的农民在共产党的领导下联合起来，党所领导的农民协会会员人数增加了1万多人。与此同时，党还组织了全国性的声援喀尔巴阡乌克兰饥饿农民的大规模运动。政府企图禁止国际工人救济会参加这一运动来阻碍日益发展的运动。这次斗争的结果表现在共产党的影响迅速扩大，特别在斯洛伐克和喀尔巴阡乌克兰，这些地方主张自治的资产阶级政党在选举中遭到巨大损失。不论是1932年的工厂委员会的选举，还是1931年和1932年的市政选举都表明，党正处在它的群众影响的新的上升时期，它已经夺回了1929年选举中丧失的阵地。

北波希米亚矿工的罢工是所有这些群众性战斗的顶峰，这次罢工是在统一战线基础上不顾社会民主党人的反对举行的，它取得了局部的胜利（停止了大批的解雇）。罢工赢得的胜利是党对社会民主党的背叛政策取得的道义上的巨大胜利。在这次罢工中党成功地掌握了斗争的独立领导权，并在极其广阔的统一战线基础上使斗争发展为政治大罢工，到1932年4月15日罢工已波及整个西北部波希米亚。罢工还在全国其他地区引起广泛的罢工浪潮。

但是，在所有这些战斗过程中，不断暴露出重新抬头的右倾机会主义倾向，给充分发挥这些群众斗争的影响造成困难。在摩拉维亚的俄斯特拉发矿工斗争时期（这次罢工与布吕克斯罢工同时爆发），该区党组织的领导坚持机会主义观点，认为改良主义者的"左"的蛊惑宣传客观上有利于组织斗争。因此，区委员会便以社会民主党的旨意是从。同样在布吕克斯罢工期间，尤其是在分析并巩固这次罢工的成果时，又暴露出削弱党和红色工会在群众罢工中的领导作用的右倾机会主义倾向。右倾机会主义提出所谓"工人的广泛民主"的口号，极力使党的面目变得模糊不清。所有这一切都在阻碍党利用罢工运动来大批吸收社会民主党阵营的工人加入共产党的队伍。

共产党反对法西斯化的斗争

资本主义稳定时期的结束使捷克斯洛伐克的内外政策发生一系列重大变化。战争危险的增长和阶级矛盾的激化，迫使捷克资产阶级大大加速法西斯化，因为在这种情况下，愈来愈明显的是，资产阶级从前使用的民主主义的阶级统治形式已显然不够，为了克服内部困难，资产阶级不得不越来越求助于法西斯化手段。法西斯专政在德国建立之后，捷克资产阶级队伍中的法西斯化倾向日益加剧，致使捷克斯洛伐克境内存在民族压迫的所有地区的民族沙文主义也随之抬头。捷克资产阶级所处的特殊地位，使它走上了公开采用法西斯手段的道路。捷克资产阶级的根本路线是要在"强化民主"和"捍卫民主"等口号下加快推行法西斯化。这条路线一方面使德国资产阶级某些集团有可能继续参加政府，另一方面，又使社会民主党人得以积极参与推行法西斯化的一切措施。社会民主党在整个这一时期一直在欺骗工人群众，它首先打着"捍卫民主"的口号，企图以此遏制工人群众反对日益加剧的法西斯化的斗争。法西斯化的进程表现为加紧对革命运动的镇压。近几年来，大部分革命群众组织被解散，其中有共产主义青年团和国际革命战士救济会等等。同时还通过了新的报刊法，为政府长期禁止革命刊物提供了根据，而且这项法律曾不止一次地在实际中加以贯彻实行。关于政党的新法律则使捷克资产阶级可以随时查禁政治党派。这项法律首先被用来禁止德国国家社会主义党和德国国家党，这表明捷克斯洛伐克的民族矛盾尖锐化。然而，不言而喻，捷克资产阶级实施这项法律的目的，首先是要为禁止共产党提供法律依据。

在捷克斯洛伐克法西斯化的过程中，除占统治地位的资产阶级派别采取的镇压措施外，沙文主义和纳粹法西斯主义的派别和政党的发展也起着越来越大的作用。代表金融资本的主要政党之一——网罗了最反动的资产阶级分子的国家民主党——退出了政府，同法西斯集团结成了同盟，而且打出了"民族联合"的旗帜。在日耳曼人居住区的所谓"苏台德日耳曼人卫国阵线"运动，以及在斯洛伐克主张自治的法西斯式的政党，即格林卡领导的斯洛伐克人民党也都在发展。

这种形势有利于吸收社会民主党的工人走上革命斗争的道路，使他们摆脱社会民主党的反革命政策。德国和奥地利社会民主党的破产，以及第二国际爆发的危机，对捷克斯洛伐克的社会民主党工人产生了深刻影响。渴望同共产党人建立统一战线的愿望开始迅速发展起来。在德国建立法西斯专政后不久，捷克斯洛伐克的日耳曼人居住区就展开了反对希特勒法西斯主义的群众行动。在社会民主党内主要在一些基层组织中，开始形成思想上还不明朗的各种反对派别，而且大多数这些反对派集团和派别都希望建立统一战线。

为了缓和这些日益增长的对立情绪，社会民主党便利用一系列新的诡辩伎俩。为此目的，它特别广泛地利用工人们担心可能建立公开的法西斯专政的心理和"捍卫民主"的主张。尽管社会民主党后来一刻也没有停止过对苏联的诽谤运动（例如在基洛夫同志遇刺以后它曾公开为反革命恐怖分子辩护），但它还硬要工人群众相信，似乎捷克资产阶级和社会民主党已经彻底改变了他们对苏联的态度，而且正在实行对苏友好政策。捷克改良主义工会组织第十次代表大会提出了一个经济纲领，贯穿这个纲领的是构成比利时德芒计划基础的同一些思想，其目的是要制造关于资本主义具有"计划经济"可能性的幻想。

如果说捷克斯洛伐克共产党，特别是在德国法西斯专政建立后的初期，没有能够充分利用社会民主党工人中存在的对立情绪，因而在1934年共产党的影响曾一度下降的话，那么，造成这一情况的原因，除掉一些特殊困难外，首先应归咎于近几年来党内明显的右倾机会主义倾向。右倾机会主义阻碍了党对社会民主党新的蛊惑伎俩的揭露。它使党的面目模糊不清，减少了在统一战线口号下斗争成功的可能性，使群众看不到革命的前途。

右倾机会主义倾向突出地表现在党的中央机关报原主编古特曼的讲话中。希特勒专政建立之后，古特曼提出，德国无产阶级的前途是惨重的、持续的失败。他认为，在德国法西斯取胜以后不可能再成功地争取到社会民主党的工人群众，他还企图把希特勒专政得以建立的罪责归结到德国共产党身上，似乎德共在推行统一战线策略时犯了什么错误。古特曼一方面对德国共产党进行诽谤性攻击,同时又在运用统一战线策略上散布机会主义观点,并且完全抹杀同社会民主党的原则性矛盾,使党的政治面貌模糊不清。这些机会主义取消派观点在当时的报刊上,特别是在党的中央机关报和党的理论刊物上造成了对党的路线的粗暴歪曲。

共产国际执行委员会及时指出了这些右倾机会主义观点的极大危害性,它警告说,这些观点在争取社会民主党工人的"最好的办法"的口号掩护下,只会抹杀党的路线和削弱党的群众影响。

党中央得以使持有这些右倾机会主义观点的主要人物——古特曼——孤立起来,并且开展广泛的运动以揭露右倾机会主义。古特曼在其右倾机会主义观点受到批判之后抛出了一个叛徒式的表态声明。声明重弹了托洛茨基和布兰德勒分子对共产国际的诽谤攻击。党开除了这个叛徒,而且没有一个支部出来为他辩护。

由于资产阶级的猛烈攻击,后来还暴露出来了一些歪曲党的路线的宗派主义倾向。这些倾向也曾暴露出这样的一种观点,即捷克斯洛伐克的法西斯专政似乎已经建立。在党的报刊上发表的个别文章中提出"共产主义统一战线"的口号,也是错误的,这就造成了忽视统一战线策略的某种倾向。

在1934年1月的全国代表会议上,党严厉地批判并驳斥了一切机会主义观点。代表会议根据共产国际执行委员会第十三次全会决议,提出了一个纲领,要在广大群众中宣传捷克斯洛伐克共和国苏维埃政权的任务。这个纲领向劳动群众指出了反对日益增长的法西斯专政危险和争取社会与民族解放的斗争道路。党在贯彻会议决议的过程中和在反对右倾机会主义歪曲党的路线的斗争中,开展了一系列群众发动工作。在欧塞克矿井发生惨祸的时候,党组织了广泛的、与企业抗议罢工相结合的群众运动。尽管还存在不少严重缺点(首先是对事件的反应迟缓),党还是开展了声援奥地利工人二月战斗的广泛运动,并动员了15万工人通过示威游行和演说来支持正在斗争的奥地利无产阶级。

奥地利事件的榜样和法国争取行动统一运动的规模，使捷克斯洛伐克共产党得以在组织无产阶级统一战线方面取得进一步的成绩。1934年7月哥特瓦尔德同志发表文章，提出了团结无产阶级一切力量，齐心协力反击危险的法西斯专政的问题。根据这篇文章的精神，捷克斯洛伐克党中央向两个社会民主党和捷克国家社会党①人的两党的领导人提出了采取联合行动反对法西斯危险和帝国主义战争威胁的建议。虽然这个建议被两党领导人借口拒绝，但它仍然得到了基层组织的热烈响应。社会民主党的许多地方组织纷纷表示应该接受共产党的建议。党根据这些初步成绩，在中央委员会第十次全会上采取了建立统一战线的进一步措施，向群众提出确立所有工人政党的战斗统一问题。共产党指出，确立这种战斗的统一是团结无产阶级一切阶级力量、抵抗法西斯化威胁和法西斯专政的唯一途径。党通过自己的政策提高了工人群众反法西斯主义斗争的积极性。对于1934年12月的法西斯分子的示威，党依靠它所实行的建立战斗统一的路线，组织了一系列反示威给予还击，缔结了相当数量的地方性反法西斯主义的联合斗争的协议。

但是，在这个阶段也暴露出党还没有彻底铲除某些右倾机会主义观点。这主要表现为个别同志认为战斗的统一也可以不经过革命就能导致工农政府的建立，同时还表现为一些基层组织只是千篇一律地散发统一战线的建议书，而不同时做动员群众的工作。这些右倾观点也反映在党的中央报刊上的某些错误中（例如，在一篇文章中宣传过为从前的"马萨里克民主主义思想"而斗争等等）。

这些右倾机会主义倾向受到了中央委员会第十次全会的批判，因为它威胁着党已经开始执行的统一战线行动的成功。全会把战斗统一的口

---

① 捷克国家社会党是以贝奈斯为首的国家改良主义政党。

二、共产国际各支部活动情况的资料

号,作为动员群众反对法西斯、反对帝国主义战争危险和反对企业主进攻的途径提了出来。第十次全会指出,实现战斗统一要求同改良主义政党和组织以往的政策决裂。建立战斗统一的基础,只能是拒绝同资产阶级合作并转过来保护工人阶级的利益。第十次全会号召社会民主党工人不要消极等待他们的党实现这种转折。社会民主党和改良主义工会的基层组织应当同共产党人采取联合行动,为这一转折奠定基础。中央委员会第十次全会原则地论述了战斗统一的前途,为党广泛扩展工人阶级的统一战线、争取广大社会民主党工人群众站到革命的阶级斗争方面来创造了条件。共产党领导进行的一系列群众性行动都证实了这一点。值得一提的是,反对物价飞涨的大规模运动(1934年11月),当时有100多万人签名提出许多涉及千家万户的经济要求。近200个企业集体加入了这一请愿活动,甚至有许多自治市政府委员也支持共产党人提出的要求。全国在统一战线基础上组织的失业工人的示威游行(1935年2月)又一次表明了捷克斯洛伐克共产党在领导失业工人运动中起着主要作用。这里首先应该提到的是,共产党领导的工人防御战;还有阻止了预定解雇2000名矿工的克拉德诺的工资运动;持续数周的斯洛伐克农业工人和伐木工人的无数次罢工;具有战略意义的马尔格仓—斯卡拉铁路工地上的8000名铁路工人的罢工等等。斯洛伐克东部7个村的贫民暴动具有特殊的意义,在这次暴乱中事态发展到了农民与捷克警察之间发生公开的战斗。最后,还必须指出的是1935年5月的议会选举结果,它使党获得了无可争议的成功。虽然党在日耳曼人居住区受到些损失,但是党仍然使自己所得的赞成票增加了10万张以上(赞成共产党的总票数为85万张)。在捷克区,党在几乎所有重要工业中心所得的票数平均增长了40%。在喀尔巴阡乌克兰,共产党使自己的选票数几乎增加了100%,在斯洛伐克增加约40%。

群众工作的发展

党的群众工作和组织状况可以反映近几年来党的一般状况。在共产国际第六次代表大会时，党在组织方面的确是十分强大的（拥有近9万名党员），而且还拥有相当数量的生产支部（1178个），但是党的工作方法还是社会民主党的那一套，大多数党员消极，绝大多数的生产支部不参加政治活动，党控制下的群众组织，特别是红色工会，成了机会主义的温床，这在上述这些组织的日常活动中表现很突出。

战胜取消主义不仅使党在思想上重新武装起来，而且使党的群众工作和整个组织机构得到了改进。诚然，在党内危机时党员人数曾减到了2.5万人，但在克服了这一危机并消除了弗里德同志集团的宗派主义倾向（主要是轻视群众工作和组织工作）之后，党在开展阶级搏斗过程中，不仅使党员人数达到了6万人，而且扩大了自己在企业中的阵地，并已使各种无产阶级组织，特别是红色工会和合作社在群众工作方面发生了重大的转变。

共产国际第六次代表大会时曾经是机会主义分子和取消派分子温床的红色工会，在党的群众工作中也起过决定性的作用。党击溃了取消派分子分裂工会的企图，转而采取了独立地领导经济斗争的策略。捷克斯洛伐克共产党第六次代表大会果断地把工会问题提到了党的工作中心，并提出"全党都来关心工会工作！"的口号。党在工作上的转变使红色工会有了进一步发展，1930年前，由于在根特制度问题上的错误立场曾使会员人数一度减少。据红色工会的统计，1929年它的会员人数为6.5万人，1930年为6万人，1932年为8.5万人，1933年和1934年初则为83368人，这是指按期缴纳会费的会员人数。红色工会注册登记的会员总数为11万人。然而，尽管党在红色工会的建设中努力取得了不少成绩，但还没有能够在改良主义工会组织中开展认真的群众工作。虽然党在诸如汽车司机工会这样一个重要的改良主义工会中取得了领导权，还在其他一些工会（木工工会、屠宰工工会等等）中也占据了重要阵地，但在一些关键性的改良主义工会组织中（如冶金工人工会、采矿工人工会等等）却只有个别党团和一些反对派小组，而广泛的群众工作仍然停留在发展的初级阶段。1933年和1934年初在改良主义工会中拥有的反对派小组总共是75个，另外还有100个反对派的小据点。

除了在工会中取得的成绩外，党在合作社中也取得了巨大成绩。革命力量领导下的布拉格"蜜蜂"合作社拥有7.6万名社员；它参加过一系列革命行动。1930年，莱辛贝格的"前进"消费合作社在取消派分子骚动之后曾被他们掌握，但是一年以后，经过党的顽强努力和广泛的群众动员工作又把它夺了回来。在喀尔巴阡乌克兰地区，党在合作社中同样取得很大成绩。建立了革命领导的合作社现在有12万社员，成为最有实力的群众革命组织。反对物价暴涨运动也是党通过这些合作社进行的。在改良主义合作社中，党团工作方面也取得一些成绩。由于这些成绩，资产阶级和社会民主党正在集中攻击革命的合作社，并指望由政府派遣合作社委员，撤换革命的领导人。

党在其他群众组织中也取得一系列成绩。为了对付日益加强的党的活动，1932年资产阶级取缔了大部分非党群众组织（国际工人救济会、国际革命战士救济会、无神论者协会等，有时还取缔苏联之友协会）。"左翼阵线"组织对建立同劳动知识分子的统一战线具有相当重要的作用。

至于青年工作，虽然党也取得了一些成绩，但还没有能够把共青团变成无产阶级青年的真正广泛的群众组织。由于弗里德集团的宗派主义倾向和古特曼的右倾机会主义观点在青年中影响极深，共青团的活动没有很好地开展起来。只是近一年来，共青团工作中才出现较大的生机和积极性。共青团同不少改良主义组织达成了战斗统一的协议。捷克斯洛伐克共产党第六次代表大会曾研究了青年工作问题,但是,尽管党现在对这项工作给予很大关心,共青团在政治上与组织上的落后状态仍然没有得到克服。

到1933年6月1日止,共产党已出版了32种党报,其中包括12种日报,总印数达54690份,文学周刊《创造》印数为12000份,还有一份理论刊物《共产党人述评》和论述宣传与组织工作问题的杂志《布尔什维克》。

从1933年10月起,即从资产阶级开始有步骤取缔党的报刊时起,党在出版秘密刊物方面取得了巨大成绩。

共产党的地下中央机关报《红色权利报》和秘密的《前进报》每周定期出版,前者平均印数为8000份,后者印数为5000份。这两种报纸得到工人群众的广泛欢迎。

除了这些秘密报纸外,各州、区、市还出版发行许多秘密出版物,诸如布隆①的《工人平等报》,布拉迪斯拉发的《真理报》和《工人报》,布拉格的《工人新闻》,皮尔森的《什科达厂报》,等等。还有一些报纸是由一些工厂支部出版的。此外,除《布尔什维克》杂志外,秘密出版的(至少每月一次)还有专门论述组织问题和政治问题的捷克文和德文的小册子。同时还出版有党的理论机关报《共产党人述评》。秘密报刊的出版是党取得的巨大成就。

一系列捷克文版的极为重要的马列主义理论著作的出版,也是党在近期取得的重大成就。而上届中央委员会完全忽略了这项任务。

在1928—1929年党内危机时,中央委员会和某些州委员会与区委员会,以及党支部的领导干部几乎完全被撤换。

---

① 现称布尔诺。——编者注

据 1934 年 6 月 30 日的统计，在党的 2580 个街道支部和地方组织及 578 个生产支部中，计有将近 1.5 万名积极的党的工作者、支部委员、州委和区委委员等。虽然党校教员不够，一年平均仍有 2000 名党员参加了政治学习。1934 年 1—4 月有 1500 名党员进了党校和党训班。1935 年初举办了两期全国范围的党校高级训练班。

1933 年末和 1934 年初改组党的时候，对党的干部均作了审查。

党的机关在秘密条件下的工作方针早在共产国际执行委员会第十三次全会以前就已开始贯彻执行。根据这一情况，中央委员会机关、州委员会和区委员会机关及支委会都进行了改组和精简。采取了果断措施，把在企业工作的全体党员编入生产支部。生产支部和街道支部改成了更小的单位，党的工作人员则根据秘密活动的要求重新调配。对干部进行了审查。就这样，为转入秘密状态采取了各种措施。党经常进行反内奸活动的斗争，由于党员缺乏秘密工作经验，这种内奸活动具有很大的危险性。党还必须进行坚持不懈的斗争，以反对一直没有根除的合法倾向。这种倾向由于党的合法传统而构成对党的严重危害。在这种情况下，党在转入秘密状态时所取得的成绩就具有特别重要的意义。

另一方面，放弃利用仍然存在的某些合法条件的倾向也对党有所妨碍。放弃举行公开集会，不充分利用自治市政府中和群众组织中的合法阵地，等等，就是这种倾向的突出表现。鉴于这种情况，党的领导便提出了把合法的工作方法与秘密工作方法结合起来的问题，并通过特别指示，指示各级党组织必须利用现有的一切合法阵地。这些措施无疑都有利于活跃党的群众工作和进一步贯彻统一战线策略。

奥地利

共产国际第六次和第七次代表大会之间这段时期，奥地利发生了一系列重大历史事件，首先是1934年的二月武装战斗。

奥地利共产党在1927年和1934年工人阶级历次武装战斗中所起的作用，以及社会民主党在1927年以后还能长时期地挣扎而没有使自己在七月起义后一败涂地（虽然它在二月战斗中遭到了公开失败）的事实，都标志着这些年来奥地利工人运动阵营中已经发生重大的变化，标志着奥地利共产党政治上取得了巨大的发展。

1927年7月15日是法西斯化的起点。从1927年7月15日起，奥地利的法西斯化进程开始公开化。海姆弗被一步步武装起来。同时蔡培尔也在大肆宣扬他的主张：把一切法西斯力量联合起来，建立基督教社会党（当时它还是奥地利金融资本的主要的领导党）和海姆弗之间思想上和行动上的合作。蔡培尔当时已开始穿针引线使奥地利法西斯和意大利法西斯狼狈为奸。

1928年5月法西斯打开了工人阶级阵地的第一个大缺口。企业主协会和改良主义的冶金工人协会之间签订的《许滕贝格条约》为法西斯敲开了企业的大门，为它提供了宣传鼓动的自由。由于《许滕贝格条约》的签订而取得初步成功的法西斯，在它顺利地向企业发起进攻之后，便开始广泛进行争取街道的斗争，企图把工人从街道中排挤出去。维也纳新城，这个有着无产阶级悠久革命传统的城市，成了无产阶级和法西斯较量的战场。奥地利共产党号召还击法西斯分子的进攻。但是社会民主党却为法西斯的进攻提供了方便。它束缚工人阶级的力量，从而得以把1928年10月7日变成了法西斯再次取胜的日子。

第十次党代表大会。奥地利共产党面临的任务是，进一步加强对工人阶级抵抗法西斯化和资本进攻的领导。要实现这一领导，就必须最深刻地揭露奥地利社会民主党在"左"的词句掩盖下，实际推行的阶级合作政策，党就必须采取这样的工作方针，即共产党必须在工人阶级的广大阶层面前独立自主地坚决反对社会民主党领袖的投降政策。

奥地利共产党早在第十次代表大会的前几年就已经消除了派别斗争；当前，党必须在自己的历史上首次广泛地开展政治大辩论，运用布尔什维克式的方法给予在党内代表社会民主党势力的右倾机会主义以毁灭性打击。揭露阻碍向改良主义进攻的右倾机会主义是实现共产党的布尔什维克化所必需的。

在1929年2月第十次代表大会上，党粉碎了右倾机会主义分子。继而又在1929年10月把右倾机会主义集团的领袖清除出了党。第十次代表大会根据共产国际执行委员会的公开信，制定了党的三项基本任务，从而确定了党在今后若干年内全部工作目标，即：

第一，首先针对社会民主党对法西斯的立场、针对它暗中破坏工人阶级日常利益的行为，具体开展对它的斗争；

第二，进行反法西斯的斗争，在吸收有对立情绪的社会民主党工人加入统一战线组织的基础上，发挥共产党的独立自主的首创精神和开展群众性的行动；

第三，主动开展工会工作和加强企业中的工作。

开展对社会民主党推行的阶级合作政策进攻的必要性，党第十次代表大会已经指出过，在共产国际执行委员会第十次全会对奥地利共产党提出的尖锐批评中又再次强调了这一点。

无产阶级和法西斯之间的阶级搏斗。1929年是法西斯和无产阶级进行最初几次大较量的一年。奥地利资产阶级大大加快了法西斯化的速度。奥地利法西斯采用的独特方法愈来愈显著：在使国家机关法西斯化的同时，又动员了许多法西斯战斗队，这些战斗队一步步地把无产阶级排挤出街道，使企业法西斯化。

1929年8月18日圣劳伦茨发生的武装冲突（在这场冲突中保卫同盟的队伍和共产党工人成功地抵抗了全副武装的海姆弗部队），就更使资产阶级觉得必须加快法西斯化的进程。朔贝尔政府继圣劳伦茨冲突之后几个星期就在海姆弗的欢呼声中宣告成立，而海姆弗恰恰又在朔贝尔政府成立时加剧了进攻，这就证实了资产阶级进一步推行法西斯化的决心。

朔贝尔政府采取的第一个措施，就是用国库的资金挽救已经破产的博登信贷银行。奥地利是欧洲资本主义最薄弱的一环，它已进入了极其深刻的经济衰退时期，这是从博登信贷银行破产之时开始的。从此便开始了长期接连不断的破产和银行倒闭，一直持续到1934年。

当1929年12月实施朔贝尔政府的第一项重大措施——反动的宪法改革时，社会民主党工人中开始出现初期严重的失望情绪。社会民主党投票赞成这个反动的宪法改革，同样，在随后的银行危机阶段，它又投票赞成国家赠送银行家亿万资金巨款。

党争取社会民主党工人的斗争。无产阶级反击法西斯进攻的第一阶段是争取街道的斗争。法西斯匪徒们一心要占领街道，挤走无产阶级。多年来，以法西斯和法西斯化的国家机器为一方，以无产阶级为另一方的斗争，表面上是在法西斯分子采取行动和工人阶级采取对应行动的背景下进行的，其实也就是无产阶级反对资产阶级经济进攻的斗争背景。正是在这方面，奥地利马克思主义才得以使自己的退却与投降政策披上坚决还击的外衣。至于取消一切战斗队的宣传，以及根据维也纳市长蔡泽的倡议对斗争的双方一律禁止举行示威游行的做法，成了旨在剥夺无产阶级上街权利的一种手段。社会民主党的普遍禁止一切示威游行的宣传，实际是社会民主党的"绥靖政策"的一部分。这一政策是打着"内部解除武装"的总口号推行的，也就是既没收工人手中的武器，也没收海姆弗手中的武器，其结果则是把法西斯武装起来了。

这些年来，尽管社会民主党也不止一次地签订过直接的（虽说非正式的）联合条约（施特雷鲁维茨和恩德政府），但它在工人群众面前还能把自己描绘成是反对派力量，而实际上它从未放弃过公开联合的意图。

在一些大银行倒闭后,社会民主党投票赞成国家保障银行存款法,于是奥托·鲍威尔提出国家资本主义是社会主义过渡阶段的理论。照鲍威尔的说法,这种过渡阶段的第一个特征,就是国家向破产银行赠送的亿万巨款。奥托·鲍威尔声称,危机会迫使资本家依靠国家组织经济,从而推动他们走上必然通往社会主义的道路。

1931年上半年,工人阶级中的对立情绪大大加强。在这种群众动荡的压力下,社会民主党开始呼吁资产阶级保持明智,而且在1931年的社会民主党代表大会上,即道尔弗斯政府上台前的最后一次代表大会上,鲍威尔就已经指出存在"对民主的埋怨声"和社会民主党党员对资产阶级民主的失望情绪。社会民主党被迫采用最冒险手段的阶段迅速到来。

这几年奥地利共产党对社会民主党工人的工作,只取得了比较小的成绩。共产党人对群众进行的宣讲工作还没有收到广泛的直接效果。在社会民主党队伍中争取工人阶级统一的口号,对相当一部分无产阶级还不断产生强烈影响。共产党在社会民主党群众中的工作和共产党人的工作,从总的方面看,确实也促进了社会民主党工人的革命化进程;不过,目前的这种革命化也还只是很不明显地表现在同共产党人结成统一战线的具体行动上。

当时共产党未能利用社会民主党中业已开始的、有着极其重要意义的自我暴露,来打开缺口,消除共产党和广大社会民主党工人之间形成的隔阂。这种情况应当归咎于党在反对反动的宪法改革斗争中提了一些过火的口号。共产党不是把全部力量用来建立广泛的反法西斯的统一战线及其机关,而是认为,当前面临要求建立苏维埃的"直接革命形势",因此它向工人群众宣布:当前反对宪法改革的斗争就是直接为建立无产阶级专政、防止法西斯专政的斗争。结果是,工人群众虽然也知道社会民主党拥护朔贝尔改革,共产党已经成为反法西斯斗争的机关,但他们一直没有对共产党人的口号作出反应；工人群众决心同法西斯作斗争，但他们还不赞成苏维埃和无产阶级专政。曼努伊尔斯基1929年在青年共产国际全会的发言中代表共产国际执行委员会尖锐地批评了这些过火行为。后来，这些过火行为还硬说奥地利已经存在法西斯专政。

第十一次党代表大会——转向群众。党迅速克服了这些困难，并积极主动地着手动员反法西斯斗争力量的实际工作。在这方面，党在反对所谓《反恐怖法》（《反恐怖法》原是要打开企业中无产阶级工会阵地的缺口）的运动中取得极其突出的成果。就在这场顺利开展的运动之后，社会民主党内部开始出现一些左翼反对派工人小组，而且共产党员的人数也由于社会民主党工人的加入而有某些增长，虽然数量并不很大。这表明，当时在社会民主党工人中顺利地开展工作的可能性是很大的。

这种情况为奥地利共产党发展的重大转折奠定了基础。1926年以前的几年，部分也包括1927年，大多是内部斗争年代，当时党对工人群众组织的影响不是加强，而是急剧下降；1927—1930年是党的内部巩固和表现在满怀信心地克服右倾机会主义的内部政治提高的年代，而现在党已经进入一个新的重要阶段：党已经开始成长，虽然还很缓慢。1930年的选举结果也表明了这一点。赞成共产党人的选票开始逐渐增多。社会民主党已经度过它的鼎盛时期。与此同时，纳粹分子开始作为重要的政治因素出现。

1931年6月召开的第十一次党的代表大会又一次证明了党取得的成绩。可以肯定，党的群众工作有了加强。党批判了它从前的群众自发论观点，以及由此产生的轻视工人阶级战斗组织的现象，在此基础上，党给自己提出了一项任务：要更进一步加强同群众的联系，以便根据群众亲身的体验引导他们走向决定性的战斗。同时党认为，发展无产阶级阶级力量的重要前提就是要反对社会民主党的"较小祸害"政策。

更新党的干部问题突出地摆在党的面前。党使党员人数增加了一倍。第十一次党代表大会上讨论的首要问题就是吸引社会民主党工人走上革命斗争道路问题，这次代表大会之后党的群众工作已开始大大加强。党代表大会通过的《社会与民族解放纲领》为这项工作奠定了基础，纲领中明确地阐述了党对合并问题的态度："苏维埃奥地利与苏维埃德国合并！"这样，党给自己提出了致力于组织奥地利无产阶级革命的任务，在这个无产阶级革命的过程中，因奥地利纳粹分子的表演而具有特殊意义的民族问题将得到解决。

从取消议会到二月事件。经济危机的继续加深和德国的迅速法西斯化，加速了奥地利法西斯化的进程，以及奥地利议会民主制度的危机。同时也开始出现法西斯分裂为海姆弗运动和纳粹社会党分子两股势力的迹象。这就大大削弱了资产阶级的战斗力，况且这个阶段，议会机关仍然保留着原来的职能，同时新的选举结果表明，执政的各党在这些机关中是少数派。

经济危机的重担促使奥地利资产阶级的帝国主义倾向进一步发展，在国联的帮助下，1932年9月签订的新借款协定也未能减轻危机的重担，为此，奥地利还承担了必须保持自己的"独立"至1942年的责任。1933年1月的许滕贝格武器运输案暴露了意大利势力对奥地利的渗透。意、奥、匈三国的相互接近已初见端倪。持续的经济危机，希特勒夺取政权与德国"统一"的危险，纳粹在国内阵地的大大加强，资产阶级对工人阶级深刻的激进化和对奥地利共产党成长的恐惧，以及奥地利共产党开始同社会民主党反对派工人的结合，这一切导致了议会制的取消。从1932年5月便担任政府首脑的道尔弗斯早在这之前的几个月就准备好了一系列特别法令。希特勒上台几周后，几乎在1933年3月希特勒的选举和"统一"巴伐利亚同时，在奥地利取消了议会并宣告了"独裁的行政管理制"。

与德国所不同的是，奥地利的法西斯专政从最初起就只依靠法西斯力量；纳粹分子脱离海姆弗单独行动。奥地利法西斯的分裂暴露了德、意在奥地利问题上的矛盾：德国主张合并，或至少实行但泽模式的政治"统一"；意大利则主张建立奥匈意集团，主张在意大利领导下"解决多瑙河问题"，以便与小协约国抗衡。

奥地利经济的突出弱点为道尔弗斯专政打上了烙印，使道尔弗斯专政对工人阶级的应变能力缩小到最低限度，迫使它向工人阶级的社会政治权利发起公开进攻，因此也就使法西斯主义难以向工人阶级渗透。

法西斯制度的这些重大弱点促使它取消原来的政党，建立法西斯的政治垄断。

社会民主党在道尔弗斯专政时期也仍继续执行它同资产阶级合作的政策，同时它还由于无产阶级的激进化而大大施展其"左"的手腕。社会民主党一方面口头上对工人说要准备总罢工，同时又声称它准备同意取消国会两年，并参加制定法西斯的等级制宪法。

根据社会民主党的要求，1933年3月15日原应再次召开议会。社会民主党提出论证说，议会是否能够召开决定着资产阶级是否彻底放弃了民主立场的问题。资产阶级设法阻挠议会的召开。但是社会民主党却遣散了早已做好战斗准备的保卫同盟。3月15日这一天成了社会民主党工人，特别是保卫同盟分子明显表露其对立情绪的开端。一个左翼反对派成立了，它主要依靠的是联合社会民主党组织成员中的青年人的"社会主义青年阵线"。

为了控制这种情绪，社会民主党于1933年9月在工会管理委员会上，稍晚又在1933年10月的党代会上提出了它的所谓"四点意见"。决定一旦发生解散社会民主党或工会，向维也纳自治政府指派专员或修改宪法的情况，便立即宣布总罢工。左翼反对派在党代表大会上遭到严重失败；它面对"左"的策略妥协了，并投了赞成中央委员会的票。

促使这次失败的原因在很大程度上是由于它错误地认为社会民主党可以更新,左翼可能控制党的机关。

尽管社会民主党首领玩弄了种种手腕,但社会民主党工人群众中的对立情绪却在继续发展。左翼反对派领导人开始逐渐认识到他们原来的观点的错误性。在社会民主党左翼反对派形成的同时,还成立了一个"左翼激进工人反对派",它的工作同共产党有着密切的联系,政治上也比左翼反对派鲜明得多。

秘密状态下的共产党。1933年5月奥地利共产党被取缔,同年7月,它的中央机关报《红旗》也被勒令停刊。法西斯这样做的目的,就是要阻止奥地利共产党成为社会民主党内部反对派运动的组织者,阻止它促进社会民主党队伍中已经萌发的革命解体进程,阻止它去组织抵抗道尔弗斯政府进攻的反法西斯的群众行动。

法西斯的目的是消灭奥地利共产党,毁掉党同社会民主党工人的联系,但它的这个目的未能得逞。人们对共产党的同情愈益增长。党揭露了社会民主党"左"的伎俩。它坚持不懈地向工人们解释:总罢工是无产阶级紧迫的任务,社会民主党提出的"四点意见",是为了使工人阶级无法回击法西斯的进攻,和污蔑总罢工的思想。

二月武装斗争。共产党走上成为群众性政党的道路。1934年2月初,法西斯向无产阶级发起总攻。共产党号召举行总罢工和武装无产阶级。在林茨,保卫同盟的队伍武装抵抗了到社会民主党组织驻地搜查武器的警察。林茨事件是向整个奥地利发出的信号。保卫同盟的各分队——在维也纳的大部分地区,以及在格拉茨、布鲁克和施泰尔等地,掀起了反对国家政权和法西斯组织的武装斗争。当工人已经投入斗争时,社会民主党才决定抛出总罢工的口号,但不作任何努力使口号变为行动。整个工会领导人对罢工都消极抵制。由于他们的行动具有对斗争结局举足轻重的作用,因此,有几类工人(铁路工人和印刷工人)——

直继续上班。这样一来,总罢工没能举行,许多地方依然保持完全平静的状态,可是,在维也纳、林茨、格拉茨和施泰尔等地,保卫同盟的工人和共产党人则联合进行了英勇的反法西斯武装斗争。

在二月战斗中,奥地利共产党根据自己的力量基本完成了自己的任务。在所有重要据点,共产党人都参加了战斗。但是共产党没有能够在斗争中发挥领导作用,没有能够变防御为进攻。它的力量还过于软弱,还不足以保证总罢工的真正成功。

由革命的保卫同盟盟员捍卫本身自由和权利及粉碎法西斯的愿望和决心发展起来的二月武装斗争,之所以没有转变成奥地利无产阶级的武装起义,是因为这些斗争中缺少只有共产党才能胜任的革命的领导,同时缺乏明确的目的,即建立苏维埃政权的目的。

所有的工人组织,包括社会民主党和改良主义工会统统被解散了。法西斯试图把工人阶级拉进自己的阵营,争取工人阶级站到"祖国阵线"一边去。

法西斯使用最残暴的手段镇压部分无产阶级的武装行动,但它未能摧毁工人的战斗意志。同样,它也未能解决经济问题。它正在策划给无产阶级以新的沉重打击(提高物价,降低社会保障,实行新税收)。因此,所有求助于那些极力想靠近社会民主党某些右派集团的社会教权主义的鼓动者来拉拢工人,首先诱使他们加入新成立的法西斯统一工会的企图,差不多都已彻底破产。

在奥地利社会民主党瓦解后涌现的一些集团中,作用最大的是"革命社会主义者"组织。这段时期奥地利共产党实行正确的统一战线政策,对这个组织的成员产生了强烈的影响,这一点也表现在"革命社会主义者"组织中央委员会致第二国际的信中。在这封信中"革命社会主义者"要求承认无产阶级专政,要求同共产党人采取联合行动。尽管"革命社会主义者"组织所属思想体系不明确,在统一战线问题上常常动摇,然而1934年8月1日确定同该组织采取统一行动,标志着奥地利工人阶级在建立战斗的统一战线道路上又向前迈进了一步。"革命社会主义者"的青年组织的行动同样有着重要意义,它向青年共产国际和社会主义青年国际提出了联合行动的建议。纪念二月战斗一周年的示威游行和罢工,是党在其中发挥了巨大积极性的联合行动的顶点。

社会民主党在"旧目标新途径"的口号下公布了一个纲领,它的基本论点是:"当今通往社会主义的道路只有一条,那就是无产阶级专政的道路,或者说得确切些,是革命的过渡性专政的道路"。这个纲领包含着种种不同于革命的共产主义纲领的成分。同时,原来一些社会民主党工会的领导人员进了法西斯工会的领导机关。一桩卑鄙无耻的勾当就是把已经运到国外的工会款项交给奥地利法西斯。

二月战斗以后,奥地利共产党面临的任务,为党成为起主导作用的群众性地下党提供了可能。同时,党还面临着另一个任务,即尽一切努力同革命的社会主义工人建立联系。党在2月之后提出"从二月走向红十月"的口号,防止了无产阶级队伍中消沉情绪的出现,并通过组织广泛的抵抗运动和向工人发出不要加入法西斯工会的号召,抵制了法西斯主义向无产阶级队伍的渗透。

争取工人阶级大多数,首先要有完全正确的工会路线。奥地利共产党在这个问题上几经动摇之后,终于采取了正确的立场,并宣布争取恢复自由工会为当前的任务。争取自由工会的群众接受革命的领导,标志着共产党在奥地利工人运动中树立领导作用方面向前迈进了一大步。

许多区的相当一部分社会民主党的工作人员和数以千计的社会民主党工人加入了共产党。二月战斗之后,党坚决地驳斥了时而出现的一些错误看法,认为在当前形势下争取社会民主党工人似乎是一个自发的过程。社会民主党左派反对派转为共产党,证明了社会民主党工人的革命化程度。共产党开展了运动,争取与所有同意在第三国际纲领的基础上同奥地利共产党联合的革命工人小组一起召开联合的党代表大会。党争取建立一个由共产党工人、社会民主党工人和其他工人结成的统一战线。但是社会民主党却玩弄"左"的新花招来反对这一政策,奥托·鲍威尔提出的关于"新海费尔德"建议,即关于在社会民主党范围内统一的建议,就是其中之一。

党开始加紧争取保卫同盟群众的工作。保卫同盟组织应该在革命领导下改组为广泛的反法西斯的自卫组织。党在给自己提出这一任务的同时,还同自己队伍中企图以建立党内军事组织取代在保卫同盟中进行革命的群众工作的种种情绪进行了斗争。这种情绪是保卫同盟部分人中比较强烈的恐怖主义情绪的反映;这种情绪只能阻碍广泛的反法西斯群众运动的形成。党还以同样的努力同工人阶级内部,在某些地方还渗透进党的队伍中的一些情绪进行了斗争。这种情绪认为,局部斗争在目前形势下是没有意义的,因为现在的问题只能是决定性战斗。

在党的工作中,干部问题是关系到党能否成为群众性政党的一个极其重要的问题。应当指出的是,新党员人数已超过党内原有人数的许多倍。党对待新老党员不应有任何差别。党已经把一些新党员派到了基层、中层,甚至党的领导机关的领导岗位,同时又对新同志开展系统的教育工作。此外,党还通过同志式的辩论,消除了部分社会民主党工人、首先是属于左派反对派的工人中存在过的、归根结底就是必须建立一个"新"党的观点。在这一部分社会民主党工人看来,似乎只有现在才实际产生真正的共产党。共产党在承认它过去所犯的所有错误的同时,特别突出强调了这一情况,即党基本上一直在为工人阶级指出一条正确的道路,从1919年起它在奥地利就是布尔什维克主义思想的引路人。

第十二次党的代表大会。所有这些在二月战斗以后出现的问题在1934年9月秘密举行的奥地利共产党第十二次代表大会上都得到了解决和进一步的阐述。

党的代表大会的政治决议以充分的根据指出,这次代表大会是一次标志着整个奥地利工人运动发展的"历史转折"的代表大会。

大会代表中有2/3以上是1934年2月以后加入共产党的。在这次代表大会上,那些15年来一直同法西斯以及所谓"左派"奥地利马克思主义的改良主义毒害进行不懈斗争的老共产党员们,同二月战斗以后毅然决然地离开社会民主党而转入了共产党的新干部们融为一体。党代表大会的总结表明,二月战斗以后开始了变原来的小党为群众性政党的进程。

在代表大会上,原社会民主党的左派反对派宣布加入奥地利共产党。代表大会讨论的中心问题是革命的统一战线问题。在代表大会前不久,在维也纳召开了"革命的社会党人"和社会民主党布鲁恩国外中央委员会的代表会议,会议作出了关于召开统一社会党成立代表大会的决议。社会民主党不得不承认,它以极左的面目"承认"无产阶级专政和要弄其他种种手腕来阻止奥地利共产党的发展进程、阻止共产党人与"革命的社会党人"之间真正接近的企图都遭到了失败。相当一部分"革命的社会党人"小组,例如,在弗罗里茨道夫,坚定不渝地继续沿着共产党指出的革命统一的道路前进,并同奥地利共产党的地方组织合并在一起。这样一来,社会民主党领导便迫不及待地成立了统一社会党,在"革命的社会党人"和共产党之间设置了一道组织上的障碍。

共产党在第十二次代表大会上就已有可能列举出它在恢复无产阶级群众组织工作中取得的重要成绩。

在坚定不渝地同改良主义、同"革命的社会党人"领导中一直受布律诺指使所煽起的分裂主义倾向的斗争中,得以恢复了保卫同盟并使之成为秘密的群众组织。

起初,"革命的社会党人"要求使保卫同盟置于他们的控制之下,就像二月战斗以前保卫同盟受社会民主党控制一样。但是，这其中包含着恢复后的保卫同盟分裂为共产党部分和社会民主党部分的危险苗头。第十二次党的代表大会上提出的统一的无产阶级防御系统口号，战胜了所有这些分离的倾向。党的代表大会强调必须同保卫同盟一起为无产阶级革命和无产阶级专政进行紧密的兄弟般的合作。代表大会指出必须吸收保卫同盟参加工人阶级的日常斗争，建立工厂和农村的防御体系，以此使保卫同盟成为未来群众起义的骨干组织。第十二次代表大会的这些策略决策极大地促进了保卫同盟的发展。保卫同盟成了最坚决地抵制企图在奥地利卷土重来的改良主义的群众性组织。正是保卫同盟坚决反对"革命的社会党人"维也纳代表会议关于新建的统一社会党加入第二国际的决议，并在自己的维也纳代表会议上强调指出，与第二国际相比，它更接近第三国际。

仅仅是依靠了鲜明的统一战线政策，党才得以不断击败至今还在继续分裂保卫同盟的企图。

党的第十二次代表大会关于工会问题的决议也是根据这些原则作出的。以革命方式恢复改良主义自由工会的政策迫使改良主义工会领袖和社会民主党布鲁恩国外中央委员会改变自己原来的立场。社会民主党的领导人放弃了关于"推翻法西斯专政后恢复自由工会"的提纲。工会领袖们成立了"七人委员会"①，并着手建立首先由原工会专职人员组成的小型干部小组。它们顽固地推行建立平行工会的路线，竭力从中破

---

① "七人委员会"长期推行建立平行工会的路线，拒绝"恢复自由工会中央委员会"提出的联合工会的建议。1935年6月末，迫于原自由工会会员群众的压力，"中央委员会"与"七人委员会"（后称为"革命的自由工会中央委员会"）就工会联合的问题达成了协议。作为实现联合的第一项措施，约定取消原先的各个工会中央，成立一个临时联合委员会，负责筹备代表选举工作和召开奥地利联合工会代表大会。

坏工会的联合。

党的代表大会强调，必须把争取工会统一的斗争置于工作的中心，要努力在联合组织和已恢复的组织中保证工会的民主。鉴于某些党的组织中暂时对工会问题存在的模糊认识，党的代表大会强调指出，自由工会不是党的机关，而是整个工人阶级的机关。

为了促进统一，党的第十二次代表大会声明，共产党决心本着这一原则同原工会书记们一道工作。这一方针成了党代会后党的工会政策的指导方针。自由工会的迅速壮大，迫使"七人委员会"暂时放弃它成立"中立的"，即半法西斯主义的工会的主张，并开始就合并的问题同新恢复的工会的临时领导，同恢复自由工会中央委员会进行谈判。

第六次代表大会前，奥地利共产党还是一个不大的组织，它在反对强大的社会民主党的斗争中取得的成绩是不显著的。而到第七次代表大会时，它正处在变为群众性政党的道路上。

奥地利法西斯危机日益加剧。以杀害独裁者道尔弗斯告终的纳粹社会党的暴乱，以及随后发生的法西斯阵营内部矛盾的进一步深化和围绕奥地利的帝国主义矛盾的尖锐化，这些都表明，尽管二月战斗暂时失败，但奥地利工人阶级胜利和新的革命形势出现的前提正在日益成熟。

党的组织发展。1930年以前党没有能够使党员人数有较大幅度的增长。但可以肯定一点，在经过一段削弱了党的机体的派别斗争之后，党的内部团结刚刚开始形成，党的队伍得到整顿。

从1930年起，开始了缓慢的转折。党成长起来了。广泛征收党员的运动开始有了成效。社会民主党工人中的不满情绪使得一些社会民主党工人小组转向共产党。涌现了一批新结合起来的小组，它们很快就加入了奥地利共产党。

1931年，党的发展进程大大加快。在议会通过"反恐怖法"以后，工人阶级群众对共产党人的看法有了很大转变。出现大批加入共产党的现象。2000名工人脱离社会民主党加入共产党,从而大大促进了党的干部的更新。这是党在争取社会民主党工人的斗争中首次取得的巨大成绩。

到1933年5月取缔共产党之前,党的发展进程没有中断过。党同社会民主党工人的联系愈来愈密切。

就在法西斯对党和革命群众组织施行的白色恐怖愈演愈烈的这个时期,《红旗报》同法西斯进行了有力的斗争,它的发行份数大幅度增加。1933年7月《红旗报》被取缔时,它的日平均发行量已达到8000份。此外,还出版了《红旗卫士》周刊,发行份数达15000份。

法西斯瓦解共产党的企图遭到彻底失败。处于秘密状态的共产党发动的群众运动比以往任何时候的规模都更大,更有成效。1934年5月1日,仅在维也纳一地参加秘密行动的工人就达10000人,这是党在合法活动时期也从未达到过的数字。

秘密出版的《红旗报》在社会民主党工人中也愈来愈受到欢迎。

1934年2月以后,非法的奥地利共产党变得愈加强大,现在它拥有16000名党员。在数千名加入共产党的社会民主党工人中,大部分都是原社会民主党的骨干党员。在许多地方,社会民主党原来的积极分子,大多数都加入了共产党。秘密的《红旗报》同90种地方性的和工厂的秘密党报一样按期出版。共产主义青年团也由一个小组织变成了拥有3000人的大组织。国际革命战士救济会几个月内就吸收了5000名会员,在工人群众中享有极高声望。二月战斗后,奥地利共产党成了奥地利无产阶级力量凝聚的中心。

匈牙利

共产国际第七次代表大会前夕,匈牙利共产党的情况表明,从第六次世界代表大会起，党取得了巨大成绩。这些成绩表现在党内增进团结，党组织进行改组，工作中心放在工会，群众影响不断上升，以及运用广泛的统一战线策略领导斗争。这些成绩都是在党克服了党内不健康倾向、清洗党的队伍、改组秘密工作、纠正党内部分领导在工人革命运动的一些极其重要的问题上存在的错误政治观点后取得的。尽管还存在着缺点和弱点，党还是在这方面取得了巨大成绩。

虽然在第六次代表大会以后的时期，匈牙利无产阶级自发地向左转，但党迟迟才从第六次代表大会决议中自己得出结论。

国外委员会中重新开始的派别斗争，使得党的领导在党员中的威信下降，破坏了党的纪律，妨碍了把反对机会主义的斗争进行到底，而且大大降低了党在工人群众中的威信。由于派别斗争招致的无组织状态，党的战斗力陷于瘫痪，党愈来愈脱离工人群众。在取消一系列合法条件和几乎所有领导干部被捕以后，党的领导没有刻不容缓地在新的群众工作方法和企业的秘密工作方面，以及在把重心移向秘密争取和领导群众的方法方面采取措施，因而贻误了时机。

共产国际执行委员会1929年10月26日的公开信对党内这种状况作了严厉的批评。公开信特别指出，派别斗争造成的无组织状态，使任何原则分歧都为了派别的目的开始急剧尖锐起来。秘密活动中不能容忍的轻率做法，使党组织在巩固其内部和群众工作方面陷于瘫痪。

党内出现的一些观点乃至理论，认为当前革命的性质是资产阶级民主革命（勃鲁姆同志的"理论"）。还有一种"理论"（罗伯特同志的）甚至断言，工人阶级的大多数都对革命运动垂头丧气，甚至直截了当地说工人运动已经腐败。

同时还犯了另外一些错误。在反对《和平条约》的斗争问题上，卡门同志提出了"坚决反对修正《和平条约》"的机会主义口号，结果使法西斯得以把某些劳动阶层争取过去。所有这些观点都被共产国际执行委员会作为非布尔什维克的观点而受到批判,同时共产国际执行委员会还谴责了中央内部在反对这些机会主义倾向的斗争中所表现的动摇。

国外委员会没有能从国内吸收新干部参与领导。因此,国外党的领导同国内新干部的相互关系变得很不正常,这便给了警察特务和挑拨者破坏党内气氛以可乘之机。在这种形势下,为健全党内生活,召开了党的第二次代表大会。

党的第二次代表大会经过认真的政治酝酿召开了。尽管代表中混进了大量特务,代表大会还是做了大量工作。首先,党在这次代表大会上取消了从前的派别;代表大会宣布,如果再发生派别斗争,就要对派别分子采取最严厉的措施。

这次党的代表大会根除了右的和"左"的倾向,深入地分析了匈牙利的政治形势;共产国际第六次代表大会的决议得到了具体说明,革命的基本问题、任务、性质和动力有了明确的规定,而且代表大会十分尖锐地提出了实行党的群众工作转变的必要性。自下而上的统一战线策略被作为动员群众的主要方法提到了注意的焦点,适应这一情况,企业中的工作任务作为主要任务提了出来。但是,与此同时,第二次代表大会在其决议中又向党提出了建立三个红色工会的任务,即冶金工人工会、矿工工会和农业工人工会,提出要"采取在那些工人……完全或几乎完全没有组织起来的工业部门直接建立红色工会的方针"。这条长期在工会工作中占了优势的方针,导致在实际工作中完全忽视在改良主义工会内部的工作。对危机的分析也过于夸大。但是,第二次代表大会仍然具有决定性的意义,它为完成党的基本任务创造了条件。

在匈牙利,城乡劳动群众反对法西斯制度的自发运动也有所发展。1930年9月1日,布达佩斯发生了规模巨大的示威游行,它突出地表现了劳动群众日益增长的不满情绪和革命积极性。城市(在纺织工业部门)中爆发了自发的群众罢工运动;失业者的示威游行不断扩大和尖锐化。农村也掀起农业工人和劳动农民强烈的抗议运动。大批新工人自发地加入共产党和投入革命工会运动。虽然第二次党代表大会为健全党创造了前提，但是这项工作远远还没有提上日程。原先的派别斗争后果也为警察局的奸细打入党的队伍提供了十分方便的条件，警方也就利用了这一情况。它把自己的特务和奸细安插到党内，他们利用党员对原派别领导的不满情绪，甚至钻到党的最高机关，以达到把党推向错误的政策。

鉴于形势变得愈来愈尖锐，共产国际执行委员会于1931年2月13日在决议中指出：

"党的领导把第二次党代表大会提出的'从宣传到行动'的口号，错误地解释为单纯的号召游行示威，从而在很大程度上忽略了争取群众日常利益的斗争。由此忽视了企业工作和极大地削弱了生产支部；忽视工人阶级的经济斗争和工会工作；忽视自下而上地组织统一战线的重要任务……

"匈牙利共产党领导在秘密活动方面犯了极其严重的错误……秘密活动中不负责任的轻率行为必然给党的整个组织工作带来严重危机。由于这种危机带有长期性，它将不可避免地演变为匈牙利共产党的危机，尽管最近也取得了一些成绩。"

共产国际执行委员会的这个估计很快得到了清楚的证实。原来，匈牙利共产党中央没有在实际工作中贯彻党的第二次代表大会和共产国际的指示，而是在搞蒙骗与夸夸其谈。在共产国际执行委员会1931年7月28日决议中指出了党的上述有害政策。此外，也指出了由于不遵守秘密活动准则使党内存在危机和塞满奸细。决议说：

"匈牙利共产党中央极力蒙蔽共产国际及其各级组织和党员群众，用夸大事实的办法谎报党的组织状况和主要工作部门的范围，这一切都暴露出党的领导在政治上的彻底破产。"

在清除了第二次代表大会选出的大多数领导人之后，开始了除奸斗争。通过对党的干部都进行个人审查，党因此清除了奸细和可疑分子。警方失去了它安插在党内的代理人。党开始赢得工人的信任。于是警方又寻求新的内奸活动手段。警方导演了一系列爆炸破坏活动和其他这一类的个人恐怖活动，还把这些罪恶活动推在共产党人身上。在海军将军霍尔蒂的前军官马杜什卡制造的著名的比亚-托尔巴格铁路谋杀案后，匈牙利宣布实行紧急状态，以阻止革命运动的进一步扩大和阶级斗争的尖锐化，防止法西斯专政的群众基础的进一步缩小，而首当其冲的是给予匈牙利共产党以毁灭性打击。匈牙利社会党假装反对政府，实则竭尽全力阻止革命浪潮的高涨。

与社会法西斯一起支持警方意图的，还有所谓的《列宁主义者》①，这些人虽然在工人中并不拥有多少支持者，但是由于他们制造思想混乱，直接充当奸细为警方效劳，也给党的工作造成了困难。

在这种情况下，党为实现第二次代表大会决议所采取的措施就显得十分欠缺。

开展了除奸斗争，但没有对作为一个体系的内奸活动展开斗争。不错，党是纯洁了，但是在秘密活动中的不负责任现象却没有根除。由于秘密活动中的一系列错误，中央书记处于1932年7月被破坏，沙拉伊和菲尔什特同志被判处死刑并随即处决。中央1933年1月的决议指出：

"在贯彻共产国际去年的决议时所表现的不彻底性，使党重又丧失了它在企业和群众组织中的阵地。这些错误给警察搞破坏提供了方便，再度使党陷入困境。在更换了第二次代表大会选举的中央委员会后，党虽然暂时取得了一些成绩，但又重新处于危机状况。"

从这时起，党一直着手全面改组，以便创造条件来执行共产国际执

---

① 被清除出党的奸细于1931年初创办了名为"列宁主义者"的反对派小报。

行委员会公开信确立的政治路线。党的机关实现了改组，开始在工会和企业中开展认真的工作。在此之前，主要由失业工人和知识分子组成的党，现在越来越成为产业工人的党。参加领导机构的主要是工人。1933年6月共产国际执行委员会指出，党已开始实现摆在它面前的主要任务。

但是，党的工作就其紧张程度而言，还远远不适应工人运动的高涨。

改良主义工会从1933年起已克服了严重的内部危机。改良主义工会同反对派工会二者政策之间的冲突范围愈来愈大。工会反对派的要求得到了广泛响应，但是它在组织上对运动的影响却很微弱，而且它不利用现有的客观条件。企业支部未能利用有利的形势，未能准备战斗、影响战斗并领导战斗。党看到了这些错误并不断改进自己的工作和自己的立场。

法西斯分子和社会民主党人的共同行动没有能够压倒工人日益高涨的战斗决心。1933年秋，布达佩斯最大的机器制造康采恩掀起了罢工浪潮，工人们开始为工资而斗争。此后不久又爆发了布达佩斯建筑工人总罢工，这次罢工席卷了加入这个工会的所有行业组织。对于这次持续几周之久的狂风暴雨般的罢工来说，具有重要意义的是，还对工贼展开了有力的斗争（工贼中9人被杀死，450人受伤）。纺织业也爆发了大规模经济斗争，在1934年3月，布达佩斯制革工业工人也不时举行罢工。匈牙利共产党为激烈的斗争做好了准备，在它的领导下的战斗愈益频繁发生。党进行改组后，它在企业中的工作活跃起来了。党在工会中大力加强了反对派的工作，当然工作还有缺点，有毛病。党的领导作用愈来愈突出，在许多战斗中具有决定性意义。党的工作也愈来愈带有群众性，但是群众工作的组织效果还远远适应不了群众运动的广度和深度。工会反对派在许多工会中发行自己的报纸，他们联合成统一的工会反对派，而且还出版自己的机关报。具体的战斗行动通过广泛的团结委员会、罢工委员会和行动委员会来领导，在这些委员会中居少数派的工会反对派代表和我们的党团起着领导作用。

  党用以动员群众、在工会中进行广泛征集工作和着手准备群众性政治罢工的主要政治口号，是保卫工会、抵制工会法（法西斯政府早已宣布即将实施该法）；工会法虽则还没有要求把工会一概统一起来，但要把工会置于国家监督之下。工会官僚们惯于把使工会走向法西斯化的这一决定性步骤看成是"较小祸害"，因此，反对这些工会官僚的斗争也是在保卫工会和变工会为真正的阶级斗争机关这一口号下进行的。1934年8月，党开始了争取统一战线的斗争，并向匈牙利社会民主党领导和工会领导提出了关于统一战线的建议。此时选举权问题也被推到了政治生活的首位，因为政府一直在起草一份新的选举法，规定要进一步缩小工人和农民的选举权。匈牙利共产党中央决定向社会党和工会领导提出关于共同反对向工农选举权利的新的进攻、争取普遍的和平等的选举权的建议。但是中央委员会的一位成员费尼韦斯不同意中央的这一方针。费尼韦斯提出了自己的方针，与中央的方针分庭抗礼。他不同意进行争取民主选举权的斗争，其理由是，这样会引起"民主的幻想"。他"原则上"不接受同社会民主党的统一行动，歪曲了争取行动统一的斗争，给已经处于反对派领导下的工会组织改换名称，把反对派的机关报改为《统一战线机关报》。当改良主义工会理事会开始用镇压手段威胁处于反对派领导下的稀有金属工业工人工会和建筑工人协会油工小组时，费尼韦斯便在没有任何认真准备的情况下，于10月22日发动了反对改良主义工会理事会的24小时"总罢工"，并不顾许多基层党组织和干部的抗议，一味地推行自己的路线。鉴于这种"左"的宗派的机会主义危害了党争取统一行动的斗争并给党造成了严重损失，以及鉴于费尼韦斯图谋组织小集团的行为，他被开除出党。改良主义工会理事会利用冒险的"总罢工"的失败，肆意开除反对派工人并对反对派工会组织采取镇压手段。但是匈牙利共产党中央委员会曾一致反对这一冒险主义的政策；工会反对派已在工人群众中深深扎根，因此共产党当前面临的是要消除这一冒险政策的后果，虽然这一冒险政策也已经放松了秘密活动的警惕性，致使共产党的一些负责人遭到逮捕。

尽管匈牙利共产党的群众工作取得了很大成绩，但党的工作中仍存在着一些严重的缺点和弱点。这些缺点和弱点首先表现在党在组织工作方面落后于群众运动，经济斗争的政治色彩不强烈，没有做好地方工作，缺乏同重工业和军事工业企业与工会的联系，在农业工人和农民中的工作做得不够，在反对《特里亚农和约》斗争问题上态度不够鲜明，不够有力，以及争取青年的斗争不力。

虽然存在着这些缺点，还是可以指出，匈牙利共产党克服了组织上和政治上的深重危机，战胜了由于不遵守秘密活动准则和党内充塞奸细而招致的党内危机，现在已经站到了正确的道路上，能够领导无产阶级当前的战斗和顺利开展争取工人阶级大多数的斗争。第六次和第七次代表大会之间的时期是匈牙利共产党十分艰难的时期。但是现在，匈牙利共产党已经作为一个健康的、有战斗力的党，作为一个为夺取进一步胜利创造了前提的党，参加到共产国际支部的行列中来。

荷　兰

荷兰共产党在共产国际第六次至第七次代表大会期间取得了相当的成绩。它根除了过去的宗派主义倾向，使党员人数增加了5倍，相当广泛地发行了自己的报刊，而且在荷兰工人运动史上首次将一位印度尼西亚共产党人，一个世界上受压迫最深的殖民地民族的代表推选进荷兰议会。党在经济斗争中取得了一系列成绩，成立了革命的工会反对派，在改良主义工会中开始进行认真的工作。它领导了1934年7月失业工人展开的斗争,在阿姆斯特丹和鹿特丹发动了码头工人和海员的同情性罢工;在政府捣毁党的印刷厂后,**党于1934年7月克服重重困难恢复了自己的党报,甚至大大扩大了它的发行**。荷兰共产党走上了变为群众性布尔什维克党的道路。

在共产国际第六次代表大会以后,荷兰共产党领导中的右倾机会主义分子(范里利、泽格斯等)提出了一个荷兰"形势例外"的提纲,说什么共产国际第六次代表大会和共产国际执行委员会第十次全会所作的形势分析,目前还不适用于荷兰。

但是,共产国际在估计荷兰形势时指出:对荷兰来说,根本不存在什么"形势例外"的问题,荷兰同样受到世界经济危机的冲击,而且以后还会在更大程度上被纳入危机的轨道。共产国际还强调了荷兰殖民地的、尤其是印度尼西亚的极其深刻的危机给荷兰经济生活带来的影响。同时,共产国际也指出,由于荷兰资产阶级从自己的殖民地攫取超额利润和荷兰在世界大战中采取了中立立场而积攒的巨额利润,荷兰资产阶级仍然拥有巨大的储备力量。

这一分析完全为荷兰经济危机的发展进程所证实,它为荷兰共产党提供了制定正确路线的可能性。但是,党在分析经济危机发展的时候,仍不止一次地出现过动摇,但这些动摇都很快得到了克服。

在危机引起的国际矛盾普遍尖锐化的情况下,荷兰资产阶级也在策划新的帝国主义战争。荷兰国际地位中的一个极其重要的因素,是荷兰资产阶级传统的中立政策被破坏。印度尼西亚正处于太平洋战争危险的焦点。不同于1914年的是,一旦在西欧爆发军事冲突,荷兰的中立就有可能遭到破坏。鲍尔温关于英国的边界在莱茵河的声明,以及英国国防部长赫尔舍姆关于英国的切身利益要求无论荷兰还是比利时都不能成为空中进攻英国的基地的声明,典型地说明了这一情况。

同德国资本有着最密切联系的一部分荷兰商业和工业资产阶级仰息于德国和希特勒法西斯主义（米塞特领导下的纳粹运动）。但是在柯林领导下的绝大部分荷兰资产阶级，特别是殖民地资本和银行资本，则愈来愈投靠英国（没有英国的帮助就不能保卫印度尼西亚）和法国（荷兰同法国在金融政策方面的合作越来越密切，如"黄金集团"）。这种情况导致荷兰资产阶级迫不及待地准备在欧洲和亚洲参加这场不可避免的帝国主义大战；因此，在荷兰和印度尼西亚人民群众头上笼罩着严重的战争危险。

柯林政府国内政策的特点是，逐步准备建立法西斯专政，降低荷兰工人的工资和生活条件；起草有关把革命代表清除出选举机关的法律；把革命工人从市政企业和国家企业撵出去；加紧镇压搞斗争的工人，尤其是对反法西斯的侨民。

政府以它必须"适应"经济危机造成的形势为理由，不止一次地削减失业工人的救济金。同时企业主们也一再地在各企业降低工资。

目前荷兰共产党拥有6000多名党员，大多是无产阶级分子。党在1930年以后培养了一批主要是新的和年轻的干部队伍。

在党的领导下成立了许多新的群众性组织："革命工会反对派"，"失业工人委员会运动"，反法西斯斗争协会，"农民委员会运动"，"红色体育运动"，等等。

党的机关日报《论坛报》的发行份数增加了5倍。在鹿特丹、格罗宁根和特文特州正在出版3种新的周报。

在1933年6月的选举中党取得了巨大成绩：它获得了11.8万张选票，而1929年只获得3.7万张选票。

党在自己的发展中取得这些成绩是同右倾机会主义和宗派主义进行无情斗争的结果。在1930年荷兰共产党代表大会上，范里利右派集团被赶出党的领导机构。1930年党代表大会以后兴起的革命高潮和群众工作的决定性转折，特别是独立地组织无产阶级的日常斗争，都为清除怀恩科普集团和争取追随该集团的工人站到党这边来创造了条件。多年来一直反对布尔什维主义和共产国际的怀恩科普被迫接受党中央的领导，现在他在党中央的领导下在党内忠诚地工作着。

党在成为群众性的布尔什维克党的道路上取得的成绩，迫使那些过去阻碍党发展的一切机会主义和宗派主义的阶级异己分子暴露出他们的反革命面目。所有这些拉维斯泰因分子、罗兰·霍尔斯特分子等都回到了资产阶级阵营。斯涅伏里特与其他托洛茨基主义和改良主义工团主义的拥护者堕落为公开的工贼；托洛茨基分子则公开成了反革命的反工人集团。

1932年社会民主工党退出的费明—施密特集团（独立社会党）没有能够拼凑成一个什么大的能成为荷兰共产党和群众之间障碍的"左派"党，而且，它在1933年选举中遭到如此失败，以至于现在它不过是一个继续衰落的、微不足道的小集团而已。

1930年的代表大会撤换了原机会主义领导，纠正了党在所有主要问题上的路线，自此以后，荷兰共产党有了稳定的领导班子。此后，党的队伍中再没有出现任何派别性的斗争。

但这并不意味着党内及其一部分干部中的旧传统已经彻底根除。在报告所总结的这一时期，在同独立社会党就共产国际1933年提出的关于统一战线建议的谈判中，以及在殖民地问题上，就犯过一些右倾机会主义的错误，还曾表现出一些明显的宗派主义观点。这些错误和观点主要表现在：1933年秋某些地区在实际工作中出现的消极情绪，这种情绪是德国事件造成的失败情绪所致，再就是对工会工作仍然估计不足，没有充分扩大革命的工会反对派，在自由工会、天主教工会和其他改良主义工会内部所做的工作也是十分薄弱的。

党内进行工作的组织和方法，仍然是因循守旧的老一套形式，即以主要进行一般宣传鼓动的地区性组织为主。党没有很好地面向企业。当然，不应当低估党在企业中的工作和党组织的布尔什维克化方面取得的成绩，例如建立了近100个工厂支部，但是，这项工作毕竟还远远落后于形势的要求。

共产国际执行委员会第十三次全会决议、革命与战争新时期的方针、夺取政权的准备问题，都还没有在全党范围内取得一致认识，也没有同党的战斗行动和日常宣传工作很好地结合起来。

荷兰共产党在殖民地工作方面有着特别突出的成绩。在1933年的选举中，除了荷兰共产党获得两张代表当选证书外，它还为印度尼西亚共产党代表争得两张荷兰议会议员的当选证书。当选的印度尼西亚代表之一，就是自1927年以来一直就在新几内亚的鲍温·迪古尔集中营受折磨的原印度尼西亚共产党主席，他的当选证书没有被议会批准。

印度尼西亚劳动者代表当选为荷兰议会议员，并在荷兰议会讲坛上发表演说，这一事实在印度尼西亚殖民地群众中引起极其广泛的反响，加之荷兰共产党宣传上的配合，为重新集结1927年因殖民主义恐怖手段而分散的印尼共产党力量奠定了基础。

在荷兰本土上，共产党的殖民地工作进一步向群众说明了荷兰帝国主义的性质和社会民主党的作用。在组织荷兰无产阶级和殖民地人民群众共同斗争的工作方面也采取了一些初步行动。这方面的突出表现，是阿姆斯特丹建筑工人为声援起义的"七省号"巡洋舰的荷兰和印尼水兵，以及为声援印尼武装部队暴动所掀起的抗议运动和罢工。

这次具有历史意义的印尼军舰起义，是殖民地群众革命化的征兆。荷兰共产党对这些事件作出了有效的反应，现在它仍在继续斗争，以争取释放被监禁的军舰起义参加者。

殖民地工作的这些进步，是党在反对党内依然存在的低估殖民问题的机会主义倾向斗争中取得的。1932年的共产党代表大会指出，必须在这方面实现转变，并把殖民地问题作为全党工作的中心。

在经济斗争中荷兰共产党也取得了巨大成绩。1929年在右派领导下曾发生过1万名农业工人持续罢工半年之久，而党竟站在一旁袖手旁观的情况。党在经济斗争中的第一次独立行动，是参加1932年持续了20周之久的特文特14000名纺织工人的罢工。在这次罢工中，党和革命工会反对派首次占据了领导地位。它们发动了罢工，罢工群众在它们的口号下前进。然而党和革命工会反对派却未能在罢工的纺织工人中打下组织基础。

1932年，在有1500名海员参加的鹿特丹和阿姆斯特丹的海员两周罢工期间，革命工会反对派已经建立了领导着相当一部分罢工者的独立的罢工委员会。在1933年持续了10周的数千名阿姆斯特丹抹灰工罢工期间，党和工会反对派则完全领导了斗争，在罢工者和罢工委员会中发挥了决定性的作用，同时还组织了阿姆斯特丹建筑工人支援抹灰工人斗争的24小时同情罢工。此外，革命工会反对派两年来还领导了大约180次的小规模罢工及青年工人罢工，其中2/3的罢工工人取得了胜利。

近几年来，荷兰共产党在工会中开展了广泛的工作。虽然革命工会反对派的工作还远远没有成为党关注的中心，虽然党内还有相当一部分人依然轻视这项工作，但是工会反对派已经成为荷兰工会运动中必须认真对待的因素。特别需要提一提党在工会内部工作中取得的成绩，党不仅仅争取了工会会员，而且还争取了一批基层工会组织和改良主义工会的基层干部。党通过召开反对派工会干部代表会议的形式，在这些基层干部中进行专门工作。工会反对派的整个工作重心已转向在工会内部，**特别是在处于社会民主党领导下的全荷工会联合会内部组织反对派的工作，为适应这一情况，工作的组织形式也随之改变。**但是，革命工会反对派和荷兰共产党在这方面的成绩，还大大落后于因普通会员的日益不满和向左转而出现的客观可能性。

从 1931 年起，荷兰共产党开展了失业工人的独立运动，该运动委员会领导失业工人登记处和公共工程营的广大失业工人。这些失业工人委员会是失业工人斗争的唯一专门机构，它们在没有加入组织的工人和在选举这些委员会的工会失业会员中都享有很高的声誉。

1934 年 7 月 4 日在阿姆斯特丹爆发的失业工人反对降低失业救济金的斗争，对党的进一步发展具有很大意义。这些斗争持续了七天之久，而且迅速波及鹿特丹和一系列其他城市。失业工人罢工委员会发起的这些斗争酿成了真正的群众斗争，它得到许多城区劳动者的同情与积极支持。斗争参加者与国家武装力量决一死战。工人的斗争方法证明他们的街头斗争战略和战术已到达一定的成熟阶段。党在这些斗争中采取了正确立场并起到了领导作用；党扩大了斗争阵线，号召工人总罢工，并在阿姆斯特丹、鹿特丹和哈勒姆建筑工人和码头工人中组织**声援性罢工**，坚持不懈地贯彻自下而上的统一战线策略。

党在这些斗争中所起的作用对资产阶级构成多么大的威胁，这从占领《论坛报》印刷厂的事实就可以看得出来。在这些斗争中社会民主党疯狂地反对荷兰共产党和斗争的群众。

这些斗争反映出来的阶级斗争的尖锐化，要求党加强开展统一战线运动的工作，进一步加强工会工作，加快工厂支部的建设和准备对付政府的新的进攻。

荷兰共产党反对改良主义的斗争依然不力。荷兰社会民主党的特点是，围绕"荷兰全国单方面解除武装"的口号，玩弄和平主义的词句。1934 年春召开的社会民主党代表大会，迫于政府的压力公开地抛弃了这些和平主义词句。代表大会撤销了原先关于"全国解除武装"和反对战时动员的决议，并公开表示赞成保卫国防。

这一情况为共产党反对改良主义的斗争和争取社会民主党工人群众站到革命斗争方面来，创造了世界大战以来还从未有过的有利条件。但是荷兰共产党至今没有充分利用这一形势，目前仅仅只针对1934年春社会民主工党代表大会搞了一个有气无力的运动。为了举行8月1日反战日，配合西班牙的斗争，荷兰共产党曾向荷兰社会民主工党提出采取联合行动的建议。荷兰社会民主工党领导拒绝了这一建议，共产党至今未能争取到社会民主党工人参加联合行动。

同时，反对荷兰国社党（米塞特领导的）的斗争也进行得不够。起初，共产党低估了这个受德国国社党领导、由荷兰大资本家资助的党所起的作用和意义。这种错误的估计已得到改正。现在在反对纳粹运动的群众斗争中已经初步采取了一些行动（1934年4月28日阿姆斯特丹示威游行，建立反法西斯斗争协会）。

在农村工作方面，党在以往几年中做出了初步成绩。在党的领导下兴起了农民运动，但是，这个运动迄今为止还只是在两个省（弗里斯兰、北荷兰）建立了农民委员会。这两个农民委员会成功地开展了反对强行拍卖农民财产的斗争。有时这一斗争融合成贫农和农业工人的联合大发动。

农民委员会出版专门的农民报。1934年初召开了农民代表大会。党在1933年制定了土地纲领。这个纲领是一项重大成就，它是争取荷兰农村被剥削群众的依据。但是土地纲领还没有完全做到家喻户晓。共产党基本上只在农民委员会内进行工作，而对于在农村建立党组织的工作也只给予很少的注意。

荷兰共产党已大大扩大了它对群众的影响，但在建立同绝大多数社会民主党工人的统一行动方面仍然落后。社会民主党的群众还没有对他们的领导施加严重压力，以建立同共产党的统一战线；使社会民主党工人同共产党工人疏远的隔阂还没有消除。甚至在地方范围内还没有同社会民主党组织实行统一行动的范例。荷兰共产党面临的任务是：把愿意反对资本家不断进攻的工人联合起来，在工会内部，首先在全荷工会联合会内部结成一个广泛的反对派运动，组织最广大的群众并引导他们为反对法西斯、反对战争危险和保卫苏联而斗争，并通过这种办法力争实现行动的统一。

瑞 士

共产国际第六次代表大会的决议遭到了操纵瑞士共产党的右倾机会主义分子的激烈反对。瑞士共产党右派领导否认世界范围的资本主义体系矛盾尖锐化的新时期的到来，还特别强调，这一预计对瑞士不适应。瑞士共产党内的右派提出了"瑞士形势例外"的论调，而且他们硬说已经出现的资本主义稳定的动摇不会触及瑞士。中央委员会（维泽尔、博布斯特、布林果夫）对形势的错误估计也特别表现在对社会民主党的机会主义的评价上。

内外矛盾尖锐化局势下的瑞士。事态的发展彻底粉碎了关于瑞士形势例外的机会主义论调。世界经济危机同样猛烈冲击着瑞士。这种同资本主义体系总危机交织在一起的危机使瑞士资本主义内外矛盾极度深化。处在三大帝国主义强国夹缝中的瑞士的国际形势变得极端复杂起来，尤其是在德国法西斯专政取胜之后，这一情况迫使很大一部分瑞士资产阶级在外交政策方面放弃原来的"中立"路线，而采取投靠某个帝国主义集团的方针。但是，由于瑞士国家结构的特殊性，这一新的方针在瑞士资产阶级中引起极大的内部摩擦（政府反对苏联加入国联的立场，魏勒将军同希特勒和布隆贝格等人的谈判）。

资本主义普遍矛盾尖锐化越来越把瑞士资产阶级推上放弃旧的资产阶级民主主义的阶级统治方法的道路，推上法西斯化的道路。因此领导作用便落到了老的资产阶级政党，即所谓"自由思想瑞士市民阶层"的身上。这个阶层企图用一些非常法令（《苦役法》）把革命运动打入地下。同时，在瑞士还出现所谓"前锋队员"运动，成立一系列法西斯团体，实质上它们都是希特勒在瑞士的代理机关，它们打着"民族复兴"、"等级国家"的口号，在"加强联邦民主"等假面具掩饰下进行活动。

这一变化也导致了社会民主党内部的分化。一位最著名的工会领袖马尔巴赫在他的一本小册子中发挥了关于在行会的基础上改造瑞士民主的思想。以格里姆为首的社会民主党的正式领导向党的代表大会提出一个新党纲草案，草案中删去了关于无产阶级专政的条文，并修改了党原先的、放弃保卫祖国这一提法的决议，承认"为捍卫民主"的边界武装自卫。一部分左派领袖，如尼科里、阿尔图尔·施密特，也主张在反法西斯斗争口号下保卫祖国，而另一部分人，如施奈德则躲躲闪闪，态度暧昧。与此相反，在埃斯特·瓦尔特和安德富伦领导下的社会主义左派则开始与党的领导公开冲突。由于在苏黎世市政选举中同共产党共同采取有利于共产党候选人的行动，以及与共产党人实行统一行动，瓦尔特、安德富伦和其他一些与党的领导对立的社会民主党干部都被开除出社会民主党。苏黎世的"青年社会主义者"和"社会主义青年工人"等组织也被解散。

虽然苏黎世的左派社会主义者领导人被开除，但是反对修改纲领的反对派代表人数却在瑞士社会民主党代表大会（1935年1月26日）上增至300名。但代表大会还是以80票的多数批准按照右派的主张修改纲领。社会民主党队伍中的反对派势力越来越得到加强，这表现在近年来不断发展的无产阶级激进化的进程上，而反映这一进程的是一系列的经济斗争和伴随着的与国家政权发生尖锐冲突的政治示威，主要是1932年11月9日发生在日内瓦的事件。瑞士资产阶级在这一天动用武装力量对付工人的示威游行，结果有数人被杀害。但是，当天发生了一个最重要的事件，那就是，在这些冲突的影响下，较大一部分被调来镇压工人的武装卫戍部队开始对工人表示同情，与工人握手言欢。日内瓦十一月事件是阶级斗争尖锐化的重要征兆。这在党反对《苦役法》的斗争中也已表现出来。尽管社会民主党领袖消极抵制由共产党倡议进行的反对《苦役法》的全民投票，但是这项法律还是在1934年3月11日被全民投票所否决。

根据共产党倡议为反对关于延长新兵学校学习期限的法律草案而发起的全民投票，在很短时间内就征集了比正式需要的票数多一倍的签名（8万人）。但是，工会官僚和右派社会民主党人对这个法律草案的公开拥护，使这一法律草案得以通过。同时，反对这一草案的票数达到了43.2万张，这在很大程度上是共产党搞运动促进的结果。这样，总共只缺4万张票，否则这个政府法案也就只好告吹。

共产党反对右倾机会主义的斗争。国内政治事态的演变，彻底推翻了右派关于瑞士形势例外的论调，并决定了瑞士共产党的下一步策略。在共产国际第六次代表大会前后，右派在全党的势力很强，因此瑞士共产党在很长一段时间内都无法实行第六次代表大会规定的转折。右派中央委员会抵制第六次代表大会路线的斗争，迫使共产国际执行委员会于1929年4月16日向瑞士共产党中央发出信件，信中对中央委员会的机会主义观点进行了最严厉的批判。

这封信对中央委员会领导同志在德国问题上的错误观点也给予了批评，并要求同右倾危险进行坚决的斗争。

1929年5月18—20日召开了党的中央全会，谴责了以维泽尔为首的中央领导的政策，并开始站到共产国际第六次代表大会决议的立场上来。但是，由于当时党的领导的消极抵制，直到党的第五次代表大会（1930年7月7—9日）才得以实现真正的转折。经过各级党组织事先广泛的讨论，这次代表大会清除了一些右倾机会主义分子（博布斯特、布林果夫等）所维护的错误路线。经过一番捍卫共产国际路线的紧张斗争之后，党代表大会选举了以工人为主的新的中央委员会。代表大会的决议遭到右倾机会主义分子的激烈反对，他们的真面目也就不得不暴露在光天化日之下。这些集结在布林果夫周围的右倾分子终于在1930年12月被开除出党。但是，布林果夫仍然拉走了沙夫豪森地方的一部分组织，并于1935年将其转入社会民主党队伍。

党的第五次代表大会开始实行转折以后，党独立领导了一系列经济斗争（苏黎世装配工罢工，洛桑建筑工人罢工）。但是最初一个时期，党的新领导也没有能够做到坚决转向布尔什维克式的群众工作方面去。

日内瓦事件。就在共产国际指出资本主义稳定时期已经结束的时候，党的领导中一种新的严重的机会主义倾向在抬头，这些倾向不论在根本方针方面，或是在实际工作中都背离了第五次党代会通过的路线和共产国际的路线。对待日内瓦的尼科里和对待沙夫豪森叛徒们（布林果夫）的态度问题是关键。共产国际第六次代表大会以后，在右派和调和分子反对第六次代表大会的路线中，安贝尔-德罗在国际范围内是起领导作用的，他在对待尼科里和叛徒集团的问题上把党推向尾巴主义的道路。尼科里使用一系列狡猾手段迷惑了工人（参加苏联之友协会的领导工作，参加阿姆斯特丹反战大会，后来，在他主持日内瓦州政府时，退出了反战大会）。日内瓦组织不但不坚持原则，激烈反对尼科里这些行径，反而把他的这些行为解释为他向共产党靠拢。

这一错误观点在安贝尔-德罗拟定的一份瑞士共产党中央的文件中突出地表现出来，这个文件对共产国际执行委员会第十二次全会前的瑞士共产党所处的国际环境和它的策略问题作了直截了当的评价。这份文件是反对共产国际路线的机会主义纲领。它对革命势力的发展作了完全悲观的估计（断言国际共产主义运动"低落"）。

共产国际执行委员会第十二次全会对安贝尔-德罗的路线进行了严肃的原则性批判，并向瑞士共产党提出了纠正这些观点的任务。

安贝尔-德罗这一错误政策的后果，直接表现在全会以后党内很大一部分人对 1932 年 11 月 9 日日内瓦事件所持的态度上。一方面是党中央在弥勒同志的领导下对日内瓦事件的消息很快作出反应，并努力组织群众运动和全国性抗议罢工，另一方面则是日内瓦的党组织领导人直到 11 月 9 日夜晚还在等待着社会民主党提出什么样的口号，而不是立即把主动权掌握在自己手中，提出总罢工的口号。党随着社会民主党领袖们的指挥棒转，社会民主党的领袖不主张在日内瓦进一步展开斗争。日内瓦组织这一错误后果一年后得到证实，即尼科里在日内瓦选举中取得相当大的胜利，从而使在日内瓦组建社会民主党政府成为可能，而共产党则只得到了 200 张选票。

共产国际执行委员会第十二次全会以后的共产党。日内瓦事件加深了瑞士共产党在第十二次全会后开始的辩论。在这场辩论过程中，中央委员会在党的一些重要组织（在苏黎世和巴塞尔）和党的报刊工作中终于纠正了机会主义路线，并通过吸收青年干部到党的机关工作的办法更新了干部，虽然还不尽如人意。

党的一些成就（尤其是第十三次全会以后）在一系列卓有成效的群众运动中表现出来：首先是反对《苦役法》的全民投票取得了成功，在苏黎世和沙夫豪森组织了大规模的引起街垒战和同警察激烈冲突的群众反法西斯的示威游行，举行了反对延长新兵学校学习期限的全民投票和 1934 年 12 月 15 日的苏黎世市政选举。

党的转折在党的报刊上也得到了反映，党的报刊针对瑞士社会民主党的领导方针更加严重右倾的情况开展了有效的宣传运动。

党在洛桑的工会工作也取得了成绩。由于这里的一些同志在工会中做了很好的群众工作，党在工会会员中产生了巨大影响；当改良主义的工会领袖企图制造分裂时，党成功地夺取了地方工会委员会的领导权，并加强了会员群众对工会领导所持的反对立场，使工会中央的多次分裂企图都被粉碎。但是，总的来说，党在工会工作中，至今还没有充分依靠在改良主义工会内部进行的工作。由于党的这个缺点继续存在，因此在最近几次经济斗争中，它未能把很大一部分工人吸收到罢工中来。

党的理论刊物《马克思主义者》的出版，是党的一大成就，它是培养党的新干部的有利条件。

直至最近一直还被党完全忽略的农村工作，近来也有了一些进步。这表现在党颁布了反映农民要求的详尽纲领，并着手在一些主要州的农村进行宣传。

走向群众性政党的道路。党在第十三次全会以后，在动员群众反对政府的法西斯措施和法西斯挑衅行动方面所取得的成绩，进一步巩固了党在群众中的威信，并为更大胆地运用统一战线策略创造了有利条件。党向社会党领导提出的关于采取联合行动、争取释放台尔曼和一切反法西斯战士的建议，把争取行动的统一问题提到了工人阶级注意的中心。社会民主党领导挑拨性地拒绝了我党的建议后，我党又向苏黎世和巴塞尔的社会党地区组织提出建议，这就把争取行动统一的斗争重心移到了社会民主党和改良主义工会的基层组织。共产党发出参加由社会党和改良主义工会组织的1934年9月23日劳动日的号召，特别在苏黎世和巴塞尔，第一次冲破了社会党领导在社会民主党工人和共产党工人之间设置的障碍。在本组织群众的压力下，苏黎世社会主义青年工人的领导被迫开始就统一战线同共青团进行谈判。在建立统一战线方面取得的初步成果，表现在许多地方的共产党和社会民主党地方组织联合举行了反对军事立法的全民投票。

在第二国际执行委员会会议之后不久，共产党于1934年11月再次向社会党领导提出了关于统一行动的建议，并援引了格里姆的观点，此人在第二国际执行委员会会议上曾投票赞成在个别国家中取消关于同共产党人建立统一战线的禁令。

社会党领导起初对这项建议保持沉默，直到一个半月后才表示拒绝。但是，这项建议在社会党群众中引起很大反响，使得争论更加激烈，同时也使得社会民主党内部的，特别是苏黎世的组织与"青年社会主义者"和"社会主义青年工人"组织内部的危机更加尖锐起来。在1934年12月15日苏黎世的市政选举中，社会党曾号召抵制投票，这种做法实际是在支持资产阶级候选人，而由被撤职的苏黎世党组织书记恩斯特·瓦尔特所领导的社会党左派同"青年社会主义者"和"社会主义青年工人"联合，号召投票选举共产党候选人奥托·布鲁纳。布鲁纳获得了9000多张选票（这是多年来党在苏黎世获得的最多票数）。选举后不久，共产党便开始同社会党左派举行谈判，谈判的结果是，1934年12月19日公布了统一行动的共同纲领。

总的来说，党正确地和成功地运用了统一战线策略，党的报刊也起了良好的辅助作用。巴塞尔的组织第一次同州的社会民主党组织签订了协议，并于1935年5月1日举行统一的群众示威游行。但同时需要指出的是，党的积极性时而也有所下降。例如，没有积极进行实现"劳动者立法动议权"的运动，即没有积极进行要求把规定下列内容的条款纳入宪法的斗争：如禁止降低工资，由国家出资修建公共设施，废除劳动农民的债务，降低房租以及其他各种政治要求，诸如：取缔一切法西斯组织，从军队中驱逐法西斯军官，不受限制地结成联盟的权利，禁止从瑞士运出武器和各种武器的运输。征集新党员和征收党报订户的工作也没有持之以恒。

在组织方面，党至今没有克服党员数量上的停滞不前状况，没有能够把广大的工人阶级群众争取过来。只是近几个月来党才着手在一些州建立新的地方小组。

概括起来，可以说，这一年来党在政治上取得了重大成绩，党在瑞士工人中的威信已大大提高，今后如能大胆实行统一战线政策和开展布尔什维克式的群众工作，瑞士共产党无疑会大踏步地走上发展为群众性政党的道路。

英　国

　　1928年召开的共产国际执行委员会第九次全会向英国共产党指出，必须独立自主地领导工人阶级反对资产阶级的斗争。全会强调指出，必须加强反对工党的斗争，并要着力揭发这个党已经由一个改良主义政党同工会的联盟变成了一个欧洲大陆型的社会民主党。全会还强调，必须把工人阶级的大多数争取到共产主义方面来。在共产国际第六次代表大会之前，党的中央委员会中大部分人表现出他们无力贯彻执行这条新路线。党的领导机构中存在的严重的机会主义倾向，其根源就在于它过高地估计了资本主义的稳定性，未能理解战后资本主义第三阶段的某些突出特点，即资本主义诸矛盾的尖锐化和工人群众革命情绪的高涨。党领导机构中的机会主义，在共产国际第六次代表大会的辩论中，尤其是在所谓印度"非殖民地化"问题上（这个理论遭到了第六次代表大会的驳斥）也已经暴露出来。

　　1929年召开的英国共产党第十一次代表大会改组了党的领导机构，清除了那些最顽固地反对执行党的独立自主、争取工人阶级大多数斗争策略的机会主义分子。但是，就在领导机构撤换之后，党在贯彻共产国际路线方面也还是犯了一系列错误。这些错误包括：曲解独立领导的策略，如轻视改良主义工会中的群众工作，用对工人"发号施令"的办法代替在工厂和工联中进行日常的坚持不懈的工作；把组织新工会当儿戏；对工人群众的斗争决心估计不足；提出一种机会主义的有害理论，主张"让工人们挨饿吧，这会迫使他们起来搏斗"；对右的和"左"的改良主义分子没有进行有系统的斗争，共产党没有高举用革命方法摆脱危机的口号来展开独立自主的斗争。总的说来，党已经克服了这些缺点，并能在企业和工会中着手进行群众工作。

1932年，党坚决驳斥了巴尔海姆地方一个影响很小的小集团的反革命托洛茨基主义的攻击，并旋即将其清除出党。党对墨菲机会主义观点的谴责，包括对他在反对战争及保卫苏联问题上的观点（即：反对进攻苏联的最好保证，是把苏联的订货放在英国）的谴责，都具有同样的重要意义。

墨菲已经完全滑到了社会改良主义立场，终于被清除出党。

在1932年举行的中央一月全会上，关于全会决议的讨论和通过，对英共贯彻共产国际路线的斗争起了重要作用。这项决议使党对它在群众中处于孤立状态的主要原因更加重视。在1931年的议会普选中，共产党得票75000张，而国民政府候选人却得票1400万张，工党候选人得票650万张。这一结果充分表明了共产党的孤立状态。一月决议指出，党在争取工人阶级大多数的斗争中没有做出成绩，因为它未能在斗争过程中向工人群众表明改良主义和共产主义之间的鲜明界限，同时也因为党在工厂和改良主义工会的工作中忽视了群众工作。

贯彻一月全会决议后，党大大改善了自己的工作。党在这方面取得的成绩包括：在改良主义工会中的工作有所改进，在这些工会中争得了若干选任职务，开展了反对工会官僚的斗争，党更善于实现工人群众争取局部要求的斗争，在一些最重要的地区和关键性企业中党的力量更加集中，失业者中间的群众工作也有所加强。但是，还必须指出，尽管在个别企业中的工作很有起色，但总的说来，党在这一领域中的工作还是十分薄弱的。

党以及工人阶级的反对资本进攻的统一战线。 从1928年起英国工人大大扩大了反对资本进攻的群众性革命斗争。在这期间发生了以下几次重大行动：拥护工人宪章运动（参加拥护宪章代表会议的代表778

人，代表316个组织的80万工人），拥护宪章运动的宗旨是为了动员群众，并以包括工人切身起码要求的纲领为中心形成广泛的群众运动，同时也考虑宪章运动的经验和传统；因弗戈登的海员反对国民政府削减薪金的运动；伯肯黑德和贝尔法斯特发生的争取失业救济金的大规模的阶级战斗；全国规模的和地方的失业工人反对国民政府、地方当局和警察镇压的无数次示威游行及反法西斯的群众运动。1934年9月举行的针对莫斯利的10万人反示威，把反法西斯运动推向了相当高的程度。

工人反对削减工资，反对合理化与劳动条件恶化的罢工行动，虽然是零星分散的，但在许多场合是激烈的和持续不断的；工人们违背改良主义领袖的意志，对企业主进行坚决反抗（兰开夏郡和布拉德福德纺织工人的罢工，苏格兰和约克郡及南威尔士采煤工人的罢工，法依斯顿和霍普工厂工人的罢工，伦敦公共汽车工人的罢工，矿工争取七小时工作日的斗争等）。

从1928年起，罢工次数平均一年不少于400次；参加罢工的工人数平均每年约35万人。党力争领导这些分散的、但很激烈的罢工斗争和示威游行，力争把这一运动引向反对资本主义政府。党与改良主义分子进行斗争，揭露他们在群众运动中，特别是在罢工运动中所起的背叛作用，并向工人们解释必须组织自己独立的领导。但是，党在大力争取对罢工工人的援助和组织反对镇压的群众性抗议示威等等的同时，却忽视了工会中的工作，对从组织上巩固党的影响的重要性也估计不足，特别是在罢工结束以后，党只是从外部对罢工工人进行宣传，却没有在工厂和工联内部开展经常的、坚持不渝的群众工作。

党的群众工作在第六次代表大会以后可以分为两个时期。第一时期的特点是，在党的活动和"少数派运动"中，以及在领导罢工斗争和改良主义工会工作中，右倾机会主义和宗派主义倾向居主要地位。党为配合1930年布拉德福德毛纺工人反对削减工资的罢工，为配合1930

年、1931年及1932年兰开夏郡棉纺织工业工人反对合理化的罢工所进行的大量工作，都未能从组织上巩固党和"少数派运动"。在一月决议中曾指出，"少数派运动"已经变成故步自封的与完全脱离工人和工会的孤立的组织。这些弱点是错误理解共产国际执行委员会第九次全会制定的关于独立领导经济斗争的策略的结果，是把这一策略解释为似乎党就应当避开改良主义工会而独自领导罢工运动的结果，同时也是轻视工会工作和过高估计没有组织的工人的作用，以及危险地玩弄组织新工会的方案的结果。

党的群众工作的第二时期是从1932年中央委员会通过一月决议后开始的。这项决议要求党的整个工作，特别是改良主义工会中的共产党人和党的同情者的工作要有一个急剧的转折，目的是"使地方工会组织从阶级合作的机构变成阶级斗争的机构"。1932年的决议使党有可能开始为真正深入改良主义工会而斗争，同时向党指出了对待罢工工人和罢工运动的正确态度，并特别强调必须根据工人们自身的要求，通过在工会和企业中积极开展群众工作来认真准备罢工斗争。尽管党在工会中的工作有所改进，中央委员会过去和现在都必须同党内依然存在的低估工会工作的现象进行不懈的斗争。

虽然党在诸如铁路工人工会、汽车工人工会和矿工工会等一些工会中也取得了一定的成绩，但是对工会中的共产党党团的作用估计不足仍然是党在工会工作中的一大弱点。

一月决议为在改良主义工会和工厂的普通工人中开展真正广泛的运动开辟了新的前景。在1932年的铁路冲突日益迫近时，党以一月决议为指导确立了自己的策略，并在各工会中开展工作，组织广泛的"普通工人运动"，即所谓"警戒性运动"。这个运动拥有自己的报纸，每月发行量达到1万份。由于这项运动开展的宣传工作，铁路工人被动员起来了，他们团结在广泛的罢工委员会周围，准备还击1932年中即将到来的铁路公司的进攻。这一宣传工作迫使各铁路公司放弃了进一步推行自己的要求。

在同一时期,鉴于伦敦公共汽车和电车公司出现的情况,党把自己在工联中的工作集中于筹备反对加速运行时间表的罢工,并造成了普通公共汽车工人的广泛运动。这些运动得到了工会组织的积极支持,并拥有印刷的报纸,印数达 12000 份。由于党紧张而有效地领导了伦敦公共汽车和电车工人的罢工,"普通工人运动"在公共汽车工人中获得了相当高的威信。"普通工人运动"中的 10 位候选人在运输工人和壮工协会年会代表的选举中得到的选票数最多。有 6 名成员以改良主义者的反对派身份被选入运输工人工会公共汽车工人分部伦敦委员会。

党把这一工作经验带到了南威尔士采煤工人的工作中,那里的"普通工人运动"很活跃,还有发行量达 5000 份的报纸,这份报纸在筹备争取修改集体合同和提高工资的罢工中发挥着积极的作用。在党的支持下,南威尔士采煤工人共产党领袖阿图勒·霍纳在工会中争取到了一个重要的正式职务,他获得了 10130 张选票,而改良主义者候选人只获得 7186 张选票。在选举南威尔士采煤工人联合会副主席时,霍纳作为党的候选人获得了 4 万张选票,只比一位有影响的改良主义者候选人少 1900 张票。

虽然有着这一宝贵的经验,但是党没有能够利用这一大好形势在其他重要工业部门(煤炭工业、棉纺织业、毛纺工业、机器制造业)的工会内部创立"普通工人运动"。

在发生过几次重大罢工的兰开夏郡纺织区,情况尤其不能令人满意。这里虽然工人运动声势很大,罢工此起彼伏,改良主义工会内部的不满情绪十分强烈,但党却没有能够摆脱自己的孤立状态。只是近几个月来,针对降低工人的工资,党才在这方面采取了一些行动,在纺织工人工会的基层组织中,反对工会官僚政策的运动也越来越活跃。

党在反对工会中的改良主义领袖、反对他们的开除政策和争取会员的民主权利的斗争中取得了一定的成绩。在机器制造业工人联合工会中，党利用联合工会开除一批共产党人和革命工人的机会，组织了广大的普通工人反对派，迫使工会官僚无条件地恢复了全体被开除会员的会籍。但是在这次胜利之后，共产党党团没有能够赋予这一运动以新的方向，注入新的内容，从而使运动不了了之。反对官僚分子企图撤销霍纳在采煤工人工会担任职务的斗争，以及反对对运输工人（伦敦公共汽车工人）工会的纪律处罚的斗争，等等，也都取得了成功。

在煤炭工业，除了南威尔士和声势不大的德尔赫姆普通工人运动（那里也同样出版了报纸）外，在地方组织中至今还没有组织起广泛的反对工会官僚政策的运动。在所有煤炭区发生的多起孤立的罢工事件，反映了群众的广泛不满的情绪，更加突出了党在煤炭工业开展工作的落后状况，表明迫切需要把在伦敦公共汽车工人和铁路工人中的工作经验转而运用到煤炭工业工人工会、其他大工业工会和工业部门中去。

苏格兰矿工联合工会（革命工会）是在1928—1929年的一次争夺领导权的斗争中诞生的。这场斗争是原苏格兰矿工工会领袖落选后拒绝下台并推行分裂主义政策的结果。由于这个新工会组织得过晚，使它难以巩固和吸收新会员。但是这个革命的矿工工会在争取苏格兰采煤工人利益的斗争中取得了很大成就，特别是在法夫区：争取七小时工作日和反对"君子协定"（一些改良主义工会和矿场主之间的协定）的顽强斗争；1932年反对法夫煤炭公司的大罢工；领导井下采煤工人的一系列日常斗争；争取劳动保护措施的斗争，争取工人担任劳动监督员的斗争，等等。不久前矿工联合工会再次证明，它渴望英国采煤工人队伍的统一，它向英国矿工联合会提出加入该会的建议，并随之开展了争取工会统一、争取在苏格兰组织统一的矿工工会的持久不懈的运动。

矿工联合会工作的主要弱点在于，尽管它开展了群众工作，而且在法夫的影响愈来愈大,然而它基本上没有越出法夫范围,也没有适应苏格兰所有其他采煤区的形势而有所发展。

从1934年2月的全国"饥饿进军"和反对国民政府的全国行动大会,特别清楚地显示出了扩大反对国民政府的群众统一战线的可能性。这次进军和大会是群众渴望统一和憎恨国民政府的大示威。共产党在斗争过程中提出了具体的行动纲领,代表大会通过了这个纲领。根据党的建议,全国行动大会声明,工党和工会领袖应对破坏反国民政府的斗争一事负责。共产党积极地同独立工党的普通党员群众战斗在一起,但是,共产党没有能够充分利用当时的有利条件,使独立工党的工人和党员看清党的路线和独立工党首领的"左"的改良主义路线之间的原则区别。全国行动大会之后,党又没有充分注意继续在地方开展工作和建立基层行动委员会的必要性,致使整个运动收效甚微。

在反对国民政府1935年1—2月间提出的失业救济金新标准的斗争中,共产党领导了统一战线运动,并在全国范围内组织了一系列大规模示威游行。党提出的2月24日举行群众性的统一战线示威的号召,得到了数百个地方工会分会和工党组织的响应。拥有4个矿井6000名工人的坎布利安(南威尔士)采煤工人联合工会响应了这一号召,并赞成举行一天的抗议罢工。但是,官方工会机构的淫威,加上地方企业主施以的恫吓和政府的压力,阻碍了这次罢工的举行。然而,运动迫使南威尔士采煤工人改良主义工会执行委员会同意举行一天的抗议罢工。得到工会组织支持的大规模失业工人的游行示威,尤其是谢菲尔德35000人的示威,以及同警察进行的3小时的街垒战,迫使政府公开退却并放弃实行救济金新标准。

共产党反对国民政府使国家法西斯化的措施,反对实施新的失业工人保险法和建立集中营等等,同时党也反对加强莫斯利的"黑衫党员"的活动,党采取了一系列措施开展广泛的工人统一战线运动,以反对法西斯和政府的政策，为工人的日常要求而斗争。在伦敦，党向伦敦工会理事会1934年5月24日召开的代表会议发出了呼吁。工会官僚关于"支持作为反法西斯的最尖锐的武器的第三届工党政府"的建议，遭到了相当大的反对：39名代表投票反对正式决议案，151人赞成。党同广大工人阶级结成了统一战线，以便在6月9日举行全国斗争日，反对关于唆使叛乱的法案。由公民自由同盟召开的伦敦代表会议，有1500名代表参加，代表着各种不同的政治观点——从自由党人到共产党人，会议一致通过关于在6月24日举行全国反对所谓唆使叛乱法案斗争日的决议。共产党在6月24日伦敦举行的大规模示威中起了积极作用，伦敦工会理事会参加了这次示威，著名的改良主义领袖也同共产党人一起参加了示威。反对以唆使叛乱罪对波立特和汤姆·曼同志起诉的斗争，引起了工人组织的强烈抗议：他们通过了数以百计的抗议性决议，终于使当局被迫放弃对波立特和曼的起诉。

党成功地组织了抵制"奥林匹亚"大厅（伦敦）法西斯集会的反示威，从而更加强了统一的愿望。党向伦敦改良主义组织提出了建立统一战线的建议；改良主义者拒绝了这个建议。然而建立统一战线的号召却得到了工党基层组织和工会的热烈欢迎。反示威中断了法西斯分子的群众大会。

9月9日在海德公园举行的针对法西斯分子的反示威，是党在争取建立统一战线斗争中取得的又一重大成就。尽管工党和工联大会的全国联合理事会向所有改良主义组织和工人发出了一概不许参加反示威的绝对命令，但仍然有10万名伦敦工人参加了这次行动，并得到了50个工会组织和其他几十个工人组织的支持。这次的反示威完全压倒了总共只有3500人参加的法西斯分子的示威。海德公园的反示威还表现了广大工人对统一战线的大力支持，使得广大工人阶级对改良主义领袖和他们的机关报《每日先驱报》更加失望。

促进统一战线的运动得到了改良主义组织中青年的热烈响应。共青团同独立工党的青年基尔特一起在同改良主义青年组织建立统一战线方面起了积极作用。独立工党的青年基尔特作出了关于作为同情组织加入青年共产国际的决议。青年工人联盟和合作小组（工党和合作运动中的青年组织队伍）也存在着拥护统一、反对工党、关于战争与法西斯问题方面的政策的强烈倾向。在专门召开的伦敦青年工人联盟代表会议上，改良主义组织联合理事会通过的决议案以90票对17票的多数被否决。在合作小组全国代表会议上全部正式决议都被反对派的决议所代替。

当前在英国正开展一场1924年以来最大的争取提高工资的运动；近300万铁路工人及煤炭、毛纺、运输和其他工业部门的工人正以种种形式要求提高工资。

工会领袖们正极力设法将工资运动控制在仲裁和谈判范围之内，他们通过与企业主签订协议来达到这一目的，而这些协议正是对工人们的起码要求的嘲笑。党没有能够积极动员自己在工会内部的力量去领导争取提高工资的运动，从而使工会官僚得以欺骗铁路工人、码头工人中的某些阶层，并促使他们接受资本家的、远比工人的起码要求低得多的微小让步。现在有一切可能把要求提高工资的运动变成广泛的群众运动。这就更加说明，必须全面加强党在改良主义工会和企业中的工作，扩大各主要工业部门的普通工人运动，有步骤地准备争取提高工资的罢工。

党在最近一个时期最重要的任务，是加强在工党组织中争取建立统一战线的斗争。这方面，至今仍然是党的工作中的一个主要弱点。

无疑，共产党正在采取坚定方针，以发展反对法西斯、反对战争和争取满足群众局部要求的最广泛的工人统一战线，并在前进的道路上不断摆脱自己的孤立境地，同那些一直与它还没有过联系的成千上万的工人建立联系。

党反对改良主义者的斗争。从1929年至1931年执政的第二届工党政府继续执行上届资本主义政府的政策,它推行资本主义的合理化措施,任命降低工资问题的王室委员会(兰开夏郡、布拉德福德等)继续向失业工人进攻("异常"法),对印度民族革命运动实施恐怖政策,轰炸印度农村,加紧战争准备,鼓励反苏运动,等等。

共产党对工党政府进行了斗争,向工人们揭露它的面目。共产党极力利用棉纺工业和毛纺工业工人反对工党政府王室委员会实行的削减工资的大罢工,向工人们指出工党政府的反工人阶级性质,动员工人起来反对这个政府。党和"全国失业工人运动"于1929年3月组织了全国性的饥饿进军。这场斗争迫使工党政府删掉了失业法中借口"不认真寻找工作的"取消从职业介绍所领取失业救济金的条款。

由于群众不满工党政府的反工人政策,加上保守党人的狡猾煽动,工党在1931年10月选举中遭到惨败。党的领导发生了分裂,一部分领导(麦克唐纳、托马斯、斯诺登)进入了国民政府。国民政府候选人在新的选举中取得了巨大胜利。共产党候选人获得的票数不多,这证明党没有很好地进行反对资本进攻的斗争,虽然它也领导进行了饥饿进军和宪章运动等等。"共产党没有能够向工人们揭露工党的这些谎言,说什么英国改良主义政策是反对资产阶级进攻斗争中的武器,是反对向工人阶级进攻的缓冲器"(中央委员会1932年一月决议)。

广大工人群众很快看清了国民政府的性质。这个政府现在是战后所有政府中最令人憎恨的政府。虽然共产党(特别是在近一年中)改进了在工会和失业工人中的群众工作,也进行了反对莫斯利法西斯分子的斗争,然而对于广大工人群众来说,毕竟它还不是除国民政府外唯一可供选择的党。广大工人群众依然支持工党关于争取"第三届工人政府"的宣传。

在反对资本主义进攻和争取建立工人反法西斯和反战统一战线的斗争中,党和《工人日报》不断揭露着工党的嘴脸,指出它在争取民主和争取建立"第三届工人政府"的蛊惑宣传掩饰下干着分裂工人的勾当，禁止工人参加任何革命组织和统一战线组织，禁止他们参加反战运动和苏联之友协会，发起取消共产党人在工会中的选任职位的运动，禁止基层组织参加反法西斯斗争，以此为法西斯扫清道路。共产党则动员工人奋起斗争，反对法西斯，反对战争，捍卫自己的日常要求，以此来对付工党的蛊惑宣传。工党内部一个反对领导政策的巨大的反对派运动不断发展。在绍斯波特召开的工党会议和在魏穆特召开的工联大会会议上，一些大工会的官僚不顾工党地方组织的意愿，投票通过了撤销1933年会议通过的关于一旦发生战争便宣布总罢工的决议。在绍斯波特和魏穆特通过的决议还包含一旦发生战争必须支持"本国"政府的义务。这项决议在工党内部引起极大不满和反对。这种反对情绪在工党和合作运动的青年组织中也在不断增强，它们愈来愈渴望同共青团结成统一战线。

工党特别利用其发行 200 万份的《每日先驱报》不断争取维持它的群众影响，它蛊惑性地利用群众要求提高工资和失业救济金的愿望，利用他们的反战情绪和对法西斯的仇恨，等等，极力使工人相信似乎工党政府是他们唯一可选择的国民政府。

1933 年和 1934 年工党和工会大会通过的决议，反映了英国改良主义领袖的政策已经右转：这些决议表示对通过"社会监督"实现社会化的计划确信不疑，同时否定社会主义并许诺要对银行实行监督。改良主义者赞成国民政府旨在实行国家监督方面的每一项措施。与此同时，工党内部的左翼运动导致了以克里普斯·斯塔福德先生为领导的左翼小组的成立，它玩弄革命词句，极力维持工人对工党实际作用所抱的幻想。

在组织反对国民政府政策的统一战线行动中，在反法西斯斗争中，党都得到了工党和工联组织的支持。30 个青年工人联盟组织与工党的许多地方组织和合作社基尔特参加了9月9日海德公园的游行示威。

共产党只有在一切方面都同国民政府进行最有力的斗争,才能在反对工党的斗争中取得成功。这在任何情况下不仅不应当削弱,相反应当加强它对工党政策和工党领袖的斗争。

英国大选的临近和工人中广泛开展的支持"第三届工党政府"的运动,使得党必须运用过去的全部经验和在实行新选举策略(1934年的市政选举)时获得的新经验来确定自己对待"第三届工党政府"问题的态度。

党的第十三次代表大会就这一问题作了如下决定:

"共产党赞成使国民政府失败:党必须竭尽全力并利用自己的全部影响,以便通过工人阶级的日常斗争动员和联合工人阶级使国民政府失败。

"党声明,在即将到来的选举中,依靠统一战线,以争取工人最起码和最迫切的要求为主的战斗的工人群众运动,必将抛弃国民政府,并定能选出除强有力的共产党候选人小组以外的、保证参加统一战线斗争、争取实现工人起码要求的、最大数量的工党候选人。

"共产党告诫工人,在工人采取统一的阶级行动击败国民政府以后,工党政府有可能执政,但工党执政并不能解决工人所面临的基本问题。尽管如此,共产党仍然认为,击败国民政府和选出工党政府可能成为加强和提高工人实现自己要求的战斗精神和阶级觉悟的强大推动力,可能成为依靠同工党组织和工会结成的统一战线,开展阶级斗争,反对工党领导推行的阶级合作政策,实现工人阶级向整个资本主义体系展开革命进攻的出发点。"

共产党和独立工人党。独立工人党同工党分裂以及独立工人党普通党员对共产国际的向往,明显表现了工人革命情绪的高涨。

共产国际1933年和1934年致独立工人党的信件,有助于独立工人党的普通党员更加靠近共产主义，阐明了英国革命的问题，以及共产国际及其各支部在反对法西斯、反对战争、争取建立统一战线、推翻资本主义和争取苏维埃政权斗争中的战略和策略。共产国际的信件揭露了左翼改良主义领袖的嘴脸和他们对工人群众的欺骗，还揭露了他们对苏联和平政策的诽谤性攻击以及他们对共产国际及其支部（德国和美国支部等）托洛茨基主义的指责。

1933年独立工人党在德比会议上作出关于致共产国际呼吁书的决议后，独立工人党的领袖便开始极力抵制党员中共产主义情绪的增长。他们伙同本大陆上的左翼集团，在托洛茨基的支持下，提出了建立第四国际的口号，而不是提出同共产国际接近的口号。但迫于自己党员的压力，独立工人党领导后来又声明说，它不支持第四国际的口号，然而，它却更加粗暴地领导了反对独立工人党加入共产国际的斗争。

从独立工人党德比会议到它的约克会议（1934年）这一期间，共产党运动的主要弱点在于没有在独立工人党党员中广泛宣传共产国际的信件。结果使独立工人党的领袖们得以在约克会议上获得反对独立工人党作为同情党加入共产国际的多数票。但是，约克会议坚决否决了关于建立第四国际的建议，而作出了关于继续与共产党人结成统一战线的决定。

尽管党在对独立工人党党员进行的工作中存在着弱点，共产党还是同该党的党员和各组织建立了密切的联系。

独立工人党的青年基尔特1934年6月在诺里奇会议上通过了将独立工人党青年基尔特作为一个同情组织加入青年共产国际的决定。这一决定大大有助于独立工人党中的革命工人反对左翼改良主义领导的斗争。独立工人党领导千方百计地要改变这一决定，便以开除所有拥护加入共产国际的人相威胁，并召开了基尔特特别全国会议。这次会议仍以多数票重又确认了它作为一个同情组织加入青年共产国际的愿望，并谴责了独立工人党领导的路线。但是，为了避免基尔特的分裂，会议决定把具体加入的时间推迟到独立工人党1935年召开全国会议之时。

反法西斯斗争和反战斗争。英国帝国主义积极支持正企图点燃远东战火的日本占领满洲。

国民政府借口裁军会议破裂，大力扩充武装力量即加强海陆空三军。

改良主义领袖为国民政府的战争计划效劳，禁止工党党员参加反战运动和苏联之友协会，公开声明一旦发生战争便支持"自己的政府"，疯狂地抵制任何阻碍运送军火的企图，而大部分军火都是运往日本的。

当日本人轰炸上海并继而在满洲对苏联采取挑衅政策时，党在全国工人阶级组织中开展了广泛的宣传运动。1932年在比尔蒙德西召开的反战大会是一次真正的群众性的反战示威；出席大会的组织代表着近200万工人。8月5日在谢菲尔德成功地举行了全国反战青年代表会议，有600名代表出席了会议，反战运动获得了新的推动力。党专门通过《工人日报》系统地揭露国民政府的战争计划，指出改良主义者在备战中所起的作用，反对他们在新的世界大战中公开支持资产阶级的政策。党广泛利用对设在莫斯科的维克斯公司职员的审判来揭露英国资本家的战争意图。党还利用伦敦世界经济会议展开大规模宣传运动，宣传苏联代表团所持的立场和保卫苏联的口号。由于党做了工作，群众支持了阿姆斯特丹反战大会和青年国际反战大会。这样便为开展全国性的反战工作奠定了基础。党高举保卫苏联和苏维埃中国、召回驻殖民地的全部英军和停止运送军事装备的口号，在工人中开展运动。从伦敦船坞围绕往日本运送军事装备的"本阿杰尔"和"斯坦利"号货船装货事件而掀起的运动中，看到了党的宣传工作的效果。党还在苏格兰、伦敦和其他地区针对海军和空军的演习组织了几次成功的运动。

党在反战工作中的主要缺点是：没有充分利用群众的强烈反战情绪

去组织群众性的反对运送军用物资的行动，反战委员会在反对策划战争的斗争中缺乏主动性。没有在企业中组织反战委员会。党的报刊对军工厂工人的状况没有给予足够的重视，对改良主义领袖在上一次战争中和在目前所起的作用揭露得很不得力，特别是在工党普通党员中。

在策划战争的同时，国家的法西斯化也大大加强了（失业法案和唆使叛乱法）。同时，莫斯利的法西斯运动也得到了势力强大的保守的财政集团和工业集团的支持，而且大大加强了自己的活动和组织。但是，尽管得到这些支持，尽管他们大搞煽动蛊惑行动，莫斯利的"黑衫队员"并没有成为群众性的组织，而且在工人和部分小资产阶级中引起了普遍的仇恨和抵制。然而，无需怀疑，法西斯化和向工人阶级进攻的主要危险来自国民政府，来自老的资产阶级政党的法西斯化。

在反法西斯主义的斗争中，党和《工人日报》为在工会和工人组织中建立统一战线进行了有力的斗争，党号召帮助德国和奥地利法西斯受害者，要求释放季米特洛夫和台尔曼同志，支援西班牙工人。党和《工人日报》为反对新的失业保险法和唆使叛乱法进行了不懈的斗争。党在反法西斯斗争中坚持了正确的立场，向广大工人群众指明了法西斯主义是从哪里发展起来的，谁是法西斯组织的后盾。

在党的领导下，所有主要工业区的工人都积极参加了群众性的反对法西斯分子——莫斯利的"黑衫队员"——的行动，在许多场合，他们从街上赶跑了法西斯分子，强迫他们解散群众大会，破坏他们在秘密场所（"奥林匹亚"）的集会，把他们的街头示威名副其实地淹没在群众反示威的汪洋大海之中（海德公园）。这场运动如同广泛波及全国的对政府的失业保险法和唆使叛乱法的日益不满情绪一样，开辟了在英国进行强有力的反法西斯斗争的前景，同时也向共产党提出了一个迫切的任务——组织以工会和企业为基础的广泛的反法西斯运动。

当前在这方面已经取得一些良好的结果。伦敦运输工人工会组织成立了中央反法西斯委员会，大多数运输工人工会组织加入了这个委员会，委员会的个人成员在大多数伦敦汽车库中都达到 5000 人以上；伦敦印刷业工人也在一些主要资产阶级报纸的印刷厂里掀起了强大的反法西斯运动，一些铁路工人工会组织也建起了自己的反法西斯团体，全国的工人都联合到反法西斯组织中来了。尤其是利物浦、曼彻斯特、布拉德福德等地的工会理事会都在开展积极的反法西斯斗争。在反对莫斯利法西斯分子的日常斗争中，必须加强对莫斯利蛊惑宣传的揭露。

共产党和殖民地的斗争。遵照共产国际第六次代表大会的决议，党迅速克服了自己在"非殖民地化"问题上的机会主义错误，开始更积极地斗争，支持印度和其他殖民地人民的运动，争取受英国帝国主义压迫的民族的自决权。但是即使在第六次代表大会之后，党在这方面的工作也还十分薄弱，只有以下几个方面做得较好：帮助印度群众组织印度工会运动，为此有 3 名英国共产党人在密拉特审判中受到重判；帮助爱尔兰工人进行反对英国帝国主义和爱尔兰资本主义的斗争；协助建立爱尔兰共产党；党组织了英国铁路工人和"普通工人运动"声援爱尔兰铁路工人的罢工。党还改进了它在居住在英国的殖民地国家的侨民，以及中国和印度大学生中的工作，改进了在港口工人中，特别是在加的夫的工人中的工作，由于党的宣传工作，才使加的夫的被压迫民族的失业海员救济金得以增加，等等。

然而，在党的队伍中还存在着对殖民地问题的意义严重估计不足。它表现在对殖民地本身的运动没有给予有力支持，没有开展运动来解释政府的新宪法草案对印度的意义，揭露英国及其同爱尔兰的经济战的作用，没有对印度纺织工人的罢工给予充分支持，没有在工人中开展真正的群众工作，以组织他们同被压迫人民一起进行反对英国帝国主义的共同斗争，没有利用诸如"帝国日"这样的事件来揭露英国帝国主义的真面目。争取释放被监禁的、在密拉特的人的运动也是时断时续。对于英国帝国主义在印度和其他地方的残暴行为（轰炸阿弗里季人部族，对加尔瓦里士兵的审判），没有组成真正的群众性的抗议活动。

共产党和失业工人。从第六次代表大会起，党和"全国失业工人运动"多次共同采取行动争取满足失业工人的要求，1931年财政危机时期组织了示威游行，1932年举行了饥饿进军，1934年又举行了大规模的饥饿进军和行动大会，地方性的饥饿进军以及每年工会年会之前的示威游行。

尽管这个"全国失业工人运动"拥有350个分部和4万名成员，而且也吸收了大批群众参加了自己的运动，举行了全国和地方性的饥饿进军，但它还有着很多应当在工作过程中不断克服的缺点。工作中的主要缺点就是没有充分发展失业工人的群众性组织形式，没有在统一战线斗争的基础上充分发展职业介绍所中成立的失业工人理事会和委员会。

对失业工人工作的改进，是通过协调失业工人运动同就业工人和工人组织的斗争途径取得的。党在全国失业工人运动中的主要任务是，在他们中间建立共产党党团，在反对劳动营、为实现按工会工资标准提供失业工人就业纲领的斗争中，加强同全国失业工人运动之间的协作，争取取消困难情况审查法，建立全国失业工人运动的群众组织，并以全国失业工人运动为中心，在统一战线基础上建立广泛的群众性运动，反对国民政府和资本家。

共产党在女工中的活动。纺织业女工参加反对合理化和削减工资的斗争十分积极，她们还参加纠察队工作并为罢工募集基金。

苏格兰矿工联合会的妇女基尔特在党的领导下曾动员居住在农村的矿工妻子支持罢工斗争。在伯明翰霍普工厂罢工期间，由罢工者家属和妇女同情者小组组成的妇女委员会在罢工斗争中，对维护工人团结发挥了强大作用。在南威尔士，矿工家属基尔特曾同共产党一起积极参加了反对席勒仲裁委员会①决定和争取恢复七小时工作日及释放政治犯的运动,并迫使地方当局给予它参加保护母亲和儿童组织的代表资格。从1931年起,任何一次全国性的或地方性的饥饿进军都有一批批的妇女小组参加,从而大大提高了这些斗争的政治效果。在1935年的失业工人斗争中,特别是1935年2月梅瑟示威中,一个突出的事实便是每次都有大批劳动妇女和妇女组织(合作社基尔特,等等)积极参加。

妇女合作社基尔特中的党员的积极性不断提高,她们为反对战争威胁进行着紧张的斗争。但应当指出的是,党对这方面的工作是很不重视的。摆在党面前的任务是,必须大大加强自己在合作化运动中的工作,特别要加强在妇女基尔特和男子基尔特中的工作。

《工人日报》。共产国际第六次代表大会以后党内一项突出成就,就是1930年1月创办了英国革命工人的唯一日报——《工人日报》。《工人日报》创刊伊始就受到了政府、警察和报刊辛迪加的不断迫害。《工人日报》成功地战胜了报纸经销代理商对出售报纸的封锁,它组织起了自己的发行机构。

《工人日报》编辑部近一年来在报纸内容方面也有了改进。但要使《工人日报》成为群众性的受欢迎的报纸,还要做大量的工作。尽管《工人日报》的发行量1935年初有大幅度增加,但仍不能令人满意。报纸还需有较大的改进:要改进它的内容,使它的语言通俗易懂,加强它同企业和工会的联系,发展工人通讯部门的工作,增加发行量,加强推广工作,教育并吸引全党同志参与报纸动员群众进行斗争的工作。

共产党的建设。近来的一系列事件把加强共产党和增加《工人日报》发行量的迫切需要提到了首位。反对国民政府和莫斯利法西斯分子

---

① 席勒仲裁委员会是议会为了解决因煤炭业方面的冲突而产生的南威尔士矿工工资问题而任命的组织。

的群众运动的高涨，以及党在工会和工厂中开展的大量群众工作，并没有同时使革命组织得到发展，也没有同时进行党的建设。共产党依然在很大程度上处于脱离工人基本群众的状况。党的弱点表现在，虽然党在它所参加的每一项行动中都领导着大多数群众前进，但由于它对共产党的作用严重地估计不足，而未能从组织上巩固自己的影响。到1935年初党的第十三次代表大会时，党对这方面的问题开始给予极大的关注。1931年和1932年初，在失业工人运动期间，党曾使自己的队伍扩大到了6500人，但它没有保持住这些新党员，到1932年末党员人数又下降到4300人。现在党员人数约为7000人。党的第十三次代表大会之后，到1935年2月，党已经征收了1000名以上的党员。半数以上的党员是工会会员。1934年8月，党拥有639名党员参加的117个工厂支部和287个街道支部。此后工厂支部的数量有了很大增长。

党的发展之所以不能适应群众工作的发展，主要原因有下列几点：

虽然党的群众工作有所改进，但是，党在进行反对改良主义领袖斗争时，没有能够同时向工人表现出它是反对国民政府的唯一力量，相反，它在反对国民政府时未能充分令人信服地向群众阐明共产党政策和工党政策的根本区别。党在贯彻自己策略路线时的所有这些缺点，在工人的心目中贬低了党的真正作用。党由于它的各级组织在日常实际工作中的宗派主义而受到损失，这些宗派主义特别反映在党组织和党员对待改良主义工会和工党的基层干部的态度上，反映在对工会工作估计不足，以及用不切实际的计划和夸夸其谈来代替参加工人的日常斗争。党的发展停滞不前也还由于不善于通过日常的群众工作显示党的作用，不善于采取必要的措施保证在每一次群众活动之后都能从工厂和工会中吸收一批新工人来加强党的队伍。由于根深蒂固的轻视党的作用，尤其是在身居地方工会部门领导岗位的同志中间的这种看法，以及由于这些同志中存在着把党组织在经济斗争和工会工作中的作用只限于采取个人参加该项工作的倾向,既不吸收也不组织共产党员和同情分子参加,这就不利于加强党在群众中的组织阵地和政治阵地。

党内生活不够丰富,令组织不能使新党员人数保持稳定。在教育新党员,帮助他们迅速学会做党的工作和执行党的任务等方面,情况特别糟糕。

党目前正在为建立统一战线而斗争,把自己的工作集中于工会和企业中的主要群众工作部门,同时正利用当前形势和党的影响以及工人对共产党同情的明显增长来建设党组织,征收新党员,提拔新干部,加强党同工会和企业中群众的联系。

党的群众工作,主要在改良主义工会中的工作,即在争取工会中的领导阵地方面的工作有了很大改进,尤其是在1933年期间和共产国际执行委员会第十三次全会以后。在1934年下半年的反法西斯斗争中,党表明自己有能力同工人群众结合并领导他们的斗争。

1935年2月,党的第十三次代表大会认真研究了巩固党的队伍、征收新党员、提拔新干部和加强党同群众的联系等问题。

党从共产国际第六次代表大会以后积累的全部经验清楚地证明,共产党只有不懈地进行斗争,在实际工作中贯彻共产国际争取工人阶级大多数的路线,才能够壮大,才能扩大自己的影响和巩固自己的组织。

爱尔兰

共产党的成立。1930年爱尔兰建立共产党的运动进一步加强,并着手出版革命的工人报纸《工人之声》。北爱尔兰和南爱尔兰的革命工人小组都团结在该报的周围。

1933年7月在都柏林召开了爱尔兰共产党成立大会,出席大会的有45名代表。大会通过了争取爱尔兰劳动群众社会和民族解放斗争纲领，同时还通过了关于参加经济斗争的决议、关于工会工作的决议、关于同革命的共和党组织建立联系的决议，以及关于爱尔兰共产党加入共产国际并成为它的支部的决议。

群众运动的高涨。科斯格雷夫政府是爱尔兰资本的直接代表和英国帝国主义的代理人。它企图借助军事法庭和警察恐怖来维护资本主义剥削制度和帝国主义统治制度。由于工农的愤懑情绪急剧增长，德瓦莱拉的党——爱尔兰共和党——在工党七名代表的支持下通过1932年选举建立了政府，执行民族改良主义纲领。

虽然革命工人小组处于非法地位，但它们在1932年选举中仍然在都柏林推荐了两名候选人，他们猛烈地抨击科斯格雷夫的政策，揭露德瓦莱拉的纲领，提出了工农的社会要求，并把这些要求同争取建立工农共和国的革命斗争纲领结合在一起。

接着在1933年1月的选举中，德瓦莱拉获得了多数。同上一次选举一样，工党支持了德瓦莱拉。革命工人小组在这次选举中运用了去年选举的经验，向群众宣讲了德瓦莱拉政策的成果，并且比以往任何时候都更加坚定地提出了建立工人和农场主的统一战线的口号，为他们的切身利益和建立工农共和国而斗争。

罢工斗争。这个时期最重要的罢工有1931年由基尔肯地方共产主义小组组织的矿工争取提高工资、改善劳动条件和承认工会的斗争。此外，1933年在格伦芒特和珍尼芒特两地发生了纺织工人罢工，还有都柏林的海员反对英国改良主义海员工会领导人同意降低工资的罢工。为了抗议降低工资，海员们宣布罢工并成立了独立的海员工会。1933年2月开始的反对降低工资10%的北部铁路线的罢工持续了10周。1934年4月都柏林的港口工人举行了罢工。在所有这几次罢工中，英国和爱尔兰的工会官僚同资本家、政府当局和教会沆瀣一气，极力使罢工者失败。长达两个多月（1934年8—9月）的都柏林印刷工人罢工以工人的胜利而结束。罢工是由要求提高工资的非熟练工人发起的,后来熟练的印刷工人也参加了进来,他们拒绝印刷工厂主协会攻击罢工者声明的报纸。

尽管共产党人在工会和企业中的影响非常小,但共产党仍然在这些罢工斗争中发表了自己的意见,他们的办法是,一方面印发传单,呼吁人们支持罢工工人,一方面揭露改良主义领袖的叛变行为。有一些罢工斗争是由共产党人组织并发动的(基尔肯矿工的罢工、纺织和缝纫业的罢工),在许多情况下,共产党人是工人们选举出来的罢工委员会的领导人。共产党人在一些工会(铁路工会、港口工人工会)中的工作取得了一定的成就。他们进入了一些重要的地区工会委员会(都柏林、贝尔法斯特),而且他们关于组织罢工和进行反法西斯危险斗争的建议也争取到了工人们的支持。但总的来说,只有为数不多的党员在工会中积极开展工作,而且工会中共产党党团的工作尚没有组织起来。在有着很大影响的改良主义工会中进行工作,应是爱尔兰共产党最重要的任务之一。

反法西斯斗争。经济危机的发展和群众的激进化促使爱尔兰统一党内部的资本家集团和富裕农场主紧密地结合起来。爱尔兰统一党执行明显的法西斯方针,并公开主张法西斯专政。爱尔兰资产阶级的这一变化,遭到了工人和广大农场主自发的强烈抵制。在很多场合,事态已经发展到了激烈搏斗的地步,而此时"蓝衫队"(爱尔兰统一党的法西斯组织)只是在警察和军队的保护下才得以逃脱。

爱尔兰共产党在1934年3月号召所有工人阶级组织,以及共和党组织加入反法西斯统一战线。在党的影响下,都柏林工会理事会通过了关于宣布在5月1日举行反法西斯总罢工的决议。虽说这项决议得到许多基层工会部门的支持,但是爱尔兰工联大会总理事会和工党执行委员会却暗中破坏这一决议,它们组织了几处群众大会代替了5月1日的总罢工。这几次群众大会原本应在 5 月 6 日由他们主持召开的。

在党的倡议下成立了反法西斯工人联盟。这个联盟在 5 月 1 日举行了几处大规模群众集会。爱尔兰共和军的右翼领导极力阻止他们的普通士兵积极参加反对法西斯的斗争，并宣布一切反法西斯行动均属"恐怖行动"，同时发布命令禁止参加这类行动。右翼领导把共产党人和革命战士开除出爱尔兰共和军，力图把共和运动引向支持德瓦莱拉的方向。尽管爱尔兰共产党在反法西斯斗争中做了所有这些工作，但它还落后于不断高涨的群众自发的反对"蓝衫队"的斗争。

1934 年夏，政府企图使用扣压和强制出卖财产的办法迫使农民缴纳土地费，然而它遭到了农民的奋力反抗和抵制。"蓝衫队"乘机煽动，企图利用农场主反对缴纳土地费的斗争来扩大自己在农村中的组织。这一策略引起了法西斯领导中的危机。结果是，奥德费提出辞职，反对奥德费煽动性策略的爱尔兰统一党中的科斯格雷夫派取胜。

由于爱尔兰共和军领袖的政策，1934 年召开的爱尔兰共和军大会以分裂告终。左翼共和分子同爱尔兰国民军、工会组织、其他工人组织及民族主义组织于 1934 年 9 月共同召开了全国共和党人大会。出席大会的有 180 名代表。大会通过一系列关于加强反对爱尔兰资本主义和英国帝国主义斗争的决议。爱尔兰共产党全力支持共和党人的大会，把它当做扩大爱尔兰群众统一战线的一种手段。

出席大会的一些阶层的代表在大会上发生了分歧。以奥顿涅尔为代表的集团以"自由爱尔兰共和国"的口号赢得了多数，而提出"工人共和国"口号的普赖斯集团虽也得到了工会组织代表支持，但却居少数。共产党也因为支持了"自由爱尔兰共和国"的口号而犯了错误，它没有提出自己独立的"工农共和国"的原则性纲领。这样，党没有能够在爱尔兰共和军大会上阐明自己的原则立场，因而使支持普赖斯集团的人（特别是工会成员）疏远了自己。鉴于种种分歧，大会发生了分裂：少数派不同意派代表参加大会选出的行动委员会。共产党未能利用召开这次大会的机会来扩大自己同怀有反法西斯情绪的群众之间的联系。这一切使得运动遭受相当大的损失。

法　国

I．法国经济和政治形势的变化

　　法国是在1930年后半年进入经济危机的，即晚于其他多数资本主义大国。迄今法国经济危机经历了三个阶段：持续到1932年中的工业生产的大幅度下降；1933年缓慢的局部恢复，以及1934年持续一年的再度恶化。

　　资产阶级极力为农产品规定高额关税，以维持国内市场的购买力。然而这一保护国内市场的政策却为工业品的出口设置了巨大障碍。法国的粮食价格高于其他国家，因而很难降低产品成本。与出口工业有关的那部分资产阶级力图进一步降低农产品价格。这样价格问题便成了法国资本主义最棘手的问题，而寻找全面解决这个问题的努力，一方面与各类资本家的利益发生冲突，另一方面又遭到群众的反对。

　　农民债台高筑，吞并负债的小农的现象增多，从而引起农民的极大不满。

　　危机减少了国家的收入，从而导致严重的预算赤字。但是，吞噬三分之一国民收入而主要又以日用消费品税为基础的征税制度，是降低产品成本的障碍。为了减少预算赤字，政府便求助于削减国家公务人员的薪金和减少社会福利开支（养老金、保健费等）。群众对这一政策的抵制成了1932—1934年时期左翼政府垮台的原因。资产阶级无法保持预算平衡便愈来愈多地求助于借债：两年来国债从 2700 亿法郎增至 3100 亿法郎。

法国帝国主义的内部困难由于国际矛盾的尖锐化而变得更加复杂。经济危机使法国帝国主义的威力赖以存在的凡尔赛体制发生了动摇。在《凡尔赛和约》范围内建立的联盟也开始瓦解。法西斯主义在德国的胜利大大加深了法德之间的矛盾。随着法西斯分子的上台，德国帝国主义开始公开地、疯狂地准备发动重新瓜分世界的新战争，发动东方战争（首先是反对苏联的战争）和进攻法国的冒险战争。

另一方面，社会主义在苏联的胜利使苏联的经济、政治和国防军事威力大大增强，从而使苏联成了国际上举足轻重的力量，成了吸引一切不愿发动战争的国家和政府的中心。苏联维护国际和平和保障安全的政策促进了帝国主义各国阵营的重新组合。法苏之间的接近就是在这一基础上，即在维护和平和保障安全的基础上实现的，法苏之间签订了互助条约。但是，法国资产阶级在实行同苏联和解的政策，赞成维护和平与保障安全的同时，继续玩弄手段，企图与德国帝国主义和英国帝国主义达成交易。

资产阶级极力想把危机造成的损失和军费负担转嫁到劳动群众身上的政策，引起了工人阶级、农民和城市居民中中等阶层的极大不满。这种不满被 1932 年在选举中取得胜利的几个左派政党所利用。但是，得到社会党支持的各届左翼政府，都因企图以伪装形式改头换面继续执行资产阶级那一套政策，在不断增长的群众抵抗面前，一个接一个地倒了台。人数众多的、一连串的工人罢工运动，使得多次大幅度降低工资的企图遭到了失败。一些新的劳动群众阶层——政府公务人员、小商人和劳动农民，纷纷加入了斗争的行列。

在这种情况下，资产阶级已经感觉到扼制群众不满情绪增长的老一套统治办法已很难奏效，因此，法西斯思想在一些资产阶级政党中迅速发展起来。法西斯集团利用群众对财政失败产生的深刻不满，于1934年2月6日企图发动政变以建立公开的法西斯专政。这一由极端反动集团支持并领导的政变企图，表明了劳动群众和大资产阶级之间的斗争日益尖锐，同时也表明资产阶级阵营内部对如何执行大资本政策的方法发生了分歧。但是，由于群众的奋力回击，法西斯暴动立即被镇压下去。共产党早在2月6日前就组织了一系列群众行动以对抗法西斯集团的活动。2月9日共产党在巴黎和外省组织了大规模的游行示威，从而保证了2月12日总罢工的巨大胜利。二月事件后共产党仍然动员群众保持警惕。共产党一边组织群众反对法西斯组织和资产阶级的法西斯政策，同时把群众联合到广泛的斗争统一战线中来。

二月事件加强了资产阶级力量的重新组合和资产阶级政权法西斯化的过程。激进派政府面对法西斯暴动的屈膝投降，使资产阶级乘机建立了一个"民族团结"政府，这个政府将议会制办法抛置一边，而代之以实施一系列非常法令。这个"民族团结"政府开始急剧地降低群众的生活水平；它还纵容组织和武装法西斯匪徒并给他们以种种庇护。它曾企图修改宪法，为法西斯政变扫清道路。但是，共产党旨在建立广泛的统一战线所做的努力，为组织群众的积极抵抗创造了条件。法西斯主义的影响未能波及小资产阶级的广大阶层。这一切招致了杜梅格政府的垮台，使这个政府实现法西斯化的计划未能得逞。

但是，杜梅格政府的垮台，绝不意味着大资产阶级放弃利用法西斯手段来破坏劳动人民的抵抗和摧毁劳动人民的组织。法西斯分子活动的形式虽然不再那么大张旗鼓、甚嚣尘上，但他们依然十分活跃和猖獗。

为了搅乱日益增长的反法西斯运动的方向，弗朗丹政府摆出一副代议制政府的面孔，表面上放弃法西斯化计划。但与此同时，它却开始大举侵犯劳动人民的经济利益。

由于帝国主义国家间的矛盾日益尖锐化，由于经济危机、预算困难和资产阶级总政策把危机的负担转嫁到劳动群众身上而造成的法国国内矛盾的激化,加强了法西斯力量的集结和侵略性,同时也加强了反法西斯力量的团结和决心。在这种形势下和在这个基础上,弗兰登政府倒台,赖伐尔政府成立。这一次政府更迭,就其阶级政治意义来说,是法国资产阶级的一次随机应变政策,以便他们继续执行由杜美和弗兰登开始的迂回政策,其目的是鼓励法西斯势力的集结和削弱人民群众的反法西斯战线。

资产阶级执行疯狂进攻的政策,企图把经济危机的全副重担压在工人阶级和劳动群众身上。这一进攻造成了中产阶级进一步贫困化。法西斯极力利用群众这种有利于它们的绝望情绪,企图用反资本主义的蛊惑宣传来争取群众。共产党给自己提出的任务是,把统一战线扩大到劳动人民的各个阶层,号召他们起来为让富人承担危机损失而斗争。

II. 反对帝国主义战争危险,反对法西斯主义和保卫苏联的斗争

法国共产党从1928年开始便一直在大力进行反对帝国主义战争危险和保卫苏联的斗争。借着1929年8月1日举行的第一个国际反战活动红色日的机会,党成功地动员了广大群众参加罢工和游行,并向工人们宣讲列宁反对帝国主义战争的斗争策略。

1932年,即在极大地推动了反对帝国主义战争运动的阿姆斯特丹大会之后,法国共产党着手实现统一战线的工作,它得以把各种派别的工人团结到斗争委员会中来,其中有数千名社会党的工人和150个社会党支部,尽管社会党领导对这些工人和支部以禁令、开除相威胁。

在整个这一时期,党一直在不断地维护士兵,即预备役士兵和新兵的要求,进行争取军队的工作,争取士兵同工人的结合。因此,党得以使相当数量的士兵阶层同工人阶级结合起来,开展劳动人民反对战争和

保卫苏联的斗争。

德国建立法西斯专政并公开宣布它要进攻苏联之后,战争危险因之大为增长,法国共产党加强了保卫苏联的斗争,同时动员群众起来抵抗希特勒法西斯主义和支持订立法苏互助条约的主张。法国共产党坚决断然拒绝同资产阶级结成"神圣同盟"的主张,努力动员最广泛的人民群众起来保卫苏联,抵抗法西斯主义。在这方面,党一直在进行斗争,争取军队,力争把法西斯主义军官撵出军队,维护士兵的要求。

同时,法国共产党还积极开展了争取签订法苏互助条约的运动,抨击并揭穿法国政府玩弄的花招。条约签订后,法共接着又在广大群众中开展了要求遵守这一条约的运动,开展提醒法国人民认识法国外交政策的不稳定性和矛盾性的运动,同时还开展了反对法国法西斯分子的运动。这些法西斯分子正在极力剥夺人民群众的权利和自由,扮演希特勒代理人的角色。

争取改善士兵状况的斗争,建立支持士兵斗争委员会,通过党的报刊开展支持士兵要求的宣传运动——所有这一切导致在二月战斗中出现了多起军队和工人阶级握手言欢的情景。

近一个时期,共产党和共青团在统一战线基础上在维护士兵和新兵的要求方面取得了很大成绩(《士兵募款储金会》);他们已经把广大的劳动人民阶层,乃至资产阶级组织的一些成员都吸引到运动中来了。

在反对反苏挑衅斗争中,《人道报》在杜美总统被白卫军分子戈尔古洛夫暗杀后开展的运动尤其引人注目。

共产党还号召群众起来斗争以保卫苏联免遭来自日本帝国主义方面的进攻。

反对在阿尔萨斯-洛林地区和在殖民地实行帝国主义压迫的斗争

最近几年,阿尔萨斯-洛林地区的阶级斗争变得十分尖锐。经济危机在那个地区引起了非常严重的后果,这是因为种种赋税压榨过于沉重和大部分农产品丧失了传统的销售市场。这种尖锐化在1933年斯特拉斯堡的总罢工中和在展开的街垒战中已经表现出来。这些斗争已经从经济斗争变成了反对法国帝国主义的政治斗争。

与此同时,阿尔萨斯-洛林地区人民中的德国法西斯分子也在积极活动起来。遗憾的是,阿尔萨斯-洛林地区的共产党人当时还未能很好地进行具体工作,使该地区的无产阶级和全体劳动者结成统一的人民斗争阵线去争取劳动人民的迫切经济要求和政治要求,去反对阿尔萨斯-洛林的大资产阶级,反对法国帝国主义和法国法西斯分子,反对德国纳粹法西斯主义的凶恶进攻,争取同法国人民反法西斯阵线和德国的反法西斯力量团结一致,采取积极的共同行动。

经济危机在殖民地造成的可怕后果,加速了当地群众旨在首先反对法国帝国主义的大规模运动的发展。这一运动在印度支那尤为强大;在那里,尽管法国帝国主义采取了严厉的镇压政策,但反抗运动至今尚未停止。1930年那里成立了印度支那共产党,并成为共产国际的一个支部。

北非(摩洛哥、阿尔及利亚、突尼斯)和马达加斯加的反帝运动也迅猛开展起来。在阿尔及利亚,共产党在1934年二月事件中组织了当地人和法国劳动群众的示威游行,取得了一定的成绩。1934年在阿尔及利亚,主要在突尼斯,爆发了当地居民的大规模战斗行动,在这次运动中共产党人发挥了领导作用。

共产党在法国国内支持了印度支那群众的反帝斗争,它号召法国劳动者举行游行示威,反对雇佣军的暴行和殖民掠夺。它曾两次派出工人组织的代表团去印度支那,向印度支那的战士们表示宗主国工人对他们的同情和声援。

为保卫突尼斯的反帝运动,党开展了认真的宣传鼓动运动。尽管如此，党在有关印度支那事件中，在摩洛哥战争问题上以及在阿尔及利亚和突尼斯的运动方面所做的工作还是很不够的。

反对法西斯危险的斗争

法西斯在德国执政后，争取建立统一战线的斗争进入了一个新的阶段。1933年3月，党曾建议社会党着手共同反对法国资本的进攻，积极支援德国无产阶级反对法西斯的斗争，加强法国无产阶级和德国无产阶级反对《凡尔赛和约》和反对帝国主义战争威胁的共同斗争。这些建议受到工人群众，尤其是受到德国社会民主党工人的热烈欢迎。因为他们对德国社会民主党的投降行为和第二国际危机感受很深。但是来自群众的压力尽管不断增大，却仍然不足以迫使社会党领导人接受共产党关于建立统一战线的建议。

同时，阿姆斯特丹委员会则把反战斗争同反法西斯斗争结合在一起，在巴黎召开了反法西斯大会。所有这一切都促进了更广泛的群众的团结，促进了群众性反法西斯运动在法国的进一步发展。

这时，关于统一战线的问题逐渐成为社会党危机极其重要的因素之一。对支持左翼资产阶级政府感到深刻不满并倾向于建立统一战线的社会党群众的革命情绪不断高涨，加深了社会党内部各派在党的下一步策略问题上的分歧。在这一系列事实的影响下，社会党领袖一方面被迫于1933年11月与公开赞成社会法西斯主义路线的新社会党人划清界限，另一方面，为了阻止建立统一战线运动，又将参加阿姆斯特丹运动的"社会主义行动"派领导人开除出党。

二月事件大大推动了群众运动。反法西斯斗争在统一战线旗帜下开展起来。2月9日大批社会党党员不顾该党领导人的指示，在巴黎参加了共产党组织的示威游行和同警察的搏斗。2月12日，在曾取得空前成功的总罢工那一天，大部分群众大会和示威游行是由红色工会和改良主义工会组织、共产党和社会党共同举行的。共产党现在正努力通过以阿姆斯特丹运动为基础建立统一战线委员会的办法来巩固这种在斗争中形成的双方的接近。1934年1月，这种统一战线委员会还只有400个，而4月初已达到800个，到1935年第一季度，便增加到1500个。

法国国内形势也发生了深刻的变化。在二月事件中未能一举达到目的的法西斯组织极为活跃，企图克服自己的主要弱点——群众基础不足、缺乏总的纲领和统一运动。它们在受经济危机严重损害的中间阶层中展开了特别积极的活动。它们招募相当数量的骨干充实自己的战斗组织并企图达到组织上的团结。法西斯分子的这些活动遭到了群众越来越强烈的抵制，由于实现了统一行动，群众的战斗决心也越来越大。参加反法西斯游行示威的群众人数远比党的影响所能涉及的人数多得多。

在这种形势下，共产党中央强调指出，必须更广泛而迅速地团结无产阶级的一切力量，堵塞法西斯主义的道路，利用一切手段反对"民族团结"政府推行的法西斯化政策，并把这项任务置于党的工作的首要位置。鉴于社会党的工人党员中有利于统一战线的运动的不断增长（这一点在图卢兹召开的社会党代表大会上表现得尤为明显，35％的大会代表要求加入阿姆斯特丹运动并向共产国际派出代表团），共产党中央于5月31日重新向社会党提出了自己的关于建立统一战线的建议。因此，共产党和社会党之间在报刊上展开了讨论，最后终于在7月签订了关于共同进行反法西斯主义斗争的协议。

这一协议的宗旨是团结劳动群众进行反法西斯斗争，保卫民主自由，反对战争威胁，反对非常法令并争取积极的国际声援。协议规定共同组织群众大会和游行，实现反对非常法令的联合战斗行动。协议并规定两党有义务在采取联合行动期间不要攻击和批评积极参加共同斗争的组织和积极分子，但同时在这一斗争的范围外，两党各自保留在宣传和征集党员问题上的完全独立。

统一战线的实现使反法西斯斗争取得相当大的成绩，打退了法西斯最初的几次进攻，提高了工人阶级的战斗力和对自身力量的信心。另一方面，共产党由于统一战线策略扩大了自己在群众中的影响，壮大了自己的队伍，促进了共青团的成长，提高了广大团员群众的政治水平。统一战线的实现促进了工会的统一，最后，还有助于在国际范围内开展建立统一战线的斗争。

争取经济要求的斗争和罢工运动

经济危机期间，劳动人民各个阶层的生活水平，尤其是工业无产阶级的生活水平大大下降了。工资降低了15%—40%。由于绝大多数工人是在没有签订任何合同的情况下工作的，这种情况在很大程度上使企业主容易对工人发起进攻。有100多万人成了完全失业的牺牲品，几乎有半数的无产者处于半失业状态，而只有极有限的一部分失业者能够领到为数不多的救济金。

资本采取各种形式降低群众的生活水平；解雇工人然后再录用，关闭企业然后重新开张，压低工人等级；对全体工人实行缩短工作周制度，对外国工人实行警察镇压，等等。

法国无产阶级进行了几次大规模的经济斗争。其中包括：1931年的北方12.5万纺织工人大罢工，1931年和1933年的矿工罢工，雪铁龙汽车工厂工人罢工，斯特拉斯堡罢工，1933年水运工作人员罢工，等等。这一时期罢工斗争的突出特点是，罢工水平的提高，即由经济斗争发展为反对资本主义国家的战斗，这种情况在北方和维埃纳（伊泽尔省）纺织工人罢工、水运工作人员罢工和斯特拉斯堡罢工时的街垒战中都已经表现出来。这一时期争取局部要求的罢工的另一重要特点是，它吸引了铁路职工、公用事业职工和政府公务人员参加，他们几次挫败了降低他们工资的企图。

失业工人的唯一组织者是共产党和法国总工会，维护失业工人要求的斗争的特点是建立了委员会网，在全国范围内进行了一系列战斗，其中某些战斗，主要是几次饥饿进军，达到了相当规模。这些办法使得一些重要要求得到了满足，特别是在巴黎地区。

但是，在组织进攻性的经济斗争时却遇到一些困难，这是因为共产党内还存在着不重视保护工人局部要求的严重的宗派主义倾向，对共产党人在工会内部进行工作缺乏正确理解，而且工作不够得力。

共产党的工会工作和工会统一运动

整个这一时期，主要由于巴尔贝集团的"左"倾政策的影响，在党的工会工作中，占统治地位的是一条错误的、危险的方针。只是经过与宗派主义政策的斗争，党的这项工作才有了转变，并转向维护工人局部利益的方向。在开展斗争的时期，党通过选举各种斗争委员会的办法开展了建立广泛统一战线的运动。

在反战和反法西斯斗争基础上统一战线的发展，对工会统一运动起了很大的推动作用。尽管工会官僚进行了激烈反对工会的共同行动，在改良主义工会工人和拥护法国总工会的工人之间还是有了相当的接近。基层组织中的这种接近，为工会统一运动的广泛开展打下了基础。由于一些改良主义工会和统一工会没有等待工会运动的上层机关制定统一的条件便实行了合并，在1934年一年中产生的统一工会组织就超过了500个。这种联合是在否认阶级合作的纲领基础上进行的，这表明改良主义工会中的许多工人对劳工总联合会的政策怀有不满情绪。

争取工会统一运动在铁路职工、邮电职工和公用事业职工中发展最快。在工业工人（冶金、采矿、纺织等工业部门）中的发展最慢。在合并工会的过程中，主要在铁路工会中，曾出现过只限于办理合并手续而不组织进攻性斗争的倾向。

为使群众脱离争取直接要求的斗争，并阻止在阶级斗争基础上实现工会统一运动的发展，改良主义工会领袖和某些资产阶级集团一起，特别是和新社会党人一起共同制定了一个所谓国家"经济复兴"纲领。他们要求采纳这个纲领，并把工会加入改良主义劳工总联合会看做是实现工会运动统一的唯一可行道路。但是法国总工会继续开展运动，以便在能够动员整个工人阶级反对资本进攻的直接斗争的纲领基础上召开一次联合大会。

农民工作

农村的运动主要从1932年起才开始特别迅猛开展起来。自1932年8月至1933年6月，全国各地有30万农民参加了200多次示威游行活动。1934年农民运动继续在发展。

党和劳动农民总联合会成功地领导了大批农民反对因欠债和欠缴税款而没收农民财产的行动，特别是在布列塔尼半岛和在东南部地区。

党曾长期对这一运动估计不足，把运动的领导权交给了大土地占有者控制的组织。党过去未做任何努力去参加这一运动，也未在其中进行政治工作以促进农民中不同阶层的分化。在实现农民的直接要求问题上，党采取了宗派主义观点，特别是在价格问题和危机补贴问题上。

不过，1933年在改正这些错误和在消除党在农民工作中的消极情绪方面迈出了坚定的一步。

几个省的党的组织和劳动农民总联合会的组织在劳动农民中间成功地进行了大量工作，吸收他们参加了统一战线行动。1934年5月，由劳动农民总联合会组织的大会对一些农民组织作了更加具体的指示，提出要把保卫农民群众的要求作为斗争的目标。法国总工会各级地方组织也各自在农业工人中开展了更为经常的工作。

但是，远非所有的缺点都已得到了克服。在农民中工作进展的速度远远跟不上农业危机加剧和农民群众不满情绪增长的速度，两者之间出现严重的不相适应的情况。"民族团结"政府实施的"健全化"政策使劳动农民的境况进一步恶化，这就给主要以农民党面目出现的法西斯的蛊惑宣传渗透到农民中去造成了可乘之机。因此，共产党必须加紧工作，把农民基本阶层争取到无产阶级一边来，以便在反对资本主义的广泛的人民阵线这一范围内实现无产阶级同劳动农民的联盟。

人民阵线的发展

共产党继续以统一战线形式促进反法西斯主义的斗争，同时把团结劳动人民各阶层顺利地发展这一斗争作为自己的任务。为此目的，党制定了包含直接政治要求和经济要求的纲领，以便能够促进建立广泛的人民阵线和开展劳动群众反对资本进攻的斗争。

共产党关于建立人民阵线的工作，加强了激进党控制下的劳动群众反对该党领袖执行"民族团结"政策的反对立场，从而导致了杜美政府的垮台。共产党的工作在原前线战士的运动中也表现出来并取得了成果，那就是广大的反法西斯前线战士同他们的法西斯头目之间发生了深刻分歧。党还使相当一部分知识分子参加到无产阶级的反法西斯斗争中来。另一方面，共青团作为青年工人反法西斯联合行动的鼓舞者和组织者，同数万名青年工人建立了联系，这里不仅有社会主义工人青年联盟的成员，而且还有共和党甚至基督教工人青年联盟的成员。共青团提出的建立"青年工人一代阵线"的主张，使法西斯分子建立法西斯领导下的青年联盟的企图未能得逞。反对战争和反对法西斯的斗争在劳动妇女中也得到了热烈响应,由此而建立了数百个妇女委员会。共产党还开展了反对生活费用上涨的运动,这样便把相当多的劳动妇女,尤其是家庭妇女团结起来了。

但是,共产党在组织反对资本主义的具体行动方面,在扩大统一战线方面却遭到了部分社会党领导人的敌视。他们提出了一个在资本主义范围内组织计划经济、实行银行国有化等等的纲领来反对共产党人提出的直接行动纲领。此外,社会党领袖还企图把渴望建立广泛的人民阵线的群众引入歧途,并提出以"1905年宪章"为基础实现共产党和社会党的组织统一的口号,以对抗统一战线的思想主张。共产党一方面忠实地履行统一战线的协议条款,继续独立地开展其建立人民阵线的运动,同时向群众宣讲无产阶级在统一的革命党的范围内实行联合的条件。

Ⅲ. 共产党的地位及其组织状况为贯彻共产国际的路线而斗争

在第六次世界大会之前,共产党对抵制执行"阶级反对阶级"策略的右倾机会主义进行了有力的斗争。当时操纵机会主义反对派的多里奥已向共产党缴械投降。但这种投降并不意味着清除了党内的右倾机会主义。在反对资产阶级斗争的各个领域中贯彻党的策略时,曾揭露出一个完全堕落的、对社会民主党亦步亦趋的小资产阶级分子集团(皮尤普分子、《人道报》编辑部内的机会主义分子、阿尔萨斯-洛林地区的布兰德勒分子)。

这场反对机会主义斗争开展的时候,反动的资产阶级向共产党发起了疯狂进攻,党中央委员会和法国总工会领导的大多数成员遭到逮捕,剩下的人都转入了地下。在这种情况下,党的领导权转到了巴尔贝—塞罗尔—罗泽雷集团手中。

巴尔贝集团取消了统一战线政策，甚至在党内清除了统一战线的思想。他们的这种做法客观上适应了社会民主党的需要，使社会民主党有可能重又夺回许多阵地。巴尔贝集团取消了实现局部要求的斗争，认为这些要求是"超过历史条件的要求"，他们轻视局部罢工的组织和领导工作，同时又散布关于总罢工和群众性政治罢工的无政府主义的空话。这个集团在党内实行一套任命和分配党的干部的制度。

巴尔贝集团表面上宣称自己同共产国际路线保持一致，实际上则在党的工作的各个方面实行对抗这条路线的政策。它借口法国共产党内不存在"左"倾机会主义危险而拒绝进行两条战线的斗争。

巴尔贝—塞罗尔—罗泽雷集团是一个地下集团，他们有自己内部的纪律，并把这种纪律置于党的纪律之上。这个集团的积极成员谢洛尔原是一个叛徒。巴尔贝集团以加聘委员的办法代替党中央领导机关的选举制。他们利用这种办法把忠于自己的人员安插到党的机关各个关键岗位上。

巴尔贝集团的政策，它在组织问题上的方针和在党内推行的制度造成了党在群众中的孤立，并使相当数量的革命工人离开了党，从而大大削弱了党。在群众组织中，尤其是在法国总工会系统的工会和共青团组织中，这个集团的政策也造成了同样的后果。

广泛开展建立统一战线的工作（1932年）后，党得以克服巴尔贝集团的宗派主义倾向，虽然其中某些倾向，例如在实现直接要求的问题上，至今仍在党内有所反映。

共产党在反对巴尔贝集团的斗争中变得坚强起来，并加强了它在群众中的影响。

结合党在二月事件期间的活动所引起的强大的统一战线运动，党又一次打退了从多里奥方面发动的新的机会主义的进攻。

多里奥发起了反对党及其中央委员会的运动。他大搞派别活动，经常明目张胆地破坏党的纪律。他在巴尔贝集团的残余分子中找到了进行反党活动的同盟者。

共产国际召多里奥前来作出解释，但他没有应召而来，由此可见他已经把自己置于共产国际队伍之外了，尽管他还在以向共产国际发出呼吁来欺骗工人。

多里奥被开除出党后更加暴露了他的反革命真面目。他在圣但尼地区的部分工人中仍然还有影响，并且把一些已经堕落的被共产主义运动所抛弃的可疑分子网罗在自己周围。

法国共产党在反对多里奥的斗争中表现了它的成熟性和团结，因为它的各级组织能团结一致，反对多里奥的立场，拥护共产国际和党的中央委员会的路线。

共产党在捍卫共产国际路线的内部斗争中锻炼了自己，同时通过统一战线策略提高了自己政治上的战斗力。党员和骨干积极分子的政治水平大大提高。许多事例表明他们有能力更密切地联系群众，组织并引导这些群众的斗争。

共产党影响的增长

党在1929—1931年期间执行的宗派主义政策使党脱离了群众，大大削弱了党的影响。这一点在1932年的议会选举中看得尤为清楚，党在这次选举中失掉了30万张选票。但群众工作的改进和统一战线工作的成功，使党有可能重新逐步争取群众并扩大自己的阵地。

党在1934年进行的反法西斯斗争以及它在这一斗争中作为鼓舞者和组织者的作用，大大提高了它在群众中的影响和威望。在外省进行的市政选举（1935年5月举行）结果，证实了党的影响的增长，党所获得的选票比1932年的选举增加了25％。

共产党获得 300 多个地方政府委员的席位，并在 200 多个地方政府中获得有影响的少数。在塞纳省共产党获得 23.5 万张选票（1929 年为 21 万），得到了 27 个委员席位（1929 年为 9 个）。在塞纳和瓦兹省共产党获得了 29 个地方政府委员席位（1929 年只有 6 个）。在加来海峡省和北部省共产党获得 50 个委员席位（1929 年为 15 个），等等。5 月 26 日在塞纳省举行的县城选举中（不包括巴黎），在市（镇）政选举之后 10 天内共产党又增加了 1 万张选票，当选的委员有 25 人。这样，在塞纳省的省议会中，共产党就占了 33 个席位（8 名巴黎市政委员和 5 月 26 日当选的 25 名委员）。这几次选举以及后来的补充选举（在土伦等）都表明法国共产党的政治影响在迅速增长。

法国共产党反对法西斯主义和实现统一战线的活动在国际范围内引起了广泛反响。反对法西斯主义共同行动取得的成就，使其他资本主义国家中跟随第二国际的各党走的工人们更加向往统一战线，使其他国家的统一战线进一步扩大，同时也使第二国际本身的分化更加深入。

党的刊物和群众组织

法国共产党拥有相当数量的报纸。这里首先要提到的是《人道报》，它在无产阶级群众中享有很高的威信。

1929 年，当政府攻击《人道报》时，工人阶级掀起了同情和支持《人道报》的强大运动。工人们在两周的时间内就筹集了 200 多万法郎，并且成立了数百个保卫党报委员会。

1932 年杜美被刺杀后，当时达拉第打算发起疯狂的反苏运动，但《人道报》迅速动员了工人群众的社会舆论，揭露了达拉第，迫使他停止了对苏联的攻击。

2 月间，当反法西斯斗争浪潮异常高涨时，《人道报》取得了空前的成功,它的日发行量有时达到 60 万份。广大工人群众倾听着党中央机关报的声音。二月事件后,《人道报》增加了 3.5 万新读者。

除自己的中央机关报外,法国共产党还在斯特拉斯堡发行出版了 1 份日报、近 30 种周刊,总共拥有 12 万—13 万读者,在 1934 年中这些报刊的影响和政治水平有很大提高。

法国总工会出版近 70 种工会刊物,主要是月刊,总发行量近 30 万份。

受党影响的其他群众组织共出版 11 种报刊,总发行量为 22 万份。共青团由于执行统一战线策略而使其出版的周刊发行量增加了两倍,达到 2 万多份。

这样,革命的报刊总发行量近 100 万份。但是仍然不能说,共产党的刊物已经完全成功地发挥了群众组织者的作用。《人道报》和工人通讯员之间的联系还很不够,尽管《人道报》经常收到来自工厂、农村、兵营等的大量来信。

加强党务和组织工作

关于改善法国共产党党务工作和组织工作的问题早在 1932 年就已经认真地提出来了。曾经通过了一项关于把一些州和区组织划小的决议。划小组织的工作进展很快,党原来只有 28 个区,到 1934 年底已经拥有 51 个区,这就可以大大改善各方面的工作,尤其是群众工作。当时也曾设想取消党的工作中过分集中的做法,但这方面的工作只是做成了一部分。党的委员会依旧还很庞大,花在会议上的时间和精力过多,因而影响了在群众中的具体工作。

1931 年党员人数曾大幅度下降。但从 1933 年底开始,特别是在 1934 年,党进行了经常性的征收党员的工作,使新党员人数增加了 1.5

万多人。到1934年底法国共产党计有党员4.5万人，1935年第一季度有党员5.3万人。同期共青团员的人数增加了两倍。但是，党至今还不善于使每个党员都能参加党的工作，它至今还未能消除造成党员流动的各种原因。

街道支部在数量上仍占优势。工厂支部的数目还不大。党的工作大多是在企业外进行的。造成这种状况的主要原因之一是对争取工人局部要求的斗争不够重视。

直至最近工厂支部中还有很多"指定的负责人"，他们根本不了解工厂的实际情况，在工厂支部的工作中不可能给支部任何一点细小的帮助。党委会至今对工厂支部的工作帮助不够。然而，应当指出，近期在开展企业工作方面取得了明显的效果。在巴黎地区，对党的企业工作进行了改组。在北方地区，党在纺织厂建立了支部。最后，在最近一次征集党员运动中建立了许多个新的工厂支部，而且其中一些支部完全是由新党员组成的。

相当一批入党不久的工人的政治水平还很低。党对他们做的工作很少。至于党的积极分子的思想巩固问题，应该说这方面的进展极其缓慢。到目前为止，甚至一些主要的马列主义著作的推广工作也做得很不够，理论上的探讨就更加不够了。

在共产国际第六次代表大会到第七次代表大会期间，法国共产党曾不得不克服无数的严重困难。只是在最近两年，党在加强了自己的领导之后，才坚定地转向争取广大无产阶级群众的道路上来，并千方百计地在无产阶级同盟军中扩大自己的影响。

在这条道路上共产党取得了初步的和引人注目的成绩。只要党继续正确地执行统一战线策略，善于组织群众更有力地开展反法西斯斗争，开展争取把经济危机的重担转移到资本家身上的斗争，只要党争取在阶级斗争的基础上实现工会的统一，只要党在农村开展群众性的革命斗争,更主要的是,只要党能在城乡各地建立起统一战线基层委员会,并使其成为不断扩大联合行动的运动和发展群众斗争的最坚强的堡垒,党就一定能够巩固和扩大这些成绩。

西班牙

从共产国际第六次代表大会到第七次代表大会这一期间,西班牙革命经历了两年的兴起和四年的发展。在这一轰轰烈烈的时期,西班牙共产党作为一个政党成长了起来,它开始行动,接受战斗的洗礼,变得越来越坚强,终于发展成今天这样一支强大的政治力量,它以坚定不移的态度给自己提出了真正巨大的任务。西班牙共产党的政治活动和它的内部发展,是同西班牙革命本身的蓬勃发展过程、它的特点和困难有机地联系在一起的。同时,西班牙革命的困难和曲折本身,它的发展速度,它的时而停滞不前、时而又突然爆发,但又始终未导致占领决定性的阵地,这一切无疑在相当大的程度上,如果不是完全的话,也是由于西班牙共产党及其领导的软弱、由于它的发展速度和布尔什维克化的速度缓慢所造成的。

因此,关于西班牙共产党的活动和发展的报告,便不可避免地要同对西班牙革命主要事件的综述交织在一起。

共产国际第六次代表大会结束不久,西班牙就成了阶级矛盾大爆发的舞台,结果,普里莫·德里维拉的军事法西斯独裁被推翻(1930年1月),随后不久,即1931年4月,又推翻了300年的波旁王朝并宣布成立共和国。在严峻的经济危机已经波及西班牙的条件下,共和革命是猛烈的革命进攻浪潮冲击的首要成果。无产阶级、城市小资产阶级中的不满阶层、农民和被压迫民族,特别是加泰罗尼亚人,纷纷起来反对君主政体,反对地主资产阶级教权主义制度,反对经济和社会政治方面的封建主义残余。但是，战斗的革命群众却没有能够获得自己的胜利果实，没有能够从大资产阶级和地主手中夺得政权和国家机器。因此，共和革命不但没有成为革命危机的终结，反而成了使革命危机变为长期的、深刻的和尖锐的革命形势的开端。1931年到来的革命形势至今仍然存在。1934年10月，革命与反革命在西班牙全国范围内进行了一次最大规模的较量。但即使在1934年10月，群众的革命斗争也还没有达到顶点。资产阶级地主反革命势力正在集结自己的力量，对工人实行血腥镇压，但却未能使威胁他们的革命力量遭受决定性打击。革命力量在成长，在壮大，在重新组合，准备在新的搏斗中给予资产阶级地主反革命势力以坚决、彻底的打击。

紧张的阶级矛盾早在1934年10月便导致了总罢工，有些地方则已导致武装斗争。这种紧张状态在十月战斗之后也未曾减弱。阶级矛盾如此尖锐和紧张，其主要原因就是，1931年4月的变革及资产阶级地主反革命集团的政府随后实行的政策，都未能完成任何一个时机已经成熟的历史任务，而无产阶级和劳动群众则为实现这些任务推翻了普里莫·德里维拉独裁和波旁王朝的统治。在社会党人、激进社会党人、左派共和党人、左派加泰隆人以及无政府工团主义者的掩护下和直接或间接的积极配合下，资产阶级地主反革命势力得以利用四月共和革命作为先发制人的武器来对付工农革命。执政30个月的、包括小资产阶级和资产阶级共和政党、社会党人参加的联合政府的历史使命也就正在于，这些政党始终保护着资产阶级和地主的利益。它们利用肆无忌惮的蛊惑宣传、散布对宪法的幻想，以及在巩固共和体制借口下实行镇压等手段来扼杀工农革命，企图使工农革命瘫痪、瓦解、失去战斗力。

但是，在资产阶级地主制度存在的四年里，革命力量空前发展，并重新组合和壮大起来，革命斗争的目的和任务对广大群众来说更加清楚了。

在土地关系方面,封建主义的残余势力依然大量存在,几乎没有受到触动。1932年9月采取的"土地改革"不能解决土地问题,它只不过是地主和资本家对广大农民实行更合理、更贪婪掠夺的一项措施。无地和少地的农民并未得到土地。生活在贫困可怜和半饥饿线上的雇农阶层的状况,不但没有改善,反而更加恶化。复杂的、半封建制的、奴役式的租赁制度丝毫未受触动。高利盘剥和地主的横行霸道(酋长统治)仍然笼罩着整个农村。农民中的中等阶层(佃农和自耕农)加速破产。

教会和宗教团体仍然保留着他们的地产、银行和工业企业,保留着强大的政治势力。

加泰罗尼亚、巴斯克地区和加利西亚地区各不平等附属民族没有争得民族独立,没有取得平等权利。

由君主制继承下来的国家机器,包括它的警察和暗探、它的官僚阶层、地主军官帮派和实际上是地方最高当局的各地区的军事总督,几乎都未触及。

原有的税收制度,这一对劳动人民的真正有组织的掠夺,也并未有任何改变。

工人阶级的一般状况没有得到改善,而是在不断恶化。失业人数超过150万,他们领不到救济金。没有社会保险,没有失业保险。而同时,工厂主和地主还在继续降低城乡无产阶级的工资和缩短劳动日。

城市小资产阶级的状况也在不断恶化。

不但不实现许诺的所谓民主权利和自由,反而在全国依然是实行检查制度、半戒严状态、讨伐队、警察突击队、政治迫害、监狱、大批枪杀、横行无忌的法西斯匪帮的统治。无产阶级的出版自由、结社和集会的权利被完全践踏。

从1933年年中起,包括政府和议会在内的国家机器的全部领导职位都一个个直接落入地主教权主义和大资产阶级的法西斯化的党派和集团手中。从这时起，资产阶级地主反革命在巩固了他们在国家机器中的阵地之后，便开始公开地摧毁在共和国建立的第一年实行的、不多的几项不成体统的民主改革的最后一点成果。

因此，西班牙的最近四年是轰轰烈烈的、几乎没有间断的无产阶级群众革命斗争的时期，是农民革命发动和加剧的时期，是加泰罗尼亚、巴斯克地区、加利西亚和摩洛哥等各族人民的民族解放运动不断加强的时期。而在不断发展的革命斗争的各种形式中，就其影响、规模及声势来说，居于首要地位的，无疑是在无产阶级中心掀起的罢工、游行和街垒战。

西班牙工人罢工和示威游行。工人中的一起起群众罢工和游行之间的间隔时间愈来愈缩短。一些小型的经济罢工越来越迅速地发展成为政治性的群众大罢工和示威游行。而这些罢工和示威又往往把在业工人和失业工人联合到一起，发展成同当局的公开残酷的斗争。罢工次数、罢工持续的时间、罢工的顽强程度和参加罢工的人数，都在逐年增长。根据极不完全的关于罢工次数的资料统计，我们可以看到下列情况：1929年罢工近100次，1930年为527次，1931年为710次，1932年为830次，1933年为1499次。其中许多次罢工都是具有革命性质的巨大政治事件，其打击震动了整个资产阶级地主制度。例如下列罢工就属于这类事件：塞维利亚的总罢工和流血的街垒战（1931年7月），巴塞罗那的总罢工和巷战（1931年9月），巴达霍斯省7万雇农的自发性罢工（1931年12月），利奥布列加特谷地的罢工武装起义（1932年1月），共产党组织的反镇压的48小时总罢工游行（1932年1月25—26日），以及1932年1月间100万人参加的和2月间120万人参加的群众性大规模罢工和示威游行。到1932年的第四季度，罢工运动再一次进入高潮：阿斯图里亚斯3万名矿工罢工，萨拉曼卡的总罢工不仅全市所有工人参加，而且还有200个村庄的雇农和农民也参加进来了。1933年1

月,在无政府工团主义者企图举行武装起义的同时,许多城市、地区和农村的工人和农民独立地掀起自发的群众罢工和武装斗争。整个 1933 年罢工运动都在继续高涨。但到 1934 年,这个运动变得更加波澜壮阔和更加激烈。这一点仅从下列事实中也可以看出:萨拉戈萨的总罢工持续了 40 天,终于迫使企业主和当局接受了工人的要求;马德里的钢铁工人罢工;共产党为声援奥地利工人而组织的 2 月 19 日的总罢工和示威游行;中断了法西斯分子集会的马德里大规模的 48 小时罢工和游行(4 月 22 日);近 50 万农业工人参加的 6 月两周大罢工;马德里 7 万人为被法西斯分子杀害的共青团中央委员举行的葬礼大游行;为抗议加泰罗尼亚地主集会而举行(9 月 8 日)的 20 万人参加的总罢工,以及最后是 10 月的几次总罢工和战斗。

雇农和农民运动。最近三年也是雇农和农民开展大规模群众革命运动的时期,是开展土地革命和农民革命的时期。如果说春季和夏季农村中还是以雇农的罢工和蓬蓬勃勃的示威游行为主,以及它们还只是得到广大农民群众和城市工人的同情和积极支持的话,那么到了秋冬两季和次年初春时期,斗争的主要形式便演变为夺取地里的收成和地主土地、焚烧地主宅院、夺取牲畜和农具、以武装斗争抗击讨伐队了,而且所有这些斗争方式在越来越多的农村和省份开展起来。到 1933 年至 1934 年间,农民革命几乎席卷了全国各个省份。

农民中的中产阶层(自耕农和佃农)也卷入了革命浪潮,参加了运动。反对赋税,特别是反对中世纪的奴役租赁形式残余的斗争变得十分尖锐,也更具有群众性。在这方面最有代表性的是加泰罗尼亚佃农的斗争,它在 1934 年 10 月导致了加泰罗尼亚与马德里政权的公开冲突。

民族解放运动。革命力量的积蓄也表现在加泰罗尼亚、比斯开、加利西亚和摩洛哥等的民族解放运动的尖锐化方面。关于"加泰罗尼亚自治"地位原来只是一场骗局。加泰罗尼亚人没有争得平等权利。他们在经济和政治上仍然在马德里政权的控制之下,仍然从属于西班牙的民族。加泰罗尼亚的大资产阶级出卖了加泰罗尼亚人民的民族利益。巴斯克人和加利西亚人的处境更糟,地位更低。在建立共和国四年之后,民族问题(加泰罗尼亚人的、巴斯克人的、加利西亚人的问题)重新具有突出的革命性质,具有坚决反对马德里政府斗争的性质。因此,这三个地区的民族解放运动比1931年更具有**农民**革命的性质。佃农反对地租(奴役佃租)的斗争更加尖锐化,它导致了加泰罗尼亚议会同马德里政权的决裂。加利西亚农民反对中世纪的奴役性地租"三代租佃制"的斗争日益发展;巴斯克地区争取建立自治政府的激烈斗争方兴未艾。1934年10月,加泰罗尼亚和比斯开民族革命群众斗争爆发为与马德里中央政权的武装冲突形式。政府对革命群众采取了残酷的镇压和恐怖手段,甚至取消了加泰隆人和巴斯克人在君主政体时期都曾享有过的一点点权利。但是,所有这一切更加剧了加泰罗尼亚和比斯开的民族革命斗争。

地主资产阶级集团的政权变得越来越不稳定。它未能解决早已成熟的民主革命基本问题,首先是土地问题和民族问题,它依然保留了强大的封建制度的残余势力,它也未能缓和经济危机。四月革命前就存在的并导致四月革命发生的问题,四年之后,如今又重新迫切地提了出来,而且绝对要求采取革命方式解决。要把国家和广大群众从崩溃、破坏和饥饿中拯救出来,免受血腥的法西斯专政的恐怖,只有依靠人民群众进行一次新的革命,只有推翻地主资产阶级集团的政权才能够实现。广大无产阶级群众已经意识到这一点。相当一部分雇农和农民阶层也正在意识这一点。夺取政权的群众革命斗争,尤其是在有了1931年4月的痛苦的体验之后,现在已经具有完全不同的性质。革命阵营力量的配置也已经不同于1931年4月。领导革命进攻力量的,是率领广大农民群众的无产阶级。西班牙革命正在开展起来,这是真正的工农革命。如今,在1934年10月之后,也即在有了阿斯图里亚斯无产阶级英勇斗争的经验之后,革命群众中很大一部分人对建立工农苏维埃政权的必要性看得比以往更加清楚得多了。现在,西班牙无产阶级的阶级觉悟程度也远非1931年4月可比,因为在近四年的时间内,特别是在1934年10月,有了革命的实践体验,无政府主义者的无耻背叛,社会党领袖的动摇、妥协,在许多场合甚至是出卖,都已暴露无遗。最后,在西班牙现在已经有了一个群众性的共产党,它正在不断发挥自己的作用和影响,尤其是在1934年10月以后。

西班牙共产党的活动。1930年至1931年中期,共产党的活动极少,政治上的作用几乎使人觉察不到。不仅在共产党召开第三次代表大会,即在1929年8月的时候,而且直到1931年四月革命前夕,共产党还是一些软弱的、人数不多的、联系松散、脱离群众的地下宣传小组的特殊的联合组织,党员总共七八百人。党当时还不善于进行群众性的政治工作和组织工作。尽管共产国际的纲领中有专门的一节阐述西班牙革命发展的特点和总路线,尽管共产国际执行委员会的一系列文件及时地揭示了事态的具体进程,指出了各种亟待解决的问题,提出了西班牙共产党面临的任务,但是西班牙共产党还是对四月革命感到措手不及。党的领导没有理解当时发生的事件的阶级意义,它既不理解已经开始的革命的性质,也不理解无产阶级和党在这场革命中的作用和任务;它没有清醒地看到革命进一步发展的道路和前景,也没有认识到革命胜利的必要条件究竟是什么。当时党的领导(后来被开除出党的布列霍斯、阿达默、特利里亚和维加)深受宗派的无政府工团主义传统的毒害,热衷于要弄资产阶级自由主义的阴谋手段,经常摇摆不定。在1928年以前,党的领导一直认为,反对普里莫·德里维拉独裁的斗争应该是资产阶级的事,因为共产党是进行无产阶级革命斗争的。在1931年1月、2月和3月,这位领导建议党(拥有700—800名党员)举行武装起义。在

1931年4月16日,即宣布共和国成立的第一天,他们提出"打倒共和国!"的口号。由这样一些人领导的共产党在四月事件中脱离群众、孤立无援是不言而喻的,这就大大削弱了党在这些事件中应起的革命化作用。

不过,在共产国际执行委员会和各兄弟党的批评和积极帮助下,党不久以后便战胜了领导集团的反对,纠正了党的路线,使党摆脱了闭关自守和消极等待状态,登上了群众性政治活动和组织活动的广阔舞台。6月宪法议会选举时,党利用这次机会(虽然还没有充分利用)向工人群众宣传了自己面临的迫切问题的纲领。党在揭露宪法会议(立宪会议)、联合政府和对宪法的各种幻想的同时,提出了自己的主张:无偿没收地主、教会和王室的土地并将它分给农民和雇农;解除警察的武装,解散警察,武装工农;解散宗教团体;争取民族自决权直至分立;争取建立苏维埃。不久以后,即在秋季,党趁讨论"土地方案"的机会,以"土地法令草案"的形式提出了一个极详细的土地纲领。在这个纲领中,党具体地、通俗地阐述了雇农和农民应该采取的真正的战斗立场。

西班牙共产党在领导罢工斗争中的作用。共产党早在1931年7月就在塞维利亚领导了总罢工和持续整整一周的街垒战。党开始逐渐和群众取得联系,在许多城市酝酿并领导了经济罢工和政治罢工。例如,1931年中在塞维利亚、彼萨黑斯、蓬特韦德拉、阿利坎特、科尔多瓦、马德里、圣塞瓦斯蒂安等地就发生过由共产党直接领导的这类罢工和运动。1931年12月,共产党出色地开展了酝酿铁路员工罢工的运动,一时成为整个工人阶级注目的中心。1932年1月,党领导了抗议警察镇压的总罢工。这次罢工在许多城市都具有真正的群众规模。除这次罢工外,1932年党领导的罢工还可列举如下:毕尔巴鄂地区冶金工人二月罢工,女工反对缴纳保险费的三月罢工,奥伦塞三月总罢工,塞维利亚十一月总罢工并发展为同警察的流血冲突，5月1日和2日的群众性政治罢工，托莱多为声援斗争中的雇农的10日总罢工，抗议1932年8月10日圣·胡尔霍将军的保皇派叛乱的罢工运动和示威游行，等等。在1933年由共产党组织并领导的大型群众性罢工中，应该指出的有：希特勒上台时举行的群众性反法西斯示威游行（仅仅在3月一个月中党就组织了58次游行和30次抗议大会），8月1日的总罢工。

1934年上半年，党在罢工运动中更加活跃。例如，这一时期组织了2月19日声援奥地利工人的总罢工，得到许多城市热烈响应的4月22日马德里大罢工，积极参加马德里钢铁工人罢工和为期40天的萨拉戈萨总罢工。党还积极参加了50万农业工人两周的六月大罢工，并在其中发挥了巨大作用。党在1934年8、9月间的罢工和游行中发挥了更大的作用。在10月的战斗中，只有共产党采取了正确的革命立场并提出了夺取政权的口号。

至于共产党在农村中的活动与它参加雇农和农民的革命运动的情况，是不够令人满意的。党为农民群众的革命运动提出了纲领和口号，党过去和现在一直都在领导揭露政府的土地政策和社会党人与无政府主义者的土地政策的运动。在一些省份，如安达卢西亚、塞维利亚、巴达霍斯以及在哈恩、加利西亚等地，共产党都成功地夺取了为数不少的阵地，并在许多农村中建立了自己的支部。党一直在为争取建立农民委员会进行宣传鼓动。但是，当汹涌澎湃的农民革命运动由于缺乏组织和领导而停滞不前的时候，党在农村中开展的群众性政治和组织工作还远远不能适应当前的形势。党内还没有完全消除由于不理解农民革命的意义和轻视农民革命力量而造成的宗派主义观点和情绪。

共产党对加泰罗尼亚人、巴斯克人、加利西亚人和摩洛哥人解放运动的立场和工作，必须指出下列几个重要方面。

总的说来，共产党在这个问题上执行的是一条正确的、有原则性的路线，而且进行了积极的工作，虽然这项工作做得还很不够。不过，党也不可能一蹴而就。近四年来，党就经历了一段极其艰苦的道路。党犯了不少错误，错过了不止一两次的大好形势，在当时那种形势下，党原是能够从政治上和组织上把民族解放运动作为强大的同盟军吸引到西班牙革命的总战线中来的。虽然如此，如果说今天不平等民族中的工人群众和农民已经出面领导民族解放运动，而且使这一运动越来越朝着革命方向发展的话，那么，这一情况无疑应归功于共产党。因为，众所周知，加泰罗尼亚、比斯开和加利西亚的民族资产阶级及其政党早已公开地、粗暴地背叛了这些地区的民族利益，而一些小资产阶级民族主义政党直到1933年中期仍然积极与马德里政权合作，而且帮助马德里政权欺骗被压迫人民。社会党人和无政府工团主义分子过去和现在对被压迫民族问题一直采取泛西班牙民族主义立场。社会党在参加政府期间极力反对满足加泰罗尼亚、比斯开和加利西亚民族的要求，它还主张无条件地保留西班牙在摩洛哥的统治。无政府主义者则在每一次民族解放运动发展到高潮和同马德里政权发生冲突时，便站出来以举行反对这一运动的总罢工和在西班牙全境抵制加泰罗尼亚货物相威胁，直到今天仍然如此。

党在民族问题上最主要的缺点和错误带有一种实际上是同右倾机会主义错误一脉相承的"左"倾宗派主义性质。一方面，在相当长的一个时期内党的一部分领导干部曾认为西班牙根本不存在什么不平等的民族，说什么西班牙有加泰罗尼亚人和加利西亚人纯属共产国际的凭空想象。另一方面，也有一部分领导干部认为目前不需要、也不宜于对民族解放运动发生兴趣，因为无产阶级专政胜利之前民族问题是不可能解决的。四月革命之后，西班牙共产党发出的第一个文件是《加泰罗尼亚规约》(《加泰罗尼亚宪法》)，这个规约包含一些完全正确的指示和要求，但同时也夹杂着一些不正确的思想，它一方面使"直至分立的民族自决权"这一主要口号受到限制，因为它只承认"工人和农民"才享有这种权利，而另一方面它又断然地提出加泰罗尼亚必须从西班牙分立出去。党经常重犯的另一种错误是，它不善于把工农群众的直接经济要求与社会要求同维护全民族利益结合起来。在这方面，最典型的是加利西亚党组织所犯的错误。在一次吸收农民和相当一部分城市小资产阶级参加的群众性工人罢工斗争中，我们党的同志只提出了工人的经济要求，而把争取民族自治、要求取消"三代租佃制"（中世纪的土地租赁形式）的奴役地租和拒绝向马德里中央政权交付税金的宣传鼓动工作交给了各小资产阶级政党去做。

还必须指出共产党的活动中的以下几个方面。

西班牙共产党十分坚决地开展了宣传运动，以揭露社会党人曾在其中起首要作用的前三届联合政府的具体措施的反动实质。由于进行这种宣传，当局经常勒令党的刊物停办或予以没收。

共产党还第一个敲起了警钟，警告人们要看到不断增长的君主教权主义进攻的危险，它第一个告诫工人群众要注意勒鲁斯和激进党的政治作用，指出他们正在制定一条地主资产阶级集团向工农大众、向四月革命的全部成果展开反动的、公开的法西斯进攻的路线。

1933年的整整一年中，共产党的全部斗争和反法西斯行动都是在党的领导下组织起来进行的。例如，党在马德里组织了反对出版法西斯分子的机关报《法西奥》的著名示威游行，数千名工人参加了这次游行，他们捣毁了所有报亭，打退了警察的多次进攻。共产党组织的这次示威游行使得印刷工人联合会和所有组织（包括无政府主义者、社会党人和共产党人）都作出了把每一个胆敢印刷《法西奥》的印刷工人开除出工会的决定。在雷诺斯，当法西斯分子在剧院举行第一次大会时，共产党员领导的工人包围了这个剧院，放火烧了剧院并向逃跑的法西斯分子开枪射击。当次日当局以组织工人反法西斯行动的罪名逮捕我党同志的时候，工人们以举行总罢工进行了回击。

从1933年3月中直至11月选举，只有共产党一个党在组织并开展反法西斯的群众斗争，只有它提出了建立反法西斯斗争统一战线的口号。如果说西班牙的反法西斯运动曾达到十分广泛的规模，那么，这在很大程度上是共产党活动的结果。

1932年间，特别是1933年间，共产党领导进行了一次广泛的运动并多次组织大规模游行示威，要求对被关押和受迫害的工人和农民实行大赦。应该指出，无政府主义者从他们所谓"全人类"的原则出发，也曾提出过实行普遍大赦的口号，包括赦免那些参加过保皇阴谋和圣·胡尔霍将军叛乱的高级将领。

在阿萨尼亚内阁垮台的时候，共产党于1933年9月9日发表宣言，号召群众为实现下列要求和口号而斗争：

1. 释放犯人，取消对工人组织的禁令，结社自由。
2. 查封保皇组织，解除宪兵武装，武装工人和农民。
3. 反对利用"土地改革"欺骗农民，剥夺地主土地，立即夺取并分配土地、牲畜和收成，废除封建地租形式。
4. 支持当前举行的一切罢工，反对降低工资和延长工作日，给失业者每日3个比塞塔的补助。

四天之后，即9月13日，针对勒鲁斯内阁的成立，共产党又发表宣言，宣言认定新政府是一个策划法西斯进攻的政府，并提出以下要求作为斗争的口号：

1. 实行大赦。
2. 解散立宪会议，实行新的选举。
3. 废除法西斯法律。
4. 夺取并分配土地、收成和牲畜。
5. 提高工资、反对解雇工人。

6. 给失业者粮食和工作。

7. 解放被压迫民族。

在1933年11月的议会选举中,共产党获得选票40万张。这40万选民一致拥护工农政府的纲领。只要考虑一下党在组织和进行选举运动中的许多缺点,就应该承认这个数字是颇为可观的。但仍然应该指出,工农政府纲领宣传得还很不够。工农政府的纲领只是在党开展建立统一战线的斗争过程中,才开始更广泛地深入到群众中的。

西班牙共产党为实现统一的无产阶级阵线而斗争。到1933年12月底,西班牙共产党不仅是建立统一革命斗争阵线的首倡者,而且也是为实现这一目标而不断开展运动的唯一政党。然而,西班牙共产党的这一运动虽然在加入工总联①和全劳联②的工人中得到了同情,但到1933年12月底不断遭到来自领导工总联的社会党和全劳联无政府工团主义领导方面的顽固抵制和反抗。西班牙共产党提出的具体建议,要么得不到他们的回答,要么就成为恶毒攻击共产党的借口。例如,对1933年3月16日和4月8日(根据共产国际执行委员会同年3月5日公开信)西班牙共产党的两封公开信和建立统一战线的建议,社会党均未答复。社会党的报刊甚至没有报道这一建议,只是公布了第二国际的回答和列·布鲁姆当时写的一篇文章。无政府工团主义者,则在3月23日回答了一篇文章,标题是"共产主义的花招",该文把共产党的建议说成是"利用统一战线的无耻纠缠",文中甚至散布这样一些论调,说什么"共产党人不过是花言巧语的资产阶级变种",什么无产阶级专政与希特勒独裁不存在差别,等等。文章最后一句话说道:"同共产党人结成统一战线就等于同一切反无产阶级的反动势力结盟"。

---

① 工总联,即联合各个改良主义工会的工人总联合会。
② 全劳联,即联合各个无政府主义工会的全国劳工联盟。

但是，应该承认，从共产党方面来说，直到11月选举运动为止，争取建立统一战线的运动在很大程度上只具有一般宣传的性质。只是在11月选举运动中，共产党才开始实际提出以工农政府纲领为基础建立统一的无产阶级斗争阵线问题。对统一战线建立起了决定性推动作用的，一是十一月选举结果，二是无政府主义者十二月进行"社会革命"的"第三次"尝试遭到毁灭性的失败。极右的、反动的、保皇的，以及法西斯化的各政党取得的成功使工人群众受到强烈震动。社会民主党工人和无政府工团主义的工人警觉起来了，他们被自己领导人的政策和策略所激怒。工人们已经本能地感到和意识到情况的极其严重性，因此他们原先那种向往团结的愿望这时变成了拥护统一战线的坚决行动。法西斯和工厂主进攻的危险增长，奥地利和法国发生的事件，以及共产党活动的加强，都有助于统一战线运动的巩固和扩大。一些社会党基层组织和工总联的地方工会，不顾其中央领导机关的反对，开始同共产党人建立统一战线，或者表示赞成建立统一战线。

统一战线行动纲领协议的许多依据，是十分类似统劳联①行动纲领的直接要求，以及成立工厂委员会与农民委员会的保证书。在托莱多、马德里、维哥、奥伦塞、巴伦西亚，在阿斯图里亚斯和马拉加铁路工人中间，以及在卡塞雷斯、萨莫拉、萨拉戈萨、科尔多瓦等地都可举出实现了统一战线的例子。

在这种强大运动的压力下，社会党人和无政府工团主义者也不得不改变（至少在口头上）他们对统一战线的态度。无政府主义者开始谈论"更新"自己的策略。全劳联的一位著名领袖奥罗本·费尔南德斯在1934年1月30日和31日的文章中写道："统一战线既可在中央实现，也可在地方实现；既可自下而上，也可自上而下实现，还可以从中

---

① 统劳联，即联合各个红色工会的统一劳工总联盟。

二、共产国际各支部活动情况的资料

间开始。"文章接着又说,"最重要的是,要使这个统一战线建立在革命的立场上,而达成协议的基础只有一个条件,即不与资产阶级制度进行任何合作"。社会党人1933年12月29日在其机关报《社会党人》上提出了实现统一战线的五项先决条件,其中一项竟然说"……(统一战线)协议不适用于基层组织,以免造成误会,只适用于上层"。社会党人和无政府工团主义者之间开始通过报刊公开交换意见和信件。

社会党人开始提出同所谓"特伦托人"(佩斯塔尼略和佩伊罗集团中的极右的、公开改良主义的、无政府工团主义分子)、马乌林的小资产阶级集团和部分无政府主义者建立一种类似"工人同盟"的倡议。但与此同时,社会党和全劳联的无政府工团主义领导仍然对共产党中央提出的新的呼吁不予答复。他们既没有答复共产党中央1934年1月20日的信,也没有理睬共产党中央关于在2月19日联合组织24小时罢工游行,以声援正在斗争的奥地利工人的建议。7月初,共产党中央全会鉴于运动的形势对统一战线有利,又鉴于法国共产党同社会党签订的统一战线协议对西班牙工人产生了良好的印象,便再次向社会党提出建立统一战线的建议。

1934年9月中旬,党中央非常全会作出了加入"工人联盟"的决议。在加入"工人联盟"时,共产党直截了当地阐明了它在这一联盟中必须维护的立场如下:

1. 共产党保留批评的权利和在"工人联盟"内部坚持自己在纲领问题和革命宗旨与组织问题上的观点的权利。

2. 共产党将维护并宣传苏维埃政权的立场。

3. 共产党将努力使"工人联盟"变为"工农联盟",其中不仅应有党和工会组织的代表参加,而且还应有工厂委员会和农民委员会的代表参加。

共产党还声明,既然社会党人提出了"一切政权归'工人联盟'"

的口号，共产党将为使这些"工人联盟"（在其组织结构、任务和职能方面）变为类似苏维埃一样的群众机关而斗争。同时，共产党还建议"工人联盟"接受下面的纲领并在取得政权后立即贯彻实施这个纲领：

1. 没收地主和教会的土地，把这些土地分配给农民和雇农。
2. 解除一切反革命派的武装并武装工人和农民。
3. 对生产和银行实行监督。
4. 实行 40 小时工作周，保留 48 小时工作的工资。
5. 实行社会保险和失业保险。
6. 同大投机商和高利贷者进行斗争，没收他们的财产充做失业基金。
7. 取消农民和小商贩欠银行的一切债务。
8. 解放加泰罗尼亚、比斯开、加利西亚的被压迫民族，实现摩洛哥独立。

在这之前，只在为数不多的几个城市，例如在马德里、加泰罗尼亚、比斯开、阿斯图里亚斯等几个城市成立了"工人联盟"，而且参加"工人联盟"的是各组织派出的代表，而不是由全体工人选出的代表。这些新的无产阶级战斗组织尚未巩固，事态的发展便有了结局。迫于法西斯分子和日益革命化的群众的压力，桑佩尔政府提出了辞职。取代它的是勒鲁斯政府，政府成员中有希尔·罗布雷斯的法西斯党的代表。

对于统治阶级的这一挑衅行动，工人们以总罢工给予回击。罢工在马德里从 10 月 4 日深夜 5 日凌晨开始，迅速波及全国。总罢工，在几个区展开的激烈的武装斗争，工人们的武装起义和在阿斯图里亚斯开展的夺取政权的斗争——所有这些都表现出了西班牙无产阶级的高度的革命成熟性。只有共产党人努力使这场斗争具有彻底的革命内容，也只有共产党人才号召群众建立苏维埃。而社会党的领袖，甚至那些所谓"左派"，根本既无愿望也无决心去真正领导工人阶级夺取政权。对他们来说,准备武装起义、总罢工和在全国开展起来的斗争只不过是对资产阶级施加压力的一种手段,目的是迫使资产阶级让步和组成联合政府。这就决定了社会党领袖们的行动路线——他们在十月斗争的日子里表现了极大的动摇和举棋不定,甚而在某些地方走向了公开的背叛。至于那些无政府主义领导人,他们更是公开背叛工人阶级,号召工人不要去参加罢工和武装斗争。

但是,社会党的工人却使这场十月斗争远远越出了领导人划定的框框。在许多省份,首先在阿斯图里亚斯,社会党的工人与共产党人一起,有时甚至也同无政府主义工人们一起,拿起武器反对资产阶级地主统治集团。工人政权的胜利红旗、苏维埃的旗帜在阿斯图里亚斯上空飘扬了整整14天。

统治阶级虽然一时得逞,把西班牙无产阶级的十月革命运动镇压下去了,但是广大群众却从中汲取了极其丰富的政治经验和组织经验。群众越来越清楚地认识到,以工厂委员会和农民委员会为支柱并在共产党领导下的"工人联盟",能够保证群众行动的真正统一并带领他们去战胜资产阶级和地主。

共产党在工会中的工作。近几年来西班牙革命斗争的发展进程,尤其是1934年10月掀起的革命斗争,使工会工作在实现无产阶级统一行动中的整个重要意义更加突出。然而西班牙共产党在工会中还没有充分开展紧张而又灵活的工作。在这方面还反映出相当强烈的宗派主义的无政府工团主义的残余。早在1930年2月,当无政府主义分子的领袖开始同贝林格尔将军(普里莫·德里维拉倒台之后的王室内阁总理)会谈并请求他同意使全国劳工联盟合法化("否则,他们说,全劳联属下的工会组织就可能落入共产党手中")的时候,共产党和一些新共产党的工会已事先采取了措施,用秘密接头的办法恢复了被查封的全劳联工会组织。1930年4月成立了"恢复全劳联委员会",但是党和这个委员会几乎连续九个月无所作为,致使无政府工团主义分子乘机夺取全劳联的领导权,并从全劳联中开除各红色工会甚至开除整个联合会(塞维利亚工会联合会)。后来共产党才逐渐得以在部分工会中扩大并加强自己的影响。

1932年7月召开的工会统一代表大会对工人产生很大影响。组织到各种工会(红色的、自治的、改良主义的、无政府工团主义的工会)中的约27万名工人站在代表大会一边。大会期间,拥护红色工会国际的工会组织成立了统一劳工总联盟。这个联盟加入了大会选出的工会统一委员会。统一劳工总联盟和工会统一委员会的基本任务是:在工人阶级和工人总联合会及全国劳工联盟中有步骤地开展运动和工作,以便创立、扩大和加强群众运动,在阶级斗争和实现直接要求的纲领基础上达到工会的统一。这是一项有着巨大历史意义的任务,因为西班牙无产阶级的分散状态十分严重。

1934年夏,工人加入工会组织的情况大致如下:

加入工人总联合会组织的工人约70万到100万人,加入全国劳工联盟的工人约50万人,加入统一劳工总联盟以及加入拥护统劳联阶级立场和接近统劳联立场的自治工会的工人约有15万—20万人。在加入工人总联合会的各工会内部还存在着相当强大的革命工会反对派,工总联的许多基层工会赞同统一劳工总联盟的立场。还应该指出,一部分雇农(其中的最落后阶层)加入了天主教工会,在比斯开还成立有民族主义的工人工会。

在无产阶级的工会组织状态处于这种情况之下,实现工人直接经济要求的斗争、反对法西斯的斗争和推翻资产阶级地主集团政权的斗争,都是相当困难的。把全体有组织的工人通过阶级斗争联合成一个全国性的组织,已成为当前一个十分重要和紧迫的任务。因此,统一劳工总联盟和共产党必须进行巨大的、不懈的和细致的工作,来最大限度地帮助并加速实现工会的统一。统劳联成立大会（1934年4月）的所有决议都是本着这一宗旨作出的。

在建立**工厂委员会**方面，共产党的工作和成绩也是颇为明显的，但还做得不够。在这方面遇到的困难也是很多的。但是在塞维利亚、马德里、比斯开和阿斯图里亚斯的许多工厂中都已建立了工厂委员会。在安达卢西亚和埃什特雷马杜拉等一些省份也建立了农民委员会。无政府主义者和社会党人一贯反对建立工厂委员会，直到最近还在反对。社会党人偶尔也赞成建立工厂委员会，不过他们只赞成那些在企业中实行阶级合作与为防止冲突和罢工效劳的工人委员会。无政府主义者也反对工厂委员会，他们找的借口是，这些工厂委员会可能篡改工会的职能，从而对工会的存在构成威胁。共产党的成绩在于，建立工厂委员会的主张已开始为工人所广泛接受，而且越来越多地付诸实践。

然而，党对已经建立起来的工厂委员会却没有给予足够的重视，没有加强和扩大它们的职能，而且还往往让地方工会理事会来代替它们。工厂委员会对发展和准备西班牙革命并使革命取得胜利具有巨大的意义。在共产国际执行委员会第十二次和第十三次全会的决议中都曾特别强调指出了这一点。

西班牙共产党的组织状况和政治状况。西班牙共产党于1921年10月成立，它是由1920年4月成立的（从社会党退出的"社会主义青年联合会"产生的）共产党和1921年4月（退出社会党的党员）成立的西班牙共产主义工人党联合而成的。

但是，根据共产国际的坚决要求进行的这次联合，没有能迅速消除"青年派"和"壮年派"之间的互相仇视的敌对态度："青年派"曾指责"壮年派"是机会主义和中派主义，"壮年派"则指责"青年派"搞宗派主义和一味空谈。实际上两派都有这样或那样的问题。消极被动，脱离工厂企业，在改良主义工会和无政府工团主义工会中没有可依靠的力量和影响,没有坚定的思想,还没有很好地掌握共产主义的原则和策略,缺少有经验的和经过考察的领导——这就是共产党被赶入地下时的状况。1924年11月,党的领导班子因消极情绪和宗派主义在经过激烈的批评后下了台(他们提出辞职并退出中央全会);新任领导一个月后就遭到逮捕。虽然共产国际执行委员会一再坚持要求在国内成立党的中央委员会,但西班牙共产党仍然把领导机关建在国外。党的领导一下子落到了布列霍斯、特里耶、维加、阿达梅等人手中。共产国际执行委员会和各兄弟党曾试图帮助西班牙年轻的共产党人建立一个坚强的、群众性的党,但他们的顽强努力遇到了极大困难,造成这些困难的原因不仅是由于年轻的共产党人的思想水平极低和缺乏经验,也不仅是由于党内还存在着无政府工团主义和社会党的残余,而主要是由于遭到了当时党的领导的不断抵制。党的优秀干部被关在狱中。还有一些人脱离了共产主义运动。在从事地下工作的干部中开始产生了摩擦、纠纷和无原则的斗争。个别一些地区的组织曾因为发挥过某种作用,就在政治生活上闹独立,我行我素,执行"自己的路线",拥戴自己的"领袖"。党没有做群众工作,没有对当时发生的各种事件作出反应,它置身于自发的无产阶级群众运动之外。

地方上的党员群众接不到指示,对党的具体政治路线和任务缺乏了解。党没有真正的领导机关,没有自己的机关刊物。党的第三次代表大会(1929年8月)制定的政治决议虽然对西班牙的形势作了估计并提出了党的任务,但没有在任何地方发表过,只是成了一纸档案,不为党员群众所知。

共产国际执行委员会关于西班牙问题的指示、建议、指令和决议等等,党的领导接到之后,既不在实际中贯彻执行,也不向党员传达。因此,四月事件使党感到措手不及是不足为奇的。

只是在4月之后,在事态发展的现实教训的影响下,通过共产国际执行委员会和各兄弟党的帮助，西班牙共产党才开始缓慢地、逐步地在政治上坚强起来，开始扩大自己的影响，把党的队伍团结起来。随着共产党自身积极性的提高，随着它在工人的斗争中、在罢工和示威游行中发挥的作用增大，它逐渐扩大了在企业中的联系，建立了工厂支部、州和区的委员会。

1931年秋季，党开始出版中央机关日报《工人世界》，发行量35000份。为出版这份报纸，工人们在几天内就募集了2万比塞塔。党员人数在逐渐增加，提拔了新的宣传鼓动干部和组织干部。到党的第四次代表大会（1932年4月）召开前夕，西班牙共产党约有党员12000人，共青团员8000人（这个数字是个相对的数字，因为当时还没有精确的统计）。但是，在经过12个月的群众性工人革命斗争后出现的这一增长情况已经不能满足党的需要。党的第四次代表大会便把征收新党员的问题、提拔并培养善于做群众工作的新干部问题、更新和加强地方委员会的问题，以及更新党的中央领导机构和选举中央委员会的问题作为党的工作中心（1929年8月选举的旧中央委员会根本不开会，布列霍斯、特里耶、维加、阿达梅集团取代了中央）。

早在1931年底情况就已经十分清楚，必须刻不容缓地克服已经发现的党的缺点，特别是必须更新它的领导机关。共产国际执行委员会为了帮助西班牙共产党实行必要的转变，于1931年12月发出了致全体党员的公开信。尽管领导集团曾组织多方阻挠，企图歪曲共产国际执行委员会公开信的政治内容和目的，尽管它千方百计破坏党的代表大会的工作，党的代表大会仍然完全接受了共产国际执行委员会的路线。代表大会选出了新的中央委员会。

但是，代表大会的决议并未得到贯彻，因为就在大会刚刚开过之后，布列霍斯、特里耶等一伙就大搞破坏和派别活动，反对新的党中央和共产国际执行委员会，同时他们极力诋毁年轻的新干部，使他们精神涣散，而且千方百计地阻挠征收新党员的工作。例如，许多组织中都发生过这种情况：数百名革命工人一连几个月向党提出申请，党却借口要"考验考验"或是"由于没有达到足够的票数"把他们拒之于门外。

最后，1932年10月，在共产国际执行委员会第十二次全会之后，暗中搞破坏的四人小集团被开除出党。

由于解除了布列霍斯集团的领导职务，特别是由于把这个集团清除出党，一个阻碍党发展的巨大障碍才终于被清除掉。党员人数开始迅速增长；在一个比较短的时期里就提拔了很大一批年轻的党的积极分子。中央领导机构和地方党组织的领导机关得到彻底更新。根据中央委员会的不完全统计，西班牙共产党1934年4月计有党员19490人，5月为20223人。这个数字是不完全的，因为中央的统计不包括那些没有及时提供上报数字的组织。这时党拥有617个区组织（1933年为478个），1413个支部（1933年为1044个），其中有大约360—400个工矿支部和农村支部。从党员的社会成分看，绝大多数党员是产业工人和农业工人。与1933年夏季相比，党在数量上有了增长：在阿斯图里亚斯，原为1200人，后增加到3000人，在新卡斯蒂利亚，由原来的1185人增至1635人，在北列万特由561人增至600人，在南列万特由600人增至631人，在马德里由883人增至1200人，在加那利群岛由650人增至775人，在巴利阿里群岛由215人增至250人，在加利西亚由725人增至1310人，在卡塞雷斯由625人增至1425人，在旧卡斯蒂利亚由510人增至560人。党员人数减少的有下列各地的组织：**东安达卢西亚**（因遭镇压以及由于领导犯了错误，同一些地方组织失去了联系），**马拉加**（由于同本省区级组织失去联系），**格林纳达和阿尔梅里亚**（党的专区委员会领导人在1933年底进行了一次"布尔什维克式的清洗"，把80%的党员开除出了党），**中安达卢西亚**（主要是在哈恩，由于对雇农共产党员实行了极残酷的镇压），**比斯开**（由于瓦斯康加德三省的区领导的软弱）和**摩洛哥**。党员人数保持原状的地方有：阿拉贡和加泰罗尼亚。如前所述，这些都是 1934 年夏季的数字。1934 年的十月战斗，使上述情况有许多改变。一方面，党遭到残酷镇压，结果使许多积极的共产主义战士遭到杀害，身陷囹圄或者逃亡国外。另一方面，有一部分退出社会党的人加入了党，但加入党的人数显然是很不够的，它远远落后于西班牙工人阶级在十月战斗教训影响下向共产主义立场靠近的变化过程。

如果考虑到过去六年中西班牙无产阶级和农民的群众性革命斗争的规模，就决不会认为西班牙共产党的组织状态是令人满意的。尤其不能令人满意的是加泰罗尼亚、塞维利亚、比斯开、巴达霍斯、马拉加和阿拉贡的党组织的状况。加泰罗尼亚党组织发展缓慢不能不使党感到不安，因为西班牙革命胜利的决定性条件就是要把加泰罗尼亚的无产阶级争取到共产党方面来。遗憾的是，在这方面还没有很大的转变，尽管在过去六年当中，中央通过的各种重大决议都特别强调了这项任务的重要性。诚然，自从加泰罗尼亚单独成立了加泰罗尼亚共产党并设有自己的中央委员会后，它的组织开始有所发展和巩固，但这一进程仍然显得过于缓慢。

基层党组织的数量，特别是工厂支部的数量不断增加，是党的一项重要成就，它表明党越来越深入企业，它同工人群众的联系不断增强。但是这些党支部本身的工作仍然不能令人满意。有些支部确实做了大量的、出色的工作（虽然它们的宝贵经验和教训尚未得到广泛宣传），但大多数党的基层组织还是不善于认真地、以布尔什维克方式去完成工农群众革命斗争的蓬勃发展进程向它们提出的那些工作和任务。**支部**的**群众组织工作尤为薄弱**。

总之，考虑到西班牙共产党所有的弱点和不足，仍然必须承认，与 1929 年至 1931 年，甚至与 1932 年当时的西班牙共产党的状况相比，它在政治上和组织上已经有了明显提高。它正在成为一个群众性的党,它正在造就新的干部,加强它同工厂和农村的联系,它对当前的事态已能作出较快的反映,并日益认真地着手对待自己的中心任务,即动员和集中全部力量,使无产阶级和农民群众做好政治和组织准备,以便夺取政权。

在第六次代表大会以后的这一时期,西班牙共产党为了从政治思想上和组织上加强自己,以及使自己布尔什维克化,曾不得不进行坚决的斗争,以反对自己队伍中暴露出来的各种各样资产阶级的和小资产阶级的小集团、形形色色的流派或倾向。党迅速击败了托洛茨基分子,彻底粉碎了托洛茨基本人要把他符合资产阶级地主集团利益的反革命观点强加给西班牙共产党和同情党的工人的疯狂企图。托洛茨基和公开的托洛茨基分子已是彻底孤立于党和工人阶级之外。但是,由于党反对加泰罗尼亚马乌林小资产阶级集团的斗争不够策略和及时,因此也就不那么顺利。参加马乌林小集团的是一些形形色色的无政府工团主义分子、托洛茨基分子、右倾分子和民族主义分子。马乌林利用布列霍斯集团在民族问题上的宗派主义的和消极抵制的反列宁主义的政策,不仅一时得逞,分裂了加泰罗尼亚的党组织,而且还在那里另搞了一个名叫"工农联盟"的党,打着民族主义"共产主义"的旗号。最近几年,随着马乌林搞的资产阶级妥协活动越来越露骨,随着加泰罗尼亚共产党的活动日益加强,才开始出现工人党员脱离马乌林加入共产党的情况。马乌林集团在加泰罗尼亚工人群众面前还没有充分被揭露出来,因此反对这一集团的斗争仍然是巩固加泰罗尼亚共产党的必要条件之一。

不过,西班牙共产党内部发展的最困难阶段,也就是为建立一个坚强的、联系群众的、战斗的、集中的领导而斗争的阶段,是使党摆脱布列霍斯、特里耶、阿达梅、维加集团的影响的斗争的阶段。这个四人集团把持党的领导几乎达七年之久,是造成西班牙共产党在政治上长期消极被动和组织上软弱无力的罪魁,这个集团玩弄两面派外交手腕来对付共产国际执行委员会,表面上它接受共产国际执行委员会的所有决议和指示,行动上却故意消极抵制。1932年10月,在共产国际第十二次全会后,党在共产国际执行委员会的帮助下彻底揭露和孤立了这个集团,因此在它被开除出党后几乎没有一个工人跟着它走。从此党有了统一领导,虽然领导成员都很年轻,但他们已经发挥了才干,并很快地不仅在党员群众中,而且在广大的工人群众中取得了信任,树立了威望。

意大利

共产国际第六次代表大会(1928年)时,意大利共产党从建立法西斯专政开始的整个时期中一直处于发展的最低点。非常法令实施之后(1927年),意大利共产党为了捍卫自己的存在和号召群众投入斗争,在一年半的时间中进行了英勇的斗争。但是在这场斗争中,党过分公开地暴露了自己的干部,因此到1928年底,也正是群众运动低落到最低点的时候,党的处境非常困难。在长达数月的时期内,唯一能表明党的存在的迹象就是无数次的、几乎每天都在进行的对共产党人的审讯。我们的同志们,不顾重重困难,尽力恢复党的基层组织,建立联系,印制并散发传单等等,为此,法西斯法庭对他们判处了骇人听闻的刑罚。

只是从1929年起,党才重新认真着手恢复自己的组织,恢复同群众和同流亡国外的中央委员会的联系。因为遇到很多困难,党的这项工作起初进展很慢,仅从1929年中期起,也即法西斯的第一次公民投票激发了群众的积极性的时候,这项工作才开始较快地得到开展。从此,共产党重又开始在国内生活中发挥出积极作用,虽然随后一个时期,党的活动自上而下有时有所减弱或中断。这是由于群众工作做得不够、不善于更密切地同加入法西斯工会的群众建立联系,也还由于失去了联系、基层组织反复遭到破坏以及逮捕和组织工作上的错误，等等，造成的。

群众运动。群众中激发出来的战斗积极性重又开始在1929年8月1日举行的国际反战游行中首次表现出来。共产国际和意大利共产党关于举行反战示威游行的号召得到了大工业中心、北方农村，特别是受意大利帝国主义压迫的斯洛文尼亚人和克罗地亚人居住地区的广大劳动群众的响应。

从1927年开始，劳动人民的，首先是农业男女工人的生活条件迅速不断地恶化。处在严重的财政危机和十分尖锐的农业危机的威胁下，意大利资产阶级（其主要阶层集结在法西斯专政周围）一看到即将来临的危机的初步迹象（失业人数增长、破产户增加、外贸压缩等等）便加强了它对劳动大众的进攻。这一进攻日益加紧，尤其是从1929年末开始的经济危机破坏了整个国家经济之后，这种进攻变得更加猛烈。工资下降，失业现象的迅速增加，得不到国家任何救济的经常性的失业大军的形成，捐税负担的不断加重，零售价格高昂，等等，所有这一切使劳动群众贫困到了极限，造成了群众对法西斯专政日益不满的条件。

这种不满通过从1929年末到1934年初这一时期内的一系列群众行动得到了体现。这些群众行动都具有独特的性质，时起时伏，间隔着相对平静的时期。

1930年的头四五个月间掀起了群众运动的浪潮。这一期间共发生了近50起反对企业主和法西斯主义的群众运动，其中包括几次罢工（有1.5万—2万男女工人参加）、多次在工厂内的示威活动、失业者的街头游行、少数民族集居地区的轰轰烈烈的反法西斯运动和南方各农作地区的反法西斯群众示威。

在都灵市举行的失业者的三天街头示威（1930年12月）成了运动新浪潮的开端，这一运动的最高峰是米行罢工（1930年6月，有1.5

万—2万工人参加)、莱尼亚诺和那不勒斯等地的罢工。

1932年上半年发生了80多次群众行动,有近10万劳动者参加,主要发生在农村。1932—1933年冬季和1933年春季发生过60多起群众性运动,包括一次农民起义,起义中有8人被打死(蒙特圣·扎科莫),还有数次罢工,包括一次政治性质的罢工(斯佩齐亚),数次由党直接组织的群众示威(例如在里窝那),以及时而反复发生的农民和农业工人的暴力行动。

几乎这几年中发生的所有群众行动都有一个特点,就是行动来得突然,而且很快就带有战斗性倾向,但同时这些行动又是不持久的和分散的。党对所有这些行动都施加了影响,但党作为运动的发起人和组织者的作用却很有限。

只是在1933—1934年党在运动中的领导作用才得到更有力的发挥。与此同时,群众性运动的次数大大增多,这些行动的出发点是,利用在法西斯组织中开展工作的合法条件,越过法西斯官僚头目成立维护工人利益的委员会,使群众参加工会大会以便在会议上提出工人的要求,等等。1934年头几个月发生的相当数量的行动(将近60起,其中2起是大规模的反战示威)都是利用合法条件发动的。法西斯当局在多数情况下都极力作出某些让步来阻止这种群众运动,但是随后,一旦运动扩大开来或旷日持久下去,他们便很快转而采取镇压手段(大批逮捕、施用暴力等等)。为了抗议减少工资,工厂曾发生有好几次中断上班的情况(不离开工厂的罢工),遇到这种情况宪兵便占领工厂,用暴力手段迫使工人复工。

1934年末和1935年头几个月,法西斯组织内部的群众运动的发展趋势更进一步加强。在许多重要工业中心,成千上万的工人参加法西斯工会大会并利用法西斯工会组织中其他一切机会来表达自己的不满情绪,提出并维护自己的要求,并力争实现这些要求。广大工人群众维护自身利益的这一斗争的发展形式,与前几年的斗争形式完全不同,而且在意大利的当前条件下这一斗争本身就是一个崭新的事实,它预示并酝酿着反法西斯专政的阶级斗争的加强和发展。

同时,当法西斯分子动员军队开往东非,准备对阿比西尼亚发动进攻时,群众对法西斯制度及其政策的仇恨表现得非常强烈。不少地方举行了反对动员令和反对战争的游行。许多的游行示威中都有预备役军人和应征赴非洲服役的新兵参加。在西西里的卡尔塔尼塞塔小城中,硫矿工人罢工数日,尽力阻止运走被动员入伍的士兵。罢工斗争变得十分尖锐。

尽管如此,与劳动人民艰难的处境和他们的强烈不满情绪相比,群众运动的规模显然是不相称的。这种不相称的现象不仅是法西斯政权的镇压和耍弄手腕的结果,也是党的力量薄弱的结果,同时也是由于共产党组织不能充分地同群众密切联系并组织和领导群众。克服这个缺点乃是近几年中过去和现在始终非常突出地摆在意大利共产党面前的任务。

法西斯主义的政策。在过去这段时期中法西斯主义的政策主要是:需要对付日益增加的经济困难,扑灭群众的不满情绪,摧毁群众运动,千方百计地阻碍共产党的活动和共产党的巩固,因为近几年来共产党是始终坚持号召群众反对法西斯专政的唯一政党。

国家的全部经济资源被法西斯分子交给资产阶级领导阶层,主要是大企业主、大银行家和大地主去支配(为拯救大银行国家花费了几十亿,这些钱都是从国家储蓄银行和特别保障基金中提取的;国家出资补偿破产的大工业企业的亏损;法西斯分子的"为粮食而斗争"运动加速了中农和小农的破产;不断加高关税壁垒;大肆加紧倾销,等等)。另一方面,法西斯政府的政策千方百计地促进资本主义企业的集中,促进工业和农业垄断的形成和加强,其结果是中小资产阶级的广大阶层破产,整个国家经济对拥有无限权力的金融资本的依赖性进一步加强。

法西斯专政的阶级实质的这种赤裸裸的暴露，以及广大群众的不满情绪和压力，早从1929年起就极其尖锐地向法西斯分子提出任务——必须控制住自己的群众基础的崩溃，要保住这个基础，可能的话，还要扩大这个基础。

　　法西斯企图采取一系列政治措施解决这项任务（为了消除同天主教教会之间的冲突，1929年它同罗马教皇签订了关于教会与政府关系的条约，等等），而主要是采取两种办法：一是把公开镇压和恐怖政策与极力保持对群众的政治影响相结合，二是用强制和半强制手段把群众拉进各种法西斯组织。这几年来法西斯组织成员的不断增长[1]就是这种情况造成的，同时还由于搞了五花八门的蛊惑宣传运动，目的是向群众掩饰他们的处境和整个国家处境的可悲的真相。在所有这些运动中，处于中心地位的是1930年进行的那次运动，它是在群众运动第一个大浪潮过去之后开始的，它的口号是"到人民中去！" "拥护组合制度"的运动是国际上出了名的运动，法西斯分子说这个制度胜过资本主义制度。事实上，这个建立"各个生产部门组合制度"的运动带来的唯一具体结果，就是再一次降低劳动人民的生活水平，是朝资本集中迈出的新的一步，是加紧准备动员工业进行帝国主义战争。

　　1934年底，法西斯转向按官僚性质的组织形式建立由政府官员、法西斯党的专职人员和法西斯工会骨干组成的"组合"。他们偷偷摸摸

---

[1] 据最近的统计材料表明，全部法西斯组织成员为1200万人，其分配情况如下：法西斯党109.6万人，法西斯青年组织33.6万人，"巴里拉"和"青年意大利人"组织（15岁以下儿童）365万人，大学中的法西斯团体5.3万人，教师法西斯组织8.3万人，国家公务员法西斯组织11万人，国营企业工人中的法西斯组织3.2万人，铁路员工中的法西斯组织9.9万人，邮政、电报、电话员工组织4.8万人，法西斯工会404.2万人（其中大产业工人165.9万人），"劳动"组织200万人，互助储金会组织120万人。

地讨论涉及工农业各个部门的生产组织问题。同时，法西斯工会组织又一次改变了自己的组织形式。根据最近的决定，法西斯工会的部分基层干部应该由会员群众选举。直至目前，这条规定的适用仍受到很大限制，而且为阻碍动员群众参加选举，采用了一切可能的预防措施，但是最终还是扩大了利用合法途径发动群众运动的可能性。

随着形势的变化和法西斯所遇到的抵抗力量，法西斯政府也不断变换着它们的策略、它们的蛊惑宣传内容，甚至它的组织形式。当群众压力变得更加强大的时候，法西斯政府便对社会民主党的部分老领导人作出一副妥协让步的姿态，而这些人也正等待着有朝一日法西斯政府会需要他们的帮助。这种打算同部分社会民主党人搞点妥协的摇摆不定的政策在1932年（部分大赦）和最近一个时期（墨索里尼同社会党米兰集团老领导人关于签订在社会党人接受组合制的基础上给予社会党某些结社和出版自由的协议的谈判）表现得尤为突出。但是法西斯分子要与部分社会民主党人达成协议的企图（这种企图每一次都是由于法西斯党本身出现了内部危机）却遇到了种种困难，其原因是，法西斯政府本身的处境严重困难，因危机而引起的资产阶级领导集团内部的分歧尖锐化，再就是担心对社会民主党的、甚至对公然同情法西斯主义的个别集团的任何一点让步，都有可能被用来扩大群众运动。

在各个领域——军事、政治、经济和思想领域中准备战争，这在法西斯政府的政策中占据日益重要的地位。意大利帝国主义在继续执行其传统的扩张路线（巴尔干、小亚细亚、北非）的同时，又扩大了它的侵略计划（对多瑙河流域国家和中欧推行干涉主义政策，对阿比西尼亚实行军事入侵，对奥地利事务以武力干涉相威胁，支持建立反苏集团的企图，等等）。不久前通过的关于军事化的法令更突出地证明法西斯政府正在加紧准备发动新的帝国主义战争。这项法令不仅规定一旦发生战争必须实行全民军事化，而且还规定对八岁以上的全体男性公民进行军事训练。

意大利军队的这一改组，加强了法西斯在国内的战争宣传和它的对外侵略性。这时，希特勒法西斯主义把吞并奥地利问题搞到了极端尖锐的程度，因此对意大利帝国主义在多瑙河流域的整个扩张体系和势力造成了直接威胁，面对这种威胁，意大利法西斯主义改变了它的对外政策，例如同法国签订条约，暂时停止了对支持修改《凡尔赛和约》条文的宣传。但与此同时，意大利帝国主义却加强了它在殖民地的侵略行动，开始直接准备进攻阿比西尼亚。法西斯利用一系列边境冲突逐步实现了对军队的局部动员，往东非派遣远征军和运送大量作战物资。目前整个国家生活都围绕着这些措施和为发动对阿比西尼亚的进攻进行疯狂的准备。

对于这种黩武主义政策，劳动群众给予了相当大的抵制，这一点我们已经看到。远征阿比西尼亚的行径在国内根本不得人心，这个国家没有忘记上世纪末期阿比西尼亚国家使新兴的意大利帝国主义遭受的惨重失败。这些事实造成的局势使党所担负的责任大大加重，党的任务的范围变得越来越广泛，但同时在党的面前开辟了工作和斗争的新的前景。

反对机会主义的斗争。意大利共产党内反对右倾机会主义倾向的斗争在共产国际第六次代表大会后进行得十分有力。这场斗争是绝对需要的，它可以清除在法西斯的打击下党为了不失去同群众的联系而被迫实行退却的那一时期，在党内和党的上层中积聚起来的机会主义。这场清除机会主义的斗争在共产国际第六次代表大会后便已立即开始。代表大会指示意大利共产党组织反法西斯主义的斗争，使之成为无产阶级领导的阶级斗争。

塔斯卡（塞拉）首先起来反对的正是这一指示，他公开支持机会主义观点，认为无产阶级不可能推翻法西斯制度，因此党就应该跟在小资产阶级运动、甚至跟在资产阶级后面跑。塔斯卡把他的估计同对共产国际第六次代表大会的决议和联共（布）党的政治路线的右倾机会主义的批评联系在一起，从而发展了不仅是机会主义的、而且是资产阶级自由主义的和反革命的一整套观点。

1928年12月10日斯大林同志在共产国际执行委员会主席团会议上所作的反对右倾分子和调和分子的讲话，对于意大利共产党反对机会主义的斗争具有特别重大的意义。党的政治局无条件地谴责了塔斯卡。共产国际执行委员会第十次全会后，塔斯卡拒不接受党对他提出的所有问题并且声明保留自己的观点，因此他被开除出党。在共产国际执行委员会第十次全会上，意大利共产党中央因为在反对机会主义的斗争中动作迟缓（在德国问题上的动摇、过分担心党中央的团结受到破坏）而受到共产国际的批评。党中央完全接受了这一批评。

就在问题涉及在实践工作中，亦即在党的日常工作中贯彻共产国际第六次代表大会和共产国际执行委员会第十次全会的各项决议的时候，反对机会主义的斗争重又尖锐起来，这场斗争成了意大利共产党活动的一个转折点。党为了能够领导1930年初发展起来的群众运动，必须实行这一转折。这个时候党的中央委员中一个完全赞同机会主义分子塔斯卡的小集团（桑蒂尼、帕斯克维尼等人）才暴露了自己。这一次党中央迅速采取了有力的行动，它依靠共产国际的全力支持把机会主义分子赶出了党。这些人不仅在领导层中，而且在全党已经完全孤立，他们又搞起了瓦解组织的派别斗争，利用反革命的、托洛茨基分子的报刊来破坏党的威望，对党进行诬蔑。

与此同时，党还加强了反对博尔迪加主义的斗争，博尔迪加本人因进行派别活动以及他流放回来后表现出的革命者不应有的行为，而被开除出党。

但是，清除党的领导机关中的各种倾向的斗争所取得的成绩，并不意味着在党的基层组织中同右倾机会主义和博尔迪加宗派主义倾向的斗争已经结束,机会主义和宗派主义在基层组织中的实际表现形式是:消极等待,对党的领导作用和党开展工作的条件估计不足,拒绝做群众工作,承认自发论的倾向,等等。同这些危险思潮和倾向的斗争,过去和将来都应该同党在群众工作和组织工作方面直接面临的任务紧密结合在一起。

意大利党中央在有关军事化法令问题上所犯的错误,又一次证明在意大利党内必须大力进行反对宗派主义思想倾向和"左"倾教条主义残余的斗争。党中央曾决定抵制关于军事化法令的一切措施。这个错误很快被党的政治局纠正。至于阿比西尼亚战争的前途问题以及党和工人阶级应如何对待这场战争的问题,应该说,党采取了正确立场,群众性的反战宣传也得到了相当广泛的发展。

反对法西斯主义的斗争和群众工作。党中央(1930年初)关于在党的工作中实行转折的决定,以及为贯彻这一决定而进行的斗争,大大加强了党的活动的积极性。当时党的基层组织脱离了群众,成了为数很少的共产党人小组,它们抱着宗派主义情绪,没有采取或几乎没有采取任何措施扩大党组织成员的人数。最初,只能让这些组织承担向群众散发党和工会报纸和传单的工作。有些时候这类报纸和传单散发的数量相当大,以至于法西斯不得不公开议论这件事。反对机会主义的斗争以及党中央在几乎所有组织中开展的辩论(这一辩论表明所有组织无一例外地接受了党中央的观点),才使党有可能向基层党员解释党作为工农群众反法西斯主义运动的真正组织者和领导者所担负的任务。但是,这方面的具体工作进展不快,而且成绩也不大。

1929年底,党积极参与了组织在国外召开的工会第二次秘密代表大会的工作。这次代表大会通过了关于意大利工会退出阿姆斯特丹国际工会联合会的决议(关于加入红色工会国际的决议是在下一次代表大会上,即1931年通过的)。党向来自全国各重要地区出席大会的许多代表提出了开展群众工作的问题。

1931年4月在国外秘密召开的党的第六次代表大会具有巨大的意义。大会不仅总结了反对机会主义的斗争经验，而且对大会召开前几个月的几次群众运动作了深刻的分析，不但如此，各个基层组织还把参加过几次最重大行动的同志派来出席代表大会。正是在这次大会上第一次坚决向党提出在法西斯群众组织中开展工作的问题（这个问题的重要性共产国际早已强调过多次），其目的是，利用一切合法条件来揭露法西斯官僚，宣传群众提出的要求，动员群众并组织他们的斗争行动。

在为完成这些任务的斗争中，曾发现机会主义分子和宗派主义分子起初在党的中央机关，随后又在基层组织中抵制这项工作，这是因为深入法西斯组织内部的策略迫使这些人不得不走出他们的宗派主义的孤立的小圈子。党的领导在这方面的错误就在于它没有能够在党的工作的各个方面尽快地从代表大会关于利用现有的一切合法条件的决议中得出必要的结论。

应当指出，直到最近秘密的阶级工会的组织形式，党的组织形式以及党和工会提出的口号都还存在着一些缺点。这种情况对反对宗派主义的斗争，对建立同法西斯群众组织中劳动群众的密切联系造成了困难。至于党的基层组织，它们长期以来把恢复同群众的联系的必要性仅仅理解为征集新党员和在发生自发运动时散发传单的工作。1930年和1931年的两年中，新入党的人数相当可观，党员数量增长很快，但是对这些新党员的组织工作和布尔什维克的教育工作却十分薄弱。因此，法西斯政府才有可能在1933年中期再次使我们党遭到极其严重的打击。

可以说，只是在共产国际执行委员会第十二次全会以后党在法西斯群众组织中的工作才开始有明显的改善。这项工作不再被看做是例外的工作，它开始成了党、工会和青年组织的一项基本工作。在法西斯工会的许多会议上共产党人公开发表演说，而非党工人的发言就更多了，有时甚至受我党影响并由我党以适当方式给予指示的法西斯工人也在大会上发言，他们提出工人群众的要求，争取从工人中间选出委员会来维护工人的要求，并提出罢工的口号。在"劳动"组织中，甚至在合作社组织中也常常发生这种情况，即共产党员或共青团员不仅能组织反对法西斯领导人的公开示威游行，甚至还能挫败法西斯候选人夺得地方组织的领导权。共青团在先锋队员组织（14—16 岁的青年）中，在法西斯青年中和在军事培训班中的工作，都取得了一些成绩。

由于开展了这项工作，群众性的抗议活动、群众运动和示威的次数大大增加了，党在这些活动中起到了倡导者和组织者的作用。近几个月来，共产党员在法西斯组织中，特别是在工会中的活动十分活跃。在有些情况下党在这方面的工作使得劳动群众的要求得到了满足。目前的任务是要进一步扩大这方面的工作，就直接涉及工人和穷苦农民的各种问题提出现实的要求和口号，让群众看到党的真正面目，看到党是为他们的切身利益和为推翻法西斯专政而斗争的领导者。为了做到这一点，必须在党的中央报刊上（这个报刊的内容从第十二次全会之后已经有了改进）公开讨论与群众密切相关的一切问题，使中央报刊能够对法西斯分子玩弄的一切花招作出反应，而基层组织的一些刊物（传单、工厂小报等等）目前的发行量还很不够，必须扩大发行和大力改进工作。

共产国际第六次代表大会之后，意大利共产党在同形形色色的社会民主党潮流的斗争中取得了相当大的成绩。党在 1930 年和 1931 年从劳动者群众中吸收的新党员中，有一部分从前是属于社会党、最高纲领主义者、共和主义者或无政府工团主义者。过去曾属于民主自由主义组织《正义和自由》的所有工人小组，与我党取得联系后全部转为了意大利共产党。1931—1932 年间大批知识分子和大学生转向了共产主义。

在设有反法西斯党总部的侨民当中，意大利共产党也进行了大量的工作。在几十万移居法国、但同本国有着千丝万缕联系的意大利工人中间,党借在阿姆斯特丹和普雷耶召开大会的机会,以及在1933年3月共产国际发出公开信之后,成功地开展了建立统一战线的工作。统一战线运动使国外的两个反法西斯政党——最高纲领主义者和共和主义者——由于两党领导人抵制建立统一战线而发生了分裂。属于第二国际的社会党①中的危机也十分严重。社会党中的左派反对派领袖被开除出党后加入了意大利共产党。"反法西斯力量集中派"——社会民主党和国外的资产阶级立宪主义的联盟——瓦解了。1934年8月社会党终于表示同意讨论关于同共产党人采取反法西斯的联合行动的协议,并同意同共产党人签订反战宣言,特别是反对意大利帝国主义干涉奥地利事务的宣言。

后来,社会党同意与共产党共同发出号召,呼吁群众起来斗争,反对进一步降低工资,争取救济失业者,争取实现一系列其他直接要求。关于统一战线这个协议,它的政治影响很大。在反法西斯斗争中共产党在处于国外的各党中已经居于领导地位。这一情况在国内也有着很大影响:我们的统一战线政策已经在老的社会民主党干部中引起了分化,也使主张同法西斯妥协的人们和工人们之间发生分化,工人们开始采取直接为实现其要求而斗争的立场。

至于反对进军阿比西尼亚的斗争,社会党一开始就同意与共产党共同发表宣言反对法西斯的战争准备。共产党和社会党已共同着手组织意大利侨民反对阿比西尼亚战争代表会议。但是,社会党在反对统一战线的右翼的压力下至今不同意采取使本国政府失败和变帝国主义战争为国内战争的口号。

在地方机关,共产党人向许多工人小组提出建立统一战线的建议。但是,组织统一战线的工作,过去一直是在中央和国外进行,至今还没

---

① 由社会党中分裂出去的最高纲领主义者没有参加第二国际。

有真正转向基层，还没有根据客观需要和现有条件充分向广度发展。这也是当前党面临的迫切任务之一。

争取工人和农民中的青年也是意大利共产党的一项极其重要的任务，法西斯分子在他们中间的影响很大。在很多地区，甚至在一些大工业城市，我们的党组织几乎与青年完全隔绝。共青团从第六次代表大会以后也经历了和共产党相同的命运和动摇，它内部的宗派主义和机会主义倾向也相当严重，这些倾向至今也没有克服。共青团曾多次同党一起成功地开展了反对军事化的工作，但至今它深入法西斯组织的工作还做得很不够。

组织问题。组织问题对意大利共产党始终有着特别重要的意义。经过1927年和1928年的严重打击后，党员中产生一种看法，似乎组织问题应该与群众工作问题分开解决（"先组织起来，然后再开展群众工作"）。这种机会主义的和宗派主义的方针造成的结果是，党成了一些完全失去布尔什维克组织特色的人数不多的小组。正是这种"烧炭党"的倾向应当成为主要打击的对象。同时还必须与那些对党和群众组织问题不予足够重视的同志进行斗争，他们以为这些问题会在运动发展过程中自然而然地得到解决（自发论）。同这些倾向的斗争从1932年起变得尤为重要，因为保密工作中的错误、对待秘密工作和吸收党员工作的轻率做法，以及忽视对挑衅活动的斗争，等等，严重导致基层组织的破坏，许多中央指导员被捕和失去联系等。

自1929年至1932年初，党员人数有了显著增加，但在许多情况下，对吸收新党员的工作没有严肃对待，常常出现一种非常危险的倾向，即忘记了党员与单纯同情党的革命者或共产主义报刊的读者之间的差别。因此，必须根据俄国布尔什维克的经验进行斗争，以便在全党确立明确的概念：什么样的人可以成为真正的共产党员，党应当如何组织起来，应当怎样建立同群众的联系。例如党未能及时理解，要在群众性的法西斯组织中开展工作，党就必须不仅把自己的工作重心，而且把它的组织重心也移到这方面来，才具备这种可能性。

从第十二次全会开始，党就同所有这些错误进行了艰巨的斗争并在这方面取得了一定成绩。党员人数虽然与1932年相比有所减少，但党的工作质量有所改进。在肃清秘密工作机关的内奸活动斗争中也取得了一些成绩：秘密机构人员的被捕情况大大减少，对吸收党员的监督工作得到改进，同大多数企业的联系已经恢复，虽然各地区政治上活跃的支部还很少。基层组织又开始印发传单，许多组织开始过政治生活，这些都有助于它们恢复同群众的联系。

1932年中期，党的组织状况十分严重，竟致党中央议论"组织危机"的程度。必须集中全力摆脱这种状况。由于彻底改变了组织形式和工作方法，并能使其适应党的群众工作的新形式，适应法西斯专政下的特殊组织条件，党的处境已经部分有所好转。

共青团问题也是一个特别尖锐的问题。把工作重心转到群众性法西斯组织中去的问题，对共青团要比对党更为突出。只有在解决这一任务后，共青团才能够像它应该做到的那样，成为一个比党拥有更多人数的组织。

共产党当前的任务。 共产国际在其第十二次和第十三次执行委员会全会上特别详细地讨论了意大利共产党的问题。尽管党在近两年也向前迈进了几步，但党、共青团和工会工作仍然落后于客观条件，落后于不断增长的群众不满情绪和群众运动。党内还存在着较强的宗派主义和右倾机会主义倾向；这就足以说明，基层组织为什么会不认真重视今年3月举行的法西斯的"公民投票"，党对奥地利事件的反应，总的来说是十分软弱无力的。党当前的基本任务仍然是不仅应当在城市，而且应当在农村尽可能广泛地开展群众工作。虽然党在农民问题上一直采取正确的立场，但它现在毕竟还没有通过深入法西斯组织和利用一切合法条件在农村开展足够广泛的工作。此外,还应该加上一项任务,即彻底改组党的组织和改变党的工作方法,使之适应在法西斯组织内部开展工作的条件,并把合法的工作和秘密工作结合起来。反对意大利帝国主义和反对准备战争的斗争还应当更加大力进行。

反对宗派主义和机会主义的斗争,反对博尔迪加主义残余,争取扩大同群众的联系,争取开展广泛的罢工运动,善于为此利用一切合法的和半合法的条件,从组织上巩固党,建立真正群众性的工会组织——这些就是党所面临的基本任务,完成这些任务才能使意大利共产党有可能带领群众从经济斗争走向群众性的政治罢工和推翻法西斯专政的斗争。

比利时

世界经济危机和危机引起的帝国主义列强之间的经济争夺,沉重打击了资本主义的比利时的经济。比利时在危机前有三分之二的工业品是销往国外市场的。为了保持今后自己在世界市场上的竞争能力的主要来源(极其低廉的劳务费),比利时资产阶级对劳动人民的生活水平采取了超过以往程度的新的进攻。在这次进攻中,除不断降低工资和广泛采取残酷的生产合理化制度外,资产阶级还利用了教权主义和自由主义联合政府的各种力量和手段。这个政府近两年来把20亿法郎的新税收加到劳动人民身上,同时还削减了同样数额的社会保险拨款,部分削减,部分甚至完全取消了本来就少得可怜的数千失业工人、残疾人、退休人员和以往战争参加者的救济金。

近几个月来,由一些最可恨的银行和托拉斯巨头参加的杰尼斯—弗朗卡政府一直在采取普遍降低广大劳动群众生活条件的做法:降低政府公职人员的薪金,驱逐移民工人,压榨失业工人并组织他们进行强制性劳动,减少养老金,人为地降低生活必需品费用指数,以便制造借口,减少几十万冶金工人、纺织工人和其他工业部门工人的工资。

资产阶级的这一进攻，使早在1928—1930年间就已经采取过大规模罢工形式的工人群众运动出现重新高涨的迹象：安特卫普省的码头工人罢工、布鲁塞尔市的建筑工人罢工、博里纳日1.5万名矿工罢工。改良主义领袖们宣布这些罢工是"野蛮的"罢工。1931年南部佛兰德平原的4.3万名工人参加了法国北部的纺织工人大罢工，并在韦尔菲克和梅嫩街头进行了街垒战。

1932年博里纳日矿工反对再次降低工资的罢工，不顾改良主义领袖们千方百计的阻挠，终于发展成为有24万矿工和冶金工人参加的总罢工。这一斗争在不少地方（梅尔森奥彭、卢、瑞梅、沙勒罗瓦等地）发展成了大规模示威游行和流血的街垒战，而士兵们则多次拒绝向罢工工人开枪。政府伙同资本家和改良主义工会领导人企图使工人们停止罢工，许诺维持原工资水平。但是，只有冶金工人执行了改良主义领袖关于复工的决定，而11.5万名矿工持续罢工整整两个月，坚持进行了英勇顽强的斗争。

1932年的这次大罢工是帝国主义大战后比利时无产阶级进行的一次最大的战斗，它标志着比利时群众运动进入新的高潮。这一高潮在随后的两年中发展成为越来越频繁的罢工斗争（大多数罢工是违背改良主义领导人意志而宣布的），这些斗争往往带有鲜明的政治色彩（1933年热马普的5000名矿工罢工，反对政府的非常法令），并发展成为大规模的阶级搏斗（例如，韦尔维耶的1.6万名纺织工人罢工持续了四个月）。新高潮还表现在失业工人的运动不断扩大。士兵中也发生一系列事件。1935年初资产阶级的全线进攻再次引起广泛的群众运动的新高潮，这次总罢工的口号是反对杰尼斯政府的非常法令和推翻杰尼斯政府。

为了镇压革命群众运动，更加肆无忌惮地对劳动人民展开广泛的进攻和准备新的帝国主义战争，比利时资产阶级越来越直截了当地打破议会民主的框框。议会已经两次赋予反动的德-布罗克维里政府"特别权力",这项权力使这个政府可以不必经过议会法律手续就能借助非常法令向劳动人民展开进攻。杰尼斯政府还获得了执行全面降低工人生活条件的特别权力。

为了准备国内战争,政府已采取使用恐怖手段镇压工人阶级运动的一些初步措施。例如建立以最新军事技术武装的特别宪兵大队,残酷地惩罚所谓"唆使军人不服从"的行为,利用特别法令解雇国家机关、市政公用事业机关和企业中的所谓"暴乱"组织的拥护者。陆续制定一系列法律,以捍卫比利时的旗帜和查禁工人自卫组织,所有资产阶级政党都支持在"强权"基础上的"国家改革"。

与此同时,资产阶级还建立了诸如"国家军团"之类的许多法西斯组织。它还奖赏那些进行极其下流的充满沙文主义蛊惑宣传的组织。佛兰德地区的法西斯组织"狄纳索"和佛兰芒民族同盟肆无忌惮地在民族和社会问题上进行符合希特勒和荷兰帝国主义利益的蛊惑宣传,鼓吹建立大荷兰国家的口号,企图用这些手段把被压迫的佛兰芒群众的骚动纳入他们的轨道。

在经济危机的头几年,比利时的社会党人(比利时工人党)还在为资产阶级向劳动人民的进攻辩护,提出所谓为了"恢复国民经济"各个阶级都在作出"必要的牺牲"之类的理论。后来的几年,比利时工人党面对群众运动的高涨和发展,转而制定了一套蛊惑人心的宣传计划(1931年的"民族自救"计划,1933年的德芒计划);企图以此在群众中造成幻想,似乎比利时工人党在努力寻找摆脱危机的社会主义出路,然而事实上它却是彻头彻尾地出自日益法西斯化的资产阶级的倾向。例如,臭名昭著的德芒计划花言巧语地提出由资本主义国家实行信贷和某些工业部门(工业原料开采和电力生产)国有化,以及银行和垄断的国有化(当然,要予以全部补偿),实行"五年计划",等等,而目前社会党人则千方百计地在工人群众中宣传建立所谓"计划政府"的口号，以此来掩护他们建立包括他们参加的联合政府的企图。

虽然比利时工人党执行着改良主义政策，它的党员人数在1930—1933年间却有很大增长，现在已超过60万人。出现这种情况的原因，一方面是由于比利时工人党独特的组织结构（各工会组织、合作社组织及教育组织等都作为集体会员参加工人党）和根特保险制度（只有有组织的工人才能领取失业救济金）；另一方面则是由于比利时工人党的欺骗宣传政策造成的（自1927年开始，它是议会中的反对派，就罢工问题组织过多次公民投票；1933年夏组织反对"饥饿政府"的群众请愿活动；1934年末组织维护失业工人利益的请愿活动，等等）。

但是，就在比利时工人党的群众组织新成员大批增加的同时，对该党领导集团政策的不满情绪也在增长。比利时工人党中的对立情绪特别突出地表现在1932年的大规模罢工中，这次罢工不仅有社会党的普通工人参加，而且一部分社会民主党的基层专职干部也不顾领导人一再作出的反对罢工的决定而积极参加了斗争。希特勒在德国执政后，比利时工人党内的对立情绪更加强烈。1933年比利时工人党的许多组织不顾社会民主党奉行的"较小祸害论"政策，公开支持宣布反对政府措施的总罢工，支持通过起义做好夺取政权的准备。这些群众的战斗意志表现在比利时工人党的群众组织迅速发展。这些组织为自己制定了左派纲领，并把反对军国主义或者反对法西斯主义的工作作为自己的宗旨（社会主义"青年近卫军"，佛兰德反战同盟），它们目前拥有数万名比利时工人。

比利时工人党内部"左派反对派"的出现，反映了对工人党政策的日益增长的不满情绪。这个以斯巴克、森特等人为代表的反对派，从1933年初便开始出版自己的机关报《社会主义行动报》。《社会主义行动报》派在列日和布鲁塞尔等地的社会党组织中赢得了多数，而且还取得了像社会主义"青年近卫军"、社会主义反法西斯同盟等比利时工人党的这样一些组织的支持。在1933年5月的比利时工人党代表大会上，反对派提出的关于宣布总罢工和建立统一战线的要求得到了12.5万张选票的支持。在1933年12月的比利时工人党代表大会上，左派领袖赞同德芒计划。他们想方设法利用这个计划的蛊惑宣传运动来控制社会党工人中的思想动荡。但是，由于奥地利事件、工人银行的破产、比利时工人党的保皇主义示威游行以及企业主对工人的新的残酷进攻，迫使当时的左派领袖不得不撕毁他们同比利时工人党领导之间的协议，而后者则以开除出党来威胁他们。

在1934年10月的代表大会上，社会党左派领袖又一次投降，他们放弃了工人群众在工会和其他组织的无数次大会上一再主张的原则性立场。社会党左派领袖们在这次代表大会上又一次表示拥护德芒计划，并且在一切问题上都同意妥协。然而，在杰尼斯政府的一系列新的进攻面前，社会党工人群众的不满情绪极为强烈，以致左派领袖不得不撕毁他们向比利时工人党领导所作的保证，并在失去对支持过他们的广大社会党工人阶层的依靠的威胁下重新采取反对改良主义的立场，主张宣布总罢工和以不十分坚决的方式赞同与共产党人结成统一战线。

比利时共产党则迟迟不着手去进行工人阶级群众运动新高涨向它提出的任务。妨碍党开展工作的是严重的机会主义，这种机会主义始终同宗派主义方针紧密联系在一起，而在实际工作中贯彻这种方针就等于顽固地拒绝在比利时工人阶级的群众组织中开展工作。对比利时社会民主党的机会主义的分析，导致了在1928—1930年时期顽固地抵制"阶级反对阶级"的政策，虽然并未公开表现出来。这时，一方面是，党采取宗派主义的态度轻视在工会中开展真正的群众工作，而另一方面则是，工会合法化的思想不仅阻碍了动员群众起来反对开除革命的积极分子，而且还常常表现在共产党人在斗争高潮中为了"保持统一"而离开工会岗位。党避而不谈争取佛兰德自决权和殖民地独立的口号。同时，党又准备在选举运动中与民族改良主义政党"佛兰芒前线战士"采取联合行动，竟不了解这个政党的主要目的就是要阻止佛兰芒群众反对比利时帝国主义枷锁的真正斗争。

第四次党代表大会（1929年3月）召开前夕，共产国际执行委员会曾向比利时共产党领导发出公开信，提醒它有犯机会主义错误的危险。比利时共产党第四次代表大会表面赞同共产国际执行委员会的公开信，但在党代会通过的决议中仍然在同一些问题上表现出机会主义错误。代表大会之后，党的机会主义路线没有得到认真克服。结果，在1929年的选举中赞成共产党候选人的票数减少到了43000张，党员人数也不足1000人。《红旗报》的发行量下降到了3500份，党不得不停止每日出版报纸的工作。

1930年，比利时共产党反对机会主义的斗争实际上仍然没有从根本上改组整个党的工作。党依然故我，继续忽视群众工作和工人群众的斗争。

只是到1930年末和1931年初才开始出现某种好转的迹象。党在群众工作方面迈进了几步。党在着手制定局部要求的全国纲领时仍然很不坚决，只是在一些工业区召开了一系列动员群众的会议。到1931年夏，在南佛兰德地区纺织工人罢工中党已经起着某些作用了。党在群众中的影响在1932年1月的矿工代表选举中才初步出现明显增强的迹象。在这里，党和矿工革命同盟首次积极参加了这次选举，而且由于正确地采取了统一战线策略，才有可能在31个选区提出了统一战线的候选人名单，其中13份名单取得了成功。

1932年夏季的矿工总罢工，是比利时无产阶级战后第一次大会战，在这次战役中，广大工人群众反对改良主义领袖的决定和号召，而拥护比利时共产党的战斗口号。由于党的工作有了一些改进，党才能发动并不断扩大这场大罢工,尽管党还没有能够赢得组织这次罢工的领导权。比利时共产党通过广泛的鼓动,做好了支持罢工和反对改良主义分子投降口号的斗争准备。这次罢工绝不是偶然的,它是在共产党人在博里纳日的一个矿井召集大会之后爆发的。在博里纳日地区和首府宣布罢工后,共产党人不是只停留在宣传扩大斗争的口号上,而是实际实现这个口号。共产党人们站在罢工工人的前列,并带动了其他矿区工人的斗争。

共产党人在各矿井动员工人组织罢工纠察队。他们在街头游行和街垒战中都站在最前列,因此政府的镇压便首先指向了他们。由于比利时共产党队伍中仍然存在着对党和工人阶级力量的不信任,因而导致了党在罢工中犯了政策上的错误。共产党人对充满战斗精神的社会党工人和改良主义工会的基层干部所起的作用重视不够,这些人在大多数场合都积极地参加了罢工,而在许多情况下,他们从自己的工人当中推举罢工领导人,抵制了他们自己领导人的意志。共产党人未能正确地对待这些工人。在根据共产党人倡议产生的罢工委员会中,社会党工人没有足够数量的代表。党提出举行全体工人总罢工来反对似乎注定要失败的矿工罢工,认为这才是"保证胜利的唯一条件";党也没有组织群众性反镇压斗争。

尽管存在着这些弱点,但在这次斗争中党所表现出的主动精神和共产党人的英勇行为却大大提高了比利时共产党在群众心目中的威信,显著地扩大了党在工人阶级广大阶层中的影响。从1932年6月至12月的半年中,党员人数增加了2000人。在战斗特别激烈的一些地方,党员人数增加了一至三倍。罢工前只拥有7000名读者的《红旗报》在罢工期间和罢工之后发行量达到15000—20000份。

党的群众影响的增长在地方选举和议会选举中也得到反映,党获得的票数比1929年增加了50%—60%,即在1929年的议会选举中得票

43000张,而这次得票67000张;1926年在地方选举中得票66000张,这次得票109000张(在地方选举中,妇女也是选民)。在几个最重要工业城市,如列日、沙勒罗瓦等地,赞成共产党人的选民人数增加了一倍多,因此有3名共产党人代表被选进了议会,而1929年只有1名进入议会。像国际革命战士救济会、矿工革命同盟等革命组织的人数在1932年的罢工斗争期间和随后也增加了二至三倍。

从1932年罢工时起,比利时共产党曾组织了一系列维护失业者和士兵的要求和反对法西斯组织的行动。特别应该指出的是,比利时共产党为与比利时资产阶级在社会民主党人参与下借比利时国王艾伯特逝世所组织的保皇党运动相对抗的示威游行。但是共产党一直未能发挥其业已加深的影响,未能保持和扩大这种影响。对工人群众的、特别是社会党工人群众的战斗精神估计不足的倾向,以及对党自身力量和条件估计不足的倾向,在党内仍未得到克服。共产党尚没有力量领导工人阶级的最重要的经济运动和政治运动。它在许多情况下落后于群众的积极性。

共产党对社会党工人因受德国和奥地利事件及比利时社会民主党政策遭到惨败的影响而发生的重大变化估计不足。共产党没有为争取对工人阶级的领导权而斗争。这一点在1933年夏季表现得尤为明显,当时社会民主党的工人群众要求,经常以激烈的形式要求对政府的非常法令进行有力的斗争,而社会党领袖却开展向议会请愿、反对"饥饿政府"的蛊惑人心的运动,以阻止这一群众性运动。党本应立即号召群众采取具体行动反对非常法令,可是它却满足于支持社会民主党的请愿运动。党提出的口号是:"借助总罢工以扫除饥饿政府",而不是向群众提出直接战斗的任务。

除了党对社会民主党所持的机会主义观点外,还有一种否定工人群众和否定相当一部分社会民主党基层干部有严重的和发自内心的不满情绪的宗派主义观念。结果是,比利时共产党对比利时工人党基层组织中开展的反对派运动至今只能发挥有限的政治影响。

机会主义观点在许多情况下大大限制和歪曲了统一战线策略。党死抱着宗派主义故步自封，同改良主义者领导下开展的广泛群众运动完全隔绝。但群众渴望统一战线的心情日益迫切。工人群众不理睬改良主义工会官僚的意图，举行了数十次的罢工，在罢工中显示了战斗的团结。社会党工人、社会党的"青年近卫军"和共产党人为响应党的号召在布鲁塞尔、安特卫普、列日、根特、梅赫伦等地联合举行了几十次反对法西斯主义的战斗性的示威游行，在许多情况下这也是响应社会党"青年近卫军"和比利时工人党地方组织的号召，为此这些组织几乎每次都受到比利时工人党领袖的指责。但是比利时共产党人至今还没有学会很好地利用这些联合行动来进一步扩大战斗的统一战线运动。至今为止，已建起的各种统一战线委员会为数还很少。这些委员会的活动范围和积极性也十分有限。党和革命组织吸引了相当一部分社会民主党工人和无党派工人参加阿姆斯特丹和巴黎的反帝和反法西斯大会，但是这些暂时的成就未能在大会后用来组织以反战和反法西斯委员会为中心的广泛运动。

1934年8月，社会党"青年近卫军"和共青团之间签订了关于行动统一的协议，但在签订这个协议时犯了重大的政治错误，即除了社会党的"青年近卫军"外，还让一些反革命托洛茨基分子参加了协议。这一错误应由党的领导负责，造成这一错误的原因在于党的领导同托洛茨基主义的斗争很不得力，对托洛茨基主义存在着腐朽的自由主义。共产国际执行委员会坚决谴责了比利时共产党的领导，提出立即纠正错误并对错误的责任者采取组织措施的问题。在党和共青团的基层组织中也开展了声势浩大的运动来肃清这一不能容忍的错误；法国共产党的报纸也刊载了一系列批评比利时共产党的文章。

比利时共产党和共青团在纠正这一重大政治错误的过程中开展了反

对托洛茨基主义的斗争。不久,托洛茨基分子根据托洛茨基的要求,加入了社会党的"青年近卫军"组织,这样它便不再作为一个独立组织而存在了。在社会党的影响下,社会党的"青年近卫军"的领袖开始进行诽谤运动以图破坏协议,千方百计地阻止他们的拥护者同共青团组织签订地方性协议。1935年1月举行的社会党的"青年近卫军"代表大会废除了8月签订的协议,但是,在基层组织和社会党的"青年近卫军"领导部门中的左派分子的压力下,被迫允许基层组织同共青团签订临时性协议。代表大会还授权"青年近卫军"领导制定签订协议的条件。

共产党人甚至在他们自己发动的罢工中也只满足于主要进行宣传工作。他们只在少数情况下建立罢工委员会,但即使是这些罢工委员会,它们的基础也很不扎实,以致这些往往违背工会领导正式命令而发动起来的罢工,其领导权几乎总是自动落入那些改良主义领袖手中。在韦尔维耶举行的16000名纺织工人大罢工,表明党在领导罢工斗争方面有了一些进步。还在罢工开始前,部分在作为罢工前奏的局部罢工时,共产党人得以在一些最重要的企业组织了革命的工会反对派小组。因此,一宣布罢工便得以在这些企业建立了罢工委员会;随后又在这些委员会的基础上选举了中央罢工委员会。中央罢工委员会发挥了很大的积极性,特别是在组织纠察队防范工贼方面。由于共产党人在工会中的工作软弱,改良主义领袖们依然保住了对自己组织的领导权,背信弃义地破坏罢工,向企业主投降。

共产党和革命组织在失业工人中做了大量工作。他们在1933年3月在统一战线基础上组织了向布鲁塞尔的进军,政府便动员了它的全部武装力量并宣布正式戒严。1934年外地各市的失业工人进军也动员了近2万名失业工人参加。1935年初,失业工人委员会运动蓬勃发展,致使"社会主义行动"派和社会党的"青年近卫军"中的左派社会党人认为必须号召自己的支持者加入这些委员会,因为这些委员会在1935年的头几周就成功地组织了有数万名工人参加的一系列战斗性的示威。

在兵营举行的示威和在反对军事训练的罢训中,共产党常常发挥了主导作用。对于士兵们反对疲惫不堪的军训,反对营养不足、减少薪金和再次征召后备兵的这些要求,共产党都给予支持并进行宣传。但是党的这项活动没有同它反对帝国主义战争的总斗争很好地结合起来。一般地说,反战斗争是比利时共产党工作中的一个薄弱环节。

比利时共产党在劳动农民中的工作还很不够。劳动农民的战斗情绪受到在佛兰芒被压迫人民群众中活动的教权主义组织"农民协会"的压抑,而共产党在那里至今没有能够领导群众反对比利时帝国主义压迫的群众运动,同样它也未能使佛兰芒群众摆脱法西斯组织的影响。比属刚果居民中的革命运动曾发展成为1931年、1933年和1934年的起义,但是这一革命运动只得到比利时共产党软弱无力的支持。

共产党的缺点就在于,它没有在工会组织中开展工作。比利时工人阶级的大多数被组织在各种工会——改良主义的、天主教的、佛兰芒民族主义的工会中,因此工会工作在比利时尤其重要。尽管党多次作出决议,仍有相当数量的党员没有加入工会,或是没在工会中积极开展工作。党没有进行足够有力的斗争去反对摆脱群众性工会的倾向,去反对固守松散独立工会的倾向(例如,1933年安特卫普市的几十名邮政工作人员退出改良主义工会,另行成立独立工会就是这种倾向的表现)。

革命的工会反对派进行了反对改良主义工会开除革命工人的斗争并在罢工时期不断开展宣传鼓动工作,但它未能把改良主义的、天主教的和佛兰芒民族主义的组织中持反对派立场的广大群众在自己的影响下团结起来。矿工革命同盟在1932年的大罢工中和罢工后已大大加强,但它至今也只有5000名成员。

党内曾不止一次地就工会问题进行了辩论，在辩论中也曾多次强调必须转变工会的工作。然而，实际上共产党在这方面并未做出任何成绩，仍在原地踏步。

近几个月来，改良主义工会，部分基督教工会，在加入工会组织的工人中开展了广泛的反对派的群众运动。在改良主义工会中，这一运动表现为对改良主义工会组织，即所谓"比利时工会委员会"1934年8月第二十九次代表大会的决议掀起的抗议运动，以及表现为对左派集团"社会主义行动"派机关报的保护行动，因为工会官僚对该报发起了进攻，极力要使它停办。

这些大规模的反对派运动大多不是在共产党人和革命工会反对派的直接影响下进行的。这一事实表明，革命工会反对派至今所采用的工作方法和工作形式，不仅不能动员广大工会会员，而且还使原来联合在工会反对派小组中的共产党员和革命工人脱离了具有反对派情绪的广大工会会员。

革命工会反对派中的共产党员本应当作为自己所在工会的积极会员进行工作，本应当表现出他们是捍卫工会会员的要求和权利的最热心、最英勇的卫士，然而他们却只热衷于对工会及其领导人的生活和工作进行表面的消极批评。

这样做的结果是，革命的工会反对派运动至今仍然是只联合少得可怜的共产党员和个别同情共产党的工会会员的狭隘的宗派主义集团的运动。这些小小集团一般说来对工会的活动和工作产生不了重大影响。在比利时共产党内部一种占统治地位的错误观点认为，似乎工会工作是革命的工会反对派工作中的一个特殊方面。对待工会工作的这种消极态度之所以更加不能容忍，就是因为在比利时的工人运动中工会起着极为重要的作用；工会是工人阶级整个生活中的极其强大的因素，工人阶级的几乎全部生活及其整个活动都是通过工会中的多种活动形式表现出来的。比利时工人党本身就是直接建立在工会基础上的,而且改良主义的工会领导在比利时社会民主党领导机构中起着决定性作用。

比利时共产党至今尚未能顾及到这些历史上形成的比利时工人运动的特点。共产党的任务就是要在党内大力进行反对宗派主义的斗争,因为宗派主义是在工会和比利时工人阶级的其他群众组织中开展工作的主要障碍。同时,党还面临着改组党组织的任务,目的是使党的组织更易于接近加入改良主义工会和基督教工会的群众。

至于党的组织状况,直到1932年中期,党员人数一直处于停滞状态。后来,特别是在1932年的矿工罢工时期和罢工以后,党员人数开始有所增长,而且有很多在大工业企业从业的工人入党。党员人数1929年时仅有1149人,到共产国际执行委员会召开第十三次全体会议时已经达到3250人。后来,由于对新党员采取宗派主义态度和基层组织中党的工作薄弱,党又失去了1000名党员。尽管处于有利环境,但党甚至未能把那些在1929年大罢工期间加入共产党的许多工人巩固在自己的队伍中。

1933年只有6%的党员组织在29个一直在发挥作用的生产支部中。1933年秋,开展了一次专门的运动,通过这次运动组成了15个新的生产支部。但在最近几个月中,工厂支部的党员人数有所减少;目前工厂支部不超过13个。多数场合,支部只干一些宣传和散发刊物的工作,而没有组织工人为他们的迫切要求而斗争。

近几个月来比利时共产党刊物的发行量是:法语报刊为16000份,佛兰芒语为6000份。

群众组织中的共产党党团工作往往都完全是非组织性的。吸收党员的工作虽在进行,但在吸收过程中并不总是坚持规定方针去吸收企业和群众组织中那些最积极参加工人阶级战斗的优秀工人入党。

虽然党在1932年罢工后立即采取了一系列正确措施,但党对提高党员的政治和思想水平的工作仍然没有给予经常应有的重视，党员中的大多数又都是不久前才入党的。

比利时共产党的主要任务是：克服自己队伍中的宗派主义，从一个故步自封的、不善于在领导工人阶级的斗争中巩固与扩大自身影响的组织，变成一个坚强的、有战斗力的布尔什维克式的党，使它能够越来越紧密地联系比利时的无产阶级，能够组织并领导比利时无产阶级进行群众性的革命斗争。

葡萄牙

自1926年起葡萄牙实行军事法西斯独裁统治。萨拉查和卡尔莫纳斯政府利用其独裁政权采取一系列措施，掠夺劳动人民，为大资产阶级、地主、军人、教会和英国资本谋取利益。

在不断增长的、特别是从1933年初波及全国的群众运动的压力下，政府不得不运用新的社会和全国性的蛊惑人心的宣传形式，同时还强化了对付工人运动的镇压措施。

根据组合制原则制定了新宪法。政府采取了一切可能的手段，就是要竭力通过这部新宪法；政府甚至把全部弃权票也加进了赞成新宪法的票数。就这样，政府拼凑了一个微弱的多数，宣布新宪法通过。

1934年底，根据新宪法举行了法西斯国会的第一次选举。候选人名单只有一个，这就是根据法律可以参加竞选的唯一组织——专政党的候选人名单。新选举法只承认选民有权投赞成票或弃权票。此外，还有种种特殊限制条件，剥夺了广大群众参加选举的可能性，这样，专政党提出的名单**无一票反对**，获得通过，赞成票为377792票，只代表全国和各岛屿居民总数的不足6%。

政府既然没有能够把专政党，即所谓"国民同盟"变成群众性的组织，就同时又成立了"反资本主义的"、"革命的"民族工团主义。民族工团主义的任务就是在"新国家"的基础上把整个工人阶级包括进来。但是它不仅遭到来自广大工农群众的抵制，还在全国范围内引起数十起反对各种形式的法西斯主义的大规模的群众示威游行。

1933年政府不得不停止对民族工团主义的宣传，转而实施血腥的法西斯恐怖手段。

所有的工会、所有的青年教育组织都被取缔，工人刊物被停办，开始了大规模的逮捕，数人在警察拘留所被折磨致死。

社会党成了现存的唯一合法政治组织。它在制定组合制宪法时帮助了政府，现在还在通过它的合法报刊出卖共产党人来效劳警察当局。

资产阶级共和派政党的领袖们此时都在国外。他们既不做经常性的宣传工作，也不在国内建立组织。而在工人运动中深深扎根的无政府主义者却散布消极情绪。

群众运动。有组织和有系统的群众运动可以说是在1932年才真正兴起，当时根据共产党和国际工联委员会（红色工会领导机关）的号召，开始了反对失业的运动并举行了五一示威游行。

次年，除共产党在锡尔维什、托雷什维德拉什、阿尔马达、贝雅等地组织示威游行（在贝雅是农民示威游行）外，在全国各地还爆发了最初几次大规模的罢工。在其中一次罢工（里斯本港口工人罢工）中，曾出现罢工工人同被召来镇压罢工的海军士兵握手言欢的情况。这次罢工是由国际工联委员会组织和领导的，时间持续了一个月。

1933年党和国际工联委员会在阿尔加维全省组织了群众示威游行，反对政府关于罐头工厂每年关闭三个月的决定。不仅工人参加了这次示威，还有一些关闭了自己的店铺以示抗议的小业主也参加了示威。由于事态的发展日益尖锐，政府不得不同意向罐头业工人支付失业救济金。在国际工联委员会的领导下，玻璃业工人也举行了多次成功的罢工，参加人数达5000人，总共损失达240600个工作日。

同年还发生了铜矿工人、瓶塞业工人及其他行业工人要求提高工资的罢工，以及反对缴纳2%工资所得税作为所谓失业基金的全国性的罢工和示威。

除在共产党领导下在全国范围进行的反对民族工团主义的行动外，还应该指出发生在杜罗和山后-上杜罗的反对赋税和大地主的农民示威游行。

1934年1月18日举行的反对工会组织法西斯化的抗议行动是法西斯专政建立后群众运动的新高潮。除在全国各重要中心举行的罢工和群众示威游行外，应该强调指出的，是工人们占领马林哈-格兰德市的行动，在那里工人们击败了政府武装力量并将其人员俘虏。几乎全城的劳动居民都参加了这次起义行动。但是，调来的大批军队在七小时后压倒了我们同志的抵抗；抗议镇压的全体总罢工持续了两天。为了领导反对工会法西斯化的斗争，一个由改良主义总工会、国际工联委员会和自治工会的领导层代表组成的统一委员会建立起来。

无政府主义者和改良主义者在群众的压力下接受了国际工联委员会关于统一行动的建议，但当国际工联委员会和党所领导的斗争爆发时，他们却顽固地拒绝组织斗争，而且暗中进行破坏。

同年2月，由于5000多名男女失业工人参加了锡图巴尔市举行的大规模罢工和巷战，政府不得不重又同意给罐头业失业工人发放它已取消的救济金。在里斯本举行了大学生和青年工人的示威游行。这一年内全国各地还举行了一系列其他示威游行，包括阿连特茹农业工人的示威游行。

共产党的活动。在共产国际第六次世界代表大会时，犯过多次机会主义错误的葡萄牙共产党还不过是一个宗派类型的不大的小组。只是在撤销了原领导之后党才开始发展。目前党在群众中很受信任。虽然有资产阶级的反抗和无政府主义者消极抵制，但付给罐头业工人的失业救济金还是争取到了，大马里尼亚、波尔图、菲盖拉达福什等地的玻璃工厂工人斗争的胜利，以及民族工团主义的被粉碎——这一切在很大程度上都应该归功于葡萄牙共产党的活动。

1929年，在共产党领导下建立的共产主义青年团已经领导了几次青年工人的重大行动。

最近一个时期，党按期出版自己的中央机关报《前进报》。此外，党还在一些飞行集会上和示威游行中通过散发传单和号召书进行宣传。

红色工会在领导各次行动的基础上和通过经常性的宣传，利用各种合法条件使自己的人数达到了有组织的工人总数的25%（无政府主义者工会人数占15%，社会党人的工会人数占4%，各自治工会人数占56%）。但是必须指出，绝大多数工人仍然没有加入到工会里来。

虽然红色工会在许多地方失去了一些会员，但它们仍然在非法条件下坚持自己的工作。它们甚至还从无政府主义工会组织中争取了一些新会员，因为无政府主义工会在组织秘密工会活动方面毫无作为。

由原无政府主义工会和红色工会成员成立了一些庞大的联合工会，这些工会加入了国际工联委员会。到目前为止，有八个工会组织出版自己的地下刊物。

尽管党在工作中取得了一些重要成绩，但党还存在不少严重的缺点和错误。党一开始就没有在葡萄牙革命性质问题上制定出正确的方针，而且长时期一直不提出无产阶级专政的口号，同时没有考虑国家的落后状态和各种形式的封建主义残余。这就导致低估了在葡萄牙尚未完成的资产阶级民主革命中同农民联合的意义和党的作用。

对于还处在无政府主义者和资产阶级共和党人影响下的相当多数的劳动群众的工作，党没有给予足够的重视。对于无政府主义者、改良主义者和资产阶级共和党领袖们关于群众"没有能力"独立地进行反法西斯斗争的观点，党也没有予以应有的揭露。

党未能通过争取同情党和革命组织的广大阶层来从组织上巩固自己对群众的巨大影响。党组织没有同警察当局的内奸活动进行经常的斗争。党内存在的组织上的软弱性和宗派主义，仍然是使党成为工人阶级群众性政党的主要障碍，党正在为克服这些缺点而斗争。

卢森堡

弱小的卢森堡共产党自共产国际第六次代表大会以来，特别是近两年以来，已经在卢森堡无产阶级队伍中产生了很大影响。党组织了有广大工人阶层参加的反对卢森堡自由教权主义联合政府实行法西斯化的群众运动，开展了反对企图在卢森堡扎根的希特勒法西斯主义的强大运动。

近几年来，工厂委员会问题、患病职工医疗补助问题和调解办公室问题始终列在党的工作日程之内；党能够深入到所有这些机关。由于党坚持不懈地工作，正确地进行了反对社会民主党对法西斯主义、对资产阶级进攻的投降政策，党才得以使工人阶级广大阶层中的很大一部分因对社会民主党绝望而离开社会民主党的工人没有转到法西斯阵营中去。正是这一部分工人在最近一次选举中大力支持了共产党，使党获得了数千张选票。例如，1933年"无产者统一阵线"的候选名单得到了选举调解办公室的选票总数的10%；在1934年初的工厂委员会选举中，共产党得到总选票数的25%。在1934年7月的议会选举中，共产党提出的名单只在一个南区就获得了3100张选票，而社会民主党的选票各地同时都急剧减少。选举结果，共产党在议会中获得了一个席位。

面对共产党的这些成绩，教权主义政府便转而攻击共产主义：它褫夺了共产党代表的议员当选证书，解雇共产党人教师的职务，并制定一项法律草案，宣布共产党和所有革命组织为"违反宪法的和非法的"组织。在1934年10月地方政府选举中，原先在地方政府中连一个席位也没有的共产党却获得了三个席位（在埃施、丘培林根和黑森海姆）。1933年，党将其早在1930年创刊的机关报《工人之声》周刊改为日报。但是，党未能为自己的机关报建立广泛的群众基础，因而《工人之声》从1934年1月起重又每周出版一次。

党的主要缺点是组织工作和工会工作薄弱。虽然党在群众中的影响迅速扩大，但党不善于把支持它的工人优秀分子吸收入党，党员人数没有增加。党的工作中最薄弱的环节是它的工会工作。党员中很少有人参加工会，而且即使这少数人也几乎没有在工会组织中开展工作。革命的工会反对派也始终没有能够把对改良主义工会领袖的政策不满的广大工人群众争取到自己方面来。

党的工会工作的薄弱还表现在，党所执行的统一战线策略没有取得令人满意的效果。社会民主党领袖依靠改良主义工会机构，在大多数情况下还能压制住工人要求统一行动的愿望，并阻挠自己的组织实现共产党人提出的统一战线。

瑞 典

在共产国际第六次代表大会前，瑞典共产党还根本谈不上认真解决党自身队伍布尔什维克化的任务。的确，党当时已经拥有15000名党员，而且组成了345个地区小组，在1928年秋的议会选举中党还获得了151000张选票。但是，尽管党在群众中的影响有了这样大的增长，党还是背着十分沉重的社会民主党传统的包袱，以致阻碍了党成为瑞典无产阶级真正的革命先锋队。

党的群众影响迅速增长，而从组织上巩固这种影响的工作，却没有跟上来。尽管针对党内存在的脱党现象,特别是针对霍格伦集团分裂党的情况(1924年)进行过思想斗争,但瑞典共产党的思想水平仍然很低。共产国际历次代表大会和全会的总结以及共产国际各支部的经验,瑞典党几乎都没有加以运用,甚至也没有在党内讨论过。党内没有认真的自我批评,当时党领导的工作方法使党内一直保持着一种狭隘的地方习气。所有这些现象使党内的社会民主党的残迹远未得到根除;相反,社会民主党的影响在党内甚至又有所抬头。在资本主义相对稳定的条件下,社会民主党的这种影响特别危险。当时瑞典的资本主义已经达到相当的高度,产量大大超过战前水平。这是克雷盖尔康采恩的全盛时期,这个康采恩也和瑞典其他工业集团一样,极力扩张争夺世界市场。在这种情况下,瑞典的产业无产阶级,从1924年起经过多次的斗争和罢工,取得了一些成绩,使自己的生活水平有所提高。这也就是第六次代表大会以后,促使社会民主党对共产党影响的危险和党内机会主义危险发展的土壤。

早在共产国际第六次代表大会前,共产国际执行委员会就不止一次地指出过瑞典共产党内存在着社会民主党的残余和严重的机会主义倾向。

瑞典共产党中央多数派表面上同意共产国际第六次代表大会的各项决议和共产国际执行委员会所采取的反对各国共产党内的机会主义集团和派别的各项措施,但同时这并不妨碍中央多数派继续压制党内就这些问题进行的一切辩论。当时党的领导层的机会主义在共产党议会党团的发言中也已表现出来。在讨论军事预算时,共产党议会党团竟提出一个包含着强烈的和平主义幻想的建议(在三年内取消军队)。党的领导中的机会主义政策在下面这一事件中达到了登峰造极的地步:1929年5月1日,斯德哥尔摩党的领导竟与社会民主党斯德哥尔摩组织的领导谈判,以天气不好为由将五一游行改在下星期日举行。

1929年5月，共产国际执行委员会在信中要求公开谴责这些严重的机会主义错误，要求重新召开一次中央委员会全会，并在会上讨论中央委员会的机会主义多数派与革命的少数派之间的分歧，以便为全党展开辩论打下基础。在这次中央全会上，也和中央委员会多数派代表在共产国际执行委员会第十次全会上的发言中所表现的那样，暴露了瑞典共产党中央在一些决定性问题上坚持彻头彻尾的机会主义观点。这一点在关于资本主义稳定的性质和瑞典资本主义的帝国主义性质问题上暴露得尤为突出。瑞典共产党内的右倾机会主义者，也和其他共产党中的机会主义者一样，极力维护这样一个观点，即资本主义在他们的国家已经牢固地稳定下来，并预言资本主义将来还会大发展。他们极力避而不谈瑞典资本主义的帝国主义性质问题，他们借口这个问题还没有很好地研究，认为这个问题只有在讨论瑞典资本主义是否依附帝国主义列强的问题后才能予以回答。与此同时，参加共产国际执行委员会第十次全会的瑞典代表团的多数派还企图缩小与辩解瑞典党的领导和共产党议会党团所犯的严重的机会主义错误，特别是在斯德哥尔摩庆祝五一节问题上所犯的错误。

这就是共产国际致瑞典党全体党员的公开信（1929年9月）时的形势。这封公开信在说明了瑞典共产党中央的某些错误后指出：

"共产国际的指示要求瑞典共产党领导必须对右倾的具体表现展开无情的斗争，不断揭露一切机会主义错误。而你们党的领导对这些错误却一贯采取保持沉默的方针，在党内纵容对错误采取调和主义态度，并企图在党的面前为这些错误辩护。当这些错误在共产国际执行委员会第十次全会上遭到严厉批判后，党的政治局主席弗里格同志还企图在第十次全会上用典型的'左派'社会党人的论据为斯德哥尔摩党组织领导人的立场和议会党团提出的裁军建议进行辩护。"

参加共产国际执行委员会的瑞典共产党代表团，包括党中央的机会主义多数派的代表一致接受了这封公开信。但与此同时，中央的这个多数派却在准备分裂党。最初它还只是消极抵制公布共产国际执行委员会的公开信，紧接着在公开信正式公布后，他们便迫不及待地发表了当时的中央委员基尔布姆的文章，他指责共产国际歪曲瑞典共产党的现状和执行极左政策。同时，党的中央机关报《人民日报》发动了广泛的反布尔什维克运动，大多数当时的共产党议会党团的成员和党的工会领导干部都参加了这一运动。共产国际建议在全党就公开信的内容展开广泛讨论，并要求党中央机关报停止对共产国际的攻击。为了回答这个建议，瑞典党通过一项决定：在最短期间内，即10月3日召开党的代表大会。这项决定由中央委员会多数派通过，尽管公开信中建议党内辩论至少要进行三个月。党领导机关的这一步骤在部分党员面前暴露了当时把持瑞典党领导的机会主义者的真面目，证明了党中央多数派采取了分裂党的方针。这个多数派还公开表示拥护与社会民主党结盟的政策。这样做最终必将导致丧失共产党的独立性，使共产党变成社会民主党一类的"反对"党。这种社会民主党的立场在公开信发表后，立即明显地表现为毫不掩饰地进行反对共产国际和反对苏联的斗争，并且后来又表现为伙同改良主义者一起反对革命的工会反对派。

1929年秋发生的瑞典共产党的分裂，产生了比1924年的分裂更为严重的后果。几乎所有的议会党团和绝大多数党的工会领导干部都追随了叛徒。在所有重要工业区，在斯德哥尔摩、在瑞典西部和中部，他们既带走了大多数党员，又破坏了党的组织。同样，大部分区的领导干部也跟着叛徒首领基尔布姆走了。在1929年11月初举行的瑞典共产党第八次代表大会上，22个区委会中只有8个党委会派代表参加。分裂之后党员人数最多只有6000人，其中几乎半数在人口稀少的北博顿地区。

瑞典各主要工业区的形势更加不利。目前已经扩大的斯德哥尔摩区的党组织到分裂前约有4000人。而分裂后留在党内的最多只有500人，而原来在工会组织和企业中积极工作的骨干分子几乎都离开了党。瑞典西部和哥德堡的情况,也不比瑞典中部大多数工业区的情况好。党只是在北部一些地区,主要在北博顿保存了自己的组织,而在全国各个主要工业区它几乎变成了微不足道的小组。

从原革命少数派中产生的党的新领导面临着恢复党和重新争取群众支持的艰巨任务。起初仍然有着许多缺点的党的新领导,依靠共产国际执行委员会的经常帮助,终于在阶级斗争日益激化的条件下,巩固并扩大了党的群众基础,取得一系列政治和组织方面的重大成就。

1930年的经济危机也波及瑞典。瑞典资本主义彻底动摇。在危机期间,控制着几家大银行和工业康采恩的瑞典最大的金融资本集团克雷盖尔康采恩遭到了破产,而且瑞典金融资本丧失了大部分国外投资。

早在1930年资本就发动了对工人群众的生活水平的进攻。这一进攻立即遭到有力的还击。1929年,据官方统计,有12350名工人参加了罢工,总共损失工作日达62.2万个;1930年罢工人数达20500人,损失工作日达95.2万个;1931年罢工人数达40543人,损失的工作日达262万个;1932年罢工人数猛增到50040人,损失工作日309.4万个;1933年的罢工人数和损失的工作日数比1932年还要多。

1930年时瑞典共产党还没有足够的力量在工人群众的斗争中发挥更重大的作用。例如,在1931年有3.1万人参加的纺织工人大罢工中,瑞典共产党的影响还很小,但是在同一年,共产党已经领导了造纸工业工人的大罢工。1931年春季,奥达连的几个大纸浆厂的工人宣布罢工,声援马尔默纸浆厂的罢工工人。工会官僚们竭尽全力破坏罢工,并支持工贼们有组织地行动。奥达连地区的所有工人在共产党的领导下动员起来反对工贼,把他们强制赶出工厂。派往罢工地区的斯德哥尔摩警察未能制服罢工工人的抵抗。政府调来了军队,但是有1000名工人卧轨,这样终于迫使军队撤离。政府宣布全区戒严并增派了士兵。但这也未能挫败工人的反抗。工人们照样举行大规模的示威游行，示威者与军队发生了冲突，5名工人被打死，许多工人受伤。共产党当即提出政治大罢工的口号。10万名工人，即瑞典北部的几乎全体工人都参加了这次罢工。

造纸业工人的罢工是1932年斗争的重大事件，罢工从2月持续到8月，有1.2万名工人参加了这次罢工。工会官僚们不得不出来领导罢工，他们以放弃工人的要求为代价以图尽早结束罢工。只是由于共产党和革命工会反对派的积极活动，造纸业工人才能够在长达6个月的时间里坚持斗争，后来只是因为采取了改良主义手段，罢工才被镇压下去。

瑞典共产党在1933年春季的海员罢工中起了积极作用。在这次罢工中，改良主义的工会领导人也同在工人阶级的其他斗争中一样，极力避免斗争。他们同轮船公司签订了包括降低12%工资的协议。但是海员们在革命工会反对派领导下宣布了罢工，后来工会官僚们不得不承认这次罢工。社会民主党政府千方百计要挫败这次罢工。但由于工会反对派的积极活动，由于它在各个重要港口掌握着对罢工的领导权，海员们的斗争阵线没有被摧毁，罢工斗争取得了局部胜利。从1933年5月持续到1934年2月的建筑工人大罢工，情况也是如此；革命工会反对派阻止了改良主义者自1933年夏就已策划的出卖罢工的阴谋，尽管工会反对派在这次罢工中未能起到在海员罢工中那样的领导作用。

除去这几次大罢工外，瑞典共产党近几年来在多次小型罢工中，特别是在伐木工人和木排工人的罢工中也都起到了领导作用。1934年春，共产党组织了以强制方式从事所谓"公益工程"的工人抵制降低工资的行动。大部分这类工人都参加了斗争，并举行了多次罢工，部分罢工取得了胜利。

但是，在许多情况下，党在经济斗争中仍然处于被动状态，党组织和革命工会反对派甚至跟不上工人的战斗情绪。这种落后状态首先表现在1933年的北博顿事件中，当时这个地区矿工的工资降低了12%——

17％。虽然党在这些矿工中具有强大的、组织上牢固的影响，但党没有动员工人起来斗争，反对降低工资。在木材加工业和纺织工业中也发生过类似的机会主义的消极被动和在斗争面前退缩的事例。

党组织在经济斗争中发挥积极作用，这样才首先使党重新在工会中赢得了威望。党分裂后，许多区的党组织在工会工作问题上产生了宗派主义观点和反工会的情绪，因此恢复工会的工作受到很大损失。过了许久，首先对工会中的共产党党团进行了改组，尔后党的区委会才得以重新指派一些负责同志担任这项工作。但是，党中央对这项工作的领导和监督，通过出版宣传鼓动材料配合这项工作以及报刊对这项工作的支持，都做得很不够。

党在无产阶级斗争中发挥的影响和党在工会中发挥的组织影响，在1933年前二者相差甚远。产生这种现象的主要原因是，对组织问题重要意义估计不足，反对直接吸收无党派工人和抱反对派情绪的工人参加工会工作。当然，到1932年，党在工会选举中已经取得了一些相当大的成绩，例如，参加哥德堡冶金工人工会代表大会的代表已经全是工会反对派的工人。

1933年春，工会中央领导指派了专门的政治委员在工会中进行反对共产党人的斗争，指望以此阻止共产党影响的扩大。他在向所有工会组织发出的指示信中，要求把革命工会反对派的支持者开除出工会。在指示信付诸表决的绝大多数场合，凡是在工会反对派没有派他们的代表的地方，工会会员往往是根据社会民主党工人的要求否决了指示信。改良主义领袖的这种分裂活动遭到了加入工会的广大工人的坚决抵制。这个时间正是扩大工会反对派组织基础的最好机会，也是成百成千地吸收非党工人和社会民主党工人加入反对派组织的大好时机。但是，在组织反对派工人问题上的宗派主义方针和在社会法西斯的威胁面前退缩的机会主义倾向，使瑞典党不可能完成这项任务。

党的第九次代表大会后，即1933年，改良主义工会内部的工作开始有所转变，虽然这个转变非常缓慢。建立了全瑞典革命工会反对派的领导机构，从1933年末开始出版工会反对派的机关月刊《工厂通讯》。从1934年初起，《新报》编辑部经常就工会问题发表文章。这期间工会中的共产党党团也进行了部分改组。到1933年底共有273个工会党团，拥有近4000名共产党员。一些工会中的共产党党团也已经建立了全国性的领导机关。

工会工作的这一初步转变，在1934年春季的工会选举中已经显出了积极成果。在斯德哥尔摩，赞成革命工会反对派候选人的票数由2600张增至5400张，也就是说，工会反对派的得票数已经相当于改良主义者得票数的一半，而与基尔布姆党的票数相等。在斯德哥尔摩把一个拥有7000多人的非熟练工人组织争取过来是一项很大的成绩。1934年春，在哥德堡的工会选举中，工会反对派也取得了很大胜利。例如，在冶金工人工会中，参加工会代表会议的全权代表中属于工会反对派的人数就由4名猛增到81名。哥德堡的工会反对派取得的另一重大成绩是，它在一些企业中已进入了俱乐部管理委员会。在瑞典中部工业区，特别是在造纸和锯木业中，工会反对派在1934年也争取了许多地方工会组织。

1929年分裂后刚建立的党的领导在政治上的弱点就是，它提出了一些抽象的、纯宣传性政策。共产党脱离群众的情况在当时进行的选举中得到明显反映。在1930年的议会选举中，共产党得票17400张，基尔布姆党得票35000张，社会民主党得票574000张。在1931年的地方选举中，各党的得票数是：共产党9600张，基尔布姆党29000万张，社会民主党360500张。瑞典共产党开始重新发展起来仅仅是1931年1月的事，一是得益于造纸业工人的大罢工，二是得到了共产国际执行委员会的具体指导。到1932年初，党员人数又超过了9000人，1933年初达到近12500人。1934年3月底党员人数达到16500人，1934年9月底计有17800人，1935年初达到近20000人。

在1929年分裂后的时期，瑞典党在北部地区加强了自己的组织阵地，在中部和西部的大部分区，它重又取得了阵地，在南部地区首次建立了共产党的组织。但在斯德哥尔摩地区，瑞典共产党至今还相当弱小，不及1929年分裂前的状况。1935年初，这个区只有1800名党员，还不足分裂前党员人数的一半。

新的党中央低估了干部问题的重要性，完全忽略了培养新干部的工作。直到现在，党中央在这方面的工作还十分薄弱。多年来瑞典党中央对多数区的区领导实际上成了空架子的这种状况采取容忍态度。党中央总是企图同所有地方组织（其数量达几百个）保持直接联系，它的这种工作方法促成了这种情况。提拔在斗争中表现出色的党的干部的工作，实际上大部分没有进行。直至今日，瑞典党内还没有系统的党课学习制度，党员流动很大，只是在最近才着手系统的工作来克服这种状况。从前，党的建设问题只是偶尔被提上党中央的议事日程。党的报纸和刊物几乎完全不谈及这些问题。正因为这样，党在企业中的影响还很不巩固。1933年12月瑞典党只拥有156个工厂支部，包括2830名党员。这说明在前几年衰落之后回升的速度很慢。而且这些工厂支部大多工作很不得力，党中央和区党委对这一工作的领导和监督也只偶尔进行，这156个工厂支部中大多数没有在企业中开展群众工作。工厂报纸的数量和党报的工人通讯员人数很少都说明了这一问题。1934年建立工厂支部的进程有所加快。当年年底工厂支部的数目增至220个。个别支部，特别是哥德堡区支部的工作树立了很好的榜样。

工人和贫苦农民由于接受了瑞典工人阶级在社会民主党政府执政时期获得的经验教训，他们的革命热情大大高涨，相形之下，瑞典共产党的成绩却不显著，这是因为党的工作很不得力。1932年社会民主党在议会选举中获得的选票又增加了 20 多万张（它总共获得 104 万张），基尔布姆党的票数是 13.2 万张，而共产党只获得 7.4 万张。

然而 1932 年选举后成立的社会民主党政府究竟给工人阶级带来了什么呢？对工人阶级来说，这个政府的"成就"可归纳如下：利用国家政权向工人实施资本主义进攻；提高各种税率和实施其他措施提高食品、纺织品等的价格；加重工人的赋税，取消许诺的失业保险——降低失业工人救济金和公益工程报酬；改组和加强警察部队；增加军费预算和各种军备开支；实施一整套反对革命工人的非常法令；起草由国家有组织地破坏工人罢工的法律。

社会民主党政府的这些反工人的措施在社会民主党工人中引起强烈的对立情绪，这种对立情绪成了在共产党领导下进行的反对工会法的广泛的抗议运动。由于这一抗议行动。社会民主党议员团也不得不投票反对本党政府的这些提案，结果该项法律就此流产。这项法律的流产，是瑞典共产党取得的重大胜利，这首先是由于正确运用了统一战线策略。

1934 年 9 月的省议会选举表明，社会民主党在工人阶级内部仍拥有强大阵地，而且它还成功地把小资产阶级和农民的广大后备力量动员起来了。这些阶层使社会民主党增加了 10 万多张选票（它总共获得 68.2 万张选票），而共产党的票数则从 1.7 万张增加到 4.1 万张，基尔布姆党从 3.5 万张增至 5.8 万张。

1934 年 10 月哥德堡的选举取得了更显著的成绩，在这次选举中叛徒党受到很大排挤，尽管它依靠一个脱离了社会民主党的集团的支持而暂时在人数上有所增加。而在所有资产阶级大党的票数大大跌落和社会民主党的票数大大丧失的情况下，共产党却使自己的票数增加了 2 倍。社会民主党人的票数从上次选举的 44671 票降到 37598 票，共产党票数从 2755 票增至 9430 票，而基尔布姆党虽然同上述脱离社会民主党的小集团合并了，它也只是从上次选举的 2259 票增至 4757 票。

由于共产国际执行委员会的帮助和坚决执行统一战线策略,瑞典共产党得以在1934年末以来的几个月中取得很大成绩。这一点首先表现在1935年初的工会选举中,当时工会反对派在选举中夺得了许多新的重要阵地,而且在全国第二大工会——哥德堡冶金工会中产生了决定性影响;工会反对派还在哥德堡壮工和港口工人工会中以及全国一些地方工会中取得了领导地位。在这次选举中,共产党的票数第一次大大超过了基尔布姆党,而且,与该党领导人的愿望相反,在许多地方同属于该党的工人群众和地方组织建立了统一战线。这些成就大大提高了共产党的威信,使共产党的各个地方组织的积极性提高了,例如,在1935年的头两个月中,共产党中央机关报的新订户就增加了5000个。

1935年5月1日,共产党不顾社会民主党和社会党领导人的抵制,成功地在包括哥德堡在内的40个地方举行了统一的示威游行,其中大多数都有社会党组织、工团组织和工会组织参加,而在一些情况下还有社会民主党组织参加。

瑞典共产党战胜了1929年分裂引起的危机。目前它在组织方面与分裂前同样强大。它把叛徒集团清除出去了,而且在国内一些地区对叛徒党给予了毁灭性打击。它正在争取在社会民主党工人中扩大自己的影响。如果瑞典共产党能够克服工作中的上述弱点,首先克服掉残留的机会主义消极情绪和忽视组织工作与干部培养工作方面的缺点,它一定会有迅速发展的广阔前景。

挪 威

挪威共产党是在经历了同党内"左派"社会民主党分子(谢夫罗和"莫特-达格"集团)的艰苦的党内斗争之后出席共产国际第六次代表大会的。但是,争取党的布尔什维克化的斗争还只是刚刚开始。挪威共产党仍须经历严酷的党内危机,经历严峻的党内斗争的磨炼。

1928年时挪威共产党的组织状况还很难确定。在向共产国际第六次代表大会所作的报告中曾肯定过,共产党有8000名党员。几个月后,在中央委员会向党的第三次代表大会所作的报告中又说,党员只有5200名党员。1930年据党中央的统计,党员人数不足3000人。1923年挪威工党分裂时,特兰梅尔把挪威东南部工业区的绝大部分党员都带走了。1930年底,在居住着全国三分之二以上的工业无产阶级的五个最重要的工业区中,共拥有2985名党员的挪威共产党,在这里却只有867名党员。

1929年党失去了过去一直在它控制下的伐木工人工会的领导权。1928年党曾领导过诸如卑尔根、希德瓦朗格、利勒哈默尔等地的一些重要的工会委员会。但后来由于一些工会领导干部加入了挪威工党,党连这些阵地也失去了。在1931年初的工会代表大会上,300名代表中赞成革命工会反对派的票数只有12—15票。

挪威共产党的群众影响下降在议会选举结果上也反映出来:1923年共产党获得6万张选票,1927年4万张,1930年只有2万张。

为什么即使在清除了改良主义分子之后党也未得到发展,甚至还部分地失去了它的影响,而且组织也瓦解了呢?挪威共产党的直接敌人是共产主义的叛徒(特兰梅尔和爱德华·比尔)领导的社会民主党和工会官僚。虽然挪威工党领导人日益同他们的资产阶级勾结在一起,背叛工人阶级的斗争,并同意组成政府(1928年的所谓第一届"工人政府"),但他们还装出一副激进党的样子,干着假革命的欺骗宣传;这个党没有参加第二国际,它的决议中仍然在谈论无产阶级专政,口头上对苏联表示同情,等等。

这个社会民主党经常谈论夺取政权的问题,它提出的"把整个工人阶级联合在一个党内"的口号甚至对许多共产党人也产生了影响,因此只有共产党进行坚决顽强的群众工作,才能使跟着社会民主党走的工人们走上革命斗争的道路。在挪威共产党代表大会的各次决定和党中央的多项决议中,都多次提到进行这种革命的群众工作问题,但实际上挪威共产党受社会民主党传统的影响很大,这使它不可能贯彻这些决议。反对社会民主党的斗争也进行得很不得力。党的队伍中除消极情绪外,还存在着宗派主义思想,党也不重视在改良主义工会中开展工作,工会中的共产党党团事实上并不存在。党在企业中的工作仍然做得不好,为数不多的工厂支部得不到具体指导,甚至处于消极状态。诚然,党也做过一些努力,力图对工人阶级的斗争施加影响,力图与社会民主党工人结成统一战线,开展活动,但是,参加工人阶级斗争和开展这些活动都带有偶然性,在斗争中产生的影响也未得到巩固。挪威共产党当时的领导既没有能力克服党内的宗派主义,也没有能力进行反对机会主义消极情绪的斗争,而对于那种认为所有熟练工人都属于工人贵族,认为挪威工党就其社会构成而言,它的队伍中不包括工人阶级这些所谓的"理论",党也无力给予坚决的还击。

共产国际第六次代表大会后,共产国际执行委员会曾多次向挪威共产党领导指出,必须改变党的工作方法,向真正的革命群众工作转变。虽然当时党的领导毫无异议地接受了共产国际执行委员会的批评,但在党的工作中却没有什么真正的改变。只是1931年3月召开的中央全会才采取了一系列组织措施,认真实现党的工作的转变。选举了新的政治局,大部分区举行了区代表会议,选出了新的区委员会。

挪威共产党在1931年3月中央全会后确实大大改进了工作。对于以克里斯蒂安森为中央政治书记的党的新领导的第一块试金石,便是党在1931年4月初开始的一直持续到9月初的有8.3万人参加的大规模同盟歇业中进行的工作。党在准备和进行这场斗争时表现了巨大的积极性并取得了成功。但是,在这次大规模斗争中也暴露出很大缺点:党未能大胆、坚定而明确地提出成立独立的罢工委员会问题,党只是软弱无力地利用群众的极大不满和群众对改良主义者的背叛政策的愤慨来巩固自己的组织和扩大自己在工会中的阵地。

尽管如此,1931年挪威共产党终究还是前进了。到当年年末,党已拥有4000名党员,更主要的是它大大加强了它在工人群众中的威信和影响。这一点在1932年的反战运动中、在为召开阿姆斯特丹大会而开展的运动中都有所表现。共产党确实成功地发动了挪威工人反对帝国主义战争的群众运动。但是,共产党未能给这次有许多工会组织(例如奥斯陆的工会理事会)参加的大规模运动指出正确的方向,未能正确地利用这次运动。斯堪的纳维亚国家并未直接参加世界大战,所以和平主义幻想在斯堪的纳维亚各国的工人阶级中根深蒂固。由于这种情况,挪威共产党在反对帝国主义战争的运动中就更需要顽强地同和平主义幻想作斗争,然而共产党领导没有这样做,反而让一个小资产阶级的和平主义者、现役军官和挪威工党党员库尔曼成了反战运动的旗手。共产党丝毫没有批评库尔曼的和平主义宣传,而且甚至在他按照自己党的指示背叛反战运动的时候还为他辩护。由于挪威共产党犯了一系列机会主义的大错误,反战运动的领导权落入社会民主党手中,反战运动完全丧失了它的战斗性。

与此同时,1932年,挪威共产党在工会工作方面执行了根本错误的策略。伐木工人工会大会的准备工作就是一例。这个工会只是在1929年才转到改良主义者手中。但因为改良主义工会领导已经在群众中威信扫地,这就为革命的工会反对派创造了良好的形势。1932年伐木工人的斗争就是在革命的工会反对派的领导下进行的,然而共产党却未利用这一有利形势。伐木工人工会中除革命的工会反对派以外,还有一个反对派,是受前工会理事会成员、"左派"社会民主党人基斯特领导的。无疑,决定同这些不处于我们领导下的反对派也建立联系是正确的，然而党中央却作出决议，要革命工会反对派必须服从基斯特的领导，并让运动按基斯特提出的口号进行。甚至在基斯特明目张胆地主张分裂工会和提出在不保留原工资水平的条件下，实行40小时工作周的口号时，党仍然还同这个集团保持关系。党推行这一机会主义策略的结果，使得已威信扫地的工会官僚仍然在伐木工人工会大会上得到大多数的支持，就因为反对派内部意见不统一，在表决所有重大问题时意见分散。进一步的后果便是伐木工人工会中的革命工会反对派在组织和思想上都陷于涣散状态。在这次大会后，这个工会中的革命工会反对派就几乎不再存在了。

挪威共产党领导错误地理解了在德国发生法西斯政变后，共产国际提出的关于建立统一战线的号召，它向挪威社会民主党建议执行"联合"政策。而挪威工党坚决拒绝同共产党进行任何统一斗争。于是共产党又向挪威工党发出第二封信，在这封信中党事实上放弃了自己的斗争口号，并以取消派的态度讨论了同挪威工党实行组织联合的问题。挪威共产党中央政治局向挪威工党提出如下建议：

"工人的统一只有在各党放弃本党次要利益，不考虑各自的派别政策和不提出任何先决条件进行谈判的情况下才能实现。"

遵照党的领导机关的这一机会主义政策，各基层组织也实行了类似的"统一战线"。1933年5月1日，在许多城市，包括在共产党拥有自己最强大组织的全国第二大城市卑尔根市，共产党人在没有提出自己的口号和没有派出自己的演讲者的情况下同社会民主党人共同举行了示威游行。正因为挪威共产党中央不愿保持自己的政治面目与社会民主党抗衡，所以当1933年工会官僚在预先同企业主达成协议后将所有工资协定予以拖延时，共产党便丝毫无能为力了，工会官僚的这一做法实质上等于同意原先实行的全面降低实际工资的办法。

挪威共产党领导的机会主义蜕化，使它失去了正确领导1933年选举运动的能力。在这次选举中,挪威工党提出了一个在很大程度上接近美国总统罗斯福的纲领的竞选纲领。而挪威共产党中央政治局却无力揭露这个纲领的资本主义的反工人阶级的实质。而在选举后共产党中央机关报竟然立即发表社论谈论"社会民主党的骄傲的口号"。

挪威共产党1933年所采取的策略表现在,党迎合社会民主党工人的落后情绪和观点,对工人群众的激进作出悲观的估计,主张"不惜任何代价争取联合",甚至不惜丧失党的独立性。它没有进行斗争,使社会民主党工人摆脱他们的社会机会主义头目的影响,没有去实现革命的统一战线,没有努力去发起真正的战斗,以维护工人群众的局部要求,也没有努力争取工人为夺取政权而斗争。挪威共产党政治局所推行的一整套政策,尤其是它的统一战线策略,是一种机会主义的政策,而归根结底是一种取消主义的政策。

这一机会主义政策又一次全盘瓦解了党的群众工作,又一次使党在革命高潮时脱离工人群众,特别是脱离工业无产阶级。1933年10月的议会选举结果充分说明了这一点。尽管工人群众、贫苦农民和渔民对当局极为不满和工人群众大大地激进化,但在选举中赞成共产党的票数却仍然几乎停留在1930年的极低的水平上。党只得到了2.2万张选票,这意味着党在总的赞成票数上的比重仍然没有改变。由于挪威共产党领导的机会主义政策,挪威工党独自利用了工人阶级的激进化,得到了50万张选票,比它在1930年所得的票数还多12.5万张。

挪威共青团的崩溃状况也应主要归咎于挪威共产党领导的机会主义政策。共青团在1933年夏几乎不存在了。共青团的机关报停刊,共青团的中央领导机关也不复存在,团员人数下降到500人以下。工会组织中的工作完全被破坏。1933年,在一些工会代表大会上(职员和建筑工人代表大会),革命工会反对派的代表只是作为一个"忠诚的"反对派发了言,提出了若干显然是改良主义的建议。

在共产国际执行委员会第十三次全会上，专门小组讨论了挪威问题。专门小组与挪威代表团一起研究了克服挪威共产党内危机的措施。

1934年上半年党内的辩论表明，大部分基干组织中在开展革命群众工作中存在着机会主义的消极态度和宗派主义观点。一些区对改组革命群众工作的抵制情绪十分顽固：这表明，要克服脱离广大工人群众的机会主义的和宗派主义的自我孤立状态，就必须更新党的干部。这个更新过程业已开始。但是，要使挪威共产党成为真正革命的群众性政党，还必须具备高度的警惕性并广泛地开展自我批评。

挪威共产党在1934年取得了一些成绩。在这一年的唯一一次较大规模的斗争——氮肥工业工人的罢工中，党起了领导作用。五一运动和反对帝国主义战争的运动都比往年进行得好，大批工人参加了这两次运动。挪威共产党在动员工人反对依靠工会官僚支持制定并提交国会的工会法草案（强制仲裁、反动的选举规则、对"非法"罢工罚款）中表现了巨大的积极性。党提出了反对这一反动法案的群众性政治罢工的口号，这一口号得到广大工人的响应。6月8日这一天确实举行了总罢工，各城市和工业城镇的所有工人都参加了这次罢工。当然，挪威共产党当时还没有强大到能够揭露改良主义者的花招并把这一运动的领导权掌握在自己手中。

在组织方面，挪威共产党又在缓慢地前进，1934年9月，它的党员人数只有5000多一点，其中分散在70个生产支部中的只有约800人。改组工会的工作，也就是开始改组那些遭到机会主义和宗派主义严重破坏的工会部门的工作。目前，革命的工会反对派在各工会中拥有的阵地还相当薄弱，而且只限于少数几个城市（其中有卑尔根和特隆赫姆）。现在的工会领导受到工人们，包括广大的社会民主党工人们的顽强的抵制，这使共产党得以正确运用同社会民主党工人结成统一战线的策略，在工会内部扩大自己的影响。

党在这方面已经取得了初步成就。在1934年11月底全挪威工会代表大会准备和召开期间，党成功地同社会民主党的广大工人群众建立了政治联系。党提出的一些最主要的口号，如争取工会运动的国际统一，支持反工会立法的工会联合会秘书处必须辞职，为反对此项立法而斗争，等等，都得到了社会民主党广大工人群众的支持。例如，在留康的一家社会民主党报纸就这些口号辩护过并公开为它们宣传，不少工会理事会都采纳共产党提出的纲领。共产党与社会民主党工人之间的政治联系之广可用下列数字来说明：共产党党团请求工会国际派出自己的代表参加代表大会的建议，以175票对169票被否决，虽然以代表身份出席大会的共产党人只有20名，工会反对派和同情者只有25名。工会国际的一封信在大会上起了很大作用，这封信号召大会采取主动行动，建立各国工会的国际团结。不论在这个问题上，还是在更换领导及同反工会的立法斗争问题上，我们的党都在大会上取得了相当的成功。

1934年10月举行的地方选举也可以证明党的发展开始了转折，这一次选举标志着党在前进，这是正确的革命的群众政策带来的初步成果。参加地方选举的人数比1933年参加议会选举的人数少10万人。但是挪威共产党仍然得到2.6万张选票，而1933年得到2.2万张选票。挪威工党失去了6.2万张选票，资产阶级政党也遭到了失败。

在今年的五一游行中我们的党取得了很大成绩。尽管挪威工党领导人对联合行动的一切活动都消极抵制，但我们还是在30个地方在革命口号引导下，与挪威工党的地方组织和其他工人组织一起举行了联合示威游行。在全国第二大城市卑尔根也举行了这样的示威游行。

党所取得的成绩当然还远远不能令人满意。这主要是因为党的领导机关没有花足够的精力和没有足够的决心执行统一战线政策，党组织中还存在相当强大的机会主义的宗派残余势力，加之党组织的数量还很少。

1935年3月挪威工党组成了内阁,这个内阁所赖以建立的纲领在很大程度上与瑞典和丹麦的社会民主党政府纲领相似。这个新政府的一项重要措施就是提高赋税,特别是提高间接税,其中包括普遍征收1%的流通税。这个政府的外交政策至今仍然实际助长法西斯德国的侵略意图和反对苏联为和平所作的努力。挪威工党的这一反动政策使共产党有足够的理由同挪威工党反对派工人建立广泛的统一战线。但是,建立统一战线问题遇到很大的阻力,党在这个问题上表现得很不灵活。

1934年6月8日的总罢工和几个最大的工会大会作出的反对改良主义领导及其"工业和平"政策的决议,都表明挪威的工人阶级已经大大地激进化了。只要挪威共产党消除自己队伍中的机会主义悲观情绪和消极的宗派主义情绪,它的组织就会壮大起来,它的政治影响就会迅速扩大,就会把暂时还处于多数的跟着挪威工党改良主义政策跑的工人们争取到共产党的革命斗争一边来。

丹 麦

丹麦在大战中和大战后都是欧洲各国中革命斗争和震荡最小的国家。在当前这次世界经济危机之前,在历次重大的社会冲突中,除1918年斗争外,斗争的领导权都绝对地掌握在改良主义者手中。社会民主党战时曾加入政府(1916—1920年)。1924年第一次组成了社会民主党领导的政府,从那以后,除两年的间隔外,政府一直处在社会民主党的领导之下。

丹麦社会民主党依靠强大的组织推行自己的政策。1932年,当这个国家的大工业还很不发达时,它就有37万工人参加了工会,这个数目还不包括农业工人(丹麦的总人口为350万)。所有工会毫不例外地都由社会民主党领导。社会民主党人还成功地夺取了贫苦农民和小农的最大组织的领导权。

1927年在丹麦共产党第六次代表大会上撤销了实质是左派社会民主党的领导。但是，新任领导也没有能力认真进行消除社会民主党影响和反对改良主义传统的斗争。因此，共产党未能真正开展革命的群众斗争，甚至原先拥有的微弱影响也在一点点丧失掉。在议会选举中，共产党候选人所得票数的变化是：1924年为6200张，1926年5700张，1929年3500张，而在哥本哈根共产党人所得票数从1926年的3500张下降到1929年的1900张。

1929年底，共产国际执行委员会致丹麦共产党的公开信中，对丹麦共产党中央委员会的政治工作作了如下评价：

"丹麦共产党至今未能克服其机会主义的消极性。显然，由于小工业在丹麦占主导地位，由于丹麦具有根深蒂固的旧传统，丹麦党的这种右倾机会主义病症自然要比其他经过革命斗争锻炼的党具有更深刻和更严重的性质。而反对右倾危险的斗争问题在丹麦党内至今甚至还没有被认真地提到日程上来，对这种危险的根源以及机会主义的具体表现形式也至今没有作出分析，至今没有把它们揭露出来。丹麦共产党的右倾改良主义倾向首先表现在它对待反对社会民主党政府和改良主义工会官僚的斗争十分消极。"

这封公开信在丹麦共产党内引起了激烈的辩论，这次辩论，特别是对德黑尔森集团来说，是一场无原则的辩论。一个小小的、软弱的丹麦共产党被激烈的派系斗争搞得四分五裂，直至得到共产国际执行委员会的帮助，把各派别集团的领袖从党的领导岗位上撤下来，这才消除了这种无原则的派别斗争。这一旷日持久的派别斗争使丹麦共产党在群众中的影响和组织状况在1931年达到了最低点。只是从1931年后半年起，丹麦共产党才在新领导之下重新发展起来。

丹麦共产党是在国内处于新的经济和政治形势下开展工作的。丹麦资本主义自 1931 年起也受到经济危机的强烈影响。失业现象激增，到 1932 年时，在工业、商业和交通运输业工人总数中平均有 31.7% 的工人失业。

农业情况更加恶化。德国对于从丹麦出口的肉、油和蛋类的限制越来越严。英国则依靠丹麦扩大其从自治领（加拿大和新西兰）的进口定额；国内市场的油类和肉食价格迅速下跌。改良主义的"舒适"政策时期在丹麦也接近尾声。丹麦的资本主义转而向工人全线进攻，资本家的行动得到了社会民主党政府和工会官僚无条件的支持。下列事实表明丹麦的阶级矛盾和阶级斗争已达到极端尖锐化程度：失业工人的救济金减少了，由于关税、进口定额和货币贬值等原因，食品和纺织品价格上涨，工资下降，而且削减工资由立法规定予以合法化（1932 年发布的禁止罢工和同盟歇业的法律直至 1934 年 1 月止）。1934 年反动的仲裁法开始生效，根据该法律，任何罢工均可宣布为非法；警察对罢工和游行的工人实行残酷镇压。警察被改组和加强了，他们得到了装甲车、机关枪、毒气弹装备；武装部队在增多。同时，资本的进攻也遇到了工人日益强烈的反抗，爆发了多起"非法"罢工，在哥本哈根、埃斯比约及其他城市中都发生了工人同警察的激烈冲突。

1931 年以后丹麦共产党组织上有了发展，它加强了在群众中的影响。共产党领导了失业工人反对掠夺失业救济金的斗争，组织了示威游行，仅在哥本哈根一地就有万余名工人参加了游行。党采取了有效步骤改组自己的工会工作，工会中建立了共产党党团和革命的工会反对派的组织。由于党在反对改良主义的斗争中实行了向革命的群众工作转变和改进党的工作方法，共产党得以在改良主义工会中夺取不少阵地。其中最有意义的便是党在 1933 年争取轮船司炉工人工会的斗争。

共产党坚持领导反法西斯斗争。它在 1933 年组织了丹麦工人声援德国共产党和德国工人阶级的大规模示威游行。丹麦共产党成功地发动了一系列抗议罢工，反对悬挂法西斯旗帜的德国船只来到丹麦。但在进行这些工作时，它总是遇到社会民主党、工会官僚和社会民主党人领导的国家机器的抵制。在亚平拉德的一次罢工中，工人同警察发生了激烈冲突，最后导致宣布总罢工。

丹麦共产党在工人们争取实现局部要求的运动和斗争中也开始扩大影响。1933年期间共产党领导了数次"非法"罢工。1933年秋，它成功地发动了废除原工资契约的运动，并在许多情况下挫败了改良主义者的对抗。1934年3月的海员罢工也是共产党和革命工会反对派正确开展革命群众工作的结果。

在这次罢工期间发生的事件，如：对司炉工人工会处以2.5万丹麦克朗罚款、逮捕数位罢工领导人、社会民主党政府企图组织工贼破坏罢工活动、警察对工人纠查队的进攻，从而导致的哥本哈根和埃斯比约市（丹麦第二大城市）的示威游行，以及埃斯比约的全体工人宣布总罢工，这一切导致相当多的社会民主党工人起来反对他们的领袖实行的工会政策。丹麦共产党则利用这一形势成功地开展了同这些持反对态度的社会民主党工人和工会中的非党会员建立统一战线工作。1934年6月举行了"劳动者"工会（即联合非熟练工业工人和农业工人的工会，它所联合的人数几乎占加入工会工人总数的四分之一）的18个地方小组的代表会议。会议号召全体工人联合起来反对社会民主党政府的法律。这些法律部分取消了工人的罢工权利，而且规定了工会表决重要决议时的特别规则（把各个工会的票数进行计算），从而实际剥夺了工人，即各个工会会员独立自主地解决关于宣布罢工问题的可能性。

为此，工会反对派于1934年10月中召开了全丹麦工会代表会议，参加会议的有97个工会组织的代表，代表着54000名工人。其中三分之二的代表是社会民主党工人和非党工人。会议通过了一项战斗的行动纲领，并号召所有工会组织同意这个行动纲领。到1935年1月1日，有许多新的分会（有9000名工会会员）采纳了这个行动纲领。大会选出了中央委员会。该委员会于1934年11月末组织了全国范围的"失业工人日"，同时还在各地举行了示威游行和群众集会。在上述代表会议基础上开展起来的运动，现在在丹麦被称为"十月运动"。

即使丹麦共产党在前几年也取得了一些成绩，但是这些成绩毕竟掩饰不了党内依然存在的严重缺点。丹麦共产党的主要缺点在于，它在党的组织结构和党内生活方面还没有彻底消除社会民主党的传统。共产党在企业中的工作还十分薄弱，除了一些船舶支部外，没有真正积极活动的生产支部。丹麦党中央只是现在才开始进行坚定有力的斗争，克服来自党本身的对开展企业工作的阻力。党在企业中根本没有认真开展工作，忽视吸收和培养新干部的工作，对工会工作中形形色色的机会主义表现采取容忍态度，而且由于宗派主义作祟，未能把持反对态度的社会民主党工人团结到统一领导下的工会反对派队伍中来，上述种种使党在1934年春丧失了工会中一些重要阵地，例如，在哥本哈根市油漆工人工会、金属加工业女工工会和锻工工会的许多地区组织的理事会中，丧失了多数派的地位。

由于党没有在企业中深深扎根，1933年底和1934年初，在有14万工人参加的反对废除原工资契约的大规模运动中，党内对工人的斗争决心估计不足，表现出机会主义的消极情绪，不敢提出独立自主地领导工人阶级斗争的问题，唯恐违背了工会官僚的意志。

不论是丹麦共产党的领导，还是整个丹麦共产党，都还没有能够同丹麦绝大多数工人，即社会民主党工人建立起正确的相互关系。

冰　岛

冰岛共产党成立于1930年。它是从按工党模式（集体成员原则）

建立的冰岛社会民主党革命左翼中产生的。年轻的冰岛共产党刚刚建立便领导了工人阶级的多次战斗。在党的领导下进行的几次最重要的罢工是：与首都雷克雅未克的同情罢工同时举行的韦斯特曼纳群岛的罢工（1931年），诺瓦的罢工，雷克雅未克冶金工人的罢工（1933年）和北冰岛的海员罢工（1934年）。1932年和1933年冰岛共产党还领导了失业工人的大规模行动，而且在这次行动中破天荒第一次在冰岛发生了同警察的冲突和政治性逮捕。

冰岛工会约有会员1万名，其中包括一部分独立手工业者、商人和职员。北冰岛工会是由共产党人领导的，有1900名会员。这个工会每周出版两期自己的报纸。在拥有3万多人口的首都雷克雅未克，只有一个有300名会员的冶金工人工会是由共产党领导的，而该市的社会民主党组织却拥有3700名党员。在全冰岛1万名工人会员中，有3000人是受共产党领导的。

冰岛共产党在思想上还不够巩固。在党的第二次代表大会（1932年）上，由后来被开除出党的皮埃图尔森领导的、对社会民主党的作用持机会主义观点的小集团，把几乎半数代表都争取过去了。由于共产国际执行委员会1933年发表的公开信，这个集团才被孤立起来，虽然党的领导中的宗派主义错误延缓了这个集团的孤立过程。反对社会民主党的斗争很不得力，有时还停留在抽象的形式上。

1934年初党拥有近700名党员，他们分别组织在11个地方小组和6个轮船支部和工厂支部中。党出版3种周刊，发行量达3000份。在1933年夏季的议会选举中，共产党候选人共得2674票，在1933年末的地方选举中，在9个地区共获得2411票。

1934年末，党在开展群众工作方面取得了一些成绩。1934年11月，根据北冰岛工会的倡议，召开了全国工会代表会议，代表着3000工人的40名代表参加了会议。

还有两个追随社会民主党的工会也参加了这次大会。1935年1月召开的党的代表会议制定了进一步加强党的群众工作的方针。

波 兰

共产国际第六次和第七次世界大会之间这个时期，波兰的情况有以下一些主要特点。

长时期的经济危机在波兰发展得特别尖锐深刻。特种萧条的出现也只是使局势有了某些极不稳定的好转。

资产阶级为了寻找摆脱危机的出路，不断对劳动群众展开猛烈的进攻，空前地加剧剥削，使工人阶级丧失所剩无几的社会福利。资产阶级为了实现这种进攻，大搞恐怖手段，发布一系列新的法律和法西斯法令，使社会生活各个领域实现法西斯化。与此同时，危机也在加深资产阶级阵营内部的摩擦和斗争。大资产阶级中具有决定性影响的阶层企图消除这些摩擦，企图使权力更大程度地集中到法西斯阵营中占支配地位的一部分人——毕苏茨基分子（"无党派集团"）的手中。

"萨纳奇"① 千方百计进一步将权力集中，加强国家机器对劳动群众的压迫，企图以此补偿其群众基础的缩小。毕苏茨基一死，法西斯主义在群众中失去了最大的精神权威，法西斯便加速实现希特勒化，企图保持自己的垄断地位。他们在实现"极权国家"的道路上采取的决定性措施是：实施使权力集中于总统手中的新宪法和新的选举法，以剥夺各政党和组织提名的权利，废除现行的五方选举制，实行多级选举制。

在经济危机加深、资本家和地主加紧进攻的同时，城市和农村的革

---

① "萨纳奇"，毕苏茨基的执政党，它是在"萨纳奇"（复兴社会生活）的口号下上台执政的。

命浪潮也在高涨,而无产阶级的罢工斗争是这一浪潮的主要组成部分。这些斗争的规模一年胜似一年,越来越顽强、激烈,而到1933—1934年间已远远超过了历年水平。1934年和1935年发生的一系列大规模的战斗都带有一定的政治性。

广大劳动农民的斗争,以及西乌克兰和西白俄罗斯的民族解放斗争变得越来越广泛,越来越尖锐。

社会民主党的基层组织越来越动荡不宁。波兰社会党、崩得①及其他政党大肆加强假革命的宣传和玩弄政治欺骗手段,力图保持它们在群众中的影响,把那些正在卷入政治生活的激进化分子拉到自己队伍中去。

波兰共产党在无产阶级和农民的斗争中的作用不断加强。它在**争取统一战线和工会统一斗争中**已经取得的初步**成绩**,表明共产党对劳动群众影响的增长。波兰共产党的党员人数正在增加,它正在沿着布尔什维克化的道路前进。日益革命化的并投入战斗的广大工农群众正团结在共产党的周围。

当前波兰共产党已着手组织广泛的人民反法西斯斗争阵线,争取实现城乡群众的日常要求,反对法西斯专政剥夺劳动人民仅有的一点政治权利。

波兰法西斯的战争政策,对波兰国内整个政治生活和经济生活起着决定性影响。军备竞赛不断加强,由此而来的赋税日益加重,社会生活各个方面的军国主义化日益加紧。波兰过去是,现在仍然是世界帝国主义在东方的支柱,波兰在反苏的基础上与希特勒德国的接近便足以证明这一点。波兰正在积极加入德日同盟,从而也在加速发动帝国主义战争。

---

① 崩得,俄文缩写词,是"立陶宛、波兰和俄罗斯犹太工人总联盟"的简称。

在共产国际第六次代表大会前,波兰共产党经历了尖锐的党内斗争,这场斗争使党分成了两派。在大会期间这场斗争几乎造成了党的分裂。当时党中央以克斯特尔热瓦-瓦尔斯基等为首的领导集团不仅不能使全党团结,而且后来,由于他们坚持自己的机会主义的错误,终于滑向了右倾机会主义泥坑(关于社会民主党的作用问题、关于对稳定的估计等问题)。波兰共产党中央六次全会(1929年)撤销了科斯塔尔热娃-娃尔斯基右倾机会主义集团的领导职务。

以连斯基同志为首的新领导对右倾错误进行了彻底的批判,依靠绝大多数党员使党重新团结起来,并逐渐清除了派别残余和党内斗争的后果。党一方面对右倾错误及原先的少数派自身的错误进行严肃的批判,对以往几个阶段,特别是对1926年法西斯政变时党的错误进行了认真的分析,另一方面又为克服卢森堡思想残余和波兰社会党左翼的孟什维主义残余而斗争。这就加速了党的布尔什维克化的进程。

到1930年波兰共产党第五次代表大会召开时,党已经是一个团结的党,在此之前仍然坚持自己错误的部分中央委员被迫承认错误。党代表大会对所有主要工作问题都提出了正确的方针。大会制定了党纲的纲要,这个党纲在第六次党代表大会上经过进一步研究讨论后被通过。第五次代表大会号召全党保持完全的、布尔什维克式的团结一致,并从思想上武装了党,使党能够在已经兴起的革命高潮时期开展斗争。

国内一部分不愿意投降的右派集团的残余分子与其他不满分子和叛徒共同组成了敌视党的反对派,但它很快便滑到了反革命托洛茨基主义一边。由于党进行了反击,这个托洛茨基集团在党员和广大群众中被孤立;只有华沙为数不多的一些手工业工人小组还在它的控制之下。

第六次党代表大会(1932年)总结了党在1931—1932年的群众斗争中取得的丰富经验,确立了党的策略并且提出了党在不断增长的革命危机面前的任务。由于党的正确路线、团结一致和日益高涨的积极性,党的队伍在这一时期几乎扩大了 2 倍，党员人数达到 17200 人（不包括被关押在法西斯波兰监狱中的党员），其中 3500 人属于西乌克兰共产党，3400 人属于西白俄罗斯共产党。这期间波兰共产主义青年团团员由 5000 人增至 14000 人。不过，应当指出，党的这种迅速发展是不平衡的。波兰共产党（不包括西乌克兰共产党和西白俄罗斯共产党）的社会构成是：

	占百分比
工厂工人	14
小手工业工人	25
农业工人（仅限于地主农场）	3.5
失业工人	15
农民（包括在富农那里干活的雇农）	37
党的机关工作人员及其他	5.5

由此可见，党的无产阶级核心约占 60%。但是，在大企业（尤其是在西白俄罗斯和西乌克兰），首先是在军工企业以及在铁路方面，党组织的工作和状况仍然是党的薄弱环节。波兰共产党面临的严重任务是：加强它在大企业中和一些最重要企业中的工作，保持住大批的新党员并对他们进行教育（党龄只有一两年的新党员在党内占多数）。

派别斗争的取消、党的思想的成长和思想警惕性的提高，使党有可能在很大程度上肃清党内阶级敌人的政治代理人，这些代理人利用党的阶级警惕性不高与所犯的民族主义和机会主义的错误乘机钻进党内，随后便利用党内斗争来达到他们的目的。党的第五次代表大会在共产国际执行委员会的帮助下所确立的**领导干部无产阶级化的方针**，即加强领导核心的方针，使党能够顺利完成揭露和铲除敌对分子的任务，促进了开展反对内奸活动的斗争。

波兰共产党在无产阶级日常斗争中的作用

近几年来,波兰革命高潮的主要环节是**罢工运动**。在1928年的罗兹纺织工人总罢工(在法西斯专政下的首次总罢工)之后,罢工运动曾一时转入低潮。大规模经济斗争的新时期是从1931年夏季著名的华沙有轨电车工人罢工开始的,党根据自下而上的统一战线策略领导了这次罢工。从这时起,罢工运动发展越来越快,到1933年,特别是1934年达到了空前的高涨,这一点从下面的官方资料统计的表格中便可以看出。

年代	罢工次数	参加罢工人数	损失工作日数
1929	505	218436	933684
1930	322	50399	367711
1931	59	106985	592129
1932	504	313793	2107628
1933	641	343221	3902802
1934	1003	400574	2365628

在1934年后半年出现的一些分散的罢工斗争后,1935年初又发生了纺织工人和矿工的大规模总罢工和弗沃茨瓦韦克的同情性总罢工,标志着罢工斗争浪潮进一步高涨和政治化。

近四年来,罢工运动的突出特点是,罢工的基地从中小企业转到了**大企业**。罢工浪潮尽管发展不平衡,但它却席卷了所有的工业部门和几乎所有的无产阶级队伍。特别重要的是,钢铁工人也开始参加到罢工运动中来(在华沙、上西里西亚等地)。无产阶级已经由分散的活动转入依靠各个工业部门的联合抵抗（纺织工人、采矿工人、冶金工人等的总罢工）。

在罢工斗争的**新形式**中，具有特殊意义的是，罢工和**罢工工人占领企业**同时进行，占领工厂的行动主要适用于一些大企业。例如在1932—1933年期间，在同一个企业中工人参加罢工并同时占领工厂的人数，平均为551人，而参加一般罢工的人数平均才有40人。其中一些罢工（如在哥尔腾吉亚、帕比亚尼采、克里蒙杜夫、莫蒂梅尔、杰兹翁克瓦、佩里采雷等地）导致了同警察的极其尖锐的流血冲突。

由于罢工工人的斗争极其顽强并具有战斗力，尽管有经济危机，大多数罢工还是取得了完全的或部分的胜利（据官方统计约为80％）。

1931—1933年的罢工高潮的特点是，没有掀起广泛的**群众性政治罢工**浪潮来直接反对法西斯恐怖，反对法西斯政府降低工人阶级生活水平和剥夺其权利，反对整个法西斯专政制度。但到1934年春，情况发生了变化。表明这方面发生重大转变的标志是：这一年的上半年掀起的抗议法西斯社会保险法令等的政治罢工浪潮，如罗兹、比亚韦斯托克、别尔斯克等的纺织工人抗议总罢工，1934年1月11—12日华沙冶金工人的罢工，为纪念罢工工人被害一周年在帕比亚尼采举行的罢工，为纪念失业工人游行队伍遭受枪击一周年在卢布林举行的罢工，反对集中营的罢工，等等。仅1934年头三个月就有36万多工人参加了这些罢工。

但是，这里应该指出的是，反对社会保险法的抗议运动的规模没有得到进一步的发展，这是因为（地区的党领导）没有考虑到形势和群众的情绪便在1934年1月24日错误地、机械地宣布了总罢工。

在报告所总结的这一时期，党在领导日常斗争、在扩大自己对无产者群众的影响方面取得了很大成绩。党在组织**经济斗争**方面发挥了巨大的积极性。

共青团在领导青年工人维护青年要求的罢工斗争中，在罢工委员会建立青年代表机构（有些情况下罢工委员会中有几十名青年工人）以及在组织罢工工人纠察队等方面也取得了一些成绩。

应该指出，**党在妇女中的群众工作**，即在女工和女农民中的工作大大落后于劳动妇女群众斗争积极性的迅速增长。尽管妇女们积极参加了一系列的阶级大搏斗，而且在一些场合，妇女甚至是斗争中的带头人，但是妇女在罢工委员会、在失业工人委员会和在农民委员会中的代表却非常少。

在1929—1930年间，当罢工运动暂时低落时，**失业工人**成了群众运动的排头兵。失业工人的汹涌澎湃的示威游行以及他们同警察的流血冲突已经成为司空见惯的运动形式。但是自1931年起，由于政府采取了一些特别措施（取消失业工人集会地点，建立"劳动营"，等等），以及党放松了它在失业工人群众中的工作，失业工人运动开始明显削弱。从组织方面掌握失业工人运动的工作做得极差。失业工人委员会的数量太少。

工会工作

共产国际第六次世界大会之后，波兰共产党为了独立地组织工人阶级的斗争，便着手建立革命的工会反对派，目前在波兰被称为"工会左派"。在党的各项决议中，首先是在第五次和第六次党代表大会的决议中，都强调指出了在改良主义工会中进行反对派工作的重要意义。但这些决议没有在实际工作中得到认真贯彻。党组织往往把主要注意力放到建立红色工会问题上，甚至在看不到这种红色工会能够成为群众性组织的前景的情况下也这样做。革命工会反对派的工作重心实际放在了争取没有加入组织的工人方面，而这些工人往往没有加入到改良主义工会中去进行反对派的工作。

党在改良主义工会和法西斯工会中工作薄弱的主要原因还在于：各级党组织没有彻底克服轻视在改良主义工会，特别是在法西斯工会中的工作意义，从机会主义观点出发放弃这项工作，用错误的宗派主义态度对待参加改良主义工会和法西斯主义工会的工人，个别人退出法西斯主义工会，等等。企业中的"工会左派"小组在很大程度上受到改良主义工会和其他工会的孤立。工厂支部中的党员一般都不参加"工会左派"小组。党支部只能从外部领导这些小组。

共青团在改良主义工会和其他工会中的工作比党的工作更加软弱无力。

但是，如果因此而看不到**"工会左派"取得的成绩**也是错误的。在一些地方，特别是在华沙、罗兹、栋布罗瓦矿区等地，"工会左派"赢得了群众的很大信任。争取实现群众日常要求的斗争大部分是"工会左派"独立组织和领导的。尽管有着上述各项错误，"工会左派"还是在不少改良主义工会中夺取了一些重要阵地。

在小工业的犹太工人中间红色工会过去和现在都有很大影响。红色工会领导了几十次罢工斗争，尽管警察镇压，但在罢工人数上常常超过了同一时期的改良主义工会。在对波兰工人产生重大影响的工会中，后来被禁止的一些红色工会，如罗兹纺织工人工会（2000 名会员）、栋布罗瓦矿区矿工工会（2000 名会员）、上西里西亚矿工工会（1800 名会员）、上西里西亚冶金工人工会（2000 名会员）、华沙电车工人工会（600 名会员）和罗兹电车工人红色工会（900 名会员）等，都起过很重要的作用。但是在一些具有决定意义的工业部门中，革命工会反对派的势力在大多数情况下还是十分薄弱的。

自华沙电车工人罢工（1931 年）后改良主义者的罢工策略有很大变化。他们改变了以往公开进行工贼活动的做法，而在斗争不可避免的时候出来领导罢工，目的是使罢工不至扩大和尖锐化。1933 年改良主义工会的会员人数增加。这些工会目前拥有约 25 万名会员。法西斯的工会联合会，即所谓"333"组织的人数也增加了，照他们自己的统计已拥有近 15 万人，主要分布在重工业，首先在军事工业方面。在"333"工会中"工会左派"几乎没有做任何工作。

在这种形势下，由于当时"工会左派"严重地脱离了一些最大的工会，他们的工作和处境便向党提出了**彻底转变整个工会工作的任务**。

波兰共产党中央第二次全会（1934 年 1 月）要求全党"不论在改良主义工会还是在基督教工会和法西斯工会中，都要使我们的工作完成转变"，全会号召坚决与低估工会工作的现象作斗争，并强调指出："不进行顽强的斗争，把参加改良主义工会、基督教工会、国家工人党工会和明显的法西斯工会的群众争取过来，就不可能争取工人阶级的大多数"。中央二次全会还提醒共青团要特别注意它在改良主义工会和其他工会中的工作薄弱的状况，并要求它为建立青少年支部而斗争。

最近一年半来，特别是二中全会后的一年来，可以看到工会左派的**工作有了一定的进展**。这表现在，例如，**在华沙**，加强了在冶金工人改良主义工会中的组织阵地和影响，夺取了在电车工人工会的强大阵地，争取了许多改良主义工会的分会（目前有 19 个这样的分会受革命工会反对派的领导）；**在罗兹**，工厂的"工会左派"小组的大部分成员和 70 多名左派工厂代表加入了纺织工人改良主义工会，在罗兹的纺织工会代表会议上争取了大多数，在罗兹纺织工会理事会的 9 名理事中占据了好几个名额，争取了罗兹省纺织工会的许多分会，这表现在纺织工会代表大会选举时相当多的左派代表（19 人）当选；**在栋布罗瓦矿区**，取得了一个大型冶金工厂的改良主义冶金工人工会的地方领导权，争取了改良主义矿工工会中的许多地方分会；**在上西里西亚、克拉科夫、波兹南**争取了铁路工会的一些分会，等等。

1934年底,法西斯政府提出了工会"统一化"① 问题,并让法西斯"333"工会在实施这些计划时充当主要角色。在这种形势下,**关于在法西斯工会内部的工作**问题具有特别重要的意义。虽然如此,但这项工作直到最近仍然是革命工会反对派工会工作的落后环节。

共产党和工会反对派以争取统一战线和争取工会**阶级统一**对法西斯的工会统一化展开了针锋相对的斗争。共产党和革命工会反对派向波兰社会党、崩得和改良主义工会中央委员会提出建立斗争统一战线,以反对统一化、反对取消社会保险、反对降低工资和恶化工人劳动条件的建议。但是这些建议却遭到了波兰社会党中央和改良主义工会中央的拒绝。崩得中央同意进行会谈,但不久便使会谈破裂。然而在改良主义工会基层组织中,同在波兰社会党与崩得的地方组织中一样,共产党和工会反对派的建议都得到了热烈的反响。华沙电车工人工会和其他一些工会大会,罗兹的改良主义工会的许多地方分会,托马舒夫-马佐维茨基和弗沃茨瓦韦克的工会理事会,上西里西亚的四个地方工会理事会,波兹南冶金工人工会,卢布林、格罗德诺、比亚维斯托克、维尔诺、利沃夫等的许多工会都支持建立统一战线和工会的阶级统一的行动纲领。一些地方的同级的红色工会和改良主义工会(在华沙、利沃夫和维尔诺各有一个工会)已经实行了联合。不少地方在争取经济要求和政治要求的具体斗争中事实上都实现了统一战线。

为实现统一战线而斗争

在报告所总结的这一时期,在波兰共产党的活动中,动员群众争取跟随社会党的群众所采取的主要方法,是实行**自下而上的统一战线策**

---

① 强制性地使各种派别的工会组织在法西斯政府领导下进行合并。

略。各级党组织所有最重要的决议，首先是波兰第五次和第六次代表大会的决议，都极力强调指出这一策略的意义并解释它的性质。党逐渐改变了在实行统一战线策略中一味宣传的做法，从而更坚决地开展积极工作，以争取跟着社会党走的群众参加到各种群众运动中去。

统一战线策略在日常的斗争中，尤其是在经济斗争中得到了广泛的运用。在反对资本和法西斯进攻的斗争中，实现统一战线的最显著的例子，就是完全由"工会左派"领导的1931年华沙电车工人的第一次罢工。在电车工人举行第二次罢工时，根据波兰社会党的新策略，这次的统一战线工作是通过正式参加改良主义工会罢工来实现的。1933年3月罗兹和近郊的纺织工人总罢工也可以说是这方面很好的范例，当时，尽管遇到了中央罢工委员会中占据多数的波兰社会党工会官僚的抵抗，但是在统一战线基础上由各企业选出的罢工委员会却实际领导了罢工，组织了对工贼活动的反击，领导了示威游行，通过了决议，接着又把当中这些决议带给了群众。

随着群众的革命化和与此密切相关的社会党的策略的改变（例如，在1934年1月的大会上通过的"劳动群众专政"和"革命斗争方法"行动纲领），随着波兰和国际范围内的法西斯主义进攻的尖锐化，波兰共产党根据共产国际的方针，也改变了自己运用统一战线策略的方法。

为了使共产国际执行委员会1933年3月5日关于统一战线的号召具体化并适用于波兰的条件，波兰共产党中央于1933年3月7日向波兰各社会主义党（波兰社会党、崩得、德国人和乌克兰人的社会民主党）中央委员会发出公开信，信中建议成立无产阶级统一战线，以便组织斗争，争取集会、游行和罢工的自由，争取立即取消战地法庭和反工会的法令，争取释放政治犯。应该指出，总的来说，当时党的各级组织并没有围绕波共的公开信和社会民主党领袖拒绝建立统一战线一事在群众中开展广泛的运动。

1934年第一季度进行的反对新的社会保险法的斗争，把工人运动提到了更高的政治水平，震动了最广大的群众，并十分尖锐地提出了建立统一战线的问题。这时，华沙和罗兹的"工会左派"领导向主事的改良主义工会理事会建议联合组织罢工，以反对法西斯的反工人的社会保险法。这一建议得到了华沙冶金工会代表会议、改良主义工会联合会所属华沙工会大会（约15个）、罗兹许多纺织工厂的工人大会和由波兰社会党召开的一些工人大会的支持。在做了大量群众工作的基础上，革命工会反对派的全边区委员会于1934年3月底建议改良主义工会中央委员会组织总罢工，但遭到了拒绝。

奥地利和法国发生的事件，奥地利社会民主党的破产，广大群众反法西斯斗争的强烈愿望在波兰工人阶级队伍中也都得到了反映。国家民主党战斗队员对波兰社会党沃尔区（华沙）区委所在地的袭击，震动了华沙整个无产阶级。于是，多年来第一次自发地出现了**波兰社会党大批基层组织要求真正实现同共产党组织联合行动的强烈愿望**，而改良主义领导人却企图在自己拥护者同共产党组织之间筑起一道"长城"。几乎华沙各区的党组织和青年组织之间都在谈判，联合举行各种集会和会议，有些地方还在选举"联络委员会"，直至联合举行群众大会，共产党员们在大会上发表演说，争取所有的听众站到自己一边来。还在法西斯的大会上组织联合行动和联合反对法西斯战斗队员的斗争，结果在很短时期内就清除了工人区中的法西斯"白衫队"。

波兰共产党和共青团努力扩大斗争范围，使群众注意不仅要反对国家民主党战斗队员，而且首先要反对法西斯政府，因为这个政府一开始就支持国家民主党的战斗队员，企图把他们变成对付革命群众运动的工具。为了开展真正广泛的统一战线运动，共产党必须在实际工作中实行重大转变。为此共产党就需要克服宗派主义的动摇和错误，克服不善于接近社会党工人群众和改良主义工会会员的缺点。同时，在实现统一战线的实际行动中,党不能削弱同抹杀与社会民主党原则分歧的右倾机会主义的斗争。

在佩拉茨基部长遇刺和取消国家民主党战斗队后,共产党便把运动的矛头转向了反对设置集中营和声援政治犯的斗争,并把这一斗争同保卫台尔曼同志的斗争结合起来。

1934年6月,共产党向所有社会主义政党建议联合进行保卫台尔曼同志和所有政治犯的运动。与此同时,共产党在基层开展了强大的运动,向专区和区组织提出了相应的建议。波兰社会党上层不仅拒绝了共产党的建议,而且加紧了对波兰共产党和苏联的攻击(波兰社会党华沙委员会的第一个答复)。但是,随着运动日益广泛地开展,在波兰社会党的个别组织中逐渐开始出现了突破口。

保卫台尔曼同志和反对设立集中营的运动是以经济罢工为背景开展起来的:在华沙有建筑工人的罢工,在罗兹有丝织业工人和季节工的罢工,在这些罢工中共产党人都起了领导作用。1934年7月3日,罗兹冶金工会中的工会反对派通过了关于举行罢工声援季节工、反对集中营和保卫台尔曼同志的决议。这项决议后来被革命工会反对派的代表带到了改良主义工会罗兹理事会,该理事会又在群众压力下通过了该决议,只是改变了罢工日期。

7月,共产党又向各社会民主党领导提出了关于八一联合行动的建议,建议再次遭到了拒绝。在科兹洛夫斯基总理的八月演讲后,共产党提出了反对政府计划,首先是反对工会统一化的斗争纲领。党的行动纲领以及围绕这一纲领展开的斗争成了最广泛地实现统一战线的牢固基础。统一战线运动正在影响着越来越广大的波兰社会党工人。

许多工厂和矿山中正选举作为全体工人代表的统一战线委员会,例如上西里西亚的"俾斯麦"冶炼厂和吉舍矿山,栋布罗瓦矿区的雷纳德矿山和雷登矿山,罗兹的纺织厂,等等。华沙、罗兹和其他一些地方

(如：日拉尔杜夫、格罗基斯克、托马舒夫-马佐维茨基、塔尔努夫省等）的社会党的许多地区组织不等到上级的指示已着手统一战线委员会的选举。在华沙、罗兹、上西里西亚举行的波兰社会党的各次代表会议上，尽管会议的代表都是经过挑选的，还是有相当一部分代表赞成无条件地同共产党人结成统一战线。

罗兹、华沙近郊、上西里西亚的波兰社会党的专区委员会在基层组织的压力下表示，如果波兰社会党中央委员会批准，它们原则上同意与共产党人签订统一战线的协议。但是，波兰社会党中央只是表面上空谈工人阶级的"联合行动"（见1934年10月波兰社会党总理事会决议），直至最近还向共产党提出一系列实现统一战线的先决条件，企图拖延举行任何会谈，破坏统一战线。

崩得的领袖们则采取了另一种策略。在法国建立统一战线后，崩得开展了广泛的运动，主张按法国的榜样订立统一战线公约，同时又歪曲这个公约的性质。由于波兰共产党的建议，被逼得走投无路的崩得领袖们被迫同意举行直接谈判，并于8月22日按照法国公约的原则，草签了关于建立反对法西斯主义进攻和反对战争威胁的统一战线的协议。但是，随后崩得领袖在波兰社会党的压力下开始提出新的条件和要求，这些条件和要求明显地说明他们想要拖延并使统一战线难以真正实现。尽管崩得领袖公开消极抵制，但崩得的许多地方组织仍在谈判破裂之后同左派工人签订了统一战线协定（卢布林、格罗德诺、华沙近郊）。

波兰社会党和崩得领导人在共产党开展的广泛的统一战线运动及其本党内部日益加剧的动荡的压力下，于1935年2月17日召开了华沙工人代表大会。尽管会议组织者给左派代表设置了种种障碍，尽管波兰社会党和崩得的许多代表都是公然指派的，而不是选举产生的，但仍然有五分之一的与会代表是赞同共产党和工会反对派的。无论是大会工作的进程，还是大会通过的决议内容，都不仅证明工人群众向左转的幅度很大和他们对苏联抱有极大的好感（全场欢呼，一致通过反对与希特勒结盟和反对准备反苏战争的决议），而且还证明，群众越来越渴望建立统一战线。

统一战线运动起初主要具有宣传鼓动的性质，后来和无产阶级的日常斗争结合得越来越密切；由共产党人组织的、有9万人参加的纺织工人总罢工便是一例。有关举行罢工的决定也是根据共产党人的倡议经各纺织工厂的代表协商通过的。改良主义工会领导人看到代表们的这种情绪便宣布了罢工。罢工是以统一战线形式进行的，在纺织工人代表会议选举中央罢工委员会和在几乎所有纺织企业选举统一战线罢工委员会时都反映了这样一种形式。

波兰共产党在动员劳动群众奋起反对加速希特勒化的斗争时，提出把建立一支能够团结国内一切反法西斯力量的广泛的反法西斯战线，作为自己的一项中心任务。波共向各社会党和农民党组织建议在下列要求的基础上组织联合斗争：反对法西斯宪法，反对新选举法，反对工会统一化，争取普遍的、直接的、不记名的、平等的和按比例的选举权，争取集会、结社、出版和罢工自由，反对与德国和日本结成反苏军事同盟。

与波兰本土情况相比，西乌克兰共产党和西白俄罗斯共产党在开展统一战线运动方面比较落后。但是，近来这方面也看到了初步进展。在开展统一战线工作中取得较大成绩的是波兰的共青团。这些成绩包括：在华沙的两个区，在栋布罗瓦矿区的三个区，在罗兹的三个区，在华沙的近郊区，在卢布林，在上西里西亚的整个专区，等等，都与社会党的青年团组织签订了统一战线协议。但是，也应该指出，波兰的统一战线委员会，不论是成年工人的，还是青年的，都远远没有发挥出应有的积极性。

在新条件下和运用新方法实行统一战线不是没有遇到困难和犯过错

误，特别是在初期。党的积极分子和党组织的个别环节并非处处都能理解运用统一战线方法的必要性，也不是一下子就学会了运用这些方法。起初在党的积极分子队伍中在参加区一级的联络委员会问题上曾产生过动摇。但是随着运动的发展，共产党克服了这些错误和弱点。因此，可以说统一战线政策不仅没有在党内遇到任何政治阻力，而且成为全党的武器。同时，党不断提高警惕，防止出现机会主义偏差和错误（布拉格、新宫廷）。

由于共产党反对波兰社会党的斗争在其群众组织内部进行得很不得力，也没有充分开展反对社会民主党思想的斗争，因此在一些具有决定意义的无产阶级中心，社会民主党的群众影响还没有受到根本损害。尽管如此，但在现阶段争取社会民主党群众的斗争中，共产党仍能指出确有下列成绩：

第一，由社会党领袖在处于非法状态下的共产党和社会民主党工人之间筑起的**高墙上终于打开了一个很大的缺口**。第二，共产党已经使社会民主党的区组织和区领导陷入这样一种处境：他们在群众的压力下**不得不在某些地方同共产党人进行直接谈判**。

整个统一战线运动都是围绕着工人阶级最为关心的切身问题开展的，它是鼓动群众奋起反对资本和法西斯进攻的强大动力；它促进波兰的革命运动在新的、更高的、充满政治内容的基础上进一步高涨。

党的农村工作

随着危机的加剧，以及在城市无产阶级罢工浪潮不断高涨的影响下，革命的农民运动也在不断发展。这一时期农村的革命斗争不断高涨，虽然发展并不平衡。大量的事实是，广大农民群众每日每时都在对警察、征税人、土地丈量员进行消极抵制和积极反抗，又如1930年在西乌克兰农民烧毁了大批地主庄园。这样的事实还有：劳动农民广泛参加了1931年的无产阶级行动（在马佐夫舍拉瓦，2月25日的反失业斗争日，在柳巴托夫和马涅维奇的五一活动）；1932年在拉帕诺夫、亚多夫、阿斯塔申群众同警察的流血冲突；1932年在利斯克发生的和1933年在加里西亚中部发生的农民武装反抗；1932年4月18日15万农业工人的一日罢工；1932年和1933年波及各省的农民罢工；最后还有1933年秋季轰轰烈烈的村社委员会的选举运动。

初期（1928—1931年底）的农民运动一般都是松散的行动，从1932—1933年才开始发展为席卷许多村、甚至县和省的大规模运动。1933年夏季农民斗争达到了最高水平，当时在加里西亚中部爆发了农民群众的起义斗争，它蔓延到克拉科夫和利沃夫两个省的十多个县。这场运动延续了整整一个月，有10万农民参加，其中包括农民党的广大党员群众，他们手持武器同共产党人一起反对法西斯政府。这次运动前，波兰共产党在农民群众中做了大量鼓动工作，但是在斗争过程中党却未能发挥出应有的积极性，也未能把这一大规模运动的领导权掌握在自己手中，虽然这一运动是在党提出的口号下进行的，而且个别的农村党组织还在运动中起了积极作用，有时还起了领导作用。

近几年来，参加农民运动的不仅有在运动中起着越来越大作用的无地和少地的农民，也还有相当一部分因经济危机而陷入绝境的中农。

在报告所总结的这个时期，共产党在农村的作用无论在政治方面，还是在组织方面都有了增长。党在农村发动了一系列运动——反征税运动，反对乡政府的预算，饥饿进军，等等。在1930—1933年的这些运动中，党率领了越来越多的农民群众；在筹备柏林的欧洲农民大会期间，选出了200多个农民委员会；1932年有大约500个农村的2万农民在党的领导下参加了反对乡预算的斗争；1933年许多地方的农民罢工都是由共产党人领导的。

虽然波兰共产党的政治影响和组织影响大大扩大，但是大多数农民运动还是自发产生的，或是中途被农民党和部分被波兰社会党掌握着。农村中势力最强大的还是农民党，在农业工人中势力最大的是波兰社会党，而在西部各省则是独立工党和"333"工会。共产党争取人民党基层组织的速度不适应劳动农民的激进化程度和人民党群众中动荡情绪的增长。在1931年和1932年法西斯政府取缔了拥有数万农民的群众性革命农民组织（波兰本土的农民"自助组织"，西乌克兰的"农业工人"组织，西白俄罗斯被破坏了的"白俄罗斯中学协会"）以后，农村的党组织没有能够使自己周围充分拥有合法的和半合法的组织。农民运动的自发性在西乌克兰表现的特别明显。1930年，当农村中最积极的分子参加烧毁地主庄园的浪潮席卷整个西乌克兰，并得到数百万被压迫的农民群众的支持时，西乌克兰共产党却没有能够领导农民群众的广泛运动去反对法西斯专政和武装占领。

波兰共产党把工作重点放在组织争取实现农民群众具体的日常要求的局部的斗争上，即反对拍卖农民财产，反对法西斯的"科马萨奇"①和反对取消地役权②，反对分派筑路差役与征收市场税和课处劳役，争取失业工人和饥饿者救济金，等等。党中央要求各级党组织立即对农民的所有询问作出回答，接受并支持农民群众为改善其处境而提出的各项要求，把群众日常的局部需要作为工作的出发点。共产党在领导农村的日常斗争时，努力扩大农民与地主、富农和政府的冲突并使冲突尖锐化，把这些群众引向争取无偿没收地主土地和争取建立工农政府的斗争。应该指出，党的地方组织对农民状况的变化和农民斗争的新形式往

---

① 法西斯政府为了巩固地主和富农的地产而取消交错耕地的办法。
② 取消农民利用公共牧场和地主牧场、森林等的权利。

往不能迅速、敏锐地作出反应。

由于法西斯政府对群众的赋税掠夺日益加重，波兰共产党便把抗税运动提到了争取局部要求的斗争的中心，农民群众往往由于这一运动同法西斯政府发生直接冲突。随着危机的尖锐化和农村革命斗争的高涨，党把宣传"不向饥饿、失业、恐怖和战争的政府缴纳1格罗申税"的口号，改为在那些农民群众的斗争发展为全村和全乡自发地抗税的地方，特别是在发生饥荒的地方，号召和组织抗税运动。在开展这种抗税运动时，党非常注意运动的准备工作（召开讨论会、秘密集会、选举农民委员会）和扩大工作（吸收邻近的村庄，建立红色交通员网），使整个这一反政府和反战运动更加强化。但有些地方的党组织在没有进行相应的组织准备工作的情况下，不顾具体形势，或对农民群众提出部分抗缴赋税的要求持否定态度，机械地、宗派主义地搬用"1格罗申税钱也不缴"的口号，从而使党的组织在这些地方脱离了群众。

1931年，当失业工人和劳动农民的多次抗议运动发展为激烈的斗争形式（与警察的冲突、释放被捕者、砍伐森林等等）时，党的中央全会提出了一系列尖锐的口号，引导群众积极地进行反对法西斯制度的斗争。对于自发掀起的，以群众哄砍森林、袭击运煤列车等形式表现出来的夺取地主财产和国家财产的运动，党都争取把运动的领导权掌握在自己手里，但是党始终把实现农民具体要求的斗争放在主要地位，即争取发放救济金，要求政府无偿提供播种的种子，提供牲畜饲料，等等。

在反对征收市场税和垄断资本利用低价格政策掠夺农民的斗争中，农民群众在1932年，接着又在1933年采取了新的斗争形式——抵制罢工①。一些地方党组织对这种新的斗争形式持宗派主义态度，认为这些

---

① 抵制罢工，即指农民联合起来拒绝把自己的产品运往城市以极低廉的价格出售。

不是我们党的斗争形式。党中央以及随后的第六次代表大会严厉批评了这种错误观点，并指出：在反对征收市场贸易税的斗争中和在价格问题上，**与示威游行相结合的农民罢工是农民斗争的主要形式**。

在报告所总结的这一时期，党对所有的农民运动都提出了"土地无偿交给农民"的中心口号，并引导农民经由夺取森林和牧场的斗争达到夺取土地的目的，用拒付地租的办法反对科马萨奇办法、反对取消地役权，等等。

这一时期波兰共产党在农业工人中也取得一些成绩：在第五次和第六次党代表大会之间，农业工人中的党员人数从120人增到了500人。但是，1931—1932年间党组织在农业工人中的这种明显增长却在1933—1934年间停止了。党的影响在农业工人中削弱的最主要的原因之一，就是党几乎完全没有在农业工人工会中进行工作。

1934年的农民运动重又以分散活动为主。这是因为：

1. 血腥的军事讨伐近年来不仅一直在西乌克兰和西白俄罗斯进行，而且扩大到了波兰本土的一些地区；

2. 政府加强了它对农民玩弄的手腕（开展"减少"债务和"减免"拖欠税款的运动，开展降低卡特尔垄断价格的运动，向遭受水灾和饥荒难民提供"援助"——这一切都是在"面向农民"等等的蛊惑性口号下进行的）；

3. 农民的斗争缺乏来自城市无产阶级的广泛的政治支持，而法西斯政府和农民党的领袖恰恰想利用这一点来造成城乡的对立；

4. 共产党人在近几年联合起来并大大发展起来的农民党内部的工作很不得力；

5. 个别党组织在农村所犯的"左"倾错误：对农民自发的斗争形式和农民群众提出的要求采取了轻蔑态度。

党提出了农村统一战线问题，力图建立广泛的反法西斯人民阵线。

党向农民党的所有群众组织提出建议,呼吁组织联合行动,争取实现农民迫于贫困和压迫而提出的一些具体要求,争取农民的民主权利。党在这一基础上把农民中的贫农和中农积极分子吸收进了农民委员会。但是,时至今日,党在农村建立统一战线的工作仍然只迈出了最初的几步。

民族解放运动,反对沙文主义和反对帝国主义战争危险的斗争

希特勒上台引起了波兰大国民族主义的抬头,因此民族问题更具有特别重要的意义。

希特勒执政以后,全波兰资产阶级和社会民主党人发动了一场反对日耳曼沙文主义的毒化运动,波兰本土的共产党人全力以赴地反对这一毒化运动。后来共产党又以同样坚决的态度反对了波兰法西斯和德国法西斯的接近(反对戈培尔的示威游行等)。

党在组织劳动人民统一战线的同时,1934年曾大力反对国家民主党战斗队效法希特勒组织大屠杀的企图。党还反对资产阶级借口保卫《凡尔赛和约》确立的"边界的不可侵犯性"来建立"民族统一战线"的一切企图。党揭穿了由于它为上西里西亚提出了争取民族自决直至分立的口号而向它展开的诽谤性诬蔑,并向群众解释:只有在既反对波兰帝国主义,也反对德国帝国主义的革命斗争中才能实现这一口号。与此同时,波兰共产党还反对将上西里西亚并入希特勒德国的领土,指出这种合并只能给劳动人民带来新的、空前的奴役、压迫和剥削。

民族主义的浪潮对广大青年影响极为强烈,这仍然表明首先是我们的共青团在劳动青年中的工作还有待大大改善。这在上西里西亚尤为重要,因为那里的共产党人,由于轻视民族问题,对波兰和德国法西斯分子肆无忌惮的沙文主义宣传并没有给予应有的反击。

乌克兰和白俄罗斯资产阶级反革命势力对共产党和苏联的疯狂攻击,在希特勒上台之后以及在苏维埃乌克兰和苏维埃白俄罗斯消灭了富农阶级并粉碎了那里的法西斯代理人,以及斯克雷普尼克的民族机会主义倾向之后,更加变本加厉,但是这种攻击没有受到西乌克兰共产党方面应有的回击。民族主义分子代理人在共产党和民族解放运动队伍中的腐蚀工作日益加强,造成了西乌克兰共产党内部的深刻危机,也削弱了西白俄罗斯共产党的群众工作,同时造成了一些政治上的混乱。

波兰共产党中央第二次全会(1934年1月)指出了摆脱严重危机的出路,重建了西乌克兰共产党的领导机关,全会之后西乌克兰共产党进行了两条战线的斗争——反对特别危险的乌克兰民族主义和反对威胁波兰共产党的波兰大国民族主义,这样**它基本上克服了党内危机**。同样,西白俄罗斯共产党也在很大程度上克服了他们在群众工作方面的错误和严重缺点。西乌克兰共产党党内危机的克服表现在:它粉碎了乌克兰军区派来的代理人并清洗了党的队伍,在召开西乌克兰共产党第四次代表大会之前广泛地开展了党内运动,党员人数增加了(从1933年的2200人增至1934年的3500人),罢工运动在增长(1934年上半年西乌克兰的罢工人数为1.5万人),失业工人运动也在增长,利沃夫的统一战线运动取得了初步的、但却是相当大的成绩,沃伦州的农民运动广泛开展起来(三次大规模的抵制罢工),民族解放运动不断增长(对乌克兰军区的大屠杀活动的大规模反抗,争取召开工农代表大会的运动,自治市和乡政府的选举),等等。西白俄罗斯共产党在1934年也加强了群众工作,发动了几次林业工人和木材加工业工人的罢工,开展了有1万名无党派工人和农民参加的反对乌克兰民族主义及其代理人的群众性运动,组织了75次罢课罢教运动。

1931—1932年波兰共产党中央在党内成功地进行了反对崩得主义和犹太复国主义思想残余的斗争,这些思想残余在党的犹太人局中的犹太民族主义小资产阶级政党出身的领导成员中曾有所表现。反对民族主义和宗派主义的任何表现的这场斗争，使党在犹太人劳动群众中的工作更加健全了，也加强了党在犹太人工会运动中的地位。

党也**反对**任何形式的**大国沙文主义和反犹太主义，用无产阶级国际主义的精神**教育群众，并对历次重要国际事件作出及时的反应（在日本使馆前的多次示威集会，因奥地利的武装斗争引起的群众运动和罢工，因莱比锡审判引起的运动，保卫台尔曼同志的运动，等等）。德国发生法西斯政变后，许多工厂企业、矿山和工会都通过了声援英勇的德国无产阶级的决议案。其中一项决议就是根据革命工会反对派的建议在罗兹市罗兹区的纺织工人总罢工时由中央罢工委员会以11万罢工工人的名义通过的。在这次罢工期间还在德国使馆前举行了大规模的集会游行。

在报告所总结的这一时期内，贯穿在波兰共产党全部活动的一条红线就是**反对战争，保卫苏联**的运动。共产党揭穿了毕苏茨基政府玩弄的"和平"手腕，把它同苏联政府实行的真正的和平政策加以对比。波兰共产党要求废除法西斯波兰与希特勒德国签订的反苏条约，它支持苏联的和平政策并要求波兰政府签署东方公约。波兰共产党把各种群众运动都同反对战争和保卫苏联的斗争直接联系起来。尤其是近年来规模越来越大的、战斗性也越来越强（有近10万工人和农民参加）的五一运动都是在反战口号下举行的。

为阿姆斯特丹大会召开而举行的反战运动达到了空前广泛的规模。大会、会议、群众集会的浪潮席卷了全国。有107名代表参加了华沙代表会议。在这次运动中成立了40个由共青团组织领导的反战委员会。共青团成功地在法西斯"神枪手"组织的40个分部中制造了分裂，组织了应征前受训青年的群众运动（应征前受训青年联盟的人数增加到2000人），在技术学校中开展了反对备战的斗争。根据共青团的统计，在8个专区（除西白俄罗斯和西乌克兰外，总数为16个专区）中，法西斯的"神枪手"组织的46个分部里都有共青团员在工作。至于波兰共青团反对沙文主义宣传和法西斯宣传的斗争，在1934年也有了一些进展，它表现在1934年3月15日共青团组织了反战和反法西斯斗争日的活动（举行多次游行和罢工）。但是，必须指出的是，反对战争威胁的斗争仍然带有局部运动的性质，而在日常工作中，这一斗争主要表现在反战宣传上，而且并不都是成功的。这种反战宣传的主要缺点是没有充分地运用苏联在社会主义建设中取得的巨大成就，没有充分宣传苏联在进行社会主义建设时所遇到的种种困难。党在士兵中的工作虽然也取得了一些成绩（大大地改进了士兵读物，对士兵的日常要求作出反应），这项工作仍然不能认为是令人满意的。党也未能充分利用士兵层中日益增长的不满情绪，例如，从士兵群众对加里西亚农民斗争所表示的同情态度就可以看出这种不满。

芬　兰

1928年，共产党领导下的合法左翼工人运动的影响在芬兰工人阶级中占有绝对优势。在社会主义工人党遭到禁止后，这一运动的表现形式是：大型合法刊物、"社会主义工人与小农"组织及其他组织（教育与体育组织、合作社组织、禁酒组织）的议会党团和左翼工会。资产阶级企图把危机的重担转嫁到工人阶级身上的最大障碍，就是拥有8万—9万会员的工会组织。在工会的中央领导机构中，也像在大多数工会中央委员会、地方委员会和个别工会委员会中一样，共产党人具有举足轻重的影响；只有一些工会的领导权掌握在社会民主党人和改良主义者手中。

芬兰的大资产阶级为了在经济危机加深的情况下确保金融资本的利益和破坏左翼工人运动，便转而实行法西斯专政。大资产阶级的领袖们开始组织法西斯富农的"拉普阿斯"运动,在全国各地召开大会,派遣代表要求政府加强"保卫祖国和宗教"及反对共产主义的斗争。建立了一支由武器和机械化交通工具装备起来的特种机动突击队。经过一番思想和组织准备之后,他们便于1930年6月发动了法西斯政变。法西斯分子组织了有1.2万人参加的向赫尔辛福斯(现今赫尔辛基)的"农民进军"。他们发动了对劳动群众的进攻。一些站在阶级斗争立场上的合法的工人政治组织和工会组织(包括一些自学进修组织)统统被解散,左派的报刊被禁止出版,工作人员遭到逮捕,其中一部分人遭到"拉普阿斯分子"残酷杀害和被驱逐到苏联。革命工人和小农代表被赶出议会和自治市政府,工人俱乐部、印刷厂和其他工人组织的财产被掠夺一空,其中很大一部分被转给了社会民主党分子。思想激进的工人被剥夺了在议会和地方选举中提名的权利。工人阶级中凡是不同于社会民主党的任何其他派别一概被视为共产主义派,并遭到进行最残酷的斗争。同时还对苏联进行恶毒的诬蔑宣传。

社会民主党在准备和推行法西斯专政问题上实际帮助了资产阶级。社会民主党疯狂地反对芬兰共产党和左翼工人运动。它多年来在工会内部一直实行分裂主义政策。早在法西斯发动政变之前,它就已经组织了自己的分裂主义工会组织,并与机会主义者一起共同帮助资产阶级摧毁各个左翼工会。在议会中社会民主党投票赞成法西斯的法律。在法西斯政变之后,社会民主党又否认法西斯专政的事实,并作为一个"忠顺守法的反对派"一直支持着"合法的"法西斯政府。

在准备和建立法西斯专政的过程中,芬兰共产党非但自己未能做好准备,也未能动员群众多少作出一点认真的抵制。这是共产党犯下的一个极大的错误。

当时是有可能发动并组织群众抵制法西斯主义的。在许多场合工人们都坚定不移地表明了他们的斗争意志,1929年底,因政治犯绝食而掀起的群众运动就是一例。根据共产党的倡议,提出了宣布总罢工的要求。工会领导宣布了举行一日的抗议总罢工,但共产党却没能做好罢工应有的准备工作。

总罢工没有成功。资产阶级的进攻变得更加残酷。开始逮捕并开除积极参加罢工的工人。因此,芬兰共产党同各企业之间的原本就很差的联系进一步削弱了。群众对共产党和左翼工会的信任,对它们引导群众斗争并领导这一斗争的能力发生了动摇。

在法西斯发动政变时,共产党之所以未能给予应有的抵制,主要原因是**站在机会主义立场曲解**资本主义相对稳定时期的**党的路线**。在党内以及与其相联系的合法左翼工人运动中存在着严重的社会民主党思想的残余。在资本主义相对稳定的整个时期,芬兰共产党不但没有经常地坚持同这些社会民主党残余进行斗争,以争取党的布尔什维克化,反而加强了机会主义倾向,即使党的实际工作去适应资本主义相对稳定的条件,去适应资产阶级合法的阶级统治形式。

芬兰共产党没有及时对钻入合法左翼运动领导中的机会主义分子进行不调和的斗争。只是到了1929年秋才开始公开对机会主义分子以及一些倾向于他们一方的党员进行斗争。这一迟缓的结果很快就显露出来。芬兰共产党队伍中的最活跃的机会主义分子从1929年冬便走上公开背叛的道路,组织自己的派别并开始出版自己的报纸。1930年春,虽从一些工会组织中清除了机会主义领导人,但采取这一措施已为时过晚。

虽然芬兰共产党在组织问题上作出了正确的决议,但它并未在企业中为自己的组织打下基础,尽管文件公布的党的工厂支部的数目占支部总数的三分之一。芬兰共产党走上了一条阻力最小的路线,它几乎只是在一些合法的群众组织中争取影响,而且在很大程度上几乎把自己的组织融化在这些组织中。

党中央的决议中，当然指出过必须反对法西斯的进攻。但是，这些指示都是以过于抽象的形式下达的。

用机会主义观点歪曲芬兰共产党的路线，这要由该时期的整个领导机关负责，而造成这种歪曲党的路线的根源则是在法西斯政变以后才被完全揭露出来。只是到1930年秋的芬兰共产党代表会议上，才认识到有必要在党的各项工作中实行转变。

芬兰共产党着手克服致使它走向投降的弱点和错误。在共产国际执行委员会的帮助下，经过无情的自我批评，芬兰共产党端正了自己的政治路线，并着手实现全盘工作的转变。它给自己提出的任务是：加强自己在整个工人运动中的领导作用，把工作重心移到企业中去，移到开展经济斗争和发展失业工人运动上去，移到组织劳动人民的示威游行和群众斗争的其他方式上去。同时，决议还强调应该利用一切合法条件开展工作。芬兰共产党对各种投降主义情绪的表现作了坚决的斗争，并反对过高估计群众自发运动的意义，反对低估以布尔什维克方式动员群众的必要性；反对对党的领导作用存在任何一点估计不足的表现。

芬兰共产党经过激烈的斗争才实现这一转变。只是到1932年芬兰共产党中央全会时，中央才有可能指出党的工作有了全面改进，而且一些地区的情况也有了很大改变。这时党已经加强了它同工人群众的联系，并已着手组织一些群众运动（罢工、示威游行），从而使党得以克服党内危机。秘密工会运动也初露端倪，投降主义情绪虽未彻底清除，但已得到克服；党在农村的组织也在一定程度上得到巩固，独立的所谓农民的"危机运动"也已开始；农民反抗因拖欠债务而强制拍卖其财产的行动也时有发生。

共产国际执行委员会政治书记处在讨论了芬兰共产党的状况及任务后，于1934年5月指出，近期来芬兰共产党的群众工作取得了一定的成绩，这首先表现在罢工斗争中，表现在改良主义工会和工人消费合作社的工作中，以及表现在国际革命战士救济会等的工作中。

在共产党领导下开展经济斗争和组织罢工，都说明芬兰共产党的工作开始了转折。在法西斯政变之前，芬兰共产党一般都没有进行过酝酿罢工和组织罢工的工作，这项工作全部由合法的工会组织进行。而现在芬共党组织已开始亲自领导罢工了。

改良主义工会中的工作也在进行。在法西斯政变和合法工会组织被解散后，党便以企业中的小组为基础全力以赴地开展秘密工会运动。由于企业主和企业中的警察暗探的恐怖手段和社会民主党人的插手，而首先由于企业中的大多数工厂支部和工会小组的工作不力，秘密工会运动在群众中的影响仍然很微弱。党的一些决议和指示曾建议派一些共产党员到改良主义工会中去开展反对派的工作，并在其中组织反对派，但这些决议并未贯彻到实践中去，因而工会反对派工作没有开展。因此，特别需要在整个工会工作中实行转变。这一转变于1933年秋开始实行，当时责成全体党员、团员、革命工会的成员加入改良主义工会并把没有组织起来的左派工人也吸引到这些工会中来。芬共的这项工作可以说已经取得一些成绩。目前80%以上的党员已是改良主义工会会员：这些工会的会员人数在芬共改变策略之前一直在下降，而在最近的一年半中却增加了一倍多。共产党人在改良主义工会中的影响也在不断增长，而且已经取得了某些组织上的结果。在革命工人的影响下，改良主义工会正在明显地改变过去对工人群众的日常斗争采取消极抵制的做法，而变为这些斗争的组织者。

芬兰共产党开展的这项工作，对于法西斯政变后的头几年十分少见的那几次经济罢工的开展起到了推动作用。近来的罢工次数及参加罢工的人数每月都在增加：1933年罢工人数为5500人，1934年已经超过1万，1935年罢工次数和罢工人数的增长势头更猛。如果说1933年的罢工主要发生在社会服务行业，而且大部分是由于降低工资和劳动条件恶

二、共产国际各支部活动情况的资料 333

化引起的话，那么，最近一个时期的情况就大不相同了：大部分罢工都发生在企业中，而且罢工是在要求提高工资和进一步改善劳动条件的基础上发生的。大部分罢工和劳资冲突都以工人们的完全胜利或部分胜利而结束。芬兰共产党组织在多数情况下都积极参加了罢工，其中多次罢工也都是由党组织领导的。

法西斯政变后芬共在组织方面有所削弱。但它的党员人数在 1932 年就已达到了法西斯政变前它所保持的水平。

现在的芬兰共产党是团结的和健康的。共产国际执行委员会政治书记处谴责了以格·马尔姆和曼纳同志为核心的反党集团，这个集团一直在进行反对党中央及其领导人的斗争。这场斗争起初只是因为对几个无关紧要的历史问题的评价出现分歧引起的，它在两年多的时期内一直妨碍着党领导的日常工作，而后来终于导致各种各样的反党分子，甚至包括 1920 年的恐怖组织"凶手反对派"的残渣余孽都聚集到马尔姆—曼纳周围了。

芬兰发生法西斯政变之后，芬共即着手广泛出版地下刊物。中央除出版供党的积极分子阅读的报纸外，还出版群众性的机关报《工人日报》。几乎所有专区都出版了本区的报纸。大约有 20 家工厂出版自己的厂报。另外，散发大量的号召书和传单。为了提高党报的政治质量和技术质量，首先是为了使党员摆脱过分繁重的技术性工作，使他们有时间、有可能去到社会民主党工人和无党派工人中间直接进行群众工作，党中央近来正集中力量改善中央刊物和企业中的厂报，取消大部分地方的和专区的报纸。

党组织的日常工作至今还不能证明党的群众工作已经完全向真正布尔什维克化的方向转变。许多党组织实际上至今仍患有机会主义毛病，关起门来，脱离群众。某些地方对在改良主义工会中开展工作还有抵制，对统一战线的策略表示不理解，还往往不去为劳动人民的切身利益进行日常性的具体斗争，而是停留在革命的空谈上。

1932年与1933年敌人的挑衅活动和我们的失败给原本就工作得不很好的**芬兰共青团**带来很大损失。近几个月来，共青团的组织状况及工作有所改善，但是，共青团内存在的对开展群众工作的消极性比党内更加严重。共青团同群众、同社会民主党领导的群众性青年组织也没有建立密切的联系。

芬兰共产党和共青团的群众工作薄弱，这在1933年的选举运动中表现得极为突出。党组织没有利用选举运动来吸引工人和劳动农民参加反对法西斯专政的斗争，而是在组织上本末倒置地去安排什么半合法的选举候选人名单。其结果使社会民主党人在选举中得到近40万张选票而获大胜。

虽然党中央在决议和指令中作出了正确的指示，但它在揭露社会民主党方面所做的工作却非常抽象，口头宣传工作也十分不能令人满意，就连一些比较革命的工人听了这种宣传之后也弄不清社会民主党上层的真正性质。社会民主党人企图在群众面前把自己装扮成进行反法西斯斗争的唯一政党。社会民主党人的"左"的词句，共产党人在组织反法西斯斗争时的群众工作薄弱，统一战线政策在1934年以前实际并未实行，以及没有很好地在社会民主党工人中间进行工作——这些都为社会民主党在群众中保持影响提供了条件。

在反对战争危险方面，芬兰共产党的群众工作也做得很不够。虽然芬共在它的报刊上和口头宣传中曾多次谈到战争危险，谈到苏联，但它对具体揭露帝国主义分子的战争准备以及宣传苏联的和平政策问题却没有经常地给予足够的重视。对于社会民主党人企图麻痹群众反对战争危险的斗争警惕性的策略，共产党也没有进行足够有力的揭露。芬共反对沙文主义的斗争，反对旨在反对苏联和反对瑞典少数民族的"真正芬兰的"民族主义的斗争，近期来有所加强。

由于内奸的活动和保密工作薄弱，党失去了很大一部分积极分子。这类失败往往造成我们同地方党组织，甚至同整个专区失去联系；内奸活动使得我们不得不解散一些党组织。结果是党员人数减少了。对芬兰共产党来说，党的最优秀的领导人之一安蒂凯宁同志和其他许多领导同志在1934年被捕是一次重大损失。多数的失败，特别是几次较大的失败，都是内奸的活动造成的。芬兰共产党还没有学会很好地发动群众同内奸的活动和我们的失败作斗争。

1934年夏举行的最后一次党中央全会指出：资产阶级因为经济增长的前途渺茫而正在策划资本和法西斯主义的新的进攻；社会民主党的支持者中对社会民主党领袖的政策的不满情绪日益增长，社会民主党内部反对派倾向的日渐加强正是这种不满情绪的表现；即使在社会民主党工人和没有参加组织的工人中统一战线的吸引力也在不断加强。因此，中央全会便特别注意统一战线政策和在改良主义工会内部开展工作的问题。全会要求"对待社会民主党工人的态度要实行彻底转变"。必须永远地不要再把他们叫做"诺斯克分子"，而应该在他们中间进行经常不懈的工作，争取他们加入反对法西斯和反对战争危险的积极战士的行列，同时向他们证明：共产党真诚希望实现工人的联合行动，共产党人准备参加能够加强劳动人民反对法西斯压迫斗争的任何联合行动。要号召社会民主党工人、他们的组织，以及一切真正愿意为反对法西斯主义和战争危险而斗争的劳动人民都来参加这一联合斗争。为了达到这一目的，芬兰共产党准备不提出任何最后通牒式的先决条件，向社会民主党领导和社会民主党的基层组织提出有关统一战线的具体建议。

中央全会的正确决议起初不仅遇到一些党员的抵制，而且没有得到个别领导机关的理解。尽管这些抵制和不理解妨碍了党贯彻统一战线策略的工作，而且至今没有得到彻底克服，但中央全会的这些决议目前不但正在广泛地宣传，而且正在贯彻执行。这一点尤其关系到在改良主义工会内部进行工作的问题。统一战线事实上在几十次经济罢工中,在某些工会反对战争危险和反法西斯主义的各项决议中及其他方面都已经实现。同社会民主党组织采取联合政治行动方面的工作暂时还落后一步,尽管社会民主党群众采取联合行动的决心越来越大。例如,共产党人成功地使许多社会民主党工人参加到保卫安蒂凯宁同志的运动中来,这些工人在大会上也和革命工人一起要求释放安蒂凯宁同志。在芬兰反对死刑的大规模运动中,甚至小资产阶级的和进步的反法西斯的知识界的某些集团也同工人群众一起参加了运动。1934年秋开始的这一运动,是法西斯专政建立后在芬兰规模最大的一次反法西斯运动。

拉脱维亚

在拉脱维亚,向战后资本主义第三时期过渡的标志是革命工人运动大大地高涨。表明工人运动高涨的最突出事件就是1928年8月22日的为反对禁止左派工会而举行的政治性罢工和抗议示威游行。参加罢工和游行的约有3万名工人。这一时期的经济罢工也呈现日益上升的趋势。经过这样一些战斗,共产党人在1928年10月的议会选举中按革命候选人名单得到近7万张选票,在议会中有了工农议会党团,在一些自治机构和患病职工补助会里巩固了自己的阵地,并且在合法的工人报刊方面也更有可能进一步开展工作了。其中一次大规模事件便是抗议政府攻击患病职工补助会而举行的1929年10月18日的总罢工。

共产党人在1931年的议会选举中获得7.5万张选票,从而大大调动了议会党团群众工作的积极性(1931年末和1932年初)。

群众的向左转促使社会民主党人不得不在其政策中实行转变。以策连斯和卡尔宁为首的右倾领导在1929年底被以弗·门德尔斯为首的所谓"左派"领导所代替。从这时起拉脱维亚的社会民主党便越来越放手地施展"左"的伎俩，同时加紧反对共产党的斗争。

从 1930 年起，经济危机越发加深，从而也加剧了阶级矛盾。各资产阶级政党坚决转向法西斯一方。要弄"左"的词句的社会民主党领导人实际上为法西斯上台提供了方便。

解散左派工会（1931 年），向社会保险和患病职工补助会发起进攻，通过新的惩罚性立法，禁止一系列生产部门的罢工并规定对共产党人采取德拉康式的残酷手段，取消议会中的工农党团（1933 年），解散社会民主党的许多群众组织（例如，工人体育联盟），以及最后发动法西斯运动企图修改宪法——这就是这个资产阶级共和国法西斯化的几个最重要的阶段。在希特勒德国的影响下，拉脱维亚的法西斯化最近两年大大加速，直至 1934 年 5 月 15 日以乌尔马尼斯公开发动法西斯政变而告完成。

由武装的法西斯组织、警察和军队的力量发动的 5 月 15 日政变消灭了拉脱维亚议会民主的最后一点残余。参加议会的各政党，包括社会民主党，全都遭到禁止和解散。工会组织、患病职工补助会、工人合作社等或被解散，或被法西斯化。地方自治政权也都被取消了。

乌尔马尼斯的法西斯政府利用"反对议会营私舞弊"、"争取实现拉脱维亚人的拉脱维亚"等口号取得胜利后，它一方面实行极残暴的恐怖政策，同时又广泛地使用社会欺骗宣传手段。它向农民许诺将国家土地资源分给农民并把部分短期贷款改为长期贷款。它也向工人许诺今后不再降低工资。乌尔马尼斯政府的部长们纷纷到工厂去访问并以"领袖"名义发表演说，仿佛这位"领袖"绝不会允许欺负弱者。但是，这一切手段都无法在群众面前掩盖一个基本事实，即乌尔马尼斯的法西斯专政是最仇视人民的、最反动的，是城乡资产阶级中剥削最厉害的阶层的专政，这个专政政权与德国希特勒分子结成联盟并积极参加武装干涉苏联的反苏战争准备，从而对拉脱维亚人民造成极大威胁，即造成在拉脱维亚恢复可恨的德国主子的政权和把拉脱维亚变为战争进攻基地的威胁。

近两年来,资本对劳动群众的进攻更是变本加厉。劳动人民的生活水平全面下降。据患病职工补助会的统计,在三年危机期间,城市工人因削减工资而损失的金额就达 1.25 亿拉特,而农业工人损失约 1 亿拉特。拉脱维亚共产党曾努力领导已经开展起来的罢工斗争,把它看做是党争取工人阶级大多数的一项主要任务。拉脱维亚的罢工运动在一度减弱之后自 1930 年起又开始逐年发展。到 1933 年参加罢工的人数已达到全体产业工人的 23%。在 1932—1933 年爆发了最初的几次农业工人罢工,虽然规模都很小。1933 年的 700 多次罢工是在为提高工资和签订集体合同而斗争的口号下进行的。1933 年最大的几次罢工是由共产党组织的制鞋业工人的罢工、木材加工业工人的罢工和海员罢工,这些罢工都持续了 3—6 周的时间,均以罢工工人的局部胜利而结束。1934 年上半年罢工斗争仍继续高涨,爆发了木材加工业的反对社会保险条件恶化的 3000 人的政治罢工。

所有较大规模的罢工,除 1933 年的缝纫工人罢工外,都是在共产党和革命工会反对派的领导下进行的。议会中的工农党团在这方面起了相当大的作用。但是共产党在组织罢工斗争方面的最大缺点是:没有能力使经济斗争政治化并把它提到更高的水平;争取大工业企业(特别是纺织工业和冶金工业企业)参加罢工的工作做得很不够;党还不善于巩固组织上取得的局部成绩。只有一次(海员罢工时)党得以借助罢工把改良主义工会争取过来。在其他各改良主义工会中党均未能巩固自己的阵地。妨碍巩固阵地的原因是强烈的宗派主义倾向,它使人们轻视改良主义工会内部的工作,对秘密工会采取宗派主义方针(例如,在里加市的组织中),不善于在工会内部开展经常性的革命工作。由于这种种原因,在合法组织被查封和 1934 年初议会中取消工农议会党团之后,党在工会运动中的领导作用不但没有加强,反而被削弱了。法西斯政变之后,这方面的情况也没有改变。党在保卫工会免遭解散或免遭法西斯化方面没有表现出应有的积极性,没有集中力量去恢复曾团结了大多数工人的改良主义工会。一个时期内还曾提出过"坚持革命的阶级斗争立场的独立工会"的口号。只是到了最近才纠正了自己的路线,把保卫和恢复工会作为采取统一战线立场的一项基本要求。

拉脱维亚失业工人运动(从事所谓公益劳动的失业工人掀起的罢工浪潮,失业工人举行的群众集会和示威游行等)曾在1931年末和1932年初达到最高潮,这几年来已有所减弱。造成这种情况的原因,除各种客观条件(改组职业介绍所,把失业工人按行业加以区分,加强恐怖手段,等等)外,就是党在组织失业工人斗争方面的积极性有所减退。

党的农村工作近来有些起色,但它仍是党的工作中的一个薄弱环节。拉脱维亚共产党第八次代表大会(1931年)批评了党在1919年所犯的社会民主党性质的错误,制定了开展农民斗争的纲领,这个纲领中的一些重要口号受到了农民群众,特别是拉特加里亚地区群众的相当广泛的响应。

党在反对资产阶级进攻、反对法西斯和战争的斗争中一直努力与社会民主党工人结成统一战线。近年来拉脱维亚共产党不止一次地向社会民主党工人、社会民主党和工会提出建立统一战线的建议。就在法西斯政变前不久,共产党还号召为反对面临的法西斯政变危险而建立统一战线。但社会民主党领导人一直拒绝这些建议,而且在该党的大会上怂恿殴打那些发言拥护建立统一战线的左派工人,并把这些工人出卖给警察。只是在法西斯政变以后,秘密组建的社会民主党组织才表示同意结成统一战线。

在法西斯政变之前,党在实行统一战线策略时犯了不少错误。1933年3月工农议会党团为建立统一战线提出的"左"倾口号("为推翻资产阶级专政而斗争"，"进行武装斗争"），以及在关于建立统一战线的建议中对社会民主党过分尖锐的普遍攻击，这些都更加促使社会民主党领导人消极抵制统一战线。

近几年来，党反对社会民主党的理论和宣传刊物的质量都有了一定的提高，但是，对社会民主党的反击和解释工作，至少是对社会民主党的一些最重要的论据和手段的剖析，都有待大大改进。在地方出版的一些报刊中，还常常发现把社会民主党与资产阶级错误地等同起来，把社会民主党领导人与社会民主党工人等同起来的现象，等等。

党在反对战争准备的斗争方面做了大量的工作，它驳斥资产阶级报刊和社会民主党报刊上的反苏诽谤，揭穿拉脱维亚资产阶级的武装干涉计划。1933年7月召开了一次反法西斯和反战斗争大会，来自各地的100多名代表参加了大会。大会组成了参加阿姆斯特丹反战大会和巴黎青年反战大会的代表团。后来出版并散发了这两次大会的几个重要文件。党还进行了揭露莱比锡审判的宣传运动。《褐皮书》及许多针对德国法西斯的反法西斯小册子被译成拉脱维亚语并在拉脱维亚出版。但是，党还没有把党的反战斗争任务同劳动群众的日常斗争很好地结合起来。

党正确地指出了不断增长的法西斯主义危险和迫在眉睫的法西斯政变危险。但是党未认真采取具体步骤以动员群众反对策划政变，也未能提出相应的斗争方法和形式。到1934年5月15日发生政变时，党完全处于无准备状态。

在发生法西斯政变时，党才积极努力发动工人群众进行斗争。在许多工厂中召开群众大会，在里加市组织了两次示威游行。党还号召工人举行政治罢工。然而在工人阶级处于分裂状态和没有进行充分准备的情况下，号召举行政治罢工的口号没有得到任何反应。这明显地暴露了党的极大弱点。党在对待社会民主党的态度上，特别是在改良主义工会内部开展工作的问题上,深受宗派主义政策的危害。在采取统一战线策略方面,"左"的过火行为也给党造成了不少损失。另一方面,实际工作中的机会主义也很严重。共产党人在患病职工补助会组织中的工作几乎与社会民主党人的工作没有什么本质区别。当社会民主党发起运动,争取在实行普遍保险问题上举行全民投票时,共产党也未能开展独立自主的斗争,以表明共产党的观点与社会民主党观点的区别,等等。实际工作中的宗派主义和机会主义,在很大程度上脱离群众,在企业中的阵地很不稳固,在改良主义工会中的阵地更为软弱,党的干部队伍薄弱——这些都是造成党未能使广大工人群众摆脱社会民主党的影响,未能在统一战线基础上带领广大工人进行反法西斯斗争的原因。

在共产国际第六次代表大会后的整个时期,拉脱维亚共产党不得不在日益加剧的法西斯恐怖条件下工作。1000多名共产党员和共青团员正在监狱或苦役营中受折磨。尽管如此,党员的数量还在增加,党在群众中的影响也在不断扩大。

党在数量上的增加并没有同时带来党员成分的改善和党内工作质量的提高。一些地方组织严重不纯(如拉特加尔和利巴夫的地方组织),党员的政治水平较低,纪律松弛,严重违反保密规定的行为时有发生,业务领导工作薄弱。这些情况致使党中央的一些正确指示往往传达不到党员群众,或是被歪曲地传达下去。

对党来说,最大的危险是内奸活动。1931年对党内有名的干部维克托·克拉斯滕充当内奸这一事实的揭露,充分说明了这一点。最近一个时期党在提高警惕性和肃清内奸方面取得了一定进展。但对某些地方党组织来说,内奸活动的危险仍然是最大的威胁。

党不得不同右的和"左"的机会主义进行坚决的斗争。1930年拉脱维亚共产党扩大的中央全会和1931年召开的党的第八次代表大会揭露了当时在党的国外局的方针中反映出来的机会主义的合法主义和对资产阶级民主与社会民主党的机会主义幻想。1932年拉脱维亚共产党中央二月全会揭露了齐特龙"左"倾宗派主义集团,这个集团多年来一直以其宗派斗争破坏党的领导。齐特龙集团从他们的"左"倾宗派主义观点出发,否定党在改良主义工会内部和其他群众组织中进行的工作,他们已经滑到了对党进行托洛茨基主义诽谤的地步,他们提出一个关于党的所谓"激进的小资产阶级"性质的提纲,并把党的机构——党的青年干部与老年干部——互相对立起来,等等。党揭穿了齐特龙集团的机会主义观点,把齐特龙从领导岗位上撤下来,使党的队伍更加团结了,并且组织了坚如磐石的、团结一致的领导班子。

法西斯专政的建立使拉脱维亚共产党处于新的、更加艰苦的斗争条件之下。尽管如此,党在政变发生后还是表现了很大的积极性,特别是在出版和散发反法西斯报刊方面。经过一段较长的间断后,党的中央机关报《战斗报》又开始出版了。目前,拉脱维亚共产党无疑已成为全拉脱维亚地下组织的领导党。但是党又在新的条件下,在实行统一战线策略问题上犯了一系列严重错误,这说明党内的"左"的宗派主义倾向还没有完全肃清。

党错误地认为,在法西斯政变以后,社会民主党已经遭到完全彻底的破产,而没有考虑到改良主义在群众中还有较大影响,因而党在发生政变后,**没有立即把组织统一战线的任务作为党的中心策略任务提出来**,以便争取工人阶级大多数,而是把反对恢复社会民主党的斗争当做了党的中心任务(提出的口号是:"恢复社会民主党意味着工人阶级的继续分裂","社会民主党没有存在的权利",等等)。这样,党就把相当大一部分社会民主党工人推开了,这些工人无疑是赞成与共产党人结成统一战线的,但同时又认为不可能马上脱离社会民主党组织而加入拉脱维亚共产党的行列。

党完全没有考虑到这样一种情况,即法西斯政变已经在很大程度上改变了社会民主党的地位和作用。虽然社会民主党在法西斯政变前实行了支持资产阶级政府的政策,而且它拒绝参加5月15日的斗争,这一做法实际上使得法西斯主义更易取得胜利。然而政变之后,社会民主党组织却在秘密地恢复,而且它公开表示赞成同共产党人结成统一战线。而拉脱维亚共产党却继续用旧眼光评价处于非法状态的社会民主党组织,仍然把它看做"资产阶级的主要社会支柱",认为这些组织关于赞成建立统一战线的表态不过是社会民主党领导人玩弄的手段,这样,党非但没有使自己争取社会民主党工人的斗争更加顺利,反而使同非法的社会民主党组织结成统一战线的工作,使反对改良主义的斗争,使争取工人阶级大多数的斗争更加困难。

由于采取了这种宗派主义的"左"倾方针,党不仅没有在组织统一战线问题上发挥充分的积极性,反倒有时在社会民主党人提出这种建议的情况下,主动充当了破坏和拖延达成具体协议的角色。党的里加市委会拒绝签署社会民主党提出的统一战线协议方案就是一例。里加市委拒绝的理由是,在这个方案中社会民主党人提出了无产阶级专政的口号。而宗派主义的遁词则说什么在社会民主党人还没有同旧的社会民主党划清界限之前,在他们还没有真正走上共产国际的道路之前,共产党人不能同社会民主党人在无产阶级专政口号下共同签署协议,这当然无法使社会民主党工人信服,他们只能把里加市党委发出的这个号召理解为党拒绝立即签订关于统一战线的具体协议。而党中央不但没有纠正里加市委的这一错误,反而完全支持了它的"左"倾宗派主义路线。

拉脱维亚共青团的状况比党的状况更令人担忧。共青团不仅在统一战线问题上执行了"左"倾宗派主义路线,而且还严重地歪曲了组织路线。共青团组织直到9月份还在反复号召社会民主主义青年团员们"不要为恢复旧组织而浪费精力","立即加入共青团行列",但与此同时,共青团却又不把社会民主主义青年团员吸收进自己的组织,而是成立了一些专门的同情者组织（例如，在有 150 名共青团员的里加市的共青团组织中，另成立了一个由 340 人组成的同情者组织）。

拉脱维亚共产党中央委员会的决议《在反对组织统一战线问题上的宗派主义倾向》（1934 年 10 月 5 日通过）虽然也向前迈进了一步，但它毕竟没有足够深刻地揭露对统一战线策略的歪曲，完全没有揭露领导机关的错误，而是把一切责任都推到地方组织身上，同时它也没有提出切实可行的指示，以纠正党在统一战线问题上的路线。

目前，拉脱维亚共产党在共产国际的帮助下，正在纠正自己在统一战线问题上的路线，而且已经取得了一些成绩。拉脱维亚共青团与社会民主主义青年团之间已经签订了关于统一战线的协议。共产党和社会民主党之间也签订了协议，在这一基础上联合组织了示威游行，目前正在为准备罢工而共同工作。1935 年 2 月 15 日党中央公布了一项决议，决议中批评了党的领导在统一战线问题上的错误，虽然批评还不够深刻。在统一战线策略的基础上，共产党正努力加强拉脱维亚的工人运动，发动群众奋起积极斗争去反对法西斯专政，反对资本的进攻和反对策划战争，并在无产阶级专政的口号下，在建立苏维埃拉脱维亚的口号下，努力把群众争取到自己方面来。

立陶宛

共产国际第六次代表大会之前，立陶宛共产党所处的形势非常严峻。这种形势是 1926 年 12 月 17 日法西斯政变之后造成的，这次政变使立陶宛工人阶级和共产党遭到重大打击。这次打击使立陶宛共产党在法西斯恐怖手段袭击下大大削弱了。党内暴露出来了右的倾向，即不相信党的力量，消极等待，在困难面前屈膝投降，脱离群众，不采取任何积极行动。另一方面也暴露出"左"的倾向，那就是某些地方表现出恐怖主义情绪，空谈拿起武器立即行动，事先不做群众工作就一再号召采取行动，等等。1927年在科夫诺监狱的犯人中成立了所谓"狱中反对派"，它提出了显然是社会民主主义的纲领。这个反对派声称，1927年在立陶宛暗探局和波兰帝国主义分子帮助下，举行暴动的民粹派分子和社会民主党人，是反法西斯独裁的真正战士，而共产党对他们采取的反对态度只能有碍于革命事业。

立陶宛共产党中央委员会及其1928年和1929年举行的全体会议坚决地进行了反对右倾分子和"左"倾分子及"狱中反对派"的社会民主党倾向的斗争。1928年，党从思想上彻底粉碎了"狱中反对派"的社会民主党倾向，并迫使"狱中反对派"分子投降。中央委员会还粉碎了沃尔年斯基营垒中明显的投降主义的反对派。后来这些反对派的残渣余孽组成了一个托洛茨基集团。

中央委员会还战胜了右派分子的观点，这些右派分子断言，共产国际第六次代表大会决议不适于立陶宛，因为立陶宛是一个小国，国内工人运动势单力薄，而立陶宛1928—1929年的罢工甚至比1926年的规模还小。右派分子没有看到法西斯立陶宛国内阶级矛盾的尖锐化，也没有看到群众日益增长的不满情绪。他们反对示威游行，而且根本反对吸收工人参加政治斗争。而当时立陶宛国内外形势已经异常激化（1929年歉收，1928—1929年冬季饥荒，法西斯分子营垒中斗争加剧，同波兰的关系极端尖锐化，等等）。1928—1929年间，罢工次数不断增加，虽然这些罢工是在十分艰巨的条件下进行的，但往往仍是以工人的胜利而结束。现在，城市失业者和农村饥民更加广泛地行动起来了，立陶宛共产党组织对他们的斗争的领导也有所改善。

当世界性经济危机开始的时候，立陶宛也出现了这样一些共产党员，他们随着法西斯统治者的调子说什么立陶宛似乎是一般规律中的例外，它国内没有危机，虽然立陶宛的危机一天天感到严重，而且在

1931—1932年已达到特别尖锐的程度。党驳倒了右派和托洛茨基分子的这些错误的观点。但是在希特勒胜利之后，科夫诺的托洛茨基分子又蠢蠢活动起来，并同暗探局的分子勾结在一起。

立陶宛共产党同社会民主党进行了严肃的斗争。1926年立陶宛社会民主党破产之后，也就是当社会民主党人和民粹派分子当时掌权的一伙事实上帮助法西斯分子夺取政权的时候，一部分以普列奇凯季斯为首的立陶宛社会民主党人走上了盲动主义冒险道路。另一部分以凯里斯为首的立陶宛社会民主党人则效忠于立陶宛法西斯国家。

共产党坚决地而且十分顺利地揭露了这两个实质上彼此没有多大差别的立陶宛社会民主党集团。共产党彻底揭穿了普列奇凯季斯恐怖主义、冒险主义集团的"左"的空话，使它不能去迷惑更多的群众。因此，虽然立陶宛社会民主党在工人中也还有相当广泛的影响，但也只能说它仅仅在沙乌利亚和梅梅尔两个州具有决定性影响，而且梅梅尔的社会民主党人同德国社会民主党人的联系要比同立陶宛社会民主党人的联系更密切，在德国法西斯政变之后，它还继续投靠德国。当第二国际发生危机的时候，一部分立陶宛社会民主党人公开投奔了法西斯分子，而一些比较左的社会民主党人则表示赞成同共产党人结成统一战线。

在清除社会民主党影响的斗争中，立陶宛共产党群众工作的改进起了很大作用。1931年底，党在患病职工补助会选举中取得很大胜利，在许多地方争取到了大多数选票和席位。科夫诺和其他一些地方的社会民主党人处于可怜的少数派地位。在罢工斗争中，社会民主党人起的作用越来越小，而且越来越明显地暴露出自己工贼的嘴脸。同时，共产党在领导罢工运动方面所起的作用则越来越大。如果说几年以前大多数罢工我们党没有直接参加的话，那么，最近三年以来，共产党和左派工会（在它们被取缔之前）领导了大多数的罢工，而且其中很多次是由共产党直接发动的。由于左派工会在酝酿罢工中的作用不断加强，1934年所有的工会都被当局取缔。

为了镇压日益加强的罢工运动和抵消共产党日益增长的影响,法西斯政府于1934年2月成立了所谓的"工人总代表处",指望日后把这个机构变成"劳动会"。这个"代表处"设在警察局,它借口讨论工人的生产需要而通过行政命令把工人从各个企业赶到这里来。共产党开展了广泛的运动,反对这个法西斯的警察式的"工人总代表处",反对它所提出的由一名工人"代表"、一名企业主"代表"和一名内政部"代表"组成的"劳动法庭"来审理工人和企业主之间的纠纷。在共产党宣传鼓动的影响下,许多工业部门的工人从"代表处"召回了所谓由他们派出的代表,或者与这些代表划清了界限。1934年末,法西斯政府开始筹备"劳动会"的"选举",同时为了筹措"劳动会"经费向全体工人课收特种税。为此共产党开展了利用选举本身的广泛运动。由于这个运动,法西斯分子自己推迟了选举,因为他们担心遭到失败。

尽管法西斯分子采取种种措施,但罢工次数没有减少,而是逐年增多,党在罢工中的领导作用也是一年年增长。

患病职工补助会早已经完全法西斯化了。1934年11月初根据新的选举法重新"选举"了患病职工补助会。按照该选举法规定,法西斯当局根据提出和批准的名单亲自拟定总名单。虽然立陶宛共产党在选举前也开展了广泛的运动,企业中的工人也提出了自己的候选人,但是进入法西斯当局提出的总名单中的,都是清一色的法西斯分子。这样一来,参加选举的人数只占全部有选举权人数的15%—17%,有的地方,甚至只占选民的3%(24岁以下的青年全部取消选举权)。

法西斯当局甚至在选举自治机关时也取消了左派的名单(选举于1934年11月初举行)。

尽管共产党取得了成绩,但仍必须承认,党同社会民主党和法西斯分子争夺群众的斗争还亟待加强。长期以来,这种斗争过于一般化。没有充分学会运用统一战线策略。在贯彻统一战线策略时,没有及时表现出足够的灵活性和才干去对待社会民主党的工人,同时,党的某些环节表现出来的宗派主义态度也妨碍了统一战线策略的运用。立陶宛社会民主党和犹太复国主义社会党的中央委员会拒绝结成统一战线,而且立陶宛社会民主党分子答复说,他们对拒绝的理由无可奉告。但是,一部分社会民主党工人还是参加了1934年抗议查封革命工会和改良主义工会的运动(在科夫诺和扬诺夫的罢工和抗议集会)。

1935年,共产党在运用统一战线策略方面又取得了一些成绩。部分社会民主党工人表示赞成同共产党人的统一战线,并同共产党人一起组织了一些运动。共产党提出了建立反对法西斯和反对战争、争取民主自由的广泛人民阵线的建议。

至于罢工,大多数都发生在科夫诺。外地非常落后。此外,党没有把经济斗争和政治斗争紧密地结合起来。最近几年举行过个别的政治罢工,但也仅仅是在5月1日、8月1日和11月7日,以及在查封工会时才举行的。

争取工会的斗争。法西斯政变之后,所有的工会都被查封。共产党领导了恢复工会的斗争,但偏离党的路线的两种倾向妨碍了这个斗争。一些同志认为,在立陶宛法西斯条件下不可能组织合法的工会,因此坚持只组织秘密工会;而另一些同志则完全脱离群众,对罢工斗争袖手旁观,并拒绝在秘密工会中工作。党中央委员会指示,必须利用法西斯政变之后建立的秘密工会小组以组织合法的工会。

到1930年,科夫诺已经成立了五个工会,其中四个掌握在左派手中。1931年,法西斯当局开始取消左派工会。而同时社会民主党人则办起了他们的工会。1932年1月,左派在患病职工补助会选举中获胜之后,法西斯查封了所有的左派合法工会。共产党不断进行斗争以反对法西斯,争取成立工会的自由,反对社会民主党分子,争取扩大在改良主义工会中的影响。这时党内又出现了两种背离党的路线的倾向：一些同志反对在改良主义工会中工作，不愿加入这些工会；而另一些同志加入了改良主义工会，却在那里接受了改良主义分子的影响。这两种背离党的路线的倾向到所有工会被查封前都没有彻底克服，尽管共产党员在改良主义工会中的工作有所改进，党也加强了自己在那里的影响。在一些工会中，左派参加了理事会，一部分工会则完全由左派控制。到1934年春，科夫诺的大多数工会都已经被左派掌握，而且在其他地方的工会中，社会民主党的影响也大大削弱了。争取过来的工会都被吸收参加了筹备罢工斗争的工作。这正是1934年查封所有工会的主要原因。但工会的工作几乎一直只在科夫诺进行。在其他城市中，共产党在工会中开展工作非常不力，例如，在梅梅尔州，工会仍然掌握在社会民主党人和法西斯分子手中。在法西斯当局查禁左派和改良主义工会之后，党加强了在法西斯工会中的工作，而且已经取得一些成绩。不过，这项工作做得还不够。

失业工人的运动。长期以来，党一直未能领导失业者运动。1932—1933年冬，情况发生了变化，1933—1934年冬季，失业者运动在共产党的领导下达到了立陶宛前所未有的高峰。发生了一系列大规模罢工和同警察的冲突，同时警察投掷了催泪弹；从事所谓公益劳动的失业者举行了几次大规模罢工。在1935年五一运动时，从事公益劳动的失业者举行了总罢工。外地和梅梅尔州的失业者运动很落后。尤其是吸收农村失业者参加斗争的工作，做得更差。

农村工作。共产党在农村中的影响不断增长。经过党的宣传鼓动工作，农村发生了多起农民行动，还爆发了几起从事土壤改良工作和木材加工的工人及农业工人的罢工。去年冬天，在共产党的领导下还举行了木材运输工人的大罢工。但是，立陶宛共产党的农村组织还不善于引导农业工人和广大农民群众的不满情绪并领导他们奋起斗争。

共青团的工作。共青团的工作最近刚刚出现转机。以前共青团内宗派主义观点一直占统治地位，因而阻碍了共青团的发展，使共青团组织受到暗探局的破坏。党组织对共青团的工作领导也不够。

立陶宛国际革命战士救济会的工作。立陶宛国际革命战士救济会直至不久前还是一个狭隘的、孤立的组织，成员人数不过几百人。在党的中央委员会的领导下，国际革命战士救济会中央委员会的共产党党团的工作有了改进，该组织本身也开始成为群众性的组织。在科夫诺，到1935年夏初，国际革命战士救济会组织已拥有1200人左右。

共产国际第七次代表大会前立陶宛党的状况。法西斯恐怖政策最初几年使立陶宛共产党大大削弱。但目前，党在政治和组织方面已大大巩固，思想上也成熟了。到1935年初党已拥有约1300名党员。党主要是靠科夫诺和一些农村地区发展起来的。企业支部数量增多了。但党的积极分子队伍和党的干部较弱。

为了加强党组织同群众的联系，1935年着手按生产部门改组各级党组织，而首先是在科夫诺。1934年前，党在军队的工作非常落后。最近在这方面也已取得一些成绩（军队中党员数量增加，非党士兵会议，各武装部队中的冲突增加，每月出版供士兵阅读的报纸）。最近几年地下出版物的出版工作有了改进。除了地方的一些油印设备外，还有几家中央的地下印刷所，可以印制定期刊物和传单。

针对波兰帝国主义分子的侵略计划和波兰—立陶宛的谈判，党进行了广泛的解释工作，反对同波兰签订协议，因为这种协议将会导致波兰帝国主义分子对立陶宛的奴役并把立陶宛纳入反苏阵线。另一方面，共产党彻底揭露了法西斯立陶宛政策的反革命实质和反苏性质及其对希特勒德国的投靠。不过，共产党未能在它所提出的"反对向德国和波兰帝国主义分子出卖立陶宛的独立"，"反对把立陶宛拉进反苏阵线"的口号下发起广泛的群众斗争。同样，党也没有能够利用由于梅梅尔问题引起的希特勒德国与立陶宛之间相互关系的尖锐化来开展广泛的群众斗争。党在梅梅尔州正确地开展了反对立陶宛占领制度的斗争,正确地坚持主张梅梅尔州拥有直至从立陶宛分离的自决权,并说明这种自决权只有通过革命途径才能实现,同时它也反对希特勒占领梅梅尔州的计划。但是,共产党在梅梅尔州的工作做得很不得力。在那里,德国民族法西斯分子(以及德国社会民主党分子)和立陶宛民族法西斯分子仍在横行霸道。梅梅尔州仍然是立陶宛共产党工作中最薄弱的一环。

爱沙尼亚

从共产国际第六次代表大会到第七次代表大会时为止的这个时期中,爱沙尼亚的特点是,经济危机加深,资产阶级对工人阶级和劳动群众的进攻加剧,国家法西斯化,从而在1934年3月导致了法西斯专政的建立。

共产国际第六次代表大会之后的头几年,爱沙尼亚共产党经历了一次危机。这次危机表现为,在1929—1930年中,党的书记处在国内实行了一条右倾机会主义策略,没有充分进行反对社会民主党的斗争,特别是反对它的"左"翼的斗争,实际上把对左派工人组织和群众政治运动的领导权让给了合法的工人党。而这个党事实上是由执行十足的机会主义路线的"左"翼社会民主党人领导的。在这个党的领导集团里还有暗探局的间谍。中央委员会国外执行局这时也犯了一系列错误,对机会主义采取了调和主义立场。由于采取了这种政策,党脱离了群众,党的积极性下降,党员人数急剧减少。在这种状况下,党已不能领导群众发挥日益增长的革命积极性。

从1930年初起,党中央委员会在共产国际执行委员会的帮助下开始加强反对机会主义和合法主义的斗争,争取转变党的政策和工作。撤换了机会主义的领导,加强了党的中央委员会。中央委员会全体会议(1930年4月)动员全党起来同右倾这一主要危险作斗争,同对它的调和主义、同"左"的宗派主义作斗争。经过这一斗争,在1931年初,中央委员会全体会议已经可以看到在克服党内危机方面发生的一些变化。在组织和领导失业者运动方面,党的积极性提高了,党员人数增加了,党的领导同地方组织的关系密切了,5月1日,党成功地组织了多起示威游行。但是,党的危机还远没有消除。党还没有以工厂支部为支柱的强大组织。在大多数地区还根本没有党的组织。脱离群众的现象还没有彻底根除。同时也暴露出来了极为严重的警察内奸活动的危险,这在1931年6月造成了极其严重的破坏,并使党的组织危机进一步加深。

肃清内奸的斗争。肃清内奸的斗争和动员群众投入这一斗争成了党的头等重要任务。为了使党免遭内奸的破坏,中央委员会不得不解散党的组织并开始重新组建它们。党发动了一场强大的反内奸斗争。中央委员会公布了所有被揭发出来的内奸的名单,并号召工人们把这些人从工人组织中赶出去。同时通过出版物和群众大会等开展进一步的运动。通过这场运动,在1931—1932年间,所有被揭发出来的内奸都被工人自己逐出了左派工会和其他革命组织。党的威望在群众心目中大大提高了。党员的警惕性也加强了。与此同时,党也加强了保密工作,改组了党的组织,使一个环节遭受破坏时不致引起其他环节的连锁反应。

左派工会运动和罢工斗争的状况。由于党和左派工会的危机,党未能真正领导工人阶级的日常斗争。但工人阶级的斗争却日益高涨,工人阶级对资本和法西斯的进攻进行了抵抗。在罢工的准备工作中,由于党组织的软弱无力和左派工会的机会主义政策,党的作用在1932年以前是微乎其微的。只是在1932年,特别是在1933—1934年,党才得以组织和领导了几次罢工。不过,大多数罢工仍然是自发性的。1935年,罢工斗争进一步加强(1935年上半年因罢工损失的工作日约比1934年全年多四倍），共产党员在领导罢工中的影响也有所扩大。

1931—1933 年的失业工人运动，总的来说是处于共产党的影响之下的。组织过几次示威游行和罢工（1931 年、1932 年、1933 年和 1934 年从事所谓公益劳动的失业者的罢工）等，这些游行和罢工提出了共产主义的口号和共产党提出的要求。改良主义分子在 1934 年前在失业者中间几乎没有任何影响。只是在 1934 年，改良主义分子，特别是法西斯分子，由于他们的煽动，而且是在共产党人放松了争取失业者日常需要的斗争的条件下，才得以把雷瓦尔和尤里耶夫的失业工人委员会控制在自己手中。

在 1929—1931 年，左派工会的机会主义领导把这些工会变成了对工人日常斗争不闻不问、脱离群众的宗派团体。1932 年，机会主义分子被赶出领导机关，因此左派工会的工作才有了一些转变。但这些有限的转变只涉及几个工会。而总的来说，左派工会至今为止，仍然弱小且脱离工人群众的日常斗争。最近，法西斯当局事实上禁止了左派工会的活动，把这些工会当做"从事政治"的组织。改良主义工会中的工作做得很差，虽然最近在这方面也取得了一些成绩（1933—1934 年争取了许多改良主义工会）。1935 年 5 月在改良主义工会第五次全国代表大会上，撤换了极右领导，选出了新的领导，其中也有拥护与共产党人建立统一战线的人。共产党人中还存在强烈的宗派主义情绪，例如，一方面轻视在改良主义工会中进行工作，另一方面又对改良主义领袖表现出妥协主义、机会主义情绪。党正在加强同这些宗派主义和机会主义情绪的斗争。

争取统一战线、反对法西斯和社会民主党的斗争。在 1927—1930 年间社会民主党的影响增长了。这种影响的增长，也是共产党领导在国内执行了机会主义政策及其反对社会民主党斗争不力的结果。只是在 1930 年党开始全力反对机会主义，同时又加强了反对社会民主党的斗争之后，社会民主党对广大工人的影响才开始下降。目前，社会民主党正在组织上和思想上开始瓦解（1934年1月，它的最近一次代表大会已经分裂，没有通过任何一个决议）。社会民主党的党员人数不断下降。在最近的选举中社会民主党失去了自己75%的选票。在改良主义工会中，在基层的社会民主党组织中，对领导人政策的不满情绪日益增强，向往与共产党人结成统一战线的心情日益迫切。最近这种向往的心情由于社会民主党领袖支持皮亚特斯法西斯政府，以及由于共产党在争取统一战线斗争中采取了正确和有力的策略而特别强烈起来。

在争取统一战线的斗争中，爱沙尼亚共产党最近才取得了一些成绩。虽然社会民主党中央委员会拒绝同共产党人结成任何形式的统一战线，拒绝共产党中央委员会的一切建议（1933年3月和10月、1934年11月），并禁止其所有组织同共产党人举行谈判，但在雷瓦尔，一个被皮亚特斯政府查禁的社会民主党组织的成员小组还是于1934年12月同共产党雷瓦尔委员会签署了关于进行联合斗争的协议，以争取提高工人工资，争取失业保险，争取工人结社、出版、罢工、集会等自由，反对法西斯和战争。在共青团雷瓦尔委员会和被法西斯分子禁止的社会党青年组织成员小组之间也达成了类似协议。实际上在最近所有的罢工斗争中都建立了统一战线。

爱沙尼亚资产阶级早就在实行使其政权机构法西斯化的方针。在这点上，爱沙尼亚社会民主党一直支持它，而且参加了实行使国家法西斯化政策的皮亚特斯的和捷尼松的几届联合政府。从1932年起，爱沙尼亚的法西斯化沿着两条路线发展：皮亚特斯领导的大地主党和所谓"解放战争参加者"运动双方都在争取法西斯化。大地主党首先依靠的是英国帝国主义，而"解放者运动"依靠的则是支持它的德国法西斯。1933年秋季公民投票的结果，大多数人表示赞成"解放者"提出的对宪法作反动的修改，自此以后，"解放者"便开始策划政变。但是，以皮亚特斯和前陆军总司令莱多纳为首的大地主党赶在"解放者"之前下了手：资产阶级赋予独裁全权的皮亚特斯政府1934年3月12日宣布了戒严，解散了"解放者"组织，逮捕了该组织数百名最活跃的干部，建立了他们自己的专政。当皮亚特斯—莱多纳专政建立的时候，社会民主党曾把它作为"捍卫民主的专政"来欢迎，而且至今还在这个借口下完全支持它，其实就其性质来说，这个专政同样是法西斯专政。

这个政府实际上在实行"解放者"的纲领。它向劳动者发起最广泛的进攻，废除劳动者最后的一点点权利，它解散了议会，宣布全国戒严，查禁许多左派工人组织和社会民主党组织。这个政府为失业者建立了义务劳动集中营，为对付革命工人建立了集中营。这个政府实际上正在按照意大利法西斯的榜样建立行会法西斯制度。

爱沙尼亚共产党由于其组织软弱无力和社会民主党的暗中破坏，未能在法西斯专政建立时组织反对法西斯的群众运动。但是最近，党不仅从组织上加强了自己的队伍，而且相当广泛地恢复了它同群众的联系。

1934年10月，经过长时间的中断（从1929年起），举行了爱沙尼亚共产党代表会议。全体党员的80%派代表参加了代表会议。代表会议讨论了两方面的问题：（1）关于爱沙尼亚的形势和爱沙尼亚共产党的任务，以及关于党的组织任务的补充报告；（2）关于党在工会中的工作。

代表会议注意的中心，是统一战线问题和工会工作问题。这些问题在代表会议的决议中均已得到相应反映。鉴于代表会议有足够数量的党组织的代表参加，因此代表会议被认为有权选举党的中央委员会。

代表会议认为，党已基本上摆脱了组织危机，但它还缺乏工作能力，它同群众的联系还不够。

党已经恢复或重建了五个区组织，其中两个组织有自己出版的地方机关刊物，并经常印发传单。

1932—1934年期间，党不仅恢复了它在农村的联系，而且在某种程度上还扩大了这些联系（建立了一些农村支部，争取了三个改良主义的农业工人工会分会，共产党员领导了几次反纳税行动）。但是，应该强调指出，农村工作仍旧是党的工作的薄弱环节。

绝大多数共产党员是1932年以后加入党的青年党员，只有大约16%的党员的党龄是从1920—1925年开始的。青年党员政治水平低，因此党内有时候出现动摇（对在改良主义工会中进行工作的重要意义估计不足，等等）。

在思想战线上，党在1932—1934年期间也取得一些成绩。1932年，党在自己的整个历史中破天荒第一次详细批判了它在爱沙尼亚苏维埃政权年代在农业问题上所犯的错误。对这些错误的布尔什维克式的批评，无疑有助于动员劳动农民参加无产阶级革命事业。在民族问题上，党提出了伯朝拉边疆区俄罗斯居民享有直至从爱沙尼亚分离出去的自决权的口号，并加强了在俄罗斯居民中的工作。1932—1934年，党的机关报开始定期出版，每月一次，但最近以来，甚至每月出版两次（1932年只出版了两期），刊物的内容和发行情况都已好转。还出版了两种区委机关刊物，也是每月出版一次。小册子的发行出版工作也活跃起来了。

所有这些成绩说明，党的工作有了转机。但党还不能胜任它所面临的各项任务。党虽然基本上已经摆脱组织危机，但它仍然不是一个群众性的党，它同群众的联系也欠密切。

保加利亚

自共产国际第六次代表大会时起，保加利亚共产党走过了同法西斯恐怖政策斗争的艰巨道路。在十分险恶的地下条件下，党在自己的工作中取得了一定成绩。党利用合法的斗争条件，在国会和自治市选举中使工人阶级的大多数和广大农民阶层聚集在自己的领导之下。但是，由于工作中的许多弱点和缺点，由于党的领导犯了重大的政治错误，党未能引导群众日益增长的不满情绪，并组织群众反击资产阶级和法西斯的进攻。这些弱点和错误在1934年5月19日的法西斯军事政变时期表现得更为突出，当时党在革命辞藻的掩饰下，实际上已滑到机会主义的消极态度上去了。

目前，保加利亚共产党正在共产国际帮助下和季米特洛夫同志的领导下，开展党内自我批评，改进党的整个工作，以便能更迅速地克服宗派主义的"左"倾机会主义错误，修正错误的政治路线，开始真正走上布尔什维克式的群众工作和斗争的道路。

保加利亚的无产阶级革命高潮首先表现为罢工浪潮。这个罢工浪潮是1929年掀起的，时涨时落地一直延续到1934年法西斯军事政变时为止。

1929年主要是烟草工业工人罢工；1930—1933年，其他工业部门（纺织、采矿、冶金等）也参加了罢工运动；1934年是在新的罢工浪潮中开始的［2月，斯利文全体纺织女工（2800人）罢工，5月，普罗夫迪夫3000名烟草工人罢工，等等］。从1932年下半年起，因迫害工人组织、杀害工人领袖和反法西斯运动等引起的政治性示威罢工增多，但这些罢工都是短时间的（15—30分钟，很少一整天），而且是在小企业举行的。但是，党却未能把这些罢工发展为广泛的群众性运动。党也未能在法西斯军事政变时发动群众性政治罢工。

法西斯军事独裁极大地阻碍了罢工的进行。尽管如此，仍然在7月30日爆发了普罗夫迪夫烟草工人罢工、瓦尔纳市的罢工等，8月1日爆发了1600名索非亚铁路修理厂工人的两小时罢工。1931—1932年冬季发生了失业工人运动。但是失业工人委员会组织得不健全，无所作为：没有为失业工人的具体要求开展日常斗争。1933年，发生过几次失业工人和在业工人及饥饿农民的联合行动。1933—1934年冬季,一些城市发生了失业工人游行示威。

党进行的政治运动(5月1日和8月1日的反战、反恐怖和反法西斯运动,捍卫德国和奥地利法西斯受害者、保卫莱比锡审判的被告人等)没有获得真正的群众性,这不仅是因为面对残酷的恐怖政策,而且也是由于错误的政治路线和宗派主义的工作方法造成的。这一点在莱比锡审判时开展的运动中暴露得特别明显;党没有把这个运动发展为真正的群众运动,因为党的领导没有理解莱比锡审判的意义,也没有理解季米特洛夫同志作为保加利亚工人阶级和保加利亚共产党领袖的作用。

高潮也席卷了农村。全国各地区因经济危机、赋税和债务而破产的农民燃起了斗争的烈火。从农村赶走收税员和法院执行员的事件频繁发生。许多地方同警察和军队发生了冲突。政府被迫暂时停止强迫追缴税款和债款。在很多地方农民自发地实行统一战线,破坏赞科夫分子的集会,赶走他们的讲演人。还发生了农民帮助罢工工人的事情(在斯利文、扬博尔等地)。但总的来说,党对农民争取局部要求的斗争估计不足,没有协助成立农民斗争委员会(起初建立的委员会未开展活动),没有同"农人联合会"的农民建立牢固的联系,因此也就未能引导农民的不满情绪和利用他们对"农人联合会"领袖的绝望情绪。

城市手工业者也不落后。手工业者联合会的"左"倾化的群众粉碎了法西斯分子夺取联合会领导权的企图。在1934年纺织工人罢工时,斯利文的手工业工人关闭了自己的店铺和工场以示对罢工者的支持。

国家企、事业单位的工人和职员中反对拖欠薪金和降低薪金的骚动不断加剧。与此同时,国家职员工会中革命工会反对派的影响扩大了。特别应当指出的是,革命工会反对派在铁路工人中的影响正不断增长。1933年夏季,在选举铁路工人互助会理事会时,索非亚铁路修配厂革命工会反对派的候选人名单,获得了几乎比改良主义工会候选人名单多三倍的选票。其他一些铁路枢纽的选举结果也是如此。尽管如此，革命工会反对派还是未能组织铁路工人的直接斗争来维护他们的要求，保卫他们的工会，反对法西斯军事政变之后对工会的禁令。

保加利亚在所占领的马其顿地区实行的特殊制度，以及使数百名马其顿革命者和保加利亚共产党人成为其牺牲品的民族法西斯组织（马其顿国内革命组织）的恐怖政策，没有能够阻止渴望与无产阶级结盟的马其顿群众运动。坚持与共产党人联合斗争的纲领的马其顿革命组织"马其顿国内革命组织联合会"的影响已经扩大。

共产党人领导的群众组织也随着群众热情的高涨而发展起来。1927年成立的合法的工人党在1931—1933年期间从6000人发展到30000人，遍布于共产党遭禁以前建立过自己组织的很大部分地区。合法的工人青年联盟使其成员的人数从3000人增加到20000人。1927年拥有3000会员的独立工会，在1934年已发展到了11000人。但是，由于党的路线受到宗派主义的歪曲，群众运动和群众组织最近几年开始出现停顿，甚至衰落。共产党未能使独立工会变成工人经济斗争的真正组织者和领导者，而工人党的影响和积极性的下降也影响了选举结果。工农联盟在1931年的国会选举中提出的名单曾得到约17万张选票，并得到了30个席位，在1932年还控制了索非亚市政府，在许多其他城市和农村也得到了大多数工人选票，而在1933年和1934年工农联盟却削弱了。共产党既未能保住工人议会党团，也未能保住索非亚市政府，它们都被政府解散了。

工人刊物不顾迫害、检查和没收而大大增加：1931年出版了42种工人报纸、杂志和专刊。这些刊物的周印数达到了25万份。工人出版社公开再版了马克思的《资本论》，列宁的《怎么办？》、《帝国主义》、《关于1905年的文章汇编》、《唯物主义和经验批判主义》，斯大林的《列宁主义问题》等。

群众积极性的高涨也反映在士兵中共产主义影响的增长上。在1933年和1934年,几乎在所有大的驻防军里,都发生过对革命士兵起诉的事件。大约有100名士兵和水兵被战地法庭判处了死刑。

由于党内围绕关于党的历史和关于党的布尔什维克化道路问题燃起的派别斗争(主要在党的领导层和侨民中),给党的统一造成了严重威胁。在保加利亚共产党中央委员会第二次全体会议(1929年)之后,共产国际执行委员会进行干预,并以政治书记处1930年8月30日关于保加利亚共产主义运动和共产党的任务的决议的形式帮助党正确地提出了关于克服非布尔什维主义的紧密派主义①残余和同时也要发挥其革命传统以使党布尔什维克化的问题。这个"八月"决议为团结大批在严重失败后已经涣散但始终忠于党的骨干,为提高党的战斗力奠定了布尔什维主义基础。

保加利亚共产党依靠共产国际执行委员会的不断支持取得了很大成绩。它使党员人数增加了好几倍,改善了党组织的社会成分(工人占36%)。党培养了一批能够在最残酷的恐怖政策条件下进行斗争的英勇干部。党扩大了秘密刊物的印数,仅在1933年一年里,党的中央机构就印发了10万份秘密传单。同年,党的中央机关报《工人周刊》出了7次,而在1934年出版了15期。除此之外,共产主义青年团和党的许多地方委员会也印发了秘密传单。地下党组织在领导群众斗争(罢工、游行等)中积极性提高了。与此同时,共产党的群众影响也不断加强。罢工运动凡是组织起来的,几乎全是在共产党人领导下进行的。在选举中,工农联盟在共产党人的领导下获得了工人大多数选票和农村劳动者

---

① 在共产国际成立之前和保加利亚共产党加入共产国际之前,保加利亚共产党叫做社会民主党"紧密派",党的思想体系叫做"紧密派主义"。

的相当数量的选票。尽管共产党处于非法地位，但从工人阶级中被驱逐出去的、在国家公务员中仍有影响的社会民主党还是未能加强它在无产阶级中的影响。共产党依靠同它并肩前进的群众组织（工人党等）获得了对大多数工人和对广大农民阶层的绝对影响。

党的这些成绩在中央委员会1933年二月决议中已经指出，这个决议在共产国际执行委员会的帮助下，还具体分析了关于保加利亚革命作为带有大量资产阶级民主革命任务的无产阶级革命的性质和动力问题。

遗憾的是，因为暂时由小资产阶级分子占上风的党的领导对共产国际的布尔什维克路线进行宗派主义的曲解并在行动上对贯彻共产国际执行委员会决议和指示一贯抵制，这就严重地妨碍了共产党作为群众运动的组织者和领袖的地位的加强。对待共产国际的错误态度和压制党内和领导层内的自我批评，妨碍了及时纠正党的领导的这些宗派主义的错误和左的方针。党的领导只是在口头上接受共产国际执行委员会的决定，实际仍然坚持进行受到共产国际执行委员会反复严厉谴责的派别斗争。这种危害极深的派别斗争的根子在于对党的紧密派时期的革命传统持"左"倾否定态度和执行宗派主义的干部政策。党的领导执行的方针是，从党和革命运动中把无数在战斗中经受过考验的、体现过去群众性工人党经验的无产阶级干部排挤出去，其诽谤性的借口是，这些干部似乎是"死不改悔的机会主义分子"；同时，党的领导却把一些主要是没有经验的青年吸收入党，特别是让他们进入党的领导层，并用小资产阶级的口头革命主义和用否定党的革命历史的精神教育他们。这一切使党不能在大企业中巩固下来，不能成为具有决定意义的工业和运输业无产阶级的真正领导者。党未能利用高涨的罢工浪潮把阶级的工会变成真正的群众性组织。党不善于利用工人党的广泛联系来扩大和加强自己对群众的影响。

当共产党对解散工人党议会党团和赶走索非亚市政府工农联盟党

团，对杀害最孚众望的工人领袖等等未能组织进行大规模抵抗的时候，就已经暴露了党的领导"左"倾宗派主义方针的有害后果。但是这些有害后果反映最明显的，还是在1934年5月19日法西斯军事政变的时候，当时党已经与群众隔绝，已经无力引导群众的不满情绪和发动他们去反对法西斯军事暴乱。在事态急转直下的情况下，党的领导的"左"倾方针又导致了党的机会主义的消极态度。党也未能对法西斯军事独裁的进一步打击（解散工人党、工会和其他劳动者组织，取消仅存的一点点民主自由，掀起新的最残酷的恐怖手段浪潮等）组织重大抵抗。共产党和工人阶级还没有怎么进行认真的斗争和反抗就遭到了最惨重的失败。

这一失败的根源在于，党的领导没有看清资产阶级阵营中发生的重新组合，没有看到疯狂策划的新的法西斯政变的日益增长的危险，而是错误地推动党去首先反对农人联合会，把它描绘成是劳动者的主要敌人。党的领导因此而使党更加脱离了群众，使党对法西斯的计划和欺骗行为丧失了警惕性。党在法西斯军事政变时的软弱无力和消极态度，也是由于党的领导对群众政治罢工的口号采取了纯粹形式主义和空谈的态度造成的。党的领导只是进行一些得不到群众响应的不切实际的罢工号召，而没有做准备群众罢工的工作。党的群众工作带有运动的性质，而在工作中主要是下命令和讲一些陈词滥调，党的大规模行动没有同群众争取他们切身需要的斗争结合起来，从而变成了党的先锋队脱离群众的行动。对待统一战线策略的宗派主义态度使党更加孤立。

在法西斯政变以后，党的领导不顾人民群众和党本身的惨重失败，竟然宣布，保加利亚已到了革命关头，因此把为实现无产阶级专政而斗争作为直接任务提了出来，同时继续把当时已经被法西斯军事政府解散的农人联合会和社会民主党说成是主要敌人，并说今后也必须把党的主要火力对准它们。不言而喻，用这种方针使自己已经孤立和被削弱了的共产党，不可能组织工人对解散工会和成立官方的法西斯工会以及不断加剧的白色恐怖浪潮进行抵抗。它更不可能在兹拉泰夫将军推翻格奥尔吉耶夫将军政府（1935年1月）时，以及在成立托舍夫新的御用政府（1935年4月）时积极领导群众进行斗争。

在这种情况下，面临着这样一个问题，即完全和彻底地取消党的领导实行的"左"的方针，彻底转变党的全部工作，特别是党的干部政策。这一转变在共产国际执行委员会的帮助下，在季米特洛夫同志领导下，正在实现。改组了党的中央委员会，采取了坚定不移的方针：在布尔什维克路线的基础上，使用并团结党内所有体现党的各个发展阶段的群众工作经验和革命斗争经验的大批骨干。在实际工作经验和长期参加革命运动的经验的基础上，建立党的各级领导机关，以及开展布尔什维克式的自我批评，这些措施应当成为使党的路线不受歪曲的保证，应当确保领导同群众的联系，确保共产国际执行委员会的监督。党提出的口号是，维护所有工人工会自由，反对政府使工人工会法西斯化，为争取在共产党人、改良主义者和其他工人的统一战线基础上统一工会运动而斗争。由于国内建立了公开的法西斯军事独裁，党提出，自己最重要的迫切任务是：为推翻军事法西斯独裁而斗争，争取保加利亚劳动人民的民主权利和自由，反对战争，维护和平，并同时把这些任务同争取城乡工人和劳动者的日常经济要求的斗争结合起来。为了顺利进行反对法西斯军事独裁的斗争，共产党发出了以具体的反法西斯纲领为基础，成立包括所有党派和城乡劳动人民组织（共产党、工人党、社会民主党、农人联合会、青年联盟、手工业者联合会、独立工会和改良主义工会、"马其顿国内革命组织联合会"、马其顿人和色雷斯人等的群众性民族组织）在内的人民反法西斯阵线的倡议。同农人联合会已建立了统一战线，社会民主党在基层组织的压力下也已表示原则同意。

军事法西斯政府纲领的破产，军事法西斯独裁分子之间的分裂，军官中"保皇派"和"共和派"之间正在酝酿的武装冲突,可能导致赞科夫同国王和将军们结盟执政的资产阶级法西斯营垒中的重新组合,——所有这一切都要求最迅速地动员所有反法西斯组织和所有城乡劳动者起来反对法西斯,反对法西斯主义最首要的分子,即国王鲍里斯、赞科夫和法西斯将军。为了顺利完成这一极其重要的任务,必须在最短时期内克服党的各种弱点和缺点,消除在1934年5月19日法西斯军事政变时暴露出来的"左"倾方针的一切极其有害的后果。在改组后的中央委员会周围和在其坚强的领袖季米特洛夫同志领导下,团结起来的保加利亚共产党正竭尽全力解决这些任务。

南斯拉夫

在共产国际第六次代表大会之后的时期,南斯拉夫共产党走过了一条艰难的道路。党的领导人之间激烈的派别斗争使党精疲力竭。在这种条件下,党又受到了敌人的残酷进攻。但是,在最近三年中,南斯拉夫共产党从它遭受的沉重打击中恢复了元气。党的领导在极其困难的条件下工作,使党的工作得到了很大的改善。

共产国际第六次代表大会之后,即1928年10月,南斯拉夫共产党立即召开了第四次代表大会。大会的任务是结束派别斗争,把斯·马尔科维奇为首的机会主义分子从领导岗位上清除出去,同时不放过"左"的派别分子。在这次代表大会上根据共产国际执行委员会公开信的指示选举了党的新领导。但是,除了像乔罗·贾科维奇(党的书记)这样一些工人出身的坚强同志之外,还有一些没有摆脱宗派主义和派别主义的同志、与组织没有联系和没有实际经验的同志也选进了中央委员会。

正好在代表大会筹备期间,即1928年6月20日发生了在南斯拉夫国会杀害克罗地亚农民议员——拉迪奇等人的事件。塞尔维亚大资产阶级的这一恐怖行动是当时笼罩南斯拉夫政治紧张局势的标志。农民运动、被压迫民族的解放斗争以及广大无产阶级群众的压力声势很大，竟致使在凡尔赛建立的多民族南斯拉夫国家的大塞尔维亚统治者们觉得，仿佛有一种直接危险在威胁着他们的政权。仅仅由于这些事件，党才直观地认识到，把民族问题和农民问题结合起来是多么重要和多么迫切，它们作为在无产阶级领导下进行革命的杠杆的作用是多么巨大。然而，遗憾的是，加强党在布尔什维克基础上的思想团结的工作着手太迟，共产国际执行委员会公开信和党的第四次代表大会提出的任务未能进行到底。军事法西斯专政到来了，而且以其恐怖手段的沉重打击暂时地摧毁了已经开始的工作。

对于1929年1月6日的政变，党号召坚决抵制，但是，它只把无产阶级的先进部队——党的成员——投入了战斗。在红色工会遭到军事法西斯专政禁止之后，党失去了同群众的最后联系。与群众的隔绝，加上党的弱点使党制定了错误的方针。党的领导没有在日常实际工作中团结群众，为实现与党的主要口号相结合的局部要求而斗争，没有争取群众的信任，并在此基础上有步骤地把他们的斗争提高到更高的水平，直至群众性的政治罢工和武装起义，而是立即抛出了武装起义的口号作为直接行动的口号。

在当时形势下这个口号只能是一句空话。党的领导除了地下工作外，不去同时利用现有的一切合法条件，特别是没有把党的注意力放在改良主义工会内的工作上，而是反对参加改良主义的工会，并把工作重点转移到建立非法工会上去。这个口号也成了一句空话。

而敌人在这个时期却接二连三地给党以打击。军事法西斯专政企图用武力镇压一切形式的革命工人运动，企图从肉体上消灭所有的党的积极分子。警察和法院也都是遵循这一方针行动的。据官方统计，在军事法西斯专政的头四年，即从1929年到1932年年底止，有11人因政治

"犯罪"被法院判处死刑，7人判处无期徒刑，833人总共被判处2342年徒刑。还有更多的受害者连任何装模作样的审判都没有就被杀害了。包括贾科维奇同志在内的100多名党的优秀同志，6名共青团书记，许多区和地方的工作人员在警察局的刑讯室经过严刑拷打之后被杀害，或借口所谓"企图逃跑"被击毙。

大多数被捕者，特别是工人，面对刽子手和死亡表现出来的英勇的大无畏精神，甚至他们在监牢里所进行的反对独裁的斗争，都重新赢得了广大工人群众对党的同情，小资产阶级和农民对党的尊敬。

但是，党没有能够从组织上巩固自己的影响。它仍然是孤军奋战。在贾科维奇同志被害之后，领导又开始同现有的党的组织疏远开来。领导者意志消沉，对前途悲观失望，派别主义和宗派主义又重新猖獗起来。

这也是造成以下情况的根本原因之一，即原先在独裁条件下已经沉寂下去的革命农民运动和民族解放运动的浪潮，在1931年重新开始掀起的时候，理应作为主导力量和决定性力量出现的工人阶级的斗争，却继续长期落后于这一革命浪潮。在1931年的时候，南斯拉夫共产党在组织上几乎已不再存在。1932年，在这种特别困难的形势下，来自共产国际的积极的支持帮助了党，清除了分裂党的宗派主义，改组了党的领导。1932年共产国际执行委员会关于政治形势和党的任务的七月决议，对党的新领导的工作产生了具有决定意义的影响。恢复党组织的艰巨过程开始了。党重新开始积极行动起来。它采取了开展群众工作的方针，严肃地提出了自己的目标：通过争取劳动群众日常要求的斗争，组织和领导群众进行反对军事法西斯独裁的斗争。

新领导面临的主要任务，是重建被军事法西斯独裁和派别主义斗争破坏了的党的各级组织。

1932年各级党组织共有大约500名党员，这些组织都是一些彼此不联系的宗派组织。1932年是大规模的农民群众性自发运动和小农起义的一年，然而党未能领导和利用这些运动。

1933年，党已拥有近1500名成员。在一些最重要的省份建立了党的委员会。在重建组织方面，已经迈出了最初几步。1932年只有9起罢工，共有9960人参加，而1933年已有40起罢工，有15126人参加；这些罢工大部分是党领导的。在工人群众革命高潮中感觉到了党的影响。就在这一年，其他地方的共青团和国际革命战士救济会也恢复了活动。

1934年，党员人数上升到3000人。各省（伏伊伏丁那除外）都已恢复了省委和地方委员会。塞尔维亚党组织的组织落后状况得到克服。党的领导得以在塞尔维亚建立起党的组织，孤立了右的派别分子并遵照中央委员会的路线动员了积极分子。这样，党的领导就面临了新的任务。如果说1932年和1933年的主要任务是恢复党的组织的话，那么，1934年的主要任务就是使党的组织同群众结合起来。1934年党也确实在这方面成功地迈出了重大的几步。罢工次数上升到56起，有33800人参加。这些罢工大多数是党领导的。同时，最重要的在于，以前的罢工仅仅发生在小企业中，而1934年则大多是在大企业举行，而且这些罢工完全是由党领导的。

1934年，工人党员在各改良主义工会中（萨格勒布、达尔马提亚、斯洛文尼亚等）占领了牢固的阵地，革命工会反对派开始走出自己的宗派主义小圈子，发展为群众性运动。

1934年，党在农村的民族革命方面（克罗地亚民族革命运动和斯洛文尼亚民族革命运动）的工作中，在领导农民经济斗争中（贝拉·克拉因纳等）取得了一些成绩。但是，党在这方面的工作一直是它最薄弱的一点。

1934年末，党组织了并几乎在各地召开了省和地方一级的代表会议。1934年12月在国内举行了南斯拉夫共产党第四次代表会议。所有这些代表会议,特别是第四次党的代表会议都具有重大意义。这是自1928年以来召开的头一批代表会议,而在这些会议上首次显示了党的充分团结。代表会议的成就也反映在党的组织发展和实际发展上。党员人数从3000名发展到4000名。共产党人在工会中的阵地得到很大巩固。许多基层组织处于共产党员的影响之下(萨格勒布、达尔马提亚)。革命工会反对派不仅在改良主义工会,而且也在其他工会中争取到了影响。罢工次数十分明显地增多了。仅仅在1935年头3个月内就发生了23起罢工,参加人数有13000人。

在国际革命战士救济会方面也取得巨大成绩:几乎在各个省都成立了省和地方委员会。国际革命战士救济会组织冲破了宗派主义的小圈子,成为能把所有反法西斯分子吸收到自己队伍中来的群众性组织。

在建立统一战线方面,党在1934年取得了一些成绩。在地方和省的范围内,不仅同社会党人签订了协议,而且同其他政党(斯洛文尼亚的教权派分子等)也签订了协议。

在统一战线的口号下,党参加了1935年5月的议会选举。但在执行这个口号中犯了许多错误。在同社会党人谈判关于在选举中采取联合行动时,党提出统一战线的实现问题取决于谁将是候选人的头头,这样提出问题就破坏了统一战线。由于同样原因,已经达成全面协议的斯洛文尼亚统一战线也被破坏了。

选举运动表明了建立工农和被压迫民族群众的统一战线的巨大可能性和这些群众的反法西斯斗争的决心。在选举运动期间,尤其是选举之后,在城市和乡村成立了为数众多的统一战线委员会。党的统一战线策略的灵活性,是这个运动能否成为群众性运动的关键所在。

1934年末和1935年初,党在萨格勒布、贝尔格莱德、卢布尔雅那和黑山等地组织了一系列示威游行。尤其是五一庆祝活动表明,党能够领导群众采取各种行动（萨格勒布的示威游行和集会）。

党有三份中央机关刊物——《无产阶级》、《阶级斗争》和《劳动》。此外，它还出版了指导实践的小册子《应该做什么和应该怎样做》。在全国印刷了大量的地下党报：《红旗报》、《红色信号》、《支部》（斯洛文尼亚）、《镰刀和锤子》、《农民报》和《铁路工人》（克罗地亚）、《共产党人》（塞尔维亚）、《星火》（马其顿）。除此之外，还在企业和一些地区出版许多非法报纸和传单。

罗马尼亚

第六次代表大会后的时期，是罗马尼亚经济危机发展和加深的时期，在占人口80%以上的农业方面尤其如此。

危机时期广大群众状况恶化，引起居民中劳动者阶层的，首先是无产阶级的革命运动蓬勃发展。这个高潮最明显地反映在罗马尼亚无产阶级阶级斗争史上前所未有的两大事件上：1929年日乌（卢佩尼）河谷地区的矿工罢工（罢工和占领发电站，同军队冲突，冲突中工人死30余人，伤100人）和1933年铁路工人与石油工人的二月战斗（街垒战，街头游行，占领铁路修配厂，同武装警察和部队冲突，打死工人400名，逮捕2000多名）。

最近几年革命高潮的特点是，在罗马尼亚具有决定性意义的工业部门的无产阶级基本群众（铁路工人、石油工人和矿工）越过社会民主党的和改良主义工会的领导人，越来越积极地投入斗争；无产阶级的罢工行动在很大程度上带有进攻性战斗的性质；最后一点，也是特别能说明问题的一点，便是这一斗争已上升到最高阶段，它是用新的、在此之前罗马尼亚不曾有过的方式进行的（在罢工的同时，工人占领工厂，其他无产阶级队伍及工人家属同时上街游行）。在1933年二月战斗中，布加勒斯特、克卢日、雅西的铁路工人、"阿斯特拉-罗蒙纳"石油工厂工人、"萨图伦"纺织厂工人都成功地运用了这些斗争方法。

同时，农民抗税抗债和反对强制拍卖土地的自发行动也增多了，这些行动在1931年大有使1907年（即罗马尼亚农民普遍起义的一年）事件重演之势。

由于经济危机加剧和群众革命斗争的发展，地主资产阶级阵营内部矛盾越发加深，这表现为主要的资产阶级政党发生分裂，地主资产阶级专政的社会基础缩小和频频发生政府危机。

为了寻找具有群众性的社会基础，涂上了民族和农民色彩的地主资产阶级政党进行肆无忌惮的沙文主义宣传。明目张胆的法西斯组织愈加活跃起来。地主资产阶级国家法西斯化过程日益加快（不断地实行戒严，实行新闻检查，实行所谓"保护国家"、"保护国家劳动"的法律，解散一切群众性革命组织，查禁一切革命报刊，等等）。

整个地主资产阶级阵营都主张建立法西斯专政。国王和宫廷里佞党、民族自由党①和民族察拉尼党②——这是一些正在为加速建立法西斯专政而拼搏的主要集团。然而也就在国家法西斯化过程中，暴露了地主资产阶级阵营的矛盾。斗争主要围绕以下几个方面进行：应该由哪一个地主资产阶级政党主持法西斯专政，实现国家法西斯化的方式和速度，以及对外政策方针问题。但是地主资产阶级阵营主要还是倒向德国帝国主义，特别是希特勒上台执政以后，德国帝国主义成功地加强了它在罗马尼亚的间谍活动。地主资产阶级阵营内部的斗争特别明显地表现在1933年12月法西斯组织"钢铁近卫军"（与宫廷佞党勾结起来）成

---

① 民族自由党，代表旧罗马尼亚占统治地位的垄断资本利益的党。
② 民族察拉尼党，反映部分资产阶级（以财政资本集团为首并同农业资本家结成联盟）的利益和以富农为支柱的党。

员杀害总理杜卡这一事实上。

罗马尼亚社会民主党三次拒绝了罗马尼亚共产党关于成立斗争统一战线的建议。

但是,社会民主党领导在无产阶级群众和共产党在群众中影响增长的压力下,最近不得不公开承认必须同共产党建立统一战线,甚至着手进行谈判,但是社会民主党接受了为此专程来到罗马尼亚的茹奥的帮助,又破坏了这个谈判。

独立社会主义党不得不在一系列具体问题上同群众性革命组织结成统一的反法西斯组织。

最近几年,社会民主党由于它对无产阶级群众的影响大大下降(在最近的选举中失去了大量选票)正经历着深刻的内部危机(所谓格列尔捷尔分子①"左派"集团的分裂和独立社会主义党的成立,莫希考察—波波维奇—乌尊等集团的分裂,社会主义青年联盟代表大会上出现反对派,一些组织被开除出这个联盟,改良主义工会中反对集团的发展,等等)。

但是,社会民主党仍然得以在工会中保持十分牢固的阵地。此外,社会民主党由于利用了工人对组织的向往和来自政府方面的支持,利用了共产党在工会工作中的缺点,在近一年来还成功地加强了它在工会中的地位,并对具有决定意义的工业部门无产阶级的广大群众产生影响。

罗马尼亚共产党在其布尔什维克化的道路上,应当克服巨大的困难去清除自1921年成立以来在其队伍中占统治地位的、并不止一次导致党内危机的社会民主主义及宗派主义残余。正是这些残余导致1930年一系列党的组织因巴尔布—柳克西明集团的无原则派性斗争而分裂。只是由于共产国际的极力干预和帮助,党才得以消除派别斗争并恢复自己

---

① 这个集团(现在是独立社会主义党)的领导人是格列尔捷尔医生。

队伍的团结和战斗力。消灭派别斗争的成果迅速表现出来了。在1931年的议会选举中，尽管实行恐怖手段，但党取得了重大胜利，在71个县的30个县中得到了73711票和5个席位。

1932年初举行的共产党第五次代表大会是党的生活中的转折点。这次代表大会的巨大意义在于，代表大会根据共产国际的指示和布尔什维克的自我批评精神，揭露了党在群众工作方面、日常活动和党的政策中的缺点，指出了党组织的缺点和弱点，同时还指出了克服这些缺点和弱点的具体途径。代表大会的意义尤其表现在它从思想上团结了全党，根据共产国际的指示并在它的领导下分析了农民问题、民族问题，特别重要的是研究了关于罗马尼亚革命的性质和动力问题，从而武装了全党去反对以前在党内占统治地位的社会民主党的"不巩固"论和其他"左"的宗派主义论调。自此以后，共产党变成了一个具有群众影响和享有威信的党，它在领导无产阶级的斗争中起着越来越大的作用。

1933年铁路工人和石油工人的二月战斗突出地证实了这一点。虽然1929年的卢佩尼事件暴露了党完全脱离群众和党的领导中的机会主义的软弱无力，以至于不能正确评价这次事件，但是，共产党和革命工会在自下而上的统一战线基础上组织和领导的二月战斗，不仅显示了党的巨大威望和影响，而且显示了它同广大无产阶级群众之间的联系。

由于自身的巩固，党为自己铺平了通向无产阶级基本群众的道路，使他们投入斗争并领导着他们。

最近以来，党的工作的特点是，它已经转向在统一战线的基础上独立组织工人阶级的斗争并通过群众选出的广泛的行动委员会领导这一斗争。在铁路工人和石油工人二月战斗期间，党和革命工会组织了群众大会，组织了地方、省和全国的铁路职工公开的代表会议，在准备二月战斗期间，在当选的地方和中央的铁路工人行动委员会特别代表团的帮助下，建立了各铁路枢纽之间的直接联系。

但是，在二月战斗的决定性时刻，党犯下了策略性的错误。一些党的组织和部分党的领导对这次经济斗争的政治意义估计不足，对群众的战斗力估计过低，致使党没有提出总罢工的口号。

党在军队中的工作和无产阶级二月战斗的紧张形势，使得军队中出现动摇和分化的因素。这表现在不仅是个别士兵而且是整个连队的士兵都拒绝参加镇压工人的行动（布加勒斯特二十一步兵团一个连，士兵同普洛耶什蒂的工人握手言欢，等等），预备役士兵也不去征兵区报到，从而迫使政府建立镇压革命运动的特别部队。

党同无产阶级联系的加强使得群众组织，首先是共青团、革命工会和革命工会反对派等组织得到了巩固。从第五次代表大会起，到二月战斗时，在反对社会民主党和改良主义工会领导人的斗争中和在大规模战斗过程中，革命工会和革命工会反对派的人数增长了两倍多。许多革命工会涌现出来，或为自己开辟了通往群众的道路（克卢日的制鞋工人、蒂米什瓦拉和布加勒斯特的纺织工人，等等）。许多重要的改良主义工会，首先是铁路工会都被革命工会反对派争取过来。

民族自由党政府在二月战斗之后向群众革命组织，特别是向共产党疯狂施加的法西斯恐怖，终究未能阻碍党在1933年和1934年领导工人阶级的经济斗争（布胡什纺织工人罢工，蒂米什瓦拉毛纺厂和布加勒斯特、雅西、锡比乌、切尔诺夫策等许多企业的罢工，蒂坦、马拉克斯、弗朗科-罗门纳、希尔等工厂冶金工人的局部罢工，多尔尼绍拉细木工人和加拉茨港口工人的罢工）。特别应当指出的是，布加勒斯特的两个军工厂工人的行动，雅西铁路工人的罢工，图尔库-穆里什市的工人一小时总罢工，争取释放被捕的铁路工人和争取改善狱中政治制度的广泛政治运动。出席对铁路工人的审判和出席军事法庭为二月战斗策略辩护的数百名证人的证言，是党在广大无产阶级群众中享有这种威信和影响的鲜明表现。

劳动知识分子中失业现象的增长和城市小资产阶级状况的恶化引起了这些阶层的巨大不满，并促使了他们采取大规模的街头行动。从1932年开始，全面展开的反战运动和反法西斯运动成功地利用了这种不满情绪，并把罗马尼亚知识界中许多杰出分子吸引到自己方面来。

反法西斯全国委员会在党的领导下把广大劳动者和劳动知识分子的同情心吸引到了自己方面，它拥有数种（4—5种）合法报纸。劳动知识分子对苏联同情情绪的巨大增长，在组织上的表现是，建立了苏联之友协会、比罗比詹犹太人自治省文化联络和援助委员会。

反战和反法西斯运动的发展，首先在旧王国最迅速的发展，同铁路工人和石油工人的二月战斗一样，表明罗马尼亚共产党已经走上了消灭旧王国中革命运动多年落后状态的道路。

民族压迫，近几年来尤其不断增强的疯狂的沙文主义运动和被占领地区民族资产阶级的叛卖政策激起了被压迫民族劳动群众广泛的抗议浪潮和对独立斗争及组织的向往，这些情绪表现在，特兰西瓦尼亚地区马扎尔人党的分裂以及工人和劳动群众独立民族革命组织的建立上，这个组织已拥有约3000名成员，数种合法报刊。现在多布罗加劳动者民族革命组织——多布罗加革命组织（计拥有1200人）已经发展和壮大起来。

但是，党在领导民族运动方面还存在许多缺点：它没有能够对广大被压迫民族群众的工作作出必要的转变和在"大罗马尼亚"各占领区建立真正群众性的民族革命组织。

在无产阶级的许多重要部门（"多梅涅"军事康采恩冶金工人、日乌河谷地区的矿工、铁路机务处和运输处最近都参加了黄色工会），以及在港口工人中，特别是在农业工人中，党的工作依然落后。而当劳动农民在完成罗马尼亚资产阶级民主革命中发挥巨大作用的时候，党虽然也取得一些成绩，但却未能在农村工作方面作出应有的转变。

党的主要弱点之一，是它在组织上的落后状态。如果说它的社会构成由于大工业企业的工人，而首先是旧王国工人大批加入其队伍而有所改善的话，那么，它的成员人数的总的增长则十分缓慢。工厂支部发展较差，党在女工和劳动妇女中的工作也十分不力。

在加强思想和增加秘密刊物方面，党取得很大成绩。1933年定期出版的有党中央和共青团的四五种机关刊物和许多省、区级机关刊物。

从1934年开始出版了四期共产党的理论刊物《阶级斗争》。

希　腊

希腊是一个工业非常不发达的国家，它的农业只有数量不大的几种出口作物（烟草、黑葡萄干、橄榄油）。粮食和肉类在很大程度上依靠进口。希腊对外国资本，主要是对英国资本有很大的依赖性。国家很晚才从1912—1922年的延绵不断的战争时期摆脱出来，在资本主义局部稳定时期才刚刚开始恢复元气，因此1929年开始的经济危机使它遭到非常严重的破坏。在1928年选举中，获得全胜上台执政的韦尼泽洛斯提出的一个广泛许诺的"使希腊变得认不出来的四年纲领"，在群众中给自己制造了影响，但是随着危机的发展，他下了台，并失去了自己的声望。同他竞争的察尔达里斯党（所谓的人民党，其实是保皇党）上台执政。在1933年，局势愈益紧迫地把希腊推上作为镇压蓬勃发展的革命高潮的唯一可靠手段的公开的法西斯独裁道路，在这种形势下，希腊资产阶级两大集团（依靠国内不同的工业资本集团和大地主，并同外国大国勾结，如韦尼泽洛斯与英国和意大利，察尔达里斯与法国）之间在哪一个集团应当把持独裁统治的问题上爆发了激烈的斗争，这场斗争在1935年发展为公开的武装冲突。

资产阶级不断强化镇压革命运动的法西斯手段，取消革命组织现有的最后一点点合法地位。

但是，不加掩饰的法西斯思想至今未能在群众中扎根。群众对法西斯专政的敌对情绪在1933年3月6日的战斗中表现得尤为突出，韦尼泽洛斯的走卒普拉斯蒂拉斯将军政变的企图一昼夜间便被粉碎了。因此资产阶级政党便玩弄各种伎俩，企图以建立法西斯专政的任务在于"保卫民主"、"保卫议会制政府免遭反对派的暗算"为借口来麻痹群众。法西斯保皇集团（梅塔克萨斯将军等）也在明显地加强活动。

公开的法西斯专政方针所引起的是，帝国主义大国公然准备战争并使斗争进一步激化，它们极力借助希腊各资产阶级政党把希腊纳入自己政策的轨道。与前政府亲近意大利的政策完全对立的《巴尔干条约》的签订，使得希腊与南斯拉夫和法国的联系更加密切。条约的签订是争夺马其顿的斗争的结果，是利用希腊来防止南斯拉夫和保加利亚接近的尝试。这样一来，《巴尔干条约》更加剧了希腊、保加利亚和意大利之间的矛盾。希腊在帝国主义者军事集团中起着积极的作用，而且它自身也在加强军备（定购新式军舰和飞机，建造军用造船厂，发展军工业，等等）。

危机和资产阶级对劳动人民展开的全面进攻引起城乡革命运动的蓬勃发展。1929年，仅参加一些大规模罢工的工人就有5万名。经过1930年和1931年的低潮，1932年又是罢工斗争更加高涨的一年：1932年有8.5万工人参加了199次罢工；1933年有10万多工人参加了席卷所有城市和工业部门的440次罢工，大多数罢工都以工人的全面胜利和部分胜利而结束。1932年5月邮电工人罢工，1932年12月电车工人罢工和1933年7月卡瓦拉烟草工人的罢工变成了席卷许多城市不同工业部门的群众性罢工。在1934年，罢工人数已超过18万人，而且还发生了这样一些重大罢工：几乎所有在国外航行的希腊商船都参加的海员罢工，铁路工人24小时罢工，卡拉马塔码头工人和磨坊工人的英勇罢工，罢工中有 7 名工人被枪杀。为了回击这一次的镇压，宣布了总罢工，3.5 万工人参加了总罢工。以经济要求为基础的罢工运动同时也具有政治色彩，并愈益得到共产党的领导。在 1932 年，共产党和红色工会领导的罢工占全部罢工的 39%，1933 年占 65%，1934 年约占 80%。

独立采取一系列行动的失业工人，在整个罢工期间同罢工者携手战斗，失业工人的几乎一切行动都是在共产党和红色工会领导下进行的。

1934 年的特点是，群众性政治罢工占优势（卡瓦拉、拉里萨、色雷斯、雅典、阿玛利亚斯等等。在 1934 年中，有 7.3 万名工人参加了各种反法西斯罢工），还有无数起示威游行和同法西斯匪徒的街头搏斗。在 1934 年，除了卡拉马塔事件引起的全希腊 24 小时罢工外，在卡瓦拉（2 次）、色雷斯、萨洛尼卡、亚尼纳还发生了反对解除卡瓦拉和色雷斯红色市长职务、反对流放当地革命运动积极分子（亚尼纳）的大规模政治罢工，反对法西斯分子袭击共产党中央机关报的雅典总罢工等。

在 1929 年，有 4 万农民参加了反对支付税款的农民行动。同时各个农村和地区的数万名农民参加了 1931—1932 年冬季的饥饿进军。在 1932 年和 1933 年上半年运动出现低落，从 1933 年秋季起，又可以看到农民运动的新势头（如私自占领土地的次数增加），而且共产党在这些运动中的领导作用已有所加强。在 8—9 月间，在伯罗奔尼撒爆发了席卷整个黑葡萄生产中心的大规模群众性罢工，反对由政府建立压低黑葡萄贸易价格的垄断组织。1932—1933 年首次出现 25 起农业工人罢工的记录；第一次成功地建立了农业工人工会，工会网点不断发展起来。

城市劳动群众的革命化表现在发生了一系列声援工人的罢工，手工业工人多次的独立罢工，反对税收和外国公司的游行示威。在国家职员中也出现声势浩大的运动（1932 年 5 月和 1933 年 12 月邮电职工总罢工等）。根据党的倡议，在全国最大的城市（雅典、比雷埃夫斯、萨洛尼卡、沃洛斯等）成立了由革命工会组织、改良主义工会、手工业工人和小私有者组织组成的委员会,由委员会开展反对政府税收政策的大规模群众运动。

革命运动遭到改良主义者的暗中破坏。希腊的改良主义者,尤其是改良主义总工会的领袖(卡洛米里斯)在选举中不提出独立的社会民主党的候选人名单,总是跟在某一个资产阶级政党后面,他们过去和现在都在利用他们在占多数的无产阶级主力军(铁路工人、海员、码头工人、冶金工人、磨坊工人)中拥有的强大工会势力来破坏经济斗争和统一战线,遮盖法西斯化进程,破坏无产阶级的反法西斯和反战动员,唆使群众反对共产党和红色工会,帮助资产阶级和法西斯的进攻。改良主义分子是阻止无产阶级革命行动的主要力量。1934年5月14日他们同革命工会签订了关于抗议卡瓦拉扫射工人事件的24小时罢工协议。两天之后,他们拒绝举行这次罢工,而且妄图破坏这次罢工。但是,红色工会和共产党宣布和领导的这次罢工还是实现了,而且规模巨大。1931—1932年冬以出卖农民行动而特别自我暴露无遗的富农大地主党分裂成了三个集团。

现在领导革命无产阶级的希腊共产党在最近两年半的时间里已成长为具有群众基础的无产阶级政党,成为国家政治生活中的重大因素,赢得了城乡广大群众的信任,同时也引起阶级敌人的仇恨。1928年在摆脱了早在党成立之时就蜷伏在党内的取消派叛徒之后,党又经历了右的和"左"的机会主义动摇和派别斗争时期,一直到1931年,在共产国际帮助之下,它才最终坚定不移地走上布尔什维克化并使它变为真正无产阶级群众性政党的道路。

在1929—1931年,由于领导权把持在右倾机会主义分子和"左"倾机会主义分子手中,党经历了瓦解和危机时期。党的领导落在自发发展起来的事件之后;党让改良主义分子、托洛茨基分子和大地主分子排挤了自己,把自己同群众隔离开来。当时的领导最大的过错是,1930—

1931年使党走向崩溃边缘的无原则派别斗争。

　　派别斗争和分裂在1931年11月，也就是在共产国际执行委员会在公开信中谴责了两派的派别斗争和确定了党的迫切任务之后才告结束。党根据共产国际执行委员会确立的路线紧紧团结在新领导周围，消除派别斗争，并通过这一途径在随后的几年间取得了成绩。

　　这些成绩表现了党对无产阶级和农民的局部斗争的领导作用日益增强。

　　在最近三年间，共产党进行了坚持不懈的斗争，反对希腊反革命资产阶级的代理人，反对形形色色的托洛茨基分子，这些人还在利用他们在工人阶级落后阶层中的某种影响，托洛茨基对他们的反对党和工会工作者的恐怖奸细活动大为赏识，把他们誉为最优秀的、最富有战斗性的支部。通过这一斗争，党直截了当地向群众揭露了托洛茨基分子的警察嘴脸，托洛茨基分子被粉碎了，即使不是全部被消灭。

　　党也领导了反对阿西米达之流的右倾机会主义分子和派别分子的激烈斗争，他们失去了企图把党引上邪路的一切指望，找不到支持者，便滑向了反革命营垒。

　　所有这一切使党得以在清除改良主义分子的工作中取得重大胜利。党争取了雅典改良主义工会中的大多数和雅典电车工人、比雷埃夫斯纺织工人中的大多数。革命工会反对派在铁路工人、码头工人、海员和磨坊工人等工会中占据了强大阵地，争取了国家职员组织中的大多数。由于劳工总联合会①在1934年5月16日24小时罢工中的叛卖行为，许多改良主义工会加入了革命大工会（卡拉马塔11个，雅典3个，等等）。

　　希腊共产党和总工会②在工人阶级经济斗争和反法西斯斗争中的强

---

①　改良主义工会联合会。
②　革命工会联合会。

有力的活动，以及它们在改良主义工会内部争取有力影响的工作，使得劳工总联合会和独立工会领导在它们多次拒绝总工会关于统一战线的建议之后，被迫改变自己的态度，并于1934年10月5日同共产党、总工会、农业党、社会民主党和社会党一起签订了关于联合反法西斯斗争的协议。而1934年10月17日在劳工总联合会（卡洛米里斯）和独立工会（拉斯卡里斯）代表大会上，都通过了总工会关于在地方和全国范围内实现统一工会的建议。

但是原劳工总联合会领导人由于在很大程度上受到政府的压力，后来又开始破坏他们自己的决定，重新要求"解散"总工会。尽管如此，争取统一战线和统一工会的运动在基层工会仍在发展：在许多城市，红色工会同改良主义工会一起联合举行争取实现工人和失业者经济要求和反法西斯要求的群众大会、罢工（3.7万名工人参加）和集会，成立了许多联合工会和市工会理事会；然而，统一战线的主要弱点是，它在组织方面尚未扎下根来。

拥有4.5万工人和职员的红色工会的工作还有着严重缺点。红色工会还没有按照生产原则加以改组，它们在组织方面多数都很软弱，也并非全部都是完美的群众性组织。

在工人阶级的一些极其重要的部门仍保持着自己阵地的改良主义工会内部所做的一系列工作，虽然起步很晚，但在1934年间也取得重大进展。尽管工会反对派的影响很大，但远没有在所有的工会中有工会反对派小组，而在有反对派小组的地方，人员上又势单力薄，在日常工作中不太活跃，主要只是在罢工的时候才抛头露面。在实际工作中有时也犯下一些严重错误，主要是屈服于改良主义头头。

共产党的影响显著增长。在1932年议会选举时，工农联盟得票5.6万张，1933年的选举得票8万张，在1934年的村社选举时，联盟在马其顿赢得了萨洛尼卡以外的卡瓦拉和色雷斯两个最大的村社，争取到了

60个村社中的大多数和在50个村社中获得席位,而这一切都发生在国内一些重要的农业地区,在最近一次选举中(1935年6月),据官方统计,工农联盟得票9.5万张。党的中央日报《激进报》,虽然在足足半个国家中遭到迫害和查禁,但仍然成了拥有9000份印数和广泛工农记者网的群众性报纸。《激进报》对群众的各种问题都给予答复,每天都要刊载数十篇工农兵的通讯报道,广泛宣传苏联的社会主义建设;它动员党和群众投入国内和国际的各项运动。

可以指出的是,党在肃清内奸活动、教育党员群众养成保密习惯方面也取得了显著成绩(除这项经常性工作外,还应指出主要涉及这些问题的两份小册子和党内《通讯》的出版工作)。

在使党和群众做好转入地下的准备中也做了不少重要的工作。

党对共产主义青年团的领导和帮助尽管有很大改进,但还很不够。

党在人数上增长了一倍半。它加强了反法西斯主义的斗争。1933年6月,当2000名法西斯分子从萨洛尼卡出发向雅典进军的时候,雅典的共产党组织动员了工人进行反示威游行。1933年底和1934年初,法西斯分子在雅典和比雷埃夫斯工人区再次采取的恐怖行动,遭到了工人的坚决回击。在共产党领导下数万名工人和农民参加的五一罢工和群众大会,是在反对法西斯和反对战争的口号下进行的。为了回击法西斯分子在1934年11月7日对雅典共产党中央机关报的袭击,党同雅典的改良主义工会理事会和统一工会理事会一道,组织了有1.8万名工人参加的24小时抗议罢工。

为在1934年4—5月召开反法西斯代表大会,建立了反法西斯委员会和反法西斯群众组织,选举了3000名代表大会的代表。党还组织并举行了一系列反法西斯罢工、群众大会等,反对政府对红色自治市政府和公社实行的恐怖措施。党着手在许多地方(雅典等)卓有成效地开展自己的工作,建立反法西斯斗争联盟,使之成为反法西斯的战斗自卫组织，1934年11月7日在党的中央机关报所在地遭到武装袭击的时候，这个组织在三小时的战斗中经受了自己的第一次战斗洗礼。

党在军队中的工作也取得了成绩。部队给党报的通讯稿件数量不断增加就证明了这一点，许多部队中，包括工兵中所采取的行动都表明了党取得的成绩，再就是党在一些部队中发行秘密报纸（其中包括中央日报）和在士兵中散发大量传单。

居民中的反战工作，是党通过宣传鼓动结合当前群众运动中的问题进行的。这些问题由党在群众大会上提出来。党揭露了希腊资产阶级军事活动的加强，资产阶级积极主张签订《巴尔干条约》，接着又着手增加军备。但是，这一揭露工作还需要加强。

希腊共产党中央第六次全会关于希腊未来革命性质的决议，把党的工作提到了一个更高的阶段。在共产国际执行委员会的协助下，根据对希腊革命动力的分析，党认为，希腊正面临着资产阶级民主主义工农革命，并有希望使其迅速发展为社会主义革命。因此便撤销了中央委员会1930年通过的原来的错误决议，因为这个决议忽视了资产阶级民主主义工农革命这一阶段，并宣布了在希腊直接进行社会主义革命。这一问题的解决重又大大地推动了党的整个群众工作。

1934年3月召开了共产党第五次代表大会。这次代表大会强调了所取得的成绩，具体指出了党的工作中仍然存在的并需要迅速克服的重大缺点。

第五次代表大会的决议，集中围绕着必须堵住法西斯主义道路和防止建立法西斯专政这一最迫切的任务。党千方百计地扩大和加强工人阶级的统一战线，使居民中的所有劳动阶层（农民、职员、手工业者、退伍军人、知识分子等）加入到统一战线中来，建立**全民反法西斯阵线**。完成这项任务的主要条件之一，就是加强斗争，以驱逐无产阶级基本队伍中破坏无产阶级革命积极性和阻碍广大人民群众团结在工人阶级周围的改良主义。

在开展群众工作方面，组织上的严重弱点阻碍着共产党的活动。党虽然在各个工业中心都有自己的组织，但这些组织只是掌握有限的几个主要部门和企业。工厂支部不超过支部总数的11%。因此，党的群众工作，首先是反法西斯斗争，没有很好地吸收主要工业部门的无产阶级参加这一斗争。党制定了正确的组织方针，但由于各级党组织的主要领导软弱无力，这一方针没有得到贯彻。省委会和部分区委会的构成，现在比以前要好些。雅典和比雷埃夫斯这两个省委会的工作十分出色。最近，萨洛尼卡省的领导也加强了。但党的领导层的工作，尤其是区党委领导层的工作还需要进一步加强。农村区委会的人员还不稳定。各级党委会工作的普遍缺点是不够具体和经常化，在工作中和检查执行方面，都缺乏应有的连续性。党中央委员会在人员组成和活动方面已有所加强。

第五次代表大会规定的中心任务，是加强党的各级领导，把新**干部**选拔到领导岗位上来，从上至下地经常检查党的决议的执行情况。正如已经指出的，党组织只是掌握有限的几个重要工业部门和大企业。党的社会构成很少改善就反映了这一点。工厂工人只占整个党员人数的8%，一般工人占29%，农业工人占6%，职员占5%，农民占47%，余下的部分是手工业工人、知识分子等。街道支部和街区支部的工作，虽说是城市中主要的组织形式，也很少在企业展开。这些支部的发展速度，要比生产支部发展得快些。

党的农村工作，缺点更严重一些。党员有一半是在农村，但是，党的支部，除少数例外，都没有积极开展经常性的工作，只是在搞各种运动的时候才看见它们的活动。由于农村党组织工作不力和区委会领导不强，农民委员会和农业工人工会常常分裂。但是，公社选举结果证明，在国家一些重要地区，广大农民群众已走上革命道路。党面临的任务是，利用这种革命情绪，领导农民进行争取土地、抗税、取消债务和反对各种垄断组织压迫的斗争。

在占统治地位的资本家和地主阵营中，它的两个主要政党——自由党（韦尼泽洛斯）和人民党（保皇党——察尔达里斯）之间的斗争，导致今年 3 月 1—12 日流血的武力冲突。拥护韦尼泽洛斯的军官们，占领了大部分舰只和克里特、希俄斯、米提利尼等岛屿，并依靠东马其顿的驻防军举行了起义。政府动员旧希腊和西马其顿的驻防军及 4 种年龄的预备军人，经过 12 天的陆地和海上战斗镇压了起义。

政府现在正利用自己的胜利，彻底清洗军事和国家机关中的韦尼泽洛斯分子，并企图在群众中制造新的幻想；它把对韦尼泽洛斯的胜利说成是"人民大多数"的"议会"国民政府的胜利。同时它继续加强法西斯化，策划修改宪法，借助非常法令进行统治。以梅塔克萨斯为首的极右保皇派执行法西斯政策更加彻底，它们奉行德国的方针，要求完全废除宪法，取消民主自由和复辟帝制。强化法西斯化的矛头直指共产党和革命运动；对重新抬头的韦尼泽洛斯分子没有采用高压手段。

3 月 1—12 日事件没有使共产党措手不及。党在整个去年的一年里，使群众密切注意军事法西斯政变的危险性，使他们做好准备，以防不管来自何方的政变阴谋。希腊共产党中央日报《激进报》在政变的前两天，刊登了一位"反法西斯军官"揭发政变线索的信件。在叛乱的日子里，在双方交战的形势下，共产党采取了两条战线积极斗争的立场。雅典和比雷埃夫斯的组织对事件反应特别活跃，它们动员相当多的群众走上街头，反对两个资产阶级法西斯阵营，保卫群众的民主自由。共产党号召参加签订 1934 年 10 月 5 日反法西斯协定的各政党和组织实现该条约规定的总罢工。但是，改良主义分子也好，大地主党分子也好，要么支持政府，要么部分支持韦尼泽洛斯分子，这就再一次证明，它们要把群众拉向占统治地位的某一个资产阶级政党的政治轨道上去。

3 月 1—12 日事件之后，群众状况恶化了。他们剩下的一点民主权利也被剥夺了。靠牺牲群众的利益，耗费了20亿德拉克马消灭叛乱，而现在又要花几十个亿来改组国家机器和补给装备。在这些日子里，群众已经感觉到，战争的危险和派遣军舰来希腊港口的大国（英国、法国、意大利）的武装干涉已迫在眉睫。所有这一切为加强革命运动创造了前提，政府则企图设置新的法西斯障碍来反对这一革命运动。然而3月1—12日事件并没有解决资产阶级地主阵营中的矛盾。现在占统治地位的反韦尼泽洛斯分子阵营中的矛盾又尖锐起来，反韦尼泽洛斯分子分为两股势力，一部分属于彻底的法西斯主义和君主政体方针的"不调和的"拥护者（梅塔克萨斯），另一部分则是保持某些"议会"和"民主"表面现象的更为"谨慎的"政策的支持者（察尔达里斯首相和国防部长"民族英雄"孔季利斯）。

在所谓"立宪会议"选举时（6月9日），尽管实行残酷的恐怖政策，还是提出了共产党支持的工农统一战线的候选人名单。

在这次选举中，仅仅部分实现了同大地主党、社会民主党、马其顿和米蒂利尼的改良主义工会的一些基层组织的统一战线。改良主义分子和大地主党分子的头头们一部分抵制选举，支持韦尼泽洛斯分子的抵制活动，另一部分进入了保皇派的名单（大地主党分子齐克利蒂罗斯），还有一些头头则支持政府。工农统一战线获得了9.5万张选票（官方的统计），其票数增加了近80%，尽管政府疯狂镇压和伪造选举结果。

在选举中，察尔达里斯—孔季利斯统治集团获得了多数。但梅塔克萨斯（公开拥护希特勒和无条件恢复君主制）的势力也加强了，他获得了14.5万张票。

目前希腊的局势很复杂。资产阶级阵营中的矛盾加剧，罢工浪潮高涨，政府则想通过11月全民投票，坚持复辟帝制的方针。

就在全民投票之际，共产党倡议建立工人、农民和劳动者广泛的全民反法西斯、反帝制阵线。

美 洲

北美洲

美利坚合众国

共产国际第六次代表大会在其提纲中指出，美国共产党最重要的任务在于，"终止派别斗争……努力征收工人入党，力争在把工人提拔到党的领导岗位方面取得决定性进展"。

在共产国际执行委员会的帮助下，党在第六次代表大会之后消除了特别尖锐的派别斗争，并在自己的工作中取得了很大成绩。

共产国际第六次代表大会之后，坎农集团迫不及待地提出一个托派纲领，用它来对抗共产国际的决议。1928年秋，这个集团因从事托派瓦解党的活动被清除出党。追随这个反革命集团的只有几十个腐败的知识分子和受蒙骗的工人。

1929年3月召开了美国共产党第六次代表大会。共产国际执行委员会在它致代表大会的信中分析了美国的形势，指出了美国帝国主义内外矛盾日益尖锐化，揭露了洛夫斯顿领导集团过高估计美国帝国主义地位和否认危机可能性的右倾机会主义错误，规定了党的迫切任务，号召党消除派别斗争，遵循第六次代表大会路线，使自己的队伍团结起来。但是，主要由于以洛夫斯顿为首的所谓多数派集团的过错，派别斗争不仅没有停止，反而更加激化，从而断送了代表大会的工作。共产国际执行委员会建议党代表大会派代表团去共产国际执行委员会共同讨论党内形势问题。这个建议被代表大会采纳了。共产国际执行委员会主席团同代表大会代表团一道制定了一系列建议，以确保对党的正确领导和保证党正确贯彻共产国际的路线。党领导的代表中的所谓少数派接受了共产国际执行委员会的建议并保证贯彻这些建议。而以洛夫斯顿为首的多数派中的部分领导人则采取不能容忍的手段，攻击共产国际执行委员会。但是，多数派中的一般代表，诚然经过一番顽强抵制后，还是接受了执行委员会的建议。全党绝大多数都十分满意地接受了共产国际执行委员会的决议，孤立了在此之前一直把持着党的领导权的洛夫斯顿集团。

在共产国际执行委员会致全体党员的公开信中，全面批判了党内右倾机会主义倾向，指出党内右倾机会主义错误的核心是所谓的"美国例外论"，这种"例外论"的思想明显地反映在洛夫斯顿及其同伙的观点中："资本主义危机，但不是美国资本主义的危机；工人群众向左转，但美国不会发生；必须加剧反对改良主义的斗争，但在美国无此必要；必须防止右倾危险，但美国共产党内不存在这种危险。"共产国际执行委员会号召全体党员加强同右倾危险的斗争，顽强地进行群众工作，努力使党变成美国无产阶级的群众性政党。洛夫斯顿曾保证不以任何方式阻碍贯彻共产国际执行委员会的决议，但却猖狂地进行反党和反共产国际的斗争，完全走上了背叛的道路，终于同他的伙伴一起被开除出党。

消除派别斗争后，党向群众工作的转变进行得很慢，而且不平衡。1930年3月，党组织了规模巨大的失业工人示威游行，但当时它未能将这一运动进一步发展下去并巩固取得的成绩。1930年年中举行的第七次党的代表大会，结合经济危机和阶级斗争激化的情况，分析了美国发展的新阶段。1930年末，中央委员会全体会议尖锐地提出了关于使党从主要是宣传组织变为领导工人阶级斗争的群众性政党的问题，突出了为在业工人和失业工人的局部要求而斗争的问题。1932年4月，中央全会肯定了党在罢工中、在争取释放黑人囚犯斯科特斯博罗运动和饥饿进军中取得的一些成绩。但是，党在美国无产阶级主要阶层中的工作尚未得到重大改善。

1932年是美国失业工人、在业工人、退伍军人和农场主的大规模群众运动的一年。党积极地参加了这些重大运动（饥饿进军、农场主罢工和代表会议、退伍军人的进军）。与此同时在党的队伍中，特别是在一部分领导骨干当中，暴露了党在参加这些群众运动问题上的严重动摇和在政治上对巩固党在美国无产阶级主要阶层中的阵地的必要性的政治意义缺乏认识，这特别表现在党没有积极参加罢工运动。因此，在1933年7月党的非常会议通过的致党员的公开信中提出了一个计划：把群众工作集中于主要工业部门的大企业中，在工人阶级主要阶层中开展运动，加强在改良主义工会中的工作，提拔工人群众骨干来加强党的干部队伍。

从第六次代表大会到第七次代表大会期间，美国革命高涨的特点和美国帝国主义的发展，都表明必须努力使群众工作和党的建设有一个真正转变。第六次代表大会的提纲中曾指出："必须承认世界经济重心在移向美国以及美国帝国主义的侵略性正在此基础上增长，是整个现代资本主义发展的极为重要的因素。作为欧洲的债权国的美国，在成为中欧发展的杠杆的同时，也在加强它在几乎整个世界的地位。"

经济危机迅猛地在美国蔓延开来，它使美国成了整个世界资本主义经济崩溃的深重的根源，使得帝国主义者的斗争和美国内部的阶级矛盾格外激烈。胡佛体制不承认危机的严重性。尽管它一再保证迅速恢复繁荣，但失业率却在猛增，工资普遍下降，被债务和抵押付款的重担压榨的农场农民更加贫困，小资产阶级更加穷困，交易所和银行破产，胡佛体制公开为银行家和垄断资本家辩护——这一切使得大多数劳动居民团结起来反对胡佛体制。在这一时期中，失业工人开始行动起来，农场主也开始斗争和罢工。而胡佛则根本不打算表示他希望提出一个摆脱危机以改善劳动者状况的计划。

胡佛的"放任政策"的口号，意味着危机前的老政策还将继续推行，不会作重大修改。早在 1932 年末，资产阶级改良主义就对胡佛体制及其"放任政策"的主张提出了全面批评。当时，随着共产党影响的增长，已经可以看到建立"第三党"运动的初步迹象。主张建立"第三党"的这一运动，反映了国内阶级关系的尖锐化，标志着对两党制的失望，同时也证明了那些认为他们用一个资产阶级政党代替另一个党来寻找出路的群众在政治上的落后状态。

1932 年罗斯福纲领及其"新政"暂时阻止了建立"第三党"运动的发展。进步的共和党人和进步的民主党人致力于罗斯福运动所掀起的"新政"运动。对"新政"的社会蛊惑宣传是想极力防止危机引起的阶级关系尖锐化。罗斯福作为一个提出了摆脱危机的明确纲领的政治活动家出现在群众面前。他的"新政"似乎是摆脱危机的出路，似乎是反对金融资本家斗争的纲领（这表现在他提出的"把兑换银钱的商人赶出教堂"的口号）。最广泛的社会蛊惑宣传，开展了答应实行社会保险和结社权，维护所谓的"被遗忘的人们"的利益。

寻找摆脱资本主义危机的出路，首先在于推行作为垄断资本政策的《全国产业复兴法》、"全国复兴署"和《农业调整法》。同时，《全国产业复兴法》及其一整套用于提高价格和降低工资的法典，也是作为提供工作和提高工资的纲领向群众提出的。

《全国产业复兴法》、"全国复兴署"的垄断性质完全被该法案的第七章第一条的蛊惑宣传所掩盖，它宣布工人有权结社，有权得到美国劳工联合会官僚和社会党领袖的完全支持。《全国产业复兴法》的实际内容是同"新政"的骗人的社会蛊惑宣传相冲突的。早在 1934 年初就出现了反对《全国产业复兴法》、"全国复兴署"及其真正内容的反对派。

1934年的罢工巨浪就是揭露《全国产业复兴法》、"全国复兴署"和进一步加剧国内阶级关系的强大因素。

1934年同1933年相比，美国劳工联合会承认，如果每个工人年平均工资增长6.7%的话，那么同时一个工人吃饭要用去11.3%多，穿衣用去15.3%多，失业人口实际增加几乎达50万，而418家公司的年利润却增加了3.06亿美元。

在"新政"条件下，各阶层劳动人民贫困化引起了严重的不满。在共产党的群众影响大大扩大的同时，出现了一些新的资产阶级改良主义集团；建立"第三党"的运动在全国各地又重新发展起来。阶级分化速度加快。从1934年起，"第三党"运动和工人党运动的日益加强，说明罗斯福在1934年11月选举中的胜利是不巩固的。

1934年的罢工浪潮，工人从政府政策中汲取的教训，日益增长的绝望情绪——这一切为工人党运动的发展奠定了基础。

资产阶级改良主义，尤其是社会改良主义在美国的发展，是阶级分化加剧、阶级关系尖锐化的必然，是对劳动群众剥削的加深和转入特种萧条的结果，也是资产阶级力图把群众的不满情绪从彻底革命的阶级斗争引向资产阶级和社会改良主义轨道的结果。

民主党推举出来的罗斯福，在"新政"、"被遗忘的人"、限制国家经济生活中的"放任政策"等空洞辞藻掩盖下，事实上更加放宽了把经济和政治大权集中于大垄断联合公司手中的条件。这一政策使工人阶级生活水平急剧下降，使小资产阶级贫困化和破产，并企图剥夺工人罢工和独立结社的权利，它既加强了对付罢工运动的恐怖手段，又更广泛地采用了国家和社会蛊惑宣传，以及利用工人运动中的资产阶级改良主义的走卒。美国法西斯化的趋势无论在政府的政策中，或在金融资本庇护下的法西斯和半法西斯组织的发展中都表现出来。

《国家产业复兴法》没有取得资本家所期待的效果。它既没有能够阻止工人阶级的罢工斗争，也没有能够挽回国家的"繁荣"。从这个意义上说，《国家产业复兴法》政策遭到了破产。因此，美国最高法院于1935年5月在有势力的垄断资本阶层的压力下宣布其违宪，罗斯福的"新政"便告结束。

《国家产业复兴法》实施之后，即从1933年夏季起，罢工运动特别广泛地开展起来。但是，群众的政治觉悟和组织程度还远远跟不上运动的规模。这表现在除了社会民主党的影响增长外，还表现在以下方面：在总统选举时，在许多群众运动中起着领导作用的共产党，总共只获得10万余张选票。运动中的这种政治上的软弱性克服得很缓慢，虽然个别行动也有规模有声势，但整个运动还是处于自发和分散状态。

党的非常代表会议（1933年7月7—10日）之后，党着手改组自己的工作，并开始加强在匹兹堡、底特律、芝加哥、克利夫兰等这些主要工业中心的工作。党领导了反对《国家产业复兴法》和反对整个资本进攻的强大运动，积极参加了1933—1934年的一系列罢工，努力扩大自己同群众的联系和扩大革命工会运动的影响，加强在美国劳工联合会的工作，开创了群众性反战反法西斯统一战线运动。党员人数从1930年党的非常代表会议期间的1.7万人增加到党的第八次代表大会时的2.45万人和1934年底的3万人。这一时期党的一项重大成就，就是大大改进了党的机关报《工人日报》，它的日发行量已达到4万—4.5万份。1934年的大会选举是在巨大罢工运动形势下进行的。党在选举中提出了大众的局部要求的行动纲领，同时对美国苏维埃政权纲领作了解释。党在选举中获得了17.5万张选票。据不完全的、但包括几个重要州的统计，赞成社会党的票数减少了，它在1932年曾获得80余万张票。

党和罢工运动。在共产国际第六次和第七次代表大会之间的时期中，反对企业主再次大幅度减少工资、要求提高工资、反对因危机而空前广泛地大批解雇、反对加强劳动强度、要求承认工会等罢工运动获得巨大发展。1928年后低落下来的罢工运动，从1931年起有了迅速发展。如果说1930年罢工人数是15.7万人的话，那么在1931年，罢工人数已增长到33.7万人。罢工人数还在继续增加，1933年超过了100万，达到了1919年以来的最大规模。1934年罢工运动继续发展，罢工人数达到200万。托莱多、明尼阿波利斯、密尔沃基等的罢工，特别是圣弗朗西斯科的总罢工和纺织工人总罢工，说明了美国工人阶级群众性罢工运动的迅猛发展。

一般地说，在1931年以前，罢工运动是自发产生的，而且参加罢工的人也有美国劳工联合会的工人，他们的罢工是违背其领导人意志的。革命工会领导过多次罢工。1931年，尤其是在1932年，美国劳联的官僚集团在群众的压力下，在许多场合开始把直接破坏罢工的策略改为参加罢工，以便瓦解和出卖罢工运动；"左派"改良主义分子——莫斯蒂等人开始活跃起来，但是，1932年革命工会和党在罢工运动中的作用削弱了。1933年，尤其是实行《国家产业复兴法》以后，罢工运动渐渐转移到大托拉斯化的工业部门——汽车工业和钢铁工业。

1933年，革命工会起初在罢工中起了相当大的作用，但美国劳联各分会也极力想控制罢工运动，特别是在1933年下半年，在许多大罢工中，如在矿工罢工中极力排挤革命工会。不过在这个时期，党已开始加强在美国劳联各分会中的工作，参加这些工会领导的罢工。

如果说危机开始时罢工主要是反对降低工资和大批解雇的话，那么，从1933年起，多数罢工都是在下列口号下进行的：恢复削减的工资，提高工资，减少工时但不降低工资，承认工会和工厂工会委员会，反对御用工会。失业工人对罢工者的同情和积极声援是这一时期罢工的特点，在罢工运动高涨的反衬下，这就格外突出了机会主义关于经济危机时期不能罢工的论调的欺骗性。在整个这段时期中，罢工不仅仅只限于经济要求,从1933年起,罢工更加明显地带有政治特点,而且往往是针对《国家产业复兴法》措施的。

资产阶级推行《国家产业复兴法》的运动,使罢工运动一时有所减弱,但现在随着《法典》①的实施,罢工运动以近十年来所未有的威力展开了。1933年夏,当工人们受蛊惑性的宣传还在对《国家产业复兴法》抱有巨大幻想的时候,特别是该法案的第七条宣布了工人有结社的权利,许多罢工便都在"强迫企业主实行《国家产业复兴法》"的口号下进行。然而,当工人们在实际生活中看到,《法典》不但没有改善工人的状况,许多情况下工人状况却在恶化,因此许多罢工开始指向所实行的《法典》。

如上所述,共产党和革命工会积极参加了罢工并领导了其中许多次罢工。但是,他们在这项工作中还存在很多缺点。

在《国家产业复兴法》实施后,在罢工运动中,党的工作中最大的缺点是,党和革命工会运动在1933年下半年的几次矿工大罢工和1933年底与1934年初的汽车工人罢工中都处于孤立状态。结果是,红色矿工工会几乎不复存在(犹他州除外),而革命工会反对派在迅速发展起来的改良主义矿工工会中的影响也很微弱;在汽车工业,革命工会会员人数下降到几百人,改良主义工会官僚的势力却加大了。

当1934年3—4月间企业主面临四大工业部门的工人(矿工、炼钢工人、汽车工人和铁路工人)反对御用(企业主的)工会,要求提高工资等其他要求的罢工威胁时,政府和企业主在美国劳工联合会领袖的公开支持下,向工人许诺并在某些方面作出无足轻重的让步,从而破坏了对他们有着极大危险的罢工运动。党和革命工会由于同这些工业部门

---

① 《法典》,即为每个工业部门规定的、并由全国复兴署实施的关于劳动条件及企业主与工人相互关系的条例。

的工人联系不密切,在改良主义工会中的工作不力,以及不善于巩固自己以前在矿工、汽车工人和钢铁工人中的阵地而未能揭穿美国劳工联合会的头头和政府的这些伎俩。

1934年5月初,终于掀起了声势浩大的罢工浪潮,它远远超过了1933年罢工浪潮的规模和气势。到1934年9月已经有近125万工人参加了罢工,其中,包括一些主要工业部门的工人,如汽车工业、采矿工业、纺织工业和海、陆运输业等。所有这些罢工都激起了广泛的同情和抗议运动,抗议企业主和政府向罢工者施加的恐怖手段。这些罢工主要是由加入美国劳工联合会的工会进行的。为了维持其对工人的影响,工会官僚们一方面控制这些罢工,同时又搅乱这些罢工,然后把冲突交给仲裁委员会,等等。太平洋沿岸一带的海员罢工则成为例外,它已发展为圣弗朗西斯科总罢工,在那里罢工的海员是由革命反对派领导的,而且共产党在那里起了决定性作用。在托莱多(汽车零件生产部门)、明尼阿波利斯(司机)、密尔沃基(电车司机)、亚拉巴马(矿工)的罢工中,工人同警察和军队发生激烈的战斗,由于反对派的工作不力,党未能争取到罢工领导权,但在动员失业工人和无组织的工人参加群众纠察工作和参加宣传群众已接受的声援性罢工和总罢工口号方面起了重要的作用。美国劳联的头头费了很大周折才得以阻止声援性罢工。

在太平洋沿岸地区,革命反对派在1934年夏天组织了1.8万名搬运工人的罢工,这次罢工是在普通工人领导下举行的,他们不顾附属美国劳联的搬运工人工会的州和中央领导的阻挠。海员革命工会动员了同情码头工人的海员,而加入美国劳联的海员工会的工会官僚分子被迫对工人的压力作出让步。有10个不同工会的3万多名海上运输工人参加了罢工;罢工是在由普通工人和附属美国劳联的各海员工会和革命工会代表组成的罢工委员会的领导下进行的。这一次的罢工领导坚定地抵抗了地方及中央当局、美国劳联工会官僚集团和仲裁委员会破坏罢工的恐怖政策和种种努力。罢工领导和共产党宣传了支持海运工人总罢工的口号，结果是，在太平洋沿岸一带的所有最重要的港口，大多数工会地方分会都主张举行总罢工。但只有在圣弗朗西斯科真正展开了总罢工，因为那里党和革命反对派最强大，那里的罢工领导宣布了共产党机关报《西部工人》为罢工者的正式机关报，并通过美国劳联的头头直接号召各地方工会参加总罢工。当美国劳联领导人看到总罢工运动有越过他们的危险时，他们便宣布了总罢工，而且一有机会就宣布停止总罢工。延续了三个月的海员罢工和总罢工由于这一变化便提前结束了，但工人们争取到了一系列重大让步，例如集体谈判的权利和关于停止海员罢工的条件的协议适用于所有罢工者的权利。搬运工人提出在后一条件兑现之前他们拒绝复工。尽管恐怖政策在实施，但党的影响在罢工后继续增长，圣弗朗西斯科的附属美国劳联搬运工人工会的选举就证明了这一点，那里一位受到工会官僚猛烈攻击的最著名的革命的罢工领导人以占压倒多数的选票，当选为工会地方分会的主席。

在炼钢工业，1934年年中，在地方和州的组织中，革命工会在同附属美国劳联的炼钢工人工会的统一战线方面开展了强有力的工作，因此，在这个工会的代表大会上，虽然反对派势力单薄，但仍不顾领导的严厉抵制，通过了赞成总罢工的决议，并选出了由10个人组成的罢工筹备委员会。革命工会在筹备罢工时，实行联合，在同改良主义工会的地方和州一级组织行动上取得了很大胜利。但是很少重视在改良主义工会中成立革命反对派。因此，在政府和工会官僚集团的猛烈进攻和企业主的恐怖政策的压力下，罢工遭到了破坏，十人委员会开始动摇，最后终于彻底投降，炼钢工人的要求被提交给了仲裁委员会。

1934年秋季的**纺织工人总罢工**有50多万工人参加，并同警察和军队连续不断发生摩擦，它证明了工人阶级队伍中战斗情绪的新高涨。罢工前，党只是把注意力集中于在建设还十分弱小的革命工会上，而没有在已经吸收了20万新成员的美国劳联纺织工会中认真做反对派工作。但从罢工开始以来,党和革命工会能够正确执行统一战线政策,并积极投入美国劳联工会纺织工人的罢工,组织群众纠察护厂工作,动员工人反对政府和美国劳联头头、社会党领袖及洛夫斯顿分子的仲裁把戏;美国劳联的头头和政府展开了强大的反共运动;开始了大规模的逮捕。同时各罢工地区的《工人日报》的印数却增加到了1万份;共产党和纺织工人革命工会举行了多次人数众多的群众大会。革命工会建议同三大纺织中心的美国劳联各组织合并,成立全国范围的联合罢工委员会。这一新的建议未被改良主义头头接受,但在帕特森,革命工会各地方分会同美国劳联分工会实现了合并。

在罗斯福直接干预冲突的情况下,罢工被改良主义领袖所出卖,因此冲突被提交给了仲裁机关。

因此,根据最近几次罢工的经验可以说,美国共产党日益把在改良主义工会内部的工作作为目标,并改进自己同美国劳联各工会工人的统一战线的组织方法,逐渐在罢工运动这一现阶段工人阶级群众性运动的主要形式中成为越来越有影响的群众力量。

党和工会。1933年之前,党把自己的工作主要集中于革命工会。这些工会在轻工业部门和矿工中间建立了相当广泛的联系。这些工会在企业中,已有少量有组织的小组和发挥作用的党团。革命工会虽然自己比较弱小,但在工人阶级的斗争中起了巨大作用,并以阶级斗争的精神教育群众。1933年,随着罢工运动的发展,革命工会已使自己的会员增加到了12.5万人。但是后来由于改良主义工会活动又活跃起来,工人又转向改良主义工会,因此革命工会会员的人数下降到了10万人。

改良主义工会中的工作。党内曾经把美国劳工联合会作为专门勾结工人贵族的法西斯性质的组织来对待。对美国劳联的这种错误定性,实际上是同轻视美国劳联内部反对派的工作分不开的,因此这项工作大大削弱了。1931年，党在美国劳联各工会中的工作有些活跃起来。在纽约，劳联各反对派小组就争取失业者保险问题召开了地方代表会议。代表会议在全国引起了巨大反响。美国劳联的大约800个地方分会签名同意共产党提出的失业者保险法案。但此后党和革命工会没有充分开展反对派的工作。

改良主义工会中的工作初步取得了较大进展，也就是说党在1933年12月召开了矿工代表会议，会上提出当前最主要的任务是，要在附属美国劳联的、拥有约80%矿工的矿工工会中成立革命反对派。1934年4月，党的第八次代表大会又着重提出了把改良主义工会中的工作问题作为党的工会工作最重要的问题，并开展了强大的工作以反对各种公开地或隐蔽地低估这一工作的倾向。党认识到，尤其是从圣弗朗西斯科总罢工的经验中懂得了在美国劳联中工作的重要性。由于工会工作重心愈益移到美国劳联各工会，党在海运工会、在炼钢工业、部分在采矿工业和汽车工业方面，取得了一系列重大成就。争取工人失业保险法案的斗争在1934年得到了2400个地方工会组织、4个州联合会、约30个中央工人委员会与数个国际和国内的工会的支持，同时，这些组织的人数也一直在增长。

从危机的头几年起，美国工人便开始回击资本家的进攻。为了摧毁工人的回击，政府和美国劳联领袖于1930年签订了对付罢工斗争的《胡佛—格林条约》。美国劳联的官僚集团毫不掩饰地破坏罢工斗争和破坏反对御用工会①的运动。1930—1932年间，革命工会成为煤炭、钢铁、汽车、纺织和缝纫等这样一些重要工业部门领导经济斗争和开展罢

---

① 企业主为抵制现工会而组织的工会，目的是加强对工人的控制，加强反对罢工和革命运动的斗争，便于企业主恶化工厂人的状况。这些工会还把个别企业范围的企业主和工人联合在一起。

工运动的主要力量。对组织和开展经济斗争日益的渴望以及红色工会作用的不断扩大，使美国劳联官僚集团改变了策略，它开始更加巧妙地施展伎俩，开始亲自领导各种罢工。

1932年工资曾急剧下降，劳动强度加强和实行违反人性的合理化。美国工人阶级抱定了反对危机后果的斗争决心。1933年，这一运动同时也表现出迫切希望建立工会。御用工会在全国一些主要工业部门占优势。因此，建立工会的运动，同时也是反对御用工会的运动。

美国劳联领导人看到群众普遍渴望建立工会，也估计到这种情绪是对准御用工会的，因此他们决定领导这一运动。为了把建立工会的运动引向改良主义轨道，使日益发展的罢工运动失去领导，政府事先取得了美国劳联官僚集团的支持。

美国劳联官僚集团开始了积极的、有组织的运动，把自己的力量集中于一些主要工业部门，领导着所有那些事先未能预防的罢工斗争。工人对组织工会的普遍渴望，使美国劳联工会大批发展。独立工会，以及1933年曾显示出某些发展趋势的革命工会的发展停顿下来了。1933年末，特别是1934年初的大规模的罢工运动多半是由美国劳联工会违背劳联领导的愿望领导进行的，但同时在很多场合，美国劳联也宣布罢工有利于更好地破坏这些罢工。1934年，工会官僚集团得以防止了钢铁工业和汽车工业的罢工，破坏了纺织工人的英勇罢工。工人们从《国家产业复兴法》及其第七章第一条实施的过程中所汲取的经验教训，特别是罢工斗争的经验教训，工会官僚集团在罢工斗争中所起的背叛作用，这一切为在改良主义工会中开展反对美国劳联官僚集团的广泛的基层运动奠定了基础。共产党实行的统一战线政策及其在美国劳联工会内部的工作，是开展这一基层运动的强大因素。

政府在罢工期间实行的恐怖政策,御用工会的发展,美国劳联官僚集团的叛卖和工贼作用都未能阻止建立工会的普遍进程。据美国劳联的正式报道,在1934年间成立了4484个新的地方分会。1934年,在圣弗朗西斯科的美国劳联代表大会上曾宣布,美国劳联工会缴纳会费的会员人数有300万人。几乎在各个主要工业部门都成立了这些工会。新征集的工人中很多人是按生产特点组织起来的,而且都在大企业中工作。尤其是在采矿、炼钢、纺织、汽车和橡胶工业,美国劳联吸收了许多新成员参加了它的队伍。1933和1934年已经出现的这些情况,以及由此而产生的红色工会作用下降的情况,给党提出了改变其工会策略的任务。

党目前执行的政策是,让革命工会加入美国劳联工会,同时为各工业部门的工会统一而斗争。

从1933年起,即《国家产业复兴法》实施之后,在政府和美国劳联领袖们公开和暗地支持下,企业主加紧成立御用工会,其会员人数从120万增加到300万人。党开展了反对御用工会的斗争,争取参加这些组织的工人站到自己一方面来。

党在失业工人中的工作。危机前失业人数是300万,危机第一年以后是800万,1932年年中增加到1500万—1700万,一直到1933年春仍保持在这个水平上。根据美国劳联通常估计过低的数字统计,到1934年末约有失业工人1200万。

1930年3月6日运动,是党在失业工人运动中的第一次大规模行动。党展开了威力强大的工作,散发了数百万张传单;全国有100多万工人参加了示威游行。但是党没有能够使这个运动团结一致,因为没有在地方上进行有力的斗争来及时援助失业工人。工作上的缺点还反映在,党的总口号同失业工人的局部要求没有紧密地结合起来。中央全会(1930年末)关于党在实现工人日常利益斗争中的任务的决议,帮助了党,使失业工人运动重新活跃起来;党不仅更正确地对待及时援助失业工人的斗争，同时还用相应立法的具体形式提出关于失业工人保险的要求。关于失业工人保险问题首先成了全国关注的中心。这个获得几十万工人签名的法案，得到了许多工人组织的支持。这个运动的不足方面，就是地方上的日常工作做得不够。因为1931年底美国劳联工人参加的全国饥饿进军运动重又活跃起来。在1932年，运动取得了一系列重要成就，例如：美国劳联工会争取法案运动，在很大程度上与失业工人运动相呼应的退伍军人的进军，福特汽车厂工人的饥饿进军，迫使地方当局发放20万美元救济金的圣·路易斯的示威游行，迫使当局收回关于降低50%救济金草案的芝加哥工人的行动。1932年冬季，党结合总统选举组织了第二次失业工人饥饿进军，在群众中得到了巨大同情和支持。

最近几年，国内出现了许多改良主义的失业工人组织，它们极力破坏和分裂失业工人运动。党提出了按照联合的原则，把所有失业工人组织联合起来的口号。1933年8月根据党的倡议，在克利夫兰召开了工会统一战线代表会议。在这次代表会上，莫斯蒂的拥护者同意了党关于联合失业工人组织的建议，但后来又破坏了这个决定。然而在许多地方，例如在俄亥俄、西雅图、匹兹堡、芝加哥等地，因为那里有认真开展工作并善于同改良主义工人建立联系的失业工人委员会，党得以吸收改良主义的失业工人组织加入统一战线，或争取到它们同革命的失业工人组织联合起来。还有几十名来自美国劳联、独立工会和从事公益劳动的失业工人的代表参加了1934年2月在华盛顿召开的有762名代表参加的全国失业工人代表会议。

政府的立法在失业工人中散布了幻想。但是工人很快就相信，已经到来的工业上的某些复苏，一般来说没有使失业现象有明显的减少。在有组织的所谓"公益劳动"和"国民劳动"①中，工人们在空前繁重的劳动条件下遭受极其残酷的剥削。这种情况很快便激起工地骚动和罢工。工人们要求工会支援和结社权利等等。1934年春，当政府宣布中止国民劳动时，抗议中止这种劳动的罢工和群众行动，具有非常广泛的性质（1934年4月明尼阿波利斯的示威游行迫使地方当局放弃中止国民劳动的规定）。党在这些运动中起了很大作用。党和共青团同实行强制劳动的军国主义化的集中营组织一起，发起了揭露这些集中营中难以忍受的生活条件和兵营制度的运动，同时提出了一系列正当要求。

最近以来，争取失业保险法案的运动得到了社会党工人、美国劳联工会会员和无组织的工人的越来越广泛的支持。罗斯福为了准备参加国会选举，提出了关于"社会保障"问题，并许诺在1935年1月实施社会保险法。党开展了运动，要求召开争取社会保险和失业保险的广泛的全国代表大会，代表大会的中心议题是，为实现党提出的与政府计划对立的失业保险法案而斗争的问题。争取召开这次代表大会的运动，得到了美国劳联工会、失业工人组织、知识分子和社会党的许多组织以及莫斯蒂集团等的广泛的群众性的支持。由此可见，在过去的这一时期，共产党是不断组织广大失业和在业工人为失业保险和失业工人救济金而斗争的唯一政党。

为广大黑人利益而斗争的党。1928年共产党领导的加斯托尼亚罢工，是南部广大工人阶级群众觉醒的开端。现在在南部，白人工人和黑人工人、白人农场主和黑人农场主一同参加群众性行动。北部的黑人工人也在积极参加群众性行动。1930年秋，党对党在黑人中的工作任务问题作了必要的阐述，肃清了洛夫斯顿托洛茨基机会主义观点的残余。

---

① 公益劳动是一项较为固定的、多与战略准备和军事训练有关的措施。国民劳动具有特殊性质，主要在冬季进行，同各种市政建设相结合。

党加强了争取黑人平等和争取黑人自决,直至"黑人区"分立的权利的斗争。黑人工人的战斗走在罢工和失业工人行动的前列。党的最大一次行动,是保卫斯科特斯博罗受迫害的黑人的群众运动,它具有巨大的国际意义并动员着全世界广大劳动群众支持美国黑人的斗争。在党的影响下,南方发生了白人工人和黑人工人、失业工人(伯明翰)和在业工人的群众性行动。党在南方建立了实物分成制的农民①协会,并领导了像坎普希尔(在这里分成制农民回击了警察对刚刚成立的农会大会的武装袭击)和塔斯卡卢萨两地的这类行动。党开展了同白人沙文主义的斗争。尤其是在众所周知的对约肯年的公开审判(反对白人沙文主义)中,党具体地表示了它同自己队伍中白人沙文主义现象进行无情斗争的决心。在1932年的总统选举中,党在美国历史上第一次提出黑人工人福特同志为副总统候选人。黑人工人共产党员是基层党组织最活跃的分子,他们越来越经常地被提拔担任党的领导工作,成为党的中央委员会委员、州一级的组织者等等。但是,在党的工作中还存在缺点,很少吸收黑人参加工会,为企业中的黑人工人的特殊利益的斗争不够,南部的工作没有充分开展,反对黑人民族改良主义的斗争开展不力。美国白人沙文主义的发展,除了要求党进一步做好工作,防止资产阶级黑人民族主义对群众的影响甚至对党的队伍的渗透外,还要求党特别警惕白人沙文主义的表现形式并加强对它们的斗争。

在1934年4月党的第八次代表大会上,就党在黑人中的工作问题展开了认真的讨论,同时对黑人民族改良主义和反对党内黑人民族主义倾向斗争的问题给予了特别注意。这次讨论表明,党的黑人干部在政治方面比以前要成熟得多,而且友好地团结在党的领导的周围。代表大会

---

① 实物分成制的农民——佃农,佃户须将收获的实物大部分(通常不少于一半)作为地租交给地主。

还表明，党员人数在实物分成制的农民中、在亚拉巴马的采矿工人和炼钢工人中有了增长，分成制农民协会会员人数增加了一倍，达到了6000人。虽然代表大会也曾正确地把白人沙文主义危险看成是主要危险，但代表大会在讨论中对于同它们的斗争未给予应有的重视。在哈勒姆（纽约黑人区）和部分在芝加哥，党在黑人中的工作有了明显改进，在这两个地方成立了一个中心，以便吸收从改良主义工会开除出来的黑人参加到争取他们的利益和争取重新接纳入工会的斗争中来。共产党是唯一坚持不渝地为广大黑人群众的权利和利益而斗争的党。

党和农场主运动。日益发展的农场主运动也展开了斗争，反对因农场主未付清抵押金、租金和税款债务和因取消债务而实行强制出售，反对垄断收购组织以掠夺性的低价格向农场主收购产品。党积极参加了1932—1934年间的农场主罢工，并且是1932年在华盛顿和1933年在芝加哥召开的全国农场主代表会议的倡议者和组织者。这是党在建立同广大贫苦农场主和中层农场主的广泛联系的工作中的重要成就，是争取大部分农场基本群众站到无产阶级一边来的第一个重大措施。联合起来的农场主联盟开始克服自己工作中的宗派性质，并在许多场合下都成了在统一战线基础上的群众性行动的组织者。在党的这项工作中也还有严重的缺点：没有坚定地动员全党力量以确保无产阶级对农场主运动的领导地位。第一届农场主代表会议提出的口号是不正确的和错误的（关于由政府制定固定价格的要求等），在第一届农场主代表会议上党的面目不清，没有充分揭露改良主义农场主首领，对不同阶层的农场主没有采取正确的区别对待的方法。党在农场主中的工作成绩和缺点，在1933年党的非常代表会议通过的关于对农场主的工作问题的决议中已经指出。此后，党便开始加强在各地农场主中的工作。

党利用干旱引起的和政府减少播种面积计划而加重的土地荒废来揭露资产阶级的整个政策和组织援助农场主的斗争。党提出了关于救济农场主特别措施法案,这是唯一符合贫困和中层农场主迫切需要的提案。

保卫被压迫民族、争取殖民地和半殖民地解放的斗争。党在印刷业进行了一系列运动和大规模行动,以支持中、南美洲和菲律宾的革命运动,开展了对美国国内来自殖民地和附属国的侨民工人的组织工作。应当特别指出的是,支持古巴的革命运动以及1933年11月派遣反帝代表团赴古巴和一系列援助古巴共产党的具体措施。但是美国工人还很少被吸收参加反帝同盟。党面临的任务是克服同盟工作中的缺点。

党反对战争危险的斗争。党领导了不懈的反对战争危险和帝国主义进攻苏联的威胁的运动,在1929年,特别是1931年秋季,远东冲突期间组织了一系列群众性行动。党的成就是于1933年召开了反战和反法西斯群众代表大会,大会在全国,尤其是在群众组织和工会中得到了广泛响应。尽管社会党领导横加禁止,但它的许多地方组织仍参加了这次代表大会和接踵召开的苏联之友协会代表大会。1934年2月麦迪逊公园事件(共产党人和社会党人在反法西斯群众大会上发生冲突)之后,社会党分裂反战代表大会建立反战反法西斯斗争同盟的企图遭到了破产,只有以马丘兹为首的一批社会党人退出了同盟。党的反战工作对大学生中的反战运动产生了巨大影响。大学生的反战运动,除一系列其他行动外,在纪念美国参战17周年(1934年4月)时已发展为2万名大学生参加的反战抗议罢课。

反对美国帝国主义支持蒋介石消灭中国苏区的运动十分软弱,这是党的反战工作的严重缺点。反战工作中的另一个大缺点是,没有充分开展反对向日本和中国运送武器的斗争,只是在港口进行了几次不大的示威游行。党的成绩是,它有力地揭穿了《国家产业复兴法》和所谓公益劳动拨款的战争目的。

1934年的八一运动是一次成功的运动,它吸引了许多社会党的地方组织和社会党工人参加反战示威游行。党通过统一战线动员了广大群众来筹备和举行1934年9月28日召开的第二届反战反法西斯大会，并以此为中心开展了大规模的群众运动。这迫使社会党执行委员会作出决议，派遣"观察员"代表团出席这次反战大会。由于自己的工作，美国共产党已成为吸引广大群众投入反对帝国主义战争威胁和保卫苏联的斗争的力量。

党和反对社会改良主义政策的斗争。 在美国，过去一段时期中，尽管工人贵族的经济基础缩小，但社会民主党的群众影响却增长了。社会民主党在1928年的选举中得到了约27万张选票，1932年在资产阶级极力支持下得到了80万张选票。美国劳工联合会工会的数量增加了，决不要认为这仅仅是社会改良主义影响扩大的结果。从1929年起，新的"左"倾社会改良主义流派——莫斯蒂运动开始发展起来。社会改良主义影响的增长，部分原因是共产党的软弱无力及其工作中存在的缺点。另一方面，危机前美国的改良主义，特别是社会党，像在英国或德国一样，不依靠群众组织：数以千万的工人把自己的票投给了两大资产阶级政党——民主党和共和党。改良主义的传统尽管在美国工人阶级中比较薄弱，但随着不满情绪的增长，工人开始退出这两个资产阶级政党，这时，改良主义便会赢得很大数量的工人群众。叛徒们（洛夫斯顿集团和坎农集团）同改良主义的领袖们狼狈为奸，共同进行反对革命工人和共产党的斗争，帮助向工人阶级实行资本进攻。

尽管社会改良主义影响在增长，但共产党直至最近还受着传统的影响，对美国的社会改良主义危险估计不足。在中央第十四次全会之后，在1932年4月，共产党开始展开更系统的反对社会党的斗争。但是没有把领袖同群众认真区别开来。对1932年的选举，《工人日报》低估了对社会党投赞成票的意义，指出这些票主要是小资产阶级的选票。这表明，党还没有完全根除对社会民主党的危害及其影响估计不足的传统。当美国劳工联合会和社会党开始变本加厉地进行活动时，党在共产国际执行委员会第十二次全体会议及执行委员会 1933 年 3 月 6 日的呼吁之后，更严肃地提出了反对社会民主党的问题。共产党在统一战线行动中，成功地争取到许多社会党组织同共产党人一道参加失业工人的斗争，参加反对德国法西斯恐怖的斗争，特别是争取它们参加反战大会。这一切都获得了成功，尽管社会党领导扬言要把这些组织开除出党；一批批社会党人参加共产党的情况时有发生，例如在加利福尼亚已有几百个社会党人参加了共产党。在社会党里，反对领导人政策的反对派运动正在加强。社会党拒绝了共产党根据共产国际执行委员会 1933 年 3 月呼吁书提出的关于统一战线的建议。

美国"左派"社会民主党的主要变种之一便是莫斯蒂运动，它在 1929—1932 年危机期间迅速发展起来，而且一开始就带有工会"进步"倾向的性质。目前莫斯蒂运动有所减弱。1933 年 12 月莫斯蒂和一批知识分子决定成立一个新党——美国工人党，它的行动纲领带有强烈的民族主义倾向。1934 年 12 月，莫斯蒂集团与托洛茨基叛徒伙同一起成立了美国工人党，它的纲领的内容大多是从托洛茨基分子那里照搬过来的。

社会民主党活动的加强，特别是在工会和工业中心活动的加强，以及美国劳联的发展都表明党迫切需要不懈地、顽强地进行斗争，以反对社会改良主义，发展统一战线。

德国和奥地利法西斯主义的发展及美国的阶级变动，引起社会党内的巨大变化。在向左转的社会党工人中，德国和奥地利事件激起他们对统一战线的无比渴望。共产党号召（尽管晚了一些）这些工人成立斗争统一战线。社会党的领袖们竭力利用麦迪逊公园群众大会时发生的事件（共产党人和社会党人之间的冲突），以便阻挠社会党工人和共产党工人之间刚刚开始的接近，使他们进一步疏远。共产党作了巨大努力来消除这些事件造成的后果。党结合德国和奥地利事件开展了强大的运动,以便揭露社会民主党在法西斯上台执政时所扮演的角色。1934年6月,在社会党召开代表大会期间,共产党向代表大会提出了统一战线的建议。从这次代表大会(标志着社会党内部向左转)时起,共产党加紧了统一战线运动,并向社会党新的中央领导建议围绕既定任务在斗争中建立统一战线,同时大造运动声势,迫使左派领导人就统一战线问题发表意见。与此同时,通过举行联合示威游行,声援罢工工人、反对恐怖政策、争取提出工人统一阵线的候选人名单等,在建立自下而上的统一战线方面也取得了成绩。这样一来,社会党中央领导不得不同共产党开始谈判。在拒绝关于刻不容缓地建立全国范围的统一战线的建议之后,社会党领导仍然保留了进一步谈判的可能,把审议问题的时间推迟了三个月,同时表示同意采取地方性的联合行动以维护民主权利。各地方统一战线的成绩表现在如下几个方面:49名社会党代表参加了第二届反战反法西斯斗争同盟代表大会,联名向社会党领导发出呼吁,号召全党参加统一战线。同时,社会党右翼领导则疯狂反对同共产党人结成统一战线,并以分裂来威胁党。"左派"多数领导在社会党十二月(1934年)执行委员会上向右翼屈膝投降:通过了一项决议,拒绝在共产党和社会党之间建立统一战线,规定只有经社会党领导层同意才允许在地方运用统一战线。共产党的建议虽遭到社会党领袖的抵制,但共产党仍坚决开展实行统一战线的运动,并依据这一斗争全面改进自己的群众工作和宣传鼓动工作。

党和反法西斯斗争。危机一开始,资本家在降低群众的生活水平的同时,还进一步加强了反对劳动人民的政治恐怖政策。资产阶级对付罢工和其他群众行动的办法,除了加紧利用工会官僚这一工贼机器外,还越来越露骨地开动起整个国家暴力机器——警察、军队、企业主的工贼匪帮,等等。罗斯福的"新纪元"政策在最初时特别提出了要在"共同克服危机"的基础上使劳动和资本利益协调起来的口号,来掩盖

《国家产业复兴法》的法西斯倾向,以便开展反对工人和农场主的运动;主要由国家充当"中立"仲裁人直接干预瓦解运动。政府用这种办法阻止和破坏了一系列罢工。随着阶级斗争的激化,政府同时更露骨地站到企业家和银行家一边,反对工人和农场主。政府没有放松它的蛊惑宣传和利用仲裁机关及改良主义工会官僚集团来瓦解和破坏群众行动的企图(1934年3—4月破坏同时发生的矿工、炼钢工人、汽车工人和铁路工人的罢工行动),而在许多情况下,更加广泛和公开支持发展御用工会,加紧推行恐怖政策来镇压罢工(罗斯福批准以阻挠罢工为宗旨的御用工会,同时局部实施对付罢工的瓦格涅尔法案)。资产阶级为了推行自己的政策,极力对《国家产业复兴法》进行民族主义的蛊惑宣传,以此来掩饰它进一步唆使美国工人迫害外籍工人,尤其是犹太人。加剧对黑人的私刑拷打。不断进行法西斯主义的蛊惑宣传和灌输法西斯主义思想,大批发展**法西斯和半法西斯**组织,而且在许多情况下,这些法西斯组织的领导分子都是其他资本主义国家,首先是德国的法西斯分子的走狗。

共产党有力地开展了一系列反对美国法西斯和半法西斯组织(《美国军团》,《新德意志之友》,修·隆格、科弗林运动等)的运动,特别在报刊上广泛揭露了这些法西斯组织同垄断资本(商会等)的勾结。必须指出的是,法西斯组织中的工人成员也参加了新泽西党组织举行的失业工人运动,尽管遭到法西斯组织头目的禁止。

在1934年波澜壮阔的罢工浪潮发生的同时,在美国法西斯主义的倾向也在不断上升。这表现在:在罢工时组织所谓"警戒"革命工人的法西斯匪帮;广泛的反共运动;在美国劳工联合会官僚集团的协助下,政府开始对共产党人实行驱逐政策;反动分子,例如美国自由同盟发起猛烈进攻,以加强御用工会,实行强制仲裁,宣布罢工为非法运动,等等。党开始在全国组织反恐怖的抗议运动,广泛宣传得到群众普遍支持的地方总罢工的口号，在许多场合下，同美国劳联组织和社会党组织联合举行了示威游行。在纽约，在莫斯蒂的拥护者——社会党人和自由党人的参加下，成立了保卫工人权利统一阵线委员会。同时，党坚决揭露了政府集团和大资产阶级的法西斯倾向。在对圣弗朗西斯科总罢工实施恐怖政策的条件下，党显示了自己适应非法条件的能力，一直未中断工作，而且在党的机关报被查禁之后，照常印发传单和党的机关报。但是另一方面，党对来自"警戒"队——企业主走狗的破坏，未能组织有力的反击。最近一个时期（1934年底），赫斯特报界进行疯狂的反共运动，准备反共立法，白卫分子也死灰复燃，在社会党反动头目的参加下，借口苏联枪决反革命恐怖分子而掀起反共反苏运动。党有力地揭露了法西斯主义发展的所有这些表现，号召群众结成反法西斯斗争的统一战线。

党的组织状况。在第七次代表大会期间，党拥有7500名缴纳党费的党员，1931年拥有8000—9000名党员；1932年拥有12000—14000名，1933年拥有16000—19000名，在1934年4月第八次代表大会前夕，党拥有24500名党员。从1934年4月党的第八次代表大会报告中可以看到，党的社会结构和民族结构有明显改善。

但是，在党内，党员的流动性仍然很大。例如，1933年2月，党拥有20593名党员，到1933年9月征集了8756名新党员；但是，缴纳党费的党员到这时却只有18500名。党员流动情况不仅涉及新征收的党员，而且涉及一些老党员。到1932年4月，在12000名党员中就有3000人，即25%，是1930年前入党的。在4年之间，即在第七次和第八次党的代表大会期间，党员流动率平均为65%；最近两年流动率已下降到53%。

第七次代表大会前夕，党已建立了100个工厂支部，到1933年秋已有近340个支部，但现在只有9%的党员组织在工厂支部当中。1933

年，在主要工业部门有 68 个支部，1934 年春有 154 个支部，尽管其中大多数都在小企业：每个建有共产党支部的企业平均有 1000 名工人。60% 左右的党员是失业工人。党的街道支部有 1482 个，即比工厂支部多出 3 倍多。

党内的流动性及其组织上的软弱无力，是同基层党组织工作中的缺点分不开的，例如，没有充分重视党的组织巩固问题，不善于领导党组织和党员在群众中开展日常工作，特别是没有给予经常性的指导或缺少这种指导；党委会不善于领导党的建设工作；一些党员负担过重，而另一些党员则积极性很差，没有把党的工作充分集中于最重要的企业、工会等等。在这种状况下，党很难依靠主要的、托拉斯化的工业部门的工人发展起来，因为在这些部门需要在群众中和党的建设方面开展扎实而又灵活的工作。不过，在近一年半和两年的时间里，党的群众工作得到改善，党也有所发展，这表现在党的组织状况普遍改善，特别是在一些主要工业部门，党得到了巩固。15% 的工厂支部出版了厂报。

第七次代表大会前夕，党的外围**群众组织中**有 30 万人，目前已近 50 万人。在一些所谓语言（芬兰语、乌克兰语等）组织①中约有 13 万人。它们能够起着十分重要的作用，因为美国 60% 的产业工人是外籍出身。由于共产党党团在这些群众性的语言组织中的工作，这些组织中的 2000 多人被征集入党。语言组织出版物的印数约有 14 万份。

不久前，党着手进行一项系统的工作：依靠主要工业部门的工人，而首先是提拔美国出身的工人来改善自己的**干部队伍**。

---

① 在美国，侨民们把操同一种语言的人组成一个团体，开展文化和政治、教育活动和互助活动。这些组织中的无产阶级分子的工作就是要使这些组织成为加强劳动者斗争的工具。共产党应在这些群众组织中进行工作，反对资产阶级在其中的影响，并努力使它们的工作同工人阶级和整个劳动群众的斗争结合起来。

《工人日报》在共产国际第六次代表大会时曾有1.8万份，在1930—1931年间，印数增加到4.5万份。从1932年起，报纸印数逐渐下降，到1933年夏下降到了2.3万份。印数的减少除了反映党组织的一般状况外，也说明报纸的内容不令人满意和党组织对报纸的支持不够；在许多地方，报纸的发行份数低于这些地方的党员人数。在非常党代表会议之后（1933年7月），报纸内容明显改进了，报纸有6—8个版面，有时还带附刊，报纸的日发行量增加到4万—5万份，星期六则增加到6万份。

党的第八次代表大会"争取苏维埃美国"的呼吁书散发了几十万份，在全国得到了热烈反响。1934年，斯大林同志的《列宁主义问题》一书，几个月内散发了10万份。

最近一个时期，党加强了**党校的工作**。开办了一年制的全国性党校。此外，每一个大专区都有自己的区党校，还有大量的地区党校和流动党校。

共青团在1930年有1200人；到1934年春有5000人，其中黑人曾有50人，现在有600人。到最近一次共青团代表大会（1934年6月）前，共青团有6000人，有60个工厂支部；《青年工人》报的印数从上次代表大会时的1万份增加到2万份；少先队员人数从4000人增加到12000人；实物分成制的农民协会中有2000名青年工人。在受共青团领导影响的各种青年组织中，共有15000名青年工人。在反战运动中，共青团的工作有了改进；例如，不久前发生的2万名大学生的反战罢课就是在共青团影响下进行的。共青团的工作，特别是在改良主义组织青年中的工作已有了改善。但是在已经决定把党、群工作集中起来的区里，共青团还十分弱小（在这些区里，6000名青年中只有1000名共青团员），还存在着严重的宗派主义倾向。最近一个时期，共青团在群众工作中，在贯彻反法西斯和反战统一战线策略中取得一系列重大成就。

从共产国际第六次代表大会时起，在消除派别斗争之后，党开始致力于克服以往阻碍党的工作的宗派主义传统和在共产国际路线的基础上团结全党，加强对无产阶级及农场基本群众的大规模运动的领导。在这一时期，党采取了重大步骤来改进党的群众工作，使党从一个主要是宣传的组织变为组织和领导群众战斗的党。党在上述几方面的发展是极不平衡的，不时发生动摇；并存在着严重缺点和错误。

从非常党代表会议起的一年半时间里，党在群众运动中取得了明显的成绩。1934年的选举结果表明，群众虽然在一系列行动中跟着共产党走，但在选举中还是追随资产阶级政党。在不断脱离旧资产阶级政党的群众中，在改良主义工会的工人会员中，**拥护群众性的工人党的运动**正在逐步扩大。共产党表示支持这个运动，以便通过运动获得在群众中开展工作的可能性，同时建立广泛的统一战线，把运动引向革命的道路，反对社会改良主义和资产阶级改良主义，而首先是反对日益发展的法西斯主义和战争危险。毫无疑问，从共产国际第六次代表大会时起，党在很大程度上摆脱了传统的宗派主义和脱离广大群众的状况，同工人和劳动者的广大阶层建立了联系，扩大了自己的影响并成为美国工人阶级群众性的政党。党迅速觉察到自己工作中的弱点，并在斗争过程中采取实际措施来克服这些弱点。它已经学会正确又迅速地对局势的变化作出反应，同时改变自己的策略，使之适应新的条件。党正在把无产阶级革命的详细的共产主义纲领运用到美国工人阶级和广大劳动者群众中去。

加拿大

在共产国际第六次代表大会之后举行的加拿大共产党第六次代表大会上，展开了一场拥护共产国际路线，反对右倾分子、调和分子和托洛茨基分子的斗争。以麦克唐纳为首的党的旧领导反对第六次代表大会决议和"阶级反对阶级"的政策，坚持保留旧的、社会民主党的党的建设的组织形式（联邦制），支持洛夫斯顿的"美国例外"论，否认群众激进化的事实等。这个领导得到加拿大共产党最强大的民族组织——芬兰人组织和乌克兰人组织中的机会主义分子的支持。

以蒂姆·巴克为领导的代表大会少数派，领导了拥护共产国际第六次代表大会路线的斗争并在政治局中获得了多数，尽管右倾分子和调和分子在中央委员内占据多数。因此，反对右倾分子的斗争在党的第六次代表大会之后也仍在继续。这场斗争之所以变得复杂起来，是由于政治局（整个政治局执行了正确路线）的一些委员在某些问题上犯了一系列严重错误（否认加拿大资产阶级的帝国主义特征，事先未做解释工作，就生硬地把乌克兰籍和芬兰籍右倾分子开除出党，等等）。由于共产国际的帮助，党在两条战线的斗争中，进行广泛的思想交锋，克服了这些错误，使党的队伍在第六次代表大会决议的基础上团结一致，清除了右派叛徒和反革命托洛茨基分子。

在1929—1930年，由于在企业、矿井和失业工人中做了大量工作，党加强了它在工会中的阵地，开始在一系列罢工运动中发挥领导作用，组织了全国失业工人联盟，征集了9.5万人在致政府的要求国家失业保险的呼吁书上签名。党率领了4.5万人参加1929年8月1日的示威游行。有6.8万人（包括蒙特利尔的2万名法国工人）参加了1930年3月的示威游行，8万人参加了1930年五一示威游行。同时在1930年，党在议会选举中提出了自己的捍卫共产主义纲领的候选人。

在危机加剧的形势下，党的群众影响的增长激起了资产阶级和改良主义报纸对党的疯狂进攻运动。1931年8月，8名党的领导人以犯有叛国罪和策划暴力推翻现存制度罪而被捕。1932年2月20日，他们被判处5年监禁。根据刑法典第98条对"支持推翻现存制度者"的规定，党被查禁。从此，开始了残酷镇压党和革命工人的时期。例如，在

1932年，有839人被指控犯有政治罪而被捕，1933年有1000人，从1930年到1933年，借口减轻国家负担，将21000多名工人宣布为不受欢迎的外国人并驱逐出加拿大。现在被判处1—5年监禁的政治犯人数已达到约200人。

党对政府方面的如此残酷的进攻没有做好准备。还需要一些时间党才能够重组自己的力量和适应新的、地下工作的条件。共产国际第七次代表大会前夕，党在数量上有了增长（到1935年3月，党已拥有750个支部的7000名党员）。

党的第七次代表大会——从党转入地下以来的第一次代表大会——于1934年举行。到这时党已有5600名党员，也就是说，比它曾是合法组织时多了1500人。党代会指出了革命工会组织（其会员人数大约从1.2万人增加到了3.5万人）取得的一些成就，同时也指出了党的工作中，尤其是在改良主义工会工作方面的主要缺点，并发出呼吁，确立开展群众斗争的一些基本问题和争取苏维埃加拿大的斗争问题。

党和罢工斗争。尽管对工人阶级的镇压加紧了，但加拿大的罢工斗争一直没有停止，相反，罢工次数、参加罢工的人数，以及因罢工而损失的工作日数不断增加。这一点，可从下页表中看出：

年代	罢工次数	参加人数	损失的工作日数
1931	88	10738	204238
1932	116	23390	255000
1933	125	26558	317547
1934①	160	40000	600000

---

① 头10个月的数字。

最近几年总的情况说明，罢工浪潮日益高涨，罢工工人数量不断增加；斗争愈加残酷；红色工会领导下的罢工次数也在不断增加。罢工虽然主要发生在轻工业，但也开始蔓延到一些主要部门，例如煤炭工业和森林工业，那里的罢工更带有持久性。罢工越来越经常地不仅同警察而且同军队发生冲突。同时，无产阶级的团结也在增强，其他工业部门工人和农场主对罢工工人的援助愈来愈多。在斯特拉特福出动了坦克镇压罢工的家俱制造工人，但罢工者的一些极其重要的要求却得到了满足。为了镇压恩诺克斯的矿井的罢工工人，曾出动了一艘巡洋舰，把一批工贼运到了机场。1933年间，罢工工人获得了3万美元和数千吨食品的援助。

1933年和1934年的头几个月，党组织并领导的罢工次数约占全部罢工的75%。党在领导重工业，尤其是军事工业的罢工方面，以及在领导井下矿工和马兰德及弗林弗朗冶金工厂工人的斗争方面已经向前迈进了一步。罢工由于准备不足和残酷的恐怖政策而告失败（罢工者有组织地退却），因为这个工业部门属于所谓的"被保护"之列，是国家采取一切可能手段保护的垄断生产部门。

党在领导罢工时的主要缺点是，未能在地方上建立领导斗争的罢工委员会，因此在许多场合党未能在组织上巩固罢工成果。

党和失业工人的斗争。据革命的全国失业工人委员会的统计，在它影响下的失业工人约有20万人，约占整个失业工人的25%。参加1932年党召开的、与帝国渥太华代表会议对立的工人经济代表大会的有近1000名代表，代表着214615名工人和失业工人。党向政府提出的关于恢复同苏联的正常贸易的要求，得到了10万人的签名。1933年，约3万人参加了争取满足失业工人要求的运动。1932—1933年期间，党在强制集中营组织了近200次的罢工和参加城市公益劳动的失业工人的罢工。但是失业工人的运动没有持续发展下去：时涨时落。失业工人中的工作还带有不定期的搞运动的性质；这些运动的成果也没有在组织上巩固下来。

1934年6月，党组织了安大略的饥饿进军和关于失业问题代表大会，参加大会的代表代表着15万工人，其中包括改良主义组织的工人代表大会。这是在自由党人选举获胜之后立即举行的。参加饥饿进军的人要求自由党人履行自己的诺言和实行失业保险。政府答应讨论失业工人的要求。所谓的合作协作联盟（加拿大改良主义党）委员会被迫支持饥饿进军及其参加者的要求，因为这个联盟的基层组织不顾联盟的指示参加了饥饿进军。

反对社会民主党政策的斗争。在政府取缔共产党的同时，社会民主党领袖便着手把各个社会民主党小组、改良主义工会和农场主组织联合成所谓的合作协作联盟。共产党人在一定程度上扩大和加强了合作协作联盟中出现的反对领导的工人反对派。他们利用合作协作联盟工人俱乐部作为揭露改良主义领袖和组织无产阶级斗争统一战线的讲坛。联盟领袖为了压制合作协作联盟内部工人的不满情绪，便着手将合作协作联盟改组为集中的社会主义组织。他们开除有革命情绪的工人，禁止在俱乐部辩论，甚至解散了安大略最大的省一级组织。共产党努力利用相当大一部分社会民主党工人对领导人高压政策的愤懑情绪，以便争取更多的工人阶层处于自己的影响之下。

1934年7月，党向合作协作联盟代表大会发出号召，号召参加反战和反法西斯代表大会。联盟代表大会拒绝了这一建议并通过了反战决议，决议的精神是，拥护合作协作联盟的人在外国领土发生战争时不得"使用武力"（提出防御战的论调）。当一位代表建议通过保卫苏联的决议时，领导人否定了这一决议并回答说，"苏联拥有足够强大的军队，使它能够照顾好自己"。党又向改良主义组织发出号召；号召它们在所谓的"劳动日"采取统一行动，以便使"劳动日"变成为"斗争日"。

在斯特拉特福就建立了这样的统一战线。党为争取统一行动进行了顽强的斗争，同时要求改良主义领导人阐明自己的观点并解释拒绝建议的理由；同时党还围绕工人运动的迫切问题建立了自下而上的统一战线。

加拿大共产党工作中最薄弱的环节是它在改良主义工会中所做的工作不能令人满意，这是因为过低估计了这项工作对革命工会运动的重要意义。党的领导针对这种估计不足的情况进行了思想斗争，因此最近以来，党在许多场合，即在改良主义工会中真正做了反对派的工作的时候，取得了一定的成功（在温哥华改良主义的搬运工人工会、新斯科舍采煤工人独立工会和温哥华电车工人工会等）。

党和在农场主中的工作。尽管农业危机十分严重，农场主的生活水平急剧下降，但是党未能开展农场主运动，尤其未能把大部分盎格鲁–撒克逊农场主和法国人农场主吸收到运动中来。农场主统一同盟（革命组织）仍然带有宗派主义性质，因此，党只是在个别情况下显示了领导农场主斗争行动的能力。党召开了全国劳动者农场主统一行动代表会议，有数个改良主义农场主组织参加了会议。农场主统一同盟同加拿大联合农场主组织（改良主义组织）建立起统一战线，并成立了为提高劳动农场主和受旱地区农场主救济金而斗争的联合行动委员会。

反法西斯主义的斗争。随着国家机器迅速法西斯化（联邦政府实行取缔红色工会、共青团和革命群众组织的计划和实行维持"秩序、和平和巩固的政权"的法律，等等），在加拿大，特别是在法西斯分子利用其民族对立的法国人地区，出现了一批法西斯组织，它们也打着工人俱乐部和工会的招牌。与此相对立的是，反法西斯运动也在发展。在温尼伯和温哥华，建立了一批同法西斯斗争的同盟组织。在一些大工业城市组织了反法西斯主义的统一战线大会。党组织了有2万人参加的两小时的抗议罢工，反对德国法西斯主义。党还阻止了基奇纳和安大略德国法西斯分子工会的成立。革命工会、改良主义工会、合作协作联盟俱乐部和其他群众组织中的 30 万名工人作出决定并参加统一战线大会，要求释放台尔曼。

党在组织反战和反法西斯斗争方面的工作，近来已有所改进。共青团组织了广泛的反战和反法西斯代表大会，并吸收了各种青年宗教组织、改良主义工会、大学生组织、社会主义青年联盟和合作协作联盟组织参加这次大会。1934 年 10 月召开了反战和反法西斯代表大会，并成立了有左派社会党分子参加的反战反法西斯斗争同盟。但是党没有利用自己在太平洋沿岸港口的关系网来阻止向日本运送武器，它也没有在法西斯工会、天主教徒工会和工人俱乐部做工作，尽管它在法籍加拿大人中的工作有了初步进展，例如出版目前正秘密发行的法文报纸《工人生活》，参加最近几次伐木工人和纺织工人（其中相当大一部分是法国工人）的罢工。

党和群众组织。在报告所总结的时期，在受党的影响的群众组织中，国际革命战士救济会的工作起了特别大的作用。据国际革命战士救济会的统计，自 1931 年党的一些领导人被捕时起，已经散发了约 500 万份传单和小册子，其中 200 万份是在 1933 年上半年出版的。组织了几千次群众大会和示威游行，召开了统一战线代表会议，参加者代表着数十万工人和农场主，派了人数众多的代表团去找渥太华政府和各省当局。在 1933 年 2 月向政府提出了关于废除第 98 条与无条件释放 8 名共产党领导人和其他政治犯的要求。这份请愿书得到了 814 个城市的 20 万人的签名。1933 年秋，在要求调查谋杀现在狱中的共产党总书记蒂姆·巴克同志和为政治犯规定有别于刑事犯的制度的请愿书上征集了约 50 万人的签名。在这次运动高潮中被捕的国际革命战士救济会总书记斯米特同志（也被指控犯有叛国罪）由于党的广泛群众运动而被释放。党在全国举行全民投票以达到在释放政治犯的请愿书上征集 100 万人的签名。据加拿大国际革命战士救济会的统计，它现在已拥有 1.7 万名个人会员和2.6万个团体会员。

由于党开展的群众运动，政府被迫于1934年6月释放了在1931年，即党被宣布为非法的党时逮捕的8名共产党领导人。

最近一年中，党的中央机关报印数已从1万份增加到1.5万份。在不列颠哥伦比亚出版了党的州委会的周刊；定期出版农场主的《三代租佃制报》。据党的第七次代表大会组织报告中的统计，工厂支部数量增加到了110个，其中重工业中有90个。党在列宁日组织的群众大会是党有史以来参加人数最多的大会。党的25名候选人被选进自治市委员会和学校管理委员会。

1934年夏季举行的省议会选举使自由党获得重大胜利。近25年中一直在某些省执政的保守党人遭到了失败。自由党人提出了失业保险和实行类似美国现行工业法典的蛊惑人心的纲领。群众反对保守党人实行的饥饿、恐怖和策划战争的政策，但一直为自由党人慷慨的允诺所迷惑。省议会选举的结果，预示着保守党在即将来临的联邦选举中失败。

党面临的任务是，贯彻执行早在1933年1月中央三中全会通过的并经党的第七次代表大会批准的计划：加强主要工业部门和主要企业中党的工作，这个计划至今还远远没有完成。作为党的任务，还必须彻底改进自己的群众工作，首先要扩大和巩固自己在改良主义工会的阵地，同加拿大的盎格鲁-撒克逊和法国人无产阶级基本群众相结合，开展以统一战线为基础的反法西斯和反战运动，学会使公开的和秘密的工作方法结合起来并对党的新干部进行思想工作。

南美洲和加勒比美洲

在共产国际第六次代表大会后的一个时期内，南美洲和加勒比美洲的共产主义运动做出了相当大的成绩。第六次代表大会召开前，在南美和加勒比美洲的 12 个国家中已有共产党和共产主义小组；现在在 19 个国家中有共产党和共产主义小组。在这一时期内，秘鲁、巴拉圭、委内瑞拉、哥斯达黎加、巴拿马、波多黎各和海地都成立了共产党，玻利维亚和圣多明哥出现了共产主义小组。在 1930 年瓦解的巴拉圭共产党又于 1933 年重建起来。1930 年成立的萨尔瓦多共产党在 1932 年遭政府镇压，现在正在恢复中。危地马拉共产党虽早在第六次代表大会前已经成立，但实际已经在 1932 年解散了；现在该党也在重建之中。因此，在 1934 年只有尼加拉瓜、圭亚那和西印度群岛还没有共产党的组织。

各国共产党的工作概况。南美洲和加勒比海各国有 1 亿多人口，其中半数以上是遭受民族压迫的印第安民族和黑人民族，这些国家都处于依附帝国主义的半殖民地状态。整个经济命脉掌握在外国资本手中。帝国主义国家对南美洲和加勒比美洲的殖民投资约占其总投资的 49%。外国资本对这些国家投资的主要部分，即 140 亿—150 亿投资中的近 120 亿是属于美国和英国的，现在这两个国家的投资额约各占一半。最近一段时期日本帝国主义也积极起来：日本大大增加同南美和加勒比美洲的贸易和对这个地区的移民，扩大同一些国家的军事、政治联系，试图同墨西哥、古巴、巴西及其他一些国家的地主资产阶级集团建立联系。

最近几年，德国帝国主义的侵略也急剧加强，它大批倾销自己的商品，通过所有的法西斯组织（巴西的统合党人、智利的国家社会主义党人，等等）建立自己政治上牢固的基地。

外国帝国主义依靠南美和加勒比美洲国家中占统治地位的"民族"资产阶级地主政党和集团，使这些国家的劳动群众遭受着"先进的"资本主义形式同前资本主义（半封建和半奴隶）形式残余相结合的野蛮剥削。

帝国主义在南美和加勒比美洲的竞争加剧了战争危险。在它们的相互争夺中，相应的帝国主义集团利用和加深一些国家之间的历史矛盾，挑动它们属下的一些国家之间的军事冲突。例如，1932年年中玻利维亚和巴拉圭之间爆发的战争，首先是英美之争的结果。1932年开始和1933年结束的秘鲁和哥伦比亚之间的战争不仅是英美矛盾，而且也是日美矛盾（美国在哥伦比亚的势力和英日在秘鲁的势力越来越大）的结果。

与此同时，帝国主义分子企图利用南美和加勒比美洲作为它们反对苏联的反革命战争的大后方基地（例如日本购买农产品原料和矿物原料用于制造武器和军需品）。

帝国主义竞争使得地方统治阶级阵营内部的集团斗争加剧，并发展为起义和政变形式。同某个帝国主义勾结起来的地主资产阶级集团彼此之间的竞争，大大加剧着南美和加勒比美洲各国政治上的不稳定。在巴西，近10万人参加的这场斗争，在1932年变成了圣保罗分子①和巴西中央政府之间的公开战争。在危地马拉，仅仅在1930年12月一个月内就发生了三次政变，智利在1932年发生了五次政变，等等。南美和加勒比美洲的半殖民地的附属地位和其作为发达的资本主义国家的农业和原料附庸的作用，以及它的政治经济结构中大量的封建主义和奴隶制残余，都决定着极其深重的经济危机。这些原因导致了南美和加勒比美洲劳动群众生活水平下降到空前的程度。

向特种萧条的过渡引起了对原料和军事订货等需求的某种增长，这使南美和加勒比海的许多国家（特别是智利和墨西哥，某种程度也包括阿根廷在内）的工业产品和对外贸易极不稳定地增长。但同时，资本主义总危机的加深和持续的农业危机，主要资本主义国家的生产没有实际

---

① 圣保罗分子，大咖啡种植场主的政党。1932年该党领导圣保罗州反对联邦政府的战争。

上升，帝国主义因危机和萧条而加紧对殖民地和半殖民地的剥削，这一切决定了南美和加勒比美洲各国的经济状况不可能显著好转，而且劳动群众继续分化和贫困化。

世界经济危机的几年，同时也是革命群众运动大大高涨的几年。几年来革命群众运动的特点是：无产阶级的阶级搏斗声势浩大，出现了南美洲历史上最大的经济和政治行动，农民运动，包括农民的游击斗争（例如巴西、巴拉圭、智利、厄瓜多尔）得到了加强，还有印第安人的群众性暴动（秘鲁、墨西哥、玻利维亚、智利等），黑人的革命行动（古巴），陆海军中的一系列起义（智利、秘鲁、古巴、萨尔瓦多等），以及几乎是同时发生的大学生和城市小资产阶级的革命斗争。但是高潮的发展极不平衡。例如在1931年，最大的一次革命运动高潮发生在秘鲁（大规模的经济和政治罢工，印第安人暴动），1932年在智利（在大中心城市建立苏维埃），1933年在古巴（激烈的革命斗争推翻了马查多的专制），1934年在巴西（积极开展罢工运动，成立广泛的民族反帝阵线）和古巴。

广大劳动群众不满情绪的发展，使南美和加勒比美洲的政治生活产生了一系列新的现象。特别应当强调指出的是，最近几年，许多南美和加勒比海国家中发生的政变（由于统治阶级阵营中的集团斗争），部分是群众革命运动的结果，而且几乎到处都出现这种结果（特别是智利1931年推翻伊巴涅斯政府和1932年推翻蒙特罗政府，古巴1933年推翻马查多专制）。

阶级矛盾的激化，加速了企图领导群众革命运动的那些小资产阶级组织的瓦解。例如在墨西哥革命中，小资产阶级分子暴露了他们无能力解决革命任务而滑到了不能容忍地仇恨农民土地革命的资产阶级民族改良主义的立场。1930年在巴西，普列斯特斯主义①的瓦解过程导致了普列斯特斯运动的大部分领导倒向各种地主资产阶级政党一边，并有帝国主义做他们的靠山，与此同时，以普列斯特斯为首的少数派则加入了共产党的队伍。只是在最近几个月，由于蓬勃的革命高潮，这些过去的普列斯特斯运动的右翼分子才重新在革命和帝国主义阵营之间采取民族改良主义的中间立场。在尼加拉瓜，桑迪诺②的起义部队从1927年起一直进行反对美国武装干涉的斗争，1933年，斗争以桑迪诺的投降和他倒向萨卡斯反革命政府一边而告终。

群众的迅速激进化和阶级斗争急剧尖锐化，加速并加深了传统的政党的瓦解过程与地主资产阶级自由党和小资产阶级集团的分化过程。它们的上层公开依靠帝国主义，支持反动政府（例如阿根廷激进党分子阿尔韦阿集团支持胡斯托政府，秘鲁美洲人民革命联盟③上层支持贝纳比

---

① 普列斯特斯纵队作为一个革命组织于1924年成立，主要由军人组成。它拥有约2000人，进行反政府的革命斗争，得到农民的支持。普列斯特斯纵队完成了25000公里进军，但结果被迫转入玻利维亚领土。普列斯特斯在纵队进军之后被推崇为民族英雄。人们称他为"希望的骑士"。他在广大群众中享有声望。

② 桑迪诺，小资产阶级活动家，曾领导过尼加拉瓜工农群众反对美国武装干涉的反帝斗争。这一斗争始于1927年，1933年由于桑迪诺同美国帝国主义代表达成美国海军撤出尼加拉瓜的协议而停止。1933年年中，桑迪诺被美国帝国主义和当地反动派爪牙杀害。

③ 秘鲁美洲人民革命联盟，1924年成立，由民族改良主义资产阶级领导。美洲人民革命联盟在小资产阶级、半无产阶级和部分无产阶级当中有很大影响。它的相当一部分地方组织属于所谓的"亲共产主义左派"。美洲人民革命联盟提出主要是反对美国帝国主义的反帝纲领，因为它认为英国帝国主义比较进步。美洲人民革命联盟纲领还包括土地改革。在秘鲁，85%的人口是印第安人，而美洲人民革命联盟却不支持印第安群众争取民族解放的斗争，尽管它也在巧言笼络他们（例如提出重建"印加国"的口号）。

迪斯，等等），而这些党和集团的相当一部分为了极力维持和扩大对群众的影响，则求助于民族改良主义的手腕，求助于所谓"反对帝国主义的"，甚至"社会主义的"假面具（1932年6月智利格罗韦政府宣布"社会主义共和国"成立，1933年古巴格劳·圣马丁①政府搞的"反对帝国主义的"蛊惑宣传，等等）。最后，在传统的资产阶级激进党中出现了小资产阶级流派和集团（阿根廷的布尔什维克激进派，乌拉圭的"左派"战事画家，巴西的社会主义小组，哥伦比亚的联合党人②，秘鲁的亲共产党人，古巴的吉特拉斯分子③等），他们动摇于民族改良主义和反帝反封建革命之间。同时在个别一些国家成立了独立的小资产阶级政党（例如巴西的军官党④），他们提出不完全和不彻底的资产阶级民主革命纲领。

与此同时，反动势力也在不断加强，它们越来越广泛地利用欧洲法西斯主义的经验和手段，常常寻求建立半法西斯主义或类似法西斯主义的组织，使其成为反动地主、教会和买办（中介）资产阶级的附属组织，以便在帝国主义支持下伙同一起进行反对无产阶级和农民的斗争。这些组织企图借助民族主义的和"反资本主义的"蛊惑宣传来争取广

---

① 格劳·圣马丁，所谓的"古巴革命党"，即民族改良主义党的领袖，该党是在1933年9月士兵和大学生发动政变以后成立的。
② 联合党人，不久前成立的"联合党"的成员，该党首先联合在工人阶级中有相当影响的一批小资产阶级分子，但它不是一个全国性的联合党。担任"联合"党领导的是盖坦，他是左派自由党人，曾是自由党领导的积极成员。
③ 吉特拉斯分子，吉特拉斯的拥护者。吉特拉斯系格劳·圣马丁民族改良主义党左翼领袖。吉特拉斯分子联合成为"青年古巴"组织，主要由小资产阶级民族革命分子组成。吉特拉斯于1935年被门迪埃特—巴蒂斯塔反动政府的军队杀害。
④ 军官党，中级军官的党，大多数是小资产阶级的革命分子。

大的小资产阶级群众（巴西的统合党①和民族进步党②，智利的"国家社会主义党"，阿根廷的"公民军团"，等等）。这些组织成了外国资本的代理人，同最反动的地主、资产阶级和教会分子直接勾结起来，但是它们还没有能够打下广泛的群众基础。而在南美和加勒比美洲的一些国家中，使工会国家化的企图正在增长，例如在巴西，国家工会正在成为垄断性工会组织，在墨西哥也在成立所谓的"劳动局"等，而且加入这些工会联合会的许多工会，都在同革命工会结成统一战线来反对政府（巴西）③。

群众不满情绪的增长，以及他们对统治阶级和帝国主义进攻的反抗，加剧了各种社会主义组织、无政府主义组织和无政府工团主义组织的崩溃过程。最近，在这些组织的广泛的普通成员中，必须同共产党人结成统一战线的思想已根深蒂固，同时直接加入革命工会和共产党的倾向（特别在古巴、巴西和巴拉圭）也增强了。

第六次代表大会以后，无政府工团主义的势力在南美和加勒比美洲的工人运动中已显著下降。在一些国家中，无政府工团主义运动的一些优秀分子已转向共产党，例如，在阿根廷、巴拉圭和古巴，那里的革命工会联合会④已吸收了相当多数的原无政府工团主义工人。在其他国家，就在无政府工团主义影响削弱的同时，社会主义和改良主义组织（阿根廷）、民族改良主义党（墨西哥的民族改良主义党，古巴的格劳·圣马丁的革命党）则得到了加强。

---

① 统合党——巴西法西斯政党。
② 巴西民族进步党成立于1931年，是一个法西斯政党。首领是反动的国防部长霍耶斯·蒙特罗。
③ 1935年，随着民族解放联盟式的全国统一阵线的建立，举行了工会联合大会并成立了中央工会，联合了45万—50万的工人和职员。
④ 古巴全国工人联合会，即革命工会联合会。

第二国际总危机也反映在南美和加勒比美洲最大的和最有影响的阿根廷社会党内的分歧日益加深（例如，主要围绕党员群众提出的关于同共产党人建立统一战线要求而展开的激烈斗争，出现了打着"改组"旗号针对党的领导的反对派集团，实际把整个社会主义青年团和一些党小组都排除出社会党，等等）。在这场内部斗争过程中，无论在阿根廷社会党内，还是在其他国家的社会党内，都出现一些小集团，它们的首领以左的"反对派的"词句作幌子，常常不无成功地阻止社会党工人同共产党工人共同进行革命斗争，例如阿根廷的马里安内蒂[①]集团。同时，随着社会党的日益瓦解和群众的革命化，还出现一些左派社会主义小组和组织，它们采取统一战线的立场，沿着同共产党人建立密切关系的道路前进。

由于工人阶级日益向左转，在加勒比美洲国家有着巨大影响的全美劳工联合会（美国帝国主义的公开代理），几乎失去了它在这些国家的全部阵地（在南美洲，这个组织没有任何势力）。

关于南美和加勒比美洲共产党的地位和工作概况。自从第六次代表大会以来，南美和加勒比美洲共产党在变为真正的共产党的道路上采取了严肃而重大的步骤，摆脱了过去资产阶级民族改良主义和小资产阶级思想意识的巨大影响。对许多共产党来说，报告所总结的时期是一个极其困难的时期，在这一时期，反对它们队伍中根深蒂固的阶级异己思想的斗争，反对资产阶级自由主义、社会改良主义、无政府主义、工团主义、"民粹主义"和其他影响的斗争远没有结束。在这段时间里，在许多国家的共产党内，展开了反对党内本身的右倾和"左"倾，反对叛徒集团，包括反对反革命的托洛茨基主义等的顽强斗争，虽然这些斗争并不总是十分有力的和成功的。许多共产党第一次提出了（虽然只是笼统

---

① 马里安内蒂，阿根廷社会党左派，所谓门多辛派领导人。

地）关于南美和加勒比美洲革命的性质和革命的动力问题，认识到在反封建和反帝革命中为争取共产党领导的无产阶级领导权而斗争的必要性。在这方面，阿根廷共产党进行了特别成功的斗争，它对南美和加勒比美洲其他各国的共产党在培养无产阶级思想的斗争中也起着巨大的作用。

同时，一些共产党，特别是古巴、巴西、智利和秘鲁的共产党，扩大了自己同群众的联系，并成为统治阶级不得不认真考虑这支力量的因素。在共产党的领导下，进行了一系列重大的经济斗争和政治斗争（例如在古巴、巴西、阿根廷、智利、秘鲁和萨尔瓦多）。在宣传苏联社会主义成就和动员群众保卫苏联方面也进行了工作。在反对战争危险的斗争方面，应该特别强调的是在统一战线的基础上，1933年在蒙得维的亚召开的拉丁美洲代表会议，以及结合会议举行的一系列示威游行、群众大会等等，尤其是在阿根廷和乌拉圭。在南美和加勒比美洲的所有国家都进行了广泛的反对帝国主义的运动，特别是在中美洲，当时桑迪诺的起义军在尼加拉瓜进行了反对美国干涉的武装斗争。1933年12月，在蒙得维的亚召开第七次全美洲代表会议（这是加强美国影响的工具），为此引起了群众性的抗议运动，尤其是在阿根廷，那里同时也召开了反对全美洲代表会议。还必须指出的是，在希特勒夺取政权以后，古巴进行的反对美国干涉和保卫古巴革命的运动，以及声援德国革命的无产阶级和反对审讯季米特洛夫同志的运动。

1929年在蒙得维的亚召开的第一次南美和加勒比美洲共产党代表会议，对南美大陆共产主义运动的发展具有重大意义。会议为加强南美和加勒比美洲共产党之间的联系，为保证它们团结一致的斗争奠定了基础。代表会议对一系列原则问题进行的讨论，具有巨大的积极意义，尽管在问题的提法上还存在一些十分严重的错误。

同样，在1929年召开了南美和加勒比美洲革命工会组织代表大会，这次代表大会是由所谓的"塞斯拉"（南美和加勒比美洲革命工会组织联合会）召开的。这次代表大会对于革命工会运动来说，具有与蒙得维的亚共产党代表会议同等的意义。

虽然取得了以上成绩，但共产党仍然落后于群众运动提出的巨大任务，这种情况加上无产阶级组织性不强，成了阻碍南美和加勒比美洲各国革命运动进一步发展的主要原因。共产党对夺取政权的决定性革命战斗的准备工作还不充分。

在一些国家（例如哥伦比亚、厄瓜多尔和巴拿马），共产党内还严重混杂着阶级异己分子，党的活动还不具有彻底的共产主义性质。在许多国家，共产党同群众的联系仍然很差，宗派主义倾向还远没有克服（尤其在墨西哥）。

甚至一些势力最强的和最团结的党也或多或少表现出：党员流动性很大，领导骨干的思想不够成熟，没有能够从组织上巩固他们取得的成绩。在群众组织中的工作，特别是在改良主义和无政府工团主义工会中的工作，大多软弱无力；有些国家，在这方面甚至有所倒退（例如墨西哥）。共产党给予革命工会组织的帮助非常不够。在绝大多数国家，我们的敌人——改良主义和无政府主义工会、官办的和其他的工会的领袖，依旧能够率领绝大多数已加入工会组织的工人。同时，多数共产党在农村的工作仍然不得力，尤其是在印第安农民中（只有几个党，特别是秘鲁和巴拉圭共产党在这方面取得了成绩）。共青团组织中党的领导非常薄弱。不是所有的国家都有共青团组织。工作中虽有一些成绩，但现有的共青团组织的发展还大大落后于党的发展；很多场合下他们几乎没有得到党的任何帮助。妇女工作没有取得显著成绩。党的反战工作，除某些例外，也没有经常化（在巴拉圭，共产党已经把自己的注意力集中于寻求摆脱战争的革命出路问题上，秘鲁共产党人进行了反对战争的英勇斗争）。

至今没有一个党能充分适应秘密环境而同时又能全面利用合法条

件。整个组织之所以遭到破坏,领导骨干遭到逮捕,大多是不遵守起码的秘密活动规则(例如在智利、阿根廷,包括巴西)和防奸斗争不力的结果(特别在智利,包括在阿根廷);许多党(尤其是在乌拉圭)表现出强烈的合法主义倾向。

南美和加勒比美洲共产党的主要弱点,在贯彻统一战线策略问题上表现得特别突出。在多数国家中,争取统一战线的斗争,表现在同共产党有直接联系的组织参加的一系列运动中。在反对派掌握的群众组织内部的工作非常薄弱,而且脱离争取建立统一战线的斗争。在许多场合下,统一战线策略的运用,遭到党内某些分子和环节的反对,遭到右的和"左"的机会主义的歪曲。例如乌拉圭共产党就不止一次地拒绝了社会党方面提出的关于统一战线的建议。在秘鲁,共产党没有领导争取同美洲人民革命联盟的工人建立统一战线的斗争,并认为工人们应当对他们的领导人迫害共产党人一事负责。在阿根廷,争取同社会党人建立统一战线的斗争,被吸收优秀的社会党人加入共产党的任务所取代。同时,共产党和革命工会在同改良主义组织采取联合行动时,常常不能在运动中发挥政治领导作用(例如1933年在墨西哥)。

与此同时,还要指出的是,当前共产党和革命工会运动争取实现统一工会运动的斗争(巴西、墨西哥)和争取建立人民反帝阵线的斗争(巴西)不断加强。

1934年10月,召开了南美和加勒比美洲第三次共产党代表会议。代表会议具体地和全面地讨论了南美和加勒比美州国家革命的性质,特别是巴西和古巴的革命问题,坚决批评了南美洲和加勒比美洲共产党在策略方针上的软弱性和错误,并对几个大党提出了克服这些弱点的任务,以及建立最广泛的反帝统一战线和进一步把党建成真正布尔什维克化的、群众性的、能够引导最广大的劳动群众走向夺取政权的革命斗争,并领导这一斗争的任务。

巴 西

巴西在1930年以前的几十年中，一直是由与英国帝国主义相勾结的地主资产阶级政党执政。1930年，资产阶级和地主的"反对派联盟"（"自由联盟"①）利用自发的革命群众运动和反对旧的保守政府、但又不能真正进行反封建和反帝斗争的各种小资产阶级集团，得以推翻旧政府并掌握了政权。这样便出现了今天主要依靠美国的地主资产阶级瓦加斯政府。

1932年在圣保罗州，由于统治阶级同英国帝国主义的紧密勾结，爆发了反对中央政府的起义，这次持续数月的起义具有内战的性质。中央政府的胜利暂时削弱了主要同英国帝国主义勾结的圣保罗州咖啡种植场主的地位。1934年初，保利斯塔党的"反对派联盟"的活动大大加强，它试图利用小资产阶级和最广大劳动群众的不满情绪。因此，瓦加斯政府的社会基础缩小了，它失去了自己的稳定性。全国正在公开酝酿新的政变。

经济危机、大饥荒、帝国主义和统治阶级对劳动群众的进攻及伴随而来的加紧镇压，引起了工人运动的高涨（1932年上半年罢工者达15万人）；1934年发生100多次大罢工；铁路工人、水运工人、码头工人、电车工人、纺织女工、银行职员等（大约80万罢工者）举行了罢工；同时还举行了群众政治性罢工，要求释放政治犯和使共产党合法化，在群众压力下，政府工会也支持了这些罢工。

---

① 自由联盟，资产阶级和地主的政党，主要与美国帝国主义相勾结。1930年发动政变后上台执政。

同时，农民起义运动也广泛展开，特别在东北地区，那里拉姆佩翁①等游击队正在作战。1934年底，在北里奥格兰德州爆发了武装斗争，结果在莫索罗市（州府）建立了苏维埃，但只存在了24天。

持续几年的军队骚动（一系列密谋，主要由士官策划的武装起义尝试）在1934年中期大大加剧（士兵同罢工工人和游行示威的工人握手言欢，士兵、士官、甚至军官们把武器交到工人手里，放弃反对工人的军人立场，水兵声援工人，等等）。

所有这一切加上地主资产阶级国家机器由于内部斗争激化而加深的分化，创造了革命危机前提条件的成熟（成熟的局势，尽管国内某些地区的发展还不平衡）。

面对日益发展的群众革命运动，地主资产阶级政党营垒的分化加剧了。主要依靠美国帝国主义的地主和资产阶级中最反动的势力，公开拥护依靠反动的军队上层和武装的法西斯队伍（统合党和民族进步党）的戈耶斯·蒙德罗将军的独裁制度。这些党把一些小资产阶级分子拉入自己党内，但没有为自己打下坚实的群众基础。瓦加斯政府为法西斯运动提供充分的行动自由，颁布一系列法西斯法律，但又企图维持表面的民主（立宪会议，形式上限制法西斯分子的活动，等等）。

同时，相当大一部分民族改良主义资产阶级，在圣保罗分子（即依靠英国帝国主义的咖啡种植场主）积极参加下玩弄各种左的手段（建立以前农业部长塔沃拉和米格尔·科斯塔将军为领导的社会党），极力吸收在广大群众中有很大影响的小资产阶级组织（军官党和工党②等）参加他们谋划的有利统治于阶级的政变。

---

① 拉姆佩翁，农民游击队领袖，由于家喻户晓，他的名字成为一个流行的名字，他主要在巴西东北部作战。
② 工党，加入第二国际的党。它没有广泛的群众影响，支持劳工部的政策。

正在进行地下工作的巴西共产党在近几年的罢工斗争中大大发展和巩固了。在几年中,党内进行了反对机会主义分子和反对企图使党屈从"自由联盟"政策的倾向的斗争。1930年,在共产国际发出信函以后,党开始同社会民主党的关于城市小资产阶级必须在资产阶级民主革命中掌握领导权的理论进行斗争。多年来,原党的书记、叛徒阿斯特罗日尔多·佩列伊罗(阿梅里科·列多)极力使党参加"自由联盟"策划的政变并同资产阶级分子(米格尔·科斯塔)结成联盟。党内小资产阶级势力非常强大。

最近,在共产党队伍中,大大加强了清除阶级异己思想的斗争。党的新领导实现了群众工作的重大转变。党领导了数以万计的工人参加的大规模的罢工。它成功地争取了一些重要工会(中心铁路的铁路员工联合会、卡普塔列伊罗的司机联合会等等)。并在附属劳工部的工会联合会(里约热内卢州联合会、南里奥格兰德州联合会)中获得了绝对优势。最近一年中,党的领导已明显形成,而且党已成为同群众密切联系的中央组织。

巴西共产党工作中最大的缺点之一,就是圣保罗(全国最大的工业中心)的组织不够巩固,在那里,小资产阶级分子对党的影响还非常厉害。党内无政府工团主义的残余还没有彻底根除。党的某些环节还存在着宗派主义情绪。共产党在1934年的议会选举期间犯了严重的策略错误。党的领导犯了"左"倾机会主义的错误,提出"由于革命不可避免地迫近,必须破坏选举"的口号,这在某种程度上削弱了共产党在群众中的地位。

在1934年底开始的反对反动派的人民运动(由于共青团员瓦尔沙夫斯基被害,由各反对派政党成立人民侦察委员会)中,党根据拉丁美洲第三次代表会议通过的新的政治路线,在建立反帝民族统一战线方面取得了很大成绩。1935年初,在最广泛的基础上,成立了进行反对帝国主义和反动派斗争的民族解放联盟。

需要指出的是，至今党还未能同农民起义运动建立联系。

党直到最近还没有进行反对反革命的托洛茨基主义的系统的斗争，托洛茨基主义在个别工人小组（例如圣保罗）中还有着一定的影响。

到1934年底，巴西共产党已有5000多名党员。在里约热内卢，一些大企业中已有35个党支部。党的中央机关报——《工人阶级报》，成了合法的日报，发行量超过了1.5万份，现已被查禁。共青团有1500名成员。青年机关报《青年无产者》，发行约7000份；北部地区也出版了党的机关报。

阿根廷

从1916年到1930年，阿根廷的国家政权一直掌握在激进党手中。这个党主要依靠英国帝国主义，它进行广泛的蛊惑宣传，蓄意利用劳动群众为统治阶级利益服务来掩盖它维护地主资产阶级利益的真面目。

1928年12月召开了阿根廷共产党第八次代表大会，大会消除了佩涅隆集团背叛性的和社会民主党性质的活动所引起的党内危机。佩涅隆分子把掌权的激进党分子的"民主"制度理想化了，并把统一战线的策略解释为就是同社会党领导人结盟的策略，他们暗中破坏反对战争危险的革命斗争，从而滑到了议会迷的立场。根据共产国际执行委员会致阿根廷共产党的公开信，党的第八次代表大会批判了佩涅隆分子的立场，严厉谴责了他们的分裂活动。与此同时，在这次代表大会上，还首次讨论了革命的性质和动力问题，特别讨论了这一阶段革命的反封建和反帝的性质，以及无产阶级领导权和共产党的领导作用问题。当然，在代表大会的决议中，在对阿根廷阶级力量和农民作用的评价上还存在着严重的错误。代表大会的不足之处还表现在，没有充分明确地提出关于党在广大群众中开展工作的问题。

1930年底，经济危机的急剧激化，动摇了激进党人的地位。北美帝国主义利用亲英政府——伊里戈恩激进党人的困难，公开引导反对它的斗争，而且还抬出自己安插的亲信——乌里布鲁将军来反对这个政府。1930年9月6日，乌里布鲁依靠同美国帝国主义勾结的地主、石油工业大资本家和反动的军事集团，发动了政变并夺取了政权。在这次政变期间，共产党表现消极，而且严守"中立"。

乌里布鲁政府发起一场新的、反对劳动群众，特别是反对工人运动的恐怖行动。

共产党被赶入地下。1930年末和1931年初，党在很大程度上恢复了自己的基层组织并建立了许多新的组织。在整个乌里布鲁独裁时期中，党秘密出版了《国际主义者》报。党还采取了一系列反对乌里布鲁独裁政权的群众行动（游行示威、群众集会）。1931年5月1日，党领导了街头游行示威，同警察发生了冲突。

同时，党还同一部分党员中存在的民主幻想进行了斗争。

1931年3月在罗萨里奥召开了党的代表会议。这次会议加强了党的思想斗争，特别加强了摆脱资产阶级激进主义影响的斗争，加强了党在提拔和培养干部方面的工作，筹备了征集运动。这次代表会议成了加强党争取群众和实现党的领导机关无产阶级化的转折点。在关于土地问题和党在农村的工作问题的决议中，代表会议批判了党的第八次代表大会决议中存在的错误。但是代表会议没有提出彻底转变党的日常工作，特别是党的群众工作问题。

乌里布鲁没有能够靠恐怖政策把群众运动镇压下去；他也没能把资产阶级和地主的广大阶层团结在自己的周围。在日益加重的经济困难和广大群众不满情绪增长的压力下，乌里布鲁被迫下台，并制造了一种假象：依法把政权交给他的亲信之一——胡斯托将军，宣布进入"正常的符合宪法的统治形式"。共产党未经官方许可便转为公开活动。

1932年，在乌里布鲁下台后不久，召开了共产党中央全会。这次全会加强了党的中央领导，并着手坚决清除不仅在群众中，而且也在一部分党员中对胡斯托政府产生的民主幻想。

1932年上半年，党在一系列罢工中起了主导作用，其中具有特别意义的是，阿韦亚内达屠宰冷藏联合企业工人的罢工和里瓦达维亚海军准将城石油工人的罢工（1932年5—6月）。1932年5月1日，在共产党的领导下，许多大城市举行了示威游行，而且在罗萨里奥、布宜诺斯艾利斯和科尔多瓦，由共产党领导的示威游行参加的人数比社会党的要多。

1932年下半年，残酷镇压的新浪潮席卷了全国。1932年6月，警察查禁了拥有2万份以上的党的合法报纸《红旗报》。党又开始出版新的合法报纸《统一战线》，但这份报纸也很快被查禁了。

当局同样也查封了代替《统一战线》报的新报纸《工人世界》。1932年底，除圣菲省外，党在一切地方都须重新转入地下。

1933年是在争取扩大和加强党对群众的影响的斗争中度过的。党已经渗透到一些新的地区：查科、米西奥内斯、福莫萨、科里恩特斯、恩特雷里奥斯等。在农村工作方面，特别是在农业工人中的工作方面，取得了一些成绩。党成立了秘密党校，并着手出版理论杂志《苏维埃》。1933年8月1日，在统一战线基础上，举行了一次反对战争和法西斯主义的卓有成效的罢工，在布宜诺斯艾利斯举行的罢工尤为成功。12月4日，正值在蒙得维的亚召开全美洲会议时，党在统一战线的基础上，组织了反对帝国主义的斗争。

从1933年年末起，由于经济危机尖锐化与社会党工人和无政府工团主义工人中的反动势力的增强，开始出现强烈要求团结的愿望，但党没有能够充分利用这种愿望。党的群众工作的加强，使工会运动取得一些成绩,例如铁路员工中革命工会反对派愈加团结,但党未能深入到其他一些重要工会中去,尽管劳动总同盟①内部斗争非常尖锐,也未深入进去。

党和共青团在青年学生中的影响大大增长了。党在农村中的工作也大大加强了。

1934年1月召开了阿根廷共产党代表会议。会上讨论了实际运用统一战线的问题,制定了从组织上加强党的具体措施。代表会议的全部决议贯穿着党准备迎接日益高涨的革命战斗的精神。

在回击镇压和劳动者状况恶化的罢工斗争中,党发挥了领导作用(细木工人、棉花种植场工人和油漆工人的罢工,罗萨里奥农业工人的行动,等等)。共青团在党的支持下,本着统一战线的精神,采取了一系列行动和游行示威,但它未能采取正确的策略去争取7000人的社会主义青年联盟,社会主义青年联盟由于坚持革命立场而被社会党解散。

共产党在1934年的代表会议之后得以把一些社会党的工人小组、许多社会党的积极分子和社会党的一名左派领导人——吉尤季谢同志——吸收进自己的队伍。但是,它未能利用自己扩大了的影响来建立反对反动派和反对饥饿的群众阵线,而是靠吸收社会党的个别优秀分子入党,来取代争取统一战线的广泛的群众斗争。

紧接着代表会议而来的,是在全国范围内实行对党和革命工会的又一次镇压浪潮。许多身负重任的党的工作者和革命工会组织的领导人被捕入狱。然而,尽管遭到这样的镇压,阿根廷共产党仍不断加强自己的队伍,越来越扩大自己的影响。党基本上肃清了1925年偏离党的"左"倾宗派集团"星火",使它的一部分优秀成员站到了自己的这一边,并使跟着佩涅隆走的优秀工人回到了自己的队伍,同时也基本上克服了佩

---

① 劳动总同盟,是最大的改良主义工会中心。

涅隆主义在党内的残余。党开展了提高自己干部政治水平的工作（党校）和使党无产阶级化的工作。

阿根廷共产党对南美洲其他一些比较弱小的共产党经常给予认真的思想和政治帮助。

下列数字表明阿根廷共产党人数的增长：1928年12月，党只有2000人，1930年9月，乌里布鲁政变前为2500人；乌里布鲁政变和党转入地下时党员人数有所下降，到1931年初，党内总共不超过1300人，但到1932年底，党员人数几乎已经增加到了4000人，而1934年增加到了5000人。党的机关报《国际主义者》（秘密出版的），发行15000份。在国内一些重要地区出版的有五种报纸。理论杂志《苏维埃》发行约8000份。党现有115个企业支部。共青团现有2200人，31个企业支部。共青团机关报发行15000份。

秘鲁

早在1924年秘鲁就成立了所谓美洲人民革命联盟，这个组织在它成立之初，就是一部分小资产阶级革命分子同资产阶级和地主的民族改良主义分子结盟的政治代表，它依靠的是英国帝国主义（当时在秘鲁执政的是得到美国帝国主义支持的反动政府）。美洲人民革命联盟大肆利用"反帝的"和"革命的"漂亮词句在群众中赢得了巨大声望。随着经济危机加深和阶级矛盾激化，美洲人民革命联盟中的政治分化进程不断加快。虽然它的领导骨干越来越同地主资产阶级阵营中的反对派分子勾结在一起，并利用左的蛊惑宣传控制着相当大一部分群众，但原来的美洲人民革命联盟分子则转到了革命工人运动的立场上来，并靠近共产党。1928年，以马里亚特吉（左派美洲人民革命联盟主义领袖之一，后成为秘鲁共产党组织者之一）为首的这一派成立了社会党，在党的意识形态中，社会改良主义的观点占优势。这个党的内部斗争导致了分裂，于是在1930年成立了秘鲁共产党（由马里亚特吉派、美洲人民革命联盟左派分子和个别无政府主义分子组成）。

最近几年中秘鲁局势的特点是，充满着有城乡广大群众参加的规模巨大的经济斗争和政治斗争：1930年谢拉·德·帕斯科的矿工运动，1931年印第安人的罢工和起义，1932年陆军和海军的起义，1934年安卡什省和利伯塔省的农民起义和夺地斗争，秘鲁南部（阿利科佩市）码头工人罢工和铁路工人罢工，利马和其他城市的司机罢工，以及最后，由于不断拖延议会选举而引起的1934年11月在美洲人民革命联盟领导下的利马、万卡韦利卡和瓦努科等省的武装斗争。为了对付这些运动，当局特别加强了对共产党人的迫害和对共产党的镇压；查封了工会和一些反对派报纸。

秘鲁共产党积极参加了其中的许多战斗。在许多情况下，它不顾美洲人民革命联盟分子的疯狂抵制而夺取了领导权。1931年在印第安人起义时，秘鲁共产党同印第安农民群众，特别是同许多印第安人村社建立了联系；共产党把民族自决的口号加以具体化，提出建立独立的艾马拉和奇楚亚印第安共和国的口号，并进行了反对地主野蛮掠夺印第安人土地和牲畜的运动，吸收了大量印第安人参加自己的队伍并保证使他们参加各级党的领导机构。在1932年总统选举期间，基斯佩—基斯佩党的候选人，原印第安人一次最大起义的领袖得到了全部选票的20%以上，后来投基斯佩—基斯佩的赞成票被政府宣布作废。同时，党依靠革命的工会联合会，扩大了自己在城市无产阶级中的影响；然而它至今未能动摇美洲人民革命联盟在无产阶级群众中的广泛影响。在秘鲁和哥伦比亚交战时，党散发了大量反战宣传品，领导了反对战争的英勇斗争。在这次斗争中，数以千计的工人牺牲，其中就有数百名共产党人。

从1932年开始，秘鲁共产党一直处于非法状态。在转入地下前，党约有6000名党员，现在在它的秘密组织中拥有大约3000名党员。党是在最残酷的警察镇压和美洲人民革命联盟分子不断迫害的条件下坚持工作的。在1932年1月，党的领袖拉比涅斯被捕并被判处死刑；他成功地英勇越狱逃跑。

秘鲁共产党的实力表现在，它在反对美洲人民革命联盟和马里亚特吉主义残余的紧张斗争中加紧培养党的干部。

马里亚特吉（死于1930年）在秘鲁革命运动史上占有显著的位置，但他没有彻底摆脱他过去的美洲人民革命联盟的观点。他在创建共产党这一无产阶级政党的问题上动摇不定，没有完全理解党的意义，仍然对秘鲁资产阶级的革命作用抱有幻想，对印第安民族问题的意义估计不足，他把这个问题同农民问题相提并论。时至今日，马里亚特吉主义的各种残余在秘鲁共产党中依然感觉得到，而且在党的实际工作中也有所表现。

在秘鲁共产党的工作中存在许多严重缺点。秘鲁共产党的一个最严重的错误，就是它未能揭露美洲人民革命联盟的蛊惑作用，未能使群众摆脱它的影响。秘鲁共产党没有充分地把反动上层、民族改良主义分子同那些认为美洲人民革命联盟是革命政党的工人和小资产阶级革命群众区别开来。秘鲁共产党最近多次通过决议，要求克服这些宗派主义观点和加强反帝统一阵线的斗争，但是这些决议还都没有贯彻执行。秘鲁共产党工作中的另外一些严重缺点表现在党的干部，特别是区和州委员会干部的政治水平低，尤其是对工厂、矿井和村社中的印第安人骨干没有充分培养，党员群众流动很大，这是支部工作不力造成的。最后，革命工会中共产党党团的工作软弱无力，而且在敌方的工会中几乎根本没有工会反对派和共产党党团。

巴拉圭

巴拉圭共产党早在共产国际第六次代表大会以前就已经建立。在它存在的初期，它不过是一个掌握在小资产阶级分子手中的不大的小组。在共产国际第六次代表大会之后不久，这个小组就瓦解了。1933年，在巴拉圭和玻利维亚战争期间，不顾政府对革命运动的严酷迫害，巴拉圭共产党重新建立。总的来说，巴拉圭共产党在反战斗争中采取了正确的和战斗的立场。党吸收了革命运动的优秀分子，其中包括一批在1931年恩卡纳西翁起义中起过领导作用的原无政府主义者（以他们的领袖阿里卡拉斯、克列伊特、巴尔特等为首的）。巴拉圭共产党目前拥有党员500—600人，大多在国外。它在工会中开展工作，同印第安群众有着密切的联系并出版瓜拉尼印第安文书报，它正在深入军队。争取变帝国主义战争为国内战争的斗争，在整个巴拉圭共产党的活动中占中心地位。

旷日持久的、使人痛苦的战争和笼罩全国的饥荒引起广大群众不满。军队中发生多次起义。这些起义都被残酷地镇压下去。

巴拉圭共产党在它的第一次代表会议上作出了决议，决定把工作重心移到国内和更积极地参加群众性的斗争。

玻利维亚

玻利维亚统治阶级同美国帝国主义紧密勾结在一起。对印第安农民和矿工的压迫，导致了1929—1930年的群众起义，起义遭到了无情的镇压。1932年年中爆发了同巴拉圭的战争。这场战争一直延续到今天，使玻利维亚劳动者丧失了数以万计的生命，生活水平大大下降（征用、义务劳动制、战争的苛捐杂税等），群众的不满情绪日益高涨（军队骚动，军队拒绝进入阵地，印第安人大规模起义，以及最近的丘布里印第安人的起义和军校的起义）。广大人民群众这种不满情绪的增长，驱使一些"反对派的"民族改良主义和小资产阶级的集团（所谓的克罗普①、马罗夫集团②、伊诺霍扎③等）玩弄种种"左"的花招，号召"开小差"并开始同依靠英国的封建资产阶级集团勾结起来策划政变。这些派别得到无政府工团主义上层分子的支持，尽管无政府工团主义的群众越来越同情共产主义。

目前玻利维亚还没有一个组织上巩固的共产党，但已经有许多共产主义小组。其中一些小组不顾最残酷的迫害，坚持进行斗争，寻求摆脱战争的革命出路。这些共产主义小组还不理解印第安人问题在玻利维亚革命运动中的决定性意义。

智 利

1931年在经济危机尖锐化的条件下，在广大群众的压力下，伊巴涅斯政府被推翻，同时在智利海军中爆发了水兵起义。1932年6月，

---

① 克罗普，玻利维亚的小资产阶级集团，搞阴谋活动。战争期间采取爱国主义立场。在一些小资产阶级集团和个别印第安人大资本家中有一定的影响。
② 马罗夫集团，小资产阶级集团，同策划政变反美亲英（最少祸害）的地主武装集团结盟。马罗夫在玻利维亚以共产党员的身份出现，因此在革命小资产阶级中和在部分工人中有着相当大的影响。在战争期间他提出了"开小差"的口号，从而提高了他的威望。在其他国家中（阿根廷、乌拉圭、墨西哥），他同民族改良主义集团和政党有密切联系。
③ 伊诺霍扎，玻利维亚大学生运动领导人之一。1933年在边界组织了叛乱，提倡种族主义理论，接近国社党分子。他是冒险主义者，同拉美各国政府有联系。

由于广泛的群众运动高涨，蒙特罗地主政府的政权已无法稳定下去。地主资产阶级反对派集团出于自身的利益利用了这一情况；蒙特罗被推翻，上台执政的是格罗韦民族改良主义政府，它为了巩固自己对劳动群众的影响，不得不玩弄种种"左"的花招，求助种种许诺。格罗韦宣布智利为"社会主义共和国"，并被迫允许共产党和苏维埃合法存在。这些苏维埃是在共产党领导下在全国11个点，包括在一些大城市中建立起来的。

格罗韦政府的软弱和动摇以及群众运动的迅猛发展，致使苏维埃的存在成了双重政权并存的因素和劳动群众直接面对准备革命斗争夺取政权的任务。智利共产党的软弱和它所犯的错误，特别是没有充分动员群众进行革命斗争去争取实现他们的直接要求，从而成为开展工农革命的障碍。以达维拉为中心纠合起来的封建资产阶级反动派看到了在格罗韦"纵容"下的共产党和苏维埃所领导的群众革命运动，威胁着它们的阶级统治，便推翻了格罗韦政府，摧毁了苏维埃，疯狂镇压共产党。在各集团斗争引起的一次又一次政变后，1933年初政权落到了同英国结交的亚历山德里手中，他赖以支撑的是一个广泛的地主资产阶级集团。共产党被迫转入地下。

1931—1932年的革命事件使得智利共产党措手不及。党内传播着各种机会主义理论，却没有给予应有的回击，这些理论是党的创始人雷卡巴伦①带到党内来的社会改良主义思想残余。早在1927年就从智利共

---

① 雷卡巴伦，智利共产党的领导人，过去是民主主义者。在智利和阿根廷的社会主义运动中起过巨大作用。1921年开始站在共产国际的立场上。1924年去世。他在思想上受自由资产阶级思想的影响，在实际工作中则受比利时社会党人的影响。

产党内分裂出来一个伊达尔戈①叛徒集团。伊达尔戈轮流同各届政府合作,他认为美国帝国主义似乎正在南美和加勒比美洲起着"进步"作用,他卖弄"左"的词句掩盖自己的叛徒行为,后来又同托洛茨基分子勾结在一起。对这个后来变成了名副其实的托派组织的集团,智利共产党没有同它进行认真的原则斗争。智利共产党缺乏集中的领导,它的领导干部没有彻底摆脱小资产阶级影响。

智利共产党还是发动群众支持了1931年的海军起义,虽然晚了一步,但在起义中,它没有提出任何具体的政治口号,只是在起义接近尾声时才提出苏维埃口号。党没有同起义的水兵及时建立联系,未能把支持起义同争取群众的直接需要的斗争结合起来。这就为统治阶级镇压起义提供了方便。

1932年6月,在建立苏维埃期间,共产党又犯了严重错误。党没有提出在反对反动派进攻的斗争中建立统一战线的问题,建立苏维埃的基础也不够广泛。苏维埃没有为广大群众的局部要求进行过什么重大的斗争。没有采用工厂委员会形式打下基层的组织基础。

由于未能把广大群众的注意力集中于建立统一战线,以反对进攻的反动派,因此党也没有能够成功地反对不仅在小资产阶级群众中,而且在工人当中广泛散布的对格罗韦政府所抱的幻想。在运动中起过很大作用的共产党人未能以行动说明格罗韦政府没有能力进行反对帝国主义和地主分子的斗争。智利共产党未能向无产阶级和广大劳动群众提出夺取政权的任务,而且没有把运动同农民群众结合起来。除了散发一些号召

---

① 伊达尔戈,智利共产主义运动的叛徒。因同伊巴涅斯独裁者合作而被开除出党。在此以后,他同所有支持帝国主义的地主资产阶级政府合作。现在,他把持党的领导,通过托洛茨基主义的行动纲领,并同反革命的托洛茨基主义运动勾结在一起,成为南美和加勒比美洲最大的托洛茨基主义集团。

书和宣言外，没有采取实际步骤去瓦解旧的地主资产阶级的军队，组织士兵委员会，争取士兵和水兵站到劳动群众方面来并成立士兵和水兵代表苏维埃，虽然已具备这方面的条件。

目前，半合法的智利共产党拥有 4000 名党员，在劳动人民当中享有巨大威望。但是它还远远没有根除列卡巴连主义的资产阶级民主主义和改良主义的余毒，没有克服自身组织上的软弱无力，特别是未能采取应有的方式适应非法条件（经常的和大规模的破坏）。在党内一些阶层中还反映出伊达尔戈主义和格罗韦①主义的影响，并且没有系统地同它们进行斗争。虽然伊达尔戈托洛茨基主义党内部已经瓦解，而且跟随伊达尔戈的工人都强烈渴望回到共产党内来，但是智利共产党由于严重的策略错误，未能孤立伊达尔戈和某些托洛茨基主义分子。共产党只是局限于打消在共青团成立托洛茨基反对派和在党内成立所谓"工人反对派"的企图。

智利革命工会联合会在群众中享有巨大声望，但它还没有在组织上合为一体。

尽管敌人不止一次企图分裂革命工会联合会，但 1934 年革命工会联合会召开的"工会统一"代表大会在广大群众中取得很大成就。共产党还未能把跟着格罗韦和亚历山德里组织走的工人吸收进入争取工会统一的斗争。

1934 年底，在隆吉马亚区（比奥比奥省）发生了有几千名武装农民参加的农民起义。起义经过几次顽强的战斗后被镇压下去。起义领袖，当地党组织的领导人莱伊瓦同志被杀害。共产党没有能够动员广大

---

① 格罗韦是伊巴涅斯驻伦敦的大使。1932 年反对伊巴涅斯，在政变以后夺取了政权，并宣布智利为"社会主义共和国"。后来被推翻。目前他领导着社会党民族改良主义集团，成为所谓"左派"集团的领导人和中心人物。

群众支持起义，也没有与不善于巧妙应付敌人优势兵力的起义农民取得足够的联系。

智利共产党虽然在上述农村工作方面犯了一些错误，但是它能够同广大农民群众相结合，并在农村开展经常性的工作，只是它没有做好在特米科印第安人区的工作。

乌拉圭

1933年以前，乌拉圭被认为是南美洲和加勒比美洲最民主的国家。在一系列乌拉圭工人运动中都表现了强烈的合法主义倾向。经济危机的加深导致各封建资产阶级政党间的斗争急剧尖锐化。1933年初，特拉总统使巴特莱执政党①分裂后，依靠它最反动的地主资产阶级集团，同大畜牧主的党结成联盟发动了政变，解散了议会，建立了自己的独裁统治和加强了对革命运动的镇压，但同时他又企图保持某种民主假象。

乌拉圭共产党是南美洲和加勒比美洲最老的共产党之一（1920年成立）。多年来，它一直公开地进行活动，甚至在特拉政变之后，仍然能够在某种程度上保持其合法地位。不久前，乌拉圭共产党领导中还存在着强大的小资产阶级分子的影响，他们搞无原则的派别斗争，同时要党屈从"左派"地主资产阶级分子，在党内制造民主和合法主义的幻想。党内优秀的无产阶级分子在共产国际的支持下进行了反对机会主义错误的斗争。但是直到如今，在乌拉圭共产党的一些组织中也还没完全

---

① 巴特莱党，由乌拉圭著名的改良主义者巴特莱建立的资产阶级政党。后来分裂成两派：一派以共和国总统特拉为领导，代表资产阶级和畜牧主的利益，有自己的反动纲领；另一派是"真正的"——"Hetoc"——巴特莱分子，即民族改良主义分子和主要同小资产阶级结合的"左派"巴特莱分子。在乌拉圭有着群众影响。

摆脱"左派"巴特莱分子、社会党人和无政府工团主义分子的影响。

最近,共产党在许多省(萨尔多、卡内洛内斯、马尔多纳多等)建立了组织。乌拉圭共产党拥有 700 多名党员。党在培养干部和使自己的领导机关无产阶级化方面取得了一些成绩。党领导着统一的革命工会联合会同码头工人、屠宰冷藏联合企业的工人建立了联系,加强了农民中的工作,最近还加强了在畜牧场就业的工人中的工作,但未能在改良主义和无政府工团主义工会运动中开展工作。党成功地进行了抗议蒙得维的亚全美洲代表会议(1933 年 12 月)的群众运动(1933 年 12 月),并领导了一系列大罢工。乌拉圭共产党机关报——合法的《正义报》定期出版,数量为 3000—4000 份,几乎在南美洲所有国家发行。

最近以来,虽然群众大大激进化了,但党未能充分扩大自己的影响,犯了一系列策略错误。共产党多次拒绝社会党提出的统一战线的建议,在反对反动派的群众行动中表现出不可容忍的消极态度,因此未能赢得跟随"左派"巴特莱分子的群众的信任,也未能揭露他们领导人的种种花招。现在,党大大扩大了它在大学生中的影响,并开始为实现广泛基础上的工会统一而斗争。

厄瓜多尔

厄瓜多尔共产党是从联合着各种小资产阶级集团和知识分子集团的社会党中产生出来的,至今尚未完全形成团结一致的共产党。厄瓜多尔共产党在加强和巩固它同工人群众(特别是在瓜亚基尔)和农民(米拉格罗)的联系方面取得了一些成绩,但它远没有根除内部的派别斗争,也没有能提高自己的政治水平和培养出同广大群众结合的印第安无产阶级干部。在党内某些阶层中,同地主资产阶级集团合作的强烈倾向还占统治地位。在 1934 年 5 月 1 日和 2 日的罢工中,党起了领导作用并建立了广泛的统一战线。但由于它的动摇和不完全独立的阶级立场，未能坚持揭露改良主义政党和集团，而且常常还受它们的影响。

厄瓜多尔共产党没有把争取全国绝大多数劳动人民——印第安人的基本要求以及争取他们的民族解放的斗争置于工作的首位。

古 巴

1930年以前，古巴共产党是一个很少联系群众的、不大的宗派集团，人数总共不过250—300人。1930年，古巴共产党开始注意加强争取群众的斗争。这个时候正值革命运动高涨，古巴共产党在运动中越来越显示它的领导作用（例如1930年3月20日在哈瓦那组织和进行的20万工人罢工和1931年8月4日6万工人罢工）。但是，群众工作的真正转折是在1932年才开始的，这时党着手在制糖厂和种植场工人（这是古巴无产阶级人数最多的部分）中进行工作。因此，到1933年中期，即古巴革命前，党已经拥有近2000名党员，并依靠着有25000名成员的古巴革命工会联合会。1932年，洪科叛徒集团从党内分裂出来，1933年成为托洛茨基主义组织，它伙同一切地主资产阶级反革命疯狂地反对古巴共产党和古巴革命工会联合会。

1932年和1933年上半年蓬勃高涨的革命运动大大动摇了马查多这个仇恨群众的古巴总统的独裁政权。1933年8月推翻马查多，是古巴共产党和古巴革命工会联合会组织和大力领导的总罢工的结果，这次罢工是以古巴东部农民运动为背景开展起来的。但是，当总罢工已经开始发展到反对马查多独裁的群众起义时，古巴共产党领导犯了一个严重的错误。由于没有一个明确的革命前景，古巴共产党中央委员会号召停止总罢工，甚至取消了"打倒马查多！"的口号。但是群众继续斗争并以此促使党纠正自己的错误。马查多被推翻了。然而，古巴共产党中央委员会的错误立场致使它的威信暂时下降,而敌视马查多的地主资产阶级集团和小资产阶级集团的影响却在扩大,它们得以暂时领导反对马查多的运动。

关于八月错误的根源,古巴共产党的领导至今没有充分挖掘出来;这些错误的根源首先在于,党的领导没有明确的革命前景。这也反映在后来所犯的其他一系列错误中。

马查多倒台之后,塞斯佩德斯总统夺取了政权,不久便由于军队大规模起义而被推翻。起义的原因一方面是政府威胁要降低士兵的薪饷,另一方面则是军队留用了拥护马查多的军官。这次广大士兵群众的斗争,主要是由小资产阶级的士官领导的,并被资产阶级广泛用来发动政变,而古巴共产党几乎什么斗争也没有参加。但后来古巴共产党开展了强有力的活动。它号召群众夺取地主的土地,为改善生存条件而斗争,为革命组织不受限制的合法地位而斗争,它广泛宣传了苏维埃的主张。在它的共产主义宣传的影响下,以及由于各级党组织进行的组织工作,1933年9月和10月,许多地方的属于古巴资本和外国(美国)资本的种植场和制糖厂被占领;工人开始真正实行工人监督,有些地方(马贝、哈罗努、谢纳多等)还建立了工人苏维埃。

在1933年8—10月的一些大规模的革命战斗中,古巴共产党参与领导了其中的大多数战斗,共产党在广大群众中的影响大大提高了。但是,古巴共产党没有把自己的注意力集中于从组织上巩固群众对党的日益增长的同情上。古巴革命工会联合会成员几乎达到30万人,但古巴共产党本身却没有壮大到形势允许和形势需要的程度;目前共产党约有5000名党员。

古巴共产党虽然具有特别有利的条件,但军队中的工作非常薄弱,军队主要是受各种反革命分子（巴蒂斯塔①）的影响。

来自美国干涉的威胁向古巴共产党提出了建立最广泛的群众反帝阵线的任务。在这方面，党只是在最近才开始开展这项工作。

广大士兵通过革命斗争推翻塞斯佩德斯政府之后，上台执政的是一个民族改良主义类型的政府，即格劳·圣马丁政府，它起初倾向群众运动，热衷于进行反帝的蛊惑宣传。这个政府没有得到最重要的地主和资产阶级政党的支持，因此它未能维持住政权。美国帝国主义极力要扶植一个更巩固和更"可靠的"政府执政，它终于如愿以偿。北美帝国主义安插的亲信门迪埃塔，仰仗军队和资产阶级及地主广大阶层的支持，于1934年1月夺取了政权，并立即实行反对无产阶级和农民的群众运动的恐怖斗争和加强对古巴共产党的镇压。

古巴共产党领导群众反对门迪埃塔企图夺取他们的经济和政治胜利成果的斗争。1934年古巴革命发展的特点是，1934年下半年，群众性的革命战斗大大加强，劳动群众的罢工行动和其他行动日益政治化，城乡小资产阶级劳动群众更加广泛地投入斗争。在古巴共产党和古巴革命工会联合会的领导下，在1934年间爆发了最大规模的罢工（2月哈瓦那总罢工，参加人数15万；3月烟草工人罢工，参加人数10万；4月工人总罢工，参加人数20万；5月1日总罢工；10月8日20万工人总罢工，等等）。在共产党领导下，6月17日爆发了广大工人和学生群众反对反动的阿贝采②党和反对它所策划的向哈瓦那的法西斯进军（"阿贝采的集中化"）的革命行动。这次进军虽然是进行了，但却被在共产

---

① 巴蒂斯塔，古巴军队总司令。原为中士，领导过1933年的陆海军起义。由于他积极参加镇压古巴革命运动，他是古巴劳动群众最深恶痛绝的分子之一。他加入了门迪埃塔政府。

② 阿贝采，反动的（法西斯化的）党，与在古巴的西班牙工商业资产阶级和其他外国企业主相勾结。这个党的主要社会基础是西班牙人商业职员。

党同格劳·圣马丁党革命分子结成的统一战线的基础上进行的革命行动所摧毁。在1934年9月和以后的几个月中,古巴共产党领导了雷阿连戈地区农民的斗争,反对地主和美国种植场主把农民从他们租赁的土地上赶出去。在共产党领导下的起义农民成立了在这个地区真正行使政权的革命委员会。在共产党领导下的工人采取了革命行动,广泛地支持了这次农民运动。

古巴革命运动的发展,特别是6月17日的行动,使得一些地主资产阶级政党退出了门迪埃塔政府,并导致了最大的、反动的阿贝采党的分裂,等等。1934年初,召开了古巴革命工会联合会第四次代表大会,出席代表大会的几乎有2000名代表,代表着革命工会和改良主义工会的42.6万名工人。但是共产党也犯了错误,它没有利用这次代表大会来实现古巴真正的工会大团结。党在现有的改良主义工会内部,特别是铁路员工工会中没有充分地开展工作;党在已加入革命工会联合会的工会和新建的工会中的工作至今还非常薄弱。

1934年4月召开了古巴共产党第二次代表大会,大会提出了必须进一步建党并提高党的政治水平的重大任务,拟定了克服古巴共产党仍然存在的弱点和缺点(没有很好地在农民中开展工作,对黑种人民族问题估计不足,军队中的工作十分薄弱,等等)。第二次代表大会的指示为古巴共产党下一步的全盘工作奠定了基础。

墨西哥

1928—1929年中,墨西哥的凯耶斯政府公开同美国帝国主义合作。在以后的几年中,美国资本越来越深地渗入这个国家,排挤着它最有实力的竞争者——顽强抵制的英国帝国主义的势力。1933—1934年,日本也不断参与帝国主义争夺墨西哥的斗争,它极力想在这个成为美国帝国主义战略大门的国家建立自己的基地。

由于美国在这个国家政治生活中的势力大大加强,近几年来墨西哥地主资产阶级集团之间的斗争远不及南美和加勒比美洲其他国家尖锐。

在地主资产阶级集团和帝国主义分子之间的斗争中的一次最大规模的事件,是1929年3月爆发的并得到英国帝国主义支持的埃斯科巴尔和阿吉尔将军反对依仗北美帝国主义的凯耶斯-波尔特斯·希利亚政府的起义。

墨西哥共产党对这次起义采取了错误的态度,没有保持政治上的独立性,它号召群众"先同凯耶斯一起反对反动的将军们,然后再反对凯耶斯"。这个机会主义的错误是党内阶级异己势力造成的,其根源来自对凯耶斯政府的小资产阶级的和革命的性质的错误看法,其实这个政府已经公开同美国帝国主义合作了。在许多地方,农民一方面反对起义的反动将军们,同时也自发地加入了反对凯耶斯政府机关的斗争。

在共产国际的帮助下,墨西哥共产党领导在起义后很快就认识到他们所犯的错误。但是,纠正墨西哥共产党的政治路线,特别是根据阶级关系的变化重新对墨西哥政府作出的评价,遭到了许多右倾机会主义分子的抵制。1929年7月召开的中央全会把加尔万、迪埃戈·里韦尔和巴赫等中央委员开除出共产党。全会还通过了关于在党内和革命运动中加强同异己的资产阶级和小资产阶级势力作斗争的决议。

随后几年,在墨西哥共产党中央的工作中依然存在着某些右倾机会主义错误,例如准备容忍政府对罢工的"不可避免的"强制仲裁;共产党在美化土地改革的(为维护地主土地所有制而实行的)《农民入门》中提出的要求,等等。

在1929年11月(当时党已转入地下)总统选举期间开展的运动是党内生活中的一件大事。在这次选举中,工农联盟候选人获得了13万张选票。近几年来墨西哥的革命运动,与南美和加勒比美洲其他国家相比,处于较低的水平,这首先应归咎于改良主义和无政府工团主义组织对劳动群众的影响和政府集团收买人心的宣传(围绕所谓《六年计划》、争取规定最低工资以及围绕农民和印第安人问题的运动;政府反教会特权运动,等等)。

虽然采矿工业和其他工业部门在1933年底和1934年有所复苏,但劳动群众的状况恶化了。1934年革命运动又开始高涨(一系列罢工,包括在一些关键性的工业部门,如油田、矿井、纺织企业及其他企业;坦皮科总罢工;农民的武装行动日益加强;在许多地区农民夺取地主的土地;农业工人的多次罢工,等等)。

在群众运动的衬托下,共产党的缺点和弱点显得格外严重。这首先关系到党的群众工作,特别是工会工作。在工会工作中,墨西哥共产党仍然采取宗派主义立场。虽然1930年提出的"退出改良主义工会"的口号很快取消了,但是党在改良主义工会组织、无政府工团主义及其他工会组织中的工作实际上根本没有开展。只是在几个工会中有革命的工会反对派小组,而且力量很弱。1929年成立的统一工会联合会最近几年之所以软弱无力,不单单是由于政府的恐怖政策,更重要的是由于缺少正确的革命路线,对工人争取局部要求的斗争估计不足,不善于运用统一战线策略组织广泛的斗争以实现这些要求。由于群众的激进化所引起的无政府工团主义工会和改良主义工会的分化至今没有被共产党利用,而是被执政的所谓"民族革命党"利用了,它进行广泛的蛊惑宣传,并建立自己的工会联合会——劳动局。现在,这个执政党在群众的压力下,正在围绕关于把现有各工会组织联合成由它领导的统一的中央工会这个问题开展广泛的运动。

在报告所总结的这个时期,墨西哥共产党广泛开展了在农民中的工作,建立了新的农民组织,这些组织又联合成区一级的革命农民联盟。

虽然墨西哥共产党在1932年通过了关于为印第安人的民族自决而

斗争的决议，但党至今没有在印第安人中进行什么重要的工作。

在1929年党转入秘密状态时，党员从2500人减少到600人；现在它拥有1200名党员。虽然墨西哥共产党使自己的社会成分有所改善，但至今一些主要工业部门的工人在党内的人数还很少。在党的领导班子中，真正积极参加领导工作的工人比例仍然很低。而思想上的软弱性及领导骨干政治水平太低，是墨西哥共产党的主要缺点。目前共产党几乎还没有采取任何措施去克服这些缺点。

尽管有着许多困难，墨西哥共产党仍然成功地定期出版自己的中央机关报《镰刀》，数量达4000份。

哥伦比亚

1928年12月，哥伦比亚爆发了香蕉园工人最大的一次罢工（32000人）。小资产阶级盲动主义分子在领导中占优势的哥伦比亚社会主义革命党（以同情者身份加入共产国际），未能领导群众的革命斗争，而且犯了极为严重的错误，罢工被军队镇压下去（1200人被杀害）。

1930年，哥伦比亚共产党成立，它利用了社会主义革命党组织和它同群众的联系。在领导了一系列劳动者的革命行动后，哥伦比亚共产党在1932年已经拥有约2000名党员，而1930年只有300名党员。

在哥伦比亚秘鲁战争期间（1932—1933年），虽然许多普通党员积极投入了反战斗争，工人和农民自发地进行群众性的反战斗争（《巴瓦里亚》工厂反对缴纳战时税的罢工，农民拒绝入伍和缴纳同样的税款，等等），但哥伦比亚共产党未能真正进行反战斗争。党没有充分揭露本国的统治阶级，而在它的一些基层组织中甚至存在护国主义情绪。由于在反战问题上的机会主义立场，党的书记埃尔南德斯被开除出党。战争时期严厉的高压政策和中央委员会的机会主义路线（继开除书记之后的），是党员大大减少的原因（1933年只有300名党员）。

经济危机，特别是战争导致1933年底、特别是1934年的群众运动的重新高涨（巴兰基利亚的总罢工，麦德林总罢工，铁路工人、香蕉园工人的罢工，农民武装夺地斗争，印第安人的革命行动，等等）。只是在最近，在战争结束后取得了半合法地位的哥伦比亚共产党才初步认真尝试领导劳动群众为实现他们的经济和政治要求而斗争。而在具备一系列积极因素（定期出版中央和许多地方性机关刊物，1933年选举运动中取得成绩，反战工作不断加强等）的条件下，党却仍然存在严重的缺点：无原则的派别斗争还未根除，党内阶级异己分子的势力还很大。目前哥伦比亚共产党有400—500名党员。

委内瑞拉

非法的、受到残酷迫害的委内瑞拉共产党成立于1931年。尽管党的领导机关几次被捣毁，但委内瑞拉共产党继续积极开展自己的工作。如果说1933年党只有200个党员的话，那么，现在党员的数量差不多达到了700人。整个党建立在支部上，其中多数是工厂支部。虽然条件特别困难，但党仍然不时地出版秘密的报纸。

在委内瑞拉，戈麦斯将军的军事独裁已经横行了26年，那里既没有群众组织，也没有工会。在1934年，国内爆发了最初的几次革命行动（例如1934年8月金矿两次罢工等）。同年年底，广大劳动群众日益增长的不满情绪迫使戈麦斯独裁者释放了全部在囚的共产党员，后来他们又被驱逐国外。

萨尔瓦多

萨尔瓦多共产党1930年成立。由于它密切联系群众,建立了革命的工会和争取了全部现有的改良主义工会组织,因此它在国内很快就具有重大意义。1932年1月,它领导了萨尔瓦多最大的一次起义,参加这次起义的工人和农民达4万人,其中包括很多印第安人。党把建立苏维埃作为中心的政治口号。起义者占领了许多城市、铁路枢纽、种植园等等。政府派去镇压起义的军队,往往拒绝对抗起义者。起义遭到了血腥镇压(8000多人遭杀害),数名萨尔瓦多共产党中央委员被枪杀。党组织、工会等遭到彻底破坏。只有个别党员幸免于难,由于极其残酷的恐怖政策,直到1933年底,他们才得以着手积极进行重建党的工作。

洪都拉斯

1927年成立的洪都拉斯共产党和由它建立的工会联合会积极参加了1931—1932年的一系列罢工。1931年4—5月,爆发了费雷罗将军领导的农业工人和农民的大起义。党参加了起义,但没有设法担负起起义的领导工作,没有提出革命的口号。一些党员同起义群众融为一体。起义被镇压了。1931年年底,失业的农业工人重新发动了起义,但这一次党也未能争取到起义的领导权。党在1932年实际解体之后,于1933年底重新恢复了自己的工作。党现在拥有300—350名党员。

危地马拉

危地马拉共产党成立于1930年,但从1925年起就已实际存在,曾称为中美洲共产党。虽然存在着革命工会，但它极少同城市无产阶级基本群众，同农业工人和农民取得联系。1932年，党遭到破坏，一名中央委员被枪杀，而全体中央委员和80名党员被判处终身监禁。

1933年，在墨西哥共产党的支持下，开始了积极重建党的工作。

哥斯达黎加

哥斯达黎加共产党成立于1931年，拥有合法地位。它有数百名党员。党表现出很大的积极性，不断扩大同群众的联系，定期出版《劳动》报。1933—1934年，哥斯达黎加共产党在领导群众斗争（1万名香蕉园工人罢工，咖啡园工人多次罢工，等等）和选举运动中（自治市政府的几名代表和成员是哥斯达黎加共产党党员），都取得了很大胜利。

波多黎各

波多黎各共产党1934年由原有的共产主义小组组成。在自己活动的短短时间里，党已经领导了一系列革命行动，包括全国一些最大中心城市的失业工人饥饿进军。1934年年底，党召开了甘蔗园和制糖厂工人第一次全国代表会议，从而开始同波多黎各工人阶级的基本群众结合在一起。波多黎各共产党约有500名党员。

巴拿马

1930年中期，拥护共产国际者小组解散了巴拿马工人党，成立了共产党。但不久，小小的巴拿马共产党分裂成2—3个小组，而实际上它仍然存在，但处于小资产阶级分子有力的控制下。国内受共产党影响最大的群众组织之一——房客联合会，拥有几千名成员，1932年领导了巴拿马最大的房客运动。

海　地

1934年海地共产党成立，原来的共产主义小组都加入了共产党。海地共产党不顾恐怖政策，成功地组织了许多半公开的群众性工会。目前海地共产党共有数百名党员。

亚　洲

日　本

党的布尔什维克化道路

在共产国际第六次和第七次代表大会之间这一时期中，日本共产党经过了严峻的斗争考验，沿着布尔什维克化的道路向前迈进了一大步。在1928年的时候，日本共产党在思想政治和组织上仍处在初步形成时期。诚然，在共产国际第六次代表大会前不久，日本共产党第一次参加了议会选举。党在"打倒君主制"的口号下进行了竞选运动。在共产党宣传鼓动的影响下，1928年11月，工人支持党提出号召——要求照发天皇加冕日即被迫缺勤日的全天工资。在共产党影响下的劳农党（工农党）的候选人在选举中获得了18万张选票。天皇帝国内务部长在1928年3月15日大逮捕和大搜捕时发表声明说：

"共产党不是一个单纯在思想上结合的集团。它是一个有广泛群众基础的党，而这正是它同山川均、堺利彦荒畑等人成立的那些党的不同之处。今天的共产党是一个继承了俄国布尔什维克传统、拥有工人群众和在工厂、矿山及农村拥有坚实基础的党。它是一个全日本性的群众性组织。"

专制独裁政府在逮捕共产党人之后，随后于1928年4月10日解散了三个革命组织：革命工会理事会——工会评议会，无产者青年同盟和劳农党。

政府组织起庞大的秘密警察网，颁布对共产党人处以死刑的法律，疯狂镇压工农群众，不惜手段地阻止革命组织的重建工作。社会民主党则助长实施恐怖政策，分裂工人阶级的队伍。

尽管面对恐怖政策和资本的进攻，日本无产阶级对解散他们的革命组织采取了大规模的抗议行动。许多工厂组织了半小时的罢工和示威游行。逮捕共产党人在农民中也引起强烈的反响。在新泻县，600名农民袭击了警察局，要求立即释放被捕的共产党员。

但在这个阶段，党内思潮主要为小资产阶级和资产阶级知识分子同路人的影响所左右，这些人在党的领导中起着不小的作用。为了站稳脚跟，年轻的党必须击溃自己队伍中危害最大的小资产阶级机会主义，首先必须彻底地和毫无保留地清算日本的取消派，即山川主义，同时还必须清算以福本主义为代表的知识分子和小资产阶级宗派主义。

日本的社会民主党在它的首领们解散了最早的工会联合会"劳动总同盟"和驱逐了这里的激进派工人之后，于1926年成为一个政党。另一方面，由于共产党人和革命无产阶级建立了新的工会联合会"工会评议会"，共产党人通过亲自参加罢工斗争，赢得了群众的极大支持。然而，清除共产主义运动中的社会民主党残渣的过程还远没有因此而结束。工人阶级争得了一系列合法阵地，这便有可能不仅足以广泛地开展罢工斗争，而且有可能展开政治斗争，然而以山川均为首的社会民主党分子却利用这一条件，散布合法主义的幻想和资产阶级自由主义的思想。摧毁工人运动的合法据点和野蛮的警察恐怖浪潮，使年轻的共产党措手不及，福本的极端宗派主义集团在党的领导中暂时取得了优势。这个集团借口党内只能有"完全受过马克思主义教育的成员"，而使党脱离了广大工人群众。

所谓的山川倾向以日本条件特殊为理由，否认日本存在独立的无产阶级政党的必要性，提出同其他民主组织融为一体来使无产阶级政党合法化，限制公开地宣传马克思主义和在这些组织中进行"民主统一战线"的工作。

与此相反，福本主义则极力想使党变成一个脱离群众的知识分子宗派集团，使党的工作局限于小圈子活动，直到如今干部还没有培养出来，群众工作的主观条件也不成熟。

山川主义极力想把日本共产主义运动限制在帝国警察的合法范围内。他极力阉割共产主义运动，拉着它去顺应官僚专制制度和地主资产阶级的君主政体。在日本，只有共产党敢于以无产阶级的大无畏精神向最反动的君主专制挑战。正因为如此，在1928—1933年期间，在党清理自己的队伍时，从党内一个接一个溜出去的叛徒们才从维护天皇帝国的立场出发开始死心塌地地对共产党的背叛性进攻。在1931年以前，人们把这个帝国描绘成社会帝国。日本的社会帝国主义分子同共产主义的叛徒取得一致意见……居然要在保留天皇统治的条件下实现无产阶级专政。1931年之后，当日本帝国主义的战争需要突出起来的时候，天皇在社会帝国主义分子和间谍的言论中，便开始主要作为"国家统一"的象征和体现而出现了。

如果说山川主义企图取消日本共产党，把它贬低到起着自由君主政体反对派的"工人"尾巴作用的话，那么，福本主义则企图用小资产阶级知识分子的宗派主义从内部堵住党的各条血管。这是小资产阶级对合法主义的"迷恋"采取姑息态度的表现，这种"迷恋"在1928年中期，当叛徒集团按照暗探局的指示企图成立所谓"合法的共产党"时便暴露无遗了。福本主义企图使党扮演一个出于害怕斗争困难而避开群众躲入地下并只起着宣传团体作用的宗派角色。日本共产党不得不开辟一条正确的道路，一方面同这些残余倾向作斗争，同时对政府的打击予以抵抗。

共产国际第六次代表大会在日本共产党的发展中起了巨大的作用。代表团开完代表大会回来以后，日本共产党提出了使党布尔什维克化的口号。1929年初由于逮捕，几乎只剩下几十人的党，已发展到数百人。党组织在日本各大工业中心（东京、大阪、名古屋、九州岛北部等）差不多都得到了恢复。工人党员人数已增加到党员人数的71%。

总的来说，党的路线是正确的，而且工人党员居大多数，但各级领导机关中占优势的还是知识分子，他们没有在工农中进行群众工作的经验，而且受到小资产阶级思想的熏染。党又重新犯了错误，使党走上了早已被唾弃的山川主义道路：采取了武断的做法，把原有的"争取政治解放的斗争联盟"一律转为党的各级组织，把它们的领导机关变为各级党的委员会。

与此同时，党的政策方针依然混乱：在提出"打倒君主制度"、"联合自由"和"工农民主专政"口号的同时，党又赞同"无产阶级专政"的口号。提出这些口号时没有对本国的形势作马克思主义的分析。口号不断改变，因为"它们不适于宣传或不足以进行宣传"。（《赤旗报》1929年2月15日第26期）在这种情况下，基层党组织看不到前景，找不到明确的方向。

共产党的状况同样反映在革命工会的工作上。在"全协"革命工会中，把党当做宗派同工会混淆在一起，工会工作出现极左的公式主义。工会根本不重视无产阶级的局部经济斗争，鼓动进行武装示威游行和武装罢工，等等，这一切导致了1930年5月1日的"武装示威游行"，而参加游行的总共只有几十人。

虽然如此，党内的优秀分子——工人党员们——一刻也没有离开党的工作，并为把党变成真正的工人阶级的先锋队而斗争。

尽管大逮捕接踵而来，但党仍然得以在1930年2月召开扩大的中央全会。由于政府的挑衅，党又遭到了严重的打击，而且地方组织之间的联系也一度遭到破坏。

1930年8月，工会国际第五次代表大会通过了关于日本革命工会任务的决议。决议批评了"全协"的工作并指出了正确的发展道路。这个指示对党也有重大意义。

1930年底，按照共产国际的正确路线，党着手开展重建组织和使组织布尔什维克化的工作。党的队伍迅速恢复，党内的团结和统一首次得到了巩固。

在1931年制定的提纲中，党的错误表现在它把日本革命的性质定为无产阶级革命性质，并提出大量的资产阶级民主主义的任务，在农民问题上也犯了一些错误。

在农民联盟"全农"的工作中，党不得不认真地对付以前"政友会—民政党"为代表的日本社会民主党等。在"全农"联盟中形成了左、右两个派别，右派以社会民主党为首领，左派由共产党领导。

政府极力要摧毁左派。1930年8月开始的镇压活动一直到占领满洲也没有放松过。这是在为发动战争准备大后方。

尽管遭到镇压，但"全协"第四次代表大会（1931年3月7—10日）还是在共产党的强大影响下举行了。大会提出了这样一些口号，如："把土地分给农民！"，"打倒政府！"，"建立工农政府！"，等等。

1932年，共产国际对日本共产党在关于日本革命前途问题上的错误观点进行了批评，并在分析日本政治和经济形势的基础上确定了布尔什维克主义的战略和策略任务。日本共产党毫不动摇地接受共产国际执行委员会西欧局的提纲，并按布尔什维克的方式开展自我批评，号召全体党员实现共产国际的指示，为共产国际的路线而斗争。共产国际西欧局的提纲给日本共产党展示了正确发展的前景，使它的队伍更加团结，使它得到锻炼并加速了它的布尔什维克化。

这样，日本共产党在走过一段严峻的路程，清洗了自己队伍中打着共产主义旗号的不速之客或阶级敌人的代理人等这些同路人之后，它已经站在世界无产阶级革命的前沿阵地，投入反对日本帝国主义的艰巨而又责任重大的战斗。

站在反对日本帝国主义的最前列

日本共产党能够正确地对待战争问题。还在满洲被占领前不久，即在准备占领它的时期，日本共产党就不断地向群众揭露日本帝国主义策划在中国的掠夺战争和策划占领满洲的阴谋。

早在1931年7月，针对任命最反动的军事集团代表担任南满铁路总裁和朝鲜总督一事，日本共产党中央在自己的中央机关报《赤旗报》上发表了致工人的号召书。号召书在揭露日本帝国主义在满洲的计划时说：

"日本帝国主义在反对任何人的战争中，其战略首先在于占领满洲和蒙古……日本帝国主义现在已经在实际加强准备武装入侵这些国家……

"工人们和农民们！不要为战争出一文钱！不要运送任何一个士兵！拒绝缴纳一切税收，拒绝用鲜血（兵役）为进行帝国主义掠夺战争、为维护金融资本利益缴纳税收……"

在策划占领满洲期间，党号召殖民地的工人、农民、士兵和人民进行斗争，"把反对苏联和反对革命中国的战争变为反对日本帝国主义资产阶级的国内战争，反对帝国主义的战争，打败日本帝国主义，争取无产阶级和贫苦农民同盟军的胜利。"（1931年7月6日《赤旗报》）

党在这些口号下举行了1931年8月1日运动。虽然大规模的逮捕抓了1500人，但党仍然在一些大冶金厂、纺织厂以及在建筑工人中组织了一系列罢工，几乎在所有工业中心组织了反战示威游行。在吞并朝鲜的周年纪念日（8月29日）和国际青年日，党所领导的反战示威浪潮再次高涨。

占领满洲之前，正值地方自治机构改选。党也利用了这次改选运动进行反战斗争和揭露社会帝国主义的头目们：他们虽然积极参加改选，但却只字不提行将开始的占领问题，而且帮助军阀从容地准备对满洲的占领。

沈阳事件后的第二天，即9月19日，党向日本工人、农民和士兵发表宣言。宣言对沈阳事件作了如下评价：

"帝国主义日本的军队正在占领沈阳。日本帝国主义的资产阶级走完了占领满洲和蒙古的第一步。这全然不像它所说的是什么'维护正义'，是'偶然事件'问题。这不是什么别的，而是精心预谋的反对中国和日本劳动人民以及反对苏联劳动者的反动挑衅。这是野蛮的掠夺者和卑鄙的杀人犯的冒险事业。这不是别的什么，而是反动派对中国和日本的无产阶级和广大劳动者、对苏联劳动者的挑战……向满洲进攻！向革命的中国进攻，接着向苏联进攻，这就是日本帝国主义这个远东反动派急先锋的进军路线。"

号召书还强调指出，日本帝国主义占领满洲不仅意味着掠夺和奴役中国人民，同样也意味着占领战略要地以达到进攻苏联的目的。

号召书提出以下口号：

"工人、农民和士兵同志们！同中国工人和农民联合起来，奋起为革命的团结而斗争！

"要求立即从沈阳和一切被占领地撤出军队！要求立即从中国和满洲撤回日本的陆军和海军！不要运送任何一个士兵！抵抗日本帝国主义和中国反动派的一切军事行动！防止新的帝国主义战争危险！保卫苏联！打倒日本帝国主义！拥护日本苏维埃！"

这个号召掀开了日本无产阶级反对日本帝国主义掠夺战争的新的一页。

日本的社会沙文主义分子也对九一八事件立即作出反应。他们在号召书中匆匆宣布日本帝国主义的这一战争冒险是一场争取"社会主义日本"的战争。当时的日本社会民主党总书记赤松在开始占领的几天后宣称：

"对满洲的武装干涉，不是帝国主义的干涉，因为即使在社会主义日本条件下也须为我国工业所需的原料而斗争，而原料现在掌握在美国、英国和俄国手中。"

社会民主党不光在口头上支持军阀，从战争头几天起它就协助警察在企业中调查散发日共的反战宣传品的工人，破坏工人罢工和农民同地主的冲突。

从日本占领满洲的第一天起，日本共产党就开始在群众中开展反战运动。在9月的最后几天，左派群众组织和革命工会在共产党的领导下，在东京举行了一系列反战行动大会。在东京、大阪、名古屋及其他工业中心的各大企业中散发了党的反战传单。从9月17日到22日止，在富山、青森等县举行了农民反战群众大会和代表会议。

同时，党还大抓了军队中的工作。在10月的头几天，报纸曾报道了党组织在新兵第二师中的工作，报道了在姬路师和通讯部队中逮捕士兵等情况。党利用军队动员和开赴前线的时机把在士兵中的工作同群众的行动结合起来。10月，正值士兵开赴前线，在东京举行的示威游行就是这种结合的典范。党提出了如下口号：发给被动员入伍的工人的全部工资，按原条件安排复员士兵工作，给士兵家属予以保障，等等。这些口号在工人中引起强烈反响。在这些口号的鼓舞下，大企业组织了一系列罢工。其中最突出的是1932年3月东京地铁工人的罢工。

日本共产党人在士兵和水兵中的反战工作的成果，在1932年头几个月上海战役期间尤为明显,当时发生了一系列日本士兵不服从命令的情况。早在 1 月 29 日,在日本军队集结上海时,就有 200 多名士兵拒绝开赴阵地,2 月 11 日 300 名士兵举行了群众大会,会上散发了带有共产党反战口号的传单。几天以后又有 600 名士兵拒绝开赴前线。这些行动及其他行动使得日军统帅部不得不把那些最不可靠的作战部队遣送回国。据资产阶级报纸报道,在这段时间里,有 20 个团发生了逮捕革命士兵的事件。1933—1934 年在满洲的许多部队中拒绝上前线的情况时有发生。

党中央委员会迅速纠正了一些群众组织在战争初期反战斗争中的错误。这里特别要指出的是,个别革命工会对同社会沙文主义分子的斗争不够重视,那些坚持拒绝动员入伍的共青团组织的观点是错误的。但是这一错误倾向很快就得到纠正,而且共青团中央机关报在 1932 年 1 月载文谈到了反战工作。文章对在群众中进行反战工作作了具体明确的指示。在战争开始的头几天,党的领导还不得不同其他机会主义错误进行斗争,如某些支部对军阀在工人中发起的"国防志愿捐"运动所抱的消极态度,以及个别共产党人借口担心脱离群众而消极等待。党纠正了这一错误观点,并把许多大企业中的这一运动变成了反战斗争。

在共产党直接或间接领导下出版的合法的或非法的机关刊物,在反战斗争中起着巨大的作用。在 1932 年秋大逮捕以前,这种非法刊物(党的、共青团的、工会等的)已达 30 种,工厂报纸和农村报纸也达到几十种,还有一些公开的出版物。其中为首的革命报刊是共产党中央机关报《赤旗报》,它是真正战斗的反战刊物。

《赤旗报》不断揭露最高军事统帅部进行的战争准备、军队的调动和兵力部署、编制的军事预算等情况。它紧密配合战争对国内外政策方面的一切重大事件作出论述。《赤旗报》向群众展示怎样动员工业、怎样扩大军火生产,同时还报道党在企业组织的观察备战委员会提供的种种消息。《赤旗报》连续不断地报道以下各种问题：战争对工人和农民劳动和生活条件的影响，提高劳动强度和延长工时问题，物价昂贵和实际工资下降，军事预算的沉重负担，士兵家庭的困苦生活，把被动员入伍的佃户的亲属赶出土地，等等。1933年2月，该报就筹备上海反战代表大会掀起了广泛的运动，并把这一运动同企业中的日常斗争与组织反战委员会的工作协调一致起来。

《赤旗报》警惕地注视着大战的准备和政府的反苏计划，猛烈谴责帝国主义分子的种种伎俩和挑衅，同时广泛宣传苏联的和平政策。对于法西斯分子和侵略集团在企业搞的"国防"捐和"国防"赋役，关东地区空防大演习（1933年夏季），企图夺占中东铁路及后来关于出卖中东铁路的谈判，"修改"维持治安法，不断加强对革命运动的镇压，拒绝同苏联签订互不侵犯条约，以及其他一系列当前的事件，《赤旗报》都一一予以揭露并指示怎样组织反击。为了在士兵和水兵中进行宣传，《赤旗报》辟有特别专栏，发表士兵和水兵从远征部队和后方驻防军寄来的信件。

富于战斗精神的反战工作，使《赤旗报》在工农群众中树立了巨大声望。《赤旗报》传播极广，一份报纸传来传去，直到读破为止。群众给予的物质支持也说明了这种声望。群众的支持使得该报在战争年代从用石板印刷、每周出版一次，发展到活版印刷、每六天出版一次。

陆军和海军中的反战工作，也有党的专门出版物进行指导，如《士兵之友》月报、《高高的桅杆》（在吴军港出版的报纸）及许多其他地方性的兵营报纸和船舰报纸。

共产党人在为群众的日常要求进行斗争和组织罢工行动时，努力使工人的经济斗争越来越经常地同反战工作交织在一起。在这方面，工厂报纸起着巨大的作用。例如神户三菱造船厂的罢工（1933年2月）就是在工厂党报《车床》的积极参与下发起的。这次罢工具有明显的反战性质，反对为完成坦克订货而提高劳动强度。

经济斗争与反战斗争的交错以各种形式表现出来。工人在罢工中提出反战要求，例如：如数发给服兵役者的工资，服役期间应计连续工龄，给复员者按原条件安排工作，给士兵家属予以保障，等等。这些要求尤其在满洲和上海城下激战时期影响很广。在共产党人领导下的、轰动一时的东京地铁罢工期间（1932年3月）提出的"士兵的要求"，在前线部队中引起了强烈反响。在大阪搬运工人、福岛纺织公司的纺织工人的罢工中，在北川工厂的橡胶工人、大和与隅田印刷厂的印刷工人、北海道的矿工、大森煤气电气军用工厂的冶金工人（1932年1月）、多摩川—海马岛线电车工人（1932年3月），以及在许多其他罢工和冲突中也都提出了这些要求。值得注意的是，在一些自发产生的通常不由工会领导的罢工中，例如在东武线电车工人的罢工中，也都提出了"士兵的要求"。

在军工企业，特别在一些大型军工企业，经济斗争同反战斗争的紧密联系，成为工人反对"国防"捐和"国防"赋役斗争的形式。一系列罢捐、抗捐、破坏税收的行动，都是党在企业中进行坚持不懈的解释工作和组织工作的结果。1933年初，当爱国者工会和反动组织在工厂发起制造"爱国者"号坦克与飞机捐款和扣款运动时，党对这场运动进行了抵制，党提出的口号是："我们反对战争，让资本家自己去牺牲吧"，"我们反对20多亿的军事预算"，"提高工资50%，发给100%的超工时补贴，给予士兵家属充分保障"，等等。共产党人在工厂组织各种各样的工人集会、座谈会等，并向与会者解释各种名目的捐款，其实质是掠夺工资和动员工人支持帝国主义战争；他们提出建议，破坏征收捐款以及由工人控制征集的资金，并将它们用于救济士兵家属和东北各省饥饿的农民和失业者。结果，在许多企业，捐款问题在工人中引起一定形式的反击和骚乱。

大阪兵工厂 7000 名工人暗中对抗强制现金税；在机器制造厂和"都电"公司的工人中发生了骚动；在大阪染料工厂由于反对各种捐款，工人们要求宣布 5 月 1 日为工资照发的休假日；在池欠炼铁厂，工人抗议扣发日工资并怠工半日。在东京的一个区兵工厂里，反动的预备兵协会搞了一个征集 5 角钱演习费运动，大批工人决定不交付演习费，而为上海反战代表大会募集资金。《赤旗报》社经常收到募集的资金。名古屋的现业委员会（铁路当局自己在国营铁路虚设的"工人委员会"）会议拒绝作出关于建造"铁路职工爱国者号"飞机捐款的决议（1932 年夏季）的事实，说明了党的反对捐款的宣传活动在群众中得到了如此热烈的响应。

在一些工厂，共产党人建立了监察战争准备情况的"监督岗"。许多地方组织了反战委员会。在一些企业和农村，共产党人利用回来的复员士兵和休假士兵在场的机会举行会议，请他们讲述战争情况，这种会议常常变成反战会议。工厂主也常常亲自举办工人晚会，庆祝"前线归来的英雄"，而晚会常常避开主人，变成了反战会议。

在两年的战争期间，党不顾军人反动势力的一切重压，动员群众举行了八一反战示威游行。1932 年的八一示威游行提出的口号是："立即从中国、朝鲜、福摩萨（台湾）撤军！""保卫苏联，保卫中国革命！""反对帝国主义战争，变帝国主义战争为国内战争！""反对警察专制，为大米、为土地、为自由、为工农政府而奋斗！"

在企业，在职业介绍所，在农村，八一行动的筹备工作是同反对降低工资、解雇和强化劳动，同争取大米、争取失业者国家保险、争取废除债务、反对逐出土地等斗争联系在一起的。

在筹备 1932 年八一行动的过程中，党于 7 月 26 日在东京组织了一次街头大示威，抗议对共产党人的严厉惩罚，当时在东京法院审判共产党人时，提出了立即释放政治犯的要求。许多企业也作出了这方面的决议。

在东京，参加八一反战示威游行的工人超过了3000人。示威者举行飞行集会，散发传单，进行战斗，冲破警察的警戒线。这一天，新潟铁工所冶金工厂举行了意大利式的罢工。

1932年的反战斗争带有先锋队的战斗行动的性质，它没有能够同企业广大工人相结合，而且多数是在街头利用示威游行、散发传单、宣传鼓动等形式进行的。1933年，反战斗争开始有步骤地直接在企业进行，并同工人迫切的经济要求密切结合在一起，因此规模也大得多。

1933年的八一行动是在下列口号下进行的："反对帝国主义战争！""反对为继续打仗和镇压革命斗争而实行的恐怖手段！""打倒战争和恐怖的煽动者——法西斯分子和社会法西斯分子！""把所有殖民地从帝国主义手中解放出来，把朝鲜和福摩萨（台湾）从日本帝国主义手中解放出来！""支持中国工农革命以确立包括满洲在内的整个中国的完全独立！""保卫国际无产阶级的祖国——苏联！"

八一行动是同反对当时举行的空防演习即反苏战争示威和准备镇压国内战争的演习的斗争，同反对占领中东铁路的反苏计划和入侵苏联的斗争，同反对沙文主义宣传与反对加强恐怖和加强维持社会治安法的斗争结合在一起的。在各企业和运输业进行了反对解雇、强化劳动和军事管制等罢工宣传。

警察机关调动了全部力量来镇压八一示威游行。因此大规模的群众示威游行未能进行，但在许多地方，如东京、大阪等地仍举行了局部游行；工厂召开了反战集会、工厂联合反战代表会议等等。富士永田工厂的工人举行了八一罢工。

党还深入到农民中宣传自己的反战口号。

1932年8月1日，党通过"全会"在一些农村进行了真正的反战运动。在冈山县、秋田县的许多农村和其他一些地方甚至举行了一些规模不大的、但进行得非常热烈的示威游行。冈山县备前区发布的号召书,非常成功地把反战斗争同农民的迫切需要结合起来了。号召书先描述了农民的贫困,最后号召进行反战斗争。

"苛捐杂税压榨着我们。沉重的负债压迫着农民。我们没有糊口之炊……在甲西村,地主不许我们的弟兄们进入大田,夺走他们耕耘100多年的土地……全世界的工人和农民都在8月1日万众一心地宣布:'打倒资本家和地主!''打倒战争!'弟兄们,请互相转告,在8月1日——国际反战日,去宝田乡参加农民大会吧!"

10月5日在福冈县直方市,"全会"联盟的农民会员举行的全区大会,因演讲者发表反战演说而被驱散。

许多区的农民协会和共产党人领导的农民委员会由于应征入伍者的家庭受到地主的无情剥削和因付不起欠款被夺走土地,成功地开展了反战工作,以致宪兵队也不得不迫使地主收敛一下对应征入伍者家属的贪欲。

表现共产党的反战工作及其形式和规模的上述事实,充分肯定了日本共产党布尔什维克化的发展。日本共产党的全部工作一直是在强大而残酷的敌人持续不断的火力下开展的。党的团结也是在最严酷的纷飞炮火中形成的。这一点在1928—1933年间因"共产主义活动"嫌疑被捕的人数统计中得到了最好的证实。当时被捕人数是:

年代	人数
1928年	1850人
1929年	3567人
1930年	3737人
1931年	6903人
1932年	9212人
1933年	9000人
总共	34269人

1931年，当日本帝国主义发动对中国的强盗进军时，以上田、岩田、小林、野吕荣太郎同志为首的最著名的50名共产党人在被捕之后，未经审讯，即在警察刑讯室被折磨致死。在日本帝国主义军事进攻时期，白色恐怖使党遭到了毁灭性的打击。

领导经济斗争

1929—1930年是日本罢工运动高潮时期。1927年发生的劳工冲突为1012次，参加人数8.6万；1928年冲突次数下降到752次，参加人数下降到8.1万；与其相比，1929年发生的冲突则为1306次，参加人数为18.9万；1930年冲突进一步发展，增加了71%，参加人数增加了15%。

这个时期中，三分之二的罢工是自发举行的。从革命工会方面来说，只是打算参加一些日常斗争，它们在当时发生的重大罢工（2.5万名海员罢工、横滨4000名造船工人的罢工、金渊4000名纺织工人的罢工及其他一些罢工）中既无准备，也没有举行过一次罢工。

满洲的战事没有使罢工斗争减弱。罢工运动在满洲战事开始时，从劳工冲突的次数和参加的人数来看曾有所下降，但从1932年下半年起又呈现出增长的趋势。据内务省材料统计，1932年发生冲突1926次，参加人数9900人（冲突次数比1931年少520次，参加人数少55528人）。1932年下半年发生冲突982次，参加人数49400人（上半年发生冲突944次，参加人数为48366人），1933年为1638次，而参加的人数上升到102663人。

罢工运动在这段时期还较分散，但日本无产阶级的基本队伍越来越多地卷入这场斗争。

日本共产党和"全协"开始掌握以工人日常需要为基础的经济斗

争的领导权。独立领导罢工斗争是日本共产党和"全协"在整个这一时期中所要实现的重要任务之一。在1929年,"全协"参加或领导的罢工运动占罢工总数的9%;1930年,这个比例下降到7%。从1931年起,即在红色工会国际第五次代表大会(为革命工会运动提出争取企业群众的路线)之后,"全协"努力为克服自己的缺点而斗争,而1931年在它参加或领导下的罢工,占总罢工次数的14%。

在整个这一时期,反攻性罢工的比重不断上升。1933年,要求提高工资的罢工占全部罢工次数的34%。值得注意的是,由于日本共产党和"全协"正确坚持当前应在军工企业开展斗争,因此提高工资的要求在一些军工厂被提到了首位,而且工人们一致为这些要求进行斗争。例如在有3000名工人的横滨船坞造船厂(这里改良主义十足的"乘船联盟"联合会的势力很强大),工人们要求提高工资,因为厂主们得到了大笔津贴。冲突就在接到新的军事订货时爆发了。芝浦工厂的工人不顾改良主义上层官僚的反对,也要求把工资提高15%,把计件工人的工资提高30%,同时还抗议由于接受军事订货而提高劳动强度和加班工作。包装工厂的工人也为提高工资50%而斗争。

有组织的和没有组织的工人都渴望共同斗争,是这一时期罢工运动的又一特点。日本共产党和革命工会运动不断加强争取自下而上的统一战线的斗争,并以阶级斗争和无产阶级国际主义的思想来抵制沙文主义的毒化。避开改良主义工会官僚而采取的行动越来越频繁,例如:许多地方工会支持名古屋三菱飞机制造公司临时工的罢工;其他工厂的工人支持大阪军用汽车制造厂的罢工工人;松田军用工厂的工人对芝浦和包装企业工人的同情性罢工;争取临时工转为固定工人的罢工,等等。正是这些例子证明日本工人决心团结一致,联合起来奋起进行反对资本的斗争。建立斗争统一战线的主张越来越深入广大群众;罢工筹备委员会、联合斗争委员会、罢工委员会,特别是代表会议,在工人中变得越来越有声望。甚至常常出现这种情况：只要罢工工人没有组织好（例如缫丝女工），没有成立罢工机构，罢工就不进行。往往是罢工委员会被警察破坏，罢工者就另行选举新的罢工委员会。

日本共产党和"全协"通过自下而上的统一战线，努力扩大斗争阵线。这方面的一个突出例证，就是1933年11月爆发的"铁工所"炼铁公司工人反对解雇和合同制的罢工。在关东，党的区委会通过大会发言和散发传单来动员罢工者，召开有工厂代表的代表会议，选举纠察委员会，建立罢工基金。尽管条件恶劣，罢工仍然持续了10天。在斗争过程中，共产党在其他一些金属加工企业，例如通用汽车公司、日产汽车公司、田端铸铁工厂、住友钢丝厂等共23个企业中成功地发起了同情性运动。只是由于30名领导人被捕，而领导又没有指定接替他们的人，罢工才遭到破坏，工人只取得了局部胜利——取消了合同制，但解雇制度照常实行。

在开展经济斗争的基础上，日本共产党不断扩大自己的政治影响，并通过建立基层工会组织，从组织上巩固这种影响。尽管革命工会组织遭到镇压和不断的迫害，但是金属加工企业的工人、铁路职工和海员，虽然大多处于最反动组织的影响之下，也都纷纷加入革命工会。N工厂罢工取得胜利后，成立了一个联合13家企业的工会。在诸如住友、横滨船坞造船厂这类大企业和石川岛工厂建立了革命工会小组。在神户的三菱工厂恢复了工会组织，去年政府曾极力想摧毁这个组织，逮捕了40名工会积极分子。在关东地区，在40家企业（当时都是中小企业）建立了工会小组。

然而，党和"全协"依然跟不上革命化的群众，没有用适当的方式争取改良主义工会的普通会员和无组织的工人。法西斯分子，特别是社会沙文主义分子对斗争的破坏，是日本工人广泛开展罢工斗争的主要障碍。他们用收买人心的口号，鼓吹要提高工资30%，实行七小时工作日"、"建设天皇制度下的社会主义日本"等，极力诱使工人脱离阶级斗争。由于日本共产党和"全协"在改良主义工会、爱国工会内部，尤其是在"劳动总同盟"、"海员组合"、"海军联盟"等十足的右派工会组织内部的工作十分不力，这就使法西斯分子和社会沙文主义分子松了一口气。与此同时，也应当指出日本共产党和"全协"在领导经济斗争方面的工作存在的其他一些缺点：没有积极贯彻统一战线的策略，争取工会统一的斗争软弱无力；没有坚持抵制与自己的阶级路线相对立的社会沙文主义分子的叛卖政策，没有一针见血地揭露他们；没有充分利用合法的工作条件，也没有能够从组织上巩固已取得的成绩。逮捕和奸细打入"全协"领导机构也是扩大经济斗争的障碍之一。

至今为止，在失业工人中的工作依然是共产党工作中的一个薄弱环节。只是从1932年起，这方面的工作才有了某些进展。1932年夏，无产阶级合作组织"日商连"在广大失业群众都能理解的无偿发给大米的口号下，争取广大失业工人群众进行斗争。

在失业工人中开展工作的方法之一，便是围绕下列一些迫切要求召开代表会议：免费住宿，免费午餐，提供工作，等等。这项工作是通过附属"全协"及其生产工会的失业工人就业部进行的。一些工会组织为在失业工人中开展具体工作做出了表率。

但是，失业工人的斗争还缺乏群众性，而且这一斗争大多是自发的，失业工人同在业工人的共同行动也只是个别的。大多数失业工人还没有组织起来。

争取群众的斗争

日本统治阶级竭尽全力镇压和消灭共产党，肃清天皇专制大后方的不可靠分子。日本法西斯主义，同日本军阀、地主和资本家的老黑帮集团紧密勾结在一起,充任武装进攻苏联的急先锋和组织者,因为在反对全世界劳动者祖国的这一反革命战争中,它正在寻找一切手段来防止迅速成熟的革命危机。另一方面,代表着最腐朽和最无耻的形形色色的沙文主义的日本社会沙文主义,同共产主义运动顽固不懈地进行较量。它以天皇制做靠山,公开地借助天皇警察,"使劳动和资本调和",同"损害工人运动的组织者"作斗争,例如它供出全部工人阶级利益的捍卫者的名单。

在侵华战争已经开始的条件下以及在疯狂准备进攻苏联的形势下,日本共产党的斗争,只能是争取群众、反对法西斯和社会沙文主义的斗争。统治集团和法西斯战争贩子急先锋的恐怖政策,大大缩小和限制了公开动员和组织工人、劳动农民和城市贫民群众的种种条件。日本战时通货膨胀,不仅仅是向无产阶级生活水平急剧进攻的手段。同时它还被剥削阶级上层及其法西斯和社会沙文主义的走狗们用来从思想上、政治上瓦解劳动者的先锋队——工人阶级。日本共产党正是在这种极其困难和复杂的条件下,树立了真正布尔什维克式的群众工作的榜样。我们不妨看一看反对战争捐款这一运动。共产党进行这个运动的口号是:"反对国防基金捐!""立即提高工资50%!""发给全额超工时补贴!""彻底改善劳动条件!""让资本家和地主自己去打仗送死吧!""我们反对帝国主义战争!""反对军事预算!""用军费现金救济遭受灾难的东北三省居民!""充分保障士兵家庭生活!""救济失业者和无产者阶层!"

共产党顺利出版了工厂报纸,找出工厂的弱点,并把局部的需要和要求同斗争的总任务结合起来。它带着传单深入到在上海登陆的水兵队伍,深入到名古屋的群众大会(荒木正在那里发表法西斯沙文主义的演说),还深入到军工厂和兵营。只有同工人阶级广大群众建立起真正的、牢不可破的联系的共产党才能够成为这样一个处处可见又难以觉察的党。它通过《一千马力》厂报周旋于企业工人之间，通过《士兵之友》用朴素的人民语言同兵营战士对话。它也善于同贫困和饥饿的农村对话，积极参与最初由法西斯分子组织的合法请愿运动。

1933年2月22日，共产党中央机关报《赤旗报》在总结已开展起来的农民斗争时写道："我们的党员、革命工人和农民应当领导斗争，提出免除贫农和中农的税款、取消所欠税款、向地主和富农补偿全部捐款、建立农民斗争委员会等要求。应当把这一斗争转变为反对军事预算和战时公债的群众性斗争，正是这些预算和公债使农民遭受越来越严重的贫困和不幸。"

最能说明问题的是，1934年由于农村经济在大丰收的情况下进一步破产而引起的农民不满情绪的新高涨，日本法西斯分子向议会中的资产阶级政党提出直接警告，要求它们为了一致的阶级利益不要在军事预算使日本农村破产这一问题上发表过多的露骨的"反对"意见。

日本共产党在自己的积极分子队伍中，拥有许多成功地运用统一战线策略的例子。

要大米运动就是一例。这个运动在很大程度上是由党的力量在1932年组织的，而且是在包括社会民主党和法西斯组织一般成员在内的各阶层劳动人民的广泛统一战线基础上进行的。运动在全国铺开了，而且同反战宣传和反战口号密切结合在一起。党在准备和举行五一与八一游行示威的时候，在揭露社会沙文主义方面做了大量工作。1932年的八一示威游行吸引了大批工人群众参加。尽管遭到社会沙文主义分子的疯狂抵制和警察的恐怖镇压等，但是改良主义组织的很多普通成员仍参加了共产党举行的示威游行。《赤旗报》对这一天的经验教训作了评价并正确指出，"举行反战日再一次说明，只有共产党才是真正反对现存资本主义制度的唯一革命政党，共产党是始终站在国际主义立场的。"1933年党又在反战口号下举行的五一示威游行，再次揭露了右派工会组织的社会沙文主义头目，他们不愿参加"反爱国主义的行动"，分裂五一工人战线并单独举行示威游行，从而导致改良主义组织一般成员的不满。1932 年秋，法西斯分子组织的向议会请愿的群众运动可以说是利用敌人组织的运动的很好的例子。这次运动在许多地方都被共产党用来宣传反战的革命的口号。

邮电工人在《赤旗报》上讲述了党支部如何在工人走出工厂时散发共产主义的宣传品，如何组成一条在警察鼻子底下积极传递传单和报纸的链条。工人们捐助《赤旗报》，支持 1933 年 2 月 25 日党的中央机关提出的口号——"3 日一发行，争取读者 5 万名"——无可辩驳地证明，群众性的布尔什维克式的工作在日本取得的成绩。

对共产党无数次的疯狂镇压，狱中的屠杀和拷打，密探和警察极力为挑衅分子设置巢穴，卑鄙无耻的叛徒在法庭和报刊上广泛发表声明——所有这一切都表明，天皇专制集团和法西斯集团面对急剧发展的"共产主义危险"日益惶恐不安，这种危险正在成为群众日益增长的不满和革命化的焦点。共产国际执行委员会西欧局的提纲，正确而清楚地阐明了日本天皇制度的阶级实质、日本帝国主义的目的和日本共产党的根本任务，这个提纲大大有助于日本共产党思想政治上和组织上的发展和巩固。它帮助日本共产党人比以往更坚定地克服知识分子对待群众的抽象观点。

日本共产党还存在许多它必须努力克服的极为严重的缺点。它还没有适时地开展消灭内奸的斗争。没有认真仔细地挑选领导干部。争取统一战线和工会统一的斗争软弱无力，在黄色工会成员和动摇分子中的工作也很落后。总的来说，党还没有认真抓好经济斗争问题。但是，党在前进并在勇敢地克服种种障碍，这正是它继续取得胜利的保证。

党的组织工作

尽管屡遭查禁,但日本共产党一刻也未停止过自己的工作。它不断吸收无产阶级的革命力量参加自己的队伍,它在广大劳动群众中有着深厚的根基。尽管领导机关受到破坏,党的基层组织仍继续坚持工作。

从1927年起,党内各条战线出现了转折。1932年,党员数量增长了好几倍。党在企业建立了自己的支部。其中大企业中的支部约有10个,拥有100多名在业工人党员,小企业中有28个支部。还有18个农村支部。党内工人占87%。机床工人占76%。

1928年3月15日和1929年4月16日的大逮捕抓走了几乎所有的党的领导干部。经过两次大逮捕,群众工作,特别是企业的群众工作大大削弱了。

渗入党内的小资产阶级分子组成了一个取消派集团,它要求解散党并提出建立"合法的共产党"。在革命的无产者支持下,党顺利地清除了取消派分子。

1930年底,日共着手重建自己的组织。1931年1月成立了新的中央委员会。革命工会开始在群众中开展工作。党和革命工会的威信开始上升,党的组织扩大了。

1931年5月1日的大逮捕,没有能遏制革命组织的发展。"全协"和革命工会反对派的成员人数,从1930年的5000人增加到1931年中期的1.5万人。党恢复了自己的中央机关报《赤旗报》。党的支部迅速增加,支部的政治生活也活跃起来。

对在中国的帝国主义战争的布尔什维克立场帮助了党组织的发展。党预见到由于形势的变化可能产生的困难。1931年11月2日第58期中央机关报《赤旗报》指出:"当前,在利用对我们有利的新条件时,必须着手采用新的组织方法来克服党的落后状态。"

如果说1931年是恢复和建立党组织的一年，那么，1932年则是扩大党组织的一年。工厂、农村、兵营和舰队中的党支部扩大了。共产国际西欧局的新提纲（1932年5月）促进了党的进一步布尔什维克化。随着反战工作的开展，党在罢工运动方面和在农民斗争中也取得了一定的成绩。

党在运用统一战线策略方面取得了一些成绩。例如，组织"还我大米"的运动，建立释放政治犯斗争协会，积极参加富农和地主分子发起的请愿运动，党利用这一运动来加强它在农民中的工作。

党的工厂支部不断出版自己的刊物。例如，我们可以指出的诸如《红色油墨》、《探照灯》、《速度》、《粮秣之友》（陆军部门中央粮库的支部机关报）、《自由餐厅》、《绿色汽车》、《我们的部落联盟》、《转机》、《星火》、《车床》（神户三菱军事造船厂工厂支部刊物）等这样一些报纸。

农村党支部也在开展群众性的农民行动。例如在栃木县，数百农民举行了要大米的示威游行；在乌取县，300多农民在党的领导下举行了要求释放被捕者的游行示威。

农村支部纷纷出版本村的报纸（《部落新闻》）。

当原共产党人、现在的叛徒和内奸佐野出来反对共产党时，所有党支部一致坚决反对佐野，痛斥他可耻的叛变行为。

日本共产党在群众中的英勇工作，特别是1932—1933年共产党领导的群众性反战运动的高涨，招致了对共产党、对工农和怀有激进情绪的知识分子的革命运动实行的空前未有的恐怖政策。除了大批逮捕共产党人和同情者外，日本统治阶级还越来越多地采用政治挑衅手段。

1933年秋，党组织接二连三地受到破坏，说明奸细分子已打入党内，而且后来的事实表明，奸细分子甚至已打入党的领导机关。考虑到奸细活动的巨大危害，日本共产党中央委员会决定发起一场无情的反内奸活动的斗争，并在党员中开展强大的思想工作。此外，中央委员会还采取了果断措施清除最危险的奸细，因为他们的活动威胁着最重要的党组织的存在。中央委员会这一严惩内奸的做法，引起了对共产党人镇压的新浪潮（所谓"红色私刑事件"）；在短短的时期内（1934年1—5月）仅仅在一个东京，因这一事件被捕的就有736人。在揭露钻入党的领导内部的奸细的同时，中央委员会向全体党员与全体日本工人和农民发出了一系列号召，并在号召中详尽而具体地揭露了日本警察的奸细活动。例如在一份号召书中列出了警察奸细活动的种种手段：（1）通过挑起现有的分歧和参加组织反党宗派集团，来利用派别斗争；号召书提出："提高警惕！集体钻研党的决定，无条件执行党的决定以确保党的铁的纪律"；（2）警察通过自己的奸细代理人把党的一些积极分子推上冒险主义道路，例如大森银行抢劫事件，等等；（3）警察通过打入党内的奸细，诽谤优秀的积极分子，同时千方百计地阻止贯彻党的决议，例如1932年发生的情况就是如此，当时奸细分子成功地打进了党中央的财政部和《赤旗报》的发行科；（4）警察在一定时期对奸细的告密不予反应，以便他们因此有可能更好地骗取党的信任和准备更大规模地摧毁党的组织。

在列举了奸细分子活动的种种手段之后，中央委员会号召全体党员和全体工人与农民"一旦发生逮捕，必须彻底追究其原因，同时警惕地监视靠宪兵的协助混入党内的可疑分子"。中央委员会在有关这个问题的大量文件中，作出了许多有关同党内和群众组织中的奸细活动作斗争的具体指示。与此同时，中央委员会在它的号召书中强调指出，肉体上惩罚奸细不是消灭奸细活动的主要的和决定性的方法，而是要警告同志们不受他们的诱惑。

党的这一反奸细斗争，特别是所谓"红色私刑事件"被日本的所有资产阶级报纸用来攻击共产党。日本警察利用两名被揭发出来的奸细受到惩罚一事，通过资产阶级报刊大肆夸大这些事实，并千方百计企图证明，日本共产党似乎在对所有被怀疑搞奸细活动的党员实行个人恐怖。日本政府别有用心地把党内状况透露给资产阶级报纸，极力提供党及其成员的活动，通过这种方式恐吓工人和农民，使党迷失方向和破坏党的工作。为此，1934年春天，警察还出版了一期假《赤旗报》，然而，这种挑衅行径一开始就遭到了失败。

几乎在这些事件的同时，党内和"全协"（革命工会联合会）内也查出了一个奸细集团。这个集团的活动是要使"全协"脱离共产党，使"全协"与党对立。由于这个集团的暗中破坏，"全协"的成员人数减少了。共产党中央委员会还在1934年初就提出把同"全协"内的奸细活动进行斗争的问题同改组"全协"整个工作（企业中的工作、建立群众性的革命工会反对派，使"全协"的积极分子队伍工人化，等等）问题密切结合起来。然而，这个奸细集团不仅暗中破坏党的指示的贯彻与破坏党中央委员会关于保卫党和"全协"免遭奸细活动的一切措施，而且还宣称这些措施是挑衅措施，是旨在消灭群众组织的措施。

1934年2月，在同奸细活动紧张斗争的情况下，在资产阶级报纸反共运动最为嚣张和大肆逮捕党员的时候，出现了一个右倾机会主义反对派，后来自称为"从奸细手中夺回中央委员会各支部代表会议组织委员会"。这个反对派是根据合法的农民协会和工人合作社的党团领导人的倡议成立的；这个反对派一致认为，中央委员会和党的中央机关已经落到奸细分子手中，因此号召同中央委员会断绝联系，"建立新的中央，以便从奸细手中夺回中央委员会，恢复并充实中央委员会和召开全党代表会议，恢复日本共产党"。反对派在它1934年夏公布的一系列文件中和在它的机关报《多数派》上都在宣扬它的这一观点。

共产党中央委员会从反对派一出现就认定它的行动是企图毁灭共产

党，它严厉地批判了反对派的分裂活动，并为党的统一而斗争。

同时，党内也在加强斗争，防止党的队伍纪律涣散，互相不分青红皂白地指控搞奸细活动；要求把相互的每一项指控交给一个由经过审查的、不会引起任何一方怀疑的同志组成的有权威的委员会去调查，否则这种指控就会被警察利用并变成搞派别主义和瓦解党的工具。

共产党的优秀分子同右倾机会主义的、分裂主义的反对派进行着斗争，为恢复党的统一和在1932年的提纲基础上开展脚踏实地的群众工作而奋斗。

尽管党遭受重大损失和党内存在尖锐的斗争，各级基层党组织仍一如既往，努力地坚持自己的工作，保持它同群众的联系。据资产阶级报纸、甚至警察的报纸报道，1934年夏季和秋季，许多地方党组织在日本一些最大的军工厂（中岛飞机工厂、神户海军兵工厂、新潟的许多企业等）开展了大量的工作。

从1934年10月起，党中央委员会恢复出版了自己的《赤旗报》，该报一直到1935年还在出版。在《赤旗报》1935年2月5日第186期上专门刊载了中央委员会致日本全体劳动人民的号召书，中央委员会在号召书中警告说，日本帝国主义正在准备新的侵略——占领中国东北，并号召劳动人民加强反对日本帝国主义的斗争。（这个号召书转载在《共产国际》第19期上。）

共产党人在企业中的这一积极工作，使得人们相信，日本共产党在遭受阶级敌人沉重打击之后将迅速恢复自己的队伍，并将顺利地继续同日本帝国主义进行顽强的斗争。

朝　鲜

朝鲜共产党在第六次代表大会上被接受加入共产国际。但此后不久，共产国际于1928年12月作出专门决议，解散了朝鲜共产党。解散该党的主要原因，是朝鲜共产党人进行无休止的丧失原则的派别斗争。这些派别主要是由小资产阶级知识分子组成的，它们不关心朝鲜劳动人民的斗争，特别是工人的斗争。

共产国际在解散朝鲜共产党时建议朝鲜共产党人停止一切派别斗争，着手组织朝鲜劳动人民并领导他们的斗争。

因此，从共产国际第六次代表大会到第七次代表大会的这段时期，对于朝鲜共产党人来说，可以称之为这样一个时期，即在彻底消除派别斗争和开展争取工农利益斗争的基础上，为建立布尔什维克党而斗争，其途径是，把在罢工中、在农民冲突中和在反对日本帝国主义的阶级斗争中涌现出来的优秀工农积极分子吸收到自己方面来。

在朝鲜殖民地经济背景下发展起来的经济危机，对大多数朝鲜劳动人民的利益打击特别严重。由于经济危机，特别是从日本侵占满洲的时候起，朝鲜劳动者的状况急剧恶化。朝鲜工人的工资减少30%以上，工时则延长了2小时，且不说针对工人阶级的其他一系列补充措施。与此同时，失业剧增。失业工人数量占朝鲜工人总数近50%。而无论是企业主或日本当局，对失业人员根本不提供任何救济。朝鲜农民也处于同样的困苦境地。在危机阶段，租金提高了20%。与此同时，向农民征收的各种苛捐杂税却增加了。农民，特别是他们中的贫农和中农由于经不住沉重的赋税而迅速破产，变成了一贫如洗的失业者。大多数破产的农民处于走投无路的境地，在饥饿、死亡线上挣扎。全国挨饿的农民达600万以上。

政治上的压迫进一步加深了经济上的剥削。朝鲜劳动者反对日本帝国主义压迫的哪怕一点点尝试都会遭到武力镇压。在最近的5年中，在朝鲜有1万多人被捕，其中包括约6000名共产党人。

日本帝国主义者在朝鲜的掠夺政策，促使广大劳动者走上反对压迫者和剥削者的道路。在报告所总结的这段时期,朝鲜劳动人民的革命斗争形式表现在:群众性的工人大罢工,农民冲突、骚动和暴动,有些地方已发展到同日本警察发生冲突,为庆祝无产阶级革命节日的大规模行动,等等。在劳动人民的这一斗争中,最积极和最具有彻底革命精神的阶级是朝鲜无产阶级。下列情况就足以使人确信这一点:全国罢工次数逐年增长。6年中(1929—1934年),朝鲜的罢工达856起,参加总人数为105766人,这超过了以往17年的罢工次数。所有这些罢工都得到了朝鲜劳动者的巨大同情,而且最近几年来罢工还带有反攻的因素。大多数罢工都要求提高工资和缩短工时,等等。

与此同时,朝鲜农民的斗争也在发展。1933年发生了724起农民斗争,而在1934年和1935年第一季度就已发生2961起冲突。

尽管具备这些有利于共产党人开展活动的条件,但是大多数罢工和农民冲突都没有得到朝鲜共产党人的充分领导。出现这种情况的主要原因,是共产党人没同工人建立密切联系,没有一个能够正确领导朝鲜劳动者斗争的统一的共产党。朝鲜共产党人只剩下一个不大的小组,他们没有能够大力为工农利益而斗争,没有能够充分进行斗争以反对民族改良主义及其在劳动群众中,首先是在工人中的影响。揭露民族改良主义资产阶级是朝鲜共产党人争取群众信任的迫切任务之一,这项工作实际上还未开始。

朝鲜共产党人对发生的政治事件影响不大的另一个原因,是朝鲜共产党人仍然继续进行无原则的派别斗争,虽然最近这种无原则的宗派主义已经有所克服。在国内,从工人和农民中已经成长起来一批新的未沾染上宗派主义的共产党的干部。诚然,这些干部数量还很少,又没有丰富的工作经验,但他们同企业中的工人群众结合在一起,而这种情况正是建立一个朝鲜早已需要的、坚强的、富有战斗力的、思想团结一致的和纪律严明的共产党所必需的最重要的条件。

朝鲜共产主义运动沿着正确道路发展的标志之一，是制定并发表朝鲜共产党的行动纲领。这个纲领按照马克思列宁主义精神提出了朝鲜革命的所有基本问题。这个文件为在完全健康的基础上重建朝鲜共产党奠定了基础。

朝鲜共产党纲领清楚而明确地阐述了朝鲜共产党人在开展朝鲜劳动人民民族解放革命事业中的任务。这个文件的基本思想是建立民族革命反帝统一阵线并为争取无产阶级在统一阵线中的领导权而斗争。

这样，原来只是以小资产阶级知识分子集团为基础的、并且经受多年的内部无原则的派别斗争的朝鲜共产主义运动，现在走上了真正的布尔什维克的道路。不断发展的朝鲜劳动群众反对日本帝国主义的斗争和工人阶级在这一斗争中日益扩大的领导作用，正是朝鲜共产党人成功的保证。

中　国

1925—1927年中国大革命失败之后，遭到惨重打击的中国共产党，在过去六年中不仅恢复了元气，而且发展成为团结一致的、坚强的党。现在，它领导着苏维埃国家、中国工农红军和中国非苏区广大工农群众的斗争。六年来，中国共产党经受了一系列严酷的历史性考验。它在这些年里的发展过程，可分为如下三个主要时期：

1. 从共产国际第六次代表大会到中国新的革命高潮的开始（从1928年到1930年）。

2. 从新的革命高潮开始到中国共产党中央四中全会（1930年到1931年1月）。

3. 从中国共产党中央四中全会到现在。

1928—1930年这一时期，正如中国共产党第六次全国代表大会十分正确断定的,是中国革命运动两个高潮之间的时期。共产国际第六次代表大会在它的决议《关于国际形势和共产国际的任务》中,规定中国共产党在这一时期的主要任务是:

"目前,在两个革命高潮之间的时期,党的主要任务是争取群众,即在工人和农民中间进行群众工作,重建它们的各种组织,利用各种不满情绪来反对地主、资本家、军阀、外国帝国主义分子,以便开展革命斗争。为此,必须千方百计地巩固党的队伍。群众起义的口号应当变为宣传口号,只有在群众真正准备就绪,新的革命高潮已经到来的时候,这个口号才能在更高水平上,在以苏维埃为基础的无产阶级和农民专政的旗帜下,重新成为直接实践的口号。"

中国共产党正是遵照共产国际第六次代表大会的这一指示,**把争取群众与巩固党本身的工作结合起来**,从而在比较短的时期内做好迎接全国革命新高潮的准备。

共产国际第六次代表大会前夕召开的中国共产党第六次全国代表大会指出,新的革命高潮已经有了初步迹象,虽然还不十分显著:

"最先可以说的,便是经济斗争的群众罢工已经有复兴的现象。工人群众对于国民党的幻想迅速地消灭。……再则,反帝国主义运动又在生长,不但激起工人群众,并且还有一部分革命的城市小资产阶级起来参加。"①

决议接着指出:

"……至今保存的苏维埃政权的根据地(南方各省)及其少数工农

---

① 参看《中共中央文件选集》第四册(1928)中共中央党校出版社 1983 年版。——译者注

革命军,更要成为这一新的高潮的重要成分。"①

在这一时期,中国共产党第六次全国代表大会所选出的新的中央委员会,基本上正确执行了共产国际第六次代表大会和中共第六次全国代表大会的各项指示。

在争取群众方面,党首先着重于保存和巩固当时还很小的第一批苏维埃根据地和为数不多的红军部队和赤色游击队。正因为如此,虽然困难很大,敌人的兵力占相当大优势,而且湖南、湖北、江西和广东等省许多县份的农民行动屡遭失败,但是红军和赤色游击队的部分精锐部队不仅在这些省份保存了下来,而且还逐渐巩固和扩大了。这些成果是由于下列原因取得的:

1. 这些部队始终处在正确的、强有力的共产党领导核心的指挥之下。这个核心的领导人是毛泽东、朱德、彭德怀、黄公略(1931年8月在第三次反围剿时牺牲)、贺龙等同志。他们都是年轻的中华苏维埃共和国中才干超群和富于自我牺牲精神的战士、伟大的政治家和军事家。

2. 这些部队的大多数战士是无产阶级的骨干:安源煤矿的矿工,湘汉路和平汉路的铁路工人,景德镇的瓷器工人,等等,他们是在革命失败后由于敌人的镇压而到农村参加农民游击队的。

3. 这些部队的领导基本上执行了正确的政策措施:首先,千方百计地满足劳动群众的迫切要求;没收地主和土豪劣绅的粮食和财产,并把它们分给农民和贫民;销毁租佃、捐税和高利贷等的盘剥性契约;解除地主、警察和敌军武装,大力武装劳动者;消灭反动政权,建立苏维埃,等等。这些部队的领导还实行了巧妙的战术:以小股部队打机动灵

---

① 参看《中共中央文件选集》第四册(1928)中共中央党校出版社1983年版。——译者注

活的游击战；尽可能避免同优势敌人作战，选择比较有利的时机和适宜的地形打击敌人，并对敌人搞突然袭击；发挥自己部队的最大机动性；竭力保存自己和加强自己的有生力量，等等。

同时，在中国的大城市中，共产党的工作路线首先是**极力扩大党在工人群众中的政治影响，恢复党的组织和工会组织**。由于组织了各种形式的工人阶级日常经济斗争（从参加请愿到组织群众性罢工），由于把工人的经济斗争同政治要求结合起来，首先是同反帝口号结合起来，还由于在企业中进行了耐心细致的工作来争取部分工人、甚至个别工人，党终于在比较短的时期内，在最大的工业中心，首先是在上海及其他城市，恢复了自己的战斗阵地。为庆祝1929年的五一节，成千上万的上海工人举行了罢工和示威游行；为纪念1925年上海五卅惨案四周年，上海及其他城市数以万计的工人和学生举行了示威游行；在许多城市和乡村，工人、农民和学生以英勇的上海无产阶级为榜样，举行了声势浩大的战斗的示威游行，他们高呼中国共产党提出的武装保卫苏联、推翻国民党政权、反对帝国主义战争等口号（1929年7月16日和1929年8月10日等示威游行）；罢工斗争迅速地发展起来（1928年参加罢工的人数为30万人，而到1929年已将近70万人）——所有这些事实无可辩驳地表明了：中国工人阶级的战斗积极性已开始恢复，它的共产主义先锋队在革命严重失败之后已得到加强。

党不仅利用一切重大事件（例如日本进攻山东、中东铁路冲突等等），而且还抓住帝国主义残暴屠杀中国人民的个别事件（例如美国驻沪海军陆战队杀害走街叫卖的小商贩张秀良、日本驻汉口海军陆战队杀害人力车夫水杏林等等）来**发动和组织群众性的抗议，举行群众集会、示威游行和罢工，抗议帝国主义压迫和国民党的民族叛卖行为**。党在反帝工作和反帝斗争中，始终把群众的局部要求同党的基本口号联系起来，因为没有人民的武装起义，就不能把帝国主义从中国赶出去，不推翻中国的军阀制度，就不可能有中国人民的真正解放。党以群众的亲身体验教育他们，必须坚决反对世界帝国主义及其走狗——中国的军阀、地主和资产阶级。

中国共产党以革命斗争原则在组织和教育工人阶级方面做了大量的工作，党深入到群众的一切生活领域，并积极地参加了群众的斗争，各个苏维埃根据地和红军部队的斗争同游击战和非苏区城市与工人及小资产阶级先进阶层的群众革命斗争相互配合——所有这一切无疑加速了中国新的革命高潮的到来。

中国共产党在争取群众方面能取得成就，是党极力争取巩固它自身的结果。在这方面，中国共产党在短时期内向前迈出了一大步。由于革命的惨重失败，在某些党组织里，那些小资产阶级同路人当中的不坚定分子非常慌乱，不知所措，悲观失望。中国共产党第六次全国代表大会和共产国际第六次代表大会，为中国共产党从思想上和组织上积蓄力量打下了基础。在中国共产党第六次全国代表大会和共产国际代表大会之后，党必须在两条战线上进行严肃的斗争。党把斗争的锋芒首先指向各级党组织在理论与实践中广泛流行的"左"的宗派主义倾向。这种倾向的具体表现是盲动主义、军事冒险主义、个人恐怖行为和对待群众的国民党（命令）作风。这在当时是一种使党脱离群众的极其危险的倾向，它在客观上有利于反动派反对革命群众的斗争，使党难以完成争取群众这一主要的任务。党同这种敌视无产阶级组织纪律性的"左"的倾向进行了坚决的斗争。这种倾向反映了小资产阶级对工人阶级的影响。党费了很大力气才克服了这种倾向。

与此同时，很快地明显暴露出右倾机会主义倾向，这是党的主要危险。它的表现是：对革命前途悲观失望，不相信新的革命高潮会到来，认为反革命已取得"完全胜利"，而"革命已彻底失败"，主张把非法的战斗性的共产党变成顺应帝国主义和国民党统治制度的合法的党，对群众的革命斗争抱悲观主义态度。这种失败主义的论调,首先在残余的陈独秀主义分子和托洛茨基主义的应声虫当中得到了支持。一部分党的负责人企图把党推向公开的右倾机会主义立场上去。他们用国民议会的口号来代替苏维埃的口号,用"联合工、农、兵、学、商"的口号来代替"联合工、农、兵和贫民"的口号等等。党对这种右倾机会主义倾向展开了无情的斗争,认为这是公开的取消主义倾向,是准备迎接新的革命高潮道路上的主要障碍。

同时,党采取了一系列重大措施,以便在企业、农村、军队和学校中恢复原有的支部和建立新的支部,在大城市和重要的农业区恢复原有的党委会和建立新的党委会,教育新老干部适应新的秘密条件下的工作,即在工作中采取新的方法、严守秘密并尽量利用合法机会。

正是由于中国共产党内不断地在两条战线上进行不调和的斗争,党的队伍在思想上和组织上才得到了巩固。这种党的力量的团结,才是党在争取群众的斗争中取得胜利的一个基本条件。

顺利进行布尔什维克的群众工作和党的力量迅速聚集起来,其具体表现是:中国共产党在1929年中东铁路冲突事件中出色地经受了考验。在极端困难的情况下,党揭露了国民党沙文主义的恶意宣传,反击了托洛茨基陈独秀分子(他们公开反对"武装保卫苏联"的口号,已被开除出党)取消主义的和反革命的论调,在各种群众活动场所提出了"武装保卫苏联"的口号。在这一口号下,党号召并组织群众对"本国",即中国军阀和国民党这些帝国主义者的仆从和走卒展开英勇的斗争,因为帝国主义者企图利用中东铁路的冲突事件挑起反革命的反苏战争。中国共产党在中东铁路冲突事件中的活动,做出了真正布尔什维克的无产阶级国际主义的榜样。这不仅在中国共产党和中国工人阶级革命运动史上,而且也在共产国际和国际工人运动史上是极其光荣的一页。

年轻的、缺乏经验的中国共产党,虽然基本上正确地执行了共产国际第六次代表大会的政治路线，但在这一时期，在个别问题上也犯了一些右倾机会主义性质的错误（有些领导人和有些地方组织曾有过联合富农的理论和做法；不愿意在那些参加国民党工会和黄色工会的工人群众中进行工作；过高地估计资产阶级和地主之间的矛盾；错误地估计军阀战争的性质，等等）。

第二时期，从1930年起至1931年初，这是**中国新的革命高潮时期**，同时也是中国共产党在反对"左"倾李立三路线和右倾反革命罗章龙路线的斗争中**争取建立和巩固正确政治领导的时期**。

共产国际执行委员会第十次全体会议（1929年6月）指出，中国革命新高潮的条件已经成熟。1930年春季和夏季，革命解放斗争开始迅速而明显地发展起来。工人阶级和农民在土地革命、消灭帝国主义统治、推翻国民党反革命政权的口号下，再度奋起投入了革命斗争。

苏维埃根据地、红军部队和赤色游击队开始迅速发展起来。在华中和华南各省的许多县份中，农民纷纷举行起义。但是，在中国，这一新高潮的发展情况是不平衡的，形式是多种多样的。新的革命高潮最初主要在1925—1927年有了革命基础的地区成熟起来，尔后才逐渐地扩展到其他地区。

这种情况也表明，运动在革命新高潮的最初阶段尚有一定的弱点，因为投入斗争的群众当时还不能控制各工业中心。因此，各种斗争力量的一般对比，最初不利于工农。共产国际执行委员会分析这一斗争阶段所依据的情况是：虽然在中国许多地区出现了各种形式的新的革命高潮，但是还不具备全国范围的客观革命形势；工人运动和农民运动的浪潮还未汇合到一起，即使把这两个运动加在一起，也不足以保证必要的力量去打击帝国主义和国民党制度。在对形势作出这种分析的基础上，规定中国共产党最主要的任务如下：（1）建立并加强战斗力强和政治上坚定的红军；（2）在红军所保卫的巩固的根据地上建立临时中央苏维埃政府；（3）在苏区广泛组织工人工会、雇农工会，组织贫农团；（4）在非苏区大力开展反对帝国主义和反对国民党的工农群众的革命斗争。

党在苏区和非苏区进行的斗争和工作，被看做是两位一体的任务。后来所有的事件都证明这种观点是绝对正确的。但是在中国革命至关重要的关头，中国共产党的部分领导人却采取了与这一观点根本对立的政治路线。

早在党的机关刊物（《红旗》和《布尔什维克》）四月号和五月号上，就刊载了李立三的纲领性文章。1930年6月11日，中共中央政治局根据这些文章，通过了一项体现李立三反列宁主义、反共产国际和半托洛茨基主义的政治路线的决议。

李立三路线的实质在于，是用貌似"左"的词句掩盖右倾机会主义的消极表现。在所谓世界革命和中国革命应同时胜利的"左"的词句掩盖之下，李立三否认中国革命能够战胜帝国主义。在中国革命现阶段属于"社会主义"性质这种"左"的词句的掩盖下，李立三把解决极其复杂、极其困难而又极其迫切的资产阶级民主革命的任务，即苏维埃革命、反帝革命和土地革命的任务，从议事日程上一笔勾销了。

在党要军事化、力量要集中这种"左"的词句的掩盖下，李立三分子取消了群众性的革命组织（青年团、赤色工会等等），而间接地也就是取消了党组织。党内出现了极不正常的情况——没有任何自我批评，搞派别活动，等等。

在什么革命形势在全中国（甚至全世界）已同时成熟这种词句的掩盖之下，李立三分子否认革命运动发展的不平衡性，对红军提出了为时过早而且担负不了的任务（攻打各大中心城市），强迫地方党组织接受他们冒险主义的、盲动主义策略（把城乡武装起来当做儿戏）。

李立三路线反映了一部分小资产阶级的情绪，他们不堪忍受帝国主义和中国地主资产阶级集团的残暴统治,但是,当斗争遇到困难时,他们就会动摇和投降。由此可见,这种倾向要么就是冒险主义和政治上的歇斯底里狂(希望革命不仅在全中国,而且在全世界范围内马上取得胜利),要么就是投降主义(一旦革命这条路走不通的时候,就对帝国主义和国民党作出任何让步)。

"现在人人都明白立三同志反共产国际的路线,给予党极大的损害。最主要的实际恶果是:党对于群众的影响和联系是削弱了。党动员群众的能力是大大缩小了,一切群众团体的行动是削弱了,我们的职工运动是向后倒退了,罢工运动远远地后退了。

"立三同志对于拥护共产国际路线的同志,实行压迫的制度,引导了党内生活到完全非常状态的地步。一方面使托洛茨基陈独秀派的行动,另方面使党内右倾分子的行动,都得以乘机活跃起来。"(见中国共产党中央四中全会《关于政治形势和党的总任务》的决议)

李立三及其拥护者坚持抵制共产国际的路线。1930年9月由瞿秋白同志主持召开的中央三中全会,不但没有纠正党领导的错误和贯彻共产国际的路线,反而对李立三路线采取了调和主义的立场。为此,共产国际执行委员会发出了致中国共产党全体党员的公开信,揭露了李立三反马克思主义、反列宁主义路线;同时,党内反对李立三分子的斗争表明他们坚持其路线的种种企图已彻底破产,只是在这种情况下,李立三分子才放弃了他们的反党立场。

中国共产党终于战胜了李立三路线。在严酷的战火中,在极其秘密的地下工作环境中,当时已经成长和锻炼出一批以陈、秦、王、沈、何等同志①为首的坚强而生气勃勃的共产党骨干。当党的中央机关刊物上出现李立三纲领性文章时,他们就起来同反共产国际的、非布尔什维克

---

① 原文未写出全名,此处照译。——译者注

的李立三观点展开了斗争。

由于共产国际反对李立三路线的斗争同共产党内部布尔什维克干部反李立三路线的斗争互相结合，使中国共产党得以顺利地纠正自己的路线，并使党的工作也纳入了正常的布尔什维克轨道。

中国共产党的第三个发展时期——从1931年初到目前——**这是共产党迅速布尔什维克化的时期，是苏维埃革命在中国大片领土上不断取得胜利的时期。**

1931年4月召开的共产国际执行委员会第十一次全体会议确认，中国已进入革命危机时期。第十一次全会决议指出，"在中国，革命危机的表现是，在拥有几千万居民的地区内，已经建立了苏维埃和红军，从而使中国在殖民地世界的民族革命运动中占据首要地位。苏维埃和红军的建立，使无产阶级得以在民族革命运动中，在反帝革命和土地革命运动中，顺利地实现其领导权，而这个领导权正在萌芽状态的国家政权中得到巩固。"

最近几年，在中共四中全会新选出的政治局的领导下，中国共产党无论在夺取和巩固苏维埃革命的胜利方面，也无论是在团结自己的队伍及其进一步布尔什维克化方面，都取得了巨大成绩。

四中全会之后，新的政治局采取了一系列具体的政治措施和组织措施，以便实际解决党所面临的各项基本任务。恢复和加强了苏区的领导（在中央苏区设立了中央委员会中央局，在各苏区设立了党中央的代表机构等等）；加强了红军中的无产阶级和共产党的骨干力量（从上海及其他城市派送了大约200名有军事素养的共产党员，其中大都是工人）；改进了红军中党的教育工作（建立和改进了红军中的政治委员制度和政治部制度，并加强了他们的工作）；准备了苏区立法方面的起草材料，通过了关于苏维埃政权经济政策和工农红军建设的基本条例的决议；为第一届全国苏维埃代表大会进行了筹备工作；恢复并加强了李立三路线时期在国民党地区瘫痪了的党组织、青年团、工会及其他群众组织；在工农群众中开始系统地进行日常工作，以组织他们进行反帝反国民党的斗争；最后一项很重要的工作，就是为在思想上和组织上克服李立三路线和反革命罗章龙主义的残余进行了坚决的斗争。

中国共产党在1931年间基本上能够完成三位一体的任务：（1）牢固占领相当大的根据地并继续扩大根据地，借以建设和巩固红军；（2）成立苏维埃中央政府，这个政府在自己统治的区域内彻底实现反帝革命和土地革命的基本口号；（3）在非苏区开展群众革命斗争。这是共产国际在英勇的红军粉碎了蒋介石发动的三次反苏区围剿、粉碎了苏区内地主富农残余势力的多次反革命暴乱之后，向中国共产党提出的任务。共产党在1931年取得的成就，为进一步开展更大规模的斗争，为中国苏维埃革命以后几年的胜利奠定了基础。

在1931年9月发生满洲事变和全国出现新形势的情况下，共产党提出了符合当时党的主要任务的新的策略口号：（1）以武装的人民的民族革命战争去反对日本及其他帝国主义者，保卫中国的独立、领土完整和统一；（2）推翻卖国、辱国的国民党政府，是胜利进行民族革命战争的条件；（3）只有苏维埃政府和工农红军才是为彻底争取中国人民的民族解放和社会解放而斗争的唯一政府和军队。

在争取实现这些口号的斗争中，中国共产党取得了一系列重大胜利。红军粉碎了国民党的第四次围剿，十九路军士兵和上海工人进行了英勇的上海武装保卫战，满洲的反日运动和游击战更进一步发展，工人阶级的罢工斗争蓬勃高涨（参加罢工和冲突的人数达到了1214700人）——所有这一切，使共产国际执行委员会能在第十二次全会上（1932年9月）估计中国形势时确认，那里"已出现革命形势，苏维埃革命在许多地区已取得胜利"。在1933年，苏维埃革命继续取得了胜利——红军粉碎了蒋介石对苏区的第五次大规模围剿，在四川和陕西两省建立并巩固广阔的新苏维埃地区，它们对进一步发展全中国的苏维埃革命具有重大意义；共产党在满洲、热河、华北群众抗日游击战争中的影响日益增长；而同时，帝国主义为最后瓜分中国加紧进行扩张（日本占领热河、山海关和华北的一部分，英国进攻川边和云南，法国占领南中国海的九个岛屿，等等），民族危机日益加深，国民党内部进一步分裂，十九路军与蒋介石之间爆发了公开的战争——这种种情况使中国形成了"战争、武装干涉和革命"（共产国际执行委员会第十三次全体会议决议）的形势。

1934年1月22—27日，在中华苏维埃共和国首都瑞金召开了第二次全国工农兵苏维埃代表大会，出席这次代表大会的不仅有来自中国各苏区、各大城市和主要省份的代表，来自满洲和热河抗日人民革命军和抗日游击队的代表，而且还有来自朝鲜、福摩萨、印度支那和爪哇的代表。代表大会提出以下任务作为自己工作的中心：顺利组织反对日本帝国主义和世界帝国主义的民族革命战争，为推翻国民党统治并在全中国建立独立、统一的苏维埃共和国而奋斗。大会完完全全赞同中国共产党的政策。大会再一次实际证明了世界无产阶级领袖**斯大林**同志这一绝对正确的指示：只有苏维埃能够救中国，使之彻底摆脱混乱和贫困。在采矿、丝织和纺织工业部门，在开滦煤矿，在上海、天津、福州和杭州等城市，罢工浪潮持续不断，工人武装反抗国民党和帝国主义者的警察、军队和宪兵的事件时有发生；在满洲，抗日游击运动和群众性的农民起义迅速发展——这一切都说明了中国非苏区的革命运动已取得新的胜利和发展。

具有重大意义的辉煌成就，是中国红军在反对国民党反革命势力的斗争中取得的。在这一时期红军经受了对苏区第六次大规模围剿。在这最后一次，即第六次围剿期间，战斗特别持久而又激烈，因为地主资产阶级国民党在帝国主义者的全面支持下，调动装备精良的50多万大军专门集中进攻中央苏区。

目前,对苏区的第六次围剿可以说已告结束。这次围剿的结果怎样呢?

丢掉相当大一部分中央苏区,这确实是一个损失。但是这种失地的损失,不仅应当看做是暂时的事情,不仅可以由红军用夺取其他省份的地区来补偿,而且可以用第六次反围剿的一系列积极的成果来弥补,也就是塞克特将军和蒋介石的计划,即战略包围和歼灭中国红军的计划破产了。尽管敌人耗资巨大,但他们没能达到这一目的。红军不但在人数上没有减少,反而在激烈的斗争过程中,大大增加了有生力量,红军的队伍也得到了巩固。

还不止如此。过去,红军主力主要是在中央苏区内进行防御战,而现在,它已能转而采取更为积极的运动战术了。红军主力与红军其他部队已能更好地协同作战,红军把相当大的一部分力量分成许多机动部队,它们可以各自为战,保卫某一固定地区。此外,过去许多年来,中央苏区一直处于连绵不断的内战环境中,不得不一次接一次地连续遭到六次大规模的进攻,而现在,它已经有了建立更加稳固、更加可靠的中国苏维埃政权根据地的条件。

第七军团和第十军团已成为抗日救国军的先锋部队,中国中部和北部各省都以它们为榜样纷纷成立这种部队,这就更有可能把群众动员和组织起来,由武装的人民进行反对日本帝国主义者和国民党反动派的神圣的民族解放战争。

第六次反围剿以后,在中国为建立苏维埃而进行的武装斗争出现了极为有利的前景。目前,中国红军进行胜利斗争的条件和前提,比以往任何时候都要优越。

最近几年,共产党不仅在苏维埃和红军的英勇斗争中取得了辉煌的胜利,而且在非苏区的革命工作中也取得了重大的成绩。

共产党在非苏区取得的重大成就,首先表现在下列几方面:(1)群众性的反帝运动蓬勃发展,有些地方还发展到对帝国主义进行武装斗争的程度,共产党在运动中迅速地加强和扩大了自己在政治上和组织上的影响。(2)共产党和赤色工会在工人群众的罢工斗争中的力量对比日益增长;参加国民党黄色工会的工人有所转变。(3)在原先群众革命运动发展得很差的地区,共产党的影响日益扩大,无产阶级对农民群众的领导不断加强。例如在中国北方五省中,在共产党的领导下,一年中(从1932年年中到1933年下半年)组织了至少25次农民起义,其中一部分起义取得了胜利;通过这种起义,在四川、陕西、河北、山东等省升起了苏维埃政权的旗帜。(4)尽管这方面的工作做得还很不够,但共产党在小资产阶级和知识分子当中的影响明显而迅速地增强了。(5)由于共产党进行了工作,南京军队中多次爆发了反对国民党的兵变,士兵纷纷倒戈投奔红军的事件屡有发生。

中国革命运动的一切胜利和成就,是共产党在思想上和组织上进一步加强、党本身进一步发展的直接结果。到共产国际执行委员会第十三次全体会议的前夕,中国共产党已拥有41万党员,其中6万人在非苏区。

共产党的布尔什维克化绝不是自然而然地形成的。它是通过在两条战线上的毫不调和的不懈斗争,即在反对一切背离共产国际和共产党的总路线的斗争中发展起来的。在非苏区,中国共产党对右倾机会主义倾向(否定工人阶级的政治斗争,对革命工会运动采取取消主义态度,在上海保卫战期间不愿意武装工人,等等)和宗派主义(不愿意和不善于在那些加入国民党黄色工会的工人中间进行工作,不善于建立工人群众的统一战线,等等)展开了坚决的斗争。党和工会的许多工作人员轻视在黄色工会中工作的现象,目前还没有完全克服。在反帝的民族解放斗争中,党反对那种否定能够进行民族革命战争、特别是否定战争不能取胜的思想倾向，同时也反对那种阻挠建立广泛的抗日、反帝统一战线的意图。在农民运动中，党反对玩弄地方暴动，同时也反对那种在条件成熟的情况下不愿组织游击战争的倾向。在苏区，党在中央委员会的领导下，在共产国际的指导下，坚持了对国民党进行反围剿的路线，粉碎了右倾机会主义分子的论调。右倾机会主义分子曾叫嚷红军不能战胜敌人的优势兵力，提议把红军的正规部队分散变为小规模的游击队，不战而放弃巩固的根据地。同时，党也反对了那些"左"的冒险主义分子，他们历来把地主资产阶级反革命看做是一具"僵尸"，叫喊"红军还没遭遇过强大的敌人"。

在土地问题上，党反对在基本农民群众中不断重新平分业已分配过的土地的做法，因为这种做法会损害农民的利益，会挫伤农民经营家业的热情；党还反对拖延没收地主土地并阻挠把地主的土地分配给农民的这种机会主义的背叛行径，这种行径反映地主残余势力力图保住自己的土地。

在工会运动方面，党反对那种对苏维埃地区工会为改善工人群众物质状况开展日常经济斗争所发挥的保护性职能采取的轻视态度，同时，党还反对把那种局部的、暂时的和部分人的利益同作为苏维埃国家领导者和组织者的工人阶级利益对立起来的倾向。

在党与苏维埃之间的相互关系问题上，党反对各级党组织忽视党在苏维埃机关中的领导作用，同时党也反对党组织包办代替苏维埃组织的倾向。

在同一切动摇和种种倾向开展思想斗争的同时，中国共产党还采取了一系列组织措施，以巩固党的队伍和提高党的战斗力。其中主要的措施如下：（1）使党员中的工人成分占大多数（1930年工人党员占5%—7%，现在已占到20%—25%）；（2）提拔、培养和正确使用在国内战争和阶级搏斗中锻炼成长起来的新干部；（3）恢复和发展支部活动,以便使企业中小小的党支部变成团结广大群众的核心;(4)加强地方党组织工作中的独立性、主动性和具体性;(5)加强实际有效的领导(首先是指导等等),减少书面指示和行文通告;(6)改进秘密党的出版工作,充分利用一切合法机会进行宣传和鼓动,利用"左翼"自由派的机关刊物,甚至利用最反动的报刊;(7)改进苏维埃区域的地方党组织和党团的工作,以便使它们与群众建立密切的联系,加强它们在苏维埃、红军、工会和贫农团中的工作。

中国共产党的发展道路,尤其是最近几年的发展道路是在两条战线上为共产国际总路线而奋斗的道路。中国共产党现在已经成为共产国际中最优秀、最强大的支部之一。中国共产党最近几年来所做的一切,都已具有世界的和历史的意义。

建立了苏维埃政权形式的工农革命民主专政。今天的中华苏维埃共和国不是资产阶级国家。这一点拿在它的区域内已消灭了地主和资产阶级的经济基础和政治权利来说就可以看出来。但同时,中华苏维埃共和国现在还不能提出、也不可能直接提出消灭资本主义和直接建成社会主义的任务。虽然它是无产阶级领导下的、而且是由共产党这个唯一的执政党绝对领导的苏维埃国家,但它还不是一个无产阶级的国家。这是一个新型的国家,在目前条件下,建立这样的国家困难还在不断增加,因为苏维埃革命不仅没有在全国发生,而且现有的苏维埃区域也还没有联成一整片领土,并且不拥有起决定性作用的工业中心。

中央苏维埃政府领导各地方苏维埃。它的支柱是正规的工农红军、赤卫队、赤色游击队和青年先锋队。它设有为维护革命秩序所必需的国家机关,如革命人民法院、工农警卫队和国家政治治安保安局的武装部队。它根据全国工农兵苏维埃代表大会通过的法律来管理国家。按照宪法规定,苏维埃政权的中央机关和各级地方机关是由选举产生的机关,并定期进行改选,它们是在全体体力劳动者和脑力劳动者参与下建立起来的。无产阶级在苏维埃选举中享有某种优先权。实行男女平等。帝国主义的经济特权和政治特权已全部取消。地主作为一个阶级通过农民土地革命的方式被消灭。资本家和富农受到限制。按土地法规定,农民获得了从地主、军阀、土豪、劣绅那里没收来的土地。按照劳动法规定,工人实行八小时工作制,并有权监督生产,对失业者实行社会保险和国家救济。在苏维埃区域内,废除了国民党军阀和官僚的一切苛捐杂税,实行统一的累进所得税;允许自由贸易,但有一定限制,目的是防止资本家投机倒把、怠工和破坏,并保障红军和居民生活必需品的供应。除允许对工业企业(在苏维埃地区通常是小型的、手工业工场之类的企业)和商业自由投资之外,还广泛发展居民的合作社事业和组织国营苏维埃企业。所有这些措施都能刺激整个国民经济的增长,使农业、商业和运输业得到发展,确保苏区供应和对付敌人的经济封锁。由于广泛地组织了春播和秋收运动,国家支援农民肥料、耕畜和种子,苏区的单产量与革命前的水平相比,提高了20%—30%。取消了高利贷盘剥银行,广泛建立苏维埃工农银行网,及时以低息贷款和无息贷款帮助工人和农民。除使用旧的专家外,还培养了自己的干部,即苏维埃工作人员;尽管在军事和经济方面有种种困难,但苏维埃政权仍广泛建立了人民教育网点,有些地方还开办了高等学校(共产主义大学、军政大学等等),吸收92%的学龄儿童进了人民学校,即所谓列宁小学。

中国苏维埃政权已扩展到拥有数千万居民的区域。中华苏维埃共和国在全世界人眼里,可以说已是实际存在,而中国的一些军阀政府据说在法律上也已经承认这个共和国。随着进一步占领国家的工业中心,随着无产阶级和贫农组织性的加强,以及无产阶级领导权的巩固,中华苏维埃共和国将逐渐变成无产阶级的社会主义国家。

中国共产党在建立和巩固苏维埃形式的工农革命民主专政这样一个新型的国家方面的经验,具有巨大的世界性历史意义。这个经验无可争辩地证明，**苏维埃政权确实是一种世界性的制度**，它不仅适合于发达的资本主义国家的革命，而且也适合于殖民地、半殖民地和附属国家的革命，它不仅是无产阶级专政的国家形式，而且也是在无产阶级及其共产党领导下的工农民主专政的国家形式。中国共产党的经验，不仅使殖民地国家的劳动者懂得需要怎样去进行反帝革命和土地革命，怎样去建立苏维埃政权，而且还有助于发达的资本主义国家的无产阶级和劳动人民在苏维埃的旗帜下为自己的利益而斗争。

中国共产党的第二个成就，是在组织反帝民族革命战争和反对"本国"地主资产阶级卖国辱国政府斗争方面的经验和教训。

在非苏维埃地区，中国共产党是人民群众反对日本及其他帝国主义者的唯一领袖和组织者。1931年春、夏两季不断发生日本向中国人民挑衅的事件（蹂躏和大规模屠杀旅朝华侨，日本帝国主义强占万宝山地区中国农民的土地，因而发生了中国农民与日本警察和军队之间的武装冲突，等等）。国民党声称，所有这些事件都是"偶然的地方性事件"，建议日本人通过谈判解决所有这些问题，并禁止举行任何群众性的反日运动。共产党组织了大规模的群众大会、示威游行和罢工，抗议日本帝国主义蹂躏和侮辱中国人民，并向群众指出，这些事件绝不是偶然的行动，这些事件是日本帝国精心策划和炮制出来的，它的目的是要继续进行扩张，占领中国的满洲和其他领土。在日本占领满洲之后，共产党不顾国民党极端无耻的"不抵抗"政策，一方面通过自己的力量，在上海、南京、北平、天津组织了人数很多的群众集会和示威游行、罢工和抵制以反对日本占领，另一方面，通过积极发动群众的办法，使民党和黄色工会召集的群众大会和示威游行也高喊起共产党提出的战斗口号——反对日本侵略者，反对国民党卖国贼。1931年10月10日，共产党组织了6万名上海工人、学生和城市贫民参加的示威游行。在南京，共产党组织了以北京大学学生为首的、来自中国各大城市的10万名大学生的示威游行。领导北大学生的是英勇的共青团员杨同志，他在学生与蒋介石宪兵的街垒搏斗中被杀害了。在这次示威游行的同时，大学生们痛打了南京政府的部长、国民党中央委员蔡元培和陈铭枢，解除了南京卫戍部队的武装，放火烧了国民党中央党部大楼，同军队进行了街垒战。1932年1月初，上海的工人、学生和城市贫民举行7.5万人的示威游行，抗议刽子手蒋介石在南京屠杀大学生的罪行；这次游行示威以后，成立了"人民革命法庭"，审判上海市市长吴铁城及其他国民党杀人凶手，火烧了国民党的市党部大楼。所有这些示威游行都是由共产党组织的，党的口号是："武装民众，把日本和其他一切帝国主义者从满洲和整个中国赶出去！""打倒卖国辱国的国民党政府！""为争取民族解放而斗争的中国人民的唯一的领袖共产党万岁！""拥护工农红军，工农红军是为保卫我们祖国而血战到底的唯一的人民军队！""中苏工农兄弟联盟万岁！""打倒帝国主义强盗联盟——国际联盟！"等等。

由于日本帝国主义继续对华进行掠夺战争，中华民族的生存危机日益加重，广大人民群众要求建立反帝民族革命统一战线的愿望与日俱增。国民党地主资产阶级集团为了掩盖其卖国贼的真面目，利用群众对帝国主义暴行理所当然的愤怒，过去一直企图、现在仍然企图把共产党及其领导的红军诬蔑为"民族统一"的障碍，后方"民族自卫"的捣乱分子。他们过去和现在拼命反对共产党和红军，大肆鼓吹"攘外必先安内"这一蛊惑人心的口号。

满洲事件一发生，共产党就针对蒋介石实行的不抵抗政策，立即提出了"武装民众，把日本帝国主义从中国驱逐出去！"的战斗口号。在上海保卫战期间，当南京政府和十九路军指挥人员公开出卖这次英勇保卫战的时候，中央苏维埃政府正式宣布对日本帝国主义进行神圣的民族保卫战争。

当日本侵占山海关、蒋介石发表"必须肃清赤匪，这是武装保卫华北的条件"的"示威性"声明时，中央苏维埃政府和红军革命军事委员会就向全国军民发表了中国红军在以下三个起码条件下，准备同任何国民党武装部队和任何军队订立共同武装抗日**作战协定**的宣言：

（1）停止进攻红军；（2）给民众以一切民主权利和自由：出版、结社、言论、罢工、示威等自由；（3）给民众以武装和广泛组织抗日义勇军的自由。

当日本占领热河和华北、蒋介石和汪精卫公然宣称因为中国贫穷软弱而无法武装抗日的时候，中国共产党和各革命群众团体在千百万群众中宣传了组织和进行抗日救国民族革命战争的纲领。在这场严重的对敌斗争中，共产党不只是提出了总的方针，而且还进行了巨大的工作以动员、团结和组织群众同帝国主义作斗争。在苏维埃地区，中国共产党取消了一切帝国主义特权，教育红军和群众下定战斗决心，同日本及其他一切帝国主义进行神圣的民族革命战争。在上海保卫战期间，共产党实际上为布尔什维克式的反帝工作做出了榜样。共产党除了对参战的士兵和工人给予一切物质和道义上的支援外，还动员了党的积极分子、普通党员、工人、城市贫民和革命知识分子到前线和敌人大后方去，拿起武器消灭日本的海军、空军、重炮兵和步兵。中国共产党在上海和中国各地组织了群众性的罢工和示威游行，在中国，只有中国共产党才能这样做。多伦和察哈尔的英勇保卫战，不是冯玉祥或方振武打的，而是由那些在共产党影响之下的部队，违背最高指挥部的意愿进行的。在满洲和热河共产党一直在领导人民群众的抗日游击战争。只有共产党才是一切反对日本占领者和满洲国政府的力量的广泛的反帝民族革命统一战线的唯一组织者和领袖。中国共产党中央委员会在发展满洲抗日游击运动问题方面，树立了建立战斗性的统一战线的样板。中国共产党中央委员会在给满洲各级党组织的信中（1932年初），不仅提出了总的正确的策略方针，而且对实际运用这一策略也作了具体的指示。

与此同时，除日本帝国主义者外，英、美、德、意等其他帝国主义强盗也在越来越加紧它们的对华扩张。英国帝国主义利用它在西藏的代理人武装占领了整个川边省，西藏部队继续向云南和四川边界推进，千方百计企图夺取新疆。法国帝国主义占领了南中国海的九个岛屿，并加紧准备武装占领云南和广西。美国帝国主义打着"同情中国人民抗日斗争"的旗号作掩护，不择手段地企图巩固它在中国最富庶的地区的势力，并加紧准备对日本帝国主义的战争以夺取它在整个中国和太平洋沿岸的统治地位。德国和意大利帝国主义者除了供应军火、为蒋介石派遣军事技术专家对付中国人民及其红军外，还处心积虑地在中国培植以蒋介石为首的法西斯势力。国际联盟以"技术上援助中国"的花言巧语为掩护，实则推行国际帝国主义监管中国和帝国主义瓜分中国的政策。蒋介石集团和所有国民党帮派都是帝国主义奴役中国人民的代理人和媒介工具。只有中国共产党始终坚决地反对帝国主义者奴役中国的每一步骤，号召中国人民起来革命，推翻一切帝国主义在中国的统治。正因为如此，共产党现在已经成了中国人民在准备并进行反对世界帝国主义、维护中国的民族独立、国家统一和领土完整的民族革命战争中公认的、唯一的领袖和组织者。正因为如此，党才戳穿了国民党的种种鬼蜮伎俩，把自己的口号变成了群众的口号。

中国共产党及其领导的中华苏维埃共和国，已经成为远东力量对比中的重要因素，成为世界政治中决定性的因素之一。

中国共产党虽然取得了巨大胜利，但在自己的工作中还存在许多严重的不足和缺点，这些首先表现在它在非苏维埃地区的工作方面。共产党在建立广泛的反帝民族革命统一战线方面，表现得还不够积极和灵活；党在工会运动方面的工作中存在很多不足，在敌人的群众性团体中，首先是在黄色工会内部，争取这些工会的会员群众站到我们方面来的工作，做得还很不够；党在敌人军队中开展的工作还非常不力；党在进攻苏区的国民党部队后方开展群众性游击战的工作，做得还不够。中国共产党中央委员会看到而且认识到党的工作中的这些缺点，正在为克服这些缺点进行顽强的和卓有成效的斗争，努力争取在拥有 4.5 亿人口的伟大国家中，获得苏维埃的反帝革命和土地革命的彻底胜利。

菲律宾

1931 年 5 月，菲律宾共产党成立，从这时起，菲律宾的革命运动向前迈进了重大的一步。

菲律宾共产党从它成立之初就在全国无产阶级和劳动群众中开始展开强大的群众工作。党的中央机关报《星火》在几个星期内印数就达到了 1 万份，它号召群众起来同帝国主义作斗争，坚决抨击和揭露同美国帝国主义进行肮脏交易的菲律宾买办资产阶级的叛变行为。年轻的共产党反对帝国主义和反对民族改良主义投降政策的斗争，以及争取无产阶级在不断发展的反帝运动和土地运动中的领导权的斗争，表现在不断地召开群众大会，声援农民起义（布拉干、班诗兰、新怡诗夏、邦板牙及其他省），举行示威游行，反对美国帝国主义压迫者的迫害和恐怖政策，通过开展无产阶级经济斗争并使之革命化来团结无产阶级力量，提高无产阶级的阶级觉悟和战斗力（怡朗省）。

由于大力开展工作，这个不大的党很快就在工人和劳动群众中（尤其是在马尼拉）开始享有威望。

正因为如此，在党成立之后不久，它就遭到了美国帝国主义和本国反动派的镇压。菲律宾共产党被赶入地下。党的领导以及革命工会和农民组织的领导人被投进监狱。赞成共产党候选人的选票也在议会选举中被宣布作废。

党这时遭受的打击，以及迄今还在继续对共产党人施行的残酷迫害，不能不削弱党的群众工作和党的影响（组织上尚未巩固，也未在斗争中经受考验）。而缺乏地下工作经验和习惯，以及干部奇缺也影响到党的日常工作。

最近一个时期，菲律宾共产党明显地壮大了，而且越来越活跃。共产党正在开展一场运动，向广大群众揭露美国帝国主义炮制的奴役菲律宾的"独立法"（所谓《泰丁—麦克杜菲法》）。这个"独立法"实质上是美国帝国主义由于太平洋战争日益迫近而对菲律宾资产阶级采取的策略手腕。党开始更经常地参加准备和领导经济斗争。但由于工会工作薄弱，党在组织上还没有足够的力量去实际领导正在开展的罢工斗争，更不用说去领导频繁发生的农民冲突和起义了。再就是统一战线策略还远没有贯彻到党的实际工作中去，这种情况也是顺利开展党的工作的极大障碍。摆在党面前的极其重要的任务是，要进一步巩固地下机构，坚持不懈地进行工作，争取城乡劳动者的大多数，动员他们在无产阶级领导下，投入到争取国家独立、反对美国帝国主义、反对本国资产阶级的斗争中去。

印　度

共产国际第六次代表大会以后，印度这一时期的特点是，无产阶级的阶级斗争扩大了并尖锐化起来，民族解放运动进一步发展，农民在工人运动和反帝运动的影响下，投入了反对政府、反对地主和高利贷者的斗争。随着阶级斗争和反帝斗争的不断激化，无产阶级进一步团结，并不断加强自己争取民族革命运动领导权的斗争。印度共产党的成立，是共产国际第六次和第七次代表大会之间这个时期印度革命运动的极为重要的因素。

1928—1929年印度无产阶级大规模的经济斗争，特别是席卷各大工业中心的纺织工人和铁路工人的罢工,工人运动中的革命派在斗争过程中的形成,孟买群众性的"产业工人"工会的成立,工会运动革命派1929年在那格浦尔工会代表大会上取得了对在工会运动中执行英国帝国主义政策的原领导的胜利,这一切事实表明了工人阶级日益发展的团结,而且极大地促进了印度广大工人的阶级觉醒,使他们更加渴望成立独立的政治组织。1929年孟买纺织工人具有鲜明政治色彩的第二次英勇大罢工,工人们独立参加抵制西蒙和惠特利王国调查委员会的运动,这些行动大大提高了无产阶级在国家政治生活中的声望,促进了城市小资产阶级和部分农民投入反帝、反封建的斗争,从而使这一斗争具有群众规模,并把它提高到了更高的水平。

第六次代表大会之前,印度无产阶级由于缺少一个组织健全的、集中的、同群众密切联系的全印共产党,它的积极性和作用没有得到发挥。共产党人很孤立,共产党小组试图加入工农党,同工农党实际融合在一起,以便通过这些党来影响广大工人和劳动者。加入工农党的共产党人,没有认识到组织共产党、使之成为无产阶级在全民斗争中的先锋队的意义。

民族资产阶级及其政治组织——国大党,同帝国主义打得火热,全力以赴,以便操纵群众运动,把它引向甘地主义和民族改良主义的轨道。

然而,已经发展起来的强大的反帝运动,冲破了国民大会党为它划定的框框。1930年,群众性反帝发动的强大浪潮席卷全国。在孟买和加尔各答,无产阶级的积极性使反帝斗争具有巨大规模和顽强的精神。1929年纺织业罢工的失败、"产业工人"工会被破坏和大批被工会革命派和共产主义运动的领导人(密拉特审判),这一切都没有能够摧毁广大无产阶级的革命积极性。1930年绍拉布尔工人领导的绍拉布尔起义,1930年的五一罢工和加尔各答装卸工人的街垒战,孟买工人的政治行动，等等，都证明了这一点。

在工人阶级革命斗争的影响下，从1929年以来，农民反对帝国主义、反对地主和高利贷者的运动开始发展起来。在个别一些地区，农民运动是以起义（克什米尔、比尔马、阿尔瓦尔等）和游击战争（比尔马、西北边界省等）的形式表现出来。

但是，当时印度的共产主义分子和共产主义小组还暂时受到民族改良主义分子的排挤，因为印度共产党人当时还没有能够找到使工人阶级的经济斗争正确地过渡到大规模的政治斗争和建立无产阶级群众性的政治组织的途径。共产主义小组没有把反对民族改良主义的斗争和争取无产阶级革命领导权的斗争同积极参加反帝斗争与争取工人和农民群众的迫切需要的斗争结合起来。

共产党人本应积极参加群众斗争，开展反对民族改良主义、争取工人阶级在反帝革命和土地革命中的领导权的斗争，可是他们实际上却放弃了反帝斗争，从而使自己脱离了群众。这就有助于扩大坎达勒卡尔和罗伊等这样的民族资产阶级"左派"代理人在工人中的影响，这些人在群众中散布民族改良主义的幻想，阻碍群众摆脱国民大会党的影响，阻止他们转向共产党人所领导的革命解放运动的队伍。同时，由于共产党人与群众隔绝，便为共产党人中产生派别斗争提供了适宜的土壤，为他们工作中的极端宗派主义创造了发展的环境。

共产党人中的派别斗争不能不暂时阻碍共产主义运动的发展，拖延共产党的成立，尽管具备在全国开展革命工作的有利条件。但是，由于接受了群众斗争的教训，培养先进无产阶级分子的阶级意识和树立他们的共产主义观点的工作仍在继续进行。1930年末，印度共产党人公布了印度共产党行动纲领。纲领规定了印度共产主义运动的战略和策略任务及组织任务。行动纲领的制定和颁布，为使分散的各共产主义小组从思想上和组织上团结起来奠定了基础。

印度的极其严重的经济危机（由于世界经济危机而加重），在1931—1932年导致了城乡阶级矛盾进一步急剧尖锐化。

持续不断的农业危机同工业危机交织在一起，反映了印度以帝国主义、封建高利贷剥削为基础的农业制度的深刻解体，并导致了一系列的农民革命行动。背叛群众运动的民族资产阶级和国民大会党对不列颠帝国主义的又一次投降（1931年甘地—欧文协定），不仅没有减弱，反而加剧了工人和劳动人民的斗争。

英国帝国主义采取了极端的恐怖措施和经济上无法承受的措施，迫使印度支付因宗主国资本造成的危机所带来的损失。自从取消金本位制以后，英国资本已经从印度榨取了20亿以上的金卢比；这种"绝望的黄金"，正如英国帝国主义者自己所称呼它的那样，是用千百万新农户破产的代价换取的，是帝国主义者以及印度地主和高利贷者掠夺几百万公顷农民土地的代价换取的。

由于对农村的这种压榨，在孟买和各联合省，在比哈尔和奥里萨，在旁遮普和比尔马等地，越来越广泛的印度农民群众奋起斗争，反对帝国主义蹂躏者，反对地主和高利贷者。在1931年，农民大规模抗缴政府捐税和地主地租的斗争已扩展到全国大多数省。在比尔马，农民运动从起义形式已转为长期的游击战。同时，全国爆发了空前的革命农民运动和反对印度地方公国（阿尔瓦尔、克什米尔等）专制暴君的斗争。在阿尔瓦尔，约有8万农民参加了起义。反对封建王公、地主和高利贷的起义持续了数月之久，最后遭到了英国军队的镇压。民族资产阶级的报纸则对讨伐队持同情态度，而且，企图把农民起义描绘成印度伊斯兰宗教间的仇恨。

在各工业中心，经济危机激起广大群众起来斗争，反对英国资本和印度资本为把危机的重担转嫁到劳动人民肩上而不断加重的剥削。工人受到前所未有的剥削。几年来，工人的工资削减了25%—50%，而孟买的一些工厂，则削减了80%。工人阶级又退回到战前的水平，失去了近20年来他们顽强斗争所取得的一切成果。仅一个孟买棉纺工业的失业大军就上升到8万人，也就是说，孟买的纺织无产者实际有半数人被抛弃街头。

帝国主义政府和印度资产阶级对工人阶级的极其残酷的进攻，不能不导致扩大和激化无产阶级的阶级斗争。1930年以后，工人运动的特点是，经济斗争规模大大扩大，工人阶级中的落后阶层也投入了斗争，在此之前，他们没有积极参加过阶级斗争。但是，在这方面，由于缺少一个具有广泛群众基础的共产党，加之共产党人在改良主义工会和企业中的工作又十分薄弱，因而再一次影响了城乡革命斗争的发展。在1931—1933年中，工人阶级的斗争虽然在大批工业中心展开了，但还是分散的，因而改良主义领导人得以破坏大多数的罢工斗争。

虽然存在一系列障碍，但在1933年底，全印共产党仍然成立了，而且成为共产国际的一个支部。印度共产党是通过把在孟买同时进行工作的共产主义小组和其他一些城市的地方小组联合起来而成立的。在这方面，密拉特审判以及同志们在这次审判中大胆的发言起了巨大的作用。促进印度共产党成立的还有国际共产主义运动的兄弟般的支持，它帮助印度共产党人并发表了两个文件：先发表了中国、英国和德国三国共产党的公开信，随后又发表了中国共产党中央委员会的公开信。这两封信帮助印度共产党人制定了正确的政治路线和团结共产主义力量的组织措施。

在肯定共产主义运动和革命工会运动取得这些成绩的同时还必须指出，革命派从民族改良主义中独立出来（早在印度共产党成立之前就已开始），这种独立在当时都具有分裂工会（全印工会联合会、加尔各答工会代表大会、全印铁路工会）的性质。中国共产党中央委员会对这种分裂和对印度共产党人所犯的错误都给予了公正的评价。

中国共产党写道，"我们认为，无产阶级革命派在1929—1932年独立出来的过程之所以采取了民族改良主义分子挑起的分裂工会的形式，正是没有共产党的原因。由于当时的极端混乱状况而在某种程度上代替了党的红色工会，便成了共产党人从思想和组织上摆脱改良主义的唯一后盾。某些印度共产党人不懂得，同改良主义作斗争，并不等于要有意识地使群众组织分裂，而且也不应当使共产党人或有觉悟的工人脱离改良主义分子和民族改良主义分子领导的工会。这种宗派主义的政策只能加强资产阶级及其代理人的阵地。"

1934年的特点是，无产阶级更加活跃，广大工人、农民和城市小资产阶级对国大党领导的政策的不满情绪日益增长，共产党和革命工会运动的影响有所加强。工人的罢工斗争愈益广泛开展。1933年是在遍及各地的工人罢工日益发展的情况下度过的，而1934年上半年，各地的工人罢工已经发展为纺织工人的总罢工，成了印度第一次全国规模的总罢工。纺织工人总罢工不能不对整个印度的广大工人阶层，也包括对工人阶级的后进队伍产生革命化的影响。1934年下半年，继英勇的孟买纺织工人领导的纺织工人总罢工之后，又发生了加尔各答1.5万名码头工人的几乎持续一个月的总罢工。罢工连绵不断地在各种工业部门爆发。1934年，罢工的次数，参加这些罢工的工人人数，以及损失的工作日数，大大超过了前四年的水平。这一点，可从下表中看出：

年代	罢工次数	参加罢工的工人人数	损失掉的工作日数
1932	118	126099	1922437
1933	146	164938	2168961
1934	199	220808	4775509

除罢工外，工人的政治行动和示威游行，包括反对国大党的政治行

动和游行更加频繁。在艾哈迈达巴德（甘地主义势力在工人中的堡垒）的纺织工人群众大会上的反对甘地的演说，工人反对国大党最近一次孟买会议的投降主义政策的示威游行；破坏国大党为征集工人加入国大党在孟买召开的一系列集会；不顾甘地主义工人协会的直接禁令而继续举行的艾哈迈达巴德纺织工人的罢工，——这一切都说明，国大党和甘地在工人阶级中的影响已明显动摇。当前，争取群众、争取无产阶级在全民运动中的领导权的斗争形势，比1927年要好得多。

无产阶级积极性的提高，同时也扩大了共产党的影响，因而也扩大了工人运动中的革命派。在1933—1934年期间，革命工会运动尽管存在一系列极其严重的错误和缺点，尽管基本上没有强调在现有的改良主义的群众性工会中开展工作，而是着重于建立独立的小型工会，其实并不具备这种做法所必需的前提，但它还是明显地扩大了自己的影响。革命工会运动在1934年这一年中就领导了20多次的罢工。在纺织工人总罢工中，革命派也起了主导作用。

印度革命运动取得进一步胜利的良好标志之一就是，最近以来，共产党人开始在经济斗争和政治斗争中采用统一战线的策略，在广泛的反帝人民统一战线运动中把工人和劳动群众联合和团结起来，加强无产阶级在民族解放运动中的作用。在1934年纺织工人总罢工期间，同民族改良主义的纺织工人工会结成的统一战线，革命工会和民族改良主义团体，包括国大党的一些地方组织一起在孟买和加尔各答采取联合反帝的行动（反对实行新的奴隶宪法，反对取缔革命团体、取缔五一群众大会，等等），也为实现工会统一准备了条件。群众的压力和工会革命派影响的迅速增长，迫使全印工会代表大会中的民族改良主义分子去同工会运动革命派搞联合。

1935年4月，民族改良主义工会代表大会（8万名会员）和红色工会代表大会（1万名会员）达成协议：红色工会代表大会同民族改良主义工会代表大会联合的条件是，必须保证革命派拥护者在联合工会组织内部开展争取群众的工作（承认阶级斗争原则，批评自由，联合平行的工会组织）。

但是，全国工会联合会①的极右领导人拒绝参加关于在阶级斗争和拒绝参加阿姆斯特丹工会（这个工会联合会要加入阿姆斯特丹国际）原则基础上实现统一的谈判。到目前为止，民族改良主义工会代表大会的领导人，由于担心失去对群众的影响，还没有下决心同联合会联合，因为这要求公开放弃阶级斗争原则。但是现在，当革命派参加工会代表大会之后，它的民族改良主义领导也在寻求同联合会的头头联合，这当然是正确的。只不过这个领导只屈从联合会的头头，以便加强它反对联合工会运动中革命派势力，这一点则是很不好的。

上述在运用统一战线方面取得的进展说明，共产党和工会革命派开始消除宗派主义观点。宗派主义在1934年纺织工人总罢工的后半期表现得尤为明显，当时"左派"民族改良主义领导人阿尔韦和坎达尔卡被开除出联合罢工委员会，不仅坎达尔卡的"产业工人"工会领导人受到指摘，而且整个工会都受到指摘；当时提出的口号是"打倒阿尔韦和坎达尔卡警察工会"，"一个工业部门只能有一个共产党领导的工会"等。宗派主义还表现在，总罢工之后共产党人和革命工会运动的拥护者不向工人群众表明自己对工会统一问题的态度，而且在这一重要问题上竟让民族改良主义分子把握了主动权。正是这些宗派主义的错误削弱了左派在争取工会统一斗争中的阵地，并使共产党人和革命工会运动的拥护者无法在完全平等的基础上实现两个工会代表大会的联合。他们被迫同意在承认阶级斗争原则和批评自由的基础上，让红色工会代表大会参

---

① 全国工会联合会自称拥有12.7万名会员。印度总共有近32.5万有组织的工人，其中有10万人没有加入任何一个联合工会。

加民族改良主义的工会代表大会。

关于工会统一的这个协议是一个有着重大意义的事情，是对争取印度工会运动统一事业的重要贡献。这个协议是印度工会运动革命派拥护者克服宗派主义倾向的重大尝试。宗派主义倾向多年来一直是印度革命工会运动突出的缺点，它妨碍了革命工会运动成为更具有群众性的运动。

关于工会统一的协议为革命工会运动的拥护者提供广泛的可能性以开创一条通向广大群众的道路。这就取决于共产党人和革命派拥护者在联合工会组织中开展工作的积极程度，取决于他们在摒弃宗派主义之后，在坚定不移地贯彻阶级斗争政策时，究竟能在多大程度上使广大会员相信自己策略的正确性，从而能对公务人员的选拔和对联合工会的地方组织产生影响，促使它们变为强大的群众性组织。

由于阶级斗争和反帝斗争尖锐化，由于不列颠帝国企图把奴役性宪法硬塞给印度，因此目前在国大党的上层正进行重大改组和人事变动。群众政治积极性的提高和国大党领导的不和，深刻暴露了该党的不稳定性。国大党的分歧和改组，一方面是不列颠帝国玩弄阴谋手段的结果，另一方面也是工农群众反帝运动发展的结果。

但是，如果认为国大党队伍中的这种状况会使它束手无策，那就大错了。恰恰相反，正是由于这种状况，国大党才竭尽全力来缓和、消除和转移群众日益高涨的不满情绪，而且还特别为此在国大党内成立了一个社会主义国大党。

这就是为什么群众既对甘地和其他投降主义者领导表示不满，同时又不与国大党断绝关系，甚至在某种意义上还把民族改良主义资产阶级和自由派地主领导的国大党看成是代表全国对帝国主义持反对立场的组织的理由；群众还寄予幻想，认为国大党会根据他们的利益进行改组，会把他们的要求作为自己的纲领，并帮助他们组织自己的队伍来为实现这些要求而斗争。

年轻的印度共产党由于只限于从宣传鼓动上揭露民族改良主义者的政策，向群众提出反帝、反封建革命的口号，因此至今没有能够消除民族改良主义在群众中的影响，团结和吸引广大群众参加革命斗争，并使这些群众摆脱国大党的影响，尽管在这方面它也取得了一些局部成绩。

印度共产党中央委员会正确地提出了下列任务：共产党人应当到国大党内去开展工作，并作为非党群众组织（反帝组织、工会组织等）的成员加入国大党，因为这些组织可以作为集体成员参加国大党。共产党人只有利用在国大党内现有的一切合法条件宣传自己的观点，才能够逐渐地把国大党内的一切革命分子聚集和团结在自己周围。

与共产党有关的组织加入国大党，绝不意味着改变对国大党的原则态度，正如共产党在致社会主义和革命青年的公开信中所说的，这绝不意味"接受资产阶级的原则和宪法"，转向"立宪反对派"或"放弃在国大党外开展反帝斗争"。加入国大党意味着，共产党人、革命工会运动拥护者和一切反帝分子，都应当不仅在国大党外，也要在国大党内开展建立反帝统一战线的斗争。

印度工人阶级的罢工斗争和革命农民运动的发展，为年轻的印度共产党创造了有利的形势，尽管帝国主义政府禁止它的存在；在群众运动日益发展的条件下，印度共产党已有可能扩大自己的影响和实际实现现阶段印度革命运动的主要任务——**开展广泛的反帝人民统一战线运动**的任务，动员城乡劳动者参加印度反帝、反封建革命的斗争。

印度支那

在第六次代表大会上，印度支那代表在自己的发言中指出，尽管工人、农民和城市小资产阶级群众受到强烈的革命震动，但"革命群众还没有组织起来,因此是软弱无力的"。印度支那的代表把建立印度支那共产党作为当时的首要任务。在过去的六年中,无论在国内整个民族解放运动的发展方面,或是在印度支那共产党的发展方面,都发生了根本变化。正是这些年显示了急剧高涨的革命浪潮已经从1928—1929年的小规模的、分散的、进展迅速的地方性冲突发展到强大的反帝、反封建运动,甚至发展到了1930—1931**年的苏维埃运动**。六年来,在波澜壮阔的革命高潮条件下,印度支那共产党走过了在通常条件下需要很多年才能走完的发展道路。在这一时期,国内总的形势具有以下特点。从1929年起,危机日渐加深,而且在印度支那的经济部门一个接一个地蔓延开来。在1930年初,危机已经蔓延到印度支那的所有主要经济部门:工业、橡胶种植业和棉花种植业,以及全国水稻业。这种形势的直接后果是,劳动群众的状况急剧恶化。失业现象激增,50%以上的工业工人失去工作。工资减少了50%。因为税收与日俱增,劳动农民的境遇更加艰难。农民的欠债不断增大。每年荒芜的土地的比例越来越大。城市贫民的境况由于税收不断上升和大米价格昂贵而变得不堪忍受。群众状况日益恶化的直接后果,便是革命运动的增长。

工人运动。1928年1—10月,共发生9起工人罢工和行动,1起米什伦种植场的苦力起义,起义中1个法国监工被杀死。参加这些斗争的人数不超过1900人;1929年发生24起罢工和发动,有6000名工人参加;1930年发生98起工人罢工和发动,参加者为31680人;1931年有31起工人罢工和发动,参加人数不详。

1932年间的工人运动情况是:1月,发生了富美(交趾支那①)实验室工人罢工。6月,2000名苦力、男人、妇女和儿童因失业离开河静水稻种植场,他们步行到西贡,要取粮食再返回东京湾(北部湾旧称)

---

① 现在的越南南方。

家乡去。1932年前6个月中，福冈岛橡胶种植场的总共约7000名苦力（包括妇女和儿童）离开了种植场，要粮食和返回故乡去；12月，在米萩的橡胶种植场发生了苦力罢工，在肇静的米什伦橡胶种植场有2000名苦力罢工。在流血冲突中，有4人死亡，7人受伤。西贡《大公报》和《中立报》的报童也举行了罢工。此外，1932年还发生了顺化、嘉定和西贡等城市的苦力和人力车夫的罢工，西贡捷斯捷伦印刷厂工人的三起罢工，堤岸屠宰工人的罢工，堤岸13家毛巾厂中国女工的罢工，金边（柬埔寨）电厂工人的罢工和磅湛（柬埔寨）种植场苦力的罢工。

1933年和1934年工人行动的准确数字还没有，但大家都知道，罢工在全国各地继续发展。无产阶级的越来越广泛的阶层，包括它最落后的阶层也都投入了运动。失业者的运动规模也很大。交趾支那失业工人的饥饿进军频繁发生。

农民运动。1928年交趾支那发生1起农民暴动，暴动期间，1名交趾支那宪兵被打死；1929年发生1起摩伊人——昆嵩省（安南南部）的少数民族——反对法国帝国主义占领土地的起义和一起东京湾农民发动；1930年发生400起农民发动和暴动，约有50万人参加；1931年有135起农民发动，5.4万人参加；1932年，农民运动虽然不像1930—1931年那么猛烈，但有新的特点。同工人运动一样，农村居民中的新阶层投入了农民运动。饥饿进军，特别是遭受严重饥荒地区的饥饿进军更加频繁。农民与军队的冲突也频繁发生。由于税收加重和对盐、酒精等实行垄断而引起的农民骚动有所增加。1933年和1934年发生了一系列农民发动，例如：海关职员和安南南部几个乡的居民之间的流血冲突，结果有3个农民遭杀害，1名法国职员受重伤。这类冲突在交趾支那也时有发生。

城市贫民运动。从1932年起不断发生街头小贩抗议增加税率的行动（在海防、西贡、嘉定等市市场）。例如仅在1934年1月就发生了以下罢市：1月1—9日茶荣（交趾支那）市场商贩罢市反对提高定价，1月13日在巴里（交趾支那）市场和1月26日在秋德（西贡附近）市场也发生了罢市。

青年学生运动。学生积极参加运动。从1933年起，东京湾和交趾支那学校的师生多次采取行动。

少数民族运动。法国帝国主义对安南南部和交趾支那—柬埔寨边界的摩伊族地区的渗透政策，从1931年底起一直遭到这些地区居民的极其激烈的武装抵抗。在那里发生了真正的战争。几乎每个月报纸都要报道这些"不驯服"的种族杀死某个法国军官或官员的消息，报道摩伊族人大规模发动的消息。1932年在柬埔寨，即在印度支那首次庆祝了三八国际妇女节。1932年，还发生了柬埔寨电厂工人和农业工人的罢工。

印度支那苏维埃。1930年9月在安南北部，即在宜安、河静两省的几个县建立了第一批工农苏维埃。在苏维埃政权存在期间，它所通过的主要措施纲领有：（1）建立苏维埃；（2）把封建主和大地主驱逐出苏维埃农村；（3）没收占有100公顷以上土地的大地主的土地，没收公社土地；（4）把没收的土地分给贫苦农民；（5）成立农业公社（南定县）；（6）取消捐税和高利贷债务；（7）剥夺剥削者的一切公民权利；（8）彻底实现男女经济和政治平等；（9）成立人民法庭审判反革命分子、特务和危害分子等；（10）摧毁帝国主义者为镇压农民运动而建立的农村警察所，建立自卫队和"敢死队"；（11）建立人民学校对劳动者进行政治教育；（12）防止抢劫，禁止吸鸦片、赌博、卖淫等等；（13）以食品救济贫困户和失业者；（14）帮助白色恐怖的蒙难者及其家属；（15）没收国库现金储备并把它们分给贫苦农民；（16）对于自觉或不自觉协助帝国主义分子进行镇压的村庄实行经济封锁和社会封锁。

苏维埃一直存在到1930年底。

1934年印度支那革命运动继续发展。它的特点是：（1）越来越广大的劳动者阶层投入运动，落后阶层越来越经常地参加革命运动；（2）原先被法国帝国主义认为那里的居民是最"安分守己的"一些地区正在觉醒并参加全民解放运动；（3）运动中的自发性和无组织性还占优势。

印度支那的革命运动始终是在极为残酷的恐怖环境中发展的。早在1929年下半年就为审判越南国民党领导人而进行了大逮捕。1929年7月，70名国民党首领被判处苦役，刑期合计超过500年。1930年在示威游行中有949人被杀害。1931年有672人被杀害。在1930—1931年中，在狱中和流放的革命者超过1.5万人。从1930年起有164人被判处死刑，其中近100名死刑已经执行。在苏维埃地区及与其相邻的地区，数百个村子被烧光，尤其是在1930年2月暴动期间。

民族改良主义政党和民族革命政党以及它们在革命运动中的策略。在交趾支那，民族改良主义极右翼的代表是立宪党人；在安南是阮秋孝集团；在东京湾是范辉—阮咏党。这是一些地主和大资产阶级的政党。它们主张同法国帝国主义无条件合作。它们从不提出国家独立的口号。它们的"斗争"手段是和平的手段。从这些党当中又分立出一些"左派"——律师、教师、医生和工程师小组等，他们空谈一些国家独立的"左"的词句。在交趾支那的一个律师小组还为农民提出一些要求，在市政府选举（1933年在西贡）时"支持"过无产阶级的候选人名单，欢迎过法国工人代表团，等等。

1926年立宪党成立。1930年出现一些民族改良主义的资产阶级"左派"党小组，现在也还在陆续建立。1926年在东京湾成立了国民党，这是印度支那最大的民族革命政党。它领导了1930年安沛二月起义，之后被瓦解。在最近三年以及1934年中这个党曾几次试图恢复并改组。它的纲领是，推翻法国帝国主义统治，建立资产阶级共和国。

革命运动中的共产党。从1923年起，印度支那就存在共产主义运动。1930年前只有一些彼此没有联系的共产主义小组，它们同群众的联系很差，彼此间进行着激烈的派别斗争。革命运动的发展尖锐地提出了必须克服运动的分散状态和小圈子习气，以及建立统一的共产党问题。1930年1月，各共产主义小组联合成统一的共产党，它很快便成为斗争中的群众的真正的和唯一的领导者。但是联合委员会在把各种共产主义小组联合成统一的共产党时犯了一系列错误，其中主要错误是，在对原有的共产主义小组事先没有划清范围，从中选择真正的革命力量时就实行了联合。在革命低潮时，许多同路人产生失败主义情绪，这些人在革命高潮时期没有经过认真审查便加入了共产党。

印度支那的整个形势使年轻的印度支那共产党在革命斗争中迅速占据领导地位。越来越加剧的经济危机促进了广大工人的革命化，使他们投入斗争。1930年2月在安沛爆发了安南阻击兵的起义。这次起义虽然失败了，但在该国后来的革命运动中起了十分巨大的作用。国民党组织的这次起义是安南阻击兵的造反起义，它得到了东京湾革命群众的支持。印度支那国民党的主要领导骨干都被逮捕和关进监狱，上层领导人被处死。一般骨干分子则人心涣散，部分优秀分子脱离了国民党，投身于共产主义运动。很大一部分印度支那资产阶级在安沛起义期间在群众发动影响下，站到了向法国帝国主义妥协的立场。所有这些条件都有利于提高共产党在劳动群众中的威望。恐怖政策使共产党遭到惨重损失，迫使它转入地下。然而即使处于地下，印度支那共产党也没有停止过群众工作。1933年年中，党已经领导了一系列劳动人民的大规模的革命行动。到1934年年中，在交趾支那、安南和东京湾，印度支那共产党在工厂、种植场和农村都建立了支部网。

党拥有大批秘密刊物。党出版《红旗》月刊、《前进》双周刊、《共产党人》杂志和《理论评论》杂志。此外还出版秘密的工会机关刊物《无产者》。铁路工人、汽车和电车工人都有秘密的工会组织。

现阶段党面临的主要任务，是改组和进一步巩固地下组织和中央领导机关，争取群众和建立群众组织。过去一个时期，在这方面的工作中出现了很多缺点。党在工业中心的工作尤为不足。因此，党给自己提出了一项任务，即在不削弱自己在广大农民中工作的前提下，把自己努力的重点移往工人地区，在这些地区开展群众工作，建立群众组织。党还提出建立并发展广泛的反帝统一战线、吸收一切反帝力量参加统一战线的任务。1932年，党发表了自己的行动纲领（参看《观察家》1932年第63期）。纲领提出了印度支那当前革命阶段的主要任务，规定了工人、农民斗争的局部要求等等；纲领还作出了根本性的策略指示。

印度支那共产党的行动纲领，是不断发展斗争的主要文件。在这个纲领的基础上，共产党勇敢而有成效地进行工作，聚集和发展战无不胜的反帝革命和土地革命的力量。

印度尼西亚

在共产国际第六次和第七次代表大会之间的这一时期，对印尼共产党人来说，是恢复革命工人组织的时期，这些组织在1926年和1927年西爪哇和西苏门答腊起义之后均遭荷兰帝国主义破坏。在这两次起义前，印尼共产党拥有近1万名党员，在民族革命运动中享有很大声望，但它还不是一个真正布尔什维克式的党。它还没有在企业和种植园扎下根来，也不善于运用布尔什维克的战略和策略。

起义之后，荷兰帝国主义者立即动手进行疯狂的恐怖镇压。印尼共产党被迫转入地下，红色工会和人民联盟革命全国联合会被彻底破坏。数千名共产党员和革命者被判长期囚禁或投进设在新几内亚岛迪古尔河疟疾沼泽地的集中营。

虽然起义最后失败了，革命组织遭到破坏，但它仍然对印度尼亚西民族解放运动的进一步发展产生了巨大影响。起义后，资产阶级和小资产阶级政党慑于革命有可能在共产党领导下取得胜利，便转而公开地、隐蔽地或半公开地同政府合作。

荷兰社会党人公开宣传和鼓励民族主义的领袖同政府接近，他们过去和现在一直得到荷兰政府的全面支持，而且作为忠实的奴仆受到嘉奖，从而得到有利可图的一点点地位。在印度尼西亚，起义前荷兰社会民主党人的领袖在本地居民中没有什么势力，现在即使在荷兰籍职员中也只有非常少的拥护者，但他们不仅由政府"指定"参加了国民议会，而且还获得了很高的国家职位（缪连费尔德是内务部主管部门主任；范·格里杰赫是统计局领导人和巴达维亚①大学教授；米登多普是总督助理，等等）。人民议会前成员、荷兰社会民主党殖民问题"专家"及其殖民纲领的作者斯托克维斯，起着充当政府告密者的特殊作用。在起义期间，斯托克维斯在资产阶级报纸上大版大版地呼吁，请求印尼总督绞死被俘的共产党员；他还第一个提出在迪古尔建立集中营的主张。

1928年工农运动相继发生，非常活跃，首先是在1928年7月，在前印尼共产党员马苏德领导下建立了独立工会。这些工会坚持阶级斗争的观点，会员开始迅速增加；它们的影响迅速增长，直到1929年7月它们被取缔为止。

1929年初，当独立工会希望参加刚刚成立的印度尼西亚工会中央联合会时，工会中央联合会的民族主义领袖借口独立工会有阶级性而拒绝它加入。同时，在民族主义的报纸上还发起了一场反对独立工会领袖的叛卖活动，从而为政府准备并向这些独立工会发起攻击提供了条件。

独立工会的领袖们，同共产党人在1927—1931年时一样，重犯印尼共产党以前所犯的错误。他们没有为自己的组织建立起十分牢靠的秘

---

① 雅加达旧称。——译者注

密根据地；在民族改良主义工会中，既没有共产党党团，也没有革命工会反对派小组；对各民族主义党派的阶级本质没有认识。诚然，在这些党派中也开展了地下工作，但不是为了向普通的工人党员揭穿他们领导的背叛政策，而仅仅是为了向好说空话的"左派"民族主义者施加压力。在任何地方，无论是在罢工当中，还是在农民暴动中，独立工会的领袖既不会显示自己组织的革命作用，也不善于揭露资产阶级政党的真正嘴脸。这些年里，在刑讯室受折磨的和在集中营关押的印尼共产党人始终保持了印尼共产党的传统。尽管受着严刑拷打和沉重的苦役劳动的折磨，但他们仍然组织狱中的抗议罢工，在迪古尔集中营，大多数共产党人面对当局的收买和分化他们的种种企图决不退却。

1929年7月独立工会瓦解以后，直至1932年底，在印尼工人在单独选出的罢工委员会的领导下开始举行罢工和经济斗争的时候，他们实际上已经没有自己的组织能够领导反对日益加深的剥削和反对日渐降低工资的斗争。因此，从1929年中期到1932年，工厂和种植场爆发的自发性罢工都是在没有领导的情况下进行的，因而是孤立的。因此当局很容易把这些自发的突然事件镇压下去，把"肇事者"流放到以其残酷制度而著称的新几内亚集中营，或者如果中国苦力参加这些斗争，就把他们交给蒋介石处置。

必须指出的是，尽管实行恐怖和迫害，但在这些年里，中国共产党人成功地在固定或临时在印尼居住和做工的数千名华人中进行了工作。中国共产党组织的影响逐渐扩展到各个岛屿；它出版秘密月刊《红色激浪》。由于中国同志的工作，11月7日和5月1日，在巴达维亚（现雅加达）和苏腊巴亚（现泗水）街头曾飘起了镰刀和斧头的红旗。

荷兰共产党在殖民地工作中的进展，对于进一步发展印度尼西亚的革命运动，具有极其重大的意义。荷兰共产党的改组，以及它本着列宁主义精神提出的殖民地问题，对1933年印度尼西亚爆发的事件产生了巨大影响。荷兰共产党对印度尼西亚共产党人所给予的列宁主义的思想支持，对制定和传播印度尼西亚革命运动的正确口号起了促进作用。

这些口号在印度尼西亚共产党1932年秋发表的、并用马来语在印度尼西亚传播的呼吁书中得到广泛宣传。广大工农群众第一次了解到这些口号。呼吁书的发布正值印度尼西亚的经济危机尖锐到极点，爆发了大量的自发性罢工，农民骚动也增多了。印度尼西亚资产阶级政党重又企图改组自己的队伍，利用日益发展的运动达到自己的目的。

一再削减国家职员的工资，引起了当地的官员的强烈不满。至今仍限于向政府请愿的"伊斯兰联盟"工会也于1932年底开始组织示威游行并同民族主义工会接近起来。

到1932年底，政府宣布再次削减工资，这一次削减工资波及陆海两军，从而导致陆海军士兵的示威游行，导致泗水大规模的水兵暴动。在巡洋舰"七省号"的起义中运动达到了最高潮。尽管这次起义自始至终缺乏战斗力（缺少目标坚定的领导，没有共产党党团，起义者动摇不定，没有转入进攻，起义者中存在强烈的民主主义幻想等），但它毕竟对印度尼西亚革命运动的进一步发展有着极其巨大的意义。在这次起义的战斗中，首次真正实现了荷兰工人和印尼工人用他们的鲜血凝成的统一战线。不但荷兰社会民主党和印尼社会民主党，而且印尼所有的右的和"左"的民族主义政党都让起义的水兵任命运摆布，甚至出卖他们。只有印尼和荷兰的共产党人站在他们一边。从这个意义上来说，1933年2月是共产主义影响得以在印尼扩大的决定性的一年。

这些事件后，荷兰议会被解散，荷兰共产党在印尼广大劳动者和荷兰无产者的统一战线旗帜下，开展了自己的选举运动。在选举中，荷兰共产党获得了12万张选票，并使2名印尼共产党员进入了荷兰议会。这就更加有利于在印尼劳动群众中贯彻共产党提出的口号。

共产主义影响的日益增长，迫使形形色色的民族主义分子接受——

同时也歪曲——共产党人的部分口号。1933年2月以后,印尼党和"伊斯兰联盟"提出了新的纲领,在这些纲领中,如同在革命高潮年代(1919—1921年)一样,玩弄着社会主义词句,提出"土地属于农民","反对资本主义,包括反对本地的资本主义"的口号。

就在这个时候,又出现一个拥有激进纲领和包括1万名工人的当地的工会中央联合会——"印尼工人中央联合会"。"伊斯兰联盟"工会(拥有3万会员,主要是工人和国家机关职员)便同这个工会联合会接近起来,从而导致了"伊斯兰联盟"的分裂。此外,在1933和1934年还成立了许多新的工会,这些工会都没有加入这两个工会联合会,而是向着更加革命的方向发展着。印刷工人、烟草工人、甘蔗种植业工人也展开了一系列罢工,在这些罢工中,**工人们第一次实际贯彻印度尼西亚共产党的口号,并在单独选出的罢工委员会的领导下行动起来**。但是,民族主义的工会和政党的领袖背弃他们在代表大会上散布的种种漂亮词句,这一次又背叛了自己的组织。这些罢工斗争,就其规模来说,超过了1933年8月爪哇铁路工人斗争。起初这个运动预计会发展成最大规模的罢工斗争,但结果,尽管罢工委员会做了一切努力,运动却搞成了一个消极抵抗运动,数百名革命工人被解雇。

改良主义工会领袖策划的铁路工人的失败,苏加诺和哈达两人怯懦的叛卖,当地资产阶级明目张胆对帝国主义的投降——这一切向工人和农民表明,民族资产阶级(由于共产党人的软弱和他们所犯的错误至今在群众中仍有影响)不希望、也不可能采取任何一项果断措施去反对帝国主义者。现在,印度尼西亚共产党人所受的训练和锻炼都比这一阶段初期要好。共产党人应当在企业和种植场扎下根来,在工会中建立党团,做好准备,领导并协调工人和农民的斗争,大无畏地充当为印度尼西亚的完全独立而斗争的急先锋,把一个个的小组团结成牢固的统一的布尔什维克党。

土耳其

在共产国际第六次和第七次代表大会之间的这一时期,土耳其共产党是在艰苦的地下条件和同右倾机会主义分子及企图消灭地下共产党的托洛茨基—警察"反对派"① 紧张斗争的条件下发展起来的。在共产国际第六次代表大会的时候,党还是一个有强烈宗派主义倾向的小组织。在第六次代表大会以后的时间中,土耳其共产党在变成群众性政党的道路上取得一系列成就。

世界经济危机不能不触及土耳其这个与世界市场有着紧密联系的资本主义国家。经济危机致使数以万计的工人没有工作,而同时数十万农民又涌向城市寻找工作。这种状况不能不促使迅速消除在民族解放斗争年代,在群众中风靡一时的基马尔主义的幻想。资产阶级政论家枉费心机地证明,土耳其不可能发生经济危机、失业现象等等。被清除出党的纠集在以韦达特·奈迪姆和舍夫克特·叙雷亚为首的"卡德罗"集团中的取消派分子,也枉费心机地证明,基马尔主义的土耳其的经济结构是以整个民族共同的阶级利益为基础的。而在共产党领导下的工人和失业者的革命行动则证明,土耳其经济是服从资本主义普遍规律的。

共产国际第六次代表大会前夕,土耳其共产党对1927年控制中央委员会机关的右倾机会主义取消派分子进行了决定性的斗争。1927年暴露出来的破坏工人阶级群众性斗争的行为和支持资产阶级的公开路线,以及主张共产党合法化和取消共产党的提法,彻底戳穿了这些取消

---

① 托洛茨基—警察"反对派",1930年由一群被开除出共产党的叛徒、托洛茨基分子和奸细等组成,他们给自己提出的目标,就是通过挑拨和分裂工人运功来铲除共产主义运动。

派分子是民族资产阶级在工人运动中的代理人。党在1927年清除了中央委员会和党内的所有取消派分子，从而结束了这一切。

党在其中起过积极作用的1928—1929年的罢工运动，特别是斯坦布尔（现伊斯坦布尔）电车工人的罢工，地下刊物和传单的散发，为共产党认真开展群众工作奠定了基础。党通过散发大量的传单和宣言，中央和地方的地下报纸，如《共产党人》、《布尔什维克》、《星火》、《红色的斯坦布尔》，以及中央和地方组织出版的反映当前重大事件（各种罢工、五一节等）的大量传单，进行了大量的工作，广泛宣传共产主义和共产党的行动纲领。

共产党向广大劳动人民系统地揭露了转向与帝国主义勾结的基马尔政府的种种行径（当时同意大利的接近，巴黎协议，支付奥斯曼帝国外债，等等）。共产党以苏联国家执行的同帝国主义斗争的唯一彻底的国家革命政策为例，不断向工人和农民证明资产阶级反抗帝国主义分子的不彻底性，只有与苏联建立紧密联系，才能保证土耳其的独立存在。

1929年，由于党的领导干部中存在的不能容忍的派别斗争，致使党内遭受重大破坏。在此之后，土耳其资产阶级不断加强它对工人阶级和共产党的进攻。1929年的最后一次对共产党员的士麦那公开审判，吓坏了土耳其资产阶级，因为共产党员巧妙地利用时机，从被告席上传出共产主义的口号，宣传共产党的纲领，从而引起广大劳动群众对党的同情。

土耳其共产党不得不在艰难的秘密条件下工作。除了明目张胆的恐怖手段外，警察还特地以建立托洛茨基主义反对派集团的形式大搞内奸活动。1930年，形形色色的叛徒集团（取消派分子、托洛茨基分子和内奸）曾图谋联合起来，把共产主义运动的领导权抓在他们手中。党迅速地揭穿并粉碎了警察的这次破坏活动。受这个反对派蒙蔽的忠诚的普通共产党员和积极分子大多都回到了党内。新的行动纲领的制定，以及这段时期党的中央理论刊物《革命之路》开始出版,在同反对派的斗争中给党以巨大帮助。

1932年初,党举行了自己的第四次代表会议。参加代表会议的有25名代表,代表着7个地方组织。代表会议讨论了党的政治任务和组织任务、工会工作问题和反对准备帝国主义战争问题,选举了党的中央委员会。

土耳其共产党在第六次代表大会以后的时间里虽然有了一系列重大成就,但同广大工人群众联系还不密切。至今工会工作和1929年遭派别斗争破坏的共青团运动中的缺点还未得到克服。工人常常找共产党人,请求帮助组织罢工或拟定各项要求,但常常找不到他们。1932年,第一次成立了秘密的烟草工人工会,它向工会国际提出了联合的宣言。而党在基马尔主义工会中的工作也仅仅从1932年才开始。遗憾的是,秘密的烟草工人工会没有存在多久,只是从1934年起才在更广泛的基础上恢复自己的活动。在基马尔主义工会中的工作,还很不得力。在共产党1932年的群众工作中,唯有一次由共产党人组织的、争取满足失业工人要求的失业工人示威游行运动取得了重大成就。到1934年为止,青年工作还十分不能令人满意。仅仅是由于共青团员的巨大努力和党的正确领导,从1934年起才得以在青年中开展工作。这项工作还需要给予更多的注意。

中央一月全会(1934年)根据共产国际执行委员会第十三次全体会议的决议,讨论了土耳其工人运动中的主要问题和共产党的任务,结果提出了一系列果断措施,以克服共产党工作中的缺点。现在有些工作已经取得某些成效,如加强宣传鼓动工作,并使其更接近群众(宣传工人关心的问题、使用工人易懂的语言),把党员的工作重心移到生产部门和工会中去,等等。最近,无论党员人数,还是共青团人数都有所增长。

叙利亚

叙利亚共产党是在共产国际第六次代表大会之前不久刚成立的，它是在反对明显的宗派主义倾向斗争中才得以发展成一个在广大劳动者中根基越来越深的政治组织。1928—1930年间，党在群众运动中没有发挥什么明显的作用。它是一个十分闭塞的、对"高尚的政治"问题仅限于高谈阔论的团体。只是在1930年召开的党的第二次代表会议上才为争取群众的斗争奠定基础。

但是，形形色色的机会主义分子在党的领导机关中拥有巨大影响，他们千方百计地暗中破坏使党阿拉伯化的政策。由于这个原因，党在一个时期里一直是一个只包括狭窄的亚美尼亚劳动者阶层的组织。

1933年党才大力开始贯彻正确的阿拉伯化政策。叙利亚共产党在肃清了抵制阿拉伯化政策的机会主义者以后，组织上得到了巩固并走上了正确的党的路线，现在它已被公认是阿拉伯东方的先进组织；它在阿拉伯群众中赢得了威望，在工人阶级的广大阶层（印刷工人、电车工人、司机等）中为自己建立了牢固的阵地，一句话，它为争取工人阶级在反帝的民族解放运动中的领导权创造了条件。首先应当突出的成绩是，党在为自己日常要求而斗争的阿拉伯劳动者中开展的工会工作方面和在阿拉伯工人的罢工中都取得了成功。由于工人们积极参加战斗，党大大扩大了自己在劳动群众中的影响，并巩固了自己在工人阶级中的基础。

1933年8月，贝鲁特爆发了印刷工人的罢工。在10天当中，贝鲁特的整个出版事业处于瘫痪。有些地方（扎赫勒等）爆发了同情罢工。在党的领导下，罢工者表现了很大的积极性。《东方日报》印刷厂遭到破坏，致使两个多星期没有出版报纸。这一次在叙利亚共产党领导下举行的罢工行动，对整个阿拉伯东方的革命工人运动产生了巨大影响。罢工者提出的主要要求是："组织阶级工会的自由"。

最近，党在大马士革和贝鲁特召开了秘密的工会代表会议，参加会议的有14个工会的工人代表。在这次筹备工作之后，于1934年底召开了全叙利亚工会代表大会。代表大会的工作无疑将有助于加强叙利亚无产阶级的战斗力及其反帝斗争。共产党在叙利亚改良主义工会中也顺利地开始进行工作。

在群众性的反帝斗争方面，党取得了一系列成就。党的共产主义口号在争取民族解放的群众性示威游行中得到群众自觉的拥护。

在1931—1932年叙利亚议会选举期间，共产党还一个候选人也不能提，只限于做宣传鼓动工作，在民族改良主义分子组织的大会上发言和散发宣言。但在1933年，即在黎巴嫩选举期间，叙利亚共产党提出了自己的候选人，参加了选举运动。虽然形势不利，虽然共产党的候选人遭到迫害和严重的排挤，但共产党候选人仍得到了977票，这对于党来说是一个伟大的胜利。在选举运动期间，党散发了将近10万张传单。党组织了数十次示威游行，游行者在红旗的指引下高唱革命歌曲向前行进。

1933年，在大马士革举行的反对同法国帝国主义讲和与反对犹太复国主义（由于巴勒斯坦事件）的示威游行中，群众自愿地听取共产党人的演说，并对他们报以热烈欢呼。

叙利亚共产党不断揭穿以库特爱国党为代表的民族资产阶级的伎俩和投降政策，揭穿新的民族改良主义组织（全国行动联盟）的种种花招，这个联盟鼓吹甘地的不合作方法，因而成为抑制群众愤怒的安全阀。党则提出撤走帝国主义军队、民族独立、土地革命和阿拉伯苏维埃共和国联邦等口号，抵制它们的一切蛊惑宣传。

党利用帝国主义日益加紧的进攻和民族改良主义分子对帝国主义的

每一个新的投降行动来把民族革命分子团结在自己的旗帜下，使他们摆脱改良主义的影响。为此，党正在同一些民族革命派别进行接触，以便建立反帝斗争的统一战线。

在使党得以在群众中扩大自己影响的所有措施中，值得特别提及的是，党反对帝国主义战争危险和反对法西斯的斗争。

共产党开展了保卫德国法西斯受害者的运动，例如它要求释放季米特洛夫及其同志们。在1931—1932年，由于意大利法西斯在的黎波里塔尼亚实行的镇压，叙利亚共产党加紧在叙利亚的黎波里市举行了5万多人参加的大规模示威游行，在这次示威游行中曾发生流血冲突，一些党的工作者被捕和投进监狱。

党不断揭露帝国主义者在叙利亚进行的、目的在于使叙利亚变成反苏进攻基地的战争准备。党还在法国帝国主义军队中进行反帝工作。党的一切反战运动都同时伴随着捍卫苏联的行动，它广泛宣传列宁主义式的解决民族问题的方法和无产阶级专政国家的社会主义建设成就（11月7日、5月1日等举行的游行和集会）。

最近以来，党在农民中的工作也出现了转折。在许多农村地区建立了共产党支部，它们常常成功地把农民的愤懑不满情绪变为有组织的阶级斗争。当局由于农民付不起债款和税收而企图拍卖他们的财产，致使农民同宪兵队的冲突事件大量出现。农民的这类斗争都是自发的，而党至今在很大程度上还未能掌握这一运动和对它施加影响。

青年工作也取得了巨大成绩。1934年，由于党的帮助和领导，弱小的共青团组织开始站稳脚跟。1934年召开了共青团第二次代表会议。会议选举了叙利亚共产主义青年团中央委员会，并在自己的决议中规定了在叙利亚开展共青团工作的主要形式和方法。

巴勒斯坦

1929年8月和1933年10月，人民群众反对英国帝国主义的起义，罢工运动的高涨（仅1932—1933年就有36起阿拉伯工人罢工，参加者有8000人），费拉赫游击运动（阿布·吉尔德支队等）的发展，大量的涉及土地的行动（毁坏犹太复国主义者和地主的种植园），广大人民群众中反犹太复国主义者运动的高涨（示威游行、武装战斗、抗议大会、纠察队等等），都是过去一段时期的主要革命事件。

1929年八月起义，对于巴勒斯坦共产党是一场严峻的考验。党站在了革命事件一边，但却按照孟什维克的观点把起义看成是由英国帝国主义阴谋引起的蹂躏犹太人的暴行。

共产国际执行委员会在致巴勒斯坦党的信中分析了八月起义的经验教训，同时揭露并指出，党的错误是依然束缚着巴勒斯坦共产党领导的犹太复国主义残余所造成的，也是由于党在民族问题上坚持非列宁主义观点所致。不懂得列宁主义的民族问题的提法，党就不能正确认识农民问题，不能正确认识犹太复国主义问题是英国帝国主义在巴勒斯坦的主要武器，犹太复国主义倾向问题是党内的主要危险，等等。党的民族构成主要是犹太人，因此党本身就是一个在很大程度上脱离工人群众、甚至在犹太工人中也没有什么重要影响的宗派小集团。

共产国际执行委员会对巴勒斯坦共产党提出了要求：在使党阿拉伯化的工作中实行彻底转变。但是，要摧毁老的机会主义领导的抵抗，还需要大约一年半的时间。1931年举行的党的第七次代表会议谴责了老的领导机关的机会主义路线。1930年由党发起并召开了巴勒斯坦阿拉伯工人第一次代表会议，出席会议的有来自6000名工人的代表。

1929年失败后，巴勒斯坦革命运动一直向上继续发展。它的特点是，罢工运动日益发展，贝陀因人的农民运动也在发展，许多地方曾采取、并正在采取游击战的形式，阿拉伯小资产阶级、知识分子和城市贫民在政治上活跃起来。但是下列情况也说明农民运动还存在着严重问题：英国政府除被迫免除农民75%欠缴的税收外，还采取了种种措施使整个农村地区（纳布卢斯、杰宁等）处于战时戒严状态。

从1930年底起，工人阶级的罢工运动有所减缓，但到1932年初，由于危机和帝国主义进攻的影响，犹太复国主义掠夺的加强和企业主向无产阶级（特别是阿拉伯工人）生活水平的野蛮进攻，工人运动达到了巨大规模，几乎蔓延到所有的劳动部门。

全国广泛的农民骚动，费拉赫和贝陀因人积极抵抗帝国主义和犹太复国主义以及封建地主式的掠夺事件频繁发生，要求党必须开展农村斗争。但是，党竟连在巴勒斯坦的哪怕一个区或几个村都未能在组织上扎下根来。

1933年10月许多城市的大规模行动是对巴勒斯坦共产党战斗力的再一次检验。党对已经酝酿成熟的事件没有能做好准备，而且在很大程度上同1929年一样措手不及。此外，在十月战斗中，党错误地估计了阶级力量的分布情况，因而未能及时确定在参加日益展开的革命事件时党应当在哪一方面和怎样发挥出自己的作用来。

党没有把民族解放革命的任务提到首位，没有实现党的阿拉伯化，未能争取到广大阿拉伯群众的同情和支持，因此没有能够为自己打下群众基础。党和整个巴勒斯坦工人运动的主要弱点就在于此。阿拉伯工人建立工会的愿望被资产阶级地主集团的头头们毫无阻碍地用来加强他们在工人运动中的影响。

最近，共产党在工作中已经取得的变化使人有理由认为，巴勒斯坦共产党将比现在更加顺利地解决它所面临的重大任务。

澳　洲

澳大利亚

　　从共产国际第六次代表大会时起，澳大利亚共产党在布尔什维克化方面大大向前推进了。它修正了一系列右倾机会主义错误和"左"倾宗派主义错误。1929年，在共产国际执行委员会的帮助下，党撤换了右倾机会主义的领导，因为这个领导以澳大利亚形势例外的机会主义理论为依据，拒不执行共产国际第六次代表大会和共产国际执行委员会第十次全会的决议。1932年，澳大利亚共产党在共产国际执行委员会的帮助下，修正了某些特别阻碍党的罢工活动的"左"倾宗派主义错误。党扩大了自己在群众中的影响，特别是在加入工会的工人和在失业工人中的影响，党在政治上日益巩固，并使自己党员的人数从1929年的200人增加到1934年初的2500人。到1935年，党员的人数已增加到3000人。

　　罢工斗争，失业工人运动和党在工会中的工作。在报告所总结的这段时期，在迅猛增长的罢工斗争中和失业工人运动中，党由于克服了自己的弱点，在领导罢工方面发挥了极大作用，建立了以改良主义工会中反对派小组为支柱的革命工会的"少数派运动"，并通过这一途径在工会运动中占据强大阵地，同时还开展了失业工人的群众运动。

　　1928—1930年，波澜壮阔的罢工浪潮席卷了码头工人、细木工人、伐木工人、矿工和剪羊毛工人。在这一时期，领导权大多落入改良主义工会手中。由于当时党内受改良主义分子左右的右倾机会主义领导的错误，党在当时的罢工中只起了从属作用。就在被澳大利亚工会领袖出卖的剪羊毛工人罢工（1930年）之后，一部分最积极的罢工者立即在党的帮助下成立了"畜牧业工人工会"，它现在是澳大利亚唯一的红色工会。

1931年初，由于政府实行全面降低工资10%，广大工人群众中赞成总罢工的情绪日益高涨。改良主义分子被迫召开全国工会代表大会以便"组织斗争"。虽然改良主义分子用这种办法防止了总罢工的发生，而且30万工人的工资被削减了10%，但工人们不顾改良主义分子的意志，在共产党的参与下举行了一系列的单独罢工（北昆士兰省多宾和奥克赛德的罢工，铁路工人的同情罢工，维多利亚海员和肉商的罢工）。但是由于党的宗派主义错误（用官僚主义的命令代替说服群众的方法，把工人分成"勇敢的"和"不勇敢的"，实行不要准备的"持续罢工"的政策），改良主义工会官僚往往在斗争过程中乘机再度夺取领导权和破坏罢工。

1931年底，澳大利亚共产党召开了工会"少数派运动"第一届全国代表大会。党的影响不断增长，表现在这段时间以前，参加"少数派运动"的总共约有3000人，其中80%加入了工厂小组，此外，这个运动还依靠着改良主义工会内拥有5000—6000名工人的反对派和140个地方组织中的3万名失业工人。工会反对派出版自己的机关报《红色领袖》，这份周刊的印数从7000份增长到1万份。在革命工会工作的影响下，拥有5.9万名成员的澳大利亚铁路工人联合会加入了工会国际，虽然后来在政府的压力下，该工会取消了自己的这一决定。

澳大利亚共产党和"少数派运动"影响的增长，还表现在改良主义工会官僚改变了自己的策略：它不敢再公开反对罢工，而是打着"更好地组织起来"的口号，极力想把斗争的领导权控制在自己手中。另一方面，"少数派运动"不仅成功地发动了一系列反对改良主义分子意志的罢工，而且在基层罢工委员会的领导下，不断取得罢工斗争的胜利。第一次出现了一批工会反对派和"少数派运动"的区、地机构。"少数派运动"在许多企业（新南威尔士，南澳大利亚和西澳大利亚的一部分）已经成为可靠的支柱并成立了反对派工厂委员会（在码头工人、铁路工人、电车工人、剪羊毛工人、淘金工人中）。

　　1933年下半年，在共产党和"少数派运动"的领导下，发生了一系列罢工（西澳大利亚的采煤工人的罢工，新南威尔士制革工人争取取消降低10%的工资而举行的罢工）。1934年，当仲裁法庭作出维持关于降低10%的工资的决定时，反对降低工资的斗争规模更大。党的政策得到了悉尼工人委员会和广泛的工会代表会议的支持，工会不服从仲裁法庭的决定，并举行了争取取消降低10%工资的大罢工。但是，党未能充分利用这一决定来建立广泛的斗争统一战线。1934年4月，在维多利亚州国营翁达吉矿场做工的4000名工会会员，为了使工会得到承认，不顾种种迫害宣布了罢工。组织全澳大利亚广泛的声援运动的"少数派运动"所领导的罢工者，经过四个月的斗争之后终于迫使政府让步。在最近的工会选举中，"少数派运动"占领了许多重要阵地，并在一些重要的工会中，如在矿工工会、电车工人工会和海员工会中获得了几个领导席位。

　　反法西斯和反战统一战线。1931年澳大利亚工人"左"倾化迅速加快，为此而惊慌失措的资产阶级便着手加速其政权机构的法西斯化。政府采取一系列法西斯性质的措施（1931年底发布禁令，禁止进口任何革命书刊，宣布国内的革命报纸为非法出版物，通过旨在反对共产党和革命组织的犯罪法修正案和关于剥夺加入工会国际的组织的工会权利的种种措施）。同时，迅速建立起法西斯群众组织。

二、共产国际各支部活动情况的资料 539

澳大利亚共产党利用工人日益增长的反对法西斯组织，特别是反对"新近卫军"（新南威尔士海员罢工时的工贼组织）的战斗情绪，组织了广泛的反法西斯统一战线。参加1931年共产党发起召开的反法西斯代表大会的有工会、工党地方组织和其他工人组织的230名代表。大会以后，澳大利亚共产党建立了反法西斯组织，它保护工人群众集会不受"新近卫军"的攻击。

但是，在这一有成效的反法西斯群众工作中，党犯了一些错误，这些错误削弱了它反对工党分子的斗争（把反法西斯运动限于反法西斯组织的斗争，而且不把这一斗争同反对国家机构法西斯化的斗争结合起来）。

1931年，新南威尔士的工党"左翼"发生了分化。依靠这个"左派"工党的新南威尔士工党政府开始反对斯库林的工党中央政府，拒绝向伦敦支付债款利息。1930年，独立工人党——它当时还加入了澳大利亚工党——执行委员会在它的各个支部内成立了社会主义化运动委员会，以便制定向社会主义过渡的"三年计划"。

澳大利亚共产党在这些新的社会民主党组织中开展了广泛的宣传解释工作。它借助统一战线策略得以吸收越来越广泛的工党工人群众参加反对新南威尔士"左派"工党政府种种伎俩的极其尖锐的日常斗争（1931年反对强制工人迁往班克斯敦和纽斯敦的斗争）。这一统一战线策略执行的结果是，在1932年2月新南威尔士工党代表会上，广大工人反对派发言反对工党执行委员会的政策，主张暴力推翻资本主义和建立无产阶级专政。随后，澳大利亚共产党召开了有31名工党普通成员代表参加的反对派会议。1933年，这个反对派的3个领袖和许多普通成员转而加入了共产党。

为了加强反对日益增长的战争危险，为了保卫苏联，澳大利亚共产党于1933年召开了各州的反战会议和全澳大利亚悉尼反战代表大会，这次代表大会是澳大利亚工人运动史上规模最大的革命反战示威。出席这次代表大会的有 299 个组织的 507 名代表，代表着 50 万工人（包括 66 个工会，其中代表 100 名；13 个工厂委员会，代表 25 名；10 个工党的地方组织和 54 个反战委员会）。党还在墨尔本举办了反战周。反战周以召开第二届全澳大利亚反战代表大会宣告结束。代表大会于 1934 年 11 月举行，正好是在格洛斯捷尔斯基公爵来参加墨尔本建市 100 周年庆祝活动的前夕。代表大会之前澳大利亚各州都召开了反战会议。教育部对一名访苏女代表的迫害活动，更具体地推动了反法西斯斗争和防止战争危险扩大的斗争。有 111 个工党组织和 50 个工会小组参加的广泛抗议这种镇压活动的运动，极大地促进了扩大和加强声援苏联的运动。

根据 1933 年 3 月共产国际执行委员会发表的关于建立反法西斯、反战和反对资本进攻的呼吁书，澳大利亚共产党向工党建议组织统一战线行动委员会，开展斗争，反对把 44 小时工作周增加到 48 小时工作周，反对削减工资，反对法西斯主义和反对战争，争取增加一倍失业救济金。这一建议遭到了工党执行委员会的反对，但工党的许多基层组织和改良主义工会则都接受了这一建议。

党组织的现状。澳大利亚共产党的群众工作，使党得到了上述的发展。党的中央机关刊物《工人周刊》现已达到 1.3 万份。从 1933 年起又出版了 3 种党的州机关报：《红星》（西澳大利亚州）、《工人之声》（维多利亚州）和《斗争》（南澳大利亚州）。工厂支部的数量大约从 1932 年的 24 个增加到 1933 年的 80 个。党的教育工作加强了，例如在两个最重要的州，即新南威尔士和维多利亚现在已组织了 90 个小组。在 1934 年 2 月惠灵顿议会选举期间，党获得了 3115 票，而 1931 年只得了 350 票。在 1934 年 9 月举行的联邦选举中，党得了 41200 票，而 1931 年只得了 9762 票。党成立了苏联之友协会和国际革命战士救济会，很多改良主义工会会员和工党成员参加了这两个组织。

但是，共产党未能从组织上充分利用这样一些广泛的运动，如：失业工人的罢工和斗争，反战代表大会，反对迫害访苏代表的运动。1934年春天，党领导了反对唆使叛乱法的运动。这个法律草案是新南威尔士州政府提出来的，目的是要镇压共产党和群众性革命组织。

新西兰

新西兰共产党从1924年起曾是澳大利亚共产党的一个支部，在第六次世界代表大会上它作为一个独立支部被接纳加入共产国际。最近几年，在这个一度被第二国际认为是一个"没有罢工的国家"，罢工运动和失业工人运动迅速高涨，党在这样的条件下，经历了严峻的斗争考验。新西兰资产阶级对尚未巩固起来的共产党大力施行恐怖政策。一再限制革命组织的一切"民主"权利，限制集会和言论自由，迫害革命报刊，逮捕有政治经验的同志，最后，在1933年大多数党中央委员遭到逮捕——党就是在这样的条件下发展起来的。

全国罢工运动迅速发展。在罢工运动中，矿工（在1928—1932年间的171起罢工中，99起是由矿工进行的）、海员和码头工人（1933年13505个罢工日）表现了极大的积极性。一些罢工工人同警察发生了流血冲突；工人们保护自己的纠察队员，妇女们也投入了斗争（奥克兰、惠灵顿、克赖斯特彻奇、丹杰等地）。

罢工运动同失业工人和从事公益劳动的工人的广泛运动交织在一起。这次运动在1932年春天出现了特大高潮，当时失业工人在全国举行了有30万—60万人参加的群众集会和示威游行，回击政府日益加剧的进攻。失业工人运动的发展，促使资产阶级加速强制失业者迁出大城市去到不久前建立的劳动义务集中营。由于这种情况，而首先是由于新西兰工党领导人的叛卖政策，资产阶级得以在1932年春扑灭了大城市的失业工人运动。但是，不满情绪在劳动义务集中营发生的罢工中和在从事公益劳动的工人中，以及在新活跃起来的在业工人的罢工运动中还在继续增长。这些运动中的几次最重要的罢工是：1934 年在霍克斯贝耶、惠灵顿，后来在吉斯伯恩发生的公益劳动的工人的罢工，1934 年 2 月惠灵顿的吉斯伯恩工人的饥饿进军，奥克兰和帕默斯顿—霍尔斯的失业者大示威，奥克兰码头工人的同情罢工和美国船只"曼特列"号船员罢工，要求取消削减工资的厨师和客机客船乘务员的罢工，最后是去年年底码头工人在"慢慢地工作"口号下发起的运动。

1933 年 10 月"季奥梅德"号舰全体人员的示威游行，表明了海军水兵中的骚动，在这次示威游行时，水兵们高唱《红旗》歌，抗议军队条件恶化和严厉的纪律。

在 1932 年春季突然爆发的罢工、示威游行和抗议过程中，共产党员们使数以千计的失业者和工人接受党的影响。在共产党的领导下，4000 名失业工人团结起来了。在 1932 年末，由于工党和失业工人改良主义组织施展的诡计，共产党员的影响暂时有所下降；但后来，这种影响又开始上升。1934 年 2 月，处于党影响下的全国失业工人运动在从事公益劳动的工人中就组织总罢工问题进行表决时，15000 人中有 8900 人主张罢工。1933—1934 年，在吉斯伯恩举行的从事社会公益劳动的工人的罢工，是全国组织得最好的一次罢工。

党在群众中的影响不断增长。关于这一点，1933 年的海员罢工和 1933 年惠灵顿从事社会公益劳动的工人的罢工就是证明，在这里党成功地发挥了主导作用。在党的影响下，全国失业工人运动顺利开展了向罢工者和饥饿进军者提供食品救济的运动。

在各种选举中的投票结果，也证明了党的影响日益增长。虽然 1931 年议会选举时，共产党人总共只得了 600 张票，但在 1933 年市政选举中，共产党仅在 5 个城市（惠灵顿、奥克兰、下哈特、达尼丁、克赖斯特彻奇）中就获得了 7021 张票。在最近 3 年中，党员人数增长了 3 倍。

如果说一年前党实际上只由失业工人组成，那么，现在 33% 的成员是在业工人。从 1933 年 11 月起，原每月出版一次的党的中央机关刊物《红色工人》改为《工人周刊》，篇幅也从 1934 年 5 月 1 日起扩大，印数从 3000 份增加到 5000 份。此外，最近还出版了理论月刊《共产党人评论》和供妇女阅读的刊物《女工》。

党在争取统一战线的斗争中不断发展。它不断揭露工党和改良主义工会领导的叛变行为。在 1933 年 12 月初，共产党中央委员会向所有工人群众组织呼吁，号召它们建立反法西斯和反战斗争统一战线。这个建议被工党和改良主义工会领导人拒绝。但这个建议已成为奥克兰、惠灵顿、克赖斯特彻奇等城市成立一系列反战反法西斯委员会以及组织 1934 年 8 月 4 日在惠灵顿召开的反战代表大会的起点。

党的领导一直为执行正确路线而斗争，纠正一些组织和同志的错误；它反对把反法西斯和反战运动的领导权（在丹杰）交给苏联之友协会，反对不公开党的身份（奥克兰统一战线策略），它还同这样一种理论——应当把改良主义工会看成是统一的反动阵营，应当摧毁它并就地建立新工会——展开了斗争。

尽管党的影响日益增长，但必须指出的是，党至今还是弱小的。

党的人数还不多，党内政治经验丰富的同志很少。党员流动性很大。三分之二的党员是失业工人；只有很少的党员参加了工会。最近才刚开始建立生产支部。党至今依然建立在地区小组的基础上。大多数群众组织还处在发展的初期。只有失业工人工会在群众中保持着影响。苏联之友协会在群众中也有着一些影响。对于土地问题，本地居民（毛利人）问题和新西兰委任统治地的民族解放运动（在西萨摩亚岛——所谓五月运动），只是在最近共产党才开始给予一些重视。

非　洲

北　非

世界经济危机的破坏作用对北非各殖民地国家的形势影响极大。广大农民和城市小资产阶级群众遭到破产，广大群众的购买力下降，大批企业倒闭，失业人数大大增加，工人的工资普遍降低。因此，群众革命高潮上升，反帝运动不断加强。

法国政府企图借助纪念占领阿尔及利亚100周年的隆重庆典和1931年在殖民地的展览，诱使北非被奴役的居民脱离群众性斗争，但它未能得逞。由于阿尔及利亚共产党（它得到法国共产党的积极支持）的积极活动和宣传，以及反帝同盟举办的"殖民地反展览"，法属北非劳动群众利用这些庆祝活动，举行了大规模的游行示威，鲜明地表达了自己摆脱帝国主义枷锁的不可动摇的意志。

随后几年罢工和反帝示威游行更趋频繁。在北非各国劳动群众的发动和斗争过程中，共产党的组织经受了锻炼。在共产国际第六次代表大会之前，这些共产党组织还十分弱小，而现在它越来越顺利地发挥着领导作用和不断地加强同本地阿拉伯劳动群众的联系，掌握着广大反帝群众的民族解放运动的领导权。

而帝国主义在它看到这些运动日益高涨时，便极力巩固自己的统治地位。它一方面进行改组与加强压迫和镇压的机构，同时使用行贿和直接收买的手段，力图得到来自民族改良主义资产阶级对自己的支持。

阿尔及利亚

1931—1932年，阿尔及利亚的形势是：对一些地区的农民实行大规模的剥夺手段，而且至今仍在实行因缴不出税款和债款而没收农民土地的形式，农产品价格下跌，数百万农民处于贫困和饥饿状态，城市失业现象严重，劳动人民遭受深重的民族压迫和处于完全无权的地位——这一切构成了阿尔及利亚空前深刻的动乱基础，整个人民群众陷于动乱之中。

1934—1935年，全国出现反帝运动高潮。

1934年8月爆发了康士坦丁事件。阿拉伯群众运动的目标，首先直指法国帝国主义代理人——欧洲高利贷商业资产阶级。帝国主义企图利用这一运动煽起民族和宗教仇恨，诱使广大群众离开反帝斗争的道路。

1935年1月在塞提夫，本地军队和居民握手言欢，拒绝执行指挥部命令，士兵和劳动者团结一致反对警察，帝国主义者不得不用塞内加尔人和空军来替换本地的士兵。

近几个月来，在穆斯塔加奈姆、奥兰、阿尔及尔等市及全国发生了罢工和示威游行，要求提高工资、出版和结社自由，抗议警察对阿拉伯学校和穆斯林团体的压迫，反对非常法令。

但是，广大阿拉伯群众还继续处于民族改良主义资产阶级的影响之下。以本·杰卢尔为首的资产阶级议员联盟党极力要领导群众运动，以便阻止它的发展，把它引向同帝国主义妥协的道路。

阿尔及利亚共产党在这一群众运动的基础上大大发展起来。共产党几乎在全国各个城市和一些农村都有了自己的组织和许多出版物。党员人数，特别是在当地法国无产阶级中的同情者的人数明显增加了。在反法西斯和反非常法令的斗争中，群众不顾社会党领导人的暗中破坏，在党的领导下，采取了一系列统一战线行动（共同集会、示威游行等）。在党的领导下还发生了失业工人的斗争。党在全国开展了广泛的宣传鼓动工作。但是共产党在阿尔及利亚民族解放运动中的弱点就在于党还不懂得它的群众基础应当是阿拉伯无产阶级。党至今还没有认识到这样一个事实，即在阿尔及利亚的欧洲居民只是一个很小的少数（600万当地居民中欧洲人占80万）。它还不懂得必须使党阿拉伯化，也没有意识到在阿拉伯居民中开展工作的重要性。它不在农民中宣传土地革命的口号，反而常常机械地搬用法国共产党关于社会主义革命的口号。阿尔及利亚共产党如果能克服这些缺点，就会具备一切条件去摧毁卖国的民族改良主义的影响，成为阿尔及利亚无产阶级和农民公认的争取摆脱帝国主义枷锁的斗争的领导者。

突尼斯

由于磷酸盐产量的急剧减少，锌矿场和铅矿场的关闭，以及运输量因此而减少80％，造成了突尼斯整个无产阶级中四分之三的人没有工作。危机使得帝国主义和企业主更大规模地向工人和职员的工资和生活水平进攻。

农民无法按国家规定的每公担104法郎的价格出售粮食，只能按每公担60—65法郎出售，因缴不起税款而没收粮食、农具和牲畜，乃至没收农民全部土地的十分之九——这一切，加之遭受的民族压迫和政治压迫，群众无权，卡伊德①封建主、征税人和法国行政当局的横征暴敛，推动着最广泛的人民群众奋起斗争，反对帝国主义及其在该国的支

---

① 北非等本地籍贯的司法行政长官。——译者注

柱——本地的封建主。

由于国家的贫穷、饥饿和苦难，群众不断自发地掀起反对帝国主义和封建主，争取面包、土地和独立的强大运动。

1934年，成千上万人参加的变成流血巷战的示威游行，经济罢工浪潮，小业主和手工业者的总罢工，全体居民参加抵制法国公司电车的运动和其他群众运动——这一切说明广大群众中革命情绪的高涨。突尼斯共产党组织虽然联合着若干小组（多半是当地欧洲工人），但还十分弱小，不能领导阿拉伯人民群众的反帝斗争。但党通过加入法国劳工统一联合会的工会组织成功地领导了工人阶级的一些斗争。突尼斯共产党人还组织了几次反对剥夺农民财产的示威游行，同社会党采取一系列统一战线行动（争取工会统一，反对降低工人和职员的生活水平，保卫苏联，等等）。

党的弱点是在一定程度上脱离了阿拉伯群众。党内阿拉伯人数量很少，与农村联系不密切，在1934年秋的总罢工和群众革命运动期间一些领导同志被捕，党有些惊慌失措，这些都说明，党为实现自己的基本任务——使党阿拉伯化，把党变成突尼斯无产阶级的群众性政党的任务还做得太少。还没有根除机会主义，不相信阿拉伯工人的力量，对突尼斯农民参加革命的可能性缺乏信心。自由立宪党（阿拉伯资产阶级民族改良主义政党）在它转向公开同帝国主义合作和背叛民族解放事业的立场后，开始失去它对群众的影响，民族革命分子根据"青年自由立宪党"的纲领组成小组。这个党利用自己的影响争取了数以万计的农民、手工业者和小资产阶级知识分子。

当前共产党还无需改变同小资产阶级和阿拉伯知识分子中的民族革命分子结成统一战线的方针。现在突尼斯共产党组织正在采取克服这些缺点的方针，以便发展和领导全国的群众革命运动。

摩洛哥

1933年前，法国帝国主义不得不在摩洛哥进行一场正规战争，用烧杀手段征服山地民族。摩洛哥居民对殖民者无比仇恨，乃至帝国主义占领者在其取胜之后，在这个充满骚乱的人民中也得不到安宁，因此在全国一直保持着某种戒严状态。反对法国占领的最小尝试都会受到最严厉的惩罚。

尽管面临种种严厉的军事恐怖制度的实行，共产主义仍然为自己铺设了通向摩洛哥的道路。许多城市成立了共产党支部。它们利用一些合法组织，严格地进行秘密工作。

除共产主义运动外，各派民族主义者青年摩洛哥运动，也在摩洛哥发展起来，这个强大的运动导致民族革命组织的建立。共产主义小组一面继续在劳工总联合会的各工会中开展日常工作，同时还给自己提出了一个任务：保持同民族革命分子的密切联系，进行不懈的反帝斗争。

埃　及

从1929年起，埃及经历着尖锐的经济危机；农产品价格下跌50%—80%，农业收入从1亿英镑减少到4500万英镑，棉花播种面积减少1倍，只是在1933—1934年由于经济危机转为特种萧条的时候，播种面积才有所扩大，对外贸易额从1.12亿英镑下降到6000万英镑，等等。

同时，税收增加（土地税从1928—1929年的590万英镑增长到1933—1934年的630万英镑），工资下降（例如雇农的工资从每天7个皮阿斯特下降到1—2个皮阿斯特，熟练工人的工资下降到7个皮阿斯特）。

失业现象上升，长期失业者达 30 万，半失业者达 20 万。大部分农民破产，使土地进一步遭到帝国主义者和地主的剥夺。

英国帝国主义主要依靠封建买办阶层推行它的政策：把危机重担转嫁给劳动者，镇压革命运动，为未来的帝国主义战争在埃及准备军事战略基地。1929 年英国把划分尼罗河水域的耻辱条约强加于埃及，并同华夫脱党政府进行谈判，这个政府在一切重大问题上都向帝国主义屈膝投降。1930 年英国帝国主义同华夫脱党政府进行的关于签订英埃条约的谈判破裂之后，扶植西迪基帕沙政府执政，这个政府用前所未有的恐怖手段维护英国帝国主义的统治。阿卜杜勒-法塔赫·亚希政府（1933—1934 年）继续奉行这一政策。1934 年底，在日益增长的革命高潮的威胁之下，由于埃及封建买办集团的极度分化，帝国主义不得不玩弄新的伎俩。由亲华夫脱集团的奈锡姆帕沙内阁掌权，因此帝国主义和民族改良主义华夫脱党之间决计采取妥协，而为了达到妥协，埃及资产阶级表示准备在一切重大问题上让步。

早在 1930 年 7 月，工人和农民就采取一系列武装行动回击帝国主义的侵略。1931 年 5 月，当西迪基帕沙政府搞残缺不全的殖民议会假选举时还爆发了街垒战。但是，这些行动都遭到了失败，这在很大程度上是由于民族改良主义华夫脱党的破坏政策造成的。遗憾的是，必须指出埃及共产党领导所采取的极其严重的右倾机会主义立场：它号召工人不要参加这些民族解放斗争。

恐怖岁月摧毁不了工人阶级的力量，相反，在这些年代发生了许多大罢工、示威游行和农民行动。在 1934 年 6—7 月间，整个埃及掀起了强大的罢工浪潮。警察包围了工会大楼，开枪射击来开会的工人。1934 年 6 月 20 日同警察的冲突成了总罢工的信号，数以万计的工人参加了几乎席卷埃及所有省市的这场总罢工。在许多地方，罢工工人占据了工厂，同包围他们的军队进行斗争。继这些事件之后，在 1934 年 8 月全国又掀起了强大的民族革命示威游行的浪潮。1935年初，当华夫脱党群众代表大会号召群众放弃斗争的时候，埃及工人对此作出的回答，则是在亚历山大和国家纺织工业中心——大迈哈莱——举行一次又一次的罢工。小资产阶级知识分子的运动（阿里阿兹哈尔大学和工艺大学学生接连不断的罢课）也有所发展。但农村目前还落后于城市。

埃及共产党还十分弱小，而且落后于国内群众运动的发展。英国帝国主义极力不让共产党在埃及这样一个英国帝国主义体系的重要环节中巩固下来。警察依靠巨大的特务和内奸网不断打击埃及共产主义运动。

由于党员人数较少，埃及共产党正在集中精力发展党组织，在一些重要企业中建立党支部，同时也注意严守秘密和提高警惕。但是，共产党人最重要的任务，是要在华夫脱党的各地方团体中开展工作，作为一个政党，广大的农民、小资产阶级和知识分子群众仍然处在它的影响之下。共产党面临的任务是领导人民运动，揭露华夫脱党的领导人，把埃及广大劳动群群众争取到自己方面来。

中　非

未成立共产党的非洲国家的反帝运动

非洲劳动人民遭到空前的掠夺。农民、工人、知识分子和小商人前所未闻的难以忍受的处境，加深了整个非洲的革命动荡。资产阶级报刊正在不断报道殖民地众多起义的消息。法属赤道非洲、比属刚果、尼日利亚和塞拉利昂、法属喀麦隆、法属多哥、肯尼亚、英属苏丹、法属西非和安哥拉的农民都做出了同帝国主义斗争的榜样。

帝国主义者认定起义和冲突是宗教原因引起的。但实际上农民在日益发展的斗争中正在提出十分具体的要求，如取消捐税等等，而且常常通过武力实现了自己的要求。反对强制劳动，反对没收土地，反对纳税，反对垄断集团规定的低价出售农产品，反对官吏的专横和无人性的残暴行为。斗争很顽强，劳动农民——男人和女人都投入了斗争。农民的斗争往往同城市和种植场的工人的战斗结合在一起，例如在法属赤道非洲、尼日利亚、南罗得西亚等。如果说在此之前武装起义主要是由宗教团体组织的话，那么我们现在看到的是，一大批农民组织已经在群众中有很大影响，并常常在反帝斗争中成为战斗性的队伍。在肯尼亚、坦喀尼噶、巴苏陀兰①、尼日利亚、冈比亚、塞拉勒窝内，在黄金海岸和利比里亚都有了当地的农民组织。

现在中非各殖民地都有了自己的工人阶级，尽管还很年轻，人数也不多，但却越来越多地卷入斗争。各处点燃起来的经济斗争正在证明这一点。法属西非的一些港口举行了一系列罢工。蒙罗维亚（利比里亚）的码头工人、法属西非、塞拉勒窝内、南罗得西亚等的铁路工人、西南非洲的渔业工人和铁道线路工人纷纷举行罢工。在比属刚果（利奥波得维尔、伊丽莎白维尔）和法属喀麦隆（杜阿拉）、法属多哥（洛马）等当地城市举行了抗税罢工。黄金海岸和坦噶尼喀的淘金工人、比属刚果的镭矿工人也都举行了罢工。

还必须指出的是，妇女也积极参加了斗争。西南非洲的例子最好不过地说明了工农联合斗争的趋势，在那里，南非帝国主义者动用装甲车和轰炸机镇压起义的农民，德班约翰内斯堡的工人在共产党的领导下举行游行示威，反对帝国主义的进攻，同时还举行声援西南非洲劳动农民的同情罢工。

来自北罗得西亚和肯尼亚的报道说，工人们自发地成立了保卫自己

---

① 今莱索托。——编者注

利益的组织。在葡属东非和南罗得西亚还成立了当地的工人工会。黄金海岸、利比里亚、尼日利亚、冈比亚、法属西非（达喀尔）、肯尼亚、比属刚果和法属赤道非洲都建立了工会。殖民主义政府企图通过特种禁止和逮捕压制当地人成立工人组织的愿望。虽然这些工会并非都是有阶级觉悟的组织，但他们已开始为工人的经济利益斗争。政府则采取种种措施对付工会。在尼日利亚、冈比亚和南罗得西亚，当地人的工会被查禁。社会民主党人极力想建立自己的工会，如王德威尔得及其拥护者企图在比属刚果建立工会。1933年梵蒂冈传教士代表大会指出，天主教的传教士应当在一切可能的地方，例如在种植场，在矿工中间建立基督教的工人组织。

共产国际第六次代表大会对英、法、比利时等宗主国和其他国家的共产党提出了如下任务：为了当地工人和农民的利益，必须在非洲殖民地中进行工作，在那里建立组织以便领导工农民族解放斗争。各宗主国共产党和非洲各殖民地共产党之间至今还没有建立起联系。宗主国的共产党只是同中非的革命工人和农民建立了一些联系。在法属喀麦隆和马达加斯加，国际革命战士救济会对群众的影响很大。在那里，在国际革命战士救济会的领导下采取了一系列政治行动。反帝同盟支持了冈比亚工会的罢工，并在那里巩固了自己的阵地。黄金海岸、冈比亚和塞拉勒窝内的工会派出了自己的代表出席在汉堡召开的第一次黑人工人代表会议。肯尼亚吉库尤人中央国民联合会和巴苏托兰农民组织同反帝同盟一直保持着联系。

斗争的开展，工、农和知识分子渴望组织起来的愿望给英国、法国、比利时和其他宗主国共产党提出了一项重要任务，那就是给予殖民地劳动者以经常的支持。这些国家的党应当热烈支持工农运动，同殖民地无产阶级分子建立起组织联系。

南 非

共产国际第六次代表大会在其关于殖民地和半殖民地国家革命运动问题的提纲中，对南非提出了为建立独立的当地人的共和国而斗争的口号。南非共产党的代表班廷在第六次代表大会上声明，"我们党的大部分人反对这个口号主要出自政治上的原因"。代表团返回南非之后，党内围绕这个口号展开了激烈的斗争。以班廷为首的党的领导积极阻挠贯彻共产国际第六次代表大会的决议。班廷反对共产国际代表大会决议，宣扬他的大国沙文主义的和帝国主义的南非例外的理论。这一理论包含的基本论点是：

1. 否认当地农民的革命作用，而试图在南非越过反帝革命和土地革命的资产阶级民主阶段走向所谓"单纯的"无产阶级革命。（班廷说："确确实实不能说，南非农民是革命的基本动力。许多当地人几乎忘记了自己的土地权。"）

2. 否认南非革命的民族性质，把争取民族独立的运动归结为争取"平等"权利的改良主义的斗争。

3. 否定独立的当地人的共和国的口号。

4. 过高估计当地资产阶级在民族运动中的作用，阉割反帝运动的革命意义。

5. 社会民主党的策略方针是，共产党"应当采取和平手段和温和政策，因为如果试图采取过火政策，它必将遭到武力取缔"（班廷）。

班廷这一反共产国际的论调，得到由班廷挑选的党的中央领导和部分党员的支持。

党及其领导对民族问题采取这种态度，其原因就在于党本身的社会成分。这个时期的党其实并不是共产党。在党员成分中欧洲人占多数，他们远没有摆脱对当地人的沙文主义态度。班廷本人是一个英国勋爵的儿子,在南非拥有很多种植场。作为一个职业律师,班廷在法庭上分析企业主和工人之间的冲突时往往维护企业主的利益。黑人工人在党内的比例极小,而且当地人出身的党员总是受到歧视,不准参与领导工作,不准他们公开讨论领导方针。党的大国沙文主义领导否定当地劳动人民的革命作用,毫不重视组织当地劳动群众斗争的问题。

1929—1930年,群众性反帝运动的浪潮席卷整个南非:伍斯特租佃工人罢工发展为武装起义,后遭非洲国民代表大会的叛卖行径所破坏;博纳瓦尔耶当地农民起义;纳塔尔抵制市政府啤酒馆的旷日持久的群众运动,同警察发生多次流血搏斗;德兰士瓦农民暴动使殖民政府不得不派飞机镇压;德班造船工人、东伦敦铁路工人、比勒陀利亚制砖工人罢工等等。

在1929—1930年,南非已具有革命高潮的一切象征。然而党不仅不利用这个革命高潮,甚至反而采取措施,"防止当地人纪律继续涣散"。

党不去组织各地的示威游行抗议英国帝国主义的血腥的狂欢暴饮,不去组织斗争,却号召"心平气和",而且继续征集在给南非奴隶制议会的请愿书上签名,要求扩大当地人的普遍选举权和实现各种自由。

在本地藉的党员和为数不多的优秀的欧洲人党员中,对领导的普遍不满情绪越来越强烈。党内许多积极的同志在恩祖尔同志的领导下,抵制班廷的叛卖政策,开展大量工作,以团结共产主义分子为实现共产国际代表大会决议而斗争。在1930年12月党的代表大会上,这些同志成功地引导了大多数代表——班廷集团终于被清除出领导机关。代表大会选举了以恩祖尔为首的新的中央委员会,恩祖尔立即着手清除党内的右倾机会主义分子和白人沙文主义分子。清除出党的班廷集团对党的新领导开始发起猖狂进攻,为此它利用自己在群众组织(工会、苏联之友协会等)中的影响和联系,向党员发出呼吁,甚至试图单独召开代表大会，成立自己的"共产"党。1931年2月，党把班廷及其拥护者开除出自己的队伍。

开除班廷及其一伙出党，首次为南非真正的共产党组织实际奠定了基础。那些承认南非共产党是自己领袖和保卫者的当地的无产阶级和半无产阶级分子也是这样评价的。

四年的经济危机，大批失业，随着劳动的进一步强化，当地工人和白人工人的工资急剧下降，近两年来的大旱灾，农产品价格下跌，本地农民和白人小农场主纷纷破产——所有这些使得南非联盟劳动群众的状况空前恶化。

最近一年，由于世界局势的变化和黄金热的兴起，南非联盟经济生活出现了某种复苏。黄金热使新的资本从英国大量流入，使建筑工业和其他与采金部门有关的工业有所复苏。农产品价格，首先是羊毛价格的提高和今年收成的良好前景，使农业也出现某种复苏。这一切标志着南非联盟的经济过渡到特种萧条。

但是，向萧条的过渡没有使劳动群众、"白人穷人"① 和欧洲出身的工人的状况得到任何改善。工业复苏引起对廉价劳动力需求的增加，这在现代帝国主义奴役群众的政策条件下意味着不是消除失业，而是对本地居民的劳动群众的进一步压榨。羊毛价格的提高，促使欧洲农场主们进一步压榨农民，特别是压榨租佃工人（雇工）。

---

① "白人穷人"的术语是政府规定的，而且成为南非广大群众中的通用语。"白人穷人"是指居住在农村的破了产的农场主，他们由于南非经济发展的特殊性而丧失了土地。随着经济危机出现的"白人穷人"问题变得特别尖锐。据官方统计，现在"白人穷人"已近30万人。他们被迫在大农场寻找工作当农业工人，或成为佃户。大部分所谓"白人穷人"当砍柴人、马车夫或在金刚石矿当采金工人。定居城市的"白人穷人"主要从事公益劳动，灌溉和铺设公路。城市中的小部分"白人穷人"则靠慈善家的施舍维持生活。

由于白人工人和"白人穷人"生活水平大大恶化，英国帝国主义者、布尔人资本家和地主渴望找到摆脱危机的出路，并靠以牺牲当地的劳动者和被剥削群众的利益来巩固当前好转的形势，这一愿望激起了英国布尔人资产阶级联合进攻的新浪潮。这种进攻表现在他们试图占领新的地区，再次掠夺黑人的土地，使黑人群众的无权地位进一步恶化，进一步施用帝国主义恐怖手段，向工人发起资本进攻，同时也对享有特权的白人工人和"白人穷人"阶层发起进攻。各执政党也勾结在一起，以便发起这场帝国主义式的进攻，利用黄金热病为上层统治集团——英国帝国主义——利益效劳。

经过四年危机和两年旱灾，采矿工业的利润空前增长，加工工业和欧洲农业状况也有所好转，在这种情况下，这股新的进攻浪潮便激起，而且不能不激起劳动者对英国布尔人压迫者莫大的仇恨，而且更加增强他们为人的生存权利而斗争的决心。

这首先表现在群众性的反帝运动蓬勃发展。贝科尼定居地的当地居民越来越广泛地投入斗争，反对把他们迁移到兰加定居地去，反对"允许制度"（允许迁移到定居地①的权利）和反对房租税。这个运动席卷了定居地的所有居民，导致了建立由选举产生的保安委员会（社会安全委员会）这样的斗争机构，委员会中包括当地居民中的广大劳动群众的代表。在许多定居地，如兰加、布隆方丹等地也都开展了广泛的运动，拒付房租税和地租欠款。

群众性的反帝运动还表现在，在党的口号下开展的反对身份证制度的新运动中。党在最近为反对身份证制度改革举行的示威游行和群众大会，证明了党在这一问题上所采取的方针是正确的。

这一群众性的反帝运动同全国的罢工运动紧密地交织在一起，如新

---

① 把当地居民遣散到工业城市的四周。

吉斯特尔的矿工罢工，约翰内斯堡的洗衣工和家具工的罢工，博克斯堡商业职员的罢工，"审判尼格利罗人"运动中矿工的冲突和在为当地工人（各种成分）设立的秘密集中营里爆发的冲突，等等。这些罢工中出现的一种新情况是，许多罢工都具有进攻性质，如要求恢复危机年间削减的工资（家具工人工会的工人罢工，洗衣工的罢工）和超工时的工资，加强争取工资的斗争（博克斯堡的罢工）。

近几个月来，党在积极参加群众斗争方面有了一定的进展。这表现在：党通过自己的出版物《独立报》较以前更有力地从政治上揭露帝国主义者（各执政党的联合，保护权问题，身份证制度改革）；党着手成立共青团和在体育组织中开展工作；在吸收教师方面，党制定了具体步骤，更有力地采取行动并努力设法领导罢工运动和定居地的运动。但是，这一切不过是党的群众工作的起步，它只是起到揭露帝国主义制度的作用，而没有提出具体的群众行动纲领，没有能充分组织群众。

当时党有三个省委会，即约翰内斯堡、开普敦和德班。虽然共产国际执行委员会做过不止一次的指示，但至今党还没有以生产支部为基础改组自己的组织。政治运动也总是用老的、不止一次受到指责的办法进行，只限于一般性的鼓动和一般性的群众大会，只是按党员的居住地而不是按他们在工厂、在工人秘密集中营的工作场所吸收他们参加运动，等等。一般来说，所有的政治运动，支部都没有参加。

尽管党在组织上是弱小的，但它的思想影响在当地居民群众中却越来越大。党在白人工人中的影响还很小。当地工人已经显露出参加党的愿望，然而党却没有能使新党员稳定下来，因为它没有在基层组织中进行经常性的工作。

最近，党在群众组织的工作中取得了一些进展。南非联盟有三个群众组织，党在这些组织中的影响很大（国际革命战士救济会、苏联之友协会和欧洲工人俱乐部）。国际革命战士救济会在全国起着特别积极的作用，它进行积极的斗争，保护遭受警察袭击和恐怖手段折磨的黑人工人。最近在党的领导下进行了几次群众性的反帝运动：反对德国法西斯主义运动，反对私刑拷打非洲和美洲黑人的运动。在当地人村镇中建立了"行动委员会"以反对日益加剧的恐怖手段，召开群众大会抗议法西斯主义在南非的发展。根据党的倡议，苏联之友协会第一次派了一个工人代表团去苏联；这个代表团在揭穿有关苏联的谎言和恶意中伤方面起了巨大作用。代表团还在白人、当地人和"有色人"① 工人中积极工作，组织反战大会和抗议运动。欧洲工人俱乐部也积极参加革命斗争和党组织的群众运动。

党的机关报《独立报》过去每两周出版一次，现在每周出版一次。它的发行量近几年来增长了一倍。发行量的迅速增加，说明党的影响正在全国各个角落扩大开来。

缺少有素养的干部是党目前最亟待解决的问题。这点可以说明党在思想和组织方面存在的弱点。党没有注意把工人阶级中涌现的新干部提拔到领导工作岗位上来，而且这一年中党的领导干部又遭到重大损失。

不久前党才开始在失业工人中进行工作。仅一个约翰内斯堡就有万名以上的失业黑人工人。党建立了失业工人委员会，并加强了在他们中的组织工作。在一些城市和农村地区建立了失业工人委员会。1933年和1934年初组织了饥饿进军和示威游行。有些情况下党成功地组织了白人和当地工人的联合示威游行和群众抗议大会。这无疑向前迈进了一大步。这些游行示威和饥饿进军，迫使当局对本地居民作出某些让步：失业者免缴税款，在南非联盟史上首次在城市安排了对失业者的救济——发放玉米粥。失业工人委员会在党的领导下，积极斗争，反对把失业者赶出住地。但是，党没有在白人工人中进行经常性的系统的工

---

① 指混血儿及印度和马来岛的侨民。

作，理由是认为这种工作徒劳无益，因为很大一部分白人工人受了帝国主义偏见的影响。放弃在白人工人中的工作导致的另一个错误是，党在约翰内斯堡成立了两个独立的失业工人委员会：一个是白人失业工人的，另一个是当地失业工人的。

最近，警察的恐怖政策更加猖狂。这种恐怖是用来专门对付日益发展的革命运动和当地居民的，它的表现形式是，警察不断袭击各级党委会和工会组织，没收党的机关报《独立报》等。数百名黑人——无产者和贫农——只因一点点的过失便以莫须有的罪名被投入监狱。逮捕黑人是为了强迫他们在矿井和农场等地无偿地劳动。

非洲工会联合会未能利用一切条件争取群众站到自己方面来。但目前加入联合会的有德班海员和码头工人联合会、诺尔特港渔民工会。南非工会联合会在开普敦电车和汽车工人联合会中还有了革命工会反对派。

近两年中，非洲工会联合会在有 500 人杂居的地方成立了矿工小组。非洲工联同东伦敦的海员与开普敦的烟草和缝纫工业工人建立了联系。但非洲工联和党在数量上的增长依旧大大落后于它们的思想影响。

三、青年共产国际

争取青年的斗争，各国共产主义青年团的发展和状况

争取和教育青年一代的问题，是当前欧洲国家所有政党注意的中心。

争取青年的斗争及其具体形式和方法，与共产国际第六次代表大会前的情况相比，具有**更为**尖锐、复杂的性质。

这同国际形势总的变化，同一些国家阶级斗争的急剧发展，以及同**战后**年代，特别是经济危机年代成长和觉醒起来的青年本身中出现的情况有着有机的联系。

经济危机使青年的处境，从而也使青年的情绪发生强烈的根本性的变化。

在经济危机期间，每年从大、中学校毕业出来的青年和从流入城市的农村青年中都形成一支**从未**工作过的失业大军。

在业青年，特别是男女少年的经济状况空前恶化。这引起了包括小资产阶级在内的社会各阶层中青年一代的极大**不满**，他们不仅积极要求改善自己的现状，而且要求保障自己美好的**未来**。

资产阶级通过宗教、学校、报刊、书籍、电影、广播等，时时影响着青年一代的思想。

它借助星罗棋布的各种青年组织得以掌握青年中的**主要**阶层。

但是，**阶级**矛盾和阶级斗争发展的规律则比资产阶级的思想、组织形式和手段更加强烈地影响着青年。

在**西班牙**十月战斗中，在**奥地利**的街垒战中，在失业者和农民的罢

工、革命示威游行和各种行动中，青年起了十分积极和重要的作用。劳动青年成了资产阶级国家的**危险**分子。这种情况，特别是为未来帝国主义战争**培训**骨干的需要，迫使许多国家的资产阶级改变争夺青年的形式和手段。

资产阶级着手在许多国家建立**使青年法西斯军国主义化的国家强制系统**。

新的手腕则是，资产阶级企图用强制手段从组织上控制**整个**青年，并使**他们人人**军国主义化。

这项任务不是由老的资产阶级民主党和自由党，而是由最反动的**法西斯**分子和法西斯组织来完成。

从未放松过反对共产主义对青年的影响的法西斯主义，不仅在青年中煽动沙文主义和民族主义情绪，用强制手段把青年赶入集中营，强迫他们加入法西斯组织，而且企图通过蛊惑宣传、通过前所未闻的欺骗和虚伪的许诺来利用青年的**反资本主义**情绪，把他们的政治积极性引向资产阶级反动势力的轨道。这正像德国经验证实的那样，使得法西斯党成为争夺青年的极其危险的敌人。

所有这一切，加上处于社会民主党和改良主义影响下的青年的"左"倾化，这就给各共产党，同时也给整个共产国际和青年共产国际提出了新的、极其复杂和艰巨的任务——争夺青年并用**革命**精神教育青年。

根据第六次代表大会的指示，共产国际执行委员会对争夺青年的斗争，对青年共产国际的发展与巩固始终给予极大的重视。

共产国际第六次代表大会责成青年共产国际认真研究青年共产国际的策略和工作方法问题，注意必须更加广泛地争取青年工人，采取多样化的方法把他们组织起来，对他们的经济、一般文化和理论上的需求更加主动积极地作出反应，同时保持共产主义青年团战斗的政治特征。

代表大会还指出，共产主义青年团必须深入到一切有青年工人的组织中去（工会、体育组织等），必须在策略和方法上彻底转变，努力做好群众工作。

但是，1929年青年共产国际执行委员会十一月全会在对第六次代表大会决议执行情况进行检查时发现，青年共产国际的许多支部没有为实现代表大会的决议认真进行斗争，而且它的个别支部，例如捷克斯洛伐克、奥地利、英国、瑞士、美国和保加利亚支部的情况一直很严重。

这就要求共产国际执行委员会的领导在青年共产国际执行委员会十一月全会上严肃地提出必须加强斗争的问题，以反对青年共产国际中的宗派主义，反对那些抵制和阻挠贯彻代表大会关于在青年中开展群众性政治工作的决议的机会主义分子。

青年共产国际执行委员会在共产国际执行委员会的直接领导下，不断加强斗争，反对右倾机会主义危险的种种具体表现，反对宗派主义，此后又同共产党一道努力克服青年共产国际一些支部的困难局面，这在共产国际执行委员会主席团根据青年共产国际执行委员会在共产国际执行委员会第十一次全体会议上的补充报告所通过的决议中也已经指出。

但是，共产国际执行委员会主席团在指出这一点的同时还强调：

"青年共产国际多数支部的一般情况，不能认为是令人满意的。在开展青年共产主义运动和在克服其落后于阶级斗争发展速度方面，青年共产国际一些支部工作的现有成绩，还都不具有决定性意义。"

这就要求青年共产国际执行委员会制定具体措施，确保共青团组织克服脱离广大青年群众的宗派主义的与世隔绝的状态。

为了完成这些任务，1932年12月召开了青年共产国际执行委员会全体会议，全会拟定了克服宗派主义和改进共产主义青年团工作的基本步骤。

青年共产国际执行委员会十二月全会指出：

"共青团必须以彻底的布尔什维克式的坚韧不拔和始终不渝的精神，消除轻视和低估争取在西莫夫、改良主义、法西斯主义、工团主义、基督教、军国主义等这类组织中的劳动青年的工作中存在的宗派主义倾向，通过自下而上的统一战线吸收这些组织的成员参加阶级斗争，在他们中进行积极的、革命的群众政治工作……"

接着又指出：

"应当通过顽强的、真正布尔什维克式的斗争，去争取劳动青年群众，而不应当官僚主义式地空谈斗争，不断加强同他们的联系，对他们的各种困难和要求作出具体反应，善于动员和组织广大劳动青年起来反对资产阶级的进攻，并以此来检验每个共青团员、每个支部、每个共青团小组，尤其是积极分子、区委会、州委会、省和中央委员会的领导干部的工作情况。"

在共产国际执行委员会和共产党的领导下，青年共产国际及其支部积极参加阶级斗争和反对机会主义的斗争，到第七次代表大会时已经做到思想和组织上的团结，并坚定地站到了共产国际的立场上，但是，它远远还不是一个**群众性的组织**。它的一些优秀支部在同广大劳动青年群众建立联系和采取统一行动的道路上，还只是刚刚迈出**决定性的几步**。

最近一个时期，各国共产主义青年团的发展和活动的特点是，它们正通过统一战线同社会党青年**接近**，在反对法西斯和反对战争，争取青年的经济、政治和文化权利及要求的斗争中，**开始**同各种青年群众组织的青年进行合作。

尤为突出的是，法国、奥地利、西班牙、瑞士、拉脱维亚与部分包括捷克斯洛伐克、波兰、德国、英国和阿根廷等国的共产主义青年团同社会党青年已经有了明显的接近。这种接近在阿斯图里亚斯革命矿工和维也纳工人队伍中都有着具体表现，它通过共产党青年和社会党青年的共同**武装**斗争，通过在巴黎、马德里共同反法西斯的示威游行，以及在法西斯德国和波兰采取的各种措施得到了巩固与扩大。

各国共青团在建立统一战线过程中发挥了主动性和积极性，它们在反对反动派、争取自由、反对帝国主义战争危险，以及反对进犯苏联、争取和平和争取劳动青年权利的共同斗争的基础上，走上了同各种组织中的青年进行合作的道路。

在这方面，法国和美国的共青团取得了最显著的成绩。加拿大、捷克斯洛伐克、英国和西班牙等共产主义青年团也正在这方面积极行动起来。

值得肯定的是，一些共青团考虑到青年**本身**的情绪，正在独自着手改变接近群众的方法，探索群众性政治工作的新形式。

在法国和美国，青年反法西斯和反战斗争运动，较之其他国家具有更广泛的群众性。共产主义青年团在这一运动中起着组织和积极的作用。

开展这一运动的经验，以及考虑到青年渴求通过争取自己权利的斗争联合自己力量的强烈愿望，要求法、美两国共产主义青年团必须大胆提出与广大青年群众建立统一战线的任务。

这两个国家的共产主义青年团已经着手扩大统一战线阵地。在既不局限于又不冲淡反法西斯反战斗争任务的情况下，共产主义青年团建议各种组织的青年为青年本身直接的经济、政治和文化要求而共同斗争。这一建议在广大青年组织中得到了热烈响应。

青年开始把这些国家的共青团看做是在广泛统一战线基础上为其利益而斗争的组织者。因此，共产主义青年团的政治威望提高了，影响扩大了，它的组织也开始巩固了。**一年来，法国共产主义青年团增加了约1万名新成员，而美国共青团则增加了5000名新成员。**

法国和美国的经验，1935年4月在巴黎召开的青年组织国际代表会议，以及在英国和加拿大的全国代表会议都指出，在青年群众中扩大共产主义影响、通过统一战线组织吸收他们参加阶级斗争已经具备极其有利的条件。目前，青年共产国际执行委员会正在为所有共产主义青年团指出这一方向。

通过统一战线争取广大青年群众参加阶级斗争，为共产主义青年团提出了十分复杂的任务。

提高共青团员本身的政治觉悟水平问题也非常突出。

加强并改进在共产主义青年团团员和劳动青年中宣传马克思、恩格斯、列宁、斯大林革命学说原理的任务，具有特别重要的现实意义。

共产主义青年团必须彻底改变工作的**内容**、**组织**形式和方法，目的是使它们适应对形式上是非党组织、实际是在共产党领导下工作的**青年**组织进行**革命教育**的任务。这就必须加强实际斗争，反对在青年共产国际许多支部的实际工作中存在的宗派主义和保守主义，而最主要的是，培养一批同青年群众密切联系的、了解他们情绪并善于组织他们在斗争中完成共产党提出的任务的新干部。

但是在争取青年，以及争取顺利地发展和巩固共产主义青年团的斗争中，起决定性作用和极为重要作用的还是党的领导。

共产国际执行委员会在自己的决议中曾反复强调，必须进一步关心争取青年的斗争，加强党的领导和给予具体帮助，使共青团成为党**最亲密的**助手。

但是，直到如今，在许许多多的国家，共产党仍然对青年在阶级斗争中的作用估计不足，因此，这些国家的共青团本身还是一个故步自封、脱离广大青年群众、组织上软弱无力和人数很少的组织。

争取青年的斗争，同阶级斗争一样，必将越来越尖锐、复杂。对于资产阶级建立使人人法西斯军国主义化的国家强制系统和对青年进行奴化教育的企图，必须给予布尔什维克式的回击，并使千百万青年在共产国际的旗帜下团结起来。

本报告中提供的各国共青团状况的材料，只说明青年共产国际的一般状况。但是应当注意的是，这个材料中不包括最近半年以来各国共青团发展的许多新情况。

德　国

在共产国际第六次和第七次代表大会之间的这段时期，德国共产党中央委员会和青年共产国际执行委员会，对德国共青团领导中存在的反党集团进行了严肃的斗争。尽管共青团员和工人青年都积极参加党所组织的一切行动（特别是1928年鲁尔区冶金工人的斗争，1929年5月1日斗争等），但是，共青团当时的领导不仅不去发挥这种积极性，而且相反，"当它面对着在经济斗争和工会方面需要实际运用激烈的斗争策略时，却暴露出严重的退却情绪"（党关于共产主义青年团的第十三次韦丁代表大会）。在第六次代表大会后，德国共青团领导曾支持右派和调和分子反对共产国际和德国共产党的路线。在第十三次韦丁代表大会上，这个领导被撤换了。

1930年共产党在工人青年中影响的急剧扩大和德国共产党中央，特别是台尔曼同志对共青团工作的无比关怀，使共青团组织在这一时期的工作有了极大改进。在1930年的复活节，在莱比锡举行了有3万青年工人参加的全德青年日。共青团积极参加了1930年柏林冶金工人和鲁尔区矿工的斗争。它开始提出青年的要求并不断加强自己在劳动青年中的影响。

然而，德国共青团领导又陷入了诺伊曼机会主义集团的影响，在1931—1932年中犯了一系列重大的、不可宽恕的政治错误，从而削弱了共青团对青年的影响。1932年，青年共产国际执行委员会十二月全会在清除了诺伊曼集团后指出，"德国共产主义青年团在德国共产党领导下,开始实际克服反党的诺伊曼—穆勒机会主义集团的宗派主义和官僚主义的观点,这个集团长期阻碍共青团争取群众的斗争,抵制执行共产国际执行委员会、德国共产党和青年共产国际执行委员会的路线,从而使共青团在反对法西斯和社会法西斯的斗争中迷失方向"。

在共产国际执行委员会第十二次全会后,德国共青团中央的机会主义领导被撤销;新任的德国共青团中央领导在共产党、台尔曼同志和青年共产国际的领导下,开始执行正确的政治路线。

在法西斯专政公开建立的条件下,德国共青团为共青团员和青年工人指出了正确方向,积极组织他们投入反法西斯斗争。尽管如此,由于极其残酷的白色恐怖(6000—7000名共产主义青年团员被监禁在集中营)和大批共青团领导干部遭到逮捕,法西斯分子得以从组织上削弱了共青团的阵地。

在德国,使青年法西斯军国主义化的国家强制系统被广泛推行。除共青团和个别社会党青年组织及天主教组织外,所有青年组织都在被统一化,大批青年被抓进强制劳动营。据官方资料统计,"希特勒青年"现在已拥有500多万成员。但共青团员不顾白色恐怖为革命工作做出了榜样。许多企业在共青团的领导下,成功地开展了反对军事体育的斗争。在1933年间,在许许多多的强制劳动营中,青年们常常罢工,而共青团多数情况下都积极参加这些罢工。在杜塞尔多夫,在共青团的领导下,组织了有1700名被强制劳动的青年工人参加的示威游行。共青团在宣传共产主义书籍和口号方面取得了突出成绩。但是在地下工作时期,德国共青团犯了一系列重大错误,首先是在统一战线问题上。许多组织不注意发挥社会党青年及其所属组织的作用,不善于利用有利条件同社会党青年建立反法西斯斗争的统一战线。

在法西斯专政的头几个月中,社会党青年的许多基层组织都请求共青团给予领导和下达任务。但是共青团(柏林和萨克森组织)所犯的错误（在德国共青团中央委员会第五次全会，即1933年八月全会上已得到纠正）就在于它人为地限制社会党青年向共青团转化。

后来，在一些共青团组织中又出现对统一战线策略和对同社会党青年一道工作的必要性长时间的不理解，其结果是，共青团至今没有能够同许多社会党青年组织建立联系。

共青团至今还未能深入到像"力量与欢乐"这样的群众组织中去，未能同加入希特勒组织中的劳动青年建立广泛的联系。它虽然在一些大企业中建立了支部，但目前它同在业青年、同早先加入改良主义工会的青年工人的联系一直不能令人满意。这些都是德国共青团的根本性的政治缺点，这些缺点在党的领导下无疑必将得到克服，因为党正在积极关注青年工作。

中　国

中国共产主义青年团在共产国际第六次代表大会之前，根据当时中国急剧变化的形势和任务，改组了自己的工作，取得了毋庸置疑的成就。它积极帮助共产党粉碎了陈独秀分子的思想体系和实际活动，使革命口号深入到群众中去。中国共青团始终坚持党的路线，反对先锋主义，反对所谓共青团必须"年轻化"，即把它变为少年组织的论调。由于它在严酷的秘密条件下运用了布尔什维克的工作方法，因而恢复和扩大了同工农青年的联系，保证了共青团在争取建立苏维埃的斗争中发挥积极的作用。据不完全的统计，到1929年底，中国共青团在白区已拥有团员1.8万—2万人。

李立三路线极其严重地阻碍了共青团的发展，大大削弱了共青团组织。李立三领导集团对共青团采取公开的取消主义立场，并声称什么"俄国没有共产主义青年团是1917年俄国布尔什维克的一个优点"。中国共青团中央委员会是李立三路线的积极拥护者，因此，共青团一度成为孤立的、互不联系的组织。其结果，中国共青团团员人数日益减少，一些辅助性的群众组织几乎全部都被取消。在青年共产国际执行委员会的干预下，更新了共青团的领导，充实了一批能够按布尔什维克方式进行群众工作和对曲解党的路线进行斗争的新干部（主要是工人干部）。

早在共产国际执行委员会和青年共产国际执行委员会主席团讨论中国问题的第十一次全会之前（1931年4月），共青团的工作已经取得初步成就：动员青年工人参加红军，提拔和培养工人骨干，在军阀部队中开展工作，领导青年工人开展经济斗争，等等。为了加强中国苏区共青团的工作，在各重要地区设立了中央执行部，并且派出了许多同志到红军活动地区开辟和进行共青团工作。共青团经常募集志愿兵补充红军部队。在第五次反围剿中，红军部队增添了一个以青年共产国际命名的青年师，这个师是根据共青团的倡议，由共青团员和非党青年组成的。中国共青团经常募集钱款、大米和布鞋等等，给红军以巨大的物质支援。在许多地方，共青团员组织星期六义务劳动来帮助红军家属。由数十万人组成的辅助性的群众组织"青年近卫军"积极参加游击活动，它是红军的后备力量。在中国苏区，共青团大力协助党巩固苏维埃政权和打击阶级敌人。共青团还专门做一些捍卫青年工人利益的工作。在苏区，共青团是真正群众性的组织，它拥有20多万名团员。

中国共青团大力协助党发动群众去反对日本帝国主义，积极参加筹建反日民众同盟；组织该同盟的青年支部，把一大批劳动青年集体（学校和俱乐部）吸收到青年支部中来。在上海保卫战时期，共青团发动青年参加工人义勇军，到十九路军士兵中进行政治工作。共青团在组织群众性的学生反日运动中也起了重大作用。最近几年，共青团在开展青年工人的经济斗争方面，也取得了一些成绩（1931年在上海举行了20次青年罢工，1932年举行了40次纺织工人罢工，1932年参加了多次罢工斗争）。但是，中国共青团组织的罢工，通常只限于在小企业中。随着共产党和共青团在青年中政治影响的增长，没有及时吸收青年参加党、团组织，不善于稳定新入团的青年，没有把反帝斗争与日常经济斗争紧紧结合起来——这都是中国共青团在白区工作中的重大缺点。

日　本

1928年3月以前，日本政府大批逮捕共产党员和共产青年同盟盟员、解散合法革命组织时，日本还没有一个坚强的秘密的共产青年同盟组织。长期以来，日本共产青年同盟一直是一个小宗派的阴谋集团。日本共产青年同盟虽然早在1929年2月就在自己的提纲中提出要开展日本青年群众性的共产主义运动的任务，并制定了一系列包括在企业中争取扩大群众影响的组织措施，但是，它的工作只局限于单纯的宣传活动，甚至连这种活动也是交给为数不多的一批"可信赖的人"去干。这一切都使同盟脱离群众，便于小资产阶级分子，主要是大学生大批涌入共产青年同盟。这一时期共产青年同盟的工作带有小资产阶级"革命性"和盲动主义情绪（提出"武装游行示威"的口号，规定只吸收一批经过挑选的人加入共产青年同盟等）。

在1930年4—7月的大规模破坏之后，为了重建组织，日本共产青年同盟撤换了原来的领导，换上了新的、工人成分的领导机构。1930年举行的国际青年节和东京电车工人罢工，是日本共产青年同盟最初的几次独立行动。在这段时期，在东京，主要是在电车工人中建立了约20个小组和支部。

日本帝国主义的侵华战争和进攻苏联的准备，是对日本共产青年同盟的一次检验。尽管使青年法西斯军国主义化的系统在日本已达到巨大规模（疯狂的沙文主义的反苏宣传，国民教育系统全盘军事化，许多青年半军事化组织建立），但是，在战争问题上，日本共产青年同盟在共产党的领导下，始终坚定不移地执行布尔什维克的路线。还在1931年7月，共产青年同盟中央机关报《无产青年》就号召劳动青年起来反对正在准备的对华战争。战争一开始，共产青年同盟就站在革命的失败主义立场上，并宣传实现这一任务的具体途径。在战争期间，共产青年同盟扩大了自己的队伍，在士兵中做了大量工作。

1932年4月，共产青年同盟积极参加东京地铁工人和电车工人的罢工。1932年8月，共产青年同盟在东京举行反战示威游行，坚持报纸发行工作。共产青年同盟在东京建立了许多新的工厂支部。在其他工业中心（大阪、神户、名古屋）也建立了一系列的共产青年组织。共产青年同盟提出的具体口号是："每个共产青年同盟盟员至少要在工兵和水兵中交两个朋友"，现在它正为实现这个口号成功地斗争着。

波 兰

第七次代表大会前，波兰共产主义青年团已成为青年共产国际最坚强的支部之一，在第六次和第七次代表大会之间的这个时期中，波兰共青团的队伍扩大了3倍，它在波兰共产党的领导下，成为党在阶级斗争中的名副其实的助手。而在共产国际第六次代表大会和青年共产国际第五次代表大会后，波兰共青团的工作采用了宗派主义方法，并带有先锋主义性质，从而使波兰共青团脱离广大青年，使共青团变成"青年党"。在这一时期，波兰共青团人数下降到了4000人。波兰共青团的状况，在青年共产国际执行委员会十一月全会（1929年）上受到严厉的批评。全会指出波兰共青团和个别领导同志是国际共产主义青年运动中的"左"的倾向的实际代表者。十一月全会以后，在波兰共青团第二次全国代表大会上制定了转变共青团工作的步骤，从此共青团开始不断

三、青年共产国际

发展。在波兰共产党的领导下，它在群众工作中取得的成绩，是同它捍卫党的总路线并进行两条战线的斗争，同它参加经济斗争和善于把巩固共青团组织的工作与争取资产阶级青年群众组织中的青年结合起来（诚然，还是不够的），有着直接的关系。波兰共青团完全支持共产国际反对波兰共产党内右派的斗争；波兰共青团还做了大量的工作，同企图组织华沙犹太区青年的托洛茨基主义作斗争。它成功地动员青年反对专门对付他们的种种法律（普里斯托尔法等），参加党和红色工会组织的行动。波兰共青团积极参加1931年和1932年春木炭工人的罢工，当时在波兰共青团的领导下，近1.5万名工人参加了18次街头行动。波兰共青团领导了一系列青年工人的独立行动。在这些罢工中，共青团提出了青年的要求，吸收失业青年（罗兹和东布罗夫）和士兵参加斗争。现在波兰共青团已开始在农村开展工作。

共青团还**着手**吸收青年加入统一战线，反对法西斯主义，反对战争，为青年的日常经济利益而斗争。但是，波兰共青团在贯彻青年共产国际执行委员会全体会议关于反对法西斯军国主义化系统的斗争和**在**资产阶级青年群众组织**内部**开展工作的决议方面，仍然做得很不够。

波兰共青团在消除帝国主义战争危险和保卫苏联方面开展了大量工作。还专门在新兵中做了不少工作，1933年，波兰共青团在新兵列车沿线召开专门的群众大会（革命欢送会），在列车上进行专门的工作，因此，新兵们总是怀着强烈的共产主义情感奔赴目的地。数百名新兵被捕，而且直接从列车上被遣送到惩戒营。

但是，在波兰本土的一些大城市中，迄今为止，大部分共青团员还都是犹太青年，他们与大生产不发生联系。这就无法从组织上巩固波兰共产党和波兰共青团在工厂青年中的政治影响，从而造成1933年大逮捕后，共青团人数和工厂支部数量减少以及主要靠农村来发展组织的局面。

乌克兰和白俄罗斯占领区的共青团在这段时期也得到顺利发展。但是西乌克兰共青团在民族问题上采取了错误的政治路线。这种情况的发生，是由于一些领导同志缺乏布尔什维克的警惕性，加之由乌克兰军管区来的一些人（实际上是乌克兰民族主义和波兰帝国主义的代理人）钻入了运动的领导机构。这大大削弱了西乌克兰共青团，也迫使共青团中央采取一系列重大措施，以健全和巩固西乌克兰共青团组织。

捷克斯洛伐克

就在共产国际第六次代表大会和青年共产国际第五次代表大会后不久，捷克斯洛伐克共产主义青年团由于完全缺乏群众性的政治工作和采用宗派主义的工作方法而处于严重的危机状况。捷克斯洛伐克共青团的工作在1929年青年共产国际执行委员会全会上受到了批评。由于加强了反对团内宗派主义和机会主义的斗争，捷克斯洛伐克共青团的状况和工作有了改进。1931年12月，青年共产国际执行委员会主席团指出，捷克斯洛伐克共青团已经克服了危机。

当捷克斯洛伐克共产党处于危机时刻（1928年），共青团站在了"左派反对派"一边，后来，团的领导得到了巩固，一些组织（俄斯特拉发、特普利采）中的动摇也得到了克服，共青团便开始支持党反对取消派分子的斗争。但是后来，共青团领导在一系列政治问题上，以及在捍卫党的路线和统一的斗争中又出现了严重动摇。由于青年共产国际执行委员会和捷克斯洛伐克共产党的干预，它才克服了这些动摇。捷克斯洛伐克共青团工作的改进情况，在经济斗争和工会工作中都有所表现。共青团积极参加了布留克斯（1932年）和列济采尔的矿工罢工、布拉乌纳发纺织工人罢工等。许多工厂和矿井在共青团领导下成功地举行了青年罢工。共青团还在失业青年中进行了大量工作。1931—1932年冬，捷克斯洛伐克共青团参加了大约2万名青年失业工人的斗争。1932—1933年冬，在300多个地区组织了青年失业工人的斗争。红色工会中青年支部的数量从52个（代表大会期间）发展到了210个，红色工会中青年支部成员的人数从812人发展到4000人。捷克斯洛伐克共青团还在青年新兵中做了大量的工作，组织他们为最基本的经济要求而斗争并不断取得斗争的胜利。1932年春天，捷克斯洛伐克共青团进行了保卫苏联的大规模运动。参加示威游行的青年工人达2万人。在青年的各种集会上，通过了数以百计的向红军致敬的电报和关于支持苏联的决议。鉴于这一情况，1932年夏，捷克斯洛伐克共青团遭到禁止。在这期间，捷克斯洛伐克共青团共有1.5万多名团员和包括最大几家工厂在内的147个工厂支部。但是自此以后，团员和工厂支部的数量便开始下降。1934年3月，共青团只剩下7620名团员和99个支部，而且在大工厂中一般只是4—5人的小支部。造成这一情况的原因，正如1933年10月青年共产国际执行委员会主席团所指出的，就在于捷克斯洛伐克共青团的路线与青年共产国际的路线背道而驰。这首先表现在工厂的工作薄弱，不善于把经济斗争同争取政治要求的斗争结合在一起，错误地对待统一战线的问题。捷克斯洛伐克共青团只是限于同社会党青年领导进行上层之间的谈判和书信往来，而不是在统一战线策略基础上去组织群众。因此，捷克斯洛伐克共青团没有满足广大青年对统一战线的渴望。后来，共青团开始认真坚持统一战线，但还未能克服它在建立统一战线时遇到的种种困难和利用有利时机把广大青年群众团结在共产党的周围。

捷克斯洛伐克的资产阶级正在大力加强和扩大体育组织，使青年公开彻底的军国主义化。共青团则通过在众多的青年群众组织内部开展工作，成功地发起了广泛的抗议实行强制劳动的运动，使资产阶级大大削减了实施强制劳动的计划，现在它已大大扩大了自己同被体育组织争取过去的青年之间的联系。

奥地利

奥地利共产主义青年团在共产国际第六次代表大会和青年共产国际第五次代表大会后很长的一段时间里，一直处于危机状态。共青团在组织上极端软弱无力，共青团员的人数及其影响不断下降。在上述两个代表大会之后，召开了奥地利共青团非常代表会议，这次会议主要讨论两个代表大会的决议并对奥地利共青团做出切合实际的结论。在这次代表会议上，虽然建立了共青团新的领导机构，但情况并未有所改变。

奥地利共青团的工作发展不平衡，尽管也有过开展群众工作的某些尝试（例如，维也纳职业学校学生罢课，同地方社会党青年组织建立统一战线，等等）。在二月起义前夕，共青团总共有近400名成员。在社会党青年组织中，有一个受共青团影响的所谓"青年工人'左'倾激进反对派"，这一派中总共不过几百名社会党青年。

在1933年二月事件中，奥地利共青团坚持了正确的政治路线。在二月事件前，共青团在党的领导下，能够在奥地利一些极重要地区宣传党的关于组织总罢工的口号。就在这些日子里，共青团召开了一次规模巨大的反对派社会党青年团员代表会议，讨论关于总罢工的问题。共青团积极参加了二月事件。这表现在它直接参加武装斗争，成立青年武装突击队，动员广大社会党青年和无党派青年，宣传党提出的口号。在一些地区（维也纳、格拉茨、林茨），共青团站在了战斗前列。二月事件之后，奥地利共青团虽遭到白色恐怖并转入地下，但它仍在迅速发展。在许多城市和地区，一批批社会党青年组织加入共青团，大企业中建立了新的工厂支部。奥地利共青团现在有3000多人，绝大多数是原来的社会党青年团团员。无疑，奥地利共青团正走上变为真正的奥地利工人和劳动青年的群众性组织的道路。现在，加强和扩大同社会党青年的统一战线，用列宁主义精神对加入共青团队伍的社会党青年进行布尔什维克教育，从中培养坚持共产党路线的积极骨干，应当是奥地利共青团进一步发展的最根本问题。

法　国

在长达四年多的时间里，法国共产主义青年团一直处于不能令人满意的、有时甚至极为严重的状况；在整个这一时期中，法国共青团受到机会主义的严重影响。它不仅不执行1929年青年共产国际执行委员会十一月全会和共产国际执行委员会第二次全会关于在青年中开展工作的决议，而且公开予以抵制。长期进行这种有意识、有组织的破坏活动的，主要是被共产国际执行委员会和法国共产党中央委员会所揭露的巴尔贝—库捷亚斯"左"倾宗派主义集团，而共青团的领导也卷进了这个集团。在这场斗争中，青年共产国际执行委员会不得不把精力都用在揭露并清除共青团内部轻视党的领导作用的倾向上。1932年，青年共产国际执行委员会建议召开共青团全国代表大会，并向法国共青团全体团员发出公开信。虽然共青团中央保证执行青年共产国际的路线，但实际上共青团全国代表大会（1932年年中）的筹备工作完全是官僚主义的，大会只是走走过场。法国共青团新领导人的表现是，他们口头承认青年共产国际路线，行动却根本不去捍卫中央委员会的路线。这一切都直接反映在法国共青团员的人数减少、工厂支部彻底瓦解和共青团严重脱离群众上。鉴于这一情况，共产国际执行委员会政治局书记处（于1933年）就共青团的状况致信法国共产党，它在信中指出："不能迁就共青团所面临的危机局势，同时也不要避而不谈党的领导问题和党中央对共青团现状应负的责任，因为青年工作是党的群众工作的一个极其重要的方面。"

青年共产国际执行委员会采取了一切措施,直接帮助共青团进行非常代表大会的筹备工作。法国共产党中央委员会全会还曾通过一个专门文件,详细分析了严重局势的原因,对共青团的领导及其所犯的错误作了说明,并指出共青团的具体任务。在讨论这封信的时候,曾同机会主义和宗派主义展开了尖锐的斗争。在党的帮助下,上述措施得到了贯彻,团内的政治积极性开始明显提高,团的工作也活跃起来。这在青年反战代表大会的筹备期间都有着实际表现。这次反战大会有10万多劳动青年参加。在这次代表大会的筹备过程中,共青团成功地同许多社会党青年组织、同"共和国青年"等建立了联系。在什内德尔、克勒兹和托普金斯等工厂散发了传单。在特鲁瓦市破坏了空军演习。在勒阿弗尔有码头工人的罢工,工人们拒绝为秘鲁政府装运机枪。

法国共青团面对二月事件,表现了巨大的政治积极性。这对非常代表大会上当选的团的领导是一次严重的政治考验。在整个事件中,尤其是在2月12日罢工和2月17日葬礼中,青年起了很大作用。共产党和共青团对青年的影响大大增强了。

而在共产党和共青团提出建立劳动青年广泛统一战线的时候,共产主义影响在劳动青年中的增长尤为突出。由于法国共青团能正确考虑到青年中的政治积极性和反法西斯情绪的不断高涨,考虑到他们对经济状况的不满,而且注意克服自身队伍中的宗派主义残余,它同社会党青年建立统一战线要比青年共产国际其他支部早得多。它还同青年中的各种各样的社会阶层建立了广泛的联系。

由于正确实行统一战线策略,善于开展群众工作和政治工作,共青团在6—8个月的时间内,就征集了7000名以上的青年加入自己的队伍。

共青团中央委员会在二月事件期间和在反对多里奥斗争中经受了政治考验,用行动证明自己能够按照布尔什维克方式坚持共产国际路线,为争取劳动青年群众而斗争。

西班牙

　　西班牙共产主义青年团是在1931年以后才开始发展成为群众性组织的。革命前，共青团总共只有400人，而且部分共青团组织是同党结合在一起的，另一部分团组织在工作方法上是照搬社会民主党的，而工作内容上则受无政府主义影响很大。共青团组织只在阿斯图里亚斯和比斯开才有。革命一开始，共青团就改变了面貌，站在了广大青年斗争的前列，动员他们参加党的各项活动。共青团在群众工作中取得的第一大成绩，就是它所召开的青年矿工全国代表大会（1932年），8500多名青年矿工的代表出席了这次代表大会。

　　在这一时期，年轻的共青团被迫在党的领导下坚持同布勒叶克霍斯等叛徒集团作斗争。西班牙共青团中央委员会书记贝加也追随这个集团。这个集团利用共青团反对共产国际和党的路线的企图未能得逞。在青年共产国际执行委员会的帮助下，共青团内的叛徒被揭露和清除出团，并建立了由决心坚持共产国际和青年共产国际路线的青年同志组成的新的领导机构。现在西班牙共青团约有1.2万名团员和244个生产支部。但是，共青团员在全国的分布极不平衡。大约其中的一半集中在4—5个区，而且在最重要的工业中心——加泰罗尼亚，共青团的组织十分弱小。现在共青团正领导着一大批群众组织，出版《红色青年》报（发行1.6万份）；建立了有4000人的少先队组织。

　　在西班牙，相当一批青年工人参加"社会主义青年"联盟和"独立青年"联盟、工会和民族主义组织。大批青年工人受着无政府主义影响。青年中发生的这些变化说明了一个事实，即社会党青年公开起来反对社会党，而且在社会党青年中，关于是否脱离社会民主党的问题争论得很激烈。

共青团在党的领导下积极参加工人阶级的各种行动。最近，在共青团的领导下，工人青年遵照统一战线原则采取了一系列行动。

必须指出的是，共青团参加农民罢工的情况。它在罢工中开展了大量的实际工作，表现出它是维护农民青年利益的唯一组织。9月1日在戒严的情况下，首先在马德里和阿斯图里亚斯爆发了强大的群众性的非法示威游行。法西斯分子杀害领导成员德·格拉多同志的事件，激起了大规模的群众性抗议运动，促进了统一战线的扩大。

9月8日在马德里，共青团参加了筹备和领导反对加泰罗尼亚地主集会的总罢工的工作。广大青年看到了共青团是在斗争中表现最主动和最活跃的组织。

共青团参加阿斯图里亚斯劳动人民反对"人民行动"（组织）集会的斗争也起了这样的作用，而且更加突出。共青团积极参加这些反法西斯主义的重大斗争，使它在群众心目中的威望空前地提高。

在这一时期，共青团在争取同社会党青年采取统一行动方面的工作也加强了，虽然在同社会党青年领导的谈判中也暴露出一些政治错误。

特别是在阿斯图里亚斯、比斯开、马德里和加泰罗尼亚等地，共青团积极参加了十月战斗。在阿斯图里亚斯，共青团在武装斗争和一些革命委员会中表现十分突出。在马德里，共青团工作的特点是，开展反对工贼的行动，首先通过出版和散发传单进行宣传鼓动。在其他地方，共青团的活动也是以参加示威游行为主。

当前，共青团成功地保全了地下组织并进行了大量的工作。

在统一战线方面，共青团同社会党青年建立了联络委员会。坚持同社会党青年的领导就统一组织问题进行谈判，并本着这一精神开展运动。

十月战斗之后，成立统一的青年革命组织问题被作为当前十分现实的任务提了出来；共青团的政策也是以这一思想为基础的。

意大利

共产国际第六次代表大会和青年共产国际第六次代表大会前，意大利共产主义青年团几乎遭到组织上的毁灭。由于政治上坚持错误观点，说什么在秘密条件下不需要共青团组织，"在意大利无所作为"，"放弃群众工作才能免于毁灭"等，这些论调使法西斯不断加重打击。这在共青团内引起了深刻危机，使领导完全脱离国内尚存的不多几个共青团小组。由于党和青年共产国际执行委员会的帮助，共青团克服了这些错误，开始恢复自己的组织并发展起来。到1932年下半年，共青团已拥有3000人左右。报刊发行量也大大增加。但是好转的趋势并不稳固：意大利共青团的群众工作又开始恶化，而且失去了相当一部分团员。

当前，共青团需要争取的青年几乎全部被强制或志愿地参加了法西斯青年组织和军事组织。至今共青团还未能渗入到这些组织中去和在广大青年群众中开展工作。

应当予以肯定的事实是，例如，召开米兰工厂代表会议，组织蒙马里孔埃建筑工地的青年罢工和女工罢工，筹备世界反战青年代表大会，按期出版共青团中央机关报《先锋队》等，这些都表明共青团的工作有着广阔的前景。然而，尽管如此，团的状况仍然没有发生决定性变化。现在，共青团在党和青年共产国际执行委员会的领导下，正在努力改变工作方法，努力组织全团为争取青年的经济要求而斗争，在法西斯组织（首先是在工会和"劳动队"）内部开展工作，利用一切合法条件开展群众工作。

保加利亚

1930年11月,青年共产国际执行委员会认为保加利亚共产主义青年团的情况仍然十分严重。青年共产国际执行委员会指出,共青团"在最近几年中变成了故步自封的宗派主义组织,它把劳动青年的斗争撇开不管"。共青团员人数从1928年起就没有超出过400—500人。早在1926年,在保加利亚,除非法的共青团外,还同时成立一个合法的群众组织"青年工人联盟"(PMC),这个组织也是靠宗派主义起家的,1930年总共有1100人。共青团组织只是在1930年末才开始转变,当时中央委员会的力量加强了,同宗派主义和机会主义展开了斗争,并具体着手建立工厂支部和领导青年工人经济斗争的工作。在秘密召开的第二次代表会议后(1931年初),中央委员会确立了全团投入实际群众工作的方针。1932年12月,共青团已拥有2254人。"工人青年联盟"增加到2万人,成为名副其实的青年群众组织。共青团开始在工会中工作,吸收了约900人参加青年支部(1932年12月)。

共青团组织的发展和影响的增长,是由于党在广大青年群众中的影响巨大,由于共青团执行正确的政治路线,参加并领导工人青年争取自身的政治和经济利益的斗争。党所领导的共青团尽管还有着许多缺点,但仍积极参加了1932年波澜壮阔的罢工浪潮。共青团在这一时期,领导了近2000名青年工人参加的13次青年罢工,举行了有1万名学生参加的12次中学罢课。

1932年末,共青团同它的全部外围组织成了全国最有群众性的青年工人组织。1933年期间,共青团大大加强了它在无产阶级普遍罢工斗争中的作用。此外,它还举行了38次青年罢工。在38次罢工中,12次罢工是纯粹政治性的罢工。共青团成功地开展了大量工作,加强了它在高等学校中的影响。几乎在全国所有的大学中都建立了共青团组织，它们在党的领导下，在最广泛的学生群众中赢得了影响。保加利亚共青团还进行了大量的反军国主义化的工作。它在士兵和海员中的工作取得了巨大成绩，成立了新兵委员会。在1932年国际青年节示威游行中，士兵们拒绝向游行队伍开枪。保加利亚代表参加了世界青年反战和反法西斯代表大会。在最近的一次法西斯政变前，资产阶级就曾企图阻止共青团影响的增长和极力争夺工人青年。还实施一系列法律（首先涉及的是体育训练），以便把青年组织纳入国家法西斯化体系。广泛实施青年强制劳动。在法西斯青年运动中打先锋的是赞科夫，他现在非常活跃，疯狂地进行社会和民族主义的蛊惑煽动。

目前，保加利亚共青团正在把建立统一战线、保护劳动青年、反对法西斯军国主义化、争取工人青年和农民青年的日常经济要求和利益的斗争作为自己的根本任务。

美　国

1928年，美国共产主义青年团内出现了因党内斗争而直接引起的尖锐的派别斗争。青年共产国际谴责了这一斗争，要求美国共青团立即停止这种斗争并坚持共产国际路线。但是派别斗争变本加厉。这样一直持续到把洛夫斯顿领导集团开除出党为止。虽然反对共产国际路线的仅仅是共青团内的一个小集团，但美国共青团的情况却十分危急。长年以来的派别斗争使共青团脱离工人青年，使团员人数减少到2000人（1930年）。领导集团向共青团隐瞒了青年共产国际十一月全会决议和青年共产国际执行委员会对美国共青团的批评。官僚主义的领导制度阻碍了共青团员主动性的发挥。

在青年共产国际执行委员会发出公开信（是代表大会辩论的基础）

以后（1932年），共青团的工作开始转变。青年共产国际执行委员会建议美国共青团把工作集中于几个大工业区（芝加哥、底特律、克里夫兰、匹兹堡），站在青年经济斗争的前列，实行一系列群众性措施，以改变团内生活性质，肃清官僚主义领导方法，发挥广大团员的主动性。为了执行这些指示，美国共青团举行了有122个城市的7万名青年参加的青年日。共青团还积极参加了匹兹堡的罢工，成功地在特伦顿、南里弗举行了青年罢工。因此，共青团发展到3000人。大量的事实表明了青年对共青团和革命运动的向往，如传播有关共青团的书刊（小册子《共青团是怎样的组织》散发了7.5万份，《青年工人》的发行量不断增加）。大批青年参加共青团，积极参加罢工斗争。然而，由于共青团仍然落后于青年的日益增长的积极性，共青团员流动性极大，它在几个大工业中心和最大的工厂中影响甚微。在1933年初，共青团内重又出现错误的政治观点，这些观点阻碍了共青团的发展。共青团中央委员会由于对青年中发生的变化作了错误的估计，没有把这些变化看成是工人青年的激进化，而认为是工人青年的绝望情绪，从而在政治上错误地提出了改组共青团的问题。

在青年共产国际执行委员会的帮助下纠正上述错误后，美国共青团在罢工斗争中取得一系列成绩，削弱了强制劳动营的工作组织制度，开展了群众反战运动（特别在青年中）。共青团在揭露和组织青年反对政府的法律方面，也取得了巨大成绩。

在筹备芝加哥青年反法西斯和反战代表大会过程中，共青团通过群众工作争取到近40万青年。而在共青团勇敢地参加了政府筹备的美国青年全国代表大会的时候，它取得了更巨大的成绩。共青团通过群众工作，成功地做到了使第一届美国青年全国代表大会（代表着150多万青年）出乎罗斯福政府的预料，一致通过了共青团提案：动员青年为自身的经济要求和利益而斗争。

这些重大的政治上的胜利证明，美国共青团具备充分的条件，能够在党的领导下，在最近发展为美国劳动青年真正的群众性战斗组织。

英　国

在共产国际第六次代表大会和青年共产国际第五次代表大会之后，英国共产主义青年团不但没有开展斗争贯彻两个代表大会的决议，反而搞起什么"青年工作的新形式和新方法"的形式主义的辩论。在这一时期中，共青团更加脱离工人青年。由于根本不做群众工作，1930年初，英国共青团失去了大多数团员。

共青团的群众工作，一开始就同国际青年反战和反法西斯代表大会的准备工作结合在一起。参加筹备活动的还有独立工党所属青年基尔特成员、合作社青年联盟成员、工党所属青年同盟的一些组织。此外，通过代表大会筹备工作，共青团还扩大了同大学生的联系。

后来，英国共青团成功地进行了大量工作，同独立工党所属青年基尔特建立统一战线。由于共同工作，基尔特中的苏格兰、朴茨茅斯和许多其他地方的组织都提出关于基尔特作为同情性组织参加青年共产国际的问题。基尔特代表会议（1934年5月）以多数票通过关于按照同情性组织的原则加入青年共产国际的决议。

英国共青团由于提出了建立青年反法西斯和反战统一战线和为青年经济利益而斗争的任务，现在已大大加强了自己的群众工作。除了同独立工党所属青年基尔特成员建立联系外，英国共青团还成功地同工党青年、合作社青年建立了联系。这项群众工作的结果，使英国共青团增强了它在劳动青年中的影响，从组织上巩固和扩大了自己的队伍。

瑞 典

共产国际第六次代表大会之后,在党内斗争中,瑞典共产主义青年团一开始就积极捍卫共产国际路线。在 320 个共青团组织中,只有 50 个组织反对共产国际路线。但是,随后几年团的发展情况表明,瑞典共青团无论在 1931 年初的纺织工人罢工中,或是在工人阶级的其他行动中都脱离青年的斗争。这种情况迫使青年共产国际执行委员会在公开信(1931 年)中尖锐地提出反对共青团领导中的机会主义问题。因此,在瑞典共青团第十三次全国代表大会上撤换了共青团的机会主义领导,从而在 1932 年,共青团得以在工作中取得某些成绩。共青团积极参加了雇农要求提高工资的运动;在议会选举运动期间,共青团成功地组织了近 3.5 万名青年劳动者(包括 3250 名需应征入队的青年)。共青团还在这次运动中,提出了青年要求纲领。因此共青团开始有所发展,它建立了近 60 个工厂支部。1933 年,共青团领导重又犯了一系列严重的机会主义错误(削弱同社会党青年的思想斗争,不搞经济斗争,对反军国主义化的工作估计不足),这些错误使相当一部分工厂支部瓦解,使瑞典共青团员人数急剧下降。1933 年的罢工斗争,特别是海员、建筑工人的罢工,1933 年初的工资运动等重大行动,表明共青团落后于广大工人青年日益增长的战斗积极性,没有能力领导他们的斗争。

共青团在它发展的各个阶段的决定性的缺点,是它实际拒绝运用统一战线策略,反对社会民主党的斗争软弱无力。瑞典社会党青年从 1928 年到 1934 年初的这段时期,从 4 万人发展到 9 万人。社会党青年鼓吹瑞典社会民主党政府是"青年的政府"。共青团甚至连这样一些事实也没有给予充分揭露,如所谓政府提高了有权领取补助金的失业者的年龄,其实它在一系列条款中都规定降低 30% 的补助金,实行青年义务劳动制。瑞典共青团在这些问题上都未能揭露出社会党青年的真正作用。在德国建立法西斯专政后,在社会党青年中出现反对社会民主党的强烈情绪。尽管如此,瑞典共青团也未能利用这种情绪来吸收社会党青年参加筹备1933年的青年反法西斯和反战代表大会。

尽管一方面是瑞典青年日益军国主义化,另一方面则是反战积极性日益高涨,而共青团却没有站在反战青年运动的前列。国际青年代表大会也没有瑞典青年的代表。

鉴于这种情况,青年共产国际执行委员会提出关于在团内进行广泛讨论和在共青团全国代表大会上补选领导的问题。代表大会前的讨论是在青年共产国际执行委员会一月全会后中央委员会全会通过的公开信的基础上进行的。公开信中详细揭示了共青团处境困难的种种原因。通过对这封信的讨论,共青团内在政治和组织上开始活跃起来。1934年4月召开的第十四次团的代表大会,是在同阻碍与社会党青年建立统一战线的机会主义和宗派主义的斗争中举行的。

古 巴

1929年2月,古巴共产党成立了共产主义青年团组织临时委员会。由于整个工人运动处于秘密状态,这个委员会便通过建立各种各样的文化体育组织来开展工作;同时也建立了若干共青团支部,出版了第1期《工人青年》,发行了1000份。所有有组织的俱乐部都是由共青团员领导的,他们在俱乐部中成立了自己的派别小组。由俱乐部组织起来的就有2000名青年工人。到1930年9月5日,共青团已拥有200多名团员和12个支部,其中大多数是生产支部。同时,共青团开始在大学生中进行工作,组织了一个由80人组成的少先队小组,成立了一些青年工会支部和国际革命战士救济会小组。在这个时期,共青团虽然做了大量的工作，但尚未公开自己的身份，它在政治和组织上还都十分软弱。

1931年6月，共青团只有60人，其中54人在首都，6人分布在附近小镇上。

由于经验不足，政治水平低，干部能力不强，加之完全缺乏党的领导，团内出现先锋主义和恐怖主义倾向，使团脱离广大青年，脱离它亲自建立起来的那些俱乐部和组织。

1932年在古巴掀起了大规模的罢工运动。共青团在党的领导下，动员了自己的全部力量，投入罢工运动，并同劳动青年建立联系。古巴共青团遵循共产国际和青年共产国际指示，动员自己的团员到主要工业部门、到甘蔗园和烟草种植场去工作，着手在士兵和海员中进行工作，它终于在党的领导下取得了重大胜利。

在八月总罢工中，6万多名青年工人参加了罢工，其中很大一部分青年工人参加了共青团领导的罢工。

由于善于利用有利条件，共青团组织迅速发展起来，到1933年底，团内已拥有近4000名成员。支部数量达到275个，其中100个是生产支部，而且40个支部是在一些最重要的工业部门。在斗争准备和发展时期，共青团建立了拥有8000多名青年工人的完整的青年支部网，建立了团结着2000多名青年大学生的左派大学生组织。青年共产国际执行委员会一月全会（1934年）接受了古巴共青团的申请，决定向青年共产国际第六次代表大会提议，接纳它为青年共产国际正式支部。

少年共产主义运动

在共产国际第六次代表大会和青年共产国际第五次代表大会期间，共产主义少年运动状况的特点是，脱离广大儿童，没有用生动活泼的、儿童易懂和喜闻乐见的形式开展经常的群众工作，整个少年先锋队组织的工作枯燥无味。出现这种状况的原因在于，共产主义青年团对这方面工作的意义估计不足，少年儿童工作又缺少党的支持。从1931年党、共青团和少先队组织的成员人数对比，便可看出党和共青团对少年儿童运动估价过低：

国家	党	共青团	少先队员
德国	200000	37000	12900
捷克斯洛伐克	38000	3100	1040

1930年7月，在柏林召开的国际少先队代表会议，是全世界少年先锋队组织生活中的一件大事。但是，共产党和共青团都未能利用这次代表会议来改变少年儿童运动中的状况。1931年9月，青年共产国际执行委员会主席团不得不指出，少年儿童运动的危机还远未克服，在29个国家中只有2万名少先队员，这种情况既根本不适应现有的条件，也不适应当前的运动所面临的任务。这一时期除苏联的少先队组织外，只有中国苏区、美国和波兰的少先队组织在向前发展。

青年共产国际执行委员会领导的第二次国际少年儿童运动，是一次反对使儿童贫穷、饥饿和困苦的运动。这次运动是要动员工人阶级关注因经济危机引起的儿童生活日益恶化的状况，动员少年儿童们关心自己的切身利益。在这次运动中，捷克斯洛伐克26所学校举行了全校罢课，有1万名少年儿童参加。在德国，汉堡9个学校的4000名儿童和德累斯顿的1300名儿童举行了罢课。罢课学生抗议解雇怀有革命情绪的教师。美国、英国和波兰也举行了多次示威游行。这一切表明在少年儿童中开展工作的巨大可能性。群众性无产阶级组织（国际革命战士救济会、国际劳动救济委员会等）所属儿童团，因为不搞干巴巴的政治活动，而是照顾到儿童的特点和要求，因此在许多国家，它们比少年先锋队组织的发展要快得多。

1932年青年共产国际执行委员会十二月全会详细分析了国际少年共产主义运动的形势。全会提出的中心任务，就是要把少年先锋队组织的工作重点转移到学校中去，全会宣布要同把官僚主义的陈规带进少年儿童工作中去的一切企图作斗争，全会还建议必须改进工作，采用少年儿童喜闻乐见的和富于吸引力的工作方式。1934年1月，青年共产国际执行委员会全会所通过的检查表明，无论党，还是共青团，都没有坚持创立群众性的少年儿童运动。

资产阶级正在加速实现中、小学校法西斯化。在德国，中学毕业生要增加一年的军训和农村强制劳动。捷克斯洛伐克也拨款用做对5万名儿童进行军事教育的资金。数千名"红鹰"在起义后加入奥地利少年先锋队组织的事实证明，我们有着甚至在那些已经加入资产阶级法西斯主义组织和社会民主党组织的少年儿童中开展工作的无限前景。

共产党和共产主义青年团应当彻底改变自己对少年工作的态度，争取在不久的将来，在创立群众性少年儿童运动中取得具有决定意义的成绩。

四、国际妇女书记处

在报告所总结的这个时期，国际妇女书记处在妇女无产阶级群众中的全部工作中所依据的原则是，妇女们，特别是在战后时期，在资本主义合理化条件下，无论在工业或在农业中都占有非常重要的位置。因此，劳动妇女在无产阶级的阶级搏斗中的作用日益增长。妄想利用妇女劳动群众为自己服务的资产阶级在组织妇女方面异常活跃。第二国际打出阶级合作的口号，以此积极帮助资产阶级使劳动妇女脱离反对向工人阶级进攻和反对资本主义制度的阶级斗争的总战线。

在报告所总结的这个时期，共产国际第六次代表大会决议，共产国际执行委员会第十、十一、十二和十三次全体会议决议，是国际妇女书记处工作的基础。

依据上述决议，国际妇女书记处为自己提出以下任务：

1. 在统一战线策略的基础上，动员最广大的妇女群众投入反对帝国主义战争和法西斯主义。

2. 推进苏联的社会主义建设事业，宣传保卫苏联也就是保卫劳动者的社会主义祖国。

3. 扩大共产党在女工中的影响，是争取工人阶级大多数的任务的一部分。

4. 扩大共产党对城乡劳动妇女（农村妇女、城市小资产阶级阶层的妇女、所谓妇女知识分子）的影响，并吸收她们参加反对资本斗争的统一战线。

5. 有组织地巩固这一影响。

6. 培养共产党和群众组织的妇女积极分子骨干。

在经济危机条件下，对工人阶级剥削的加剧，是对女工极其沉重的打击。在整个战后年代，也包括1929年经济危机年代，资本主义工业增加了妇女劳动力的使用。不过，如果说战后资本主义造成了对妇女劳动力的极大**需求**的话，那么，它也为适应这种需求造就了一大批妇女劳动力。危机年代，工人工资的急剧下降使群众更加贫困，原先不工作的家庭成员，特别是妇女也被推向了劳动市场。至今存在的大批失业现象，包括一些主要资本主义国家中的数百万失业工人，在这方面，也起了很大作用。最后，工业危机同农业危机交织在一起，导致城乡居民中的中间阶层，特别是妇女的分化和无产阶级化，妇女也开始寻找劳动市场，把劳动力投入雇佣劳动。

因此，妇女不仅在生产部门的比重增长，而且在数百万失业大军中的比重也在增长。工业部门中的妇女劳动力比重的增长，引起各生产领域这一劳动力的再分配，同时妇女劳动力也开始摆脱传统的、大部分是落后的部门而调往新的部门，这也同资产阶级的战争准备有关。

我们援引以下数字，便可证明一些国家不同工业部门使用妇女劳动力的增长情况：

在德国工业部门就业的妇女百分比[①]

工业部部门	1926年	1927年	1928年	1929年	1930年	1932年
整个工业部门	23.3	23.6	23.7	23.6	24.8	26.9
金属加工	20.1	20.8	21.1	21.1	21.3	23.4
机器制造和运输工具生产	3.3	3.6	3.7	3.7	3.7	4.2
电器和光学仪器	26.6	28.4	29.6	30.8	29.1	29.0

---

① 据工厂检查机关的数字。

(续表)

工业部部门	1926年	1927年	1928年	1929年	1930年	1932年
化学	22.5	22.3	22.6	22.9	23.7	24.6
纺织	58.7	59.3	59.0	59.0	58.6	57.7
造纸	33.6	34.9	35.0	34.4	33.1	31.0
皮革	19.4	21.4	22.3	23.6	24.6	23.0
橡胶	36.6	38.5	39.3	40.5	42.8	46.2
食品	40.8	41.9	42.2	41.3	40.2	38.7
缝纫	67.4	67.7	68.5	69.7	69.9	70.1

在英国工业部门就业的妇女百分比

工业部门	1929年	1933年
机器制造	8.6	9.6
化学	23.3	30.0
棉纺织业	63.1	64.7
羊毛	59.6	59.8
缝纫	66.0	68.7
烟草	67.7	66.9

法国最新资料用整数表明的国民经济各部门中从事雇佣劳动的女工分布情况（以千人为单位）：

在法国工业部门就业妇女人数

农业	861	自由职业	204
工业	1763	家庭女仆	678
运输	154	公益服务	216
财贸	512	**共计**	4388

在**意大利**，在工业部门就业的妇女的百分比达 29%。

在**捷克斯洛伐克**，从事雇佣劳动的妇女在 1933 年占整个工人的 30%。

在**波兰**，在工业部门就业的妇女达 33%。

在**奥地利**，工业中的女工占 28%。

在**日本**，妇女劳动力的使用尤其广泛，占工人总数的 53%。

在**中国**，1931 年在上海，妇女占整个工业工人的 58%。在纺织工业中，她们的比重特别大，占 67%。在烟草工业占 69%。最近几年来，使用妇女劳动的情况在许多新的工业部门，如化学等工业部门也有所增加。

在整个资本主义世界中，妇女雇佣劳动大军的人数总计约 5500 万—6000 万（不包括像中国和印度这样一些国家）。这个数字略低于整个欧洲人数的一半。

广大劳动妇女（组织程度不如男人）中的失业现象，在危机年代大大增长，目前已不少于世界总失业人数的 30%。

为了消除妇女失业现象，资产阶级使用强制劳动手段。希特勒和"民主夫人"罗斯福也求助于同样的手段——设立失业妇女营。随着集中营的增加，妇女无家可归的现象也迅速增多，这或许就是消除劳动妇女失业办法的实际意义吧！妇女卖淫达到骇人听闻的程度。

危机过程中形成的廉价劳动后备大军和义务劳动集中营，为资产阶级进一步向工人生活水平进攻、寻找资本主义摆脱危机的出路提供了合适的机会。各国资产阶级都广泛利用这一机会。而妇女劳动正是这种进攻最好不过的幌子。

德国法西斯喊着"让妇女回到家庭中去更好地为全民族利益服务"的口号宣布反对妇女参加劳动，特别是反对已婚妇女参加劳动。在法国、比利时、荷兰和西班牙，这个口号也得到广泛宣传。在波兰，按照普里斯托尔法规定，凡已婚妇女——不论是女工，还是国家和市政单位的职员、教师、医生等，一律应予解雇。英国工党党员玛格丽特·邦菲尔德曾在妇女代表会上声明，16岁的女孩子很快便可为所有工业服务，并建议不要抗议解雇已婚妇女。

社会民主党只字不提这些口号背后所隐藏的一切，并支持统治阶级的这一政策。不过应当指出的是，就连共产党也没有对这些口号作出有力的反应，没有揭露这些口号的全部欺骗性，也没有彻底戳穿它们的现实危害性，没有指出这些口号是资产阶级对工资、社会保险、工作日和对整个无产阶级生活水平采取的一种虚伪做法。

比如，各国共产党没有向群众讲明，凡是妇女，而主要是已婚妇女被解雇的地方，她们的位置要么由**工资低得可怜**的年轻女孩子顶替，要么就由按照妇女工资标准招收的男工补缺，继之而来的便是降低所有工人的工资。有时候企业主只需用解雇相威胁的办法，即可做到降低本来就微薄的工资。在德国，尽管宣传妇女返回家庭，**但在 1933 年的 9 个月中，在生产部门就业的妇女人数却增长了 9.1%**[①]。

资本主义不放弃妇女劳动力，这不仅因为妇女劳动力是廉价劳动力，也还因为资产阶级准备仿效过去帝国主义战争的做法，最大规模地使用妇女劳动以确保一旦爆发新的战争，仍能使一切生产机构，特别是军火工业部门连续运转自如。妇女义务劳动集中营作为几乎是无偿的而且已经是军事化的劳动力的后备力量，也是为战争目的服务的。

在德国、波兰、捷克斯洛伐克、法国和其他一些国家，在军事工业及与其相邻的部门（化学、人造丝生产等）中就业的妇女的百分比不断增长。在日本，许多妇女在兵工厂和其他军工企业劳动，现在还在准备让女工到更为重要的生产部门中。

---

① 据 1933 年 9 月 5 日《法兰克福报》材料统计。

越来越严重的贫穷和失业现象,对工资和社会保险的进军,政治上的日益反动,以及法西斯的进攻,致使受资本主义、受工厂及家务劳动双重负担折磨的广大妇女日益不满,使她们更加活跃起来。

女工中的激进化过程表现得特别明显。几乎在所有国家,女工在总罢工中都发挥着积极作用,在女工占多数的企业中,女工独立罢工的事件时有发生。例如最近在**美国**掀起的波澜壮阔的罢工运动浪潮中,妇女参加罢工的人数很多。此外,在过去只招收女工的食品工业和缝纫工业中,罢工次数也空前增多。

在**英国**,参加去年兰开夏郡罢工的纺织女工人数有 15 万人。

在**波兰**的一系列罢工都是由女工发起的,例如维泽夫手工工场的罢工。女工和工人妻子参加游行示威的情况尤为突出。

在**保加利亚**,女工在全国主要工业部门占大多数,这里的罢工次数不断增加,而且大多由经济罢工转变为政治行动。

在**罗马尼亚**,女工们最积极地参加了布加勒斯特纺织工厂、克卢什和阿拉德火柴厂和其他许多地方的无数次的罢工。例如女工们宣布萨图恩工厂罢工和占领工厂,并控制工厂达 14 个小时,只是由于窒息性的毒气才被赶出那里。在著名的罗马尼亚铁路工人二月战斗中,为了表示声援,4000 名烟草女工在共产党宣传鼓动的影响下,在工人遭到枪杀的第二天又上街举行游行示威。

在**西班牙**,在游行示威和罢工中妇女的作用非常巨大。1934 年的起义尤其引人注目,妇女们大批参加这些革命战斗。她们同自己的阶级兄弟一起,手挽手,在街垒中英勇战斗。她们给堑壕的战士送食物,在敌人的炮火声中成为真正的革命战士。

在**希特勒德国**,在残酷的法西斯恐怖条件下,就连法西斯的报纸也隐瞒不了女工们举行的无数次罢工,这些罢工和行动不仅带有经济性质,而且带有政治性质。

类似的例子还可以从其他国家，例如日本、印度和中国找到。

各国资产阶级借助他们自己的组织，同时利用反对统一战线的社会民主党领袖，拼命争取对广大劳动妇女的影响。资产阶级特别重视妇女在未来帝国主义战争和国内战争中的作用，而不只是考虑她们在生产中的作用。因此，资产阶级一方面争取广大妇女，同时也竭力使她们军事化，把她们作为一个独立环节联结到自己的帝国主义总链条中去。

许多国家的政府通过或起草了关于战时妇女动员法案（法国、意大利、波兰、捷克斯洛伐克、南斯拉夫、美国）。

资产阶级还更加重视为国内战争训练妇女队伍，开始组织公开的法西斯组织（在德国有国家社会主义党的"妇女会"；在波兰有毕苏茨基元帅倡议成立的、由军官和士官生的妻子们组成的"军队之家"；在美国有"美国革命的女儿"和"三K党"妇女部等）到五花八门的体育协会等。

要是以为资产阶级只是限于招募和劝诱本阶级的妇女或倾向于他们的小资产阶级知识分子集团、官员等，那就完全错了。资产阶级正在把他们的触角伸向城乡无产阶级队伍和中间阶层中去。在这方面，资产阶级得力于两方面：客观上——妇女群众落后，主观上有社会民主党和教会的帮助，且不说还有资产阶级专门建立的各种法西斯的、和平主义的和争取女权运动的组织和协会。

民族主义和沙文主义是一切法西斯，特别是德国法西斯使用的，也是用于争取妇女群众的最强有力的根本武器。法西斯还抛出其他许多口号，一大批女工过去、而且现在还在跟着这些口号走。但是，法西斯不只限于宣传鼓动，他们还企图从组织上巩固他们对妇女群众的影响。

社会民主党人则无法炫耀他们大批吸收妇女参加自己的党。因为很大一批妇女被拉进了改良主义工会和社会民主党影响下的群众组织。但社会民主党却通过加入社会民主党和工会的妇女们的丈夫、兄弟和子女对妇女们产生不小的影响。

不可忽视的是，社会民主党通过它的报刊、它的慈善机构、自治市政府、合作社和其他机构对女工和小资产阶级阶层的妇女产生的思想影响。社会民主党利用蛊惑宣传，说什么必须同法西斯主义作斗争、争取民主、争取妇女政治权利、争取平等等口号来掩盖其改良主义嘴脸。

然而，无论资产阶级怎样花费心机迫使广大半无产阶级和无产阶级妇女阶层跟随自己，资本主义现实本身同它所致力的工作却是南辕北辙。尽管资产阶级及其喽啰们耍弄种种花招和欺骗，尽管实施一切恐怖手段和压迫，妇女群众仍在到处活跃起来。广大妇女群众开始掀起反对法西斯、反对资本主义的斗争。这里具备着一切必要的客观条件：共产党已有能力对日益展开的劳动妇女群众的斗争实行正确的**革命的领导**。这就要求共产党在广大劳动妇女中开展大规模的和经常性的工作。在这方面，与第六次代表大会时期的情况相比，虽然取得一些成就，但在各国党的工作中至今还存在一些极其严重的缺点。

共产国际第六次代表大会后的前一段时期，是共产党采取一系列党内措施，以便确立在劳动妇女中开展工作的正确路线和正确方法，铲除这项工作中的社会民主党传统，特别是清除妇女部只在女共产党员中开展工作的宗派主义这样一个时期。

由于采取这些措施，妇女部开始在广大妇女劳动群众中开展工作，妇女工作正在**成为全党工作的必要组成部分，成为在整个党的经常监督和领导下的一项工作**。因此，这一时期举行的党的全国代表大会、代表会议和中央全会都着重把党的注意力放在妇女工作问题上，把党组织的注意力集中于妇女劳动群众的主要阶层——**工厂女工**身上，并确定进一步扩大党在广大女工群众和工人妻室中的影响的任务。

在一些党内，妇女的普遍政治积极性和党内积极性已大大高涨，这一点，在党的代表会议上和代表大会上妇女代表人数及其发言人数的增多就是证明。

但是至今**共产党对在妇女中开展工作依然重视不够**。同时，无论是妇女部还是个别一些共产党人**也都不去重视共产国际、各国党代会及中央委员会**关于妇女问题的**决议**。这些决议在党组织的工作中没有充分用来加强和扩大在妇女中的工作，没有在群众中得到应有的宣传。党的各级领导人在妇女工作方面作出的决定和指示也只限于党的工作者所知。

妇女工作中的右的倾向，首先表现在对女工在广大劳动妇女革命运动中的作用估计不足，对女工的革命进步情况估计不足，不能容忍的是强调妇女劳动群众在政治和文化上的落后，而不把女工提拔到党、工会和一般工会运动的负责岗位上去。这种估计不仅导致悲观主义的结论，认为试图深入生产、深入女工群众是无所成就的。这些倾向阻碍了要求同生产部门女工建立直接联系的代表大会的召开。妇女工作中的机会主义则表现为，一味地用文化教育工作代替大量吸收女工参加无产阶级的经济和政治斗争。女工的局部要求没有列入工人阶级的总要求，从而使女工运动脱离无产阶级整个阶级斗争。对于社会民主党领袖反对在劳动妇女中贯彻统一战线策略的叛徒政策没有给予彻底揭露。虽然也向罢工的女工发出号召，但却等待改良主义工会的帮助，也没有给予改良主义分子（奥地利《工人》杂志）适当的批评。此外，还发生拒绝女工已经提出的特殊要求，靠牺牲女工利益同企业妥协，等等。与此同时，不仅没有在公社和合作社政策方面揭露改良主义分子，而且个别人还试图支持社会民主党纲领有关这方面的错误论点（奥地利）。女工在无产阶级斗争中的作用往往被视为辅助作用。女工只是被吸收参加组织儿童营养保护站的工作，而没有吸收她们参与直接斗争，很少吸收她们参加纠察队、斗争委员会和防御宪兵、警察和法西斯分子的工作。现有的无产阶级妇女组织没有把维护妇女权利的口号同共同的政治口号和全阶级的口号结合起来，很少吸收生产部门的女工参加运动；此外，一些妇女组织还受到和平主义幻想的影响。

另一方面,对妇女局部的、特殊要求作出过"左"的估计,不善于考虑女工和工人家眷赖以生存的生活条件和社会条件,忽视像争取妇女选举权、反对禁止堕胎等这类问题,都不利于在妇女中开展工作。

虽说所有这些右的和"左"的观点没有在公开场合流露出来,但在日常实际工作中,这些观点却不时出现。在共产国际第六次代表大会之后,特别在共产国际执行委员会第十次全会后,各国共产党在劳动妇女中的工作方面都发生了巨大变化。

妇女劳动在生产中的意义,妇女的工资在工人家庭的作用,使得适当评价"同工同酬"这个早已提出的、却很少加以阐明的口号,顺乎自然地成为共产党提出的日常的、最现实的要求之一。整个共产党,红色工会和工会反对派为女工提出的特殊要求,开始在经常进行的经济和政治斗争中占有固定的和必不可少的位置。

一些专门的运动,如三八节、参加妇女无产阶级组织(如参加德国妇女红色联盟)的征集运动,已经成为全党的运动。

但是,加强妇女工作机构方面的工作,主要靠**企业支部培养妇女工作新干部和造就妇女工作组织者**的工作,无论在速度还是在规模上都至今仍然不能令人满意。共产党对这项工作的关心,往往只限于中央委员会,最好的情况也只限于州一级委员会。支部弱点和积极性的不足,加上共产党的基层中尚未肃清机会主义倾向,对各国党努力以自己的影响调动妇女日益增长的积极性的愿望,也产生严重的消极影响。

严重影响在生产部门女工中开展工作的主要问题,是各国党内的女工百分比过低,妇女党员中多数是家庭主妇,而不是女工。对于这方面的工作,对征收女工入党和采取专门措施巩固新入党的和在党内的女工党员队伍,以及对从女工中培养党的积极分子等所有这些工作,尽管共产国际执行委员会都有专门指示,但却没有引起全党和妇女部的及时重视。同时各国党也没有在女工中开展宣传鼓动工作，进一步说明党的任务、纲领和目标。

在工会这样一些重要部门中妇女工作特别薄弱。在这方面，共产党在改良主义工会、法西斯及其他工会中的群众工作都显得软弱无力。红色工会中的女工人数的增长过于缓慢，远非在每一次罢工中领导人都提出吸收女工共同斗争和在工会中为劳动妇女群众在全无产阶级阶级斗争阵线中的组织巩固打下基础的任务。

尽管在合作化运动中反对派组织具有重大意义，它为党吸收新的广泛劳动妇女阶层、工人妻室、家庭主妇和农妇等开辟极其广阔的前景，但反对派组织的工作至今无人过问。对动员像诸如国际革命战士救济会、苏联之友协会等这些组织周围的劳动妇女的任务，也很少重视。

共产党在妇女中开展工作的形式和方法还欠灵活，一般来说，还限于某些陈规旧套，不考虑具体的变化的形势，要求必须具备新的、多种多样的工作方法。至今代表大会的形式没有得到应有的推广宣传。在一般党员群众中，甚至在各级党组织的很大一部分领导工作者中，对代表大会的内容和作用，以及对党在广大女工群众和其他劳动妇女中的极其重要的工作形式，至今没有正确的认识。对企业中的代表会议和地区性代表会议之间的差别，也没有清楚的了解，从而对贯彻代表会议制度起了有害影响，同时，也使党失去了争取广大劳动妇女的最有力的杠杆。

另一方面，代表会议失败的原因在于，没有对代表会议给予应有的重视。在召开代表会议的地方，例如在德国、捷克斯洛伐克、波兰，甚至一度在英国，代表会议在群众中引起深刻反响。然而，这个在共产国际第六次代表大会前就已开展起来的运动，没有受到各级党的机关应有的重视。

所以，各国党从自己手中失去了一个能使广大无产阶级妇女提高到认识共产党和共产国际的目标、任务和政策的水平的强大杠杆。

至今在各国党的妇女工作中,无一例外地都是采取地区组织形式,按居住地进行通常只适用于各种运动的宣传鼓动工作。由于在领导罢工斗争和政治活动中的广大劳动妇女的工作不够活跃,妨碍了共产党同最广大的女工、失业妇女、农妇和城乡贫穷妇女联系的进一步扩大。由于这些缺点,妇女在生产中所处的地位同共产党和革命群众组织吸收她们参加组织的情况之间,依然存在着脱节现象。

国际妇女书记处在领导劳动妇女反对帝国主义战争和法西斯斗争方面的工作

1. 国际妇女书记处坚持不懈和始终不渝地通过专门的指示和指令以及在有各国党的代表参加的特别会议上,向各国共产党妇女部解释和平主义和社会民主党改良主义种种做法的欺骗性。

国际妇女书记处不止一次地向各国党的妇女部指出,应该把反战工作提高到原则的高度,时时向劳动妇女群众说明,只有无情的阶级斗争,反对帝国主义、反对法西斯主义、反对本国资本主义斗争才能制止战争,说明掩盖备战的种种手段。

国际妇女书记处一方面宣传苏联劳动妇女的状况,同时也在劳动妇女中宣传保卫苏联就是保卫本阶级利益的必要条件这一口号。为此,在整个反战工作中,国际妇女书记处一直在宣传无产阶级国际主义团结的意义,指出必须保卫殖民地和半殖民地的被剥削者。"滚出中国去"的要求已成为德国、波兰、法国、巴尔干半岛和波罗的海沿岸广大无产阶级妇女群众的口号。中国女工和农村妇女在革命斗争时期表现的英雄主义精神,在共产主义妇女报刊上均有记载。共产国际第六次代表大会关于反战工作应当成为国际无产阶级推翻资产阶级阶级斗争的一部分的口号,应当贯彻到对劳动妇女的一切宣传鼓动工作中去。

为了具体开展反战斗争，一方面召开妇女代表会议，同时也发挥工会代表会议和合作社代表会议的作用。法国采取的方针是，加强斗争，反对妇女军事化，反对邦库法，反对法国妇女代表团在第二次国际妇女代表会议上和在第二国际布鲁塞尔最近一次代表大会上的种种表现。

波兰共产党妇女部在女工、农村妇女和城市贫民中组织反对战争和战争危险、反对使波兰妇女军国主义化（毕苏茨基措施）的运动，组织揭露第二国际召开的国际代表会议、揭露法西斯组织及其建立的妇女军事后备力量方面的运动。

妇女积极参加反战革命斗争，促进了女工代表团对苏联的访问并有助于吸收女工参加八一反战运动。巴黎国际妇女反战代表大会（1934年8月），是比当今还要广泛地吸收妇女劳动群众参加的反战斗争的起点。

2. 在扩大党对各阶层劳动妇女影响的工作中，国际妇女书记处始终坚持统一战线策略，高举争取工人阶级大多数、反对法西斯和反对战争威胁的口号，发挥领导作用。

国际妇女书记处同工会国际女工委员会一起认真研究了有关妇女劳动条件、合理化、劳动保护方面的立法，保护母亲和一些国家的妇女物质状况问题。同时还研究了关于口号的问题。提出下列一些主要口号："同工同酬"；"已婚妇女和未婚妇女享有同等劳动权"；"妇女孕期工资照发"；"反对物价上涨"；"享有领取失业救济金的权利"。

提出通过罢工斗争引导妇女走上争取统一战线的革命斗争道路的这些要求，就必须彻底转变党在妇女中的工作，使工作重心转向企业，转向广大失业者、工人妻子，转向大型商业企业和城市机关。

在改进报刊工作方面，国际妇女书记处提出如下要求：使广大劳动妇女群众了解妇女共产主义刊物，在一般刊物的和妇女刊物上专栏刊载妇女的要求，在报纸上维护女工和全体劳动妇女的实际利益。国际妇女书记处对妇女共产主义刊物也提出如下任务：把争取劳动妇女日常要求的斗争同一般的政治生活和社会生活、同无产阶级的阶级斗争结合起来，同反对改良主义和资产阶级政党的思想和实际的斗争结合起来，使妇女刊物和全党性的刊物之间建立最紧密的联系，做到严肃、深刻和有原则地阐述一般运动和妇女无产阶级群众斗争问题。

国际妇女书记处还出版了许多国际性的小册子，论述了与共产国际纲领有关的妇女方面问题，有关反对战争和反对妇女军事化方面的问题，以及有关西欧、美洲、日本、中国和印度女工的生活与斗争问题。

共产国际执行委员会的主要刊物还发表专号、专刊和呼吁书，论述三八运动、五一和八一运动。

宣传保卫苏联的口号，要求国际妇女书记处给予各共产党妇女部经常不断的帮助，经常分发有关苏维埃国家社会主义建设的胜利，特别是有关苏维埃国家广大劳动妇女成就的材料。

同时，国际妇女书记处通过对资本主义与殖民地国家女工和农村妇女状况及斗争的报道，也促进了对苏联劳动妇女的国际主义教育。

国际妇女书记处于1930年召开了欧洲国家国际妇女代表会议。在共产国际领导的直接参与下，这次代表会议报告了各国共产党妇女工作的基本任务、工作方式和方法：代表会议的工作，生产部门的工作，在工人妻子和农村妇女中的工作，妇女群众反对备战的斗争。

五、共产国际执行委员会合作社部

危机使资本主义国家的消费合作社处境十分艰难。大多数国家的合作社财政经营状况均不稳定。

在危机年代,多数国家的消费合作社社员的社会结构发生了变化。工人阶级中一部分最贫困的阶层——旷日持久的失业现象的受害者和被取消救济金的失业工人——退出了消费合作社,小资产阶级阶层占了合作社新成员中的最大部分。但是,消费合作社多半仍是工人的组织:在资本主义各国2000万消费合作社社员中60%—70%是工人和他们的妻子,在一些国家中这个百分比还要高。

合作社中央机关——合作总社和批发采购合作社的领导权,以及绝大多数地方消费合作社的领导权,依然掌握在社会民主党人和改良主义者手中。

在法西斯国家,特别是在德国,国社党分子向小商贩和手工业者许诺在他们执政后即取消合作社,使他们能摆脱竞争和扩大他们的交易额。

各个资本主义国家都对工人消费合作社展开了进攻。

在资产阶级民主国家,政府采取一系列措施来达到同一目的:使合作社组织服从财政资本的利益,使它们变成依靠工人摆脱危机的政策工具。英国、法国、捷克、瑞士和挪威都在扩大对消费合作社的征税。合作社的红利和纯收入要征收特别税。政府还通过一系列立法措施,对付商业部门的各大企业,而实际几乎只对消费合作社施加影响(禁止开设新的配售店、取消或限制消费合作社的生产活动等），以阻碍消费合作社的进一步发展。

这些措施对消费合作社产生十分严重的影响。全国合作社组织的领导人形式上反对资本主义政府的措施，实际上却继续实行同资产阶级合作的政策。财政资本依靠工人克服危机的一切企图都无条件地得到工人合作社领导人的支持。消费合作社越来越紧密地同资本主义康采恩结合在一起，参加资本主义的辛迪加、托拉斯等，在议会中投票赞成促使提高大众消费品的价格草案（捷克），支持他们的政府推行限制和禁止进口廉价产品的政策（法国），赞同提高关税（瑞士），甚至部分合作社本身也提出这样的建议。

为了消除工人对这种背叛无产阶级利益政策的不满情绪和摧毁工人阶级日益坚强的对剥削和压迫的反抗与斗争的意志，消费合作社领导人压制合作社反对派的一切表现。他们开除合作社组织的反对派成员，甚至把整个组织开除出合作总社，取消合作社反对派掌握的贷款，不再供应他们商品。他们在合作社反对派组织提供服务的地区开办新的合作社和店铺。他们向本阶级的司法部门告发合作社反对派工人，极力分裂和瓦解统一的合作社运动。他们对苏联的合作化予以诽谤，以达到在工人面前损害苏维埃组织的目的。

在国际合作社同盟中，全国合作社联合会的头头实行暗中破坏和诋毁苏联合作化的政策。同盟的全部政策都表明资产阶级指望靠工人阶级寻找摆脱危机的出路。

在1934年9月于伦敦举行的国际合作社代表大会上，全国合作社联合会拒绝苏联代表团的建议：建立统一战线，反对法西斯，反对战争危险和物价上涨，要求降低价格，反对向合作社征税，反对掠夺性关税和政府对合作社运动的进攻，主张德国和奥地利工人合作社自由发展。

这次代表大会上通过的关于放弃政治中立原则的决定，被合作社运动的领导人,特别是英国合作社运动的领导人用来建立由合作社同工党、工联代表会议、阿姆斯特丹国际和第二国际结成的统一战线。

尽管合作社社员对合作社领袖的政策日益不满的情绪为共产党的工作创造了非常有利的客观形势,但我们在各资本主义国家(捷克斯洛伐克除外)的合作总社中的阵地和在合作社社员群众中的影响仍然很小。共产党对自己在合作社中的主要任务——争取合作社大多数劳动者社员站到阶级斗争方面来,仍远没有给予足够的重视。

在捷克斯洛伐克,共产党正在合作社中进行良好的系统的工作。在加入捷克和德国合作社的80万社员中,至少有三分之一(主要是非党工人和社会民主党工人)是受合作社反对派的影响。反对派所领导的社员人数超过12万。捷克最大的合作社是拥有7.7万名社员的布拉格"蜜蜂"合作社,德国最大的合作社是拥有1.6万名社员的莱亨堡"前进"合作社,它们也同喀尔巴阡乌克兰的大部分合作社组织一样受着反对派的影响。最近几年,由于党做了系统的工作,党在布鲁恩、摩拉瓦—俄斯特拉发等地的许多改良主义的合作社组织中,取得了一系列重大政治成就,为反对派建立了组织据点。反对派所领导的合作社组织的无产阶级政策导致同改良主义的合作社官僚的激烈冲突,使大约120个组织(包括"蜜蜂"和莱亨堡"前进"合作社)脱离捷克和德国联社。合作社反对派的斗争同现时最迫切的问题紧密结合在一起:抗议物价上涨,要求免费和按供失业者及其家属的低价格出售面包、糖和其他日用消费品,反对法西斯和战争危险,保卫苏联,建立工人阶级的统一战线。开展这项工作的办法是:组织群众大会、示威游行、代表会议,经常和定期出版捷文和德文版反对派报纸,在党的刊物上广泛报道合作社问题。捷克共产党善于把合作社工作变为党的整个群众工作的组成部分,从而大大扩大和加强了党在群众中的影响。

1934年12月,捷克斯洛伐克合作社反对派在统一战线基础上进行了全体劳动人民消费者反对物价上涨运动。站在运动前列的是反对派领导的"蜜蜂"消费合作社和反对派领导的许多其他消费合作社。

运动的指导口号是:"降低粮价","降低面粉、油脂、牛奶和煤的价格","降低糖价","无偿向失业者及其子女分配粮食、燃料,提供1000车皮食糖"。

这次运动提出的目标是:征集100万人在要求降低食品价格的请愿书上签名。这份请愿书交给了布拉格当局。同时在企业和各个城市组织了反对物价上涨、反对地方当局和议会主席团代表团的示威游行等。

运动得到了巡视住宅的工人家属工作队组织的帮助。此外,还在街头、集市、合作社商店和小店铺组织了示威游行和集会。不仅工人参加了运动,小商贩和农民也部分参加了运动,合作社反对派还为他们组织了许多集会。

在运动中用捷克文、德文、斯洛伐克文、波兰文、乌克兰文和匈牙利文出版了大量印刷材料,如报纸、呼吁书、传单和宣传画等等。

人民社会党的和基督教社会党的许多消费合作社,大批人民社会党工人、社会民主党工人、未加入组织的工人和劳动者也都参加了这次运动。

社会民主党人和政府极力阻碍这一运动。许多城市禁止示威游行,或者禁止在示威游行中谈论有关征集请愿签名一事。

尽管存在种种障碍和迫害,但反对派仍然成功地征集了百万多人的签名。

在1935年议会选举运动期间,合作社反对派组织了广大消费者支持共产党候选人。共产党方面推举了三名合作社反对派代表进入议会和参议院,两名"蜜蜂"社工作人员进入捷克省级代表机关。

但是,红色工会却很少参加组织和进行这一运动,这种情况应看做是运动的最大缺点。

尽管统一战线的一切建议都遭到社会民主党上层的顽固拒绝，但捷克斯洛伐克合作社反对派仍成功地在许多地方同社会民主党人和捷克社会党人一起采取了统一战线行动。

例如，在乌皮茨，反对派领导的工人合作社向捷克社会党人的三个合作社和人民党的消费合作社建议通过统一战线反对物价上涨。五个合作社的代表召开了联席会议。反对派合作社的代表建议成立一个维护消费者利益、反对物价上涨的联合委员会。这个提议被否决，但通过了一个一致同意的决议：所有合作社都将参加在征集制止物价上涨和消除物价上涨原因的请愿书上签名。

在布拉格，社会民主党和人民社会主义党合作社中心拒绝了"蜜蜂"提出的参加争取降低粮价和日用消费品价格总示威的建议。但是大批社会民主党工人和人民社会主义党工人却参加了这次总示威游行。集会被警察驱散，但遭到来自参加示威的人的强烈抗议。

虽然总的来说成绩是巨大的，但是合作社工作仍存在弱点；党团工作不够经常，合作社的工作与工会工作之间联系不够，少数民族地区，尤其是在斯洛伐克和喀尔巴阡乌克兰，工作做得还很不够，正如上面所说的，这两个地区的大多数合作社的领导权都掌握在反对派手中。

在**法国**，共产党人领导着约80个合作社组织（总数是1500个）。社员人数占加入全国消费合作社联合会的50万社员中的6%。在改良主义合作社中的工作，仅仅在最近两年才开始。由于党的领导机关和革命工会对合作社工作不够重视，致使共产党人领导的合作社的工作做得很糟糕，合作社不得不克服重重困难。这些情况造成的后果是，党在群众性合作组织中的影响下降，在一年一度的法国消费合作总社（全国联社）的代表大会上赞成反对派的人数也减少。

从1932年起，情况便开始转变。在巴黎和外地，反对派开始在一些大的改良主义的区级合作社组织中进行紧张的工作，开始系统地出版反对派的月刊。反对派分子组成所谓合作社小组。但是，工作中的最大不足是没有共产党党团，因此也没有培养出合作社工作的领导骨干。而在统一战线策略和经济政策方面，以及在选拔干部工作中也都犯了严重错误。党多年来没有很好地领导共产党人主管的合作社，有时甚至根本不去领导它们，这种情况致使我们的一个最大的合作社——巴黎的"贝尔维尔"合作社停止付款。

最近，"贝尔维尔"合作社由于巴黎第20区（合作社所在地）工人居民的积极帮助，才重又开业和恢复自己的活动。

1934年，改良主义的合作银行由于投机和营私舞弊而破产，数十万工人和各种各样的小人物丧失了自己少得可怜的积蓄。这样一来，合作社的劳动者社员群众对改良主义领袖政策的不满情绪大大增加。社员群众和部分基层干部对改良主义的全国联社领导的信任发生了动摇。

在1934年的法国消费合作总社的例行代表大会上，反对派获得的票数增加了一倍多。1934年12月，在奥尔良召开的全国联社非常代表大会上，合作社反对派提出建议，要求不仅银行经理，而且全国联社书记处、官方检查员和监察委员会都应对法国合作银行的破产承担责任。反对派同时要求把全国联社最高机关的全体领导成员，包括普尔瓦松、卡门、丘伊等人从他们的岗位上撤换下来。反对派还提出一系列整顿合作社财政状况的措施。

在表决时，1253票赞成反对派的提案，443票反对（改良主义领导人的提案获得5990票）。

利摩日的一个大消费合作社（改良主义的）和当时纺织工人闹罢工的鲁昂区的全体代表一致反对上层的决议案，而赞成反对派的提案。

接着，反对派又向代表大会提出了一个章程草案。这个草案与官方草案相对立，它要求将消费合作社纳入整个无产阶级的阶级阵线，要求划清商业运动中心和思想运动中心的职能，以及合作社运动领导机关各方面的代表比例。赞成反对派这个草案的有 1460 票，201 票持反对意见。

上述事实清楚地表明共产党在合作社运动方面所处的客观条件。但是，共产党缺乏合适的工作人员来利用这一对我们工作有利的形势。因此，党的一项极其重要的任务，就是加强合作社运动的干部培养，对共产党员在合作社中的工作实行经常性的检查。

在**英国**，那里的合作社在 1935 年拥有 690 万人，是最大的群众性组织，但是直到最近，党的工作仍然十分软弱和欠缺。党在合作社组织中，甚至在合作社本身的广大社员中的影响，远不及它在工人中的普遍影响。但是，工人阶级的激进化也在影响着合作社。在许多合作社中，在男女基尔特中，事态已发展到自发行动（尤其是在罢工、饥饿进军、反法西斯和反战游行时），发展到反对改良主义领袖政策的行动。

妇女合作基尔特对有关裁军和保卫苏联的建议有着特别强烈的同情，而男人和青年合作基尔特及一些工人合作社也表现出这种同情。

最近（从 1934 年 10 月起）工作开始有了转变。特别应当指出的事实是：一些合作社大会上作出了关于合作社必须投入反对法西斯、支持西班牙工人斗争的决议（苏格兰"肯尼格斯巴克"消费合作社合作青年的决议），关于合作社必须支持英国共产党关于建立统一战线的建议（戈尔恩西合作委员会的决议，诺尔斯帕捷尔西消费合作社决议），关于要求释放台尔曼和反法西斯战士的决议（布里斯托尔合作社大会），等等。

这些事实证明，党在合作社中的工作有了起色。近一年中，国民政府采取了一系列公开反对合作社的经济措施。国民政府实施的卡特尔化政策，特别是在农业方面，大大限制了合作社的生产。但是应当指出的是，反对派并非任何时候都能够把一般政治要求同广大合作社员的日常迫切要求结合起来，以便把合作社组织中越来越广泛的社员阶层，首先是妇女阶层吸收到反对派运动中来。

在瑞士，合作社反对派主要出现在巴塞尔、苏黎世和洛桑的一些大合作社中。不过在这些地方，党的工作也只是利用各次代表大会的机会同合作社官僚集团进行思想斗争，没有为无产阶级社员利益进行经常性的斗争；合作社组织中没有建立系统的党团组织，因此，党的影响没有得到组织上的巩固。

不足的是，共产党完全忽视了在产业工人占特大比例的小工业城镇的合作社中开展工作。政府向合作社施加的立法限制，以及资产阶级反对合作社的运动和合作社官僚集团征集签名的运动（反对关于限制开办新的商业企业权利的新法律），把合作社运动推到了当今政治的中心。然而党对这些问题却没有给予应有的重视。

1934年底，巴塞尔共产党组织向社会民主党组织提出建议，要求在瑞士（巴塞尔）最大合作社进行选举时，组织反对资产阶级多数派的联合斗争。

共产党提出了在选举运动中两党都应当捍卫的一系列口号。这些口号是：

1. 立即降低巴塞尔消费合作社中的全部价格；
2. 消费合作社最坚决地反对物价上涨政策和联邦委员会（政府）的经济措施；
3. 取消合作社管理委员会对合作社职工实施的各项措施；
4. 组织群众斗争，反对资产阶级向消费合作社的进攻，等等。

尽管瑞士社会民主党领导屡次拒绝参加瑞士共产党提出的统一战线，但巴塞尔社会民主党组织由于当地共产党组织提出的明确要求无疑在合作社工人社员中得到广泛响应，而不得不考虑共产党的建议。巴塞尔社会民主党组织声称，它同意在合作社选举运动期间停止反共，但同时又在致共产党的信中附带说明，"它并不认为在任何场合都要把自己同共同行动联结在一起"。结果，资产阶级政党在这个合作社的领导机构中又取得了多数。

在斯堪的纳维亚国家，即在**瑞典**和**挪威**，谈不上共产党在合作社中有过什么系统的工作，虽然党在工业区的合作社组织中享有很大的影响。

在**芬兰**，共产党在1930年的政变后不得不同反对派的合作社职员中的机会主义情绪作斗争。许多党员和同情者认为，应当放弃在有利于社会民主党人的合作社中的选任职务，以便"拯救"合作社组织，使之免于毁灭。而在党不懈地克服这些机会主义情绪以后，它在工人合作社中的影响重又开始增长。

在**波兰**，虽然遭到疯狂的恐怖和迫害，共产党人在工业中心的合作社组织中依然保持着一定的影响和阵地。

在**比利时**，就在去年工人银行破产并因此给许多合作社组织和社员的储蓄造成威胁之后，可以说反对派在合作社运动中的工作又开始活跃起来。但是，这项工作尚缺乏系统性和组织性。

在**美国**，共产党在一些州和少数民族（芬兰人和犹太人）的合作社组织中设立了许多据点。

在**德国**，**希特勒法西斯**在社会民主党合作社领袖的积极筹备和参与下**实现了合作社运动的统一化**。自然，社会民主党合作社的部分领导人被赶出中央机关，但很大一部分社会民主党合作社的工作人员，特别是小职员被法西斯分子留用，还给他们派去了政治委员，由于他们通力协助，促进了地方合作社的统一。凡有反对派领导合作社的地方，工人合作社就都被解散，工作人员则被逮捕。尽管法西斯在夺取政权之前大肆进行反合作社的蛊惑宣传，但它没有能够把合作社全部解散掉。纳粹的这条政策，使小资产阶级中的不满情绪剧增。小商人要求按照国家社会主义党徒蛊惑人心的许诺解散消费合作社。由于这些要求遭到拒绝，小资产阶级越来越丧失对希特勒政府的信任。同时，希特勒分子也未能把消费合作社变成国家社会主义的群众基础：两年中有 30 万社员退出合作社，流转额从 1932 年的 7.61 亿马克下降到 1934 年的 6.6 亿马克。一些最大的合作社受到破产的威胁。在这种条件下，希特勒政府颁布一道命令，取消至今还掌握消费合作社总流转额的 50% 的大合作社。

在**奥地利**，社会民主党合作社领袖也公开倒向法西斯阵营。他们协助成立所谓的"祖国阵线"。由于合作社中被指派了法西斯的全权代表，致使社员不再去合作商店购物。

几乎在所有的国家，法西斯都在其纲领性宣言中向正在争取自己生存的小资产阶级许诺依靠合作社给予"帮助"。这种情况越来越经常地把合作社问题提到现今政策的中心。瑞士、比利时、英国和法国都在抵制合作社，以便把小资产阶级争取到法西斯的金融资本方面来。拥护合作社和抵制合作社的斗争促使合作社成员大大地政治化和激进化。在法西斯执政的那些地方，法西斯清楚地认识到合作社作为群众组织的意义，并企图借助合作社也在无产阶级中建立自己的群众基础。然而法西斯国家合作社运动的衰落趋势表明，**法西斯现在无法通过合作社组织渗入工人阶级队伍中去**。这种情况应引起重视的是，法西斯分子正在利用合作社中的老社会民主党党员的积极协助。

正如德国和奥地利的许多例子所表明的那样，共产党也具备很多条件在统一化的合作社组织中进行大量的反对派工作，只要党去组织和领导这项工作。社员大会、监察委员会和商店委员会会议等都在创造条件，开展活动，捍卫劳动人民消费者的利益，争取广大劳动者阶层，特别是妇女阶层站到反法西斯斗争一方面来。联合着一大部分工人及其家属的工人合作社，能够积极支持劳动者反对资本的斗争。工人合作社还积极参加建立工人阶级各组织的统一战线，以维护劳动者利益，反对资本进攻，反对法西斯主义和反对战争。

六、国际监察委员会

共产国际第六次和第七次代表大会之间这一时期，标志着革命高潮不断发展，各种形式的阶级斗争日趋激烈，共产国际为使各支部进一步布尔什维克化的斗争得到加强。在这一时期中，国际监察委员会争取各国党的统一和团结的斗争，是同各国共产党在两条战线上争取实现共产国际总路线的斗争紧密联系在一起的。

在第六次代表大会期间，在思想上揭露和在组织上彻底粉碎托洛茨基主义之后，落在国际监察委员会肩上的任务是，消灭企图在一些党内营造其派别活动的巢穴，以便从内部瓦解各国共产党的托洛茨基主义的残余势力。右倾分子在第六次代表大会上虽在思想上已被揭露，但组织上还没有被粉碎，他们在一些党内拼凑其帮派集团，并企图在国际范围内纠集起来。消灭托派集团和防止在组织上形成右倾机会主义的温床，是国际监察委员会争取各国共产党的布尔什维克团结和统一的基本内容，这在第六次代表大会之后，由于阶级敌人极力施展的反共手段的变换而具有新的特点。

对蓬勃发展的共产主义的恐惧，使得资产阶级广泛运用对付无产阶级革命党的种种手段：**政治离间，经常利用共产党内的派别斗争来瓦解党的队伍**。

由此，对国际监察委员会来说，最具有战斗意义的任务之一是，集中火力同时进行**反对派别活动和奸细活动**的斗争，在这一时期这两种斗争是紧密交织在一起的。

（一）反对派别活动和宗派主义的斗争，宗派主义和背叛行为与奸细活动的联系

对于共产国际的许多支部来说，在极其艰巨复杂的条件下，争取共产党的布尔什维克化的斗争与肃清第二国际思想意识和工作方法的一切残余的斗争不可能是一帆风顺的。在许多尚未巩固起来的党的面前出现一些新的复杂问题。就在争取正确解决这些问题和争取党的布尔什维克总路线的斗争中，在党的一些最薄弱的环节出现了动摇，而在敌对阶级力量的压力下，这种动摇导致了种种偏差，从而为各种共产主义叛徒，首先是反革命托洛茨基主义恢复他们在共产党队伍中的据点提供了可乘之机。

在一些党内，长时期使党的队伍岌岌可危的激烈的派别斗争在第六次代表大会之后仍在继续。阶级敌人竭力利用这种派别斗争，人为地加深和激化各种矛盾，把思想斗争变为无原则的、无思想性的纠葛和宗派主义。共产国际和各国党的领导为消除派别斗争，为在正确的、布尔什维克路线的基础上巩固党所做的努力，常常碰到共产党内部警察代理人有组织的顽固抵抗。在派别斗争激烈的时候，犯罪分子、阶级敌人的公开代理人轻易地钻进党内；派别纠纷使党的纪律涣散，破坏党领导的威信，破坏党在群众中的威信；派别纠纷使任何秘密活动无法进行。总而言之，派别斗争为警察提供了特别广阔的活动场地。

在这种条件下，奸细兼政客，即"高级"奸细这一类人便在共产党内滋生和立足，他们的任务就是挑起派别纠纷，不让党的队伍巩固，

歪曲党的政治路线，瓦解党的战斗力。各国共产党领导和国际监察委员会必须共同努力查清这些钻进党内的奸细。

共产国际第六次代表大会之后，国际监察委员会活动的一项重要内容便是对中国中山大学参加过托派组织的或以某种形式同托派组织有过往来的学生案件进行有教育意义的审理。众所周知，这所大学于1926年成立，学生是国民党派送的。因此可以肯定，中国这所大学学生的成分是非常复杂的。学生中除了忠于革命的同志外，还有许多将领、高级官员的子弟和豪绅地主及资产阶级阶层出身的人，由于各种不同的原因，他们暂时加入了革命阵营。他们中的一部分人被蓬勃发展的民族解放运动浪潮席卷，还在中国的时候就加入了共产党，而另一部分人是到大学以后才追随共产党的。同时，学生中还有不少敌对阶级出身的人，他们受各种军阀集团的指使，混入革命运动和共产党。这批学生中相当一部分人仍在学习，虽然中国的局势和整个政治生活发生了重大变化。

国民党的背叛，地主资产阶级反革命的胜利，向中国共产党提出了新的任务。在革命低潮条件下，中国共产党清洗了各种异己分子、腐化分子和不坚定分子，纯洁了自己的队伍。以陈独秀和彭述之为首的机会主义分子，在1925—1927年革命期间曾担任中国共产党的领导并坚持孟什维克立场，而被清除出党的这一批人却充当了反革命托洛茨基集团在中国的组织者。

中国国内发生的一切事情都能在中国这所大学内找到反映。在这里学习过的、暂时混入革命运动的敌对阶级出身的人，恰恰在这个革命浪潮暂时低落的时期又追随托洛茨基分子，成为学校里的这个反革命组织的骨干。采用欺骗手段钻进党内、至今还暂时未被揭露的托洛茨基分子本人供认他们的任务是："尽一切力量留在党内，利用并夸大党内缺点，进行鼓动，争夺与吸收干部和党员群众站到自己方面来……千方百计破坏党的领导的威信……使工作经常中断……"同时，托洛茨基分子也不忌讳赤裸裸的警察手段。例如，为了使党内托洛茨基分子较容易地隐藏下来，托派学生组织的领导人执行的任务是：指控坚定的党员是托洛茨基分子，极力把他们排除出党。同时，托洛茨基分子本人则努力取得党的信任，把他们的拥护者提拔到领导岗位上去。

关于中国中山大学学生中托派分子头目的社会成分的材料，进一步说明了这个组织的一般特点。例如在29人当中：大资本家子弟2人，商人子弟6人，地主子弟7人，富农子弟4人，绅士子弟2人，1人是警察头子的儿子，1人是宪兵头子的儿子，1人是资产阶级报纸编辑的儿子，教员子弟2人和农民子弟2人。

此外，根据国际监察委员会的档案记载，上述托洛茨基分子中的许多人，不仅仅是托洛茨基分子，而且充当了中国军阀、警察局活跃的奸细等等。他们中的许多人在开除出党后无需掩饰他们在侦探局和警察局供职。正如已经查明的，29个托洛茨基分子中，1人（他本人是前军官）接受了叔父（侦探局头目）交给的在党员中充当告密者的任务，另一名托洛茨基分子被查明是前军官和土匪，第三人被查明是枪杀过共产党人的土匪；其中还有一人曾是督军的私人秘书，等等。此外，这29人当中，5人曾有各种可疑关系，有奸细活动的嫌疑。

所有这些材料都是在国际监察委员会审理托洛茨基案件时，特别是在审理中国大学中托派组织案件时经过查明的，这些材料证明，共产国际某些支部有时候对"自己的"托洛茨基分子表现出不能容忍的自由主义态度。这一教训再次说明，共产国际所有支部应当坚决和彻底地同反革命托洛茨基主义进行斗争。

匈牙利共产党是派别斗争造成毁灭性后果的明显例子。由于派别斗争，奸细得以钻进党的领导机关。派别集团的头头沙什和巴尔纳一度掌握了党的领导（1929年），他们尽一切之能事破坏党，挑起激烈的无原则争吵。在国际监察委员会审理他们的案件时发觉，在党内一些人的生活中形成一些不能容忍的风气：对待诸如私人生活中同警察和宪兵官员友好亲切会晤等这样一些问题采取宽容态度。1931年，沙什和巴尔纳被国际监察委员会撤销领导职务并解除他们在匈牙利共产党内的一切工作。此后很快他们就作为匈牙利暗探局直接指使的奸细被揭露出来。清洗匈牙利共产党内的异己分子和公开的奸细的斗争付出了极其巨大的努力，因为沙什—巴尔纳集团在党的许多基层单位安插了他们自己的人。

1929年在**法国共产党**内，巴尔贝—塞罗集团钻进了党的领导。这个集团进行系统的分化工作，散播反对领导同志的挑拨性流言飞语，运用他们的宗派主义政策使党极大地脱离群众，等等。法国共产党中央委员会在共产国际执行委员会的积极支持下，领导了反对这一集团的尖锐斗争。该集团的领导人被迫作出声明说，他们要取消派别组织，但这显然是一种伎俩。此后不久就揭露出谢洛尔是一个带着警察任务钻进党内的奸细。谢洛尔本人在1932年国际监察委员会会议上被迫承认他是叛徒。此后又不得不进行大量的工作来清除这个集团安插在党内各个重要岗位上的人员。他们中的许多人作为奸细被揭露出来。

由于开展了强大的清洗运动，法国共产党使自己的队伍恢复了元气，这在提高党对广大群众影响的初级阶段起了很大作用。

南斯拉夫共产党由于暗探局明显参与无原则的纠纷而愈加激烈的派别斗争已达到瓦解状态。这些纠纷导致的结果是向警察局揭发党的秘密，许多党的工作者被出卖给警察。警察局在过去一个时期进行的大逮捕都是与这一情况有关的。尽管共产国际执行委员同宗派主义进行了这场激烈的斗争，但争吵没有停止下来，特别是在侨民当中。

国际监察委员会派出的南斯拉夫共产党派别斗争调查委员会查明，尽管共产国际执行委员会在1928年发出了公开信，但争论仍在继续激烈地进行。委员会查明，在克尔别尔、马尔特诺维奇等帮派领导的周围，聚集了形形色色的可疑分子，他们通过自己的活动，使党陷入混乱状态。这些人中的许多人后来都被揭露出来，他们是警察局不断派到党内瓦解党的奸细。但是被共产国际粉碎的派别组织还在企图重新纠合起来，重新分裂党的统一。例如1932年揭露出来的德拉戈切瓦茨帮派，它同反革命托洛茨基分子勾结起来，企图再次在党内挑起无原则纠纷，散布瓦解党的谣言，破坏对党的领导、对共产国际执行委员会和国际监察委员会的信任等。只有把德拉戈切瓦茨和其他一些人开除出党，才有可能增强领导的团结，恢复党的工作，使党摆脱崩溃状况。

希腊共产党在党的第四次代表大会（1928年12月）决议后犯了一系列右的和"左"的机会主义错误，此后从1930年初起，领导机构中发生激烈的派性斗争。斗争的起因是在党的策略问题上（对中央三中全会的评价、关于总罢工口号）发生一些分歧，但后来，斗争发展成为以中央委员会（已分裂为右、"左"两派）为首的无原则的派别斗争。尽管这两派称为右派和"左"派，但就其纲领的性质和人员构成来说，每派都是右倾分子和"左"倾分子的大杂烩。斗争主要是争夺党的领导权。被派别斗争迷住心窍的这两个帮派集团都实际帮助了警察局，使警察局得以巧妙地利用和加剧这场斗争（轮番逮捕和释放每派中的某些人等）给党以沉重打击。由于这场无原则的斗争，希腊共产党开始面临分裂的威胁。

而党只是在共产国际执行委员会和国际监察委员会的帮助下才得以结束这场派别纠纷及由此引起的纪律涣散状态，清除异己分子、动摇分子和分裂分子，并在新的中央委员会的领导下增进了团结。

肃清巴尔干共产党内的奸细活动之所以困难，是因为在这些党内染上了一种带有普遍性的"传统"习惯，即被捕后便要"坦白交代"。这种"传统"是按警察的意愿培植起来的，其根源来自社会民主党对资产阶级国家的态度和对阶级敌人的屈从迁就，它使党的队伍腐败，把党的队伍拱手交给暗探局摆布。共产国际执行委员会和国际监察委员会不得不同这种背叛行为进行无情的斗争,同时教育党对待一切资产阶级国家机构都要持不可调和的敌视态度。在共产国际执行委员会和国际监察委员会的领导下,以及在共产党的团结一致的领导机关的领导下,终于克服了这种可耻的现象。

1929年国际监察委员会审理了舒姆斯基[前乌克兰共产党(布)中央委员]和马克西莫维奇(前西乌克兰共产党中央委员)案件。他们是**西乌克兰共产党**瓦西尔基夫—图良斯基民族主义集团思想的鼓吹者,这个集团已同共产国际和波兰共产党(西乌克兰共产党是其自治部分)公开决裂并使西乌克兰共产党分裂。舒姆斯基和马克西莫维奇也企图从瓦西尔基夫—图良斯基反党集团中独立出来。马克西莫维奇由于他明显的两面派行为当时已被开除出党。舒姆斯基则因声称要同瓦西尔基夫—图良斯基决战而受到谴责。后来他们两人,舒姆斯基和马克西莫维奇,也同瓦西尔基夫—图良斯基一样,被作为企图利用民族主义思想分裂党的阶级敌人的代理人揭露出来。

共产国际第六次代表大会前,在洛夫斯顿及其一伙负责领导的**美国共产党**内进行了一场反对美共及共产国际总路线的活动。洛夫斯顿右派集团的著名领袖之一是佩珀(当时是中央委员)。佩珀出于派性考虑,拒绝服从共产国际执行委员会关于离美赴欧听候共产国际执行委员会处置的决议。国际监察委员会查明,佩珀违背他去墨西哥的保证,一直待在纽约及其郊区,以便在党的代表大会期间领导洛夫斯顿派。佩珀终因派别活动、违反党纪和有损于共产党人的行为而被开除出美国共产党。

在德国希特勒取胜和德国国家社会党分子纵火烧毁国会大厦之后,便开始挑衅性地散布关于**德国共产党**某些领导人员的种种谣言。这些谣言有两重目的:在群众中破坏对党中央和对整个德国共产党的信任;通过散布关于某些党员,特别是某些领导成员的谣言来转移对真正的挑拨者的注意力。这些挑衅性谣言也在国外的德国侨民中流传。德国共产党和联共（布）（原德国共产党的成员）的某些成员也参与了这些破坏德共党中央威信的谣言的传播。国际监察委员会在决议中指出，散布各种反党观点和诽谤党的领导，是德国共产党内派别斗争的继续，因此许多党员被开除出党。他们当中就有沃连贝格（在他开除出党之前的一年中一直反对德共领导）。

（二）反对奸细活动和背叛行为的斗争

从上述已经看到，在各国支部中，派别活动同我们的阶级敌人的活动是怎样紧密交织在一起的，暗探局又是怎样千方百计利用各国党内派别斗争把自己的奸细打入党内的。所以，同奸细活动和背叛行为的斗争，不仅是保护党的干部的斗争，而且是同争取各国党的统一和共产国际总路线的斗争结合在一起的。我们常常看到这样的情况，暗探局的特务竟然钻进共产国际某个支部的领导机构。而且还发生这样的事情（匈牙利、爱沙尼亚）：特务们还一度掌握了领导权，甚至窃取了党的领导岗位（波兰的勃拉特科夫斯基、拉脱维亚的克拉斯滕、法国的谢洛尔）。许多支部在同奸细活动斗争时暴露出严重的缺点。有些情况下没有充分审查和揭露奸细和叛徒活动；再就是借口某个叛徒"已经改正"而把一些公开的叛徒留在党内。对待受刑时的背叛行为仍然采取"宽容的"危害党的态度（罗马尼亚），对待"悔过者"过于信赖，认为他们有时是迫于警察的命令而"悔过的"（西乌克兰）。

国际监察委员会还查出这样一些人，为了不暴露自己的暗探身份，掩盖提前出狱的真相，他们出狱后便承认，他们同意为暗探局效劳，并解释说他们这样做是想瞒过暗探局并获得自由。但是国际监察委员会从各类案件中查明,暗探局本身曾指示自己的特务,要他们在出狱后"供认"曾同意为暗探局效劳之事。

因为这类现象不是个别的,国际监察委员会不仅指示各支部必须同奸细活动和背叛行为进行更坚决的斗争,还于1931年发出专门指示。指示说,各支部中央委员会应当规定最严格的制度,根据制度规定,凡党的成员暴露出同警察局有联系,被捕后出卖过同志并向警察局供出党的接头地点和暗号等,不论他们的犯罪情由怎样,一律应开除出党。各级党的组织均应加强反对奸细活动的斗争,不只限于把奸细和叛徒开除出党,而要与他们断绝关系,把他们同狱中其他在押政治犯隔离开来,等等。

一些支部没有在报纸上公布他们揭发出来的奸细和叛徒的名字,只是因为害怕因此在群众面前败坏自己党的声誉。国际监察委员会指示,公布这些奸细和叛徒的名字是绝对必要的(当然应严守秘密活动的规则)。

国际监察委员会经手审理的许多案件表明,一些党的同志对待反奸细反变节行为的斗争是多么轻率。我们可以举克连恩-弗连德案件为例。捷克斯洛伐克商人的儿子克连恩-弗连德,作为其父一家公司的代表来到里斯本(葡萄牙),通过可疑途径同一些党员取得联系,很快他就被吸收入党,并被提拔到领导岗位。与此同时,他又同捷克斯洛伐克政府代表保持着联系。在里斯本被捕后他出卖了许多人,其中包括几名中央委员。由于捷克斯洛伐克政府的周旋,他被释放出狱。此后他竟又被推荐到青年共产国际执行委员会工作!另外还有一件事——一位爱沙尼亚共产党员的情况。这个共产党员带领一位党的书记越境,他发现书记的可疑行为,发现他同警察的关系。这位共产党员到了他出差的爱沙尼亚共产党机关的代表那里后,却只字不提他的怀疑,也没有说出这位书记的可疑行为。后来查明,这个书记是暗探局的特务。**缺乏警惕性,对坚**

决同奸细活动和变节行为进行斗争**的必要性估计不足，是这种行为的主要根源。

过去一段时期反奸细斗争的经验表明，清除党内奸细和叛徒的任务**是共产党的一项极其重要和经常性的任务，这场斗争的成绩和缺点是同共产党的整个群众工作的成绩和缺点密切相关的**。这一经验表明，叛徒和奸细对党造成危害的程度，直接取决于党的群众基础深厚的程度。共产国际各支部、共产国际执行委员会和国际监察委员会在同奸细和叛徒的斗争战线上取得的经验表明，防止阶级敌人阴谋最可靠的屏障，除去思想坚定和布尔什维克的党性之外，便是党的真正的群众性、它的无产阶级组成及其同产业无产阶级基本骨干的思想联系和组织联系。

有关奸细活动和变节行为的全部案件，经国际监察委员会审理的就有 26 个国家的 130 起。

（三）纪律和泄密问题

国际监察委员会在其工作中极为注意违反党纪和泄密问题。对违反党纪的行为缺少应有的斗争，妨碍了党的路线的贯彻，助长了各种反党集团的非组织活动。一些反党小集团正是党的纪律的一贯破坏者。例如，克尔别尔在担任南斯拉夫共产党的领导时，他常常不执行共产国际执行委员会的指示。他这样做的目的就是要把南共领导权抓在自己手中。佩珀的例子上面已经提到过。另一方面，在许多支部中，钻进这些支部的特务经常破坏党的纪律，不贯彻共产国际和自己党的决议。然而他们常常是最早"承认错误"并保证不再犯类似错误的人。在国际监察委员会处理的案件中，并非经常能马上准确判断当事人是谁，是派别分子，是一般表现不好、业务不熟练的党员，还是接受了暗探局任务，出卖和破坏党的纪律、瓦解党组织的暗探局特务。

过去一段时期的经验也证明了对待党纪问题的布尔什维克态度有着极其重要的意义，而且再一次表明，一个拥有布尔什维克纪律的党便不难克服偏离共产党总路线的种种倾向，暗探局的特务也就难于施展。

在捍卫布尔什维克纪律的斗争中，有时候也表现出一种公式化的做法。党组织不善于经常吸收新党员参加党的工作，要不就是把力所不及的工作交给新党员。在这种情况下，新党员不能很好地完成或根本完不成交给的工作，甚或拒绝工作。党的组织不是通过耐心的培养教会他们应该怎样工作，而是急于追究他们对党的责任。国际监察委员会只得对这些没有经验的党员采取免于党内处分的办法来纠正这类有害的错误。

在国际监察委员会审理的违反党纪的案件中值得注意的是逃亡国外的案件。有些情况下同志们是去国外找国际监察委员会，虽事先未经党的批准，但跑到国外去的大多是由于意志薄弱，希望到优越的环境去，逃避做地下工作，等等。如果各支部拒绝把这些逃亡者推荐给另一国共产党，或另一国共产党拒绝接受他们加入自己的党，国际监察委员会就不再审理这些逃亡者的案件，也不再把他们置于保护之下。

与违反纪律有密切联系的是泄密问题，尤其是一些没有经过地下斗争考验的同志经常发生泄密情况，这种情况给共产党带来巨大损失，因为它帮助敌人得知党的秘密，暴露党员身份（秘密的）和他们的工作等。当然仅仅靠几条守密规则和对严重泄密行为给予党纪处分是不能见效的。需要在党的一切工作中适当提出这个问题，而且国际监察委员会应在这方面结合已经审理的泄密案件提请各支部注意。

关于泄密和违反党纪的案件，包括由于不慎而向警察暴露了地下党员的那些人的案件，总共有 25 个国家的 242 起。

此外，国际监察委员会还审理了 75 起关于拒绝由一国共产党转入另一国共产党的上诉案件。这些案件中的很大一部分都是涉及逃避地下工作的。

（四）国际监察委员会参加联共（布）清洗党员的工作

在报告提到的这一时期，联共（布）进行了两次清洗党员的工作（1929—1930 年和 1933—1934 年），国际监察委员会根据联共（布）清洗党员（从共产国际其他支部转来的）的方针参加了清党工作。国际监察委员会参加清党工作，在争取共产党队伍团结一致的斗争事业中不仅极大地帮助了联共（布）党，而且也极大地帮助了资本主义国家的共产国际各支部。国际监察委员会还参加了对那些由共产国际其他支部转入联共（布）支部的同志们的审查工作。例如对资本主义各国共产党的 181 名党员在清洗时作出的决定：122 人对转入联共（布）党无反对意见；24 人在加入党时提交了有关支部的介绍材料，6 人反对转党，8 人暂时反对转入联共（布）党，21 人主张将问题交由负责转入联共（布）党的委员会审核。

在清洗由共产国际其他支部转来的联共（布）党员的工作中，揭露出一批隐瞒或掩盖自己社会地位的人，或隐瞒自己反革命历史、当过宪兵和警察的人（南斯拉夫、保加利亚），在加入联共（布）党时隐瞒自己历史的人。通过清洗还揭露出一批由于缺乏警惕或没有充分进行反对奸细活动和变节行为的斗争而得以乘机钻进党的队伍的警察特务。国际监察委员会参加联共（布）党的清洗和审查工作的成绩还表现在挖掘和揭露了一批错误地对待本国党的问题（在保加利亚和拉脱维亚同志中）的宗派主义分子和"左"右倾分子。国际监察委员会参加联共（布）的清党工作，有助于把联共（布）的经验和共产国际争取干部方面的经验推广到各兄弟党中去。它可以帮助不久前来到苏联的同志更正确地了解苏维埃的现实。审查联共（布）党员（共产国际其他支部过去的成员）实际参加苏联社会主义建设和参加捍卫联共（布）总路线的斗争的情况，有助于更好地了解这一斗争同捍卫本国党的正确路线与捍卫共产国际的国内国际总路线的斗争之间的联系。

到 1935 年 6 月 1 日，国际监察委员会共审理了 59 个国家 1662 名党员和开除党籍者的各种案件。通过国际监察委员会会议审理的 775 起案件中，有 471 起案件是按上诉程序审理的。通过国际监察委员会各委员会审理的 887 起案件中，有 193 起案件是再次审理的，所以，事实上按上诉程序审理的案件是 664 起。

经国际监察委员会审理的案件就其性质而言，可分为以下七类：（1）涉及派别斗争、宗派主义、反对派等 448 人（包括托洛茨基分子和与托派分子有关的 190 人）；（2）被指控进行奸细活动和有变节行为等 130 人；（3）违反党纪、逃避党的工作、不执行党的任务、泄密 242 人；（4）异己分子 81 人；（5）拒绝推荐和拒绝转党 75 人；（6）审查干部、党龄、审查党性 472 人；（7）其他 214 人。

在已结案件中：（1）开除党籍 299 人；（2）受各种党内处分 293 人（这里包括各支部开除的和由国际监察委员会恢复党籍的约 20 人）；（3）给予各种警告（不给予党内处分）133 人（这里包括由各支部开除的和由国际监察委员会撤销所受各种党内处分的一些人）；（4）免于任何党内处分 428 人；（5）维持各支部中央机关的决定或不再重新审查的 333 人（其中也包括各支部开除出党的）；（6）完全撤销支部给予的

党内处分29人；（7）作出各种决定的（交各支部重新审查，解除不称职者的重要工作，但不给予党内处分等）125人；（8）作出案件中止的决议22人。此外，还有几十个案件未提交国际监察委员会及其书记处审理，但国际监察委员会对这些案件作了口头指示和有关建议。国际监察委员会除审理涉及各支部一些成员的案件外，还通过了一系列关于同奸细活动和变节行为作斗争的问题和泄密等问题的决定。

在整个共产国际争取自己队伍进一步布尔什维克化的基础上，国际监察委员会在这一时期的工作过程中，积累了反对派性、反对宗派主义、反对变节行为和奸细活动等斗争的丰富经验。

这一经验是共产国际各支部的财富。共产国际执行委员会和国际监察委员会所进行的争取共产主义队伍统一和团结的斗争的一项极其重要成果是，在清洗了共产主义队伍中的社会民主党代理人、异己分子和犯罪分子、阶级敌人的公开代理人之后，共产党得到了整顿，党的队伍进一步认识到经常地、有计划地进行这方面的斗争的重要性。

国际监察委员会积累的经验促使共产国际执行委员会和共产国际各支部把**争取干部**的任务和通过在党的机关设立专门的干部处来系统地**研究**干部，培养干部和从组织上保证这项工作的任务提到首要位置。

共产国际各支部通过反对托洛茨基破坏分子和形形色色的倾向分子，以及捍卫共产国际总路线的无情斗争而达到的共产国际各支部的团结，是对反对异己分子混入党内、争取统一和争取布尔什维克式团结的斗争，即共产国际第六次代表大会责成国际监察委员会进行的斗争的最好的肯定。

财务监督

除对个别党员执行监察外,共产国际监察委员会还对共产国际执行委员会和共产国际一些支部的财务工作进行了监督。共产国际监察委员会曾委派一些同志核查共产国际执行委员会机关的账目。共产国际监察委员会认定,共产国际执行委员会的账目是清楚的,开支是合理的,只是在个别情况下作出了纠正某些不足的指示。

关于共产国际监察委员会活动的资料附件

经国际监察委员会批准的1928—1934年现金出纳综合报表和总报表

1928年现金出纳综合报表

收入

1928年1月1日结余	2406.13美元
党费：共产国际43个支部1684212名党员党费上缴额	520594.24美元
各项捐款	147136.40美元
出版社、电讯社、报纸电讯稿进款	92361.28美元
	总计762498.05美元

支出

行政费（全体人员、经营管理费用等）	324313.97美元
邮电费	18983.97美元
出差费	33347.69美元
党报、出版社和文教工作补助费	364781.53美元
1929年1月1日结余	21070.89美元
	总计762498.05美元

1929年现金出纳综合报表

收入

1929年1月1日结余	21070.89美元

党费：共产国际 46 个支部 1963872 名党员党费上缴额

    （青年共产国际及殖民国家的 3 个支部免收党费，

       其余支部 1929 年财务报表尚未收到）   675901.97 美元

各种捐款   57469.10 美元

出版社、电讯社、报纸电讯稿进款   83650.35 美元

                                                                 总计 838092.31 美元

支出

行政费（全体人员、经营管理费用等）   322529.23 美元

邮电费   20265.74 美元

出差费   44666.67 美元

党报、出版社和文教工作补助费   435897.43 美元

1930 年 1 月 1 日结余   14733.24 美元

                                                                 总计 838092.31 美元

1930 年现金出纳综合报表

收入

1930 年 1 月 1 日结余   14733.24 美元

党费：49 个支部 2518637 名党员党费上缴额

    （青年共产国际和 4 个殖民地支部免缴党费，

       其余支部 1930 年财务报表尚未收到）   956009.32 美元

各种捐款   65481.74 美元

出版社、电讯社和报刊电讯稿进款   60006.80 美元

                                                               总计 1096231.10 美元

支出

行政费（全体人员、经营管理费用等）   321469.05 美元

邮电费   24417.37 美元

出差费	48024.62 美元
党报、出版社和文教工作补助费	641230.76 美元
1931 年 1 月 1 日结余	41089.30 美元
	总计 1076231.10 美元

1931 年现金出纳综合报表

收入

1930 年结余	61089.30 美元
党费：共产国际 41 个支部 3760788 名党员党费上缴额（青年共产国际和 17 个党免缴党费，其余各党未提交 1931 年财务报表）	1128236.40 美元
各种捐款	46371.80 美元
出版社、电讯社和报纸电讯稿进款	59618.30 美元
	总计 1295315.80 美元

支出

行政费（全体人员、经营管理费用等）	372347.30 美元
邮电费	38387.75 美元
党报、出版社和文教工作补助费	756900.00 美元
出差费	52732.00 美元
1932 年结余	74948.75 美元
	总计 1295315.80 美元

1932 年现金出纳综合报表

收入

1931 年结余	74948.75 美元

党费：38个党3589647名党员党费上缴额

  （青年共产国际和19个党免缴党费，

    其余各党未提交财务报表）   967819.35 美元

各种捐款   28364.80 美元

出版社、电讯社收入   63390.00 美元

              总计 1134522.90 美元

支出

经营管理费（办公费、房屋费等）   418120.00 美元

邮电费   37627.65 美元

党报、出版社、党务和教育工作补助费   601000.00 美元

出差费   47689.00 美元

1933年结余   30086.25 美元

              总计 1134522.80 美元

1933年现金出纳综合报表

收入

1933年结余   30086.25 美元

党费   972356.40 美元

各种捐款   29197.90 美元

出版社、电讯社收入   85910.50 美元

              总计 1117551.05 美元

支出

经营管理费（办公费、房屋费等）   405635.50 美元

邮电费   30057.75 美元

党报、出版社、党务和教育工作补助费   560500.00 美元

出差费   45350.00 美元

1934 年结余　　　　　　　　　　　　　　　　　76007.80 美元

　　　　　　　　　　　　　　　　　　　　总计 1117551.05 美元

1934 年现金出纳综合报表

收入

1934 年 1 月 1 日结余　　　　　　　　　　　　76007.80 美元

党费　　　　　　　　　　　　　　　　　　　943672.35 美元

各种捐款　　　　　　　　　　　　　　　　　　33547.95 美元

出版社和电讯社收入　　　　　　　　　　　　　80357.15 美元

　　　　　　　　　　　　　　　　　　　　总计 1133585.25 美元

支出

经营管理费用（办公费、房屋费等）　　　　　411911.20 美元

邮电费　　　　　　　　　　　　　　　　　　　27956.30 美元

党报、出版社、党务和教育工作补助费　　　　605900.00 美元

出差费　　　　　　　　　　　　　　　　　　　53750.00 美元

1935 年结余　　　　　　　　　　　　　　　　　34067.75 美元

　　　　　　　　　　　　　　　　　　　　总计 1133585.25 美元

1928—1934 年现金出纳综合报表

收入

1928 年 1 月 1 日结余　　　　　　　　　　　　 2406.13 美元

党费（共产国际各支部上缴额）　　　　　　　6164590.03 美元

各种捐款　　　　　　　　　　　　　　　　　407569.69 美元

出版社、电讯社和报纸电讯稿进款　　　　　　525294.38 美元

　　　　　　　　　　　　　　　　　　　　总计 7099860.23 美元

支出

行政费(全体人员、经营管理费等) 2576326.25 美元

邮电费 197696.53 美元

党报、出版社、文教开支补助费 3966209.72 美元

出差费 325559.98 美元

1934 年 12 月 31 日结余 34067.75 美元

总计 7099860.23 美元

图书在版编目(CIP)数据

第七次代表大会前的共产国际文献/陈新明主编.
—北京:中央编译出版社,2011.12
(国际共产主义运动历史文献. 第56卷)
ISBN 978–7–5117–1139–7

Ⅰ.①第…
Ⅱ.①陈…
Ⅲ.①共产国际–文件–汇编–1935
Ⅳ.①D16

中国版本图书馆CIP数据核字(2011)第246264号

第七次代表大会前的共产国际文献

出 版 人	和 龑
责任编辑	贾宇琰
责任印制	尹 珺
装帧设计	田晗工作室
排版制作	醒醐(北京)文化发展有限公司
出版发行	中央编译出版社
地　　址	北京西城区车公庄大街乙5号鸿儒大厦B座(100044)
电　　话	(010)52612345(总编室)　(010)52612375(编辑室) (010)66161011(团购部)　(010)52612332(网络销售) (010)66130345(发行部)　(010)66509618(读者服务部)
网　　址	www.cctphome.com
经　　销	全国新华书店
印　　刷	北京印刷一厂
开　　本	787毫米×960毫米　1/16
字　　数	530千字
印　　张	41.25
版　　次	2011年12月第1版第1次印刷
定　　价	260.00元

本社常年法律顾问:北京大成律师事务所首席顾问律师　鲁哈达
凡有印装质量问题,本社负责调换,电话:(010)66509618